星教师创新教学

教学评一体化

Integration of Teaching-Learning-Assessment

蒲公英教育智库 主编

上海教育出版社
SHANGHAI EDUCATIONAL PUBLISHING HOUSE

图书在版编目（CIP）数据

星教师 : 创新教学 / 蒲公英教育智库主编. -- 上海 : 上海教育出版社, 2023.11
ISBN 978-7-5720-2370-5

Ⅰ. ①星… Ⅱ. ①蒲… Ⅲ. ①中小学—教学研究 Ⅳ. ①G632.0

中国国家版本馆CIP数据核字(2023)第216524号

“教学评一体化”能给课堂带来什么?

文/陈薇

说起实施“教学评一体化”，很多教师面露难色：一是指导纲领与课堂落地之间还有一定距离，教师尚在探索；二是实施起来“工程”浩大，考验教师的专业教学技能；三是评价尚未打通，终结性评价依然是目前主流；四是更多关注教师的“教”，忽视学生的“学”……

事实上，“教学评一体化”并不是课堂改革领域的新生事物，多年前我们已有各种尝试，之所以至今仍让一线教师头痛，归根结底，是对这一理念的认识不够深入，而不懂得“教学评一体化”原理和运用的人，好似“不懂驾驶技术和交通规则的人开车上路”，从而让课堂教学走上低效且盲目的道路。

崔允漷教授曾表示，“教学评一体化”教学，不是一种特定的、固化的教学模式，而是一种课堂教学设计和组织的理念与指导思想。它能提高教学质量，帮助教师理顺课堂，减少目标路上前进的“弯弯曲曲”和“磕磕碰碰”，解决教师“脚踩西瓜皮，滑到哪里算哪里”的问题。它能指导教学设计，回答为什么学（目标）、学什么（任务/问题）、怎么学（学程/活动）、学得怎么样（评价）这四个基本问题，保障学习的有效性。

基于以上认识，我们认为实施“教学评一体化”有四个关键操作：

1. 明确目标，从似有若无走向核心统领。教师首先以课标、教材和学情为依据，设计清晰具体、可观可测的学习目标，这就为整个教学树立了一座“灯塔”，让课堂教学有了“魂”，学生有了前往目的地的方向。

2. 逆向设计，从始于教学走向逆向思考。“教学评一体化”理念下的教学设计，遵循“学习目标—评价任务—教学活动”的线路，使学习目标、评价任务与教学活动成为一个整体，具有内在的统一性。

3. 多元评价，从标准单一走向立体多元。评价是课堂推进的“导航系统”，它不断地检测学生的学习进程，不断地对学生的学习进行积极反馈，以决定、调整教学过程。学到哪里、评到哪里、教到哪里，学什么、评什么、教什么，让评价不再随心所欲，不再连自己也不知道究竟缘何而评，而是用评价为课堂的教与学进行理性导航。

4. 优化学习任务，从低效烦琐走向有序开放。课堂不是无限责任公司，教学的责任在于为学生达成目标而提供帮助。“有序”，因为它聚焦学习目标；“开放”因为在目标明确的前提下，可以运用各种活动融合开展。

当然，以上的几点远不能概括这一理念的精髓和实际操作的复杂性，但基本让我们了解了这个原则的重要性，也初步领略到了它的无穷魅力。作为普通教师，如果能够在每一次教学设计中有意识地遵循这一理念，努力做到目标、教学、评价内在一致，我们的课堂教学也会日益变得高效，学习终将在每一个学生身上发生。

目 录 CONTENTS

深度

教学评一体化“堵”在哪儿

切入点一：抓住关键要素

切入点二：做好一体化设计

切入点三：让评价成为抓手

切入点四：善用工具与支架

01 深度

“教学评一体化”不是一种特定的“教学模式”，也不是什么“先进理念”，而是课堂教学设计和组织的理念与指导思想，是教学规范的一种提炼和总结，它强调教学、学习、评价是三位一体的。本次，章巍、马建明、郭芳三位教师从各自的领域，讲述他们在“教学评一体化”指导下的研究和探索。要知道，追求一体化的课堂应该是注重结构化思维的课堂，应该是关注学生核心素养发展的课堂，更应该是将评价融合在师生交往活动中的课堂。

把“教学评一体化”融进课堂教学的每一步

本刊记者/陈 薇

如果说把学生作为终端用户，教师则直接和终端用户对接。在这个过程中，教师、课程会有一个转化，从宏观到微观，从抽象到具体，从政策到落实，从文件到行动。只是实践证明，不论课标写得多好、教材编得多好，都无法直接影响学生的学习体验和学习成效，只有通过教师这个转化剂或中介，新课标理念和教学内容才能成为学生成长的营养和能量。因此，“教学评一体化”是确保新课程成功实施的关键，其背后指向了在教学的每一步实施中，核心素养的体现与融入。显然，有了这个理念，我们就有了教学设计的基本指导思想，就有了努力的方向，也就有了评价课堂教学好坏的基本标准。尽管它做起来远比说起来困难很多，我们还是很高兴找到了这样的一个原则。这好比航标灯，让夜航的船只不至于在大海中迷失。

不仅如此，“教学评一体化”的实施，还考验着教师专业水平的发展。我们看到，优秀的教师早已领会了一体化的思想，并且使这一理念实操化地落地了，他们有的用结构化思维进行设计，有的围绕任务群进行梳理，还有的通过作业进行探索……本期，我们就走进章巍、马建明、郭芳三位教师在各自领域的“教学评一体化”研究，学习他们的实践做法。

有结构化思维才有一体化设计

文/章 巍（北京市十一学校一分校）

自《义务教育课程方案和课程标准（2022年版）》（以下简称“课程标准”）颁布以来，一线教师主要面临这些问题：如何落实立德树人这一根本任务？怎样才能培育核心素养？如何做好“教学评一体化”？其实，这些都是有路径可循的。

厘清实现立德树人这一根本任务的思路

教师都知道，核心素养是学生通过课程学习逐步形成的正确价值观、必备品格和关键能力。这种内因的素养和外显的知识有很大的不同，因为知识属于社会，但素养却属于个人；知识可以依靠他人传授，素养却只能够自我去生长。教师怎样才能助力于学生素养的自我生长？这就需要我们在课程实施的过程当中，凸显和发挥学生的主体作用。

郭华教授曾说过：“只有转变学习方式，才能真正发挥学生在学习中的主体地位。首先是课程的结构化，没有课程内容的结构化，学习方式是不能转变的。”对于如何实现课程内容结构化的问题，课程方案当中也给出了回答——探索大单元教学。可见，大单元教学其实是课程内容结构化的一种非常重要的方式。

这一逻辑思路就是，要实现立德树人的根本任务，就要培育学生的核心素养；要培育学生的核心素养，需要改变他们的学习方式；要想改变他们的学习方式，首先要让课程内容结构化；而课程内容结构化其中一种重要的途径，就是进行单元教学设计。

进行有效的单元教学设计

关于单元，崔允漷教授有一段非常形象的比喻，他说：“单元不是水泥、钢筋、门窗等建材，而是将各种建材按一定的需求与规范组织起来，并供人们住的房子。它是一栋楼的一个有机组成部分，是水、电、煤、路等相对独立的建筑单位。”通过崔允漷教授这段形象的描述，我们可以看到，单元教学不是形式上的统整，而要浑然天成，这就需要教师进行一体化的设计，其关键在于打破传统“一课一得”固有思维的禁锢，建立更上位的单元结构，这就需要有结构化的抓手。

经过近几年不断地实践和探索，终于找到了单元教学结构性的抓手，就是三个关键词——概念引领、问题导向和任务驱动。

概念引领的意思是单元需要一个指向素养的整体目标，它应该反映学科本质的一些核心观点，我们将其称为“大概念”；问题导向的意思是单元需要一个学生可以持续思考和回答的“核心问题”，学生在思考和回答这个问题的过程中，才能不断逼近对“大概念”的理解；任务驱动指的是单元需要有一个“核心任务”，或者包含子任务的任务群，核心任务应该自带动力，能驱动整个单元的学习。

这三个关键词指向了单元教学的三个重要要素——大概念、核心问题和核心任务。

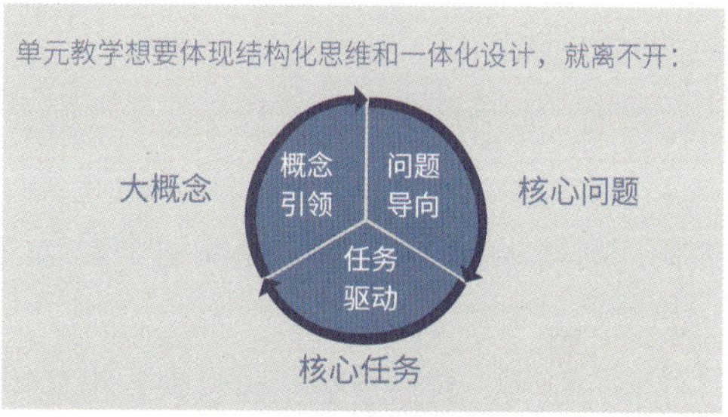

◎单元教学的三个关键词和重要要素

1. 概念引领：让目标清晰起来

什么是大概念？中学生物课堂上会学习蝴蝶发育的四个阶段：卵、幼虫、蛹和成虫。我们是否想过，学生只是需要记忆这些内容吗？为什么是蝴蝶而不是蜻蜓或蜘蛛？学生需要了解所有生命体的生命周期吗？当学生走出校门忘掉这些具体的知识之后，这部分的学习会给他们留下什么呢？

事实上，卵、幼虫、蛹、成虫这些都不是重要的概念。学习任何一个生命体的生命周期，是为了让学习者明白一个道理：个体生命需要经历出生、成长、繁荣和死亡所组成的特定生命周期，即学习的大概念，而卵、幼虫、蛹、成虫不过是蝴蝶这个生命体的生命周期。

由此可以看出，大概念并非指学科中某一知识的具体概念，它甚至不是一个名词，而是指相对稳定的、有共识性和统领性，并能够反映学科本质的核心观点。

《课程标准》中对不同学科大概念的要求和定位不尽相同，做单元教学设计为什么一定要去提炼它的大概念呢？

大家知道，农业是认知区域地理学习中一个非常重要的组成部分。因为我国幅员辽阔，不同地区的自然特征和经济条件都不完全相同，造成了形形色色的农业特征。所以这部分的学习有许多琐碎而复杂的具体知识点，需要教师带着学生一起梳理知识点背后的内在逻辑。

同时，在地理学习的过程中，多处都提到了人地关系、人地系统相互联系的理念。如何找到具体的内容载体去落实这个理念，也是课堂上需要完成的任务。

换句话说，教师需要在核心素养和具体的知识目标之间架起一座桥梁。于是，集思广益之下，学校地理组的教师就概括出“农业的分布和生产经营方式既与自然条件密切相关，又受到社会经济条件的影响”的大概念。

该大概念向上连接着核心素养，是核心素养中“人地关系”这一理念在某个维度的具体反映，向下又连接着学习内容的具体目标，是具体学习内容的凝练和升华。

所以，大概念一方面可以看作是课程内容通向核心素养的阶梯，换个角度，也可以把它看成是核心素养切入知识的固定锚点，或者说将它看作是核心素养在单元内容上的投影。大概念就像一个游走在素养和知识之间的使者，把素养和知识紧密地链接起来。

大概念是对单元内容结构化思考的集中体现，也是单元进行一体化设计的出发点和最终归宿，它是单元设计的“魂”。只有大概念引领下的单元教学才能做到神形兼备，真正起到素养培育的作用。

2. 问题导向:看见道路和方法

在实施单元教学时，除了要把握好大概念这一要素之外，核心问题的提炼也尤为关键。怎样让大概念在学生层面达成共识、引起共鸣？教师需要把大概念转化成学生可以理解和回答的问题，即核心问题。只有引领学习者持续思考并努力回答这些核心问题，才能让他们不忘初心，牢牢地围绕在大概念周围。

比如，在语文的散文单元当中，我们提炼了这样的大概念——“状物抒情类散文中的客观事物是作者寄托自身情感和态度的载体”，并将这个大概念转化成了一个问题，即“状物抒情类散文中的事物为什么不像科普类文章中的那么科学客观？”，我们从单元学习启动之初就将这个问题交给学生，让他们在学习过程中不断思考和回答。

通过这个例子可以看出，核心问题实际上是大概念在学生层面上的一种转译，它和大概念形成了谜面和谜底的关系。因此可以说，大概念与核心问题就像一枚硬币的两面，大概念这一面指向了教师，而核心问题这一面却指向了学生。

再看一个例子。在数学“四边形”这一单元中，通过分析具体的内容目标，提炼出来的大概念是——“研究图形就是研究组成图形的基本元素间的数量关系和位置关系”，就此转化的核心问题为——“我们应该怎样研究一个几何图形？”

实际上，这个核心问题包含三个层次。首先，希望学生体会研究一个几何图形可以归结为：何为此图形，也就是图形的概念；此图形有何，那就是图形的性质；为何是此图形，就是图形的判定。

其次，希望学生在学习过程中明白，无论是概念、性质还是判定，都是描述了构成这个图形元素间的关系，并进一步看到这些元素间的关系主要表现为数量关系和位置关系。

最后，还希望学生认识到数量关系和位置关系两者不是两个独立的研究视角，他们是相互联系、相互影响并相互依存的。

可见，一个好的核心问题不但要与大概念保持一致，它还应更通俗，让学生容易理解；更开放，让学生可以根据这个问题畅所欲言；引导思考的深度和广度，给学生更大的空间作进一步的思考和探讨。

3. 任务驱动：引导学习发生

教学过程中，单元设计要素还应包含核心任务。核心任务实际上是为了让学生理解概念和回答核心问题而设计的，是能够贯穿整个单元驱动性的表现任务。

比如在学习数据的收集与整理这个单元时，教师就设计了这样的核心任务：一年一度的学生代表大会即将召开，你作为一名大会代表，负责的是食堂窗口合理配置的提案撰写工作。请你组织本组成员展开工作，运用所学的统计学知识，最终形成一份有理有据、表述清晰、建议有效的提案。

为了使核心任务设计得真实而丰满，教师还借助了格兰特·威金斯等人提供的GRASPS工具，从目标、角色、受众、处境、产品以及成功标准六个方面，对核心任务进行了详细的解构。

在这个任务中，目标是“合理设置食堂窗口，以方便学生就餐”，这就要求做任务的学习者应该以负责食堂提案的学生会代表这一角色来自居。提案需要接受学生会全体代表以及学校食堂主管部门的审议，所以，做提案面临的真实处境就是学校的学生人数非常多，学生的建议需要及时地收集、分析、处理并做出决策。

任务的产品是显而易见的，那就是一份关于食堂窗口设置的提案。成功标准除了有理有据、表述清晰、建议有效这几个基本要求之外，如果教师希望能够有更详细的标准，还可以进一步设计一个评价量规。

其实，对于核心任务来讲，很多单元设计不是一蹴而就的。为了帮助学生更好地完成，教师需要给他们提供一系列的脚手架，正如刚才这个任务，教师就提供了三个不同的子任务，这三个子任务与核心任务环环相扣，能帮助学生有效地完成核心任务。

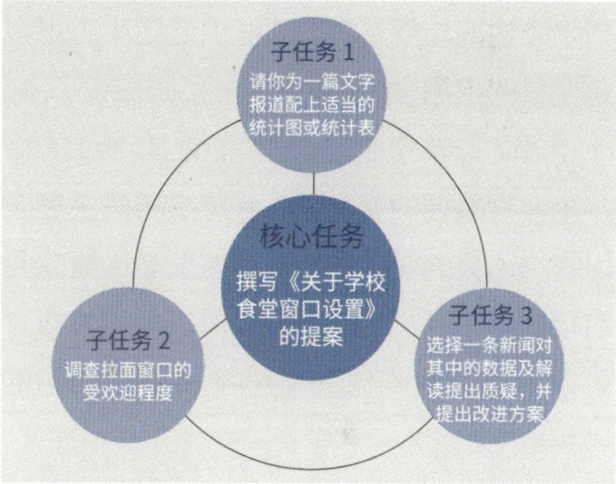

◎核心任务解构

因此，教学过程中，需遵循这样的逻辑线索——在国家课程标准的学科核心素养和课程内容的要求下，明确每个单元的单元目标，进一步去提炼学科的大概念，然后将其转化成核心问题，接着为它们设计核心任务，再设置一系列的子任务，而每个子任务又对应着一定的学习活动，从而来完成整个单元的设计。

通过这条路径，教师带领学生在课堂上与知识和技能打交道的同时，还能够同步涵养他们的学科核心素养，进而实现素养内涵发展的目标。

不断探索大单元的特征

大单元究竟可以有多大呢？实际上，这

种结构化的单元教学不仅可以在学科内部和某一个固定的时间点来实施，还可以打破学科与时间的边界。

1. 大概念的学科延展性

比如，大概念具有很好的学科延展性。以小学数学《用字母表示数》单元为例，我们就可以梳理出统摄单元内容，从基本技能层面到学科观点层面，再到跨学科观点层面，最后直至哲学层面不同的大概念。当教师发现跨学科观点的大概念、符号语言是科学表达的重要基础，就能由此衍生出很多跨学科的主题学习项目。

《义务教育课程方案（2022年版）》中一个非常重要的变化是，对跨学科的主题学习提出了更为明确的要求，这正是大概念具有很强学科延展性的表现，所以使得大概念引领的单元教学成为了跨学科主题学习的“利器”。

比如，我们学校的跨学科综合课程工作室的教师，围绕“全景盛唐”跨学科的单元主题，为学生们设计了一系列跨学科的研究项目，包括唐代的饮食、服饰、诗词、雕塑以及建筑研究等。

以唐诗词研究为例，现代人看到的诗和词，实际上就是古代人的流行音乐，这些可以被传唱的每一个词牌，其实就是一个曲子，所以教师为这个学习主题设置的核心任务，即为唐诗词重新编曲。

教师可以结合对这些诗和词含义的理解，寻找古籍当中关于这些词牌的古谱，结合乐理的知识，利用现代信息技术，将唐诗词背后的曲子复原出来。该跨学科学习主题密切地结合了语文、历史、道德与法治、音乐、技术、美术等众多学科，它充分地联动了这些学科当中的知识技能和能力素养。而且我们发现，在不同的学科之间，又形成了很多交叉的学科，这些内容极大地丰富了学生们对课程的理解。

其实，不光是跨学科学习，每一个项目都是如此进行的。但是也必须看到，这些项目的研究并不是最终目的，它们只是一个重要载体。

2. 大概念的学段进阶性

另一个方面，大概念还具有非常好的学段进阶性。比如，在语文学科当中，教师围绕“家国情怀”和“万物有灵”两个单元，从低年级到高年级，形成了连续进阶、不断递进的大概念，且概念之间呈现出一定的层次性，可使我们在不同年级、同一个人文主题之下，形成连续、进阶的单元学习。这有助于学生在某一层面的认识能随着年龄不断增长而螺旋上升，还能不断递进、不断深化。

此外，《义务教育课程方案（2022年版）》的另外一个重要变化是非常注重学段的衔接，而大概念引领下的单元教学，还是学段贯通衔接的一把“钥匙”。

再看一个数学的例子。在数学中，为了贯通小学、初中和高中统计学的知识，教师提出了整个统计领域的大概念——“统计是基于数据借助归纳推理进行推断的过程，结果是客观性与随机性的结合”。这个大概念在整个统计学当中，具有统领作用。

根据不同年级的不同内容，我们又分别在四年级、八年级、九年级和十年级中，结合具体单元内容，设置了不同的大概念。比如，四年级的大概念是——“统计的研究对象是数据，数据是通过一定可靠的方法收集起来的”；相应的核心问题是——“统计用到的数据是怎么来的”；设计的核心任务是——“了解班里同学在食堂排队就餐时可接受的最长时间”。

到了八年级，教师又根据学习内容的变动，将大概念调整成——“分析样本数据有助于估计总体数据的结构，进而评价、推断与决策”。其核心问题也就变成了——“怎样理解数据的变与不变”。因为八年级涉及了抽样的数学思想，所以核心任务在四年级的基础上就更新成——“了解全校同学在食堂排队就餐时可接受的最长时间”。

再到九、十年级，当学生有了概率思想，对统计产生不同认知后，则需要体现概念问题和任务的连续性、间接性。

总的来说，由于大概念具有非常强的结构性、延展性和进阶性，使它可以作为统领结构学习的先锋，跨越学科，以单元教学的方式贯通学段。大概念使教学超越了知识技能，直指我们的育人目标。从宇宙星辰到颗粒尘埃，从网络世界到思想观念，人们正是通过这些事物特定的结构来认识和理解事物的本质，用更加上位的结构去思考知识背后的逻辑，这样才能一体化地统领学习、课程和课堂的变革。

我们深深地体会到，教师只有不断地自我成长，才能促进学生的成长。当我们勇于走出经验的丛林，不断自我提升、自我蜕变，才能为国家的未来培养出合格的人才。正如列夫·托尔斯泰所说：“绝大多数人都想改变世界，只有极少数人立足改变自己，然而正是这些人改变了世界。”

解码学习任务群的“教学评”设计

文/马建明（江苏省连云港市教育局教研室）

2022年以来，一线教师通过不同渠道的学习和培训，对《义务教育语文课程标准（2022版）》（以下简称“新课标”），有了一定的理解和把握，这要求教师利用好统编教材，进行语文学习任务群一体化的教学与评价。

教学与评价本就为一体，为了便于大家理解，我暂且分开来谈它们各自的特性。

学习任务群的教学理念与设计

1. 学习任务群的教学理念

以学习任务群来组织和呈现课程内容，是“新课标”的一个重大变化，语文课程目标从“双基”到“三维目标”，再到“核心素养”，标志着语文教育理念的不断更新。在“双基”目标的体系下，逐渐形成了“知识—传授”“能力—训练”的教学模式。从“双基”到“三维目标”，再发展到“核心素养”，重视学生在学习语言文字运用的过程中，实现思维、审美、文化等各方面素养的发展，因此就构建了“素养—养成”的教学模式。

“知识—传授”“能力—训练”的教学

模式到底有什么不同呢？其实这种知识本位的教学，以知识作为教学的起点，也作为教学的终点。正所谓“基于知识，通过知识，为了知识”，知识就在教学过程当中发生了“物理变化”。好比一个工厂，进来的原料是知识，出去的产品也是知识，这是一个没有经过深加工的生产，自然也就没有增值的生产。

而“素养—养成”的教学模式，是在核心素养导向下的教学，虽然也从知识入手，通过知识来进行，但却不以知识为终点，而是以素养作为教学的目的和归宿。也就是说，核心素养导向的教学，本质是把知识加工成素养的过程，是把书本上的知识变成学生身上“正确价值观”“必备品格”和“关键能力”的过程，这是一个化学反应，也是一个深加工的过程，更是一个增值的过程。正如爱因斯坦所言：“教育无非是将一切已学过（教过）的东西都遗忘后所剩下的东西。”学过的东西就是知识，剩下的就是素养。前面可称为“为了知识的教育”，后面可称为“通过知识的教育”。

这就是两种教育理念的不同之处，语文学习任务群的提出，就是为了落实好素养导向的课堂教学。现在教师都非常关注语文学习任务群的教授技法，而新课标对语文学习任务群的表述是——“义务教育语文课程结构遵循学生身心发展规律和核心素养形成的内在逻辑，以生活为基础，以语文实践活动为主线，以学习主题为引领，以学习任务为载体，整合学习内容、情境、方法和资源等要素，设计语文学习任务群。”既然语文学习任务群是这样设计的，那我们的教学也必然围绕这一要求展开。

教师如何对学习任务群进行教学？有这样一个表述：要对教材的内容好好理解和把握，分析语文要素由知识转化为素养的内在逻辑，围绕语文要素的形成对单元内容进行梳理和整合，将教材内容与学生生活建立联系，根据单元内容提炼出一个学习主题。这个主题具有一定的感召力和统摄力，能把一个单元的内容统整起来。然后根据单元语文要素和教学内容设计一个“大任务”“大情境”。通俗地说，就是“做事”，围绕“大任务”把内容、情境、方法、评价和资源等要素整合起来，再设计几个子任务或者活动。在活动的设计中，教师要为学生提供学习支架和材料，让学生明确做什么、怎么做、做成什么样子，还有做得好不好，使他们经历体验、理解、内化、迁移、反思的学习过程，将静态的知识转化为动态的知识、有用的知识、能解决问题的知识，从而将“知识”转化为“素养”。

所以，教师的教学设计跟过去不一样了，过去可能是一问一答，是串讲的模式。现在，教师要为学生提供支架、材料，让学生去做、去学，形成自我的能力。

2. 学习任务群的设计思路

有二点需要教师把握：第一，将统编教材进行“任务化”调整。对现在的统编教材每个单元内容进行分析，与六个学习任务群进行对应，其中有一个就是“整本书阅读”，可以利用“快乐读书吧”的资源，设计跨学科学习任务群，利用综合性学习的内容，通过梳理发现每个学期的八个单元，都可以承担学习任务群的一两项任务，以此进行任务化的调整。然后再进行转化，将单元人文主题转化为“学习主题”，把语文要素转化为“学习任务”，用“学习任务”把整个单元整合起来，形成语文要素的内在逻辑，以学生的生活为基础，创设真实的学习情境。此外，我们还可以把课后的练习和学习提示转化为“语文实践活动”，通过转化，将现有的统编教材和学习任务群这些内容统一起来。

第二点，领悟学习任务群的设计要点。教师怎么设计和领悟呢？以“实用性阅读与交流”为例，我梳理成一个表格。第一列是课标中对该任务群的概述。第二列是学习任务群包含的主要内容形式，便于教师把统编教材和任务群一一对应。第三列是目标定位，把握了主要目标，也就清楚了该任务群的教学方向。第四列是该任务群的实施建议。

该学习任务群就是引导学生在语文实践活动中，通过倾听、阅读、观察、获取、整合有价值的信息，即根据具体交际的情境和交流的对象，清楚、得体地表达，有效地传递信息。实用性的阅读和交流最终目的是满足家庭生活、学校生活、社会生活交流沟通的需要。这是该学习任务群的基本内涵（见表1）。

内容形式上，通过学习和梳理新课标，概括出五个方面：（1）叙述性文本，包括有关个人生活、家庭生活、学校生活、大自然短文、优秀的文本，还有科学家的小传；（2）说明性的文本，包括关于大自然的说明性的文本、科技说明文、非连续性文本；（3）应用文，包括留言条、请假条、短消息、简单书信、日记、笔记、大纲、思维导图等；（4）跨媒介的文本。

从目标定位上看，主要有三个：一是获取信息，二是传递信息，三是满足生活的需要。

实施建议有两个：第一个是主题和情境。教师要从个人、家庭、学校、社会等不同生活情境中来选择学习主题。其中，情境设计要考虑三点：一是交流角色，二是交流场景，三是交流对象。第二个是方法和策略。设计时，教师要强化学生在实操中提升阅读与表达的能力等，用朗读、复述、游戏、表演、讲故事、现场报道等活动形式激

※ 表 1 ※

基本概述	内容形式	目标定位	实施建议
本学习任务群旨在引导学生在语文实践活动中，通过倾听、阅读、观察，获取、整合有价值的信息，根据具体交际情境和交流对象，清楚得体表达，有效传递信息，满足家庭生活、学校生活、社会生活交流沟通需要	1. 叙述性文本：包括有关个人生活、家庭生活、学校生活、大自然的短文、优秀文本、科学家的小传等 2. 说明性文本：包括关于大自然的说明性文本、科技说明文等 3. 非连续性文本：包括在社会场所中涉及的标牌、图示、说明书等 4. 应用文：包括留言条、请假条、短消息、简单书信、日记、笔记、大纲、思维导图等 5. 跨媒介文本	1. 获取信息：是实用性阅读的主要目标 2. 传递信息：学会实用性表达和交流，“倾听阅读、观察”是输入和内化信息，表达和交流是输出和外化，是传递信息 3. 满足生活需要：实用性的阅读与交流，注重人与人之间真实的交往能力和沟通水平，是为了“满足家庭生活、学校生活、社会生活沟通交流需要”	1. 主题与情境：从个人、家庭、学校、社会等不同生活情境中选择学习主题。情境的设计要考虑三点：一是“交流角色”，让学生在情境中赋予具体的职业或人物身份；二是“交流场景”，为学生提供具体的工作；三是“交流对象”，给学生设定明确的交流对象，提高交流的效果 2. 方法与策略：要强化学生在实操中提升阅读与表达的能力，学习策略的运用就显得尤为重要。朗读、复述、游戏、表演、讲故事、现场报道等活动形式，都是学生喜闻乐见的，可以有效地激发学生参与的积极性，培养学生的语文实践能力。在教学时，可以把这些学习策略融在其中，不断强化，将学习策略转化为学习能力

发学生参与的积极性，不断地把学习策略融在其中，转化为一种能力。

3. 以任务为载体设计单元教学

我以三年级上册第一单元为例，本单元有《大青树下的小学》《花的学校》《不懂就要问》《再寄小读者》四篇课文，还有口语交际“我的暑假生活”，习作“猜猜他是谁”。通过对教材的分析，这是一组关于学校生活的内容，根据前面的关于学习任务群的定义，我们把这个单元作为“实用性阅读与交流”进行设计。人文主题是“美好的校园”，转化为学习主题“畅谈美好的校园生活”；语文要素是“阅读时，要关注有新鲜感的词语和句子，体会习作的乐趣”，转化为学习任务“用新鲜感的语言畅谈美好的校园生活”，这就把主题、任务、情境非常好地融合在一起，以学生的生活为基础，创设了真实的学习情境（见图1）。

值得关注的是，学习目标也是评价的目标。在本单元中，学习目标有三个，一是借助表格、图文等工具来记录、整理生活中的见闻，积极主动地分享、参与集体交流；二是阅读有关学校生活的短文，积累新鲜的词语，关注学校生活，表达在校园生活中的新发现和独特感受；三是商议新学期计划，思考自己的角色和责任，尝试用简单的书信来传递信息、交流情感。

然后再设计一个学习情境，“新学期，新课本，带来了新气象。和冰心奶奶一起分享暑假里的新鲜事；邀请‘大青树下的小学’的小伙伴们一同来上学；读读少年孙中山和‘我’在课堂上的故事，会让你有新的发现、新的启迪、新的憧憬。观察、探索、阅读、表达、倾听、交流……新一年的学校生活将会更加丰富多彩、新鲜美好。”我们把前面的主题任务具体化，并且把这个单元学生做什么事，用一段话清晰地表述出来了。

最后，我们进行了学习任务的设计——“用新鲜感的语言畅谈美好的校园生活”，

畅谈美好的校园生活（三年级）

一、学习主题和内容

1. 学习主题：畅谈美好的校园生活

2. 学习内容：

（1）阅读：《大青树下的小学》、《花的学校》、《不懂就要问》、《再寄小读者》（课外阅读）

（2）口语交际：我的暑假生活

（3）习作：猜猜他是谁

二、学习目标

1. 借助表格、图文等工具记录、整理生活中的见闻，积极主动地分享、参与集体交流。

2. 阅读有关学校生活的短文，积累新鲜的词语，关注学校生活，表达自己在校园生活中的新发现和独特感受。

3. 商议新学期计划，思考自己的角色和责任，尝试用简单的书信传递信息、交流感情。

三、学习情境

新学期，新课本，带来了新气象。和冰心奶奶一起分享暑假里的新鲜事；邀请“大青树下的小学”的小伙伴们一同来上学；读读少年孙中山和“我”在课堂上的故事，会让你有新的发现、新的启迪、新的憧憬。观察、探索、阅读、表达、倾听、交流……新一年的学校生活将会更加丰富多彩、新鲜美好。

四、学习任务与学习活动

◎图 1

※表2※

学习任务	学习活动	活动设计	课时安排
用新鲜感的语言畅谈美好的校园生活	聊聊暑假新鲜事	召开“暑假生活分享会”：读读冰心奶奶的一封信《再寄小读者》，借助实物图片等讲清楚内容，强调交流的是新鲜事、新体验、新思考	1
	分享学校里的新发现	1. 认识不一样的小伙伴：游戏“请你猜猜他是谁”，说说身边的小伙伴；绘制我的人物谜面图；借助图表来写写我的小伙伴 2. 发现每所学校都可爱：阅读《大青树下的小学》《花的学校》，参观自己的学校，认识不一样的学校，用朗读、报道、情景对话等形式，介绍不同学校不同的可爱之处，在阅读与表达中关注有新鲜感的词语和句子 3. 传递课堂里的新智慧：阅读《不懂就要问》，反思自己的学习，展示自己在课堂上的学习收获	4~5
	新学期，给自己的一封信	1. 规划我的新学期：模仿冰心奶奶，用简单书信分享自己的新学期计划 2. 分享我的一封信：在交流分享中，学习倾听，作出恰当的回应，以客观公正、尊重欣赏的态度评价他人	1

下面设置三个学习活动，其实就是三个子任务，同时规划了课时安排（见表2）。

这就是我们对本单元的整体设计，当然，在具体的教学当中，还需对每一个内容进行具体的设计。

学习任务群的评价理念与设计

1. 评价理念与特点

“新课标”还有一个重大的变化就是研制了学业质量标准，为实现“教学评”一致性提供了依据。语文课程评价包括过程性评价和终结性评价，过程性评价又包括课堂评价、作业评价和阶段性评价；终结性评价主要指学业水平考试，也就是义务教育阶段结束以后，学生要达到的学业水平，即我们常说的“中考”。这里，我们主要讨论的是课堂教学评价，也就是任务群教学的评价。

任务群教学的评价要注意什么？有怎样的要求和理念？

要注意的重点是关注学生在学习过程中的行为表现，以及这些表现所反映出来的思维特征和情感态度倾向。要通过记录、比较、分析学生的学习表现。评价中要不停地记录，引导学生进行自我评价和相互评价，借助学习表现分析、改进学习行为，调整老师的教和学生的学，这是学习任务群评价的关键。

那学习任务群的评价有哪些特点？

主要有三个特点：

（1）典型性。语文核心素养既然是“学生在积极的语文实践活动中积累、建构，并在真实的语言运用情境中表现出来的”，那么，学生语文核心素养的达成情况也必然要在语言文字运用的情境中进行考察和评价。因此，要设计以情境为载体的典型任务，来开展学习任务群的评价。这是任务群评价一个非常重要的理念，也是语文课程评价的重要理念。

（2）重证据。无论课堂评价、作业评价还是阶段评价，评价必须基于证据，注重学生表现性的材料，这是评价的基本要求。“基于证据”就是为了保证评价和作出的判断更可靠、更有说服力，能够较好地反映学生学习的情况，能为接下来教师的教学、学生的学习提供决策依据。

（3）增值性。增值评价要关注学生在一段时间内的学习变化（可以长时间也可以短时间），通过追踪变化辨析出变化产生的影响因素，使得更有针对性地干预成为可能，从而更好地促进预期的变化。增值性评价的核心是让不同的学生有不同的发展，在自己的基础上实现增值，让学生成为最好的自己，这是很关键的。同时，我们也要注意，不能为了增值性评价失去原则地“安慰”学生。

2. 学习任务群的评价设计

有三个要点：

（1）要进行一体化的设计。评价是教学的一个组成部分，在整个设计当中，教学和评价本身就要融在一起，教师通过一体化设计，对教学目标、教学内容、教学过程和教学方法进行及时调整。

（2）要细化评价内容。学习任务群的评价要突出核心素养的基本要求，紧扣本学习任务群的教学要点，编制过程性评价的具体项目和内容。也就是说，学习任务群要求学生学什么，评价就评什么，这样教师才能做到“教学评”的一致性，做到教学目标与评价目标高度一致。

（3）设计评价工具。要让学生有效地参与评价，教师需要为学生提供有效的评价工具，如“学习评价单”等，一般包括评价内容、水平描述、评价等第等组成部分，以表格的形式呈现，便于教师观察和学生在学习过程中的使用。

以“畅谈美好的校园生活”评价设计为例。首先设计一个评价表，包含课堂评价及单元评价，课堂评价需镶嵌在每一个学习活动当中，对应每个学习活动的目标达成。还要把教学目标转化为评价标准，有利于教师对学生学习情况的评价。换句话说，这种评价标准不仅教师要清楚知道，学生也要清晰明白，学生做成什么样，做得好不好，就靠该评价标准来衡量。课堂评价可通过学生自评、互评、师评等方式，把教学和评价融在一起。教师只需用评价语言、评价手段、评价过程，促进学生达成学习目标。

※ 表3 ※

评价类型	学习活动	评价标准
课堂评价	聊聊暑假新鲜事	1. 能借助记录表、照片、文稿、实物或者PPT等分享暑期新鲜的见闻和感受，讲得清楚明白。借助评价表，客观地作出评价 2. 能自主阅读《再寄小读者》，初步感知书信交流的特点
	分享学校里的新发现	1. 能观察身边的小伙伴，发现人物的特点，以书面的形式表现出来 2. 能围绕一个问题，通过文本阅读和实地参观，发现不同学校的不同的特点，借助积累的语言，说出不同学校的可爱之处 3. 能独立阅读课堂上的学习故事，倾听他人的想法，主动反思自己的学习
	新学期，给自己的一封信	1. 能规划自己的新学期生活，用书信的方式与自己和他人交流 2. 借助“学期新计划”评价表相互点评交流
单元评价	快乐的星期一	1. 能用自己喜欢的方式记录星期一的校园生活 2. 能积极参与到播报与交流评价中来，有意识地关注交流的效果 3. 能用简单书信的形式与远方的亲人、朋友分享这一天

针对单元评价设计，教师可将该单元的核心目标融入一个典型任务，用一个课时让学生完成，考查学生的达成情况。单元评价的学习活动为“快乐的星期一”，其评价标准为：能用自己喜欢的方式记录星期一的校园生活；能积极参与播报和交流评价，有意识地关注交流的效果；能用简单的书信形式与远方的亲人、朋友分享这一天，（见表3）。

那课堂评价当中的评价表怎么设计？比如“聊聊暑假新鲜事”星级评价表（见表4）。在该表格中，包含了小组成员、暑假生活内容两栏，每个同学汇报具体内容，根据“新体验，别人感兴趣”“讲得清楚”“用有新鲜感的词语和句子”“借助实物、图片、PPT”四个不同维度进行评价。

※ 表 4 ※

小组成员	暑假生活内容	星级评价			
		新体验，别人感兴趣	讲得清楚	用有新鲜感的词语和句子	借助实物、图片、PPT
		☆☆☆	☆☆☆	☆☆☆	☆☆☆
		☆☆☆	☆☆☆	☆☆☆	☆☆☆
		☆☆☆	☆☆☆	☆☆☆	☆☆☆
		☆☆☆	☆☆☆	☆☆☆	☆☆☆

还有“新学期，给自己的一封信”星级评价表（见表5）。除了小组成员和书信内容，还有“书信格式正确”“书写规范”“标点正确”“语言流畅”这四个维度。考查学生的书信格式是否正确，书写情况怎么样，标点运用以及语言表达能力如何。

※ 表 5 ※

小组成员	书信内容	星级评价			
		书信格式正确	书写规范	标点正确	语言流畅
		☆☆☆	☆☆☆	☆☆☆	☆☆☆
		☆☆☆	☆☆☆	☆☆☆	☆☆☆
		☆☆☆	☆☆☆	☆☆☆	☆☆☆
		☆☆☆	☆☆☆	☆☆☆	☆☆☆

最后，在单元评测设计“快乐的星期一”里面，我们给学生设计了一个典型任务，由三个子任务构成。第一个是“校园趣闻味集”，给学生创设真实的情境，教师通过学生参与过程中的表现性材料、成果对其进行评价，让学生记录星期一的见闻，然后教师引导学生相互交流，丰富自己校园见闻的趣味性。第二个是“我是小小播报员”，让学生通过播报的形式，把星期一的新闻播报出来，不断地让学生有对象感、交际情境、角色参与感。第三个是“书信传情趣”，组织学生回顾书信的基本格式和要求，结合整理好的“校园趣闻集”，用一封信将一周见闻、发现分享给家人、伙伴。当然，我们在其中的一个活动——“我是小小播报员”中还设计了星级评价表（见表6）。

※ 表 6 ※

小组成员	趣闻内容	星级评价			
		吐字清晰语言流畅	讲得清楚要点明确	新奇有趣有吸引力	借助图片、PPT等
		☆☆☆	☆☆☆	☆☆☆	☆☆☆
		☆☆☆	☆☆☆	☆☆☆	☆☆☆
		☆☆☆	☆☆☆	☆☆☆	☆☆☆
		☆☆☆	☆☆☆	☆☆☆	☆☆☆

以上就是我在这一阶段学习的收获和体验。我把每一个任务群都用表格的形式，将其要点进行了梳理，如“语言文字积累与梳理”任务群（见表7）；“文学阅读与创意表达”任务群（见表8）；“思辨性阅读与表达”任务群（见表9）；“整本书阅读”任务群（见表10）；“跨学科学习”任务群（见表11）。

※ 表7 ※

基本概述	内容形式	目标定位	实施建议
本学习任务群旨在引导学生在语文实践活动中，积累语言材料和语言经验，形成良好语感；通过观察、分析、整理，发现汉字的构字组词特点，掌握语言文字运用规范，感受汉字的文化内涵，奠定语文学习基础	1.识字与写字：包括常用汉字及其规律、汉语拼音、普通话以及独立识字能力。引导学生对所学汉字进行梳理探究，发现汉字的规律，加深对汉字所蕴含的文化内涵的认识 2.通读、积累与梳理：通读的内容包括成语、俗语、格言警句、古诗词、对联等。在诵读、积累一定数量语言材料的基础上，引导学生对语言材料进行梳理，领悟语言材料的文化内涵，发现、感受语言的表现力和创造力，并能够尝试运用	该任务群主要指向核心素养中的“语言运用”： 1.语言文字知识与语言经验：掌握汉语拼音、一定数量的汉字，掌握汉字的构字组词特点和语言文字的运用规律，积累比较丰富的语言材料 2.语言文字运用能力：积极参与“观察、分析、整理”等语文实践活动，在此过程中提高语言文字运用能力，形成良好的语感 3.对国家通用语言文字及文化的情感：感受汉字的文化内涵，领悟汉字的美，热爱国家通用语言文字及其所蕴含的文化内涵	1.主题与情境：根据学生的年龄特点和认知规律紧密联系学生的生活实际，结合识字内容，选择适宜的学习主题，创设学习情境 2.方法与手段：识字与写字教学要结合学生的生活经验，采用形象直观的教学手段，综合运用随文识字、集中识字、注音识字、字理识字等多种识字方法，逐步发展学生的识字、写字能力 3.积累与梳理：引导学生增强语言积累和梳理的意识，教给学生语言积累和梳理的方法，注重积累、梳理和运用相结合 4.活动与设计：一是读写活动，如：“认识拼音字母、品读音节”“诵读、记录课内外学到的成语、谚语、格言警句、儿歌、短小的古诗等”“书写笔画简单的字”等。二是梳理探究活动，如：“初步学习分类整理课内外认识的字”“分主题梳理自己记录的成语典故、格言警句、对联等语言材料”，在梳理探究中总结发现运用语言文字的规律。三是语言生活调查活动，如：“开展校园内外讲普通话、写规范字、正确使用标点符号情况的调查、整理分析自己的发现”等

※ 表8 ※

基本概述	内容形式	目标定位	实施建议
本学习任务群旨在引导学生在语文实践活动中，通过整体感知、联想想象，感受文学语言和形象的独特魅力，获得个性化的审美体验；了解文学作品的基本特点，欣赏和评价语言文字作品，提高审美品位；观察、感受自然与社会，表达自己独特的体验与思考，尝试创作文学作品	1. 革命文化类文学性作品，包括革命领袖、革命英雄、爱国志士、历史人物、革命先烈的故事及其创作的文学作品。旨在引导学生继承追求真理、艰苦奋斗、爱国情怀、无私奉献、顽强斗争等革命传统 2. 表现自然之美和描绘多姿多彩生活类文学性作品，包括诗歌、散文等文学作品，旨在对学生进行热爱自然、珍爱生命与自然和谐相处的生命教育 3. 儿童少年文学作品，包括儿歌、童话、成长故事、小说、传记等，旨在让学生感受纯真美好的童心和成长启示 4. 中外经典文学作品，旨在引导学生学习品味作品语言、欣赏艺术形象，复述故事情节，积累情感体验	该任务群主要指向核心素养中的“审美创造”： 1.整体感知，获得审美体验：感受语言文字的美，感悟作品的思想内涵和艺术价值；结合自己的经验，理解、欣赏和评价语言文字作品，丰富自己的情感体验和精神世界，形成学生个性化的审美体验 2.欣赏评价，提高审美品位：评价鉴赏需要的文学知识基础，了解文学作品的基本特点，揣摩文学作品的思想内容、表达方式、写作风格等。与作家、作品进行对话，对文学作品的内容和形式形成个性化的见解 3.表达创作，实现审美创造：文学的表达和创作离不开观察和感受，观察感受自然与社会，表达自己独特的体验和思考，尝试创作文学作品	1.情境与活动：创设生动的阅读情境。有序开展文学阅读与创意表达活动。创设阅读情境需要依托多样的学习主题和富有趣味的文学读写活动 2.资源与拓展：灵活运用文学作品选文，根据需要适当融入学习资源，如作家创作谈、重要的文学评论、同主题的文学作品以及根据经典文学作品改编的影视作品等。依托这些学习资源开展阅读与鉴赏、表达与交流、梳理与探究等语文实践活动，体现文学阅读的开放性、综合性和实践性 3.方法与策略：注重文学阅读方法指导，培养问题解决能力。在开展文学读写活动的过程中，既要重视听说读写的整合，又必须重视文学阅读方法的指导，如诵读、朗诵、品味、鉴赏等，重视引导学生通过语言品味，初步把握文学作品的语言风格，感受作品塑造的艺术形象。体会作者表达的思想感情，获得对自我、他人、社会、人生的认知和启示，通过口头交流、书面创作等方式，融入现代媒介和手段，图文并茂地表达文学阅读感受，呈现文学读写成果

※表9※

基本概述	内容形式	目标定位	实施建议
本学习任务群旨在引导学生在语文实践活动中，通过阅读、比较、推断、质疑、讨论等方式，梳理观点、事实与材料及其关系；辨析态度与立场，辨别是非、善恶、美丑，保持好奇心和求知欲。养成勤学好问的习惯；负责任、有中心、有条理、重证据地表达，培养理性思维和理性精神	1.科普类文章：包括介绍日常事物、自然现象、语言现象等方面的文章，重在区分现象与真相 2.说理类故事：包括中华智慧故事、科学故事、哲人故事、寓言故事、成语故事等，重在学习道理与思维方法 3.评论类短文：包括关于社会公德、传统美德方面的短论、简评，也包括简单的论说文，重在梳理观点与事实，学习明辨是非与实事求是的评论方法	该任务群主要指向核心素养中的“思维能力”： 1.掌握科学的思维方法：包括分析与比较、归纳与推理等思维方法，把握事物之间的因果关系，进行合乎逻辑的思考和讨论 2.提升思辨性读写能力：包括阅读中的猜想、验证、推断、质疑及批判等方式，以正确的价值观，辨析立场与态度，明辨是非、善恶与美丑。提高阅读思辨力；在观察中发现事物的异同，负责任、有中心、有条理、重证据地表达自己的观点和见解，提升思辨性表达能力 3.养成勤学好问的习惯：对身边的自然现象、社会现象及语言现象，勤于观察，敢于质疑，善于反思，乐于探究其中的道理与规律 4.培养实证的理性精神：以实事求是的态度对待身边的人和事，崇尚真知，讲求实证	1.主题与情境：创设适宜的主题与情境，营造宽松氛围，学生只有在这样的氛围里，才敢敞开心扉，大胆表达自己的观点；从文本中寻找证据支持自己的观点，甚至是质疑、争辩，辨别是非、善恶、美丑 2.活动与设计：设计有趣多样的思辨活动，提升思维品质。“思辨性阅读与表达”的核心目标是“思辨”，即引导学生学习发现、思考、探究问题的思路和方法。教学时，要围绕主题和任务，开展多样的语文实践活动，让学生在搜集、比较、探究、分享、辨析、质疑、提问中学会思辨性阅读与表达，提升批判性思维的品质 3.信息与支架：利用信息技术搭建思维支架，丰富事实依据，引导学生搜集信息、比较信息、甄别信息、提炼有效信息，为自己所用。可以为学生搭建六个支架：思考问题的背景、提出开放性问题、唤醒已有知识经验、给学生空间与责任、鼓励冒险与创新、自主梳理与反思，支持学生走向更深层次的思辨

※表10※

基本概述	内容形式	目标定位	实施建议
本学习任务群旨在引导学生在语文实践活动中，根据阅读目的和兴趣选择合适的图书，制订阅读计划，综合运用多种方法阅读整本书；借助多种方式分享阅读心得，交流研讨阅读中的问题，积累整本书阅读经验，养成良好阅读习惯，提高整体认知能力，丰富精神世界	1.第一学段整本书阅读：包括“图画书”“儿歌集”“童话书”等，增加了“富有童趣”“优秀的”“喜欢的”等要求，希望学生能够阅读合适的优秀作品 2.第二学段整本书阅读：包括“英雄模范事迹的图书”“儿童文学名著”“中国古今寓言”“中国神话传说”等 3.第三学段整本书阅读：包括“反映革命传统的作品”“文学、科普、科幻等方面的优秀作品”等	1.知识积累：小学阶段以叙事性作品为主，其中包含着丰富的人物形象和文化信息，学生在阅读的过程中积累一定的相关知识 2.能力提升：阅读能力是在阅读过程中发展形成的，通过整本书阅读，发展学生提取信息、整合解释、反思评价等阅读能力 3.策略建构：整本书阅读需要阅读方法的支持。阅读方法的集合就会形成阅读策略，学会运用多种阅读方法,具有独立阅读能力，除了浏览、略读、精读、批注等阅读方法外，还提出体会、感受、讲述、分享、评析、梳理、研讨等阅读活动，建构动态的整本书阅读方法体系 4.精神成长：读别人的故事，想自己的人生。学生在整本书阅读过程中，受到书中人物的影响，有利于促进学生个人的精神成长	1.统筹与规划:统筹规划阅读学习方案，体现阅读过程的整体性。整本书阅读不是“放羊式”教学，它和单篇阅读一样。需要基于特定的学习目标开展系统的、科学的语文实践活动。通过以点带面、点面结合的方式引导学生完成整本书阅读，不要把整本书阅读教成单篇阅读的堆积和罗列 2.活动与设计：设计多样的读书交流活动，对接其他语文学习任务群。以学生自主阅读、撰写笔记、交流讨论为主，兼顾其他多样的语文实践活动，促进和深化整本书阅读，通过阅读与鉴赏、表达与交流、梳理与探究等语文实践活动，对接其他语文学习任务群，体现学习任务群之间的交叉延伸和相互渗透 3.考查与评价：注重考查学生在阅读过程中的真实表现。针对学情开展个性化指导，运用阅读单、思维导图、读书笔记等方式，将需要考查的知识能力和思维等内容落到实处，同时运用现场观察的方法，用文字或者视频记录学生在阅读、分享、研讨等实践活动中的现场表现

※表11※

基本概述	内容形式	目标定位	实施建议
本学习任务群旨在引导学生在语文实践活动中，联结课堂内外，拓宽语文学习和运用领域；围绕学科学习、社会生活中有意义的话题，开展阅读、梳理、探究、交流等活动，在综合运用多学科知识发现问题、分析问题、解决问题的过程中，提高语言文字运用能力	1. 校园现象：参与设计校园朗诵会、故事会、戏剧节、社团等活动 2. 生活现象：关注生活中的个人学习、家庭生活，关注衣食住行、人工智能、地球太空等未来生活 3. 文化现象：参与不同场域的文化活动，获得多样的文化体验。积极参与学校、社区举办的文化主题活动，如传统节日节气、民俗风情、民间艺术文化遗产、文化意象等	1. 着眼于“跨”：拓宽学习领域，从课堂“跨”向课外，从校内“跨”向校外，拓展学习语言文字运用的领域，使语文学习无处不在、无时不有 2. 聚焦“问题探究”，提升能力：强调让学生在各种真实而又复杂的情境中，逐渐掌握问题探究的基本步骤和方法，逐步具备综合运用各学科知识解决实际问题的能力。该任务群的目标兼认知目标与“如何发现问题”“如何分析问题”“如何解决问题”的元认知目标一致，最终目的是让学生逐渐成长为成熟的自主学习者 3. 立足现实，发掘整体育人价值：“跨学科学习”要围绕学科学习、社会生活中有意义的话题展开，能让学生感受到语文学习在真实生活中的价值，进而唤起学生的社会责任感，提升学生的交流沟通、团队协作和实践创新能力	1. 周期与内容：把握学习内容的周期和容量，注意体现不同学段任务进阶。跨学科学习有较长的学习周期，学习内容更加开放，更加综合。第一至第三学段以观察、记录、参观、体验为主，第四学段以设计、参与、调研展示为主 2. 跨界与融合：准确定位学科连接点，根据“跨度”提供学习资源支持。要基于特定的学习主题，从学习内容、思维方法和关键能力等维度设计和开展语文实践活动，实现学科之间的跨越与融合，引导学生在广阔的学习情境中学语文、用语文，提升沟通交流、团队协作和实践创新能力 3. 考查与评价：系统收集学业评价证据，重点考查学生跨学科思考和解决问题的能力，从评价取向看，以鼓励为主，肯定学生的发现和创造，引导学生自主反思提升；从评价证据看，以学生在各类探究活动中的表现以及在活动过程中完成的方案、海报、调研报告、视频资料等为依据；从评价重点看，关注学生在查阅相关资料、开展问题探究、凝练学习成果等学习环节中对具体探究方法的掌握和运用情况，侧重考查学生综合运用多学科知识思考和解决问题的能力

这就是我围绕学习任务群所尝试的教学与评价设计，希望这些方法和策略给每位一线教师带去启发与参考，在实施“教学评一体化”的道路上，不断探索与深耕。

赢得了作业，就赢得了学生

文/郭 芳（上海市闵行区七宝明强第二小学）

长久以来，“作业”作为教学的基本环节之一，一直受到学校教师、学生家长，甚至全社会的重视。《辞海》对“作业”的解释是——为完成学习方面的既定性任务而进行的活动。这就指明了“作业”的两个基本属性：一是目的性，作业的主要目的是完成学习方面的既定任务，小到一节课的教学目标，大到整个课程目标；二是实践性，作业是教师布置给学生的实践活动，包括思维活动与操作活动。实践活动的呈现形式有书面、口头、形体、实物等。

随着教学改革的深入，作业的功能与形态发生了许多变化。除了检验与反馈教学效果，促进学生学习，全面实现教学目标外，还能进行师生互动，生生互动，家校沟通，培养学生交流与合作、自主学习与自我管理的能力，以及学习情绪的管理与精神品格的提升等。作业形态则从传统的纸笔，拓展到了视频、网络等新媒体形式。

《义务教育课程方案和课程标准（2022年版）》的颁布，再次推动了人们对中小学作业的特别关注与研究。特别是在“教学评一体化”视野下，如何以作业设计撬动“教学评一体化”实施，有效促进学生的学习和发展，提高学习的兴趣和主动性，扩大对课堂教学这一领域的关注。

重新审视作业，提升作业设计的科学性迫在眉睫。这也引发了我校教师关于作业设计与实施，以及核心素养、单元教学、“教学评一体化”等相关问题的新一轮深入思考与探索。我们通过开展相关政策与理论学习，邀请专家讲解作业设计理论，以学情迭代作业设计等方法，打通课堂内外，开展了有效、有料、有趣的作业设计。

打通课堂内外：实施“课前—课中—课后”一体化长作业

传统的作业主要是指课后书面作业、课前预习，课堂练习其实也具备作业的功能，但没有计入作业的范畴。这三种作业形式有时还会出现内容重复和相互矛盾的情况。而长作业既指时间跨度长，从课中延伸到课前、课后，也指知识跨度广，跨内容领域、跨年级甚至跨学科。

比如我校数学教研组为二年级的一次数学课，设计了一份6课时的“班级雨具摆放架设计”长作业。这份作业的具体设计步骤如下：

1. 课前：学生自主提问

此项作业缘于学生的主动提问。每到下雨天，小朋友们的雨伞都只能放在教室后面的小角落或者拖把桶里，摆放非常凌乱，而雨衣也只能湿漉漉地装进袋子，然后放进书包、桌柜等地方。到放学回家时，由于雨伞的凌乱摆放，大家走时拿得又急，很容易造成损坏。而且当把雨衣从袋子里拿出来的时候，不仅有味道，雨衣内层可能也湿了，该怎么办呢？为了培养学生解决现实问题的能力，“班级雨具摆放架设计”长作业就孕育而生了。

2. 课中：学生自主生成解决策略

自己遇到的麻烦自己尝试解决，当得知他们发现的困难需要通过全班的力量来解决时，学生经历了从手足无措时的担忧到学着像成人一样解决问题时的兴奋，再到初步取得成功时的欣喜，然后是收获新知识的满足，获得同伴信任和认同时的快乐等变化。

在课堂上，教师从问题驱动开始，即提出如何解决下雨天教室后面雨伞、雨衣摆放凌乱的问题。学生在课上找到了“班级雨具摆放架设计”的三个关键因素——雨水的收集、雨具的固定、雨具摆放的间隙等。

在设计班级雨具摆放架的过程中，学生根据自身需求，主动经历了真实的统计过程。在辨析的过程中，学生体会到要根据不同的情境选择合适的统计方式，学生数据统计与分析能力也得到了培养。

3. 课后：学生自主开展小组合作探究

课后，学生在小组讨论与分工中，设计适合班级里使用的雨具摆放架，并制作模型。在教师的引导下，学生根据收集得来的数据，提出自己的想法，然后通过了解全部同学的想法之后再分组，这样组里每位同学的想法都能获得认同。

此外，在小组合作的过程当中，学生也能很好地认识角色的管理分工，彼此之间建立信任感。有的小组还能开展组织间的合作，在真实的小组合作过程中经历认同、分工和信任，提升学生的自我管理能力以及团队责任意识，过程中也培养了学生的劳动意识。作业串联了义务教育数学课程内容的全部，即四个学习领域——“数与代数”“图形与几何”“统计与概率”“综合与实践”，衔接了6课时的课前、课中、课后，是名副其实的长作业。

在教师的带领下，学生经历在实际问题中收集和处理数据，并利用数据分析问题，获取信息的过程，掌握统计与概率的基础知识和基本技能，了解长方体与正方体在生活中的应用，认识正方体与长方体的基本特征，初步建立二维和三维的空间观念。经历了问题解决的真实过程，教师鼓励学生用数学的眼光观察生活，用数学的思维思考问题，提高了他们发现和提出问题、分析和解决问题的能力。学生在体验与他人合作交流解决问题的过程中，提高了数学学习兴趣，感受到了数学与生活的密切关系。

突破课时限制：开展单元教学与单元作业设计

单元教学能改变以往过于注重以课时为单位的教学设计，体现学科知识之间的内在逻辑关系以及学习内容与核心素养的关联。比如传统的英语教学中，教师往往关注本单元的核心语言知识，忽视了单元之间、年级之间的前后关联，在作业设计时应综合课标要求、教材内容、学情以及学科核心素养进行考虑。

传统作业设计往往形式过于单一，学生往往是在被动重复劳动过程中巩固知识和技能，发展核心素养，而单元作业具有任务性、统整性、挑战性以及创新性的特点。在过程中，学生的核心素养得到了充分的发展。我校英语教师团队专注于开展单元教学与单元作业设计的研究，并取得了良好的成果。

他们通过分析教材，找到教材中学科体系的内在逻辑，从而设计相应的单元作业。培养学生思维的系统性和灵活性，让学生在完成作业的过程中，通过实践去发现和享受英语语言的作用与乐趣，从内心产生一种用实践和努力换来的成就感，激发学生的学习兴趣和学习动机。

下面以牛津英语上海版二年级上册为例，单元作业为“学校将举办一场*Super Me*迷你小书展，作为小小编辑，你能给自己设计一本*Super Me*的小书吗？”。教师首先将单元内容进行整理及汇总，分析了学生的经验背景以及生活实际，结合学生在日常与他人的交往中，可能会涉及如何进行自我介绍的问题，然后进行了设计。

教师分析并制定了单元教学目标，分别是对于人的能力、外貌等介绍，再结合一年级所学习的对于人物介绍的句型，将学生的知识进行整合融通，最终形成一份对于自我的介绍。通过对比发现，传统作业倾向于学生对于单独知识点的掌握，缺乏知识的统整性和关联性。而单元作业能将学生已有的知识网络进行连接，将知识内在的逻辑建立起来。学生将不同单元获取的词汇和句型进行梳理、概括、分析、整合，最终形成有逻辑性的自我介绍。这些原本割裂的知识点，在学生的观察和分析中，被串联在了一起，从中可以提炼出事物共同特征。

在单元作业完成的过程中，学生的概念建构的能力得到了提升，这也正是核心素养中的思维品质的体现。同时，在给小书配上插图的过程当中，学生还可以发挥自己的创作能力，画出最棒的自己。在绘画过程中，学生的创造性也得到了发展，帮助学生今后将学科技能、非学科技能进行整合应用。

再以牛津英语上海版二年级下册的“Rules”一课为例，教师设计了“Science for school”的项目化学习作业。结合上海公安部发布的“一盔一戴 安全常在”热点话题，设计了如下的单元作业——“你能为校园内外设计一个标志提醒他人遵守规则吗？”

骑乘摩托车不佩戴安全头盔，驾乘汽车不使用安全带，都属于交通违法行为，教师引导学生观察、思考上下学路上，以及在校园内有哪些地方需要我们去遵守规则。学生需要进行一段时间的观察和探索，完成单元作业。在之后的课堂上，学生进行分享，交流了自己所观察到的校园内外需要遵守的规则，然后和观察到相同规则的同学组成一组，小组成员通过讨论，选择相同地点，确定本组的指示牌主题。

这项作业与社会热点话题相结合，培养了学生的发散性思维，有助于学生对核心概念规则的理解，凸显了学科育人价值，更能推动学生分析实际问题、解决问题的能力。利用共通性原则的分组模式，提升了学生的团队合作能力、语言表达能力和社交能力。学生在英语学习上获得了驱动，对教材话题有了更深层次的理解。

这项作业更让我们惊喜地发现，在项目化作业中，每一个小组都有积极争取任务的学生，由于分工带来的不同角色体验，班级里原本英语学习中听说读写薄弱的学生，也有了提高。

这种作业模式使学习不再局限于基础的听说读写，学生发现问题、制订计划、团队合作、人际交往等学习能力都将得到提升。

厚植蝴蝶文化：推进跨学科项目化作业实践

跨学科项目化作业是指学生在一段时间内，通过对真实、有意义的问题进行持续探究，综合运用多个学科的知识与方法，创造性地解决问题，形成公开成果，达到对核心知识的再构建与思维迁移。

我校近年来积极推进项目化学习与作业设计的研究与实践，结合学校特有的蝴蝶文化，开展了“蝶梦水云乡——我的校庆我做主”校庆邀请函设计，“我是小诗人——现代诗集创编”“我们的吉祥物——班级IP形象设计及衍生”等类别丰富的项目化作业实践活动，将“蝶之孵化”“蝶之蜕变”“蝶之成长”这一思想主线，贯穿跨学科项目化作业的始终。

1. 蝶之孵化

项目化作业主张学生在问题驱动下，以小组合作的方式，完成一项源自真实情境且具有一定挑战性的任务。其中驱动性问题是整个项目的心脏，需要一开始就能提出引起学生强烈的兴趣驱动性问题，还需要同时具备知识性与真实性，成为连接学生学习兴趣和真实知识之间的桥梁。

学校开展的“蝶梦水云乡”项目作业，源自学校在建的蝴蝶园，教师基于真实情境提出了驱动性问题——“学校操场西北角建立了一座蝴蝶园，园中有部分区域完成了布置，吸引了很多蝴蝶飞过来，我们可以近距离地欣赏并了解蝴蝶。不过现在还有一块空地没有建设，如果你是蝴蝶园的负责人，你准备如何设计最后这块空地的布置，让更多的蝴蝶来我们学校安家，让我们的蝴蝶园更加美丽，让全校师生了解我们的蝴蝶园？”

驱动性问题让学生明白建设蝴蝶园的意义，激发了他们的主人翁意识，学生在参与建设的过程中，了解、吸引蝴蝶的方法，完成蜜源植物采购单，涉及自然这一学科知识。再根据蜜源植物的空间值种植，完成空地面积的测量及种植布局，规划立体模型，这就涉及了数学学科。还根据蝴蝶园整体色彩搭配，进行墙面绘画，这就涉及了美术学科。最后根据规划完成植物种植，并向全校师生开放，学生与参观者做蝴蝶园的讲解介绍，这个涉及的就是语文学科。

在这一项目化作业的实施过程当中，学生浸润在学校蝴蝶文化之中，潜移默化地接受了校园文化对其心灵的熏陶。

2. 蝶之蜕变

恰逢学校十周年校庆，如何设计一份有学校特色且吸引人的邀请函？教师们设计了“‘我的校庆我做主’校庆邀请函设计”项目化作业。

这是真实情境下产生的真实的驱动性问题，此作业核心在于邀请函的撰写、设计以及宣传上，学生通过以团队为单位设计邀请函，不仅要展现学校特色，还要把相关要素表述清楚。在过程中进行跨学科知识的学习与运用，包括校庆的时间地点等，属于语文学科；学校环境及学校周围简易平面图，属于数学学科；同时要兼顾美观，属于美术学科。

后期学生以宣讲团的形式，在竞标会上为自己团队的设计成果拉票，最后通过全校投票的方式进行评选，结合专家的建议，选出校庆邀请函的最终中标者。

学生身上的蝴蝶文化基因，激发了他们丰富的创造力和想象力，各学生小组在反复的讨论与设计中，尝试将蝴蝶元素融入绘画、剪贴衍纸等多种艺术形式，最终完成了多姿多彩的校庆邀请函，实现了蝴蝶文化从浸润到创变的蜕变。

3. 蝶之成长

所有的项目化作业归根结底是要促进师生的成长，通过对项目化作业实施的反思，教师的教学能力得到了提升，教育观念获得了升华。学生知识面得到了快速拓展，思维与实践能力获得了爆发式的增长。

从教师层面来看，学科教师通常术业有专攻，而在跨学科项目的学习和作业过程当中，问题的解决往往需要多个学科的支持，这是传统学科所做不到的。在项目化作业过程中，教师还要给予精准的评价和有效的反馈，引导学生关注，做背后的思考，边做边评，这对教师的综合素养提出了更高的要求。

从学生层面来说，项目化学习和作业还激励学生自愿组成团队，通过小组合作共同探索问题解决的路径，产出结果。其间将学到的知识、方法、思维迁移到新的问题情形中，做到学以致用。开展纪实性的学习与创作，完成对核心知识的再构建，是完成项目化学习必不可少的环节，因此项目化作业不但是学生的成长，也是教师的成长。

“教学评一体化”要求教学和评价有机地结合在一起，作业设计就是实施一体化的重要手段之一。通过创新的作业设计，可以帮助教师更好地了解学生的学习情况，及时调整教学策略，提高教学效果。还可以促进学生自主学习和自我评价能力的培养，给予学生一定的选择和发挥空间，鼓励学生主动思考和解决问题。以改革作业设计为抓手，控量减负，创新增效，我们也将继续探寻。

02

教学评一体化『堵』在哪儿

在一线教师看来，“教学评一体化”是一项综合性的“大工程”，不好做也做不好。原因在于，实施一体化考验着教师诸多方面的教学技能：学情的分析与把握、学习目标的确立与撰写、评价的设计与运用、教学过程的优化与改进……而这些考验正是教师专业水平的具体表现，更是大多数教师将“教学评一体化”落地课堂的困境与痛点。

疏通的关键是找到堵点，明白做不好的原因在何处，才能找到对应的解决办法并逐一击破。当课堂实现了“教学评一体化”，教师的职业才更加专业化，方可超越“教书”走向“育人”。

实施一体化，从纠正理念偏差开始

文/吴晗清　高香迪（首都师范大学教师教育学院）

“教学评一体化”理念认识窄化

近年来，“教学评一体化”成为教育领域关注的热点之一。所谓一体化，就是将评价活动镶嵌于教育教学和学习任务中，构建一种健康的动态育人范式。学者们大部分的讨论都是从微观视角出发，且以“评”为核心来展开，如，改变课堂教学评价标准的制定方式、开发操作性强的课堂观测工具、关注课堂表现性评价等。

但是，在进行文献分析时，我发现很多研究者和一线教师对“教学评一体化”理念存在认识误区，突出表现在将“教学评一体化”限定于微观的课堂教学领域。他们普遍的认知与行为范式是基于一体化理念进行教学设计，然后在课堂中实施，再描述学生已经具备了某些学科知识和能力的证据，并对此加以反馈，就认为这实现了“教学评一体化”。显而易见，这种范式窄化了“教学评一体化”的理论本质和真实意涵。

首先，从范围上讲，“教学评一体化”是教育教学改革、学习方式变革和评价革新的一体化设计，涉及教育教学活动的方方面面，需要广义上的教师和学生在所有的教育教学活动中时刻关注该理念，而绝不仅局限于一堂课的学科教学。其次，从目标来看，核心素养是对学生价值观念、必备品格和关键能力的整体刻画，不只是学科知识与技能。核心素养的提升不是一日之功，而需要教师整体规划、系统设计、循序渐进地实施。再次，从实施来说，“教学评一体化”

在实践操作过程中，本身就是一个不断循环与改进的过程，把其中一个环节当成全部过程，显然不合适。

另外，还有不少人将“教学评一体化”理念窄化为教学、学习和评价的一种具体策略或方法，主要有三种看法：一是将其直接看作教学策略或方法，如，有研究者将该理念作为一种可以提高教学技能的新手段和新方法；二是将其单纯视作一种新的学习方法，以此关注学生学习方式变化，让学生能了解自己知识和技能的掌握情况，诊断问题并及时改正；三是仅仅将其看作教学评价的改革，过分地以评价为中心来左右教学。这种认识忽略了要素之间的联系，违背了教学、学习、评价系统化与整体化设计的初衷。

显然，“教学评一体化”关注课堂教学，但绝不囿于一堂课中的活动和表现。在课前，教师要基于“教学评一体化”的理念进行整体的教学设计；在课中，教师要有效实施教学，合理设计学生活动，并将评价贯穿于整个教学活动中；在课后，教师要反思教、学、评三项活动各自是否适切，三者之间是否具有一致性等问题。

如此，教师就完成了“教学评一体化”的最小单元。多节课堂、多个单元、多门学科、多个学期、多个学段等循环往复，螺旋上升，以此促进学生可持续发展，才能逐步实现“教学评一体化”理念的真正意义。

“教学评一体化”内部一致性不强

如前所述，人们普遍将“教学评一体化”限定于微观课堂层面。不仅如此，微观课堂层面的“教学评一体化”设计和实施，也存在内部一致性不强的现象，尤其是教学和评价的指向仳离。其主要表现在三个方面：一是教学目标和评价目标与要求学生掌握的内容不一致；二是教学目标和评价目标与要求学生掌握知识的深度不一致；三是评价目标缺乏操作性，无法检验教学目标的达成度。

另外，部分研究者将“教学评一体化”理念应用于课堂，希望改善和优化教学。但在实际应用过程中存在“贴标签”的现象，没有达成教、学、评的内在一致性，与传统课堂教学差别并不大。教师的教、学生的学和教学评价三者的系统化设计，无疑需要满足三者的内在一致性。

首先，“教学评”的结构要素要求教学目标要明确；为了检验教育教学效果以及为改善实践提供证据支持，评价标准要依据教学目标而制定；因为学习任务是学习的载体，也是评价观测点，学习任务根据教学目标而设计。其次，“教学评”三项活动的协同，要求在一体化的实施过程中相互调适，达成教育教学在时间和空间上的有序结构，实现有效的学科育人功能。再次，“教学评”在时空尺度上的跃迁，要求多学科教育实践的联合，在学期、学年、学段等时间跨度上不断迭代，在课堂、学校及校外等场域中深度融合，最终实现育人功能。

“教学评一体化”实操性不足

在落实“教学评一体化”的过程中，大部分教师虽然设置了教学目标，且强调教学目标的设置是基于课程标准及学情的分析，能落实学科核心素养。但我发现，教师设定的教学目标表述模糊，难以转化为操作性行为。教学目标的完整呈现应包含四个核心要素：行为主体、行为动词、行为条件和行

为标准，即谁来学、怎么学、在什么条件下学、学到什么程度。

在分析大量文献后，发现以下问题较为普遍：其一，缺少学习行为主体，教师只关注教什么、怎么教，却忽视了作为主体的学生；其二，行为动词模糊，理解、获取、复述、体会、感悟等动词指向性不够具体，操作性弱。学生达到什么水平算是理解？获取的方式如何？主要内容怎么定义？复述的范围如何界定？教师在设定教学目标时，非常有必要关注其操作性，因为这关涉作为主体的学生能否达成目标。

显然，指向不明确、不具体的教学目标，势必会导致学习活动和评价任务的操作性不强。如，“通过实验探究，学生形成某一学科观念，促进学生学科核心素养的发展”这样的教学目标指向过于笼统，且不可能通过一堂课就能达成。模糊的目标对应的评价任务也大而不当，教师不知道应当评价学生什么方面的知识和能力，评价的标准是什么，通过什么样的具体任务可以达成教学目标。

如，在对学生的表现进行评价时，教师经常以“对”或“不对”这种判断性的词语给予学生反馈，没有针对学生的具体行为提出针对性的建议和可操作的具体改进措施。长此以往，基础薄弱的学生会因教师多次的负面评价而产生畏惧心理，课堂上不敢回答问题，参与课下教育活动的积极性也不高。同时，由于得到的是判断性评价，学生会认为这是对自己的终结性评价，难以促进学生的自我反思。

由于教学目标和评价存在大而不当的类似问题，对应的学习任务就很难具体，深度学习难以发生。因此，要想有效落实“教学评一体化”，需要教学目标可观测，评价任务可操作，学习任务可实践。

对“教学评一体化”的评价缺失

“教学评一体化”作为新课程改革的一种新理念，对于协同教学及评价发挥着重要作用，也是落实学生核心素养发展的关键要素。但通过文献分析和实践调研发现，目前缺乏对“教学评一体化”本身的评价，体现在两方面：一是在理论研究中，没有将“教学评一体化”作为评价对象的相关研究；二是在“教学评一体化”的实践探索中，教师缺少对实施教学后的效果和学生发展情况的反思和评价。

“教学评一体化”对于落实核心素养至关重要，但是实施效果如何，需要对其进行评价之后才能确定。“教学评一体化”评价的目的不仅在于检测教育教学效果，更重要的是发现教育教学过程中的问题，关注教学、学习和评价一体化在设计层面的一致性程度以及实施过程中的匹配度。

别让评价滞后造成教、学“两张皮”

文/丁丽云（深圳市龙华区教育科学研究院）

实践证明，实施“教学评一体化”，把课堂评价贯穿于教学活动之中，在教学前、教学中、教学后进行相应的诊断性评价、形成性评价和总结性评价，发挥课堂评价改善教学、促进教学质量提升的作用，能有效解决课程标准与实际教学、教师“教”与学生“学”“两张皮”的现象。

一、“教学评一体化”实施过程存在的问题

当前，有些课堂评价盲目、随意，缺乏针对性，不能针对学习目标的达成度进行评价。对文本阅读理解程度的评价任务设计不是以复述或改写的形式进行，而是以文本关键词填空的形式进行，学生只要识记所学重点词组就能完成，实际考查的是识记层次的知识掌握情况，而不是对学生信息处理能力和语言输出质量的反馈，评价任务设计与学习目标所期望达到的认知水平不能匹配。

这种为评价而评价、评价流于形式的现象，是由于没有充分理解以学习目标为灵魂的“教学评一体化”和评价的目的造成的。高质量的课堂评价，其目标与学习目标应有同样的认知要求，即达成目标的认知条件与评价任务的要求一致；评价方法和学习目标与实现核心知能的要求匹配。只有保持评价任务与学习目标内在的一致性统一，才能确保评价的“来路”正确，“去路”明确，

“证据”确凿。

评价反馈低效，表现为评价方式单一、标准机械、语言笼统，缺乏针对性的建议。以英语阅读课为例，对学生阅读理解程度的考查，教师会设计数个有关文本细节、事实性知识理解的是非题和选择题作为评价任务，学生只需回答“True”或“False”，“A”“B”或“C”。师生一问一答看似热闹，但结果是由于缺少审辨性问题的设计，影响学生发散思维的培养和思维深度的提升，运用和分析等综合思维能力得不到锻炼，导致学生思维僵化，其潜能、个性、创造性得不到促进和发挥。

以书面表达为例，评价标准过于强调语言表达的准确性和文体格式的规则，限制了学生思维的自由表达，对学生语言错误缺乏一定程度的宽容，对学生表达出的人文性缺少肯定和赞扬，导致部分学生放弃写作练习，出现零分现象。

对不同认知水平的问题，不同形式的活动，不同层次、不同性格学生的学习情况都是“Good! Great! Good job! ”甚至对一个简单问题的回答都是“You're clever! ”这种形式化、简单化、机械化、缺乏指向性的课堂评价不能给予学生真诚的交流和深层次的思维启迪，学生找不到努力的方向，甚至会影响学生的情绪及英语学习的热情。

评价滞后，不能适时运用获取的学习结果评价调控课堂。学生英语学习两极分化，很大程度上是由于教师对学生学习中存在问题的弥补和校正滞后造成的。受传统教学模式的影响，教师更多关注的还是规定时间内预设教学环节的完成、课堂结构的完整以及课堂进程的流畅等，而忽视了课堂生成。课堂上，教师不能依据提问、对话、展示或练习获取学生学习成果的信息和课堂生成的内容及时整理、准确提炼，不能以点带面、触类旁通地进行点评和补救性练习，忽略了针对“这节课”的学习情况以及对学生的形成性评价。

评价任务与学习活动的区别认识模糊，把学习活动简单地理解为评价任务。评价任务是具有验证是否达标功能的特殊学习活动，不是单纯建构知识、形成技能的学习活动，它指向学习目标，表明在达成目标的过程中学生“做得如何”，提供学生学会的证据，展示学生学习的表现。

如词语运用专项复习课设计的“独立完成练习并概括出词语运用的做题步骤和策略”只是一个学习活动，不能提供验证学生是否达标的证据。“借助词语运用的做题步骤和技巧来独立完成练习并清晰解释自己分析、判断的过程”则是评价任务。

教师通过学生口头分析做题思路和反馈练习的情况，可以准确判断其是否能在语用过程中有意识地运用做题步骤和技巧，思维的品质如何，是否能通过本节课的专题训练全面、系统地识记并在新语境中正确运用常用词汇变化规则，课堂学习是否发生“位移”，从而实现从语法学习到语用技能的提升。

以上课堂教学中出现的问题不是个例，而是普遍存在的症结。为实现促进学习的课堂评价，促进“教学评一体化”的融通，需要为一线教师提供有效的行动路径和改进策略。

二、促进“教学评一体化”融通的策略

找准促进“教学评一体化”融通的关键点和难点，进行体现“教学评一体化”思想

的教学设计。

第一，准确、适切、明确的学习目标是实现“教学评一体化”融通的关键点。学习目标具有导学、导教、导评功能，准确体现学科价值、可操作、可测量的学习目标才能起到统领教学与评价的作用。教师要能够通过分解课标、分析学情和研读教材，对文本进行深入的挖掘，制订指向学科核心知识和关键能力的学习目标，解决“教什么”的问题。

第二，制订与学习目标匹配的评价任务是促进“教学评一体化”融通的难点。只有认知水平与学习目标、学习过程一致的课堂评价才能发挥其诊断学习结果、监控学习进展、调节教学的基本功能。例如，一节英语课，学习目标设计为“结合图片，能熟练拼读本节课生词”，而评价任务设计为“给学生1分钟时间思考，用生词造句”。这样设计的不合理之处在于评价任务指向的核心能力是运用，而目标中设置的能力是拼读，超出了目标预设的能力，不能达到依据学情检验学习效果的目的。

第三，进行指向有效教学的“教学评一体化”的教学设计。与传统教学设计不同，在制订学习目标前，首先，要陈述“学习目标确定的依据”，包括课程标准、考纲要求和教材及学情分析，保证学习目标制订的准确性。其次，在学习目标制订之后，不是进行教学活动设计，而是设计评价任务、制定评价标准，保障目标与评价的一致性。再次，把教学过程分成两栏，保证教师与学生的活动内容与评价任务相匹配，保障教学过程与评价任务的一致性。最后，加上前测和后测的结果对比，检验学习目标的达成度。

改变评价标准的制定与运用方式，发挥评价标准构建、规范和评价学习的作用。评价标准既是教师收集、反馈、解释学生学习信息的重要参照，也在教学过程中起到激发学生持续学习、达成目标的驱动作用。评价标准制定与使用的过程就是教、学、评整合的过程。

开发学生维度的课堂观察量表，提升教师的课堂评价能力。关注学生在课堂教学中的表现是课堂教学评价的核心内容。利用课堂观察技术，开发学生维度的课堂观察量表，可以帮助教师把“以学生为主体”的理念落到实处。学生维度的课堂观察量表包括课堂中师生互动的质量、不同层次学生参与活动的面与量、参与热情、自主探究的过程与质量等，即关注学生是怎么学的，教师是如何促进学生学习、组织并促进学生讨论、评价和激励学生的学习热情与探究兴趣的。通过收集和分析观察数据，对课堂教学的实施进行监督和反馈，可以较为全面地洞察学生的心理过程，了解学生在课堂上如何学习、学得怎样。

探索“教学评一体化”融通的教学流程，强化师生的评价意识。“教学评一体化”教学思想指导下的教学多了课堂前测和后测两个环节。课堂前测是一种诊断性评价，主要了解学生在学习新知前的前备知识，摸准学生的起点，为制订准确而适切的学习目标打下基础，提醒教师真正从学生起点开始课堂教学。课后检测和进步程度分析的目的在于收集学生的达标信息，体现的是形成性评价，记录着学生的点滴进步和困惑，使学生看到自己的成长足迹，从而提高其自省能力。同时，教师依据后测结果可以查找存在的问题，及时调控补救，改变评价滞后的现象。

一体化实施三大难点：目标不准，整体不足，评价不熟

文/宋 词 郑东辉（宁波大学教师教育学院）

面对复杂的课堂教学，教师会认真地思考如何处理好教学、学习和评价之间的关系，以便帮助学生更好地达到既定目标。这就是摆在每个中小学教师面前的“学教评一致性”问题。对于这个问题，很多教师想做却做不好，或者说做得不够好，遇到了一些困难。他们往往将学习、教学和评价分开来设计，缺乏整体性思维。基于此，我们根据“学教评一致性”的实践程序，梳理了教师所遭遇的实践困境。

一、“学教评一致性”的实施程序

研究“学教评一致性”的首要关键是解读清楚什么是一致性。教育界讨论“一致性”，最初聚焦于学业评价与课程标准，希望通过评价去检验课程标准的实施效果。他们普遍的观点是“一致性即标准和评价之间相吻合的程度，以及相互配合的程度，以服务于期望学生知道和能做什么”。

但是，仅把重点放在学业评价与课程标准之间的吻合上是不够的，因为评价与具体的学习目标、教学内容之间仍然会有不一致性，“学生是否真正学会了课程标准所规定的学习内容”这一问题依旧得不到有效解决。这些不一致问题，主要发生在课堂教学的实施过程中。

鉴于此，越来越多的研究者开始关注课堂中的教学、学习和评价的一致性问题，同时提出，“学教评一致性”是在课堂上以

目标为核心实现学—教一致、教—评一致、评—学一致的过程，进而达成既定的目标。目标是灵魂，两两之间相互匹配是其应有之义，评价则是推动“学教评一致性”的抓手。

依据“学教评一致性”的内涵指向，发现其内部要素基本围绕四个方面产生相互作用：“学生现在在哪里”“我要把学生带到哪里去”“我如何安排学习活动才有利于学生产生更好的表现”“我怎么知道学生已经到哪里了”，由此构成一个实践程序（如下图）。

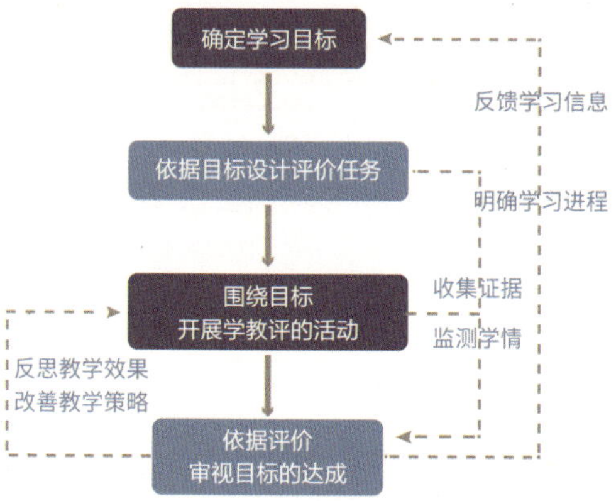

◎“学教评一致性”的课堂实施程序

如上图所示，“学教评一致性”是一个循环往复的教学过程，以目标为起点与核心，将评价作为动力源。这一过程中，有两条工作路线交互发生，一是依据目标展开教学、学习和评价，二是通过评价促进学习并反思教学。

从第一条明线来看，确定学习目标是第一步。目标在整个教学过程中有“导学、导教、导评价”的作用，后续所有的课堂教学皆以它为中心。接下来，教师依据目标设计评价任务。设计评价任务就是将所期望的学习结果事先可视化，凭借有效的设计使学生的学习更有可能成功。合理的评价任务能有效引导学习活动，而学习活动的展开则离不开评价的监控和调节。

然后，围绕目标开展学、教、评的活动是课堂教学的第三步。教与学的活动围绕目标且依托评价进行，教师则需在教学活动中积极地收集、解释评价信息，并分析评价结果。最后，依据评价结果进一步审视目标的达成，这既是为上一轮教学实践作收尾，也是为新一轮教学实践作“奠基”。

此外，从评价的暗线来看，在整个教学过程中，评价贯穿始终，它在不同的阶段发挥不同的作用，设计阶段依靠评价任务来收集学习证据并监测学情，实施阶段则是借助评价信息反思学习效果并改善教学策略，总结阶段主要是依据评价结果反馈学习信息并明确学生的学习进程，使新制订的学习目标能更贴合教学实际。

二、“学教评一致性”的实践困境

以实践程序为“范本”，对照考查当下的课堂教学实践，发现教师在课堂上迟迟难以达成“学教评一致性”，是因为在不同阶段遭遇了诸多困境。

1. 整体关照不足，重教学轻评价

整体关照不足，其实就是学、教、评各要素在课堂上“照顾不均”的问题。大部分中小学课堂没有处理好两条工作线之间的关系，只重视教与学明线的进展，却轻视了评价暗线的开展。即便在教与学过程中，也没有处理好教学、学习之间的关系，一味将重心落于“教”，进而出现“教的比重明显大于评”“学得如何无从可知”等情况。

许多教师不会甚至不愿将评价融入自己

的课堂中，单纯强调教学设计，却忽略了评价任务的设计，一味开展教学活动，轻视了理应并行的课堂评价，不知道学生该怎么学、学得如何、学到哪里。现择其一例予以说明。

【案例1】G小学J老师讲授小学数学五年级《用数对确定位置》的教学片段

片段一：

师：看了这些同学的记录情况，你们有什么想说的吗？

生1：这几个同学写得很简洁，只写了数字。

师：这是你的发现。还有谁想说？

生2：这样写起来很快。

师：哦，还有吗？

生3（提出异议）：这种写法搞不清楚哪个数字表示列，哪个数字表示行。

师：你说得有道理。那怎么办？

生4：规定一下（统一一个标准）。第一个数为列，第二个数为行就可以了。

师：听明白了吗？

（学生稀稀拉拉回应）

师总结：也就是说，只要我们规定了第一个数为列，第二个数为行，以后就不会记错了，是吗？在数学上，我们通常用两个数分别来表示列和行，这样的一对数，数学上称之为“数对”。

片段二：

师：有了数对这种记录方法，我们再来记录一下刚才出现的5个点的位置，这次还会不会记不完？速度再快一点可以吗？好！准备，开始！

师：好的，停。5个点全都记录下来的同学请举手。

（部分学生没有举手）

师：哇，这次这么多同学都记完了。通过这两次记录，你有什么想说的？

（学生坐在座位上自由发言）

师小结：说明数对非常简洁明了。

师：请一位同学来核对一下答案。谁来？

（一位学生上前核对）

师：都写对了吗？那在写数对的时候，我们要注意什么？

生：行、列不要颠倒，中间用逗号，外面别忘了加括号……

师：你的提醒很有价值。

从上述两个教学片段来看，该教师一直把重点放在“教什么”上，通过提问来连接知识点，试图让学生知道什么，实际上却并没有给他们充足的时间去思考和交流。在教学片段一中，当教师询问学生是否听明白时，学生的回应实际上并不积极，但教师并没有重视这种情况，而是自顾自地对教学知识进行总结。

同样的情况也发生在教学片段二，当教师询问学生是否都记录完毕时，有部分学生没有举手，可他并没有对这类学生进行学情的追问。可以发现，为了给教学“让道”，该教师只看自己想看见的东西，其评价轻描淡写，并没有对学生的问题做出及时反馈。此外，结合这堂课的教案来看，发现教师并没有在课程开始之初就设计好评价任务，依据目标设计评价任务这个环节从一开始就是被忽视的。

2.目标定位不准，重知识点轻达成度

目标定位不准，就是指教师在目标叙写上没有做到精准定位。确定学习目标，是“学教评一致性”课堂实践程序的第一步，也是关键的一步。“呈现一个完整的学习目

标必须包含四个核心元素：行为主体、行为动词、行为条件和行为标准，即谁来学、学什么、在什么条件下学、学到什么程度。”四个要素相辅相成，才能使学习目标适合学生，却又不失精准。

只不过，在现实的课堂中，多数教师仍不具备这一能力，常在目标定位上犯错。他们通常只关注自身的“教”，却不关注学生的“学”；只关注“教什么”，却不关注学生“怎么学”“学到什么程度”，这就是单纯强调知识点的输入式教学，轻视了对知识点、方法与情感态度达成度的考量。

相应地，在叙写目标时就会出现如下错误：对课程标准、教材及学生学情的综合性考虑不够；不能完整呈现目标四要素，尤其缺少行为标准的描述；一味铺陈内容，却不具体言明如何做；动词模糊，具体的操作行为不明显。

【案例2】J小学S老师的小学语文四年级《秦兵马俑》的学习目标设计

1.通过从文本中提取信息，整合信息，理清课文脉络。能概括地介绍秦兵马俑，了解秦兵马俑的相关知识。

2.尝试运用摘要、联结、评估等阅读理解策略，体会兵马俑宏伟的气势和惟妙惟肖的神态。尝试运用联想的写法描述兵马俑的神态。

从目标来源看，教师的确依据了课程标准、教材文本、学生学情去定位学习目标，但可惜的是，最终的学习目标与这些内容关系不大。譬如，《秦兵马俑》一文中有很多说明性、描述性的表达方式，课程标准中同样也要求学生领悟表达方法，学习常用句式和修辞手法，可这些内容在学习目标中并没有体现。此外，目标本身的叙写存在一定的问题。其一，习惯罗列知识点，偏重知识与技能维度的目标。知识类的如“文章脉络、相关知识”，技能类的如“联结、评估、联想”，占据了大半篇幅。

其二，行为动词模糊，“尝试运用、概括介绍、了解、体会”等动词的指向性不够具体，实难操作。如何去定义尝试？怎样才算尝试成功？如何算作概括介绍？概括的范围在哪？了解哪些知识？气势与神态怎么去体会？对于这些要求，学生具体应该怎么做，目标皆没有清晰呈现。

其三，没有对学习结果的最低标准进行预设。介绍兵马俑也好，描述神态也好，做到什么程度才算是达成要求？总而言之，教师若无法精准定位目标，则使教无所依、评无所据，后续的实践程序也会失去中心轴。

3.评价技术不熟，重判断轻改善

评价技术不熟，指的是教师不熟悉甚至不会正确使用评价方法和评价工具。在“学教评一致性”的实践中，评价暗线是否能成功运作，很大程度上取决于教师对评价技术的运用。设计评价任务时，要以促成学习目标为核心；开展学、教、评活动时，要通过客观多元的评价手段收集学习信息、监测学情，给予学生即时有效的反馈；同时，巧用评价信息，反思教学并改善教学，审视目标的达成。

实际上教师经常存在的问题表现为：评价方式单一且缺乏针对性，面对不同的内容却使用同一种评价方法；凭主观感受而不是客观标准来判断学生学习情况；误用且滥用量化考试，以分评学、以分评人，“很少解释分数与学习目标、学生后续学习的关系，也不提供针对性的学习建议，过分关注人与人、班与班之间的分数比较，很少考虑分数与自己课堂教学得失的联系”。

进一步聚焦课堂上最常见最直观的评价方式后发现：在课堂提问方面，教师一般只是将提问作为一种互动流程，很少进一步引导学生进行深入的质疑和思考；在课堂测验方面，教师总强调答案的对错与否，却不重视答案所折射出的不同个体的学习状态，也不去了解学生的所思所想；在评价语言方面，教师时常反问学生，或重复学生的回答，常以“好的”“不错”“真棒”“不对”“再想想”等判断性语言进行定论，而对于好在哪、如何更好、错在哪、怎么改等内容却很少提及。

【案例3】H中学D老师的初一英语*Can you play the guitar?* 的评价活动教师提问：

T：what can she do？

S2：He can sing.

T：He？

S2：She can sing.

T：Sing？

S2：She can sing.

S2：She can sing and dance.

T：Yes，very good.Thank you very much.

听力测评：

T：Look at the pictures,and listen to the conversations carefully.Then,please remember the clubs you hear,and write it.

（学生听录音）

T：OK,check the answers with your classmates.

（教师讲解听力材料内容）

对于*Can you play the guitar?*这种任务型课程而言，小组合作评价、对情景表演的表现性评价等皆可成为评价手段，但该教师课堂上却只出现了两种评价：简单提问以及听力测评。从提问片段中看出，教师非常重视学生回答出来的答案是否正确，一旦发现其答案与自身预设的不符，就会使用“重复回答”“反问”等方式去引导学生，只求结果的正确与否，却没有深入挖掘学习状况。

此外，“OK”“Yes”“Very Good”等简单评价语言屡次出现，但学生对此基本毫无反应，大部分都面无表情地坐下。从听力测评任务来看，它以纸笔测验的形式出现，完成检测后，教师只要求学生相互校对答案，并没有悉心了解具体的答题情况就直接开始讲解听力材料。

一线声音：一体化落地的困境都有这些

策划/《教育家》编辑部

《义务教育课程标准（2022年版）》（以下简称“新课标”）的出台为教育工作提供了新的纲领，实施“教学评一体化”成为教学改革的重要命题，其最终目的是促进学生的发展。然而，在教师的实际教学工作中，落实“教学评一体化”为何困难重重？让我们一起来听听一线教师关于教学评价的“那些事儿”。

目标统一的“通用”教学评价

这种评价方式往往存在以下问题：评价过程的忽视。教学评价过于关注学生的“终点”，却不够重视学生从起点到终点所走的不同的“路程”，无法对学生从“起点”到“终点”的过程进行有效测评。同一节课，对于不同的学生来说收获是不同的：基础好的学生，得到的提升是赏析、升华的部分；基础不够好的学生，完成的则是从基础字词到经典句型，再到赏析升华这一更长阶段的学习。教学评价如何引导教师反思，从而使不同层次的学生都在基本知识达标的基础上有获得感，是需要思考的问题。

评价时效的滞后。总结性评价通常在课后进行，但一般教师只有一次上新授课的机会。课堂上的情况都是全新、未知、即时生成的，很难按照教师原先的设想按部就班地进行，课后也只能在原有基础上改进，总结出一些通用的规则指导下次授课。可下次授课时的课文内容、重难点、创新点都不一样了，很难产生有针对性的改进效果。

点评内容程式化。教学评价重视周全而非直击痛点，缺少个性化的、因生制宜的针对性点评。评语常常采用“套路化”模式，虽然这些评语是最基础也是最有用的，但是过于依赖程序化的评语，就陷入了为评而评的“围城”，反而掩盖了最需要点评的重点。教学评价的目的，就是评价教师的教学工作和学生的学习效果，随着教学不断发展，教学评价也应该与时俱进，不应拘泥于程式化的模式。

单一的评价标准。学习的主体是学生，而教学评价却常常围绕着教师的课堂推进来进行。举个例子来说，也许某节新课，学生确实学到了若干生字、新词、好句，也了解到了作者生平，知道文章好在哪里，但是一堂课下来，除了知识性的内容，学生的情感有没有受到触动？学生的心灵有没有受到启发？学生对学习是不是更有热情？有没有产生进一步钻研探索乃至以此为志向的动力？如果仅以知识的获得评价学生，那么所有的学生在评价中都将是面目相似的。

（广东省 方小桃）

“形成性评价”难以实施

当前的教育现状是，在教学中还是以终结性评价（即考试等）为主，不注重形成性评价在课堂中的应用。即使有一部分教师已经意识到课堂评价的重要性，但在实践中还会存在一些困难。例如，教师在教学评价方面的水平较低，不会设计有效的评价活动，因此教学评价在课堂教学中的质量不高，无法起到促进学生学习的作用。

再比如，在进行教学设计时，可以通过卡通歌曲视频让学生齐诵英文以初步感知单词，然后单独提问，发现学生在预习中存在的问题并及时反馈。讲解发音和识记规则，再留出时间让学生再次记忆单词，最后设计快闪活动测试学生的实际效果。这样做虽然体现了教学评价促进学生学习的理念，然而在真正的教学中，这样的流程会比较浪费时间，因此很多教师考虑到进度问题也不会采用。

很多教师追求的是把课讲完。但是，学生的学习活动真正发生了吗？到底有多少学习内容被学生真正掌握了？有多少学生能学以致用？尤其是在公开课中，教师需要完成教学进度，所以很多公开课感觉像是在作秀，空有花架子，但学生掌握了多少不得而知。

（山东省 晋从）

实践和创新迁移能力评价的“空白”

在设计课堂目标时，很多教师把重点放在知识性内容上，以中考为“指挥棒”，中考不考的内容除了公开课，其他时候基本不涉及，关注更多的是学生的预习情况、听课状态以及作业完成情况，毕竟时间紧张，考出高分才是最重要的。因此，评价也多围绕知识性评价展开，通过学生的即时口头反馈或作业错题反馈，找到其中没学懂或薄弱的地方予以指导和纠正，很少涉及对实践能力和创新迁移能力的考查和评价。

即使教师有意识地在设计教学活动时考虑到实践能力和创新迁移能力的评价与引导，也会面临实施难的窘境：一方面囿于学生有限的水平和知识储备；另一方面，找到合适的主题设计相关活动、创设问题让学生解决，对教师来说也是一个挑战。

以“购物”主题为例，在学习相关课程时，教师一般会安排学生进行买卖交易的情景模拟，掌握目标单词与句型。在整个过程中，评价依旧停留在学习理解层面，侧重知识积累程度的考查。同样是购物话题，高二的阅读课讲的则是超市物品摆放策略及原因。教师带领学生逐一分析，让学生们模拟商场老板，设计不同种类商品的摆放位置。学生要通过采访和小组讨论的形式，制订设计方案并阐释原因，在此过程中学习超市如何利用人们的心理进行商品的摆放。类似的例子对学生生活能力和实践能力的提升有很大帮助，但碍于学生的水平和教师创设情境的能力，在低年级教学中较难实现。

（新疆维吾尔自治区 李茹霜）

在“抽象”和“茫然”中摸索难以量化的评价

与旧版课程标准相比，“新课标”对学生的综合学习能力要求更高，要求教师更紧密地围绕学生核心素养发展状况展开教学和评价，侧重于学生的全面发展和终身发展。以前重点强调的是“三维目标”，现在重点强调学生在学习过程中表现出的核心素养水平。然而对于核心素养评什么、怎么评，不少教师依旧感到“抽象”和“茫然”。

缺乏评价指导和评价依据。以我所教的历史学科为例，学科核心素养中有一项是“历史解释”，指的是以史料为依据，客观地认识和评判历史的态度和方法。然而在实际教学中，教师很难对抽象的“历史解释”能力做出准确的、外显的判断和定位。比如请学生评价某个人物或事件，通常是学生讲完了，教师简单评价一下“说得不错”，至于学生究竟哪里“说得不错”、解释是否全面到位、表达是否符合逻辑、达到了什么样的“历史解释”水平，教师很难做出精准的评价，导致学生无法对自己的水平和学习效果产生准确的认识。追根究底，是由于教师自己还没弄清楚到底什么样的“历史解释”是好的、是科学合理的，对这一定义缺乏有效的评价指导和评价依据。

情感指标难以量化。历史是一门具有思想性、人文性、综合性的学科，在教学评价中经常面临“标准抽象”和“询证困难”等问题。过去，我们在“三维目标”中就很难对内隐的情感、态度与价值观进行客观、真实的评价，因为情感指标往往难以量化，这也导致教师很容易把“听话”“成绩好”等作为评价学生学科表现的标准。如今，新课标提出的学科核心素养更为宏观、综合，却缺少一套有据可循、条理清晰、覆盖全面的学科教学评价标准，许多教师仍停留在以往的评价误区之中，这些问题都亟待解决。

（天津市 张赛）

评价是教育的“指挥棒”，在实际教学中权重却最低

教学评价被誉为教育的“指挥棒”，然而在实践中，教师们在紧凑的教学安排下，总是会不自觉地把知识讲授、教学活动等放在首位而忽视评价。即使每节课的教案中都设计了评价环节，但评价所占的比重往往最少且内容单一，大多是在课堂最后的五到十分钟以教师提问题或学生做题的形式，检验学生是否掌握了本节课知识，一旦遇到需要“赶进度”的时候，教师甚至会跳过评价这个步骤，直接进入下一阶段的教学。

经过反思，我发现之所以评价在实际教学中权重较低，有以下几方面原因：

第一，学校对教师的评价多以教学成绩为主要依据，故而教师也将教学重点放在成绩提升上，只关注学生的学业成就而忽视了学生在其他方面的发展和综合素质的养成情况，使评价陷入“唯成绩”的导向误区。

第二，参与教学评价的主体较为单一，多是以教师评价学生为主，很少将学生互评、家长评价或其他参与学生发展的主体的评价常态化执行。有些教师即使设置了多元主体评价，也是“迫于”学校或教育部门要求，在期中或期末时偶尔开展一次用来“交差”，并不会将其当成教学和学生成长的重要参考。

第三，学校尚未形成科学全面的教学质量评估体系，有些教师虽然意识到了“教学评一体化”的重要性，也进行了多种尝试，但并不知其实施效果如何。加之学校在教研和考核工作中很少关注教师在教学评价方面做出的努力，也没有科学全面的教学评价指导和标准，导致教师“无规范可依、无先例可循”，逐渐失去了实践的动力。

（四川省 刘祥泽）

/ My Study Review /

我 的 学 习 回 顾

◎ 读完这部分，我学到了什么？

◎ 这部分内容给我带来的启发和思考：

◎ 在“教学评一体化”的实施中，我遇到了哪些问题：

我的行动

/ My Actions /

◎ 结合我的课堂教学，说说“教学评一体化”实施的改进方法：

◎怎样才能最好地利用自己的优势落地实施“教学评一体化”：

03

切入点一：抓住关键要素

什么决定了“教学评一体化”的有效实施？

二八定律告诉我们，无论人们做什么事情，都要先抓住20%的主要方面，再以20%的主干力量带动其余的80%，这样才能够提高效率。

所以，抓住一体化的关键要素——学情、目标、任务、活动、评价，理清思路，通过相互连接，画出落地一体化的“思维导图”。

学情把握，课堂教学的起点

文/孙建兵　朱芝兰（江苏省苏州市吴江经济技术开发区山湖花园小学）

教师的“教”和学生的“学”是课堂教学中密不可分的两部分。教师的“教”脱离学生的实际，就会出现低效、负效的情况。只有教师的“教”与学生的实际相契合，才能引导学生走向深度的“学”，从而使核心素养得以落实，学生获得全面发展。这就需要教师深刻理解学生，从“学”的角度出发去研究“教”。

一、深入理解“学情把握”与“过程性运用”

学情把握是指通过调查、访谈、测试和观察等多种方法，分析、了解学生学习需求、学习兴趣、学习思维和学习发展等多方面的情况，其目的是为教学提供准确的信息和依据。

学情把握有别于一般意义上前置性的指向教学设计的“学情分析”，它指向过程性运用，贯穿于课程教学的全过程。我们根据学生学习的三阶段，把教师对学情的把握分为对学生学习前的“基础性学情”把握、学习中的“过程性学情”把握和学习后的“发展性学情”把握。

过程性运用就是将所把握的学情运用到教学目标研制、教学内容重组、教学策略选择、教学行为调整、教学评价实施等课程实践的各个环节中。这个过程是从教走向学的过程，也是将学生实际与学习内容相联结，激发学生主动投入智力活动的过程。

有研究者发现，许多一线教师的学情把握与课程实施是割裂的，主要原因在于：教师开始关注学生学习前的学情分析，但对学生学习中和学习后的学情缺乏关注；教师的学情把握缺乏科学的方法和证据，倾向于基于经验的主观臆测；教师学情把握的目的不明确，无法与教学过程实现整合，学情把握及其运用呈现低效或无效的状态。

经过多年的实践与探索，我们清晰地认识到：在课程实践中，学情把握是过程性运用的基础，过程性运用是学情把握的目的，而如何将学情把握与教学过程有机整合是教学变革中的重要问题。

二、学情把握与过程性运用整合的策略

我们从“儿童研究”转向“学情把握”，针对不同的学习阶段细化学情研究，使学情研究指向过程性运用，并真正作用于课堂教学改革和课程实践变革。

（一）基础性学情把握：指向教学设计

学生的已有水平是未来发展水平的基础，因此，我们要在教学前清晰了解学生在没有外力帮助下所具备的学习水平，较为科学地预估学生可能达到的未来学习水平，才能更好地帮助学生走向最近发展区。我们把前置性的学情分析称为基础性学情把握。要让基础性学情的把握更精准，更好地与过程性运用相关联，需从以下几个方面着手：

1. 选择一种恰当的学情测试方法。学情测试的方法多种多样，有习题检测法、实践操作法、问卷调查法、谈话访问法、观察记录法、总结归纳法等。我们需根据学生特点，如年龄特征、认知能力、兴趣倾向等，还有学科特性是偏向知识型还是技能型，以及课时教学需要等来做综合考虑，灵活选用。

例如，习题检测法是数学、语文等学科比较常用的方法，它易于操作，可以针对多名学生同时进行且精准度较高；实践操作法则较多地被应用于技能学科，如体育、音乐、美术等，可用技能测试的方法了解学生学习的优势或困难之处。当然，测试方法要根据实际情况选用、调整或综合运用，不是完全固定的。

2. 研制一份科学的学情测试题。科学的检测工具有利于我们精准地掌握学生的学习起点。教师首先需要解读课标、吃透教材，了解教参对本单元、本课的知识、技能与情感态度价值观的发展要求，明确试题编制的原则之一就是“教什么，测什么”。

其次，由于教材编写普遍遵循螺旋上升式的原则，每一课都不是孤立存在的，学生在学习中一定会运用到过去所学的相关基础知识，因此试题编写的原则之二是“用什么，测什么”。

此外，学生受到学习生活的环境影响，会有大致相同的学习需求、学习能力、学习习惯等，也需要教师测试并掌握，为求同存异、分层教学做好准备。因而，试题编写的原则之三是“需要了解什么，就测什么”。

以上原则在研制学情测试题的时候需要综合考虑。

3. 遵循一个规范的学情测试流程。基础性学情的准确把握，离不开科学、规范的测试和分析。测试之前，根据学情分析对数据的需求，确定测试的人数，是全班测试还是抽样测试；根据测试操作的复杂程度，确定测试时间，是课前测试还是课始测试；根据测试方法的特点，确定测试场所，是教室还是办公室，抑或其他场地。

测试过程中，教师要防止学生之间的互相干扰或影响，确保数据的真实性。测试结束后，教师会及时进行数据的汇总、分析，避免学生因为受到周围环境影响或课堂之外的学习产生学情变化，使测试数据失效。

4. 确定一个适切的教学目标。教师要立足政策依据指导下制订的教学目标，结合把握的基础性学情，如学生的学习基础、学习习惯、学习能力、学习倾向等，制订契合学情、清晰可操作的以落实学科核心素养为宗旨的教学目标。

例如我在教学译林版小学英语一年级上册*A cherry, please*一课时，运用习题检测和问卷调查相结合的方法，让学生认一认、读一读、说一说，以了解学生的学习基础。

半数以上学生在周边学习环境影响下，对该课中出现的几个水果类单词特别是banana、peach等已经初步掌握，还掌握了课本中没出现的apple、mango等单词；对句型“A cherry，please.”“OK.”“Thank you.”等，学生也有所了解。

通过学生自主选择的方式，确定学习倾向：还想多学几个水果单词，如apple、orange、kiwi、lemon等。基于以上学情，教师将本课时的教学目标做了调整。

基础目标：

1. 创设游戏情境，用以旧引新的方法教学banana、peach、cherry、grape，让学生准确区分字母a在单词中的几种发音。

2. 在情境中引导学生用“A...please.”及“Thank you.”进行交际。

弹性目标：

1. 拓展教学学生感兴趣的水果单词，如apple、orange、kiwi、lemon。

2. 运用前两个单元所学句型“This is...”和“Is this a...”，让学生在趣味对话中进一步巩固所学句型，学习新单词。

（二）过程性学情把握：指向策略调整

学情，从来就不是静态、抽象的；目标，从来都不是固态、封闭的；策略也从来不是僵化、单一的。过程性学情强调的是学情的动态变化的特征。学情信息不是独立存在的，它与教学进程相结合，不断发生变化；学生个体的学习能力、习惯、兴趣等存在差异，即便在相同的学习环境中也会产生不一样的学习状态和效果。教师需及时把握这些教学过程中动态发展的学情，据此调整教学目标和教学策略，促进全体学生的学习。

1. 课堂提问了解学生学习状态。教师要问在学生疑问之处，了解学生的学习难点；问在学生的错误之处，发现错误背后错误的思路；问在知识的拓展之处，预估学生学习的潜能……智慧的课堂提问有助于将“个体差异”与“集体教学”结合在一起，将学情把握与教学过程合二为一，优化教学目标的动态实施和教学策略的选择运用。

2. 课堂观察获取学生学习信息。课堂观察主要分为两种形式，一种是教师个人或组成团队观察他人的课堂，另一种是教师对自己课堂的观察。无论是哪一种，都是为了诊断课堂教学中的问题，最终改进教学行为。

例如，在英语教学中，经常会有学生间的合作学习或者自主学习，教师可以走进学生中去观察、倾听，及时了解学生的学习困难点、易错点，通过一定的手段给予帮助。此外，教师还可以借助照相机、录音机、录像机等设备进行课堂实录，通过课后回放来研究学生在这节课中的学习情况，反思自己的教学，为下一次的教学预设更精准的目标、选择更适切的策略。

3. 即时检测摸清学生学习进展。在学用结合、讲练结合的课堂中，教师不仅会指导学生学习，还会进行学生学习的检测评估，随时把握全体学生和个别学生的学习水平与教学目标之间的差距。如数学课中，教师总会在学生学习例题后让学生练一练，以此了解学生对知识的掌握情况；英语课中，课文教学结束后，通常会组织学生进行课文复述、表演、创编新的对话等活动，考查学生对课文内容的理解掌握程度。即时的练习、检测，可以让学生的所学得到及时巩固，也可以让教师获得比较全面、即时的学习信息，以便当堂进行纠正、补充。

4. 依据学习状态调整教学行为。课程实践中，“以学生为中心”理念的体现特别强调学生的积极参与、深度体验与探究，这离不开教师科学、合理的活动组织以及合乎学情的策略调整。

如在教学三年级数学上册《认识长方形和正方形》一课中，教师组织学生通过“量、比、折”操作活动，自主探究发现正方形的边和角的特点。由于同时要研究两个图形，要进行较为复杂的多种操作，导致活动陷入混乱，学生不知所措。此时，教师发现了学生低效的学习状态，及时叫停，重新分配了任务，引导学生进行小组合作，分别研究长方形和正方形，且把研究边和角的任务也进行了拆分，使得学生对活动目的、操作流程更为明晰，最终顺利完成了探究任务。

（三）发展性学情把握：指向课程拓展

教学，绝不是就教材教教材，而是在探明学生“已知”“未知”和“想知”的前提下，按照实际需求选择、重组，甚至拓展教学内容。课程实践中，我们要及时反思教学，思考以下问题：预想中这节课应该要学生掌握什么，实际教学后他们掌握了什么，还有什么没掌握，还可能掌握什么……在把握了这些发展性学情后，教师就可以进行逆向设计，进行补充教学，进行拓展延伸，让学生学得更扎实，更有深度和广度。

1. 在阶段测试中发现发展需求。学生经历一节课、一个单元、一个学段或一个学期的学习后，需要对照课时教学目标、单元教学目标和阶段教学目标进行学习结果的测试、分析。这种过程性评估，一方面是给学生学习评价反馈，另一方面则是为教师反思自己的教学提供真实依据，让教师思考目标体系是否在循序渐进地落实中，定位是否符合当前学情，是否需要进行调整等。

2. 在总结归纳中激发学习潜能。顾名思义，总结归纳就是让学生整理、归纳所学知识，或者让学生针对所学知识自编测试题，以此来了解学生学习情况，激发学习潜能。思维导图由于形式多样、图文结合、利于记忆，受到学生的喜爱，如运用得当，既可以帮助学生归纳、梳理知识点，还可以用来检测学生对知识的掌握情况。

3. 立足学情开发拓展性微课程。在课程教学过程中，因势利导地开发拓展性微课程，可以引领学生从课堂走向课外。教师要依据具体的学情、教学等需要，分析如何观照学生的学习能力和需求进行拓展性教学。在此基础上选择适合学生个性特点、兴趣爱好、学习能力等的教学内容、教学方法和策略，引导学生在游戏中、在情境中、在实践中主动学习、探究学习，形成富有个性特色、适合师生共同发展的拓展性课堂。

二年级下册*Let's count*这一课，由于数字已在日常教学中进行了渗透，本单元内容提前完成了教学。我们针对学生的实际学习情况和学习需求，尝试开发微课程“*Numbers*”，让学生读一读电话号码、门牌、车牌号，做一做简单的加减法，说一说时间的表达，进一步了解数字与生活的密切关系。立足学情的拓展学习，让学生学有所得；贴近生活实际的活动，让学生学有所用。

学情把握与过程性运用的研究具有理论与实践的双重价值。学情把握有方法、有工具，使教师们做的学情分析科学又精准；学情把握有目的、有依据，就可以直接作用于教学实践，让课堂真实又有效。学情的把握，是教学的起点，为教学全过程的“以生为本”奠定了基础。

延伸阅读

越来越重要的“教学评一体化”，到底该怎么做？

学习目标，体现与核心素养的对接

文/罗 滨（北京市海淀区教师进修学校）

关于核心素养导向的学习目标，这里分享三个方面的内容，第一为什么是素养导向的学习目标，第二是怎样来确定，第三是怎样来表述。

素养导向的学习目标，是指学生在完成单元学习的过程中和结束后，获得的学科核心素养的具体表现的应然状态，是期望学生能够达到的目标。而单元学习目标，是教学设计的起点，也是教学实施的终点。要结合课程内容对学生的学业成就的具体表现进行整体刻画，以此反映学科课程目标的达成程度。两者之间的关系，教师可以通过本文来理解。

什么是素养导向的学习目标？

素养导向的学习目标内涵、特征是什么？首先要体现学科核心素养，核心素养一定是整合的、可调用的知识与技能、思路与方法、学科观念、价值判断、解决问题的能力。学生学习之后能进行价值判断，能解决问题，这样的能力其实就是价值观与能力并重所表现出来的素养。

第二个要多维度、立体性。教师教学要在整体中教局部，而不是在一个知识点上加深加宽。要明确整个学科对学生在不同年级的具体要求，达到什么水平。此外，还要把课程目标转化成单元目标、课时目标，站在未来的角度思考学习目标。

其价值和意义涵盖了五个方面，一是有助于落实课程目标，二是有助于统筹要素关系，三是有助于引导教学方向，四是有助于促进评价改革，五是有助于激励学生发展。把课程目标具体化，变成单元学习目标，再落到课时目标，教师才能明明白白地开展教学。

有了目标就能制订教学计划，选择情境素材、设计学习任务、组织学习活动、设计学习评价。目标还能指引教学的组织行为和学生的学习活动，同时校正学生的表现行为。当然，学习目标能评价学生学后是否达成目标，让制订评价目标、研制评价工具、实施评价以及分析和应用评价成果有了依据。

如何确定素养导向的学习目标？

1.学习目标的依据

有三个目标兼顾共性和个性化特点的依据可以确定。学习目标不能泛泛而谈，应该是具体、明确、可达成、可彻查。三个依据是什么？第一个是学科课程标准，包括课程标准、内容要求、学业要求和学业质量。学业要求和学业质量如何区分？学业质量是对本学科学业表现的整体要求，相对宏观；而学业要求是特定内容主题下的学业表现，跟着内容走，相对具体，也相对精细。

第二个是学科教科书，这是教师教学的基本遵循，是教学最主要的材料，前言、目录、正文、实验、图标、注释、练习题和附录等，都应该成为教师研究的对象。而且不只看内容本身，还要看主题之间的关联和呈现方式，它们是如何指向素养发展。

第三个是学生已有基础，学生的前在状态、潜在状态和发展的可能，都需要教师讨论，但最根本的是教师要深刻理解本学科对学生成长的独特价值。

如高中化学六大核心素养中，“宏观辨识与微观探析”“变化观念与平衡思想”“证据推理与模型认知”是分别从化学学科的学科观念和思维方式视角，对化学科学思维进行描述。而“科学探究与创新意识”是对化学学科实践的具体表征，“科学态度与社会责任”则表现出化学学科育人的价值取向，是学科整体育人功能和价值的具体体现。所以，只有整体把握好化学学科育人的价值本质和途径，才能引导学生逐步形成价值观念、必备品格和关键能力。

在这些依据里面，学生的已有基础是教师需要特别关注的。教师要具有探查学生学习基础的能力，并对结果进行分析和诊断，然后再制订学习目标。在探查的时候还要明确学生已有的认知态度，所以通常还会通过一些追问、质疑、讨论、总结等活动，充分外显不同层次学生分析解决问题的思路和方法，发现学生普遍存在的认知障碍和思路上的问题，在学生建立解决问题的思路和方法上，做出恰当的判断，有助于精准设计学习目标和学习任务。

2. 确定学习目标的策略

有四个方面。第一个，提升学科的育人能力。教师要深刻理解国家课程标准及课程性质，理解学科课程设计、教材编写的思路。课程标准包括该学科的课程性质和基本理念、课程目标、课程结构、课程内容、学业质量、实施建议等。课程性质明确了学科对于社会发展和学生成长的价值。

比如地理学科就兼具自然科学与社会科学的性质，对于解决当代人口、资源、环境和发展的问题有着非常重要的作用。学习地理，除了了解地理学科的基础知识、基本技能和学科思想方法以外，特别重要的是，学生可以从地理视角认识和欣赏自然与人文环境，也懂得人与自然的和谐共生。

第二个，坚持横向关联与纵向贯通。横向关联是构建课程标准、教科书、学生学习、社会生活（科技进步）的关系，处理好学段、学期、单元、课时学习目标的关系，确定素养导向的学习目标。

一是立足学科看单元、立足单元看课时。从学科课程要求，即依据课程目标、内容要求、学业质量要求，结合教材结构和内容，整体构建学习单元，确定单元的学习目标。再根据单元的课时安排，从单元学习目标再逐步细化到课时学习目标，建立下级目标与上级目标的关联。

二是立足学科横向关联、立足年级纵向贯通。如数学，从小学到初中再到高中，怎样彰显学科核心素养发展。

三是立足学校内外链接、立足当下，面向未来。将校内与校外的学习一体化。很多超越学科具体知识和技能、对学科本质和思想方法的理解，以及对社会的关联，恰恰是在校外的链接当中实现的。

最后，要体现通识性、内隐性的目标。如尊重、沟通、合作、反思、乐观、责任感等需要更长时间来逐步实现的目标，以便发挥目标的导向作用，更好地进行教学设计与组织实施。

第三个，可以通过规范基本流程保证质量。基本流程大体有三步，一是确定初步的学习目标，以前叫教学目标，这时候独立备课时参考课标、教科书，将个人理解、个人经验融进去。二是形成校正的学习目标，学科备课组集体备课，针对学科核心问题，指向基础性、关键性问题的解决，从内容和表述等方面进行优化，形成校正的学习目标。三是形成确定的学习目标，经过大家的开放性研讨，教师对单元的学习目标进行目标校正、检验，然后结合学生实际情况和个性化需求，修订、优化、完善，形成确定的单元学习目标（见下图）。

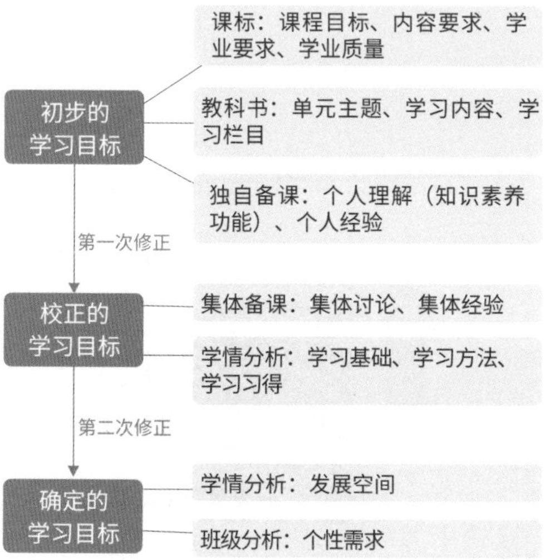

◎ 确定学习目标的基本流程

第四个，强化教研专业支撑。区教研和校本教研迅速响应、升级教研服务，形成区、校两级教研共同体，沿着教师日常教学工作的逻辑给予教师支持，在细节上给予帮助。如提升老师的学情分析能力，要建立基本的思路和方法，从“已有学业基础分析”“学习障碍点分析”“学生发展空间分析”“学习路径分析”等进行综合分析，确定知识、技能、方法和观念融合的体现，这是核心素养的具体化学习目标。

如从完成实践性作业情况，可以诊断学生解决分析问题的思路和观念怎么样；从单元测验的角度收集学生的典型答案，明确学生在知识学科、知识生活、知识分析、解决问题方面思路和方法的优点和缺点。再回到教学当中，对他们的学习困难诊断进行分析，校正学习目标和学习素材的选择，然后进行个性化的学习指导。

如何表述素养导向学习目标？

学习目标如何表述更好呢？素养导向的学习目标和常规学习目标的相同点在于，都符合课标要求和教科书的要求，水平目标符合学生的已有基础。其区别在于，在深度学习中，素养导向的学习目标以单元为学习单位整体设计和实施；以核心知识为载体的学习，指向学生对学科思想和方法的理解，指向迁移应用所学知识和方法解决新问题的素养提升，可以更清晰地表述。

比如原来教师写目标常用“知道……，了解……，理解……，掌握……，应用……，体会……，感受……，激发……，体验……，增强……”这种表述。于是写出来的目标往往是“理解文中的重要内容”“体会大自然的美好情感”“激发学生探索自然的兴趣”……写了就写了，跟教学没有任何关系，因为它是不清晰、不明确，甚至都看不出学科的。我们看下面的案例：

《傅雷家书》整本书阅读的学习目标：

（1）摘抄《傅雷家书》中的名言妙语，丰富语言积累。

（2）围绕主题，选择性阅读相关内容，进行专题研读。

（3）能够对《傅雷家书》做出独立评价，能够准确表达个人观点。

首先知道是语文学科，其次具体内容中也有摘抄句子，体现了核心素养，强调语言的积累与运用。但是什么叫丰富？怎么丰富？所以该学习目标不完整、不够准确。

完整的学习目标包含学习内容、学习途径、学习行为（体现学科核心素养的可观测的行为表现）、相应的行为水平。只有学习内容、学习行为水平是不够的，还要明确学习路径。因此，表述素养导向的学习目标有四个关键：一是凸显学生是学习主体，二是包含学习单元的核心知识，三是外显学习过程的任务类型，四是明确学习过程路径。

这样，学习目标的表述也就完整了。要明确学习主体、学习路径，也明确在完成单元学习之后，学生“能做什么”。学习目标表述可以采用“主体—路径—内容—行为”语句格式，如“通过……，能够形成……”“通过……，从……角度，能够分析……解释……”“通过……，从……角度，能够说明论证……”这样表达就包括了学习的主体、学习的路径、核心的知识、学业水平表现。

在“水平”描述上，一定要关注任务类型、能够解决问题的水平。此外，任务的情境、应用的范围也是表现水平的一种方法。还可以用“自主调用”“多角度分析”“复杂情境”等限定性词语界定素养水平的要求。多个单元的学习，就可以表现出学生认识发展的进阶、解决问题能力发展的进阶等。教师要永远关注学生怎么学，学得怎么样。

最后，像“观察、记录、比较、分类、归纳、概括、分析、解释、假设、预测、探究、结论、说明、设计、评价、建议、推理、建构模型……”等动词，既是学生学习过程当中要用的，也是教师在评价、设计目标时要用到的，这些动词更有利于学生的成长。

延伸阅读

从“教学目标”到“学习目标”
——论学习为本课程的目标转化原理

课堂设计，目标、任务、活动、评价缺一不可

文/黄 伟（南京师范大学教育科学学院）

教、学、评相一致要求我们建构怎样的课堂？

教、学、评相一致的课堂，首先是目标具体清晰的课堂。教、学、评相一致的准绳是什么？当然是教学目标，因此也可以说，教、学、评相一致的课堂就是“立标”“对标”“达标”的课堂。目标在教、学、评一致性的课堂里占据核心地位，既是导航，又是引擎，具有统领各个教学环节的作用，或可说，教、学、评三个环节都是围绕教学目标来展开的。

目标的达成是以学生学会为标志的，要回答学生是否学会必须采用评价的手段来检验。如果学而不评，那只能是个体的自由学习，而不是目标导向的学校教育；如果学与评不一致，那可能会导致教师无所适从，学生可能会丧失兴趣，学校教育的质量也就无法得到保证。

评价学习的方式一般有课堂上的口语类评价（如口头回答、口头汇报等）、纸笔类评价（如随堂练习、书面作业、小测验等）、操作表演类评价（如做实验、小制作、角色扮演等）等形成性评价，以及期中、期末考试的终结性评价。为此，追求教、学、评一致性的教学，必须认真对待教学目标的制订与推敲，一般来说，语文教学目标的规划与制订需要经过如下几个步骤（见图1）。

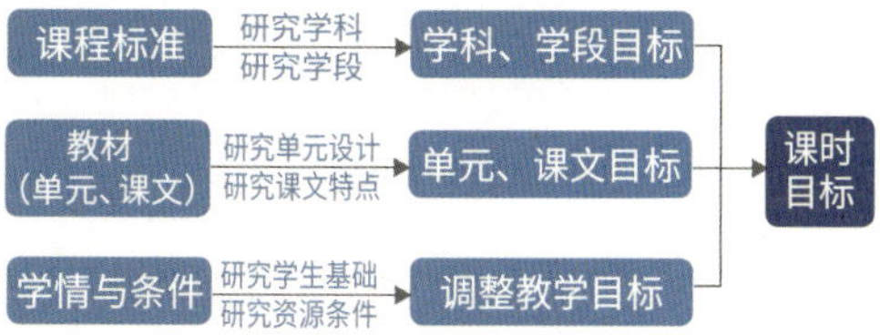

◎图 1

教学目标不仅是用来指导教师教向哪里，也是用来为学生的学习定向与导航的。因此，教学目标不仅教师自己要清楚，同时一定要让学生也清楚，否则，学生不知教师将把自己带到哪里，也就无从做学习的准备，也不知如何调动自己哪些方面的经验来投入学习。只有双方都清晰了追求的目标，师生协同、师生默契才有可能发生，也才能取得实效，否则，那些貌似师生默契的课堂很可能是相互讨好。

还要注意的是，当教学目标确定之后，则要考虑如何呈现。如何呈现教学目标，直接影响学生学习兴趣、动机的激发，也影响着学生学习信心的树立和挑战意愿的培养。教学目标可以直接告知学生，但常常不宜直接告知，最好是呈现“问题”“任务”“情境”等方式来让学生感知目标和理解目标。

其次，语文课堂教学的展开是板块式交叠的。在教、学、评相一致的课堂里，清晰具体的教学目标是通过具体学习任务的完成而得以实现的，完成学习任务则是通过教学活动来体现的，而实现成效怎样即达成度如何又必须得到“对标性”的评价来确证。因此，目标的1、2、3则对应学习任务的1、2、3，学习任务的1、2、3则对应教学活动的1、2、3。这种教学展开模式，我们可以称之为“板块式教学”（见表1）。

上表中，教学活动对应学习任务，学习任务对应教学目标。有几个教学目标就有相应的几个教学板块，而教学活动中的每个板块体现了教师指导与学生学习的双向建构。这样的教学，目标得到落实，而教学活动则是明确完成学习任务，即教学活动实实在在地让学生获得基础知识、关键能力和必备品格，防止了教学内容和教学活动的游离与蹈虚。

这一教学模式打破了传统课堂教学的线性结构。如上表所示，如果一节课有三个目标，则课堂教学分为三个板块，每个板块对应具体的学习任务，每个学习任务完成相应的教学目标。几个板块既是相对独立的，其独立性主要表现为教学单元的完整性；但更是相互关联的，几个板块可以并列横向展开，也可以纵向递进深化，还可以交叉环扣而互相促进。总之，它们构成了交叠共进的关系。

“板块式教学”秉持目标引领、任务驱动取向，引导学生沉浸到各板块的学习活动之中。也可以设计综合性的任务或多项任

※表1※

教学目标	教学内容	教学活动	
目标1	学习任务1	板块1	教的活动（教师指导）
			学的活动（学习发生）
目标2	学习任务2	板块2	教的活动（教师指导）
			学的活动（学习发生）
目标3	学习任务3	板块3	教的活动（教师指导）
			学的活动（学习发生）

务，融入一个较大的板块（相当于模块），这个模块可以综合性地完成几个任务、实现几个教学目标，这几个教学目标可以构成递进、交叉、同心圆等多种关系。相应地，几个教学内容也构成了这样几种关系（见表2）。

※ 表2 ※

教学目标	教学内容	教学活动	
目标1	学习任务1	板块（模块）	教的活动（教师指导）学的活动（学习发生）
目标2	学习任务2		
目标3	学习任务3		

教学内容还可以是一个任务群，而完成这个任务群可以用几个板块来实现（见表3）。

※ 表3 ※

教学目标	教学内容	教学活动	
目标1	学习任务群	板块1	教的活动（教师指导）
			学的活动（学习发生）
目标2		板块2	教的活动（教师指导）
			学的活动（学习发生）
目标3		板块3	教的活动（教师指导）
			学的活动（学习发生）

在上表中，一个学习任务群可以完成几个学习目标，而这个任务群的完成又需要几个板块来实现。这样，板块与目标，不仅可以有递进、交叉等关系，还有相互渗透、交融共生的关系。

事实上，学习任务的完成、学习活动的展开，对于学习主体来说都不可能是单一地接受知识、能力和情感态度的，一旦完成了一项学习任务特别是复杂任务（群），一定是整合性地影响着学生素养的生成，教学应该充分关注到这一点。但是，“饭是要一口一口地吃的”，我们的教学还必须一件一件地完成，当然，在“一件一件地完成”的过程之中和之后，我们还应进行整合，以便实现整体的、综合的学科育人目标。

再次，教、学、评相一致的语文课堂，评价是嵌入的、全程的。评价不仅是诊断，也是驱动。课堂嵌入式评价，是一个基于课堂的过程和节点的评价，教师运用系统的方法来对学生的学习结果进行达标评级。这个过程要求教师确定每节课的教学目标，设计评价目标的量规，并用这些量规评定学生表现、进步和达标程度。嵌入式评价，是和学习同时发生的评价，是课堂教学阶段性描述性评价，也是跟踪性及时性评价，评价不再是学习的终结，而是为了及时地调整和改进。在教、学、评相一致的语文课堂上，评价的全程性，是指对课堂教学追求的目标、内容呈现、活动展开、学习阶段、学习结果进行全面的评价，同时也对课堂教学要素之间关系的匹配性进行评价（见表4）。

※ 表4 ※

为什么教学	教学什么	怎样教学		教学怎样
教学目标	教学内容	教学活动		“教学评价”
			教的活动（教师指导）	
目标	学习任务	板块	学的活动（学习发生）	

上表表明，既要评价目标，也评价学习任务，还要评价教学板块中的师生活动与成效，更要评价它们之间的匹配性和系统的协调性。

※表5※

文本解读三个层级	六级思维能力	教学支持要点	学习（思维）活动	评价维度
1.释义	2.文本内容理解力	如何运用阅读方法和阅读策略	提取、概括、整合、联系、比较、推知、翻译	1.读懂：理解阐释读出意思
	1.语言文字感知力	如何通过字、词、句、段、篇来理解内容和主题	认知、识别、识记、记忆、解释、整合	
2.解码	4.文本思路结构分析力	如何分析、推理	分析、归纳、推论、联系、结构化	2.读通：通晓奥妙读出趣味
	3.文本艺术特点欣赏力	如何体验、欣赏	体验、感悟、想象、品味、揣摩、审美	
3.评鉴	6.文本迁移再创力	如何迁移化用于再创重构	通达、会悟、融合、应用、转化、内化	3.读透：反思体悟读出我思
	5.文本审辨批判力	如何审辨反思、评价与批判	质疑、审查、辨别、评价	

基于教、学、评一致性的语文阅读课堂的进阶框架

长期以来，我们的阅读教学跟着文本的内容（写作的对象和表达的主题）走，没有很好地凭借文本阅读来发展学生的语文素养。对此，我们尝试建立阅读教学层级进阶框架，对阅读教学中的教与学的要点以及评价维度进行分类分层，为解决上述问题提供一种思路，同时也为实现教、学、评一致性构建坐标（见表5）。

以上“三个层级”（释义、解码、评鉴）是课文解读的一级教学目标，“六级思维能力”是解读的二级教学目标（在此基础上，还可根据课文教学的需要分解出三级、四级目标）。在明晰六级思维能力发展目标之后，便要确立教学（教师方面）应该相应给予哪些支持；同时，期望学生应该开展哪些思维活动。最后，评价学习结果。学习结果对应前面的“三层六级”目标。这里只是呈现出评价的三个维度，至于具体评价指标应该结合课文和具体目标来细分。

如上表所示，教学目标一旦确定，教学任务应该与其对应，教学任务便是围绕“问题解决”来实现以思维能力为核心的各项语文能力的获得与提升。这样的教学，才是指向学科核心素养的有效教学，才让学生的发展有跑道和台阶，才让教学过程与学生的发展具有对应性的关联，具有因果联系。

延伸阅读

一体化怎么做？先修炼4项关键能力

情境与任务，让学习体验更真实、有效

文/陶 潜（探月教育者发展中心）

小时候的游泳经历，让我有了这样的体验。四年级时，和家人一起游泳，玩了一个月，连换气都没学会。五年级时，央求小叔指导游泳，他关注我的游泳动作，并且给出反馈建议，还教授一些练习窍门儿，终于让我学会了游泳。成年后，我一位国家游泳队教练的朋友，给我指导，挑出一箩筐动作上可以提升的地方，哪怕就一次训练，我都觉得游泳技能有了质的飞跃，因为他眼中的评价标准更清晰、细致。所以，不同水准的评价能导致不同效果的学习体验。

小叔帮助我成为游泳新手，教练朋友让我的游泳技术更加精进。很明显，在教人游泳上，他们的专业能力是不同的。相较于我的小叔，国家队的教练更知道“看”什么，也就是评价什么，进而更知道教什么。

所以，对于教育者来说，能看到什么，在很大程度上，决定了学生的学习体验和效果。

明确教师专业能力

当我们尝试设计评价导向的学习情境与学习任务时，最先需要弄清楚能看到什么，并理解、判断究竟什么内容值得去看。

例如，同样都是教“做烤鱼”，教授者

所看到的不同，直接导致学习者的学习体验和学习效果是不同的。

● 若教育者“看到”学生能把烤鱼的制作步骤背诵下来，达成了记忆的认知层级，学生就能学会记住烤鱼的制作步骤，进而能够默写下来；

● 若教育者“看到”学生能理解烤鱼的制作步骤，达成了记忆的认知层级，学生就会用自己话解释烤鱼的制作步骤究竟是什么；

● 若教育者“看到”学生能按照烤鱼的制作步骤制作烤鱼，达成了应用的层级，学生就可以像一个熟练的学徒一样，按照参考的食谱制作烤鱼；

● 若教育者“看到”学生去分析两个口味不同烤鱼的制作过程的差异，达成了分析的层级，学生就可以初步地像一个烹饪专业人员一样去思考，去发表意见；

● 若教育者“看到”学生基于色香味、食材、烹饪工艺等维度去评价某烤鱼，达成了评价的层级，学生就可以像一个“评委”一样去思考，去给出他的评价结果；

● 若教育者“看到”学生能够结合各种不同饮食习惯、流派来创造性地改良烤鱼，达成了创造的层级，学生就可以像一个美食家一样去发挥自己的创造性，来推陈出新。

从这个例子中我们看到，知识的主体是相同的，但是学生的所作所为，取得的成就，和所提升的素养有可能是不同的。这取决于教育者能看到和实施评价的内容是什么。

不同目标层级的评价设计，会导致不同深度的学习结果。在核心素养导向的教育环境下，教育者从来都不应该在如此宝贵的教育时间中，仅仅看到记忆、理解、应用层级的内容，而是去分析、去评价、去创造。引导学生调用所学的知识解决实际的复杂问题，并尝试将所学迁移到各种不同的情境之中。

所以，“设计评价导向的学习情境与学习任务”这一教师专业能力，首先要求的是“教师能够设计指向核心素养发展的评价设计”，也就是能够看见学生核心素养的发展。

看见核心素养再去思考学习情境与学习任务，其实就是通过学习情境与任务促进学生的学习，也即“以评促学”。看见核心素养，促进学生学习。每一位教育工作者的工作环境、学生背景、硬件条件都不一样，建立起这两种专业直觉，可以帮助教师应对所在的具体教育场景。为了能够看见学生核心素养的发展，教师需要行动起来，去锚定学习目标，而且是以核心素养作为内容的学习目标。

给教师的行动框架

1. 出发：锚定学习目标

还记得在一次教研指导活动中，某位老师精心准备了公开课，课上的教学场面十分热闹。学生需要理解教材并记忆八大行星的特点和运行轨迹，然后穿上准备好的装束，扮演某个行星，模拟行星运动。

教师在说课中表示，学生的核心素养得到了有效的锻炼和提升。当我询问教师这样的学习体验能够锻炼哪些核心素养时，教师解释：“学生只要进行了热闹的游戏，核心素养自然就提升了。”

我回应道：“坦率地讲，我没有看到学生核心素养提升的证据。学生的学习体验并不复杂，他们只是在热闹的课堂体验中原地兜圈，重复调用早已记得的知识点和模仿的能力。”

教师在获取教研指导后，精准地把学习目标定为“团队协作素养”，课程的主题还是八大行星，但是教师明确课程的目标是团队协作素养。学生的学习体验就变得丰满起来了。

首先，学生要组建小组，共同完成模拟八大行星的运动的任务。在任务中，教师明确要求学生进行小组分工，制定团队规则，达成团队共识；在任务结束后，学生还需要进行团队复盘，彼此之间互相给对方反馈。在改进后的教学中，教师的角色也发生了转变，从之前的“维持课堂秩序”，这就要求教师做到有教无类、因材施教，培养不同发展水平的学生各自所需的核心素养。

如何能做到？教师的专业工具——量规，就派上用场了。量规也叫评价标准，任何人在评价任何事物的时候，一定存在评价标准，从这个意义上说，量规无处不在。量规有多种类型，教师要懂得如何甄别。

如基本型量规只具备简单分级的功能，每个分级只有简略的表述，这对于核心素养的表述过于宽泛，不能够起到促进有效学习的作用（见表1）。

※ 表 1 基本型量规 ※

基本量规——作文	
得分	描述
2	这篇文章很有说服力
1	这篇文章有一定说服力
0	这篇文章毫无说服力

又如整体型量规，虽然整合了非常丰富的观测要点，但是对于每一个点都浅尝辄止，并未指出诸如“文章条理清晰”具体指什么。清晰具体的课程之上，才能让鸟儿清晰地明确飞行路线（见表2）。

※ 表 2 整体型量规 ※

整体型量规——作文	
得分	描述
A	中心思想表述清楚，文章条理清晰。词汇选择得当，语法错误很少。拼写和标点使用十分准确
B	中心思想相对清晰，文章组织逻辑比较连贯。词汇使用较好，只有很小的语法错误以及个别拼写和标点错误
C	有中心思想但不清晰。文章组织较差，缺乏连贯性。词汇使用一般。有些大大小小的语法错误，以及一些拼写和标点错误
D	中心思想很难确定或者与主题无关。文章条理不清，缺乏连贯性。词汇使用薄弱，语法错误频繁。经常出现拼写和标点错误
E	中心思想缺失，文章条理不清，整体不连贯。词汇的使用非常薄弱，语法错误频繁。拼写和标点错误很多

类似的任务型量规评量的主语不是人，而是物体、任务本身，因此不能帮助教师锚定核心素养的学习目标（见表3）。

分析型、发展型量规指的是把素养的每一个观测点都具体进行拆分，比如说，之前在整体型量规中未能够具体拆解的文章组织，在这里进行了非常详尽的阐释。而发展型指的是这个量规的主语都是学习者，呈现的内容是学习者核心素养的具体表述（见表4）。

这类量规，才是教师在素养教育语境下值得参考和使用的专业工具。因此，请大家一定要重视并参考最新的课程标准中有关核心素养的表述，尤其是新增加的学业质量部分，有非常落地的阐释。

※ 表3 任务型量规 ※

任务型量规——船只设计			
造船新手	造船学徒	造船能手	造船大师
我的船一放到水里就变形或沉进去	我的船漂浮了一会儿，然后在计时赛结束前开始漏水	我的船在水中漂浮且能够移动，至少保持5分钟，气密性良好	我的船始终在水中漂浮且能顺利移动，在计时赛结束后的很长一段时间，保持良好的气密性
在我放手之前，我非常确定它不会像我设想的那样运行。它看起来不像我的原理图（或者即使它看起来像，那也是因为我在造完船只后，修改了原理图）	在我放手之前，它看起来和设计图比较像，但其实在测试之前，我临时删减或增加了一些零件，并没有及时更新原理图	在我放手之前，它看起来和最终原理图非常像，并按照我的预期正常运行。我可以为你展示船只设计演变过程	在我放手之前，它看起来和原理图的最终版本几乎一模一样。我可以清楚展示，根据测试运行的图表，船只设计原理图的改进过程

※ 表4 分析型、发展型量规 ※

分析型、发展型量规——作文				
	新手	基本	合格	进阶
创作/写作-组织结构	能够有逻辑地组织段落或章节以支持文本的主张和观点	学生能够将段落或章节相互连接，富有层次，以支持对观点的理解。承上启下方式大多是适当和有效的	学生能够将段落或章节相互连接，逻辑上层次渐进，以加深对观点的理解，并澄清这些观点之间的关系	学生能够将段落或章节相互连接，逻辑上清楚地层次渐进，以加深对复杂观点的理解，并澄清这些观点之间的关系
创作/写作-叙述	能够使用过渡词汇和短语，叙述一个情景并组织一系列事件。能够介绍一个叙述者或人物，并以有逻辑的结论收尾	能够使用各种词汇、短语、句型，叙述一个情景并组织一系列事件 能够介绍一个叙述者或人物，并以有逻辑的结论收尾	能够清晰地构建所叙经历、事件和流程的发展线、故事线和结构。 文本的组织顺序是有逻辑的、连贯的或者是自然展开并呈现的。在合适情况下，能够使用多种叙述的技巧（比如描述、对话、反思等）	能够清晰地构建所叙经历、事件和流程的发展线、故事线和结构。 能够使得文本的组织顺序是有逻辑的、连贯的或者是流畅地自然展开并呈现的。在合适情况下，能够使用多种有效叙述的技巧（比如描述、对话、反思等）

2. 积累：体验带来灵感

据我观察，很多教师在设计学习情境与学习任务时，难点都在于根本没有思路，不知道从何处开始入手。

我自己也曾面对过这个困境。初入教坛，我在云南山区的一所中学做物理老师，发现很难教会学生抽象的物理概念。查资料时，我看到发达地区的教师可以让学生在完备的实验室里“尽情”地探索，他们的学习体验设计是如此巧妙、完整。但我这个新手乡村教师，根本没办法把那些情境与任务照搬给我的学生，不论是资源的局限性还是教育体验设计的复杂度上，我都没办法实现。

另一方面，这些局限却也并不足以成为我不为学生提供学习情境与学习任务的借口。最后，我只能用非常朴素的方法，解决

※ 灵感画布 ※

目标 解决什么问题/满足什么需求/通过怎样的考验	学生角色 在这个任务中，学生的角色可以怎样概括	影响受众 这个任务影响谁
背景/情境 任务发生的背景/情境	学生选择 在最中心的位置完成任务的学生是谁	资源 学生需要什么来完成任务
产出1 可视化的产品/作品/表现 认知动作 为完成此产出，学生需要完成的重要认知动作 相关知识 涉及的学科或跨学科知识		
产出2 可视化的产品/作品/表现 认知动作 为完成此产出，学生需要完成的重要认知动作 相关知识 涉及的学科或跨学科知识		

了问题。

上学时，我的物理老师曾在晚自习上关闭了教室的灯，让我们看见他的老式三星手机Logo倔强地穿过凸透镜，出现在黑板上。凸透镜能成像，原来教材上的现象是真的。

于是，我也如法炮制。白天我拍了很多张学生的照片，提前预告晚上可以把他们投在黑板上，但是需要他们来解释这其中的物理原理。之后，我还把“去天台上用望远镜看远方的山”的任务布置给大家。和我那时一样，学生也真切地感受到了教材上讲的都是真的。

我问过很多设计了优秀课程的教师，“你如何设计了这么精彩的课程？”他们回答的出发点无不指向自己的亲身经历与生活。设计学习情境与任务的灵感，就源自你的真实生活，它可以是任何事情，促使你想要和学生一起行动起来，做出对这个世界的改变。所以，建立一个灵感银行，时时查阅，便再也不害怕设计课程时无从下笔了。

3. 初创：完成灵感画布

课程设计是一件创造性的活儿，出彩的关键是有一个称手的脚手架帮助你把纷繁的思绪、学习的目标以及个人的真实经验，有机地融合在一起，形成你所设计的学习场景与任务，结构就是脚手架。我的同事张力玮博士还给它起了一个好听的名字——灵感画布（见上表）。

灵感画布的使用非常简单，基于灵感

想到啥就记下来（不用追求都填完）。需要注意的是，有的时候，这个模板可能已经预先填写了一些内容（如学习结果、知识这些内容出于课程安排、学校要求，不需要再设计）。大家在使用这个工具的时候，最重要的就是帮助自己梳理各个元素之间的关系，把各个部分串起来，尤其是在完成任务中的具体产出时，学生需要调用的核心素养与学习目标必须精确匹配。

4. 完善：落实授课材料

很多教师可能会问，虽然落实授课材料确实很重要，但是就上一遍的课，至于要不断地完善吗？我的回答是，如果课程设计的目标是发展学生的核心素养，涉及各种学习情境和任务设计，那么不断完善授课材料就是必要的。因为这样的课程注定了教师需要不断与学生一起成长，需要不断地创新创造，追求更好的教学设计。

另外，从某种意义上说，授课材料是教师专业成长的证据，是教师专业性建构的基石，自然需要不断地打磨、迭代。当我们以终为始地看教学情境与任务设计的时候，载有“学生易懂的、具备完整任务信息的学生任务书”就是教师的专业产出。在素养教育转型的今天，这不仅仅是对专家型教师的要求，也是对全体教师的期待。

其实，真正做起来并没有想象中那么难。武汉鲁力老师，在看见太多学习过电工专业的学生，由于未来工作场景与自己的期待不相符从而转行做其他工作之后，她决定在课程中解决这个实际问题，历经4次重要的迭代，她设计了中职专业课：“电工专业”梦之初体验课程。

这个课程抓住了素养目标叙述、收集资料和口语表达等要点，通过学生实际调研已经工作的学长学姐的任务，构建自己对于电工行业的认识，之后再融入专业知识，完成电工手册。最后的大任务是学生尝试输出，在校园开放日面向来参访的人介绍自己的专业。

这个课程是勇于发现实际问题的鲁力老师将素养目标、学习情境与任务有机地融合在了一起的产物。比起这门课，更值得关注的其实是教育者本身，课程其实是教育者的一面镜子。

还有来自南宁梅沙幼儿园的孙老师是一个对于生活和艺术都充满好奇的人，所以他给学生带来了奶茶文化的课程，他常挂在嘴边的话是——“这个课这么做就更有意思了！”

其实，这些教师在交出优秀的“设计评价导向的学习情境与学习任务”的答卷之前，他们首先认真完成了生活的答卷，而且他们在觉察、在思考、在解决实际问题，并把这个过程主动地分享给了学生们。我想，用生命去做教育，在这些教师身上可能有一个新的理解，不再强调牺牲与奉献，而是认真地体验自己的人生，去感悟，去分享。

评价导向的学习情境与学习任务如何设计？我们当然可以从做事的方法上切入，去明确评教导向关于学习体验的重要意义，去找寻称手的脚手架，去学习尽可能多的课例，在做中学，去构建教师的专业能力。

与此同时，也请不要忘记，我们每个人都是长大了的孩子，充满孩童天性地去观察、去感受、去分享、去解决实际问题、去拥抱真实的生活，才是课程设计的底色。

掌握三个关键点，教师“教”得更明白

文/吴 星 吕 琳（扬州大学化学化工学院）

《普通高中化学课程标准（2020年修订版）》中提出：依据化学学业质量标准，评价学生在不同学习阶段化学学科核心素养的达成情况，积极倡导“教学评一体化”，促进每一个学生化学学科核心素养得到不同程度的发展。这就要求我们能准确理解学科核心素养和学业质量标准，在教学过程中实践“教学评一体化”。

“教学评一致性”与“教学评一体化”的区别

美国教育评论专家韦伯认为，一致性是指“两者或更多事物之间的吻合程度，即事物各部分或要素融合成一个和谐的整体，并指向同一概念的理解”。崔允漷等研究者根据韦伯的观点，将“教学评一致性”定义为在整个课堂教学系统中教师的教、学生的学和对学生学习的评价三个因素的协调配合程度。

“教学评一致性”，首先要解决的问题是和谁、在什么维度相一致的问题。人们普遍公认，清晰的目标是“教学评一致性”的前提和灵魂，在清晰的目标下开展教、学、评活动，在清晰的目标下实现教、学、评的一致。在聚焦学科核心素养的课程实施中，其目标就是发展学生的学科核心素养，因而，“教”是为培养学生的学科核心素养，“学”是为发展学生的学科核心素养，“评”是为了探查学生学科核心素养的水平。

“教学评一致性”，关键要解决的问题是如何才能做到“教学评一致”。从教师层面看，需要教师理解学科价值和学科育人价值、学科核心素养的内涵和水平划分、学生核心素养发展的行为表现，选择和组织合适的素材或活动，采用与学科核心素养相匹配的方法，实施基于目标的过程性和阶段性评价。

从字面理解“一体化”是指将两个或两个以上的事项或要素，采取科学有效的方式、方法或措施，将其有机地融合为一个整体，形成协同效应，以实现目标的一项措施。“教学评一体化”是指在学校课程的实施中，将三个重要元素（教师的教、学生的学、对教与学效果的评）通过科学的方法融合为一个整体，合力实现课程目标的一种教学策略、方式和教学模式。

“教学评一体化”的核心是学，是学生的关键能力、必备品质和价值观念等方面的发展，“教”是为了指导和引导学生的“学”，“评”是为了促进学生更好地“学”；“教学评一体化”的关键是“评”，教学的效果和学生发展的程度都是通过评价获得证据进而推理得出结论的，评价对教与学都具有很强的导向和促进功能。

“教学评一体化”首先要解决“教的目标、学的目的和评的立意”的问题，即为什么教、为什么学和评什么的问题。在落实立德树人教育根本任务的今天，这一问题的答案必然是促进学生发展核心素养，具体到学科课程实施，就是发展学生的学科核心素养。

“教学评一体化”还要解决“教的方式、学的方式和评的情境”的问题，即怎么教、怎么学和怎么评的问题。为促进学生核心素养的发展，就必须是在情境问题、任务项目驱动中教，在问题解决中自主、合作、探究地学，以情境问题解决为任务地评，具体到学科课程实施，就是在情境问题的解决中促进学生学科核心素养的发展。

“教学评一体化”更要解决“教的效果、学的程度和评的标准”的问题，即教得如何、学得如何、评的结果的问题。解决上述问题，需要解决学生核心素养发展的水平划分、行为表现和评价工具设计使用的问题。具体到学科课程实施，就是要评价学生学科核心素养的发展水平，通过评价促进在课程实施中更好地培养和发展学生的学科核心素养。

综合上述分析，可以认为“教学评一致性”是讲课程实施的一种状态，倡导教、学、评在目标上（聚焦发展学科核心素养）高度吻合；“教学评一体化”是讲课程实施的过程和方式，将教、学、评有机融合，协力发展学生的学科核心素养。实施“教学评一致性”的过程，其必然、唯一的方式就是“教学评一体化”。

实施“教、学、评”一体化的关键

1.更新教学设计理念

美国教育专家格兰特·威金斯和杰伊·麦克泰合著的《追求理解的教学设计》一书中倡导的“理解为先教学设计模式”（Understanding by Design，简称UbD，见图1），是在“教学评一体化”中可以借鉴的一种方式。

◎图 1

UbD教学模式的第一阶段是确定预期结果，即教学目标设计。在这个阶段需要回答下列问题：学生的学科核心素养的哪些维度应得到发展？学科观念、学科思维、学科实践和学科价值观应发展到什么水平？其学科核心素养发展水平的表现是什么？

第二阶段是确定合适的评估证据，即教学评价设计。在这个阶段需要回答下列问题：如何知道学生的学科核心素养是否已经发展到预期的水平，哪些证据能够证明学生的学科核心素养发展的水平，通过什么样的方式（测试、考试、对话、观察、活动参与等）来获取学生学科核心素养发展的证据？

第三阶段是设计学习体验和教学，即教学过程设计。在这个阶段需要回答下列问题：学生的学科观念、学科思维、学科实践和学科价值观发展到预期的水平，他们需要哪些知识（事实、概念、原理）和技能（过程、步骤、策略），学生通过哪些学习探究活动可以获得所需的技能和知识，如何用最恰当的方式开展教学，需要给学生提供哪些指导和帮助（方法、材料、资源等）？

“教学评一体化”倡导教学设计聚焦学生学科核心素养发展的结果表现。首先根据学科内容和学科内容的育人价值（可参照学科课程标准），预设通过该单元或主题学习，学生学科核心素养发展的维度和水平表现；其次围绕预设的学生学科核心素养发展的维度和水平表现，选择合适的方式获取学生学科核心素养发展的证据，检验学生学科核心素养发展水平预设是否达成；最后设计保障学生学科核心素养发展水平预设达成所需要的教学环节和学习活动。

2. 基于解决情境问题的教学

培养学生的学科核心素养，就是要让学生在面临个人、地区、国家、全球等背景下与学科相关的问题时，在科学兴趣和探究欲望以及对科学价值追求和社会责任等内驱力的作用下，运用学科知识和学科观念科学地解释现象，设计、实施和评价科学探究，科学地获取并解释数据和事实，形成科学结论、建构模型，从而有效解决问题。

“知识是与具体情境相连的，完备的知识都是从真实的情境中习得的。”教学要将学科内容尽可能置于情境中。真实原始的情境往往比较复杂，涉及的知识领域众多，需要对原始真实情境进行分析、提取、凝聚和重组，舍弃无关的甚至是有害的因素来构造真实的问题情境。问题情境应与学生已有的知识经验相关联，又隐含学生难以解决的问题，从而使学生产生认知困惑，在此基础上基于情境精心设计和提出相关问题。

情境问题的解决过程，可以使学生主动、广泛、深入地激活头脑中的原始经验，新信息与旧经验的相互作用，使得学习活动真正激发他们学习的积极性和思维的创造性，并进行有意义的构建，从而对学习内容具有更为深刻的理解。基于解决情境问题的教学是培养学生学科核心素养的有效途径。

3. 着力研究学科核心素养评价方法

学生学科核心素养的培养，需要对学生学科核心素养发展水平进行有效的监测和评价，需要开发体现学科核心素养的多样化、多形态的测评工具，建立以学科核心素养为导向的评价与反馈系统。评价学生的学科核心素养水平，需要将学生学科学习和学科问题解决中的思维外显化。真实情境中问题的发现与提出、开放性问题的解决、学生之间问题的讨论与争论、实验探究方案的设计和评价、支持科学结论的证据寻找和选择等，都是评价学生学科核心素养水平的有效途径和过程。

对学生学科核心素养的评价，需要我们进行一系列的理论研究，如深入分析学科核心素养的内涵、维度、结构，研究基于学科核心素养的学业质量标准；研究学科核心素养所包含的知识、能力、态度的外在表现，建立所测试的学科核心素养与个体在具体任务上的实际表现之间的关联，建立可操作的测评框架等。围绕“基于证据进行推理”的素养评价理念设计任务、构建情境、寻找证据，建立证据与核心素养间的推理链条，从试题设计转向任务情景设计，从标准答案设计转向以证据规则为核心的证据模型建构，确立测验表现与核心素养水平间的推理链条，以确保学科核心素养评价的科学实施。

延伸阅读

为什么逆向设计可以做到“教学评一致性”

/ My Study Review /

我 的 学 习 回 顾

◎ 读完这部分，我学到了什么？

◎ 这部分内容给我带来的启发和思考：

◎ 结合“教学评一体化”的实施，我需要关注哪些要素：

我的行动

/ My Actions /

◎ 结合我的课堂教学，我能/应该做什么：

◎ 可以采取哪些步骤或使用哪些资源实施“教学评一体化”：

04

切入点二：做好一体化设计

“教学评一体化”要求教师在进行教学设计时整体地、一体化地考虑教、学、评等环节和内容，同时，回答好四个问题：为什么学（目标）、学什么（任务/问题）、怎么学（学程/活动）、学得怎么样（评价）。然后，根据设计的步骤和方法，一步步落实。如此，教学的有效性就能得到保障，一体化的实施也更容易落地。

如何通过一体化设计，实现深度学习

文/崔成林（山东省泰安市第一中学）

2022年颁布的义务教育课程标准，严格意义上是当前课堂教学改革的基本需求或者综合提炼，对于做深度学习项目的学校或者接触过“教学评一体化”的教师来说，不属于崭新的事物，甚至某种程度上早已是教学常规。

当然，“新课标”实施是一项综合性工程，单靠某种课堂或某种策略是不可能一蹴而就的。具体来说：以学业质量标准为核心来落实“教学评一体化”是基于“新课标”的学校教学改革重点。那么，一线教师具体该如何实施教学呢？

教学设计

实施基于深度学习的“教学评一体化”设计，包含大单元设计（见表1）和课时设计（见表2）。深度学习教学设计的基本要求就是要回答“为什么教”“教什么”“怎么教”“教到什么程度”的问题，这与“新课标”的理念和要求完全一致。“教学评一体化”充分体现了目标、教学、评价的一致性原则。

在具体教学设计上，采用逆向设计“评价早于教学活动”。深度学习实践团队早已提出：要做现代教学设计3.0版（导学案为1.0版，学历案为2.0版），在学习目标之后要呈现“学业质量标准”而不是仅仅聚焦“评估任务”，要实现学业质量标准“单元化”“课时化”，基于学习目标和学业质量标准为学生搭建三大学习支架，即“问题（任务）、活动（学程）、评价”设计，回答学生“学什么”“怎么学”“学到什么程度”的问题，从而让课堂能够真正发生深度学习，实现“教是为了不教（自主学习）”的目的。

课堂教学

基于“新课标”的课堂教学，必然是素养立意、深度学习，为此应该关注“三个三”：

1. 聚焦三大焦点问题

聚焦三大焦点问题——进阶式目标、

※ 表1 “教学评一体化”单元规划表（首席教师构思）※

单元主题	
单元目标	基于 课标分析 教材分析 学情分析
单元学业 质量标准	
单元结构化 活动设计	大概念 大主题 大情境 分问题（任务）：活动1（做什么、怎么做）；活动2（做什么、怎么做） 分问题（任务）：活动3（做什么、怎么做）；活动4（做什么、怎么做） 成果反刍

※ 表 2 “教学评一体化”课时教学设计表（教师个性化开发）※

课题			
学习目标	一、低阶目标 二、高阶目标	达成评价	1.1…… 1.2…… 2.1…… …… 为目标的细化分解，要求要聚焦核心目标 撰述方式：评价任务+程度标准，即做哪些事，达到何种程度，证明目标达成了
先行组织（为课堂导入的策略）： 从旧知走向新知，揭示本节课的主任务和基本要求，为主问题解决铺设路径……			
问题与活动 （做什么、怎么做）			嵌入评价 （做到什么程度）
一、新知建构（板块） 问题一（或任务一）…… 活动1…… 活动2…… …… 问题二（或任务二）…… …… （注意学习支架的提供） 二、迁移运用（板块） 新知+旧知——指向未知（但必须基于所学新知，旨在建构认知结构） 迁移题一般是情境题、运用题…… （学习环节自定……但一定要遵守思维教学问题解决的基本规律）			或任务？评价量规： 合格：…… 优秀：…… （等级也可是ABC、甲乙丙……） 或活动？评价量规 （同上） 评价量规要聚焦大问题、大任务、大活动，要与其他评价手段有机统一
成果集成（这是课堂小结的策略）： 教师可以利用思维工具，为学生成果展示+归纳总结+反思（化知为识）提供学习支架			
作业设计： 一定要扣准作业目标（课堂内学习目标+课外作业目标=课程目标），落实目标、作业、评价一致性原则，课前、课中、课后要体现思维进阶			

注明：教学过程、环节，请各学校自行规定。深度学习不提倡“环节”模式化，因此，不提供固化的教学模式。

真实问题解决、学习性评价。这三大焦点类似于新课程改革初期基于“三维目标”的自主、合作、探究学习，是素养时代新课标背景下的课改实践抓手。

进阶式目标——低阶学习目标，是短期的学习结果；高阶学习目标，是长期的素养目标。简单来说，即“掌握双基内容”和“运用双基做事”，二者相辅相成，构成了思维进阶式的完整学习目标，能够引领教师在教学中组织学生进行“完整的学习”。

真实问题解决——学科教学要聚焦运用知识来做事，即解决真实问题。以“真实情境融入学科素养，任务驱动聚焦问题解决，高阶思维实现深度学习”。真实问题需要情境，但这种情境不是简单地添加生活场景，也不是为了故弄玄虚、人为设置学习障碍，而是为了模拟真实的生活场景，让考生在场景中解决问题，并由此能够迁移到未来生活之中。

“新课标”要求各门课程用不少于10%的课时开展综合性的跨学科主题学习，培养学生运用知识解决实际问题的意识和能力。事实上，在真实的问题情境中，当任何单一学科无法解决问题，需要运用两种或两种以上学科的观念与方法解决它时，就产生了新的理解。

学习性评价——是在“形成性评价”基础上发展演变而来的，为适应新一轮国际基础教育改革而产生的课堂评价理论及其指导下的课堂评价实践。学习性评价的目的是促进学生而不是诊断学生的学习结果，除了“逆向设计，评价为先”即目标之后呈现“学业质量标准”之外，课堂教学嵌入评价量规，类似于评分标准，在思维障碍处、学习困难处搭建“问题解决”或“活动规则”评价支架，引导学生高质量“做事”。

2. 突出三大学习要素

突出“联结、生成、迁移”三大学习要素。大道至简，课堂一定要立足于“知识从何而来，又到何处而去”组织教学。联结，即新旧知识融合、新知未知的贯通，解决“不知所云”“迷惑不解”的问题，降低新知学习难度，达到“知其然，知其所以然”的目的；生成，即诞生新的思维成果或学习产品，学习是一种生长不是复制，建构主义的落脚点是新知识、新方案的产出；迁移，分为近迁移与远迁移，近迁移指将所学的经验迁移到与原初学习情境比较相似的情境中，远迁移指个体能将所学的经验迁移到与原初的学习情境极不相似的其他情境中去。

素养立意，深度学习，需要两次问题解决历程，第一次是从旧知到新知的问题解决历程，第二次是从新知到未知的探路奠基历程。新知学习的最好方法是从旧知走向新知，新知实质上是旧知的重新组合与创新。如果能让学生将已学知识、技能、方法等运用起来，大部分新知内容就可以迎刃而解，并没有那么生涩难懂。

“为迁移而教”，举一反三，融会贯通，运用知识、思维的迁移规律，帮助学生塑造良好的认知结构，这不仅是一种高效的学习方式，也是素养立意“培养学生做事能力”的基本需求。为此，教学应该“基于迁移，逆向设计”，引导学生完成思维进阶的过程。

3. 深度学习的三个学习载体

深度学习的三个学习载体：大单元设计、“教学评一体化”教学原则和结构化思维教学。素养也好，新课标也好，没有有效的教学载体是难以落地的。

大单元设计——内在的逻辑关系是结构化，操作精髓是“课程生本化开发”，需要把教材单元变成能够引领学生学习的课程，即有目标、情境、任务、活动、评价、成果、反思的学习载体。其包含两个组成部分：单元教学规划、课时教学设计。单元教学规划强调整体性，课时教学设计则强调具体化。

“教学评一体化”教学原则——即目标、教学、评价一致性教学原则，这是教学设计与组织的本质，同时又可以以此搭建“驱动性问题”“挑战性问题”和“嵌入性评价”三大学习支架。

结构化思维教学——高度重视教学结构化，体现学科逻辑和思维进阶，是深度学习的基本特征，“结构”“联系”和“迁移”是大观念内涵的本质，即在认识事物之间普遍联系的基础之上，以结构化的模式构建各种具体内容。

观课议课

“循证医课”源于20世纪90年代兴起的“循证实践”或“证据为本的实践”概念。它是一种强调学校听课、观课者将前期的教学研究、教学经验与授课人的实际状况和需求结合起来，聚焦学习目标，制定统一标准进行观课议课，并通过课例研究以解决课堂现存问题的听评课方式。

“循证医课”的基本方法和流程，一是从学习者角度走进教室，聆听观摩；二是从探寻者角度对话课堂，循证问道；三是从研究者角度望闻问切，教学诊断；四是从实践者角度对症下药，拿出方案。

“循证医课”的关键是循证——基于目标、教学、评价一致性原则，从目标和学业质量标准出发听课、观课以及分析教学表现；医课——拿出对策，拿出可行的替代方案（到底应该怎样做）。

具体表达方式为：优点（案例）+教学原理（理论依据）+提炼为操作程式（策略）；问题（细节）+错因分析（判断根据）+有效的修改方案（建议）。

让观课、听课者从课堂观摩与评判者，变为一个教学诊断与开处方者。这需要听课、观课者有较高的教学理论基础，洞悉各种教学模式和教学策略，对课堂有高屋建瓴的认识，听课前的认真准备和研究……从而组建起真正的教研共同体。

作业设计

体现“结构”“进阶”“支架”三大特征。以新课标中的“学业质量标准”为依据，体现学科特点，根据学生学习需要和能力基础，精准把握“已做、新做、未来做”的作业梯度和作业难易程度，合理确定作业数量，丰富作业类型，提高作业设计品质。

结构——实施单元结构化作业设计，以整体设计减少重复性作业和机械性作业。“单元”本身就是依据统摄中心，按学习的逻辑组织起来的、结构化的学习单位。单元结构化作业是指以教学大单元为基础，依据单元教学目标进行整合、重组，有层次地设计单元作业群，使之成为一个具有结构性、系统性、关联性、序列性的作业系统。单元结构化作业整体设计，需要围绕单元主题（或大概念、内核知识）目标，把一个单元所有作业按照一定的秩序和内部联系组合起来，同时对单元内的各时段作业进行统筹安排，探索各种类型作业的合理搭配，在保障学生有效掌握基础知识、基本技能的基础上，实现学习从知识到素养的进阶。

进阶——重视复合思维作业，减少单一思维作业，以输出驱动输入，以高阶带动低阶，从掌握知识、理解意义到实现迁移。单元前置作业、过程作业（课时作业）、后置作业以及课时预习作业、随堂作业、课后作业应系统构成，呈现螺旋式上升的形态，实现“掌握知能、理解意义、实现迁移”的思维进阶，积极探索学科融合或跨学科融合作业。

支架——以教学评一体化为载体，为作业提供“怎么做”“做到什么程度”的路径和评价标准，聚焦学生“不想做、不能做、做不好”的问题解决。关注学生的作业过程和作业行为，在作业设计中给予资源、路径、要求、提示支持，嵌入评分标准，帮助学生能够跨越障碍，高质量地“做事”和解决问题。

延伸阅读

“教学评一致性”：从方案设计到课堂实施

4个步骤，打通设计的每一步

文/王鲁豫（北京市十一学校）

近年来，教学提倡课堂以“学”为中心，“教—学—练—评”一致，是新课标强调的教学观，也是育人成效的关键。这要求教师在整个教学流程中，以目标为引领、以评价为导向，让教师的教、学生的学、学生的练、学习的评进行深度嵌套、协同配合，构成一个完整、有效的课程教学系统。对一线教师来说，“教—学—练—评”一致性的整体教学究竟该怎么落地呢？

一、指向育人目标的“教”

义务教育课程内容结构示意图向我们表明了有意义的语言学习必然是以主题为引领、以语篇为依托、融入知识技能策略，以意义探究为目的展开的。这需要我们从之前孤立记忆和操练语言点为主的碎片化知识教学，转向素养导向的单元整体教学实践。

以此为出发点，教师怎样设定单元整体学习目标呢？首先要聚焦主题。以英语学科为例，设定单元整体教学目标之前，教师需要确立好这个单元的主题，并基于主题意义对单元多模态的语篇进行分析与利用，研究各个语篇的特征和功能，是传递某种价值观，还是帮助学生建立大观念；是引导学生学会交际策略，还是提供更加丰富的语言表达？总之，从what、why、how这三个基本问题出发，研读语篇，分析语篇如何服务于整体目标的实现。

外研版《英语九年级上册》Module1“Wonders of the world”中的三个主要语篇介绍了国内外奇观。

Unit1听力语篇：通过对话讨论，提出了奇观的分类方式——自然奇观和人文奇观，对话者提出了对两类奇观的个人观点，并介绍了四个世界著名的奇观。

Unit2阅读语篇：用一篇记叙文，描述了作者游览美国科罗拉多大峡谷的经历、大峡谷的壮观景色以及自己的感受。

Unit3阅读语篇：用一篇说明文，介绍了巨石阵的位置、历史、构成，并说明了其神秘特征。

前两个语篇提供了奇观的客观事实信息，也就是“Facts”，有利于学生思维品质的培养；第三个语篇表达语句更加丰富，从多角度介绍作者所见过的奇观，有利于学生语言能力的培养。分析主题和语篇之后，我将这个单元的学习目标设定为：（1）逐步建构对奇观概念的理解，即自然奇观和人造奇观的分类；（2）总结概括出奇观的huge size、long history and mystery等特征，并在介绍奇观特征时用事实（facts）来支撑自己的观点（opinions），使学生的思维品质与语言能力融合发展；（3）理解世界奇观是具有共通性的，积累关于世界奇观的文化知识，提升学生在文化意识方面的素养。学生学习的教材和资源是教学的主要内容和载体，教师要格外重视发掘文本的育人价值。

二、启动内在动力的“学”

经常听到教师抱怨，教了好几遍，可学生就是学不会。杜威曾说过这样一句话：“教之于学，犹如卖之于买。”东西没人买等于没有卖掉，因此，教师的任务不仅仅是确定好教的目标，还要思考如何启动学生学的内在动力，让学生乐于学习、善于学习。

调动学生的学习动力，理想的状态是给他们装上学习的发动机，并伺机踩下油门，而不是费劲地推动轮子。

所以，当学生面对一个新的学习任务时，首先会由自我系统判断是否自己要投入，也就是“我对这个感不感兴趣，学习这些知识有没有意思？”其次，自我系统会评估这个知识点对个人来说是否重要，对今后的生活和学习有没有意义和价值。第三，他们还会考量自己能否通过努力完成这个任务，是不是自己的最近发展区。只有3个问题的回答都是“Yes”的时候，学生的学习动力系统才能启动。既然如此，什么样的学习活动是有意思的呢？

在谈“对未来生活预测”这个主题时，我们给学生呈现了一些非常有意义的、有趣的Kid 3000动图，他们需要完成的任务是Choose 3 predictions that are most likely to happen and tell me why（见图1）。

◎图 1

这个主题情境和问题对学生的吸引力非常大，他们会仔细地研读并对每幅图进行分析和比较，从而得出自己的结论，然后在小组内分享自己的观点。每个小组再讨论、选出最有可能实现的3个预言。

怎样的学习活动才有意义呢？典范英

语*The big chance*讲述了女孩Hilda在足球俱乐部干茶水制作（自己并不喜欢）工作的故事。她不仅调制茶水的质量差，还粗暴地解决顾客的抱怨。直到一个偶然机会Hilda接替了受伤队员，带领团队赢得比赛，才发现了自己的潜能。故事的结局是俱乐部老板购买了一个茶水机替代Hilda，而Hilda则成为了足球俱乐部的助理。

故事是“人与自我”主题下的个人建构，涉及职业启蒙和职业精神，同时也包含社会语境下的人际沟通。为此，我设计了4个支架问题，引导学生阅读。

（1）Why does Hilda want a new job?

设计用意：用这个问题引导学生获取信息，梳理故事情节，发现故事主要的冲突及起因。

（2）What kind of person is she?

设计用意：引导学生基于人物的言行举止，推断概括主人公的性格特点。

（3）What advantages and disadvantages does she have?

设计用意：能根据问题，结合Hilda的实际情况和能力，分析推断她的优势和劣势，帮助她分析解决问题。

（4）Job suitable for Hilda?

设计用意：引导学生根据Hilda的实际情况和个人能力，帮助她分析和解决问题。

过程中，学生经历了从知识获取到梳理的学习理解过程，同时开展了描述与阐释、分析与判断的应用实践。

怎样才能使学习活动既有挑战又有发生的可能呢？长期以来，受语言能力的限制，中学英语的教材和资料多选用国外小学生的图书。十多岁的中学生还在听读类似“这是一张课桌”“天空是蓝色的”“我有5个苹果”这种没有思维含量的语篇，除了应对考试，学习这些对学生的思维发展没有任何帮助。但与学生年龄和认知匹配的材料，语言则显得又长又难。

让学习材料与学习能力相匹配，需要教师扩展学习资源选用的范围，将其改编成难度适宜的语言，并立足于学生的最近发展区，设计激活思维的有效问题。同时，为学生的学习提供工具、策略、脚手架等，推动学生进行自主、合作、探究式学习。

比如组织学生借助阅读圈工具，探究英语阅读文本的主题意义。具体操作时，将班级学生分成若干个小组，每组6人，小组成员分别扮演6个角色（见表1）。

※ 表 1　分组后学生的角色及任务 ※

角色	任务
阅读小组长（Discussion Leader）	组织小组讨论，并针对阅读内容提问
篇章概括者（Summarizer）	用自己的话概括篇章的主要内容
单词大师（Word Master）	讲解阅读内容中的生词、重点单词及词组
篇章大师（Passage Person）	讲解阅读内容中有意思、重要或较难的段落
生活实际联结者（Connector）	将阅读内容与生活实际相联系，分享经验
文化采集者（Culture Collector）	寻找阅读内容中与自己国家文化相同或不同之处

这6个角色分别代表着阅读技能的6个方面，如获取信息和要点；整体、理解、概括所读内容的主旨；根据语境和上下文构词法来推测词意；自主解决文中的长难句以及句子隐含的意义；辨别句子段落间的逻辑关系；探究和发现语篇的现实意义，做到迁移创新。同时，对比中外文化，提升文化意识。

学生承担某一个角色，其实就在强化自己这方面的学习能力。一段时间之后，教师可以组织同组学生更换角色，让组内的每个学生都能全方位发展，逐一提升阅读能力。

如何让学习活动有发生的可能？需要执教老师尊重差异，并为每一个不同风格的学习者提供不同的学习路径资源和工具，把选择权和学习权还给学生。

当今，学生获取新知不只跟着教师学习这一种途径，很多时候，他们更愿意向同伴学习，或者利用互联网来获取。正因为如此，我们的学校课堂生态就变成了每一位学生有同伴、互联网和课堂教师3位教师，教师则真正变成了学生学习的设计者和领导者。

三、促进反思迁移的“练”

通常情况下，英语作业有四种类型：

1. 课后练习型

无论教师在课堂上讲授的是reading还是listening，最后留的作业都是教材上某一页的某几题。留这种作业，有时候是因为该内容与教学内容十分吻合，但也有的时候忽略了所留作业与所授课之间的关联，纯粹就是为了练而练。

2. 继续完善型

常态课后，教师往往会让学生把课上学的单词、课文背下来。如果上的是写作课，学生们在课堂上完成了一项写作任务，留的作业通常是修改作文，至于学生如何修改、修改到什么程度，则鲜少有教师提及。

3. 题海鏖战型

这种情况下，作业更多的会是一页、两页或者更多页的试题，这些题目大多与中高考题型一致。

4. 高端大气型

让学生设计海报，或者绘制手抄报，类似布置一个project作为作业。本来项目式作业是很好的尝试，但在实践中我们发现，很多学生会把这个当成“假作业”，加上缺乏教师的指导和评估，这样的作业很多时候达不到预期的效果，往往不了了之。

《义务教育课程方案和课程标准（2022年版）》中也提到，作业分为复习巩固类、拓展延伸类和综合实践类。大时代背景之下，作业观发生了变化。这就要求教师重新思考作业是什么，它有什么样的功能，能发挥怎样的作用？

之前，我们会给学生布置背诵抄写或者是练习题作为作业，目的是检查学生是否学会了这个知识点，或者将单词、课文等知识记得更加熟练。现在，作业的目的是帮助学生达成承载学科核心素养的学习目标，执行方式变成了由学生个人或者小组课下或课上完成的进阶性的学习任务群。

（1）单元作业的设计要契合主题

在“Culture shop”这个单元，主题探究的是文化差异存在的原因、表现形式以及我们应该如何客观理性地对待。实际操作过程中，当我们布置一个作业：“Make a poster for our culture week activity with a title Australia in my eyes.”要求完成的海报包括一些图片（可以手绘也可以打印），并写出150字的文章，阐明主题。

作业交上来之后，我们发现学生的海报上往往只介绍了澳大利亚的动物、景点等，只有事实性信息，而没有呈现出任何差异对比，并没有达成我们想要探究这个主题意义的目的，而这也是一些看似创新性作业的普遍问题。

（2）长周期作业的设计要符合假期学习的特点

除了课时作业以外，长周期的作业设计也非常关键。长周期作业设计需要符合假期学习的特点——在相对从容的一整段时间，学生从集体学习变成了独立场景下依靠自觉进行的学习。

基于此，长周期的作业就要给学生充分的可选择性。比如，当学生从小学升到初中的暑期，读写部分的作业就可以推荐几种书目，让学生选择自己感兴趣的开展阅读。视、听、说方面可提供英文电影的影单，表现性任务设计为填写观影记录单，也可以选择学唱英文歌曲、拍摄短视频等，鼓励学生根据自己的兴趣爱好和特长演唱歌曲或是录制视频。

（3）尝试跨学科实践性活动

北京的四、六、八年级学生都要进行体质健康测试，学生需要练习跳远。过程中，让人触动的一幕是，学生们参与了研究哪些因素会影响跳远距离的实践活动，如怎样才能跳得远？助跑距离更长还是更短好？助跑的时间和助跑速度，哪个更能决定跳远的距离呢？学生们对此非常感兴趣，而且觉得研究非常有意义。

其实，英语学科也可以开展类似这样的跨学科实践活动，比如与地理学科联合起来，开展家乡一日游实践性活动；与科学学科联合，推出大自然的配音等。从学生的层面看，完成作业练习的动力来自同伴的肯定和教师的反馈。因此，教师还可以尝试为学生提供展现的舞台和多元的评价，激励和指导学生不断取得进步。

四、保障学业质量的“评”

曾经在网上看到一则新闻，上海复旦大学附属儿科医院开设了“学习困难”门诊，前往就诊的学生非常多，以至于该门诊一号难求。

为何学生的学习困难要求助于医生而不是教师？因为医生会以检查结果为证据，诊断病人的问题，然后基于这个问题开出对应的处方治疗。但当教师遇到学生的学业问题，一般只会说太粗心了或者是没能理解，至于哪里粗心了、怎么知道知识没理解，却不能明确地说出来，当然也就不可能从根本上解决问题。

在这方面，教师真的应该向医生学习，用评估工具采集到的学生学习结果作为证据，按照质量标准进行分析，从而为学生的学业提供更有针对性的帮扶。

当教师用活动设计者的视角来思考问题的时候，通常会问自己：

● 在这个主题下什么样的活动才是有趣和吸引人的？

● 基于所教的内容，我应该进行什么样的测试？

● 我怎样给学生一个成绩？

● 活动开展得怎么样？

● 学生考试考得怎么样？

而如果我们像医生一样用评估员的视角进行思考时，就需要考虑：

● 什么是揭示理解的充分证据？

● 预期目标需要哪些不同类型的证据？

● 应按照什么指标恰当地考查学生的活动并评估其质量等级？

● 我所做的评估是否显示和区分出真正理解和看似理解的学生？

● 我清楚学生犯错背后的原因吗？

其实，学生的课堂表现、作业练习、活动任务、考试数据都可以给我们提供证据，用于学生的学习分析。当我们把评价纳入单元的整体设计之后，就需要为学生准备好自我评估表、同伴互评表或是智能评估的工具，以便让学生自我矫正。

当然，开展课程评价，过程比结果更重要。评价绝不意味着学习的结束和教师对学生学习结果的评判，而是伴随着学习过程的始终。评价是一种导向，也是一种控制，是一种促使学生全力完成任务的努力。

总结起来，一线教师如何实现“教—学—练—评”的一致性？从教的角度，重点是目标的设定，要清晰、适切、可操作，目标不见得多，但一定要进行分解，要符合学习对象特定的认知规律。同时，要让师生共同明确。

从学的方面，要聚焦目标设计有内动力的任务，启动学生的自我系统，并明确每一个子任务和最终的核心任务之间的关系。

练的关键是提供练习的资源和方式，包含工具、脚手架、评估量表等，这些需要进行成套的而不是流程性的设计，有必备也要有选用。

评估则以任务为载体，设计贯穿进程的量规。当然，量规要始终紧扣目标的达成，表现标准的描述要暗合子任务的关联度。

“教—学—练—评”一体化，相信每一位教师都可以在实践中积累、完善。最终，让自己能更好地教，学生可以更好地学。

逆向设计下，一体化教学还能这样做

文/马 坤（北京教育学院附属大兴实验小学）

《义务教育英语课程标准（2022年版）》的颁布，引发了教师关于“教学评一体化”落地小学英语课堂的诸多思考。针对小学阶段的英语学习，如何在单元整体中挖掘语篇育人价值帮助意义建构，设计符合“英语学习活动观”的三类学习活动，即：在学习理解活动、应用实践活动、迁移创新活动中，帮助学生发展核心素养，从而形成教与学的统一？又如何让多形式、多角度的“可视化”评价贯穿整个学习过程，有针对性地反馈个体学习效果，从而帮助学生及时调整学习策略，发展其学习能力呢？结合“深度学习”，我以北京版小学《英语》三年级上册*Unit 3 Birthdays，Our Big Days*为例，阐述小学英语“教学评一体化”逆向设计与实施。

一、概念梳理

1. 逆向设计的三个阶段

格兰特·威金斯和杰伊·麦克泰格在《追求理解的教学设计》中提出，最好的设计应该是“以终为始”，从学习结果开始的逆向思考。设计者在开始的时候就要详细阐明预期结果，即学习优先次序，以及根据学习目标所要求或暗含的表现性行为来设计课程。即：确定预期结果、确定合适的评估证据、设计学习体验和教学。

2. 深度学习

深度学习，就是指在教师引导下，学生围绕着具有挑战性的学习主题，全身心积极参与、体验成功、获得发展的有意义的学习过程。深度学习是培养核心素养的重要途径，是触及学生心灵的教学，是教师充分发挥主导作用的活动，由四个重要环节构成（见图1）。

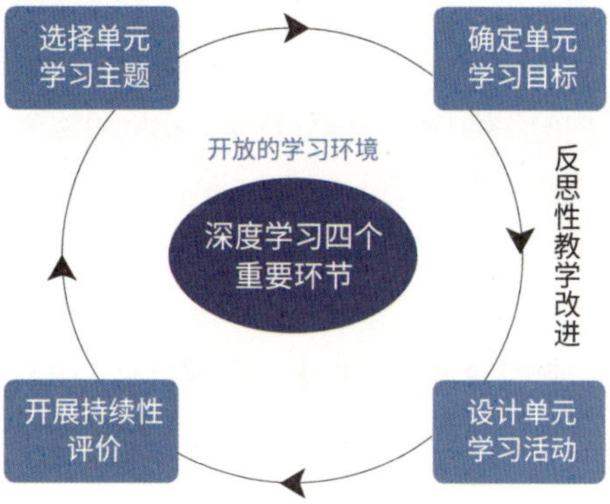

◎图 1 “深度学习”教学实践模型

3. “教学评一体化”

《义务教育英语课程标准（2022年版）》中指出：推动“教学评一体化”（见图2）设计与实施，教师要准确把握教、学、评的整体育人观念。

“教”主要体现为基于核心素养目标和内容载体而设计的教学目标和教学活动，决定育人方向和基本方式，直接影响育人效果；“学”主要体现为基于教师指导的学生作为主体参与的系列语言实践活动，决定育人效果；“评”主要发挥监控教与学过程和学习效果的作用，为促教、促学提供参考和依据。要注重三者相互依存、相互影响、相互促进，发挥协同育人功能。明确教什么、为什么教、怎么评等方面的内涵和要求，建立相互间的关联，体现以学定教、以教定评，使评价镶嵌于教学之中，成为教学的有机组成部分。

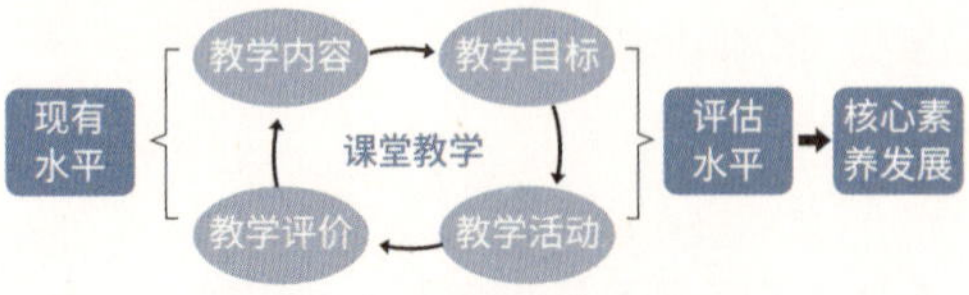

◎图 2 “教学评一体化”在课堂的发展

4. 一体化实践的重要性

“逆向设计”是“以始为终”的设计，它帮助教师根据预期结果对学生的表现性评价做出评估，有针对性地设计、调整单元内的学习任务、作业内容。指向“深度学习”的“教学评一体化”落地小学英语课堂，教师以单元为整体，剖析语篇，以学科育人为导向确定单元主题，设计符合学生学情、学段特征的核心素养发展目标，以及符合“英语学习活动观”的活动。学生通过多形式、多维度的持续性评价，认知个体能力发展水平。单元学习过程中，关注学习内容的整体性，以核心素养为导向，引导学生有针对性地关注自身发展中的优势与不足，改变学习策略，建立良好的学习体验，发展学习能力。

由此可见，逆向设计下，指向“深度学习”的小学英语“教学评一体化”教学实践（见图3），是以学生理解为前提的实践，是以评定教的实践，是关注学习内容整体性的实践，是以育人为导向，培养学生核心素养的实践，其可行性强且十分必要。

二、设计思路

“逆向设计”作为一种帮助设计学习体验和教学的设计，要先于教学活动开展。接下来，我将从单元教学、课时教学以及作业设计三方面阐述如何在小学英语课中，进行指向“深度学习”的“教学评一体化”的“逆向设计”。

1. 一体化单元逆向设计

在指向“深度学习”的“教学评一体化”单元逆向设计（见表1）中，设计者需要在关注整体性、逻辑性、单元主题中所蕴含的育人价值及核心素养发展的基础上，选择单元学习主题、确定单元学习目标、设计单元学习活动、开展持续性评价。

因此，在完成单元逆向设计时，设计者要从what、why、how，即语篇内容、语篇意义及语篇结构三方面，剖析单元教学内容或语篇，在此基础上确定预期结果。这里我们所说的“预期结果”是单元主题及学习目标。这一设计是根据收集的评估证据（用于证实预期学习是否已完成），确定学习过程中的“支架”，来思考单元，确定单元教学思路。

不仅如此，单元借助评估证据，结合表现性任务及核心素养的达成情况，开展形成性评价与终结性评价。

◎图 3 指向“深度学习”的小学英语“教—学—评一体化”教学实践模型

※ 表 1　教学评一体化单元教学设计模板 ※

<table>
<tr><th colspan="6">单元教学设计基本信息</th></tr>
<tr><td>姓名</td><td></td><td>学校</td><td colspan="3"></td></tr>
<tr><td>学科</td><td></td><td>学段</td><td></td><td>年级</td><td></td></tr>
<tr><td>教材</td><td colspan="5">名称：　　　　版本：　　　　出版社：</td></tr>
<tr><td>教学内容</td><td colspan="5">Unit</td></tr>
<tr><td>联系方式</td><td colspan="5"></td></tr>
<tr><td colspan="6">指导思想与理论依据</td></tr>
<tr><td colspan="6">简述教学设计中依据的学科课程标准、教育教学理论……
简述上述学科课程标准、教育教学理论等在单元中的实践应用</td></tr>
<tr><td colspan="6">单元教学背景分析</td></tr>
<tr><td colspan="6">本部分应包含：单元教学内容或语篇分析、学生学情分析
教学内容或语篇分析包含：单元教学内容中的小学生日常生活对话、配图故事、配图说明文、配图记叙文……不同类型的语篇分析；单元教学内容或语篇所涉及的核心句式、词汇及其获取技能与策略学习要点分析；以表格或文字对单元教学内容如何组织及其对应的子主题
学生学情分析包含：学生年龄特点、已有知识经验、能力分析……</td></tr>
<tr><td colspan="6">阶段一 —— 预期结果：单元主题及教学目标</td></tr>
<tr><td colspan="6">根据《义务教育英语课程标准（2022年版）》中提出的三大主题，人与自我、人与社会、人与自然及子主题梳理主题范畴，分析语篇内容、核心素养目标、育人价值等确定单元主题</td></tr>
<tr><td colspan="3">预期学习结果（学习目标）
结束本单元的学习后，学生能够：
（语言能力、文化意识、思维品质、学习能力）</td><td colspan="3">基本问题，
（谁）为什么要（做什么）？
（谁）怎样（做）？</td></tr>
<tr><td colspan="6">阶段二 —— 评估证据：单元（核心素养水平）评价</td></tr>
<tr><td colspan="3">表现（过程）性任务：
（语言知识与技能发展、文化知识建构、核心策略与方法掌握的运用程度，思维能力表现。）</td><td colspan="3">结果评价：
（能否用英语有逻辑地交流、表达观点，对事物做出正确判断等核心素养综合表现。）</td></tr>
<tr><td colspan="6">评价量规</td></tr>
<tr><td colspan="6">阶段三 —— 学习计划：单元教学思路结构图</td></tr>
<tr><td colspan="6">介绍主题引领下的体现学科育人的单元教学思路，包含：单元主题、子主题、语篇内容、课时安排、育人目标等</td></tr>
<tr><td colspan="6">单元教学特色说明</td></tr>
</table>

※ 表2　教学评一体化课时教学设计模板 ※

<table>
<tr><th colspan="6">第____课时教学设计</th></tr>
<tr><td colspan="6">课题Lesson</td></tr>
<tr><td colspan="6">语篇研读</td></tr>
<tr><td colspan="6">（what/why/how，即：语篇内容、语篇意义、语篇结构及核心句式、词汇等）</td></tr>
<tr><td colspan="6">阶段一 —— 预期结果：课时子主题及教学目标</td></tr>
<tr><td colspan="6">根据《义务教育英语课程标准（2022年版）》中提出的三大主题：人与自我、人与社会、人与自然及子主题梳理，以单元目标为导向，确定核心素养下的符合学生学段目标的课时目标</td></tr>
<tr><td colspan="3">预期学习结果（学习目标）：
结束本课的学习后，学生能够：</td><td colspan="3">基本问题：
（谁）为什么要（做什么）？
（谁）怎样（做）？</td></tr>
<tr><td colspan="6">阶段二 —— 评估证据：课堂（学习行为、学习方式、学习表现）评价</td></tr>
<tr><td colspan="3">学习行为、学习方式：
（回答问题、小组讨论、综述观点、自评互评、随堂检测等口头、书面和肢体语言等活动）</td><td colspan="3">学习表现：
（兴趣投入程度、任务的适应完成度、能力及情感水平发展）</td></tr>
<tr><td colspan="3">评价量规：</td><td colspan="3">评价量规：</td></tr>
<tr><td colspan="6">阶段三 —— 学习计划：课时学习活动</td></tr>
<tr><td colspan="2">教学目标及学习环节</td><td colspan="2">学习活动</td><td colspan="2">效果评价</td></tr>
<tr><td colspan="2">1.根据语篇分析，确定符合学情的学习理解活动目标</td><td colspan="2">学思结合，根据目标及不同学段的教学提示，设计指向主题意义的，获取、梳理语言和文化知识的，建立知识之间关联的学习理解活动</td><td colspan="2">学生根据评价结果改进学习，教师运用课堂评价反思，调整教学行为和效果</td></tr>
<tr><td colspan="6">设计意图：
简要说明教学环节、学习情境、学习活动的设计与实施意义；说明该环节所对应的目标达成及核心素养发展情况；说明教学活动之间的关联、层次及深度</td></tr>
<tr><td colspan="2">2.根据语篇分析，确定符合学情的应用实践活动目标</td><td colspan="2">学用结合，根据目标及不同学段的教学提示，设计内化所学语言和文化知识的、加强理解并初步应用的实践活动</td><td colspan="2">学生根据评价结果改进学习，教师运用课堂评价反思、调整教学行为和效果</td></tr>
<tr><td colspan="6">设计意图：</td></tr>
<tr><td colspan="2" rowspan="2">3.根据语篇分析，确定符合学情的迁移创新活动目标</td><td colspan="2">学创结合，根据目标及不同学段的教学提示，设计形成正确态度和价值观判断的迁移创新活动</td><td colspan="2">学生根据评价结果改进学习，教师运用课堂评价反思、调整教学行为和效果</td></tr>
<tr><td colspan="2">学创结合，根据目标及不同学段的教学提示，设计联系个人实际的，运用所学解决现实生活中问题的迁移创新活动</td><td colspan="2"></td></tr>
<tr><td colspan="6">设计意图：</td></tr>
<tr><td colspan="6">板书设计</td></tr>
</table>

※ 表3 教学评一体化作业设计模板 ※

阶段一 —— 预期结果：单元主题及作业目标	
根据《义务教育英语课程标准（2022年版）》中提出的三大主题，人与自我、人与社会、人与自然及子主题梳理主题范畴，分析语篇内容、核心素养目标、育人价值等，确定单元主题	
预期作业结果（作业目标）： 完成本单元的作业后，学生能够： （语言和思维能力、学习潜能、自主学习等方面）	基本问题： （谁）为什么要（做什么）？ （谁）怎样（做）？
阶段二 —— 评估证据：作业评价	
表现（过程）性任务： （短周期作业、长周期作业，复习巩固、拓展延伸、综合实践）	结果评价： （是否提高语言知识和技能，是否利于学生有效运用策略，增强学习动机等）
评价量规：	
阶段三 —— 作业计划，作业内容	
介绍主题引领下的体现学科育人的单元教学之下的长短周期分层作业设计，课时角度设计短周期作业，单元整体角度设计长周期作业，短周期作业包含拓展延伸、巩固复习，长周期作业包含综合实践类作业。在学习过程中相辅相成、循序渐进	

2. 一体化课时逆向设计

在指向“深度学习”的“教学评一体化”课时逆向设计（见表2）中，设计者确定单元若干课时的子主题及其对应的教学目标，设计符合英语学习活动观的三类具有挑战性的学习活动，即学习理解、应用实践、迁移创新，并开展持续性的课堂评价。

其中，课堂多形式及多维度的评价主要针对学生的课堂学习行为、学习方式和学习表现评价。单元课时的逆向设计中，教师作为设计者通过研读语篇发挥主导作用，完成逆向设计的三个阶段，帮助“教学评一体化”落地深度学习的小学英语课堂。

这一过程中，无论学习者或教师都得到了及时反馈，了解个体学习进步与学习困难，从而动态调整教学目标及学习任务，提高学习效率。这符合学生认知规律的过程，做到了以学定教、以教定评、以评促学。

3.一体化作业逆向设计

在指向“深度学习”的“教学评一体化”作业逆向设计（见表3）中，设计者需结合单元教学内容、关注学情及学生兴趣。作业设计的逆向设计以单元、课时教学内容为基础，分为课时短周期作业和单元长周期作业。确定完成作业后的预期结果，根据上述预期结果分析，并为学生提供完成作业任务中所需要的“支架”。

其中，作业逆向设计所需的评估证据应从学生对单元、课时内容的理解程度，学生的语言发展水平，学生能否实现有效的策略运用等方面确定。评估证据之下设计复习巩固、拓展延伸和综合实践类作业三类作业，突出育人功能、培养学生的学习能力及核心素养。

“深度学习”的“教学评一体化”单元逆向设计以“逆向设计的三个阶段”横向推进，以单元教学、课时教学、作业任务渐进式纵向推进。

三、教学实践

以北京版小学英语三年级上册第三单

元为例，本单元立足“询问生日、年龄等基本信息”以及“关心关爱他人”这两个贴近学生日常生活的主题语境，从单元、课时、作业三部分进行逆向设计、开展教学实践。

1. 剖析语篇意义，关注学生学情，确定预期结果

义务教育教科书《英语三年级上册》单元主题属于“人与自我”范畴“生活与学习”主题群中“家庭与家庭生活”子主题内容以及“人与社会”范畴“社会服务与人际沟通”主题群中“同伴交往，尊重爱幼，懂得感恩”子主题内容。单元内容围绕Birthdays、Our Big Days主题展开，涉及五个语篇，其中三个日常生活对话和一个配图故事。

语篇一是小学生日常生活对话。Ling ling邀请朋友到家中做客，朋友们在聊天过程中询问并介绍自己和Yangyang的生日，Yangyang的生日在四年一次的二月二十九日，涉及“闰年”相关内容。该语篇帮助学生在相互了解生日、相互关心的交际活动中拉近彼此距离。

语篇二是小学生日常生活对话。朋友们走后Ling ling询问起爸爸及家人的出生日期。该语篇拓展和延伸了家庭主题，学生了解家人的出生日期，在交际中表达对家人的关心，拉近了与家人之间的距离。

语篇三是小学生日常生活对话。Ling ling在公园玩时认识了新朋友，妈妈们聊天过程中询问并回答彼此孩子的年龄，了解到两位主人公是同龄人，小主人公之间也彼此了解年龄及出生日期。学生通过该语篇认识新朋友，询问生日找到共同话题。

语篇四是Highlight系列配图故事，标题是*Bert and Beth Plan Grandpa’s Party*。故事讲述主人公Bert和Beth的祖父的生日快要来临，他们计划如何给爷爷过一个美好又充满祝福的生日。学生通过阅读该故事，在交往中初步感知、理解、表达人与人之间的关心与关爱，在交际过程中逐步拉近彼此的距离。

语篇五是“外研社”《丽声拼读故事会》第六级的配图韵律故事，标题是*Clare and the Fair*，故事由两个韵律故事构成。两个故事旨在通过听、读奇思妙想的韵律故事，引导学生循序渐进地感受和体验英语字母和字母组合在单词中的发音，逐步做到见词能读、听音能写，进而最终形成自主阅读英语的能力。单元教学过程中，学生通过会话语篇、核心词汇及句式等内容获取技能与策略学习要点（见表4）。

本单元五个语篇从不同角度谈论生日、年龄以及生日祝福，单元各语篇与单元主题之间，以及各语篇之间相互关联，构成两个子主题：了解朋友、家人及他人关于生日和年龄的基本信息，主动表达对身边人的关心；设计有意义的庆生方式并为家人庆生，表达关爱。

各课时围绕单元主题和子主题展开，课时之间既相对独立，又紧密关联。语言学习渗透在对语篇主题意义的探究中，学习活动由浅入深，理解型技能与表达性技能协同发展，有效帮助学生形成基于主题的结构化知识（见表5）。

学生在单元学习时，从了解身边朋友生日到家人生日，再到思考如何为其打造一个有意义且独特的庆生方式，整个单元循序渐进，各课时的预期学习结果在表6中体现，本单元作业预期学习结果在表7中体现。

※ 表 4※

主题Birthdays,Our Big Days			
语篇	核心词汇	核心句式	技能与策略学习要点
Happy Birthday, Friends 日常生活对话 生日月份	when,1-12月份,birthday	问答朋友生日月份 - When is your birthday? - My birthday is in	根据图片和标题，推测语篇的主题、语境及主要信息 演唱所学的简单英文歌曲
Show Love on Family Member's Birthdays 日常生活对话 出生日期	when,was,were,born, father,mother,grandma, grandpa, 1-31的序数词	问答家人生日月份 - When was ... born? - ... was born on .... - When were you born? - I was born on	在听、读、看的过程中有目的地提取、梳理所需信息 简单交流个人信息
Bert and Beth Plan Grandpa's Party 配图故事-综合复习	生日相关词汇	生日相关句式	课外阅读量累计达到1500~2000 用英语进行表达和交流
Know More about New Friends 日常生活对话 年龄	基数词,girl,boy, old, how, your,月份,序数词	问答他人年龄 How old is ...? She/He is ... year(s) old?	简单交流个人信息 通过分类等方法加深对词汇的理解和记忆
Clare and the Fair 配图故事 字母组合语音	涉及are/air/ear/ere的语音词汇	- Come to the fair! - .... Look over there! - I didn't do it. It was my bear.	课外试听活动每周不少于30分钟 尝试借助拼读规则拼读单词

※ 表 5※

<table>
<tr><th colspan="5">北京版小学英语 · 三年级上册Unit Three Birthdays,Our Big Days</th></tr>
<tr><td rowspan="2">子主题</td><td colspan="3">了解、介绍身边人生日、年龄等基本信息，关心他人，贴近彼此距离，正确社交
To know people's birthdays and care about others.</td><td rowspan="2">交流有意义的庆生方式，给身边人庆生，表达关爱。建立拼读规则及意识
To plan others' a meaningful birthday.</td></tr>
<tr><td colspan="2">了解朋友、家人的生日，表达关心关爱
To know friends and family member's birthdays and care about others.</td><td>认识新朋友，了解其生日和年龄（是否同龄）
To know new friends.</td></tr>
<tr><td>课时</td><td>Lesson Nine
Happy Birthday, Friends
日常生活对话</td><td>Lesson Ten
Show Love on Family Member's Birthdays
日常生活对话</td><td>Lesson Eleven
Know More about New Friends
日常生活对话</td><td>Lesson Twelve
Let's Plan a Birthday!
复习+语音</td></tr>
<tr><td>内容</td><td>了解、介绍自己和朋友的生日</td><td>了解、介绍家人的出生日期</td><td>了解、介绍他人年龄、生日；找寻同龄人</td><td>复习单元内容，感知拼读规则，为身边人计划一个生日，关心身边人</td></tr>
<tr><td colspan="5">关心朋友、关爱家人，拉近彼此距离，培养社交能力，建立拼读意识
在场景中体验和实践询问生日、出生日期及年龄、表达生日祝福的核心语言，通过为家人计划一个与众不同且有意义的生日表达关心、关怀</td></tr>
</table>

※ 表6 ※

单元/课时教学目标 （通过本单元学习，学生能够）	语篇及课时安排	基本问题：
1. 感知、认读核心词汇及句式；在语境学习后与同伴、家人交流生日、年龄并梳理记录 2. 理解语篇内容，熟练、有感情朗读、表演	小学生日常生活对话 Lesson Nine Happy Birthday, Friends（1课时） 小学生日常生活对话 Lesson Ten Show Love on Family Member's Birthdays（1课时） 小学生日常生活对话 Lesson Eleven To Know More about New Friends（1课时）	1.学生通过视、听、说活动理解语篇、核心句式及核心词汇 2.学生通过表格、思维导图、鱼骨图等梳理语篇内容，程度好的同学口头复述 3.学生在贴近生活的情境下对话应用
3. 复习单元核心词汇、句式等内容 4. 仿照故事内容介绍如何为家人或朋友过生日，学会关心他人，拉近彼此距离，提高社交能力 5. 感知简单拼读规则，尝试借助拼读规则拼读单词	配图故事Bert and Beth Plan Grandpa's Birthday 配图故事Clare and the Fair Lesson Twelve Let's Plan a Birthday（1课时）	4. 学生仿照例子说一说怎样为家人庆生，表达关心关爱 5. 学生在拼读游戏中建读规则并拼读单词

※ 表7 ※

作业教学目标 （完成本单元作业后，学生能够）	课时安排	基本问题：
1. 朗读、理解、复述对话语篇 2. 完成课外听力及阅读等多类型作业，在任务中采访朋友及家人的生日年龄等个人信息 3. 完成“朋友、家人基本信息翻翻书”并介绍，提升语言能力、思维品质及自主学习能力	Lesson Nine Happy Birthday, Friends（1课时） Lesson Ten Show Love on Family Member's Birthdays（1课时） Lesson Eleven To Know More about New Friends（1课时）	1. 朗读、背诵对话 2. 在听、读的过程中获取、梳理信息 3. 判断年龄信息 4. 采访家人、朋友、伙伴的年龄、生日及爱好 5. 美化“翻翻书”
4. 在“电视小舞台”中以戏剧形式介绍、表演，如何为一位亲近的人过生日，表达爱，拉近彼此距离，学会与他人交往 5. 感知简单拼读规则，尝试借助拼读规则拼读单词	Lesson Twelve Let's Plan a Birthday!（1课时）	6.制订一个有意义的庆生方案并实施 7.看图读故事

※ 表8 ※

学习行为、学习方式： 1. 课堂常规、问题应答等 2. 表演会话、书写任务单、复述会话内容，检测学生会话学习、理解任务是否达成 3. 通过创设生活情境引导学生对话的活动，检测学生是否具备在真实情境中用英语进行出生日期表达	学习表现： 1. 学生完成度较低，可通过讨论、同伴互助等形式帮助学生学习、理解会话内容 2. 根据学生表达情况，适当给予语料支撑辅助表达
评价量规 课堂常规 sit well;eyes on speaker; listen carefully 问题回答 Good: active, Very Good: active and correct; Wonderful: active, correct,uncommon and logical 课文角色扮演评价 Good: speak correctly; Very Good: speak fluently; Wonderful: good pronunciation and intonation 任务单书写情况 write correctly/beautiful handwriting 真实情境对话评价 Good: try to ask people's birthday; Very Good: try to ask people's birthday and say "Happy Birthday"; Wonderful: try to know people's birthday, say "Happy Birthday" and tell people what you will do on his or her birthday	

※ 表9 ※

表现（过程）性任务： 短周期作业： 1.朗读课文； 2.采访对话； 3.听对话、读短文连线、图文匹配、看图补全对话等。 长周期作业：采访、记录、完成作品	结果评价： 1.语篇朗读能力的发展情况； 2.精准分析短周期作业中的个性化问题； 3.核心素养发展

评价量规

朗读自评

单元	课时	等级测评				
		A+ 背诵/合作表演	A 准确、有感情朗读	B 准确认读	C 大多准确认读	D 部分准确认读
3	Lesson 9					
	Lesson 10					
	Lesson 11					
	Lesson 12					

朗读互评

短周期任务评价

Talking	Writing	My plan
我能用英文采访生日、年龄等基本信息 ☆ 我能用英文表达生日祝福 ☆ 我能和同伴交流或介绍朋友家人生日信息以及我准备的生日计划 ☆	我能用英文准确写出家人朋友的生日及年龄 ☆ 我能在采访后，正确、美观地写/画出我的生日计划 ☆ 我能在书写_____出现困难时，寻求_____的帮助 ☆	他/她很喜欢这个生日，因为_______ ☆ 我还可以在下个生日计划中_______ ☆ 我和_______一起合作准备了这个生日 ☆

长周期任务评价

Handwriting	Spelling	Content
书面整洁、美观 书写规范，句子中词间距合理 ☆☆☆ 少量涂改大部分书写，规范句子中词间距较为合理 ☆☆ 大量涂改少部分书写规范，句子中词间距不是很合理 ☆	单词完全拼写、大小写正确 ☆☆☆ 大部分单词拼写、大小写正确 ☆☆ 少部分单词拼写、大小写正确 ☆	经自查，未发现错误 ☆☆☆ 经自查，发现1-2处错误，均已更正 ☆☆ 经自查，发现4处以上错误，均已更正 ☆

长周期作业互评

Content	美观度	创造性
准确地说/写出生日信息 ☆ 生日计划注意细节，可实施性 ☆	版面大方、美观、干净 ☆ 有配图 ☆	每部分都有独创的小标题 ☆ 融入自己的思考设计与众不同的有意义的生日 ☆

2. 课堂、作业、单元评价渐进式三级联动确定评估证据

逆向设计中的课堂评价（见表8）以预期学习结果为前提，旨在引导学生在单元各语篇循序渐进的学习中逐渐培养学习意识，拥有良好的学习习惯，从而提升学生们的自主学习能力，在学习中树立自信心，在乐学中逐渐善学。

课堂评价后，学生或者教师都根据评价结果，了解到个体学习水平，这一个体水平的反馈帮助课后作业评价（见表9）的生成。教师在单元学习过程中，根据作业评价了解不同层次学生的学业水平。

形成性评价在单元学习的过程中反映着学生的发展情况。在完成单元学习后，学生和教师也要对整个单元中达成的核心素养目标（见表10）做阶段性评价。多维度、多形式、多层次的评价，从聚焦课堂评价的点开始，到关注单元作业评价这条线，再到立足单元评价的面，无不关注着学生核心素养的发展。

※ 表 10 ※

表现（过程）性任务：	结果评价：
1.认读核心词汇及句式 2.与同伴、家人交流生日、年龄并梳理记录 3.熟练、有感情地朗读、表演 4.仿照故事内容介绍如何为家人或朋友过生日 5.借助拼读规则拼读单词、读故事 6.为家人计划一个有意义的生日并实施这个计划	1.我可以在交流中运用单元所学 2.我可以在表达中展示我的思维能力 3.我让家人感到温暖 4.我学会了一项本领 5.我感到学习是一件快乐的事情

此外，课堂评价以学生自评、生生互评的形式在小学中展开。在学生完成本课某项学习任务后，给予学生及时、有针对性地分层反馈。学生可以为所在小组点一块“蛋糕拼图”，每课时结束后，获得“蛋糕拼图”最多的小组会拥有一角蛋糕，本单元四课时结束后获得最多块蛋糕的小组获胜。作为奖励，小组中每个人可以结合学校活动，在学校过一次与众不同的生日。

这样的评价方式在很大程度上提升了小学生对课堂活动的参与度和积极性的同时，也给予教师、学生以学习能力上的反馈。小组评价直观地反映了不同能力水平学生课上的学业及能力水平，其优势与不足需在作业中查缺补漏。

四、特色与反思

本文中，教师作为设计者以语篇研读为逻辑起点，从3W（what、why、how）的角度分析语篇，关注学科育人，确定预期目标，也就是文中所说的单元主题与教学目标。同时，教师关注学生主体，确定评估证据，也就是对学生的目标达成情况进行测评，选择合适的“支架”作为学习活动或作业任务，帮助学生循序渐进地得到发展。除此之外，教师的教和学生的学也并未止于此。活动开展后，仍持续有针对性且及时地评价。

评价形式以自评、互评、师评为主，评价方式以星级、等级为主，评价量规下发至学生手中。这样一来，不仅教师了解学生的不足，及时补足，学生一目了然优缺点，及时调整。更让家长清楚孩子的情况，实现家校共育。长此以往，不但学习效能增强，学生还发现自己的兴趣和潜力，增强自信心，学习能力提升的同时也让学生愿意学习，愿意完成学习任务，乐学善学。

我认为，文中的教学实践需要教师更加关注评价，及时调整学习任务，随学情而变。学生在教师引导下可以多关注、交流、记录个体在单元学习前后的变化与收获，定期复盘，形成个性化学习方案，获得更好的学习体验。

延伸阅读

以概念为核心的单元一体化设计策略

一体化视角的单元学习设计技巧

文/安桂清（华东师范大学课程与教学研究所）

在以素养导向的新一轮课程改革背景下，如何超越传统的课时主义和以知识点为中心的教学，走向以学科核心素养为指向，以规划学生学习历程为核心的单元学习设计，是课程转型一直强化的方向。特别是在义务教育阶段，如：强调大单元教学设计以及每个学科要开展10%的跨学科主题性学习，强调课程的核心素养，强调课程的整合取向等。

单元学习设计的核心要素

以单元学习目标为中心，以学习任务为载体，通过学习评价去引领，然后以教师对学生的学习支持作为保证，建构核心要素。本文主要就单元学习设计的最核心要素：学习目标、学习任务、学习支持和学习评价设计这几个方面展开。

单元学习目标的设计

1. 明确学生学习结果的类型

在目标的呈现方式上，我们为什么要强化明确学生学习结果的类型？单元学习目标确立的依据依然要综合考虑课程标准、教材和学情的需求。但在表现形式上，期望能超越布鲁姆的目标类型，采用比格斯的SOLO分类（见下图），体现关联结构和拓展结构层面的目标表述，以达成深度学习的目标要求。

布鲁姆认知分类，更多是评价学生最终的认知发展水平是什么样的，在这个过程中很难去体现学生的学习结果表现。如学生要解决一个问题，可能是先分析他已经学过

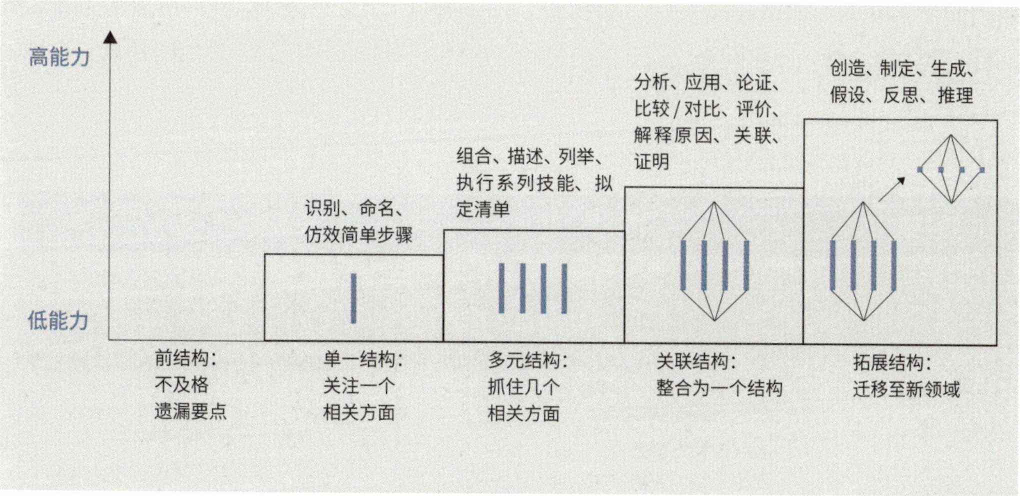

◎比格斯的 SOLO（Structure of the Observed Learning Outcome）分类

的几种方法，然后选择其中一种加以应用。而比格斯的分类，在目标上更具有整合性，同样是一个问题的解决，学生通过分析、论证、对比去加以应用，这种关联的结构更符合在当下的教学里学生所能呈现的结果。

这也是我们为什么会说，不是只强调“教学评一致化”的设计，而是更要强调“教学评一体化”的设计。只有在目标的形式上发生变化，才会有评价的变化。如果还是传统的以认知和知识水平掌握为目标，事实上还是很难匹配单元学习的目标要求。

2.体现与学科核心素养的对接

单元目标设计如何体现与素养的对接？例如，以统编二年级的小学语文“识字”这个单元为例，“场景歌”主要是让学生认识量词；“拍手歌”主要是学习各种各样的动物，如鸟类（偏旁、部首）等；“树之歌”就是学习各种各样的树木（认识树的偏旁）；“田家四季歌”写农人的春夏秋冬；最后的“语文园地”里有“己所不欲，勿施于人”这样的名言语录和“四季之花”的诗歌。

而在做单元设计时，会用一个大情境大任务去统领，案例中的“自然之行”统领系列的学习任务，如植物园之行、动物园之行、少先队之行、田家四季之行、大自然中的四季歌（四季之花、四季之树、四季之鸟）等（见表1）。

基于这些任务展开学习历程，重要的是整个单元的学习目标是指向素养培养。虽然是一个识字单元，但并不仅仅让学生掌握这些课文和读写生字，还要通过归类识字的方法，形成基本的归类识字意识，这指向思维能力发展。而对汉字书写结构的理解、认同汉字的价值等，实质上是一种文化认同的要求。同时也通过对自然情境的感受和表达，对大自然的四季之花、四季之树、四季之鸟的儿歌创作，表达热爱自然的美好情感，这实质上体现了审美诉求。一个任务的目标，基本上要跟语文学科的素养对接，从比格斯SOLO的认知水平分类，我们可以看到，描述、运用、比较、创作更多指向于整个单元目标。

单元学习任务的设计

学习任务是支撑目标实现的载体，任务设计要体现情境、任务和活动的整合设计。

1. 真实情境

学习任务的设计强化情境任务和活动的整合设计。传统上，我们可能认为真实情境和日常生活有关系，是回归到真实世界。

※ 表 1 ※

任务关系	任务名称	任务目标
平行	植物园之行	正确诵读课文和读写生字，用恰当的量词描述事物（语言）； 学习部首归类识字方法，综合运用形声字、形旁表义、声旁表音的特点归类识字，并借助字典加以检验（思维）； 比较上下结构、左右结构、包围结构等汉字的书写，感受并欣赏汉字之美，认同汉字的价值（文化）； 借助单元场景，创作儿歌，感受自然之美，表达自己热爱大自然的美好情感（审美）
	动物园之行	
递进	少先队之行	
	田家四季之行	
综合与评价	大自然中的四季歌（四季之花、四季之树、四季之鸟等）	

实际上，无论是自然的情境还是建构的情境，无论问题是真正的解决，还是模拟的解决，都被称为真实情境。原因在于：它对学生的挑战是一样的，学生在解决这些情境中的问题时，需要的心理反应机制是一致的，所以，我们都称之为“真实情境”。

2. 任务的特征

寻找合适的统领性任务是基于核心素养的单元学习设计的关键。为什么一定要有统领性任务？因为单元设计是有背景的，这个背景就是统领性的任务设计。通常这个任务具有高阶性、共享性、真实性（它是社会生产的一部分）、生产性（通常有作品生成）四个特征。

不是学完一个个知识点后，最后来一个单元总结，一定要有“以终为始”的设计思路。单元主题设计一定要围绕“我们要解决的大任务是什么”去进行，这在单元学习设计里面是非常关键的。

比如，学生们学习“春”这个单元。教师所设计的任务有“春分”的气候特征，“春分”的饮食，“春分”的保健，“春分”的运动等一系列的探究主题，然后学生们分成几组，选择一个相关的任务。但在整个任务呈现上，学生们大多是网络知识搬家，教科书搬家，百科全书搬家。这样的学习过程其实非常低阶，并不是统领性的高阶任务设计。

到底什么才是高阶的任务呢？比如在同样学习“春”这一单元的时候，某教师改进的任务设计是这样的：请同学们设计一份青少年喜欢的“春分”时节的食品，并予以推广和销售。事实上，要设计一个产品，写出一个食品的推广词，还要考虑如何销售、运输，要解决这些问题，与“春分”时节的气候特征、健康知识都有关系。

但是，当有了一个更高阶的任务情境之后，就能够把所学的、所掌握的知识在应用于问题解决时学会，这就是任务所带来的“用以致学”的过程，而不是传统上掌握知识与应用知识分离过程中的“学以致用”，这是任务高阶性的体现。另外，任务通常是以小组合作的方式来完成的。所谓真实性是指任务体现了社会生活的一部分，比如对食品的制作或者教师们让学生制作海报，因为社会生活里也会有制作这类实践，所以它是真实性的。所谓生产性，是指产品化，最后要形成一定的产品或者方案，在这个案例里就是“食品”，这就是任务的特征。大家在将知识和技能转化成大的任务过程中，要体现这样的任务特征。

3. 任务的进阶性

在任务的设计里面，要强化素养进阶性的问题。在统领性任务设计完成后，后面具体的学习任务该如何设计且能体现进阶性？我们借鉴了韦伯的知识深度DOK模型。在单元设计中，运用知识深度模型，事实上就是为了摆脱浅层知识点的掌握，走向深度学习。

韦伯的知识深度模型框架分为四类：DOK1回忆/复述，DOK2技能/概念，DOK3策略性思维，DOK4拓展性思维（见表2）。

我们会发现，韦伯的知识框架和比格斯的SOLO分类具有内在相通性，都是为了走向深度学习。

如调查二年级一个班级的学生掉牙齿的数量，让学生回忆下，就可以知道大概数量（这属于DOK1，回忆/复述）。用图表统计二年级学生掉牙齿的数量，这属于第二种类型。如果走向问题解决，任务会变成推测全校二年级学生掉了多少颗牙齿。当到了拓展性思维阶段，难度会更高，如提出一个建模来估计

※ 表2 韦伯的知识深度（Depth of Knowledge，DOK）模型 ※

DOK	所需的认知水平	小学数学学习任务示例	学习结果
DOK1 回忆/复述	能回忆出事实、信息或过程，并处理低级别的信息，只需要一步思维活动	收集某个二年级教室里学生掉的牙齿数量	浅层学习
DOK2 技能/概念	能利用信息或概念，并能完成两步以上的任务	使用图表组织这些数据	
DOK3 策略性思维	具备逻辑推理的思维能力，能制订复杂的计划，常常需要多步的思维过程	利用该图表预测全校二年级掉了多少颗牙齿，并证明答案的合理性	深度学习
DOK4 拓展性思维	能通过调查、思考解决受多种条件影响的问题	想出一个模型来估计一年内全国二年级学生掉了多少颗牙齿，包括需要收集的数据类型并解释你的模型	

一年内全国二年级学生掉了多少颗牙齿。

我们为什么会经常说，课堂里面没有深度学习？这和我们的任务设计是有关系的，因为我们没有高阶的学习任务。

在任务的进阶里面，除了一般性的模型，在不同的学科里面，我们还可以看到不同的模型。比如概念学习进阶与科学论证进阶对我们做任务设计，特别是活动设计，是有帮助的。

此外，我们探索了一个基本的框架，从问题澄清开始，经过一个内化的过程，然后以自身的行为去体现这种价值观，最后体现一种引领。只有当活动的设计有了这样一个进阶过程，才可能有价值观的形成。

所以，任务进阶性的设计，特别是把握学生的某个能力成长的内在逻辑，这是任务设计中非常具有挑战性的一个部分。

4. 任务下的学习活动设计

在具体的任务下，会有学习活动的设计。它们有两个特征：

（1）凸显学科实践（强化因材施教、学科实践）

语文：阅读与鉴赏、表达与交流、梳理与探究；数学：问题解决学习；思想政治：辨析学习（议中学）、政治活动；历史：史料实证；地理：地理实践；体育：专项运动；通用技术：做中学，学中做；信息技术：项目学习，设计学习。

（2）完善活动要素

在具体的活动设计上，如果还以教师提问、学生回答这样的传统方式，是有问题的。如何保证活动要素基本的完整性，特别是一些协同性的活动，在了解活动规则和共同体、劳动分工的基础上，借助合适的学习工具，来实现任务下具体的活动设计。比如活动设计的基本的要素构成要饱满，主体、客体、工具、共同体、劳动分工、规则等要素要有设计。

单元学习支持的设计

实际上，如果强调单元学习，教师应该做什么？此时，不是教的问题，而是如何围绕学习提供支持。实际上就是学习环境的创设，要做到以下四个方面的支持：

● 学习资源：教师提供的文本材料以及实验器材等；

● 工具支持：为学生查找、获取、处理和评价资源提供处理工具、操作工具和交流工具；

● 支架支持：为学生提供概念支架、元认知支架、过程支架和策略支架；

● 学习共同体：建立学习社群，促进学习者互动、协作和交流。

比如有一个学习任务“为曹操写墓志铭”，我们可以为学生提供一个六面体的盒子，对一个历史人物的评价可以从现实影响、价值观、胆略、历史贡献、气量、领导力来展开。对教师来说，如何开发这样的学习支架，在单元学习设计中尤为重要。如何和学生的需求相匹配，为学生提供支持，这种内在的一致性，也体现在教和学之间的匹配和支持上。

单元学习评价的设计

1. 非标准化情境下学生表现的评价

在单元的评价设计上，目标的要求是综合性的、整合性的、有统领性的大任务去统领，这是非标准化情境下的评价。非标准化情境下，学生表现的评价不是标准化情境里通过标准答案就可以解决的，而是一种表现性评价。所以重要的是要有基于评分规则的评价量规的制定，特别是等级评价标准的拟定，这是在单元学习设计里非常重要的评价方式（见表3）。

※ 表3 ※

表现性评价		
构答反应	作品	行为表现
图表/图解 概念图 网络 流程图 图形/表格 方框图	短文 研究论文 日志/日记 实验报告 故事/短剧 诗歌 艺术展览 项目 笔记本	口头汇报 舞蹈/运动 演示 朗读 表演 辩论 音乐独奏 小组讨论 视/听磁带
基于评分规则的评价方案		

2. 评价任务与学习目标相匹配的分析维度

韦伯用了一个框架进行划分：其一，内容类别的一致性。即判断评价项目涉及的内容类别与目标的一致程度（如果评价的是周长和面积公式的应用，肯定不能让学生只做周长或只做面积的题目，实际上要放在同一个情境中，比如让学生制作一个相框，需要多长的木条，多大的一块玻璃。只有这种情境的问题，才和目标是相匹配的）。

其二，知识深度的一致性。即用于判断认知要求（例如，回忆、技能或概念、策略思维和拓展思维等）与目标中期望学生“应知”“应会”的目标之间的一致性。

其三，知识广度的一致性。即分析学生为了正确回答评价项目所需的知识范围与目标所涉及的知识范围之间的一致程度。

其四，表征的平衡性。即分析某条内容标准所分解的目标群众的每条具体目标与评价题目的分布之间是否平衡，避免有些目标没有评价题目来检测，或者有些目标有过多的评价项目来检测。换句话说，每个评价任务都有相应的目标去检测。

以“行游世界”演讲活动为例，其教学目标：（1）概括中国和世界各区域的地理特征；（2）学会分析区域地理特征成因的方法；（3）形成以地理视角关注身边问题的思维习惯和能力。

评价任务：以5分钟演讲的形式介绍某区域（省级行政区划或国家）的自然和人文地理概况，并分析该区域某一地理特征的成因；5—10分钟师生点评、交流和拓展。

可以看出，在评价任务上，通过拓展和交流，能够体现出学生通过地理的视角，关注身边的思维习惯和能力。这就是在目标和

※ 表4 “行游世界”演讲活动评分规则 ※

	内容方面		拓展方面	合作方面	呈现方面
	内容详略、逻辑结构	地理事象欣赏与知识讲解的结合	激发思考	分工情况、合作效果	时间控制、辅助手段的运用等
表现出色（9—10分）	主题鲜明，内容详略得当、组织得好，条理清晰	用代表性地理事象分析区域主要地理特征	能够解答其他学生提出的相关地理问题	有明确的分工，各成员在合作中有收获	用时4—6分钟，选择适切辅助手段，有感染力
完成要求（6—8分）	内容详略得当、有条理但缺乏中心	分析了区域主要地理特征的成因	其他学生提出相关的地理问题	有明确的分工	用时4—6分钟，运用了辅助手段
尚需完善（3—5分）	内容较多或较少，有一定条理	罗列区域主要地理特征	没有引发学生对相关地理问题的思考	有一定分工，但部分成员参与过少	用时超过7分钟或没运用辅助手段
亟待改进（1—2分）	内容过多或太少，堆砌资料，没有条理	没有呈现区域主要地理特征	使较多学生偏离对地理问题的思考	没有小组合作、单独完成	短于3分钟或超过10分钟，没运用辅助手段

※ 表5 ※

项目	水平A	水平B	水平C	水平D
命名	1.诗集名称指向作品的内容 2.诗集名称有个性、有文采	1.诗集名称指向作品内容 2.诗集名称表达简洁明了	有名称	无名称
分类	1.至少有三个栏目 2.栏目设计逻辑关系明确 3.栏目名称设计有特色	1.有两个栏目 2.栏目设计有一定的逻辑关系	围绕一定的主题编排	不集中
风格	自填	自填	自填	自填
自填	自填	自填	自填	自填

评价任务所具有的一致性。

但是，教师设计的活动评价表没有“拓展方面”的目标，评价标准到底如何体现评价任务、目标的一致性？比如就“激发学生的思考，有没有以地理的视角，看待周围的世界”这个目标而言，需要通过拓展和思考来展现。当然，仅仅这样的维度是不够的，还必须要有等级表现标准（见表4）。

3. 评价任务与教学活动相整合

并不是每个任务结束就会有一个所谓的相应的评价任务。评价任务跟学习活动是整合在一起的，有的学习活动的环节和步骤本身发挥的就是评价的功能，所以要发展作为学习的评价，把评价作为一个学生自我反思、自我判断、自我修正的自知过程。要把评价作为一个学习的过程，超越对学习的评价和为了学习的评价，也就是说，不只是在学习之后来进行评价，或者仅仅是为了学习来进行这种过程性的评价。要在学生学习的过程中促进他的自我反思，因为这是素养形成的一个非常重要的、根本的方面。

比如“新诗选集”的评价规则，不仅在评价维度上，而且在某一维度的等级标准上都要求学生“自填”，这个评价规则制定的过程也是学生学习的过程，而且是学生深度理解“新诗”特征的过程，这就是评价与学习整合的过程，是把学习和评价作为一体化的考虑（见表5）。

在真实情境挑战中，创新素养的一体化设计

文/张 阳 [北京九子明堂（MTC中国）]

目前，很多学校推行开放性的活动、作业等项目，却不知道学生创新素养发展的程度。这个问题不是国内学校所特有的，全球从事创新素养培养的学校、机构等，都有这个“坑”，以为给学生布置“开放性”的作业就行了，然而实际情况是——“虽然更具有开放性的作业要求更多的创造性，但是它们在教授创造性的活动中并不必然更有效果。如果学生没有形成必要的技能，过于开放性的作业将令学生难以应付。无法产生预期效果。”[来自全球重要的教育非营利组织课程重构中心（Center for Curriculum Redesign）2015年白皮书《四个维度的教育》]。

新的义务教育课程方案中又提出：“聚焦核心素养，面向未来——精选课程内容，注重培养学生的爱国情怀、社会责任感、创新精神和实践能力，奠基未来。”创新素养的培养，究竟需要怎么做呢？有什么解决方案呢？

第一招：课程任务群

光有“开放性”还不够，最重要的是“真实性”。什么决定了挑战任务的真实程度呢？首先，是一个现实世界任务。任务本身是与某个职业或工作相关的作品或表现。也就是说，这份任务，以及完成任务所需的职业或工作背景，都应当是现实世界的反映。

这样的任务有以下三类：（1）有效推理，把自己的想法推荐给有影响力的人；（2）方案决策，为真实的问题提供解决方案；（3）解决问题，为需要帮助的人做出真正的贡献。

比如，沈祖芸老师在《全球教育报告》里介绍了北京未来城学校。2020年，学校完全采用学习任务设计来改变传统教学，彻底告别了分科教学。学校把课程标准融到一起，设计了一个二年级学生的学习任务：“请给附近的动物园园长写一封信，希望增加一种动物园里没有的动物，并让园长相信，引进这种动物后，游客会大量增加。”

又如，北京一土学校搬到了来广营新校区，四年级的小土豆们想美化校园，打算在教学楼二层的露台栽种一些植物。但是他们遇到了一个真实的问题——怎么才能得到这块地的“经营权”？于是孩子们一起给校长写了申请信，表达了想为校园增添绿意的愿望、设想，当然，还有保障安全的想法。最终，他们获得了露台的“经营权”。

还如，有一名初二学生叫陆原，四年级开始学编程，有“智能信箱”“智能垃圾桶”等作品，住在隔壁的大外婆被确诊为阿尔茨海默症前期，陆原突发奇想，用自己的编程知识给大外婆做一个设备，帮她“认人”。

在这些案例中，值得注意的是“受众”

的两个状态的区别，一种是“说戏”，就像学校创设的挑战情境，如给动物园园长写信；一种是“本色出演”，就像真实任务挑战，如学校露台美化。显然，前一个项目，牺牲了一点点的真实性，但每年都可以重复使用这个挑战；后一个项目，真实性非常好，但往往不能重复使用，需要教师持续开发新的项目。不过，在完成任务的过程中，学生肯定需要迁移运用某些相同的素养，这就要教师发挥第二招。

第二招：证据模板

证据模板是在同类的任务之间可以重复使用的工具，它具有专家思维的外显，在完成真实情境挑战时，会经历专家思维过程。

其实这就是一次PBL（项目式学习）的任务挑战，当然，PBL可以接受失败，因为真正让学生能够学有所得的，不是项目做出来的那个东西，而是专家思维的过程。

这里提供了三套证据模板（见图1），

※ 图 1 ※

<table>
<tr><th colspan="6">第一类：有效推理证据模板</th></tr>
<tr><td colspan="6">计划（构思前）</td></tr>
<tr><td colspan="2">你知道什么?</td><td colspan="2">你想要知道什么?</td><td colspan="2">关于如何解决这个问题，有什么灵感?</td></tr>
<tr><td colspan="2"></td><td colspan="2"></td><td colspan="2"></td></tr>
<tr><td colspan="6">构思内容</td></tr>
<tr><td colspan="2">Claim（主张）</td><td colspan="2">Support（支持）</td><td colspan="2">Question（追问）</td></tr>
<tr><td colspan="2">使用可利用的资料来完成陈述，对某一话题表明立场</td><td colspan="2">使用最好的可利用的证据来证明你的主张是正确的</td><td colspan="2">找出别人可能反驳你的问题并回答他们的问题来支持你的主张</td></tr>
<tr><td colspan="2">哈利·波特是所有青少年幻想小说中最勇敢的主人公</td><td colspan="2">他是最勇敢的角色，因为他为了对抗伏地魔而献出了生命，为了朋友牺牲了自己的安全</td><td colspan="2">有些人可能会说珀西·杰克逊比哈利·波特更勇敢，但我知道哈利·波特更勇敢，因为珀西不会为他的朋友而死</td></tr>
<tr><td colspan="6">构思形式</td></tr>
<tr><td colspan="3">形式一</td><td colspan="3">形式二</td></tr>
<tr><td colspan="3"></td><td colspan="3"></td></tr>
<tr><td colspan="6">反馈与迭代</td></tr>
<tr><td colspan="3">收到的反馈</td><td colspan="3">相应的迭代</td></tr>
<tr><td colspan="3"></td><td colspan="3"></td></tr>
<tr><td colspan="6">草稿与定稿</td></tr>
<tr><td colspan="3">我的草稿</td><td colspan="3">我的定稿</td></tr>
<tr><td colspan="3"></td><td colspan="3"></td></tr>
<tr><td colspan="6">动手后</td></tr>
<tr><td colspan="6">评价你自己的定稿：</td></tr>
<tr><td colspan="3"></td><td colspan="3"></td></tr>
<tr><td colspan="6">还有什么地方可以改进？如果重来，你的做法会有何不同？</td></tr>
<tr><td colspan="6"></td></tr>
</table>

第二类：方案决策证据模板		
计划（构思前）		
你知道什么？	你想要知道什么？	关于如何解决这个问题，有什么灵感？
比如预算1000元以内		
构思想法		
对于美化学校露台，你有什么想法？头脑风暴列出一个清单		
在挑选学校露台美化方案时，考虑哪些标准将是很重要的？（标准是指你用来做决定的规则或想法）		
筛选方案		
方案选项一	方案选项二	
为什么选择这个方案？	为什么选择这个方案？	
为什么不选择这个方案？	为什么不选择这个方案？	
选定并评估		
你认为校长应该为美化学校露台挑选哪个方案？为什么要选这个？		
你是如何决定你的最终选择的？你采取了哪些步骤来做出这个决定？		
如果有人需要做出同样的决定，你会给他什么建议？		

第三类：解决问题证据模板		
动手前		
你知道什么？	你想要知道什么？	关于如何解决这个问题，有什么灵感？
用你自己的话解释一下，你要解决的问题究竟是什么？		
你会先尝试什么？如果这不管用，你会怎么做？你的净水器怎么运作？ 你可以用文字或图片来解释。在你的图纸上做上标注，这样你的净水器就能清楚地按照指示搭建		
动手中（可以有若干份）		
你做了什么？	画图（或拍照）并标记：	

续表

第三类：解决问题证据模板	
这个方案管用还是不管用?	画图（或拍照）并标记:
接下来你会如何尝试?	画图（或拍照）并标记:
动手后	
评价你自己的方案：你的净水器成功实现净水了么?	
你的设计是如何解决问题的?	
还有什么地方可以改进?	
如果重来，你的做法会有何不同?	

虽然看上去有点像，特别是开头和结尾，但背后都藏着创新素养。如何区别和使用，教师们就需要用上第三招啦。

第三招：通用量规

第三招是最烧脑，使用素养不等于提升素养，我们也许做了一些活动，用到了学生的创新素养，但是本身并不意味着能够提升学生的创新素养。

这句话什么意思？例如，我想通过锻炼提升心肺功能，但是天天只在家里简单运动，显然没有办法提升心肺功能，必须要经过刻意练习，坚持锻炼才能提升。所以教师即便在活动当中使用某个素养，也不意味着能够提升学生素养。创新素养的道理也是这样，不是“学而即得”，而是“刻意练习”，需要经过刻意练习之后才能有效提升。

那素养需要怎样刻意练习呢？它如何反映“新手—基础—熟练—高级”这个素养不断发展的过程呢？答案是“通用量规”。量规是一个对结果进行非量化评价的框架，基于对何为标准、底线和模范表现的描述。它的目标就是从“知道”到“做到”的“知行合一”。特别值得注意的是，素养量规不是特定评判，而是通用描述（见图2）。

不是这种	而是这种
特定型：只能用于一个任务。你需要给每个不同的任务配不同的量规	通用型：可以用来判断相似任务的质量。你可以用相同量规来判断不同的任务
评判型：表述风格是强调判断具体得分点 定量型：表述风格是计数或测量数量	描述型：表述风格是解释（随着质量提高）作品或表现的特征变化

◎图2

通用素养量规具有的促学促教的作用，对教师和学生来说都很有用，对教师而言，它是一种有效工具，任何情况下都可以使用这种模式进行教学。而反复地使用通用素养量规也可以使学生在下一个任务里的表现有所提高，因为这种量规的清晰度和一致性很高。

但这样的量规普通教师是很难写出来的，教大家一个方法。可以使用“rubric”关键词，在得到电子书的搜索引擎里搜索，出来一本名叫《深度学习：超越21世纪技能》的书，里面就有很多非常好用的量规，教师可以借鉴、使用。

另外，还有一本已经推出中文版的书——《变革学校：项目制学习、表现性评价和共同核心标准》，里面介绍了将项目式学习、表现性评价、课程标准三者串联起来的落地策略。

以小学一至二年级为例，如果教师想要评价学生的创新素养，读懂表1这张量规就足够了。特别强调，水平3标成了红色，意味着水平3对应的是课程标准的达标要求，教师只需要对照水平3，就能了解这个年龄段学生的创新素养有没有发展到位。

也就是说，教师在设计学习目标的时候，需要把水平3作为达标要求进行参照，而不要再模糊地去“指向”创新素养。有了通用素养量规，再对应第三类证据模板，教师就能直接清晰地判断学生是否达到学段要求。因为量规描述了作品中可观察到的行为和技能，描述学生能做到什么，而不是学生做不到什么，教师甚至可以用水平之间指标的差异给学生提供反馈。

总结和锦囊

最后，我把这三招做个总结：

第一招，课程任务群，我用了归类框架来优化真实情景挑战，解决学生如何“学”创新的问题；第二招，证据模板，我用了跟归类框架配套的证据模板解决了教师如何“教”创新的问题；第三招，通用量规，我用了跟证据模板配套的通用量规解决了教师和学生如何“评”创新的问题。

如果一线教师还想持续精进，我有两个建议：

建议一：不做自己不该做的事情（拒绝导游型教师）。

我非常喜欢一张叫作“导游教师”的图片（图3），来自《为学生赋能》这本书，描绘了一位开始采用PBL教学的教师形象。头发，准确描绘日渐后退的发际线，特别像我们教师在钻研一个新的教学法时出现的情况。微笑，全班只有我一个人很兴奋。路线，教师决定了步伐。腰包，我来选择资源。高筒袜，我想和学生打成一片，但是看上去就是不伦不类。地图，我选择了目的地。相机，教师成了唯一记录学习过程的人。

◎图3

在进入创造性解决问题的过程当中，教师必须想清楚，学习证据、学习记录由谁负责。我们经常会听到在PBL当中需要使用“档案袋”，但“档案袋”在国内已经被用滥了，学校累、教师累、学生累、家长累，其原因是因为我们没有理解“档案袋”（portfolio）这个词的真正含义，它原意是“行李箱”的意思，行李箱里面肯定塞不进

※ 表 1 ※

创新素养量规		1至2年级			
		1.0水平（新手）	2.0水平（基础）	3.0水平（熟练）	4.0水平（高级）
创意生成	定义问题	在熟悉的情境或情况下辨别问题或挑战	辨别需要创造性解决的问题或挑战	描述问题或挑战的各个方面（如：情境、特征、类型、需求等），辨别解决问题或迎接挑战所需的信息（如：什么是已知的，什么是未知的等）	解释问题或挑战的重要性，并确定问题或挑战的局限性、指导原则或限制条件
	创意构思	在大人的支持下，完成基本的头脑风暴任务（如：列出想法清单或想法脉络），产生与主题广泛相关的想法	完成基本的头脑风暴任务（如列出想法清单或想法脉络），产生与主题广泛相关的想法	使用基本的头脑风暴任务（如：列出想法清单或想法脉络），产生与问题或挑战相关的想法	使用提供的策略（如：头脑风暴、移情练习、写作活动、系统思维分析、其他学科类似问题的解决方案），产生与问题或挑战相关的多种新想法或方法
	调查借鉴	在大人的支持下，描述他人的想法、解决问题的方法、面对挑战的方法	描述他人的想法、解决问题的方法、面对挑战的方法	当看到其他的立场或视角时，产生新的想法	将问题或挑战与其他问题、情况、需求进行比较
构思设计和迭代完善	细化	复述挑战或问题，提供解决方案	提出细节或一般性想法	提出具体的想法和相关的细节。	以有效实施所必需的详细程度来清楚地解释各种想法
	迭代	在大人的支持下，把想法表示出来（如：草图、计划、图表、流程图、蓝图），以指导实际产出过程。 在大人的支持下，进行简单的修改	把想法表示出来（如：草图、计划、图表、流程图、蓝图），以指导实际产出过程 根据直接反馈，对想法和流程进行具体的修改（如：在接到指示后更改流程中的顺序）	创建一个想法的工作版本（如：模型、原型、试点研究、测试版），以验证假设和特征 对想法和过程进行简单的修改，作为对反馈的回应	创建和验证产品或解决方案的多个版本（AB测试等）或多个方面 对想法和过程进行有效的修改，作为对反馈的回应 放弃不会带来最终产品或表现的解决方案
开放性和勇于探索	好奇	提出与主题有关的问题	提出与任务、过程或想法有关的问题	寻求通过提问、尝试新的方法来完成任务或考虑新的想法来扩展理解	以开放的心态寻找和考虑不熟悉的想法
	挑战传统	联合他人（同伴），使用提供的方法和视角来生成产品或解决方案	使用提供的方法和视角来生成产品或解决方案	使用熟悉的方法和视角生成产品或解决方案	提出一些可能被视为有风险、愚蠢或不寻常的想法，但这些想法与挑战或任务有关，可能是一个有效的解决方案
与他人创造性地合作	想法整合	向他人准确表达自己的想法	总结或复述自己和他人的想法	把他人的想法和自己的想法做比较	把自己的想法和他人的想法结合起来

续表

创新素养量规		1至2年级			
		1.0水平（新手）	2.0水平（基础）	3.0水平（熟练）	4.0水平（高级）
创新产品与创造发明	受众	辨别任务的一个受众	辨别任务的目标受众和目的	辨别目标受众的详细信息，包括影响最终产品或解决方案的需求和兴趣	将原始的想法变成与目标受众相关的产品
	使用资源	使用所提供的材料/资源	选择与任务相关的材料/资源	选择适合产品或解决方案的材料/资源	有效地整合材料/资源以开发产品或解决方案
	计划	在大人的支持下，提供一个具体的计划	使用提供的满足任务要求的计划	提供满足任务要求的一般步骤	分析产品的组成部分，以辨别清晰、具体、不同的细节和信息的计划
	产品	在大人的支持下，完成一个产品	完成一个产品	完成产品以满足计划的基本要求	按计划完成产品，满足所有要求，必要时进行更改
自我调节与反思	反思	在大人的支持下，辨别自己在完成产品过程中的优势和劣势	辨别自己在产品过程中的优势和劣势	根据反馈量规评估表现和创造的过程	准确地反思工作质量；利用反馈来修改想法或产品。 审辨地看待自己的创造过程（如：投入时间和精力、探索想法、需要的支持数量等）
	计划	在大人的支持下，为自己的表现设定个人目标	为自己的表现设定个人目标	基于反馈和既定标准，为自己的表现设定个人目标	寻找、选择、使用资源和策略来实现改善创造过程的目标
	成长思维	解释努力和成功之间的关系（如：“我越努力学习，我就越擅长”；“从现在开始，我将在这门课上更加努力学习”）	展现出改进的愿望（如：采用更多的练习，设定改进的目标，向他人寻求帮助而不是放弃）	展现出成长思维（相信通过有效的努力，他或她可以在创造性思维方面变得“更聪明”），以应对挫折和挑战（如：坚持执行困难的任务，在学习过程中承担风险，接受并使用反馈/批评，适应犯错误，从成长思维的角度解释失败）	积极改善自己的劣势，采用有效的策略来提高成长思维（如：坚持不懈、冒险、有效决策、积极寻求他人的反馈、刻意练习、寻找和利用外部资源、熟练的同伴、其他专家，来丰富和扩展学习）

※ 表2 ※

评估维度		学生可能存在的误解
创意生成	定义问题	解决问题只发生在数学中 重新表述任务与定义问题或挑战是一回事
	创意构思	只有一种方法可以提出想法 如果一个创意生成策略在某种情况下是成功的，那么它在任何情况下都是成功的 一个想法必须是原创的或全新的，才能有说服力或有效 我想到的第一个主意就是我应该使用的
	调查借鉴	如果别人已经想出了解决问题或挑战的办法，我就没有必要再想出其他办法了 如果我想到一个创意，那它必须是原创的 没有原创的想法，一切都已经被发现了 一个创造性的想法必须是完全原创的 研究他人作品的目的是找出需要修正的缺陷
构思设计和迭代完善	细化	解决一个问题或者迎接一个挑战所需要的只是一个想法 只要我明白自己的意思，其他人是否理解我的想法并不重要
	迭代	如果这是一个好主意，我就不需要多次迭代 好的想法不需要修改；如果一个想法需要修改，那么它就是坏的 放弃一个不起作用的想法意味着我失败了 我的想法本来就很好 我应该把精力集中在“简单”的改进上；如果一个修改耗费时间或者困难，那就不值得 如果我不能让它立刻起作用，我就应该放弃这个想法 如果有人批评我的想法，我就应该放弃它 如果我需要放弃一个想法或者改变我的注意力，这意味着我不够聪明或者不够能干
开放性和勇于探索	好奇	问问题表示缺乏理解或知识 如果我不能马上让它起作用，它就不是一个有效的想法 我想到的第一个主意就是我应该使用的
	挑战传统	一个创造性的想法必须是完全原创的 如果以前没有人做过，那就不可能做到 挑战传统意味着提出崇高、愚蠢或古怪的想法 挑战传统意味着打破规则 冒险总是意味着做一些愚蠢或尴尬的事情 如果我冒险，我就会失败；越容易越安全
与他人创造性地合作	想法整合	想法必须按原样使用，两个想法不能结合在一起 我的想法比别人的想法更重要 别人的想法比我的更有价值 分享想法只是一种形式，因为每个人都只想使用自己的想法 创意融合会削弱原创
创新产品与创造发明	受众	受众是一大群正在观看某一事件的人，它们是有形的、可见的 考虑到受众会扼杀我的创造力 我喜欢我的工作，因此，其他人也会喜欢
	使用资源	材料必须是物理的（胶水，海报等） 我用任何材料都可以 如果没有我想用的特定材料，我就不能把我的想法变成现实
	计划	只要我有一个想法，就可以开始 我不需要计划，我知道在做什么 一个计划对我没有帮助，它是帮助老师追踪我的工作的一系列步骤
	产品	一旦有了产品创意方案或者找到了解决方案，我就完成了 如果完成了，就足够好了 只要工作完成了，我是否按计划行事并不重要 工作的完成是最重要的 如果看起来不错，那就是高质量的 如果它看起来不完美，它就不是一个高质量的产出 快速完成工作是最重要的 最后期限并不适用于我，如果我需要的话，我总会得到更多的时间

续表

评估维度		学生可能存在的误解
自我调节与反思	反思	反思是关乎我自己怎么想，其他人的视角并不重要 在识别优势和劣势时，只有教师的观点才重要 我没有任何劣势 我没有任何优势 所有的劣势都以同样的方式影响着我的表现 反思是浪费时间，我不需要反思来改进
	计划	目标和计划是一回事 任何目标都是有价值的目标 短期目标并不重要 我不需要计划；如果我设定了目标，我会实现它 我应该在已经取得成功的领域设定目标 我应该一遍又一遍地设定同一个目标 其他人会给我提供资源和如何改进的想法
	成长思维	创造和创新是天赋而不是技能，我一直都很擅长它们 如果我真的擅长某件事，我就不会遇到任何挑战 如果我经历了挫折，我就失败了 别人的反馈帮不了我 错误是坏事，聪明人不会犯错误 安全的路线才能确保成功

全部家当，所以美国在推行“档案袋”评价的时候，做了精简，只把一些“少而精”的重要证据往里放。而国内的做法却是，“档案袋”好似一个网盘，觉得储存空间无限大，所以什么都往里塞。即便网盘的储存空间无限大，也需要一个经过取舍的代表作，而不是一锅烩，在这一点上就需要教师的精心设计。

一些“教学评一体化”实施能力较强的教师，他们做的并不是替学生弯腰捡证据，而是设计好装证据的篮子。对学生来讲，往“好的”证据篮子里面捡证据，本身就是一种“好的”学习。

建议二：做自己该做的事情（深挖学生常见误解）。

这是一套量规配套的学生常见误解表（见表2），就像教师以前教学时说的重难点、区别点，知道这些误解，能够让教师未雨绸缪。

比如，创新素养中的定义问题，学生常见的误解是觉得“重新表述任务与定义问题或挑战是一回事”，教师知道这个常见误解以后，就能有针对性地选择更好的教学策略。

做一个创新的事，难就难在“行有不得，反求诸己”。创新者刚开始总是弱小的，而如果用当时通行的办法来做事，就很难有成功的希望。爱因斯坦说：“疯狂就是一再重复相同的事情，却期望得到不同的结果。”一线教师用自己的创新素养去引出学生的创新素养，实事求是，才是中国学生创新素养培养的终极解决方案。

课堂教学设计的改进策略

文/汤飞梅（浙江省杭州市钱塘区崇德实验学校）

一、审视：数学课堂教学的现实困境

传统的数学课堂教学，学生对“学什么”“怎么学”“学得怎么样”的认识都比较模糊。

1.“学什么”目标不清。教师往往更多关注自己“怎么教”，却忽视学生“怎么学”，忽视了不同年龄阶段学生应该达到的理解程度。

2.“怎么学”方法不明。一些低阶思维的知识，比如概念、简单计算等，教师常常让学生通过“记住”来掌握；但高阶思维能力，比如探究规律时，教师不会设计探究任务，导致学生“学得模糊”。

3.“学得怎么样”评价无据。教师一般以学生“积极思考”“作业无误”等作为“学会”的标准。根据有效教学的要求，教学目标要与实际教学效果达成一致，这样学生才是真正的“学会”，一些课堂缺乏这样有效的评价体系。

二、思考：“教学评一体化”促教学改进

1.“教学评一体化”的理性认知

“教”指教学目标。教师根据课标、教参、学情制订教学应达到的目标，明确学生“学会什么、怎么学、学得怎么样”。

“学”指学习过程和方法，指出学生“怎么到那里去”。在目标制定和教学实施过程中，目标主体是学生的“学”。

“评”主要指评价工具的选取与设计，评估学生“是否到了那里”。评价具有“调适”和“反馈”功能，使教学始终关注学生的学习过程和结果。

2.“教学评一体化”的实施模型

教、学、评三者相互结合，以评价驱动教学。如图1所示，可以看出，学习目标的实现需要转化成评价任务，评价任务的实施需要规定评价标准。研究发现，在每一个目标达成的闭合教学回路中，评价标准至少先后三次对教学反向进行激拔（共谋标准—参照标准—运用标准），每一次激拔的过程就是教学评整合的过程，如图2。

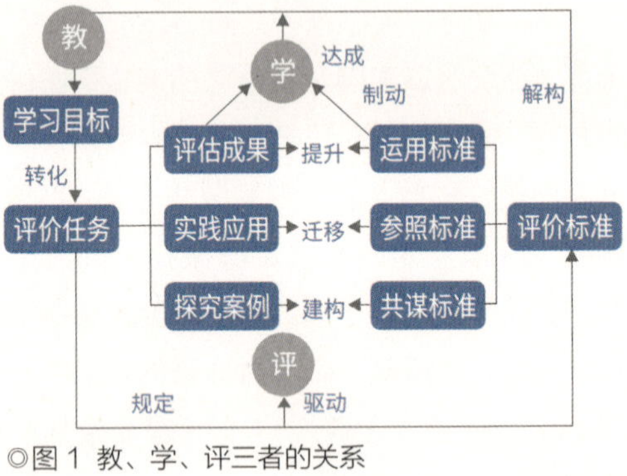

◎图1 教、学、评三者的关系

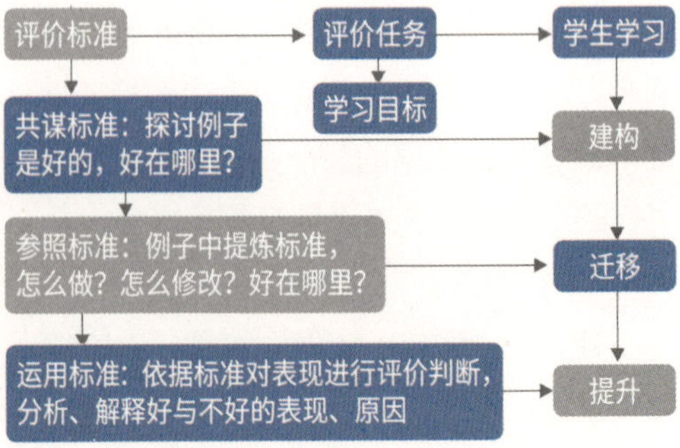

◎图2 评价标准三次激拔过程

三、探寻："教学评一体化"的实施策略

实施"教学评一体化"，以评价驱动教学的核心策略就是先制订学习目标，然后根据目标设置评价任务，最后设计教学活动，评价标准在教学活动中师生同构。下面以人教版二年级上册《角的初步认识》第一课时教学为例，探寻基于"教学评一体化"的课堂教学改进策略。

(一)确定学习目标，明确学习任务

学习目标要准确回答"学什么""怎么学""学得怎么样"。

1. 标准在哪里——分解课标关键维度

课标分解的实质即制订叙写具体、明确的教学目标，将课标中的课程观念和课程目标系统化、明细化为教学目标。一方面教师应深入解读课标中有关课程性质、理念、思路及教学、评价建议等内容，形成具体的教学策略，回答"为什么教"及"为什么这样教"等，并通过"行为条件"呈现于教学目标之中；另一方面教师应深层解构课标中的课程标准，将能力目标层级化和学科知识系列化，形成学科知识体系，回答"教什么"及"为什么教这些"等问题，并通过"行为动词""核心概念""行为程度"具体呈现于教学目标中。

比如，本节课属于图形与几何领域，相关的描述有：结合生活情境认识角，了解直角、锐角和钝角（第一学段）。对第一学段的学生而言，关键词是"认识"和"了解"，"了解"的同义词为"知道""初步认识"。从知识维度来讲，角属于概念性知识。但对于第一学段学生而言，需要通过多种活动及动手操作，比如指角、画角、折角、比角等，调动自身多感官参与，从多角度认识角（学生的认知维度分解，见图3）。

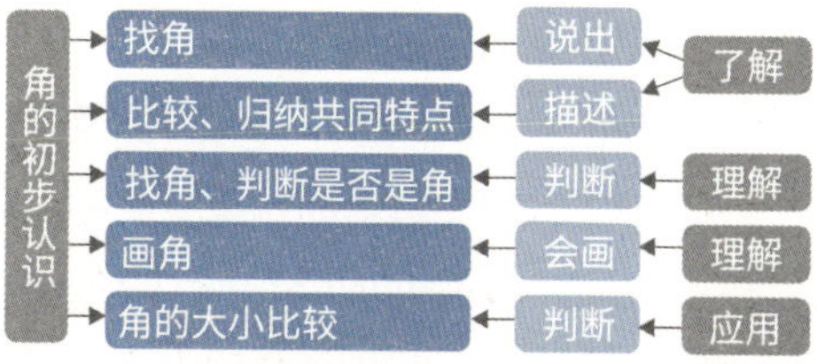

◎图3 学生认知维度分解

2. 教材在哪里——把握教材核心内容

教师在解读课标后，需要结合教师用书读明白教材的例题和练习的设计意图。本节课教材主题图是从剪刀、钟面和三角板中抽象出角，初步认识角。学生用纸片折角并比角，在玩角活动中体会角的大小与两边张开的大小有关。然后是在学习之前的基础上学习画角的方法。尽管活动方式各异，要求不同，但有一点是共同的，即明确角的构成特点。

3. 学情在哪里——分析学生发展区域

除了分析教材，在设计评价任务前，了解学生的认知基础非常重要。只有了解学生的学习困难点，才能开展针对性教学。

一年级数学下册学生初步认识了长方形、正方形、三角形和平行四边形。二年级第一单元，学生会用尺子从一个点出发描一条线，这些都为本节课的学习奠定了基础。学生在实际生活中都有关于角的丰富"原型"的认识，普遍认为"尖尖的"就是角。指角时，很多学生把"点""尖"看成角，课堂中需要教师规范指导，从画角的动作中渗透角是由一点引出两条射线所组成的图形。本节课学习的难点是探究影响角大小的因素。

4. 目标在哪里——确定学习方向要求

教师应基于课标、教材和学情分析来确定学习目标。学习目标包括认知性目标和表

现性目标，前者注重知识的积累、能力的养成，后者注重知能的运用、迁移、内化，学习目标需要做到二者兼顾。

本节课的学习目标为：（1）结合情境及操作初步认识角，知道角的各部分名称；会指角，会用三角尺画角。（2）会比较角的大小，知道角的大小与两边张开的大小有关。（3）培养初步的观察能力、动手操作能力。

（二）明确评价目标，设计评价任务

明确学习目标后，把学习目标转化为评价目标和评价任务，制定评价标准。在每一个目标达成的教学回路中，搭建“共谋标准—参照标准—运用标准”的学习路径。

1. 明确评价目标

基于学习目标，明确哪些评价目标是结果性目标，哪些是过程性、表现性目标。比如，“角的初步认识”教学目标1、2是结果性目标，可以通过情境、活动让学生进行建构性反应，考查学生的理解程度，也可以通过纸笔测评考查。目标3是表现性目标，考查学生观察能力和操作能力，任务情境需要密切联系实际，需要借助具体的评价规则在任务完成的过程中进行表现性评价。

2. 设计评价任务

评价任务回答的是“拿什么来评”的问题，既需要创设问题情境对学生学习表现进行评价，使得学生悦纳发出的任务指令，又需要搭建平台挖掘学生潜力，让学生充分表现。评价任务要有明确性、挑战性和邀约性，用以检测学生学习后是否达到预期的学习结果。本节课评价任务如表1，根据每一个评价目标，设计对应的评价任务。针对每个任务，制定相应的评价指标。

从评价目标的设定到评价任务的设计，

※ 表 1　各环节评价目标、任务及指标 ※

评价目标	评价任务	评价指标
初步认识角，知道角的各部分名称，会指角 （自我评价、同伴评价）	（学生自评、交流性评价、表现性评价）以口答形式说出角的组成，明确正确指角的方法，判断是否是角并说明原因（教学目标1、3的达成）	1.能从实物图中抽象出角 2.归纳角的共同特征 3.指出数学中的角 4.练习判断角 5.表达完整、清楚
会正确画角 （同伴评价）	（学生自评、交流性评价、表现性评价）能在尝试后总结正确画角的方法，再次尝试画角（教学目标1、3的达成）	1.会按正确顺序画角 2.表达完整、清楚、有条理
同桌合作，做活动角 比角，知道角的大小与两边张开大小有关 （同伴评价）	（学生自评、交流性评价、表现性评价）会做角，能找出合理简便的方法比较张口不同的角的大小（教学目标2、3的达成）	1.在做角、比角中感知角的大小与角两边张开大小有关 2.同桌合作，一人摆角，一人能按要求摆一个比之大或小的角 3.表达完整、清楚、有条理
明晰角的大小与边的长短无关 （教师评价）	（学生自评、交流性评价、表现性评价）在活动中体验边长不同的角的大小比较与边长无关，与张口有关（教学目标2、3的达成）	1.在对比中形成认知冲突，感悟角的大小与边的长短无关 2.能判断边长不同，张口不同的角哪个更大

再到评价环节的实施，通过真实性的评价任务评价学生的概念理解能力和动手操作能力，评价“可以让学生带得走的能力”，而不是“只需记忆的内容”。课堂以“找角、指角、判断角、画角”和“做角、比角”作为两大评价任务。两个任务侧重点不同，对学生要求也不同。比如，直接告知学生画角怎么画，角的大小与两边张开大小有关等，不利于学生真正理解角的内涵。给学生充分表现的机会，让其自由地表达自己的想法，能使其在探究和提炼评价标准的过程中提升学习能力。教师从表达、操作等角度补充评价标准，使学生进一步明白评价标准就是“画角、比角”的规范操作。

（三）学、评、教一体化，厘清学习过程

课堂评价是一种特殊的教学活动，镶嵌在教学活动之中，为学生创设“愿做”“能做”的情境，充分调动学生的学习潜能。数学课堂教学设计依据“教学评一体化”理念，针对每个目标，设计不同的评价任务，评价标准用于检测学生“学”的结果。

1. 学：师生互动，展开学习，共谋标准

评价标准不是由教师制定，而是让学生自主探究后师生共谋，学生在充分理解、接纳的基础上提出标准。如果由教师自定标准，学生不知其从何来、有何用，更不知道怎么用。如目标1和目标2中评价标准的产生，属于学生自然“生发”，能得到学生的理解和认同。此外，有些评价结果可以通过学生口头回答收集，有些则需要教师有针对性地进行观察和了解。如果学生掌握了，就可以进行下一个教学活动。如果出现问题，就需要及时调整、修改，直到达成目标。

2. 评：评价介入，参照标准，运用标准

在建构了正确的标准后，第二阶段学生参照标准，评价自己做得怎么样，是否合乎标准，要怎样地修改，学评同构。第三阶段学生运用标准，对作品、表现进行价值判断，分析好或差的原因，提出改进意见。

（1）参照标准，跟进评价目标1的落实。学生根据明确的标准，判断自己的操作是否符合标准、好在哪里、问题在哪里、怎么修改。

（2）运用标准，夯实评价目标1的落实。学生根据标准对价值进行判断，提出改进意见。运用标准时，需要在反复修正、螺旋上升中提高学生的理解能力。

（3）共谋参照标准，指向评价目标2的落实。在一个新的任务或概念需要建立时，学生需要重新经历“共谋标准—参照标准—运用标准”的过程。比角既是角的概念的进一步夯实，也是一个重新定义概念的过程，丰富了概念的内涵与外延。

3. 教：运用标准，夯实评价目标2的落实

在教的环节，教师出示一些练习，让学生运用标准深度理解角的概念，跟进评价目标2的落实。

四、结语

从常规教学到基于“教学评一体化”改进教学是教学评价研究的起点。课堂要培养学生的发散思维，要给学生提供开放思维的框架。在概念理解和重难点处理时，学生经历共谋标准、参照标准和运用标准的外循环和内循环过程，能自主建构知识和突破难点。如何更好地利用评价驱动教学，让学习评价科学化、系统化且易于操作，让学生有效参与学习评价，使其获得数学素养的提升，值得数学教师为之不懈探索。

/ My Study Review /

我 的 学 习 回 顾

◎ 读完这部分，我学到了什么？

◎这部分内容给我带来的启发和思考：

◎“教学评一体化”设计的方法和策略有哪些：

我的行动

/ My Actions /

◎ 结合我的课堂教学，我能/应该做什么：

◎ 结合自己的经验，以单元为例，设计指向“教学评一体化”的单元教学：

05

切入点三：让评价成为抓手

评价是推动“教学评一体化”的抓手，一头以核心素养为导向，一头指着学习目标。它镶嵌在教与学的过程中，通过不同的方式呈现学生学习的情况，发挥着改善教学、提升教学质量的作用。

形成性评价，反馈教学是否真正落地

文/邵朝友 韩文杰（浙江工业大学教育科学与技术学院）

一、促进“教—学—评”一致性对课堂教学的挑战

“教—学—评”一致性是课程的基本性质之一，较早可追溯至课程经典理论泰勒原理，它要求课程教学从确定教育目标开始，接着选择教学经验、组织教学经验，最后评价学生学习所得。在泰勒原理中，目标是课程起点，也是课程终点，它们是教学、学习、评价的依据与指向。

在目标的统领下，“教—学—评”一致性包含了三方面的含义：

（1）“学—教”一致性，即学生所学内容与教师所教内容一致，学生的学习策略与教师的指导策略一致，学生对学习内容的理解、应用与教师预设的目标一致。

（2）“教—评”一致性，即教师在讲解教学目标时要展示评价的要求，教师在设计教学内容时要注意把评价内容考虑进来，教师在教学过程中要持续获取关于目标达成的信息而做出自己的教学决策。

（3）“评—学”一致性，即所有形成性评价和终结性测验与学生所学的内容都是一致的，所获得的学情都应参照预设目标进行分析、做出判断、形成反馈，以促进学生更好地开展后续学习。

从这三个方面的一致性可以看出，教学、学习、评价是三位一体的关系，评价与教学、学习紧密地交织在一起，它们之间相互制约，相互影响。

“教—学—评”一致性需要教师围绕目标整体地考虑教学、学习、评价三者之间的关系，但从实际情况看，教师关于评价这部分的问题较为突出，主要表现在这几个方面：一是缺乏评价意识；二是把评价定位于终结性性质，没有认识到评价的形成性性质；三是一些教师注意到评价与目标的一致性，但他们所关注的评价主要为表现性评价、纸笔测试等评价方法，缺少与教学紧密关联的评价技术；四是只认识到教学、学习、评价的差异，甚至刻意将三者割裂开来，没有认识到在课堂上它们往往胶合在一起。

促进教学、学习、评价的一致性是课堂教学的内在诉求，但这种应然诉求遭到课堂现实的挑战。在这方面，形成性评价课堂技术或许能提供一种可行的参考。

二、形成性评价课堂技术对“教—学—评”一致性的意义

2008年，为整合评价、教学和学习，姬莉（P.Keeley）提出了75项形成性评价课堂技术（Formative Assessment Classroom Techniques），认为形成性评价课堂技术是教师用来促进学生思考、发现学生想法，以及利用学生学习进度的信息来改进教学的技巧。如分钟作文（Minute Paper）、最难理解点（Muddiest Point）、一句话总结（One-sentence Summary）、卡片分类（Card Sorts），以及下文镶嵌于学习环（Learning Cycle）的各种技术等，这些技术不仅灵活有趣，而且对信息的收集与分析也快速简便，能够更快地发现学生学习上存在的问题，更及时地为教师的教学决策和学生的学习决策提供支持。

在目标的引导下，形成性评价课堂技术使得教学、学习与评价无缝连接，从而更有可能深层次地实现“教—学—评”一致性。以“一句话总结”为例，它让学生针对一个给定的主题回答——谁何时、何地、如何、因何、对何人做了何事，然后将答案合成一个内容丰富、符合语法的概括性长句。

由此可见，形成性评价课堂技术具有一个突出特征——简洁灵活，能“见缝插针”地融入课堂。这种特征使得形成性评价课堂技术有别于传统的评价形式和表现性评价/档案袋评价等评价方法，能更灵活地嵌入课堂教学。

在应用时机上，一般来说，用于课堂开始阶段的评价技术可用来识别前概念、推理的思路和解决学习困难，而用于课堂中间或结束阶段的评价技术则可为学生的学习提供直接指导和反馈。如“同意圈（Agreement Circles）”技术，可用于学生习得概念阶段的学习。

又如“分钟作文”，主要应用于课堂活动将要结束时，教师留出1~3分钟的课堂时间，让学生回答“本堂课你学到的最重要的知识点是什么”“还有哪些重要问题尚未解决”，并要求学生把答案写在索引卡或半张纸上。为回答这两个问题，学生需要评价所学内容和自己的学习情况，进而引发后续学习，教师则需要以此为依据安排或调整下一步教学计划。

其实，形成性评价课堂技术不仅可以灵活随机地嵌入课堂，对于需要更长时间的教学程序，它同样可以很好地融入其中。以建构主义教学模式“学习环”为例，它一共包含六个阶段：参与和准备阶段、引出先备知识阶段、探索和发现阶段、概念与技能发展阶段、概念与技能迁移阶段，以及自我评价和反思阶段，每一阶段都有与之相匹配的形成性评价课堂技术。

如图1所示，在引出先备知识阶段，我们可用采用“弗雷尔模型（Frayer Model）”技术来引出学生对于科学概念和术语的先备知识，评价学生对先备知识的掌握程度。具体运作时，教师可先让学生思考一个概

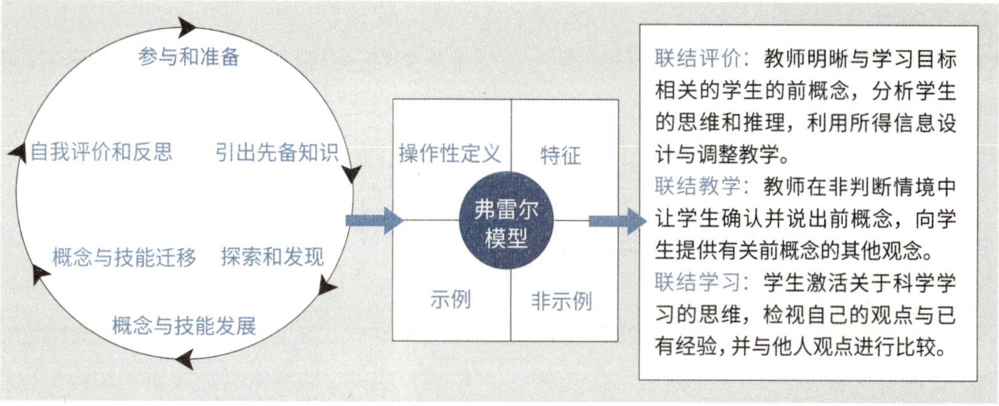

◎图 1　从“学习环”到弗雷尔模型及其作用

念，并给他们一定时间完成事先准备的图表。然后要求学生提供操作性定义和特征，列举相关概念的背景知识或经验的适当例子与不适当例子，阐明有关概念的想法，并与同学交流、讨论他们对概念的理解。教师在这个过程中收集有关学生学习的信息，了解学生对于概念的掌握程度，以此设计下一步教学计划，同时将信息反馈给学生，让学生有机会反思自己的学习。

通过这些技术，教师让学生思考和学习，收集他们掌握学习目标的信息并进行数据分析，从而对教学活动进行快速调整。或在学生提出疑问或表现出困惑时放慢节奏，复习先前学习的内容，纠正错误概念，提高教师教学的有效性。这些技术也为学生提供反馈，让他们真正参与学习，比较自己和他人想法的异同，明确自己学习的不足，进而反思并改进学习。

在很大程度上可以说，形成性评价课堂技术的应用就是教学的展开、学习的展开，也是评价的展开。它天然地含有教学、学习、评价的因子，有时我们甚至很难区分教学、学习、评价，它们自然地合一，形成“教—学—评”相互融合的有机整体，它的应用过程就是形成“教—学—评”一致性的过程。

三、形成性评价课堂技术的实施策略

在实际的课堂教学中，为更好地实现形成性评价课堂技术的功能，提出如下实施策略：

1. 选择适当的形成性评价课堂技术

形成性评价课堂技术具有情境专属性，并不是所有的技术都适用于任何情况，不加选择地盲目运用，不但无法起到促进学习的作用，反而浪费宝贵的课堂时间。要选择合适的形成性评价课堂技术，可以从以下三个方面来考虑：

一是教学目标。选择一项与教学目标契合的技术，在进行选择之前，教师需要明确以下问题：（1）这个教学目标与哪些方面有关？（2）为达到目标应选取哪些教学内容、采取何种表达方式？（3）我对教学内容或技能的理解程度如何？（4）我期望学生对所教内容理解到什么程度或水平？

（5）与所教内容相关的常见想法和误解有哪些？（6）哪些形成性评价课堂技术能为我的教学提供更好的信息？（7）这项形成性评价课堂技术怎样指导我的教学，促进学生的学习的？（8）如果形成性评价课堂技术应用范围较广，可在其中嵌入什么样的教学方法更为合适？

二是使用时机。不同的形成性评价课堂技术各有其易用性、时间需求、认知需求等，它们适用于不同的课堂环节和时间段，因此需要教师依据实际课堂进度和需要进行选择。以“学习环”的教学特征为例，表1主要基于“学习环”的各个实施阶段特征，提供了可能选择的形成性评价课堂技术。

三是学生背景。在班级中，每个学生都具有不同的文化背景、先前经验、学习态度、学习风格、思维习惯等，在同一班级中运用同一形成性评价课堂技术，对于每个学生的意义也会不同。因此，选择形成性评价课堂技术可考虑如下要点：（1）在选择之前，要注意学生的文化和社会背景及不同环境为其带来的背景知识和经验，并建立课堂规范，促使学生尊重彼此的想法。（2）如果学生对公开分享自己的想法感到不适，则可选择以匿名形式开展。（3）让所有学生都参与使用形成性评价课堂技术，不要只给活跃的学生回答问题的机会。（4）不对学生表现进行打分，而是连续运用形成性评价课堂技术，提高学生的信心，激发进一步的思考和讨论。（5）营造一种鼓励规范论证的课堂氛围，让学生舒适地辩论和捍卫自己的想法，并倾听他人的观点，承认和评价不同的解释。（6）选择能让不同类型的学生互动的形成性评价课堂技术组合，而不是固化学生的组合。

2. 计划与实施形成性评价课堂技术

形成性评价课堂技术可以用于课堂师生互动的任何阶段。但课堂情境千变万化，考虑到不确定因素，教师有必要提前制订实施计划：（1）首先自己尝试运用一些形成性评价课堂技术，看看它们在所选择的教学环境中是否有效。（2）向学生介绍并解释为什么使用形成性评价课堂技术，当他们体会到形成性评价课堂技术对其学习的帮助后，会倾注更大的热情参与其中。（3）如果

※ 表1 与“学习环”各阶段相匹配的形成性评价课堂技术 ※

“学习环”六阶段	适用的形成性评价课堂技术举例
参与和准备	熟悉现象调查（Familiar Phenomenon Probes）；兴趣量表（Interest Scale）
引出先备知识	界面友好的对话调查（Friendly Talk Probes）；卡片归类（Card Sorts）；弗雷尔模型（Frayer Model）
探索和发现	同意与不同意观点（A&D Statements）；概念卡图（Concept Card Mapping）；预测、解释、发现（P-E-O Probes）
概念和技能发展	反驳（Refutations）；科学家的观点比较（Scientists’ Idea Comparison）；排除（Odd One Out）
概念和技能迁移	合理的列表（Justified List）；思想实验（Thought Experiments）；识别异常（Recognizing Exceptions）
自我评价和反思	最难理解点（Muddiest Point）；我之前认为……，但是现在我认为……（I Used to Think...But Now I Know）

是第一次使用某个技术，考虑是否需要先教会学生如何使用。（4）根据学生的需求，适当修改形成性评价课堂技术。（5）运用多种形成性评价课堂技术。因为多次重复使用同一技术，学生容易产生厌倦情绪，技术也会失效。（6）注意不要在学生对一个形成性评价课堂技术做出反应后，过早地暗示或引导他们做出回答，也不要忽略学生的错误回答，学生的思考和困惑会帮助他们进步。（7）鼓励学生充分展现自己的想法，并提供足够的时间让学生阐述自己的理由或证据。（8）询问学生对于应用形成性评价课堂技术的建议。

技术的使用切勿一味贪多，一学期重点使用几项技术，坚持全面仔细地开展教学工作，要比采用多项技术结果被弄得焦头烂额、灰心丧气效果会更理想，更让人满意。

在初次或运用不熟悉的形成性评价课堂技术时，教师需要循序渐进地使用这些技术，思考它们的使用效果，尤其要思考以下几个方面：（1）学生都参与进来了吗？（2）获得的信息对改进教学有帮助吗？（3）是否不使用形成性评价课堂技术也能获得同样的信息？（4）这项形成性评价课堂技术能给教学和学习带来哪些帮助？（5）它是否让我在教学和学习方面做了一些不同的事情，或者有不同的想法？此外，考查使用效果时还有一个实用的方法，就是建立一个独立的文件夹或者活页夹，记录使用形成性评价课堂技术的相关信息，这也是教师最宝贵的第一手资料，有利于日后借鉴和调整相关技术。

3. 合理运用信息开展学习反馈与教学改进

收集信息是运用形成性评价课堂技术的重要方面，这是教师与学生做出决策的依据所在，而对于信息的分析处理和反馈则更为关键，它是从理论到行动的过程。在这一行动中教师需要注意以下几点：（1）在评价后尽量及时进行分析与反馈，留出足够的时间与学生讨论反馈结果。（2）选择一种分析形式，分析学生的反应与不同回答所占的比重。如果没有足够的时间分析所有的回答，可与全班同学一起检查和分享代表性的回答，或者快速浏览学生的回答。（3）向学生展示分析后的反馈数据，让他们参与课堂数据的检查，提出改进教学的建议。教师可以先花几分钟的时间思考一下，针对学生回答的内容，我打算告诉他们一些什么？如何以及何时告诉他们？（4）让学生知道教师如何利用形成性评价课堂技术中的数据来改进教学，并为他们提供更好的学习机会。（5）关注真实的数据，要做好消极反馈的准备，考虑需要采取什么行动来改善教学和学习，并付诸行动。

四、走向以学习者为中心的课堂

实现“教—学—评”一致性是提高课堂教学质量的一大关键，形成性评价课堂技术对于促进“教—学—评”一致性具有重大价值。在这样的课堂，除了评价方法，教师还通过形成性评价课堂技术的运用了解学生需要改进的地方，为学生提供机会修正他们的错误观念和思维方式，并监督学生的进步，从而连接教学和学习。在这样的课堂，教师研究学生最近发展区，据此确定学习目标，设计整体性的“教—学—评”活动。形成性评价课堂技术不仅有助于实现“教—学—评”一致性，而且有助于实现以学习者为中心的课堂。

用于课堂的八种形成性评价方法

文/杰伊·麦克泰（Jay McTighe）（美国哥伦比亚大学）

使用形成性评价来检查学生的理解，并为学生提供反馈和支持，是改善和提高学生学习的最有效方法之一。

然而，由于需要传授很多信息和培养许多技能，教师可能不会花时间检查学生是否理解某个概念或能够有效应用某个技能，如果学生没有理解，就想办法提高学生的理解水平。

值得庆幸的是，有一些实用的、经过验证的形成性评价方法，可作为一种关键特征信号，帮助教师快速地衡量学生的理解。这些方法也能应用于各年级、各学科领域、各种学习环境（线上、线下、混合均可）。

需要注意的是，这些检查的结果不应该被打分，因为形成性评价方法的目的是获得反馈，用于改善教和学，而不是评价学习。最重要的是，学生要理解这些方法的目的，认识到错误是没关系的，甚至是可以预期的，自己的回答不会被打分。

第一种方法：示意

要求学生展示一个约定的手势，来表明自己对理解某个概念、原则或过程的信心程度。例如：

● 大拇指朝上：我理解……，并且可以用我自己的话来解释它。

● 挥挥手：我对……不是很确定，也不知道我能不能解释清楚。

● 大拇指朝下：我还不理解……，也不能解释它。

自我评估和自我报告可能是不可靠的，所以要配合使用随机点名方法，定期选择大拇指朝上的学生（例如从抽签筒中抽出名字）让他们来解释。

在线上学习环境中，学生可以在镜头前发出信号，或发出指定的表情符号，来表示自己的理解水平。

第二种方法：选择

给学生二选一的陈述或问题，其中包含一个正确理解或一个常见的误解，让学生选择一个答案（例如：真或假、同意或不同意），并通过白板、手机软件或手势（例如大拇指朝上或朝下）来分享。这种有效的方法尤其适用于在开始新的教学之前，检查学生已有的知识或潜在的误解。例如：

● 真/假：当从相同的高度落下时，保龄球会先于弹珠落地。

● 同意/不同意：这是一个押韵的例子吗？

在线上学习环境中，学生可以使用聊天框功能来记录自己的选择，或对投票做出回应。

第三种方法：画图

视觉表征例如图示组织者和概念图，被广泛用于促进学习，也可以用于形成性评价。让学生为信息和抽象概念创建一个可视化或符号化的表征（例如图示组织者、网络图或概念图），然后准备好解释自己画的图。图形化方法对于观察学生是否理解各种概念，或过程中的元素是如何联系的特别有用。例如：

● 绘制影响植物生长因素的视觉网络图。

● 绘制一个概念图来说明判例如何成为法律。

● 绘制一个故事地图或次序图，展示故事中的主要事件。

在线上学习环境中，学生可以把自己画好的图，贴在谷歌幻灯片、图片分享软件、教学软件、交互共创软件上。

第四种方法：纠错

最有效的快速检查理解情况的方法之一是找误解。向学生展示一个常见的错误概念或一个经常出现的解题的过程性错误，看看学生是否能找出缺陷或错误，如果能改正它当然更好。学生的回答将为理解的深度提供一个快速检查。例如：

● 展示写作的草稿，并要求学生作为编辑，来标记句子成分和语法错误。

● 让学生查看多步骤数学应用题的解法，找出计算错误和推理错误，并加以改正。

● 在摄影课上，展示反映常见的构图错误或有缺陷的曝光或光线的照片，让学生使用照片编辑软件做出必要的修改。

第五种方法：总结

让学生定期总结自己正在学习的内容，不仅可以帮助学生提高对新材料的理解和记忆，还可以让教师深入了解学生是否真正掌握了重要内容。例如：

● 撰写一条280字以内的推文，来回答这个问题：通过学习你所收获的大概念是？

● 用手机或平板电脑上的软件录制一个一分钟的音频或视频，总结一节或多节课的关键概念。

● 准备每周给老师（或家长）写一封信，总结过去一周的学习成果，说明自己现在理解了什么。

也可以参考可汗学院关于如何总结非小说类文本和小说类文本的相关视频。

第六种方法：应用

当学生能够将自己的学习迁移到新的环境中时，理解就展示出来了。因此检查理解的最好方法之一，是看学生是否能在某种新的情境下应用。这种方法包括要求学生寻找或创造新的例子来说明新学的概念。例如：

● 创建一个真实生活中的数学应用题，看看其他学生是否了解如何计算表面积。

● 找出一篇新闻报道或博客文章，介绍个人权利和公共利益之间的紧张关系。

● 在学校或操场上寻找对称的例子。

第七种方法：教授

这是一个比较复杂的但更有价值的形成性评价方法。让学生把一个新的概念或技能教给别人：一个刚从外面回来的新学生或者年龄较小的弟弟妹妹。当你回顾或观察学生教别人的过程时，你就能衡量学生的理解程度。例如：

● 设计一个五分钟的课程，让低年级学生了解供求关系如何影响商品的价格。使用一个或多个我们未曾讨论过的具体例子。

● 你的朋友一直没来上课，错过了上两节学习“社区帮助者”的课程。请画出我们社区中至少五种帮助者的图片，帮助你的朋友理解“社区帮助者”的概念。

在线上学习环境中，学生可以使用笔记本电脑、平板电脑或手机摄像头记录自己设计的这一堂小课。

第八种方法：类比

一种更为复杂的方法是，让学生用类比或隐喻来说明一个新学的概念或技能。学生的解释性类比或隐喻的有效性可以让你洞察他们的理解。然而，在解释学生对这一方法的反应时要谨慎，学生可能非常理解一个概念，但却想不出一个适当的类比。让学生解释自己的类比可以让你进一步了解他们的理解程度。

可以给学生这样的提示：……就像是……；因为……。例如：

● 部分是整体的一部分，就像车轮是自行车的一部分。

● 形成性评价就像在你做菜的时候不断品尝味道，因为它提供了反馈，厨师可以利用这些反馈来做出调整，让菜变得更好吃。

学生还可以创建视觉类比（结合方法3和8）。在线上学习环境中，学生可以在聊天框、谷歌幻灯片或图片分享软件上发布自己的类比和隐喻。

这些方法中的一部分（特别是方法1、2、5和8）可以自然地与另一种非常流行的形成性评价方法——即出门单结合使用，出门单是在快下课或快放学时发给学生的。

虽然这些方法可以提供关于教学效果和学生学习质量的宝贵信息，但它们本身并不是目的。相反，这些方法应该被视为“反馈循环”的第一步。

而下一步则是根据反馈采取行动。很多学生没有学会的东西要再教一遍，纠正可能暴露的误解，为有需要的学生提供脚手架支持。此外，当学生得到反馈时，还必须给学生使用反馈的机会，例如修改作业、练习技能或纠正错误。然后，形成性评价循环重启，可以再次评估修订，记录进展并设定新的学习目标。

实施表现性评价需注意的三点问题

文/周文叶 毛玮洁（华东师范大学课程与教学研究所）

一、表现性评价的内涵

表现性评价是在尽量合乎真实的情境中，运用评分规则对学生完成复杂任务的过程表现/结果做出判断。它通过“任务”引发学生相应的表现，由于这样的任务不存在唯一正确的答案，因而需要基于评分规则对学生的表现做出判断。

尽管表现性评价关注的是学生的“表现”，如写作、唱歌或做实验等，但是不能认为只要是让学生写作、唱歌或做实验，就确信将他们引入了表现性评价。因为学生的写作可能只是在概括小说情节，唱歌可能变成程式化的表演，做实验也可能简化为执行规定好的步骤。如果任务没有要求学生运用和展示他们的批判性思维、创造力等复杂的学习结果，那么它们并不构成真正的表现性评价。

由此，完整的表现性评价应包括三个核心要素：一是目标，即希望学生达成什么样的学习结果，往往是那些居于课程核心的、需要持久理解的目标；二是表现性任务，即学生需要完成的任务或作业，用于引发学生的相关表现，为目标是否达成提供直接证据；三是评分规则，即判断和解释学生对目标的掌握程度的标准，往往呈现了描述性的不同水平的期望，为学生的学习提供参照，而不仅仅只有二元的对错评分。

二、促进素养养成的表现性评价设计

要使得表现性评价对学生素养养成产生上述促进作用，离不开良好的设计。那么，一项好的能够用于统整课程与教学的表现性评价应该如何设计呢？

1. 匹配课程标准的素养目标并具体化

表现性评价必须指向复杂的核心素养目标，而不是简单的知识或技能。然而，核心素养是高度概括的课程目标，其养成是一个长期的过程。对于具体的教学与评价而言，这样宏大复杂的目标无法在单一课时里达成，甚至也不能仅仅依赖一个学期的一门课程。所以，素养目标需要进一步具体化和层级化。

教师在设定目标时可以从以下四个方面检查：第一，目标陈述在多大程度上与学科课程标准中的核心素养内涵一致；第二，目标陈述在多大程度上反映了持久性概念（包括原理、概念间的关系以及可迁移到现实生活情境中的技能）；第三，目标陈述在多大程度上促进了知识的深度运用；第四，目标陈述在多大程度上给了学生展示学习证据的机会。

2. 设计能够引发素养的表现性任务

表现性任务需要为学生提供真实或模拟真实的情境，要求学生在具体的问题情境下展示其对所学知识和技能的运用，旨在引发核心素养的相关表现。

一个完整的表现性任务主要包括五大要素：一是真实或模拟真实的情境，为知识和技能的运用提供了条件，如“你的朋友正在为自己肥胖的体型而苦恼，他/她跑来向你哭诉，问你应该怎么办”。

二是挑战，即指出学生在任务中需要达成什么目的、完成什么挑战，如“向朋友提出你的建议”。

三是学生的角色，即指出学生在任务中代表着什么身份，现实生活中的不同角色都可以为学生所扮演，如工程师、艺术家、导游、法官等，而就“向朋友提建议”这一挑战而言，学生的角色就是他们自身。

四是作品或表现，用于展示学生对素养目标的掌握程度，构成了评估学生素养水平的证据，如调查报告、海报、演讲等，而在上述建议任务中可以是一封手写信或一次口头沟通。

五是受众，即学生的作品或表现是给谁看、为谁而完成的，如上述建议任务的受众就是学生自己的朋友。

其中，提供真实或模拟真实的问题情境是表现性任务设计的关键，但并不是越贴近现实生活越好，而是要“为了真实”，即关注什么样的活动能使学生形成未来解决现实世界问题的专家素养。

具体而言，真实性任务可以选择以下四种方式之一或同时结合多种方式进行设计：

第一，满足课堂之外的世界的真实需求，或者让学生创造的产品被真实的人使用，如为附近公园的新游乐区提出设计建议。

第二，聚焦于有关学生生活的难题、议题或话题，或成人世界里会遇到的难题和议题，如讨论如何交友以及为什么会失去朋友。

第三，假定一种具有现实意义的场景，即使它可能是虚拟的，如扮演联合国顾问的角色，为一个刚刚推翻君主专制的国家提出关于如何建立民主制度的建议。

第四，涉及成年人在生活环境中或专业人士在工作环境中使用的工具、任务、标准或流程，如要求研究滑板物理的学生使用科学家使用的方法和工具测试滑板在各种表面上的速度。

无论表现性任务是何种类型，都应要求学生投入一种全新的、复杂的思考过程，使学生拥有充足的机会进行练习、评价、完善和反思，以达到所要求的表现标准。

除了真实性以外，表现性任务的设计还应当遵循以下几点原则：一是与所设定的素养目标保持一致，聚焦课程或单元中的大观念、核心概念或技能。二是尽可能地对学生个体具有意义和吸引力，能够让学生既感受到挑战，又愿意投入其中。三是尽可能地对不同背景的学生保持公平。任务中的信息材料对性别、家庭经济条件不同的学生都是熟悉的，所有学生都能获得完成任务所需的资源。四是任务指导语清晰、易于理解，符合学生的认知水平。

3. 开发基于学习进阶的评分规则

在设计表现性任务之后，还需要开发能够对学生表现做出判断和解释的评分规则，旨在为学生提供反馈以及自我调节学习的支架。

从其构成上看，评分规则的开发主要包括两大部分：一是建立评价学生表现的不同维度，不同维度之间互相独立不交叉，并且均指向所评价的素养目标。二是在每个维度下划分不同的表现水平，描述每一表现水平的特征。

要确定这两个部分的内容，大致有两种开发程序：一种是自上而下的思路，从素养目标和任务本身的要素出发，界定各要素的特征，根据专业经验描述各要素的不同水平。另一种是自下而上的思路，从分析学生的表现实例或作品入手，将学生的表现实例或作品划分成不同等级，明确分类的依据和要素，在此基础上归纳不同水平的特征。

在具体的实践中，评分规则的开发不必严格按照某一种程序执行，而是可以综合两种思路，但无论采取哪种思路和程序，都需要体现素养目标是沿着怎样的轨迹发展与形成的，学生的表现是如何一步步从生疏走向精通的。

三、促进素养养成的表现性评价实施

无论表现性评价设计得多么精良，都需要通过实践应用不断改进优化。同时，设计好的表现性评价必须通过有效实施才能让素养真正落地。那么，表现性评价在实施过程中需要注意哪些问题呢？

1. 将表现性评价嵌入课程与教学

为了实现表现性评价对于核心素养培育的巨大潜力，首先要做的是将其嵌入课程与教学。表现性评价指向的素养目标也是课程中的学习目标；创造在真实情境中解决问题机会的表现性任务既是评价任务，也是学习任务；评分规则在用于判断学生素养水平的同时，也是反馈的工具、学习的支架。

表现性评价与课程教学的统整，要求课程组织方式从基于知识点的课时走向素养本位的大单元，具体包括学期课程纲要和单元学习设计两个层面，大致遵循下列步骤：

（1）提炼本课程本学期的关键目标或者本单元学生需要掌握的关键学习结果，同时关联核心素养；（2）设计能检测这些关键目标和素养的表现性评价；（3）选择课程内容并在表现性任务的引领下设计学生学习经历（重要学习任务）。其中，表现性任务往往被分解成一系列循序渐进的子任务，聚焦于不同的知识、技能或能力，作为学习任务的一部分镶嵌于学习过程中。

2. 确保学生深度参与评价全过程

核心素养是学生通过各门课程的学习逐步养成的，而不是教师通过讲授传递的。正如不曾独立练习骑车摔过几次，就无法真正学会骑自行车这项技能。因此，在实施表现性评价的过程中，需要确保学生的深度参与。

一是让学生知道并理解良好表现的内涵。教师不能直接向学生布置表现性评价，要求学生做什么事，而是要告诉学生做这件事的目的，也就是教师期望学生达成什么样的表现目标，展示出怎样的素养。只有学生清楚他们所要达到的表现标准及其意义，才可能最大程度地付诸努力。

二是给予学生掌控学习的自主权。首先，学生在完成表现性任务的过程中有机会做出各种选择，如自主确定研究什么问题、使用哪些资料、如何展示其结果等。其次，学生有机会评价自己和同伴的表现或作品，这也有助于提升对表现内涵的理解。最后，在课程开始前就与学生分享或共建评分规则，学生通过评分规则来了解自己的学习进程，把握自己的学习步调，评估自己的表现成果，进行自我监控和自我管理。

三是考虑不同水平学生的需求。在同一个班级中，每位学生的认知水平、学习方式或多或少存在差异。有研究发现，嵌入表现性评价的课程有时不能成功地吸引和激励有学习困难的学生。因此，在实施表现性评价的过程中，教师也需要提供一些脚手架以支持所有学生都能参与评价，避免有学习困难的学生面对复杂的任务望而却步。例如，若表现性评价要求学生分析不同来源的数据并将其作为证据进行论证，那么教师可以提供一些思维工具（如图形组织者）来帮助学生组织他们的数据分析过程，如表1所示。

※ 表 1 支持学生完成表现性评价的脚手架示例 ※

图表	你发现了什么规律？（确保使用图表中的数据来支持你的答案）
图表1	
图表2	
图表3	
图表4	

3. 收集并充分利用学生素养表现信息，促进教与学

尽管我们强调表现性评价与课程教学的一体化实施，但是仅仅做到嵌入学习过程、调动学生的深度参与是远远不够的，更重要的是收集并充分利用学生在完成任务过程中所展现出来的素养表现信息，为学生素养的进一步发展和教师教学的改进提供依据。

一是收集素养表现信息。在收集信息的主体上，不仅包括教师，还包括学生自己或者同伴。在收集信息的内容和时机上，既应收集学生完成表现性任务后的最终表现或作品，也应包括任务完成过程中体现出来的信息。在收集信息的手段上，可以是直接观察，也可以借助信息技术记录。

二是充分利用素养表现信息。一方面，教师要根据评分规则对收集的信息做出评价，进行教学决策。另一方面，教师要将评价结果反馈给学生，引导学生利用这些信息开展自我反思。反馈的形式不是简单的分数或等第，而应借助评分规则生成个性化的评估报告，描述学生的优势和不足具体是什么，下一步可以改进哪些方面。

在引导学生反思时，有效运用评分规则是关键，这建立在学生深刻理解评分规则、充分练习评分规则的基础之上。具体可以采取以下五步教学法：

（1）解释评分规则，比如对“有少许错误”是怎样的或“使用了较少的”等形容词的理解要加深；

（2）范例点评，即用以前学生的作业作为范例，分别对应不同水平，为现在正在学习的学生进行讲解；

（3）结合同伴评价与教师评价；

（4）自评与无分反馈，即在上交作业前自评，然后教师不打分，但对评分规则的上的标准进行圈画，以表示学生目前的水平，并将结果反馈，让学生对比自我评价与教师评价；

（5）撰写日记或报告，即学生回顾使用评分规则打分的过程，重点在于描述自己如何调整学习，以及哪些方法和思路可以在未来的学习中继续使用。

表现性评价作为一种新型评价方式，对教师来说可能不如传统纸笔测试那样熟悉、便捷，在刚开始使用时也许会遇到困难和阻力，但是它仍不失为一支有价值的潜力股，其收益需要经过定期、长期的使用才能显现出来，而现在正是迈出探索的第一步！

单元作业“结构化”设计策略

文/钱玉兰（浙江省海宁市经济开发区实验小学）

语文学习强调突出“立德树人”和“核心素养”的建构，形成必备品格和关键能力。语文作业促进学生语文学习、检测语文学习实践成效，是培养学生语文核心素养的有效途径之一。“双减”背景下，如何减轻作业负担，解决当前语文作业形式单一、缺乏实践性，操作机械、缺乏创意性等问题，教师需通过作业设计来切实达到“减量不减质”。

《浙江省义务教育阶段学校作业管理指导意见》中第5条“丰富作业类型方式”指出：“注重做中学，努力开发实践性作业，引导学生参与学科探究活动。鼓励设计跨学科作业，探索项目学习作业。”基于语文学科核心素养，指向单元语文要素，我以统编教材语文六年级下册第一单元“民风民俗”为例，将碎片化的作业习题统整为“结构化”的单元项目作业，学生依托项目化学习，开展具有实践性、弹性化、跨学科的开放性作业实践，全面提升语文素养。

一、立足核心素养，单元项目作业“结构化分层”整体设计策略

语文学科核心素养主要涵盖语言建构与运用、思维发展与提升、审美鉴赏与创造、文化传承与理解四大方面，是适应学生个人终身发展和社会发展需要的思维品质与关键能力。统编教材围绕“人文主题”和“语文要素”双线组织单元，单元内部横向联系，各个板块间形成合力。既有聚焦点，又有层递性，为单元作业整体设计把握方向，为学科关键能力进阶提供可能，共同促进学生核心素养发展。从而整体架构单元项目作业指南，以语文要素为抓手循序渐进地发展学生语文关键能力，学生依据作业指南，解决“到哪里去”的问题，具有可操作性。

1. 聚焦要素，提炼单元“大概念”

语文学科是过程驱动的学科，语文要素属于其过程结构中的过程、策略、技能。统编教材从阅读、表达（口语与书面语）和习惯三个维度统筹规划安排语文要素。语文要素所指向的语言训练点，体现课程标准的内容和要求，为语文学科大概念的提取提供了重要的启示和普遍的路径。教师立足语文学科核心素养，基于教材单元固有结构，对情境、内容、方法、资源等进行大单元统整优化，聚焦于将语文要素形成大概念来理解，提炼单元“大概念”，为单元项目作业设计搭建脚手架。

统编教材六年级下册第一单元明确阅读要素为“分清内容的主次，体会作者是如何详写主要部分”和表达要素“习作时注意抓住重点，写出特点”。依据单元主题、语文要素、课后习题以及交流平台的相关内容，提炼出单元大概念：阅读时，分清内容的主次，领会作者如何详略得当地表达主要意思；习作时，详略得当，抓住重点，写出特点。学生从单元大概念出发，明确“要到哪里去”的问题，从而由“做”转向理解

"为什么要做"。

2. 依据概念，确定单元"大任务"

单元"大概念"是将语文核心素养落实到教学中的落脚点，大概念引领下的大单元教学需要统整、真实、全过程的"大任务"统领驱动。学生根据"大任务"，将分散在单篇课文中碎片化的知识与技能联结起来，深入开展结构化学习，拉近书本知识与真实世界的学习迁移，并在作业练习中提升自身解决真实而复杂问题的能力。确立"大任务"即确立项目作业主题，我基于课程标准、教学内容和学生经验，多维度考虑项目作业是否能涵盖单元核心知识、承载学科思想方法，是否贴近社会和生活、具有真实意义，是否具有可操作性等（见图1）。

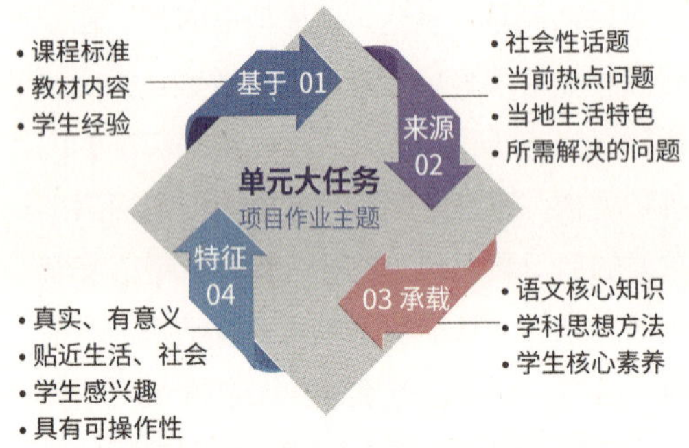

◎图 1　确立单元大任务

"大任务"是引导并贯穿整个单元学习的主任务，统编语文教材六年级下册第一单元以"民风民俗"为主题，编排《北京的春节》《腊八粥》《古诗三首》《藏戏》四篇课文，虽然体裁和题材都不同，但都充满了浓郁的民俗风情，有着深厚的文化内涵。习作"家乡的风俗"与语文园地等内容也都围绕这一主题。本单元项目作业在探究学习各地民风民俗的基础上，结合本地特色来设计"大任务"，以制作《海宁乡土风情专刊》为项目作业主题，学生在有意义的、具有挑战性的真实情境任务中开展单元项目作业实践，进行结构化探究学习活动（见图2）。

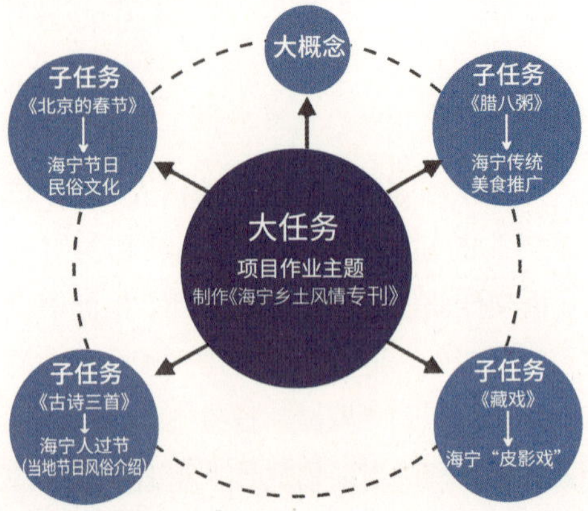

◎图 2　单元项目作业指南框架

3. 搭建体系，衍生单篇"子任务"

"大任务"确立项目作业主题，再衍生"子任务"，创设情境将单篇课文的学习目标、零散的学习内容关联起来，并勾连语文学习与生活实际，来构建单元项目作业指南框架。子任务放到适切的真实生活情境中，就是一个个小活动。小活动带动真实践，原本学习过程中的被动等待与单一操作随之转变成项目作业实践过程中的主动尝试与探究。"民风民俗"单元的四篇课文从不同视角传承与弘扬传统民风民俗文化，如《北京的春节》指向对地方节日民俗文化的传承与弘扬；《腊八粥》以孩子视角展现对传统美食的传承弘扬；《古诗三首》则以韵律美的诗歌形式介绍寒食节和中秋节的习俗，更是渗透了传统习俗由来；《藏戏》以其独特的地域文化来展现中国传统戏曲文化的传承与弘扬。习作则联系学生生活实际结合当地民俗进行传承与弘扬。在单元项目作业指南引领下，学生探寻海宁本地民俗文化，以制作《海宁乡土风情专刊》为"大任务"情境，衍生出单篇"子任务"：介绍海宁传

※ 表 1 统编语文教科书六年级下册“民风民俗”单元项目作业指南 ※

单元大概念	单元大任务	单元板块	核心知识	学习任务	单元项目作业	素养落实
阅读时，分清内容的主次，领会作者如何详略得当地表达主要意思。 习作时，详略得当，抓住重点，写出特点。	探寻海宁本地民俗文化，制作《海宁乡土风情专刊》	《北京的春节》	指向对地方节日民俗文化的传承与弘扬	把握详略得当，抓住特色民俗活动进行描写	言语实践作业： 1.分享北京春节中的民风民俗 2.介绍海宁传统节日文化“硖石灯彩”	厘清表达顺序，体会详略得当的好处
		《腊八粥》	以孩子视角展现对传统美食的传承弘扬	分清详略并体会好处，作者如何表达对传统美食的喜爱	读写结合作业： 1.鉴赏文段 2.介绍一种海宁的传统美食	体会详略得当，感受细腻的表达方法
		《古诗三首》	以韵律美的诗歌形式介绍寒食节和中秋节的习俗	想象画面，感受不同节日的传统文化	拓展阅读作业： 1.收集传统节日古诗欣赏 2.阅读传统节日文章	拓展民风民俗的知识体验
		《藏戏》	独特的地域文化展现中国传统戏曲文化的传承与弘扬	感受不同民族地域带来的不同传统戏曲文化	类比阅读作业： 1.对比三篇文章的异同 2.了解海宁“皮影戏”的特色	对比表达方式的异同，链接本地特色，进一步落实语文要素
		《习作》《语文园地》	联系学生生活实际对自己所熟知的民风民俗进行传承与弘扬	介绍一种家乡的风俗或亲自参加一次风俗活动的经历，并抓住重点写出特色	项目实践作业： 1.探寻钱江潮文化 2.探寻“硖石灯彩”文化 3.寻访“海宁皮影戏” 4.搜索海宁传统美食	综合实践运用语文要素，在项目作业中传承和弘扬传统民俗

统节日文化“硖石灯彩”、海宁传统美食推广、海宁“皮影戏”的介绍等（见表1）。

二、厘清知识结构，单元项目作业“结构化进阶”梯度设计策略

语文要素作为单元训练的核心概念，呈现进阶式的语文训练体系。我用整体性、结构性的思维对单元教学进行解读，厘清单元知识结构，洞察篇目言语个性、板块特殊功能，结合学生言语表达和生活经验，设计进阶式单元项目作业任务链，解决学生“如何到那里去”的问题（见图3）。

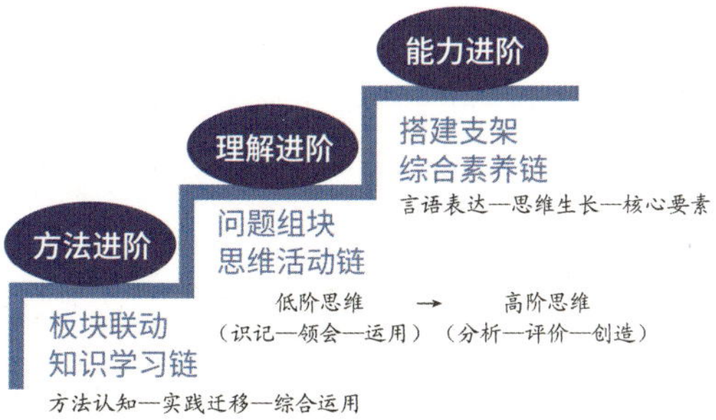

◎图 3 进阶式单元项目作业任务链

1.方法进阶：板块联动，组成知识学习链

统编教材单元各部分内容环环相扣，语文要素的落实、语文能力的提升循序渐进，呈螺旋式上升。我联动调整各个学习板块的顺序，组成“方法认知—实践迁移—综合运用”的知识学习任务链。学生对语文园地的“交流平台”内容进行前置学习，提前对方法进行总结梳理，形成初步认知；以项目作业开展精读课文《北京的春节》《腊八粥》的学习，学生通过细化课后思考问题，将学习方法进行实践迁移，探究作者如何安排主次、抓住重点。略读课文《藏戏》以项目作业单为引导，学生开展自主探究学习，综合运用所学方法解决问题，提升阅读能力（见图4）。

① 方法认知	② 实践迁移	③ 综合运用
交流平台 小组探究 初识方法	精读课文 项目作业 落实要素	略读课文 自学探究 解决问题

◎图 4　板块联动，组成知识学习链

2.理解进阶：问题组块，构建思维活动链

单元项目作业设计，关注阅读能力提升，更要关注思维能力发展。组块式设计驱动性问题，能引导学生深入阅读，助推理解进阶，构建思维活动链。问题组块不是简单的问题叠加，而是循序渐进的组合式高阶思维。聚焦本单元核心能力目标“理解课文内容，体会主次分明的特点”，设计有价值的问题驱动，学生开展进阶式阅读探究。如单元导语“十里不同风，百里不同俗”的内涵引发思考，设计问题驱动：“什么是风俗”；借助“词句段运用”理解风俗的寓意，设计课前项目作业单，搜集分享地方风俗以及寓意，打开思路。再如《北京的春节》抓住课后习题来建构“问题组块”，学生以一连串的驱动性问题展开进阶式阅读探究：阅读、分析、思辨、创造，既基于已有认知经验，又契合阅读期待与需求。阅读思维由表及里，循序渐进，纵向深入，学生真正实现了高阶思维能力的进阶生长（见图5）。

3. 能力进阶：搭建支架，形成综合素养链

语文作业是实现将语文要素转化为语文关键能力的必由之路。学生亲历自主阅读、表达、思考、探究等作业实践，建构起来的语文关键能力才能终身受益，语文素养才能得以提升。根据家乡特色拓展资源，学生开展“别是一乡风——走进家乡风俗”的综合实践探究活动，分别进行“钱江潮文化”“‘硖石灯彩’文化”“海宁‘皮影戏’”“海宁传统美食”的项目实践作业。学生依托项目作业实践从阅读走向生活，探寻身边的民风民俗，为学生搭建支架，积累言语素材，积淀情感体验，体现从阅读到表达的有序过渡。课内通过不同视角体验民俗、分层作业打开思路、能力进阶落实素养；课外探究本地的民风民俗、积累写作素材，传承与弘扬家乡传统民俗文化。学生在搜集风俗资料、整理归类编排、实地风俗体验、项目成果展示等跨学科融合的综合实践探究中，实现活动规划、信息运用、搜集整理、合作探究、言语智能、习作表达、高阶思维等能力进阶，全面提升语文综合素养。

三、关注能力进阶，单元项目作业“结构化量评”动态评价策略

《义务教育语文课程标准（2022年

低阶思维（识记—领会—运用）→ 高阶思维（分析—评价—创造）

低阶思维（识记—领会—运用）	高阶思维（分析—评价—创造）
问题驱动： 单元导语——什么是风俗？ 识记理解： 词句段运用——风俗的寓意 领会运用： 项目作业单——分享风俗以及寓意	《北京的春节》驱动性问题： 1. 阅读：请你来介绍北京的春节，你会介绍哪些民俗活动？重点介绍哪几个？ 2. 分析：为了更好地展示介绍，你准备抓住哪些细节？ 3. 思辨：对比一下，你是怎样过春节的？你喜欢哪一种过节方式，为什么？ 4. 创造：请你介绍一下你过节时的一个场景。

◎图 5　问题组块，构建思维活动链

版）》在“评改建议”部分指出：应注意恰当运用多种评价方式，注重评价主体的多元与互动，来突出语文课程评价的整体性和综合性。项目作业评价是学生自我监测的方式，更是促进学生深入学习的契机，需贯穿项目作业完成的过程中。作业即作品，评价即学习，凡有价值之处都应得到评价的肯定。我以发展的、动态的视角关注学生的学习体验、过程表现、能力发展，关注学生的核心素养形成、关键能力进阶，层级量化单元项目作业评价，解决学生“如何证明已经到达”的问题。

1.靶向式问题——体验性评价

项目作业强调多主体评价，体验性评价可以从不同的主体来感知。自我评价指向个体，根植于自我调节学习理论的土壤中，学生作为作业主体参与评价，是学生自我诊断、反思和调整、改进学习效果的关键和必然途径。生生互评指向团队，可以从承担任务、做出贡献、问题解决、合作交往等多方面考量。二者交融互助，以靶向式问题促使学生明确“怎样做才符合要求”“做到什么程度”“从哪些方面去改进”等，以问题体验带动个体和团体的共同进步（见表2）。

2.表现性任务——过程性评价

项目作业评价强调全过程，其过程性评价贯穿整个作业实践探究过程。学生参与项目作业的过程实际就是在一个创新的学习过程中不断学习与成长，表现性评价就是用辩证的、发展的眼光去看待学生的发展。素养视域下的项目作业评价，其表现性评价任务的制订，需要用准确、精练的语言去描述学生在相应的项目作业中被期望的行为表现是怎样的，这就需要更加关注学习目标、学习内容、学习活动和作业设计之间的关联，进一步去细化和完善表现性评价的量化标准。（见表3）

3.综合性成长——增值性评价

综合性成长涵盖了对学科知识能力的评价和对核心素养达成水平的评价，检测学生在项目作业探究实践中学科知识增加、关键能力提升、情感态度价值观形成等方面。基于真实情境的项目作业，学生沉浸其中、持续学习，借助项目成果展示其自身能力素养提升，实现思维增量，真正诠释作业的育人本质（见表4）。

※ 表 2 单元项目作业 个人评价表 ※

姓名		项目研究名称		小组名称	
评价内容	我的表现（☆☆☆☆☆）				
我在活动中的表现					
我做出了什么贡献					
我在活动中有什么收获					
来自同伴的评价					
来自家长的评价					
来自老师的评价					
我的收获与努力目标					

※ 表 3 单元项目作业 过程性评价量表 ※

	需要避免的问题	基本要求	优秀水平
研究与介绍	1.没有自己搜集的信息，完全用他人搜集的信息 2.没有自己的实践体验 3.介绍层次不够清晰 4.引用资料不够丰富，缺乏图文并茂	1.资料的搜集整理要基于自己小组的作业实践活动 2.尽量用自己的话介绍，融入自己的实践体验 3.图文并茂，引用资料丰富有内涵	除满足基本要求外，至少还需要以下3点： 1.信息获取渠道多元能 2.留存作业探究过程 3.不同研究视角展开项目作业
呈现效果	1.信息量小，内容不完整 2.照片模糊不清晰，与内容不符 3.形成文字报告表达不清，内容空洞	展示的项目作业成果 1.信息完整，内容丰富 2.运用图片、文字、照片、视频、音乐等形式丰富呈现 3.文字（设计说明、成果展示、图文匹配等）清晰明了	除满足基本要求外，成果展示还需要： 1.有创意，吸引人 2.文字表达有感染力 3.创造性表现形式（文字、音乐、视频等）
协作过程	你的小组： 1.没有为所有成员创造分享想法的机会 2.没有明确分工，人人参与 3.没有积极思考，创意表达	你的小组： 1.各抒己见，倾听尊重 2.根据成员强项分配任务 3.相对公平地分配工作 4.积极思考，勇于创新	你的小组： 1.通力合作，成效显著 2.满足每位组员需求 3.团队成果，凸显优势 4.个人能力得以提升
作业管理	你的小组： 1.计划不全，错失良机 2.精力分散，学习效率低 3.没有充分发挥团队资源 4.配合不默契，进度慢	你的小组： 1.计划详细，按部完成 2.精力集中，学习效率高 3.充分挖掘团队资源 4.配合默契，跟进有序	你的小组： 1.计划周密，随时改进 2.掌控小组学习进度 3.资源丰富，物尽其用 4.提前完成，完善成果

※ 表 4 探寻“硖石灯彩”文化项目作业 增量指向分析 ※

学科领域	能力指向	项目作业实践	能力增量
语文	阅读分析	搜集“硖石灯彩”相关资料；在照片、文字旁作批注或文字说明	学习浏览，扩大知识面，根据需要搜集信息。能阅读相关资料，并用简洁语言进行批注说明
	言语表达 写作运用	整理搜集资料，写写“硖石灯彩”介绍	能根据交流对象和场合，稍作准备，做简单的介绍发言
美术	绘画制作 审美情趣	画一画家乡的“硖石灯彩” 设计一款自己的“灯彩” 制作一幅推荐海报	通过观察、想象、设计，能画一画“硖石灯彩”，并制作推荐海报
综合实践	调查访问	通过搜集信息、调查访问、实地体验等方式，对“硖石灯彩”的历史、由来、制作等进行研究，形成研究报告	学习搜集信息、调查访问、实地体验的方法，初步学会处理信息，整理成文字报告
	体验	了解“硖石灯彩”的制作工艺，实地体验制作过程	通过观察、体验等方式获取信息
	交往	利用走访南关厢“江南灯彩博物馆”，在项目作业实践中学会团队合作，培养合作能力；展示学习成果，体验成功的喜悦	在团队中发挥自己独特作用，能在团队中借助已有信息资料进行讲解，提升言语表达交往能力

项目统整视域下的“结构化”单元项目作业不再是单一的作业，而是融入教学环节，拓展生活实践，学生在其中个性化表达、创造性学习、生活化体验、团队式协作，最终实现语言、思维、情感和能力的生长。

/ My Study Review /

我 的 学 习 回 顾

◎ 读完这部分，我学到了什么？

◎ 这部分内容给我带来的启发和思考：

◎ “教学评一体化”中，实施评价需关注的点：

我的行动

/ My Actions /

◎ 结合我的课堂教学，我能/应该做什么：

◎ 可以采取哪些步骤或使用哪些资源实施评价：

06

切入点四：善用工具与支架

“工欲善其事，必先利其器”。在日常教学中，教师可借助工具，将复杂的事情变得简单，从而取得事半功倍的效果。

当然，工具不在于多，而在于用得好，不管选择哪个工具，只要能够长期熟练使用下去，都能帮助我们更好地实施“教学评一体化”。

以学业质量标准为导向的教案、学案如何设计

文/黄金红（河南省郑州市惠济区教研室） 王红顺（郑州陈中实验学校）

2001版义教课标、2011版义教课标均没有“学业质量标准”这一模块，也就是缺少质量评价标准。这样一来，课堂教学与作业设计会出现不兼容、不匹配的情况，教学与考试评价也会出现脱节，造成因命题人不同，同一内容试题难度不同的现象。

当前，命题超标已成为常态，倒逼教师为了让所教班级学生考个好成绩，拼命加大试题训练难度，同时市场上学科习题、试卷、资料盛行，以解题、刷题为主的学科培训繁荣，这样人为加重了学生的课业负担。

另外，每年中招考试，省教研室要公布学科考试范围、题型、样卷的考试大纲，于是就出现了考纲凌驾于课标之上的怪相，考什么、教什么，考什么、学什么、练什么，不考不学、不练，课标形同摆设。总之，教学与评价出现了割裂，呈现两张皮，教学评很难做到一致性。

令人欣喜的是，2022版新课标的显著特点有：

1. 提出了素养导向的学科课程目标，从只有内容标准到又增加了学业质量标准，课程内容结构化编排更利于学科实践活动、跨学科主题深度实施，倡导大概念引领下的“教学评一体化”设计等。

2. 仅从学科课标新增加学业质量标准来看，它与课程目标、课程内容与实施构成了一个完整链条，课程内容决定学什么，课程实施引导怎么学，课程目标决定学到什么程度，而学业质量标准提供怎么评、怎么考。这样就有效解决了教学评一致性的问题。

为什么可以这样说呢？

2022版新课标对学业质量标准是这样描述的：它是以核心素养为主要维度、结合课程内容对学生学业成就表现的总体刻画，是过程、结果、考试命题依据。

可见，学业质量标准是命题设计、教学设计的依据、标尺、指挥棒。学业质量标准是连接核心素养与课程标准、考试、评价的桥梁。

也就是说，新课标不但规定了学什么、怎么学、学到什么程度，同时还明确指出了考什么、怎么考，这样教、学、评三者之间就融为一体。师生依据课标教与学，依据学业质量练与考，学业质量标准已成为命题是否超纲的准绳，教学评就实现了一体化、一致性，素养立意、以标命题新导向将成为命题新常态。

“教学评一体化”迭代升级

“教学评一体化”理念不是本次课标才提出来的，它是对“教学评一体化”理念内涵与外延进行了重新厘定与更新。

我认为“双基”时代，讲知识点，学知

识点、练知识点，以知识点是否记清楚统揽教、学、评三个环节，是“教学评一体化”的1.0版。其核心是以课时为单位实施“教学评一体化”，旨在夯实所谓“双基”——基本知识、基本技能，是“双基”为中心的“教学评一体化”。最终它扭曲为知识点的逐点解析、技能的单项训练，成为知识点的线性训练。

三维目标时代，目标统领是“教学评一体化”2.0版，出示目标—实施目标—检测目标是核心。通俗地说：整个教学设计可以概括为三句话：你准备带学生到哪里去，即制订、出示学习目标；你怎样带学生到哪里去，即学习路径、方法、策略；学生到底到那里去了没有，即教学效果检测目标达成。

2.0版“教学评一体化”的核心是以单元为单位设计“教学评一体化”，但目标确定缺少质量标准，主观因素痕迹过重。虽然强调过程目标，仅仅是知识目标更全面，不过仍然是属于知识为本的教学评一体化，缺少对素养的关注。

核心素养时代，“以学业质量标准为准绳落实学科素养的教学评一体化”是“教学评一体化”进化后的3.0版。

其内涵之一指的是在课堂教学中，教师的教、学生的学以及学习评价三者之间相互统一，并且均指向大概念统领的核心素养习得。

内涵之二指的是教学目标、教学内容（活动、任务设计）与教学测评作为整体，三者具有一致性、匹配性。通俗来说：教学目标要关注学科核心素养，即大概念；教学内容要落实大概念形成、运用、迁移；教学测评要以质量标准为纲来评价大概念所体现的核心素养习得，三者要互相照应、匹配。它指向学生深度学习、高阶思维与核心素养的达成。

3.0版“教学评一体化”是以学业质量为标准，以大概念、大观念、大任务统领下的大单元为结构单位设计的“教学评一体化”。其教学演变为：知识点—知识单元—学习单元；单篇教学—单元整合教学—素养本位大概念（大单元）教学。

可见，它的本质是以素养为纲，构建以问题解决为目标，以大主题、大任务、大单元为形式的教学内容结构单元。

以学生学习行为的设计为主线，以问题或任务为导向，以学习项目为载体统筹考虑，强调真实情境、真实任务，强调在问题解决过程中渗透学科思维模式和探究模式，凸显学习过程的综合性和实践性，使学生经历完整学习单元，形成结构化整体性的核心素养。一句话，是从知识为本走向素养为本的“教学评一体化”。

学业质量标准要求“教学评一体化”迭代升级，从传统“双基”时代的突出知识点掌握的“教学评一体化”、三维目标时代强调全面知识理解的“教学评一体化”走向以学习质量标准来落实核心素养的“教学评一体化”。

素养为本的“教学评一体化”教学设计核心理念

我认为“教学评一体化”教学设计理念主要表现在：

学业质量标准背景下的新“教学评一体化”强调从碎片化课时设计走向大概念统整的、系统化的学习单位教学设计。

新“教学评一体化”要求从单一学程设计，走向自我系统、元认知系统、认知系统的学习系统整体设计——目标设计、情景任务设计、规则设计、工具设计，尤其是关注目标达成设计。

新“教学评一体化”重视问题化系统构建，重视学习脚手架、学习策略多元分层设计，即关注知识在情境中的意义化——将知识放还到情境中，在情境中引发多样化的学习实践，将情境中的知识抽象为学科中心的关键概念和能力，在新情境中去检验。

新“教学评一体”化要求从常态教学方案设计走向突出大概念深度理解的翻转逆向教学设计，即传统的是先确定目标、再确定学习内容、最后设置达标检测的正向设计，现在倡导的是先确定学习目标、再确定检测目标、达成判断指标依据、最后依据欲达成这些指标，选择学习内容、学习方式、课程资源的以终为始的逆向设计。

新“教学评一体化”强调嵌入式评价、过程性评价、任务式评价，评价贯穿教学活动、任务始终。

学业质量标准背景下的新“教学评一体化”设计特别强调不能把教学“过程与方法”当成学生学习的过程与方法，不能过度关注合作探究学习的流程，忽视学科学习个性化程序，突出像学科专家一样思考的学科实践活动。

学业质量标准背景下的新“教学评一体化”倡导从追求单一化理解走向全局性理解，为未来而学，为掌握大概念而学；为“事实—概念—主题—原理、规律—理论”的理解而学，为迁移而学；为“经验技巧、方法流程、学科原理和哲学视角”的思维横型层次升级而学。

简单说，从为提升学科知识、能力而学，进化到为掌握和迁移学科大概念、学科思维的“素养”而学。

学业质量标准背景下“教学评一体化”设计参考样本

1. 设计目的

学业质量标准背景下的3.0版“教学评一体化”教学设计是一个新生事物，故需要专题系统研究。而3.0版“教学评一体化”教学设计的典型案例与解读是理解与借鉴甚至举一反三运用它的有效载体，更重要的是它是一个靶子，便于同行解剖、研读，利于教学模式迭代、进阶。

2. 单元学程案设计模板

单元学程案		
单元课题、主题		主讲人
目标解读与达成评价	1.总目标与阶段目标的关系 2.年级目标与单元目标的关系 3.单元目标与课时目标的关系 4.单元主题、大概念、核心问题，知道、理解、能够做什么 5.目标达成评价	
教材解读	1.册与册知识点之间的关系 2.课时与课时之间的关系 3.知识点之间的关系、概念之间关系（附单元思维导图、素养达成因子细目表） 4.活动任务之间的关系	
学情分析	1.学生知识能力、经验、思维起点与新授内容逻辑起点之间关系 2.前理解（从哪里开始）、触发点（如何开始）、困难处（会遭遇什么障碍）、关键点（如何突破障碍）和发展区（学到哪里去）	
学程设计	1.创设情境，设置系列挑战活动任务 2.解构旧概念，建构新概念 3.迁移运用概念 4.嵌入式评价系列设计 5.学后反思形成素养	
教学策略	1.老教师的建议 2.往年学情参照 3.课标中的教学提示、教学建议 4.学业质量相关要求	
课时划分		
单元试卷设计与研讨	组卷/出卷/选卷	

【单元学程案使用解读】

该量表重点突出六大部分：

（1）目标解读：构建学科总目标—级段目标—年级目标—学期目标—单元目标—课时目标这六级目标链条；理清总目标与阶段目标关系，学期目标与单元目标关系，单元目标与课时目标关系。重点做好单元目标的细化分解。

（2）教材解读：在研读教材基础上，重点梳理三大关系：册与册的知识点、概念之间关系，知道前面学了什么，这一部分为后面什么服务的，即搞清知识来龙去脉，做到上挂下联；课时与课时之间的关系，明确教材编写体例及设计意图；知识点与知识点之间关系，概念与概念之间的关系，要画出单元思维导图及素养建构多维因子细目表。

（3）学情分析：可采取问卷、访谈等方法重点从学生知识、能力、经验、思维、心理等方面进行学情分析，这样才能以学定教。

（4）教学设计：共分三部分，一是对本单元教材结构进行详细梳理。二是目标达成设计，尤其注意对新题型的收集与研讨。三是关注本单元大概念形成及渗透的学科核心素养落地路径。

（5）教学策略：着重让往年教过本单元的有经验教师给出教学建议。从往年单元测试卷及试卷分析中得出今年教学要提前预防的问题及需要拓展补充的内容。消化落实课标、教参上的相关教学提示、教学建议。

（6）课时划分：协商本单元新授、习题、复习、检测、机动课时数。

（7）单元试卷设计与研讨：建议不用市场上的公用试卷，通过改题、创题进行符合学业质量标准的个性化试卷命制。

3. 学习设计案设计模板

<table>
<tr><th colspan="6">学习设计案</th></tr>
<tr><td colspan="2">教学内容</td><td></td><td>课时</td><td></td><td>课型 </td></tr>
<tr><td colspan="2">备课教师</td><td></td><td>备课时间</td><td colspan="2"></td></tr>
<tr><td colspan="2">学养目标</td><td></td><td>检测评价指标</td><td colspan="2"></td></tr>
<tr><td colspan="3">核心问题学习建议（重难点）</td><td colspan="3"></td></tr>
<tr><td colspan="3">主干问题及问题化系统</td><td colspan="3"></td></tr>
<tr><td rowspan="4">学程设计</td><td rowspan="3" colspan="2">课堂流程模式的选择与设计</td><td>学习结构</td><td colspan="2"></td></tr>
<tr><td>练习形式</td><td colspan="2"></td></tr>
<tr><td>分组形式</td><td colspan="2"></td></tr>
<tr><td colspan="2">情境链创设</td><td colspan="3"></td></tr>
<tr><td colspan="3">问题化系统生成与解读</td><td colspan="3"></td></tr>
<tr><td rowspan="3">学习探究</td><td colspan="2">自主探究与嵌入式评价</td><td colspan="3">探究任务一（初级探究）
主题：（相对应目标）
学习任务、流程设计：
预设学生学习出现的问题及应对策略：
过程性评价：
例子与练习备份：</td></tr>
<tr><td colspan="2">合作探究与嵌入式评价</td><td colspan="3">探究任务二（中级探究）
主题：（相对应目标）
学习任务、流程设计：
预设学生学习出现的问题及应对策略：
过程性评价：
例子与练习备份：</td></tr>
<tr><td colspan="2">展示反馈</td><td colspan="3">探究任务三（高级探究）
主题：（相对应目标）
学习任务、流程设计：
预设学生学习出现的问题及应对策略：
生成的新研究问题（课后探究）：
例子与练习备份：</td></tr>
<tr><td colspan="3">学习的内化（学生自主课堂整理）</td><td colspan="3"></td></tr>
<tr><td colspan="3">学习的迁移（课堂效果检测）</td><td colspan="3"></td></tr>
<tr><td colspan="3">备份模块的设计</td><td colspan="3"></td></tr>
<tr><td colspan="3">板书设计</td><td colspan="3"></td></tr>
<tr><td colspan="3">课外作业设计</td><td colspan="3"></td></tr>
<tr><td colspan="3">学后反思</td><td colspan="3"></td></tr>
</table>

【学习设计案使用解读】

（1）变教学目标为学习目标，再变描述性学习目标为问题探究式目标，从重目标设计到重目标达成。

（2）关注主干问题设计及问题化系统构建。课堂上要减少过多的碎片化的“瘦”问题，把问题整合或设计成系统化、主干的“胖”问题，要告诉学生问题之间是何关系，如因果、递进、并列等，还要告诉学生问题解决顺序及解决方法，同时还要用核心大概念提炼贯穿，即构建大概念问题化系统。要重视围绕核心问题进行多维探究，在探究中运用“双基”、巩固“双基”，即运用“双基”去解决问题。

（3）备份活动任务。当学生对大概念掌握较好时，备份活动任务就可跳过去；若发现学生对大概念掌握理解不到位时，立马启用备份。选什么题，同类题做几道，讲题进度完全由学情决定。

（4）变顺着教师思路走的固定学习案为顺着学生思路走的动态预设生成案。教案要重点备学生回应问题时的各种预设应对预案。正确答案是什么？学生对问题的回答、可能出现的错误有哪些？相应应对提示、引导策略是什么？若回答正确，对这个问题要追问、拓展什么？

（5）关注学生的认识规律，特别重视目标、学习流程、评价任务的一致性。一、思流程设计是只关注知识结构还是转化为了符合学生的认知结构。二、思流程设计与目标照应吗？存不存在目标中有但流程设计无体现现象？是否流程设计有但不能体现目标内容？三、思评价任务即练习设计与目标照应吗？能指出每个题是评价哪个目标吗？要细化、思考问题层级与合作学习策略如何有效匹配，做到不低配也不高配。要重视新的学习工具、思维工具植入。总之，核心是转结构，实现学、教、评的匹配性、一致性。

（6）素养导向教学尤其要重视借助反思积淀素养这个关键环节落实。变课堂小结、课堂整理为学后反思，侧重点在借助深度体验反思感悟、达成单元大概念所蕴含的学科核心素养。该环节也强调整理、反思，但重心落在关联、转化上。关联强调本节知识与已学过知识借助同化、顺应、构建知识系统，实现知识结构化，同时也强调自我关联，即从元认知层面进行自我反思、正向反馈。转化是升华，把认知变成情感，倡导让学生品悟本节课可以迁移的核心观念、观点是什么？解构、改变、可升级大观念有哪些？可解决哪些真实情境下的问题。

4.注意事项

该模板是我个性化理解的产物，一定有所教学段、学情、教情等地域、环境的烙印。该模板有它的优势，必定也有它的副作用，并不适用所有教师、年级。

同时该模板流程、环节可以增删，甚至顺序也可以调整，只要符合设计理念、符合实际学情完全可以创新，甚至重新建构。

3.0版学业质量标准要求下的“教学评一体化”设计是对传统“教学评一体化”迭代升级的产物，是对“教学评一体化”内涵外延的重新界定与建构。

模板重在从学科立场走向教育立场，突出素养立意、育人导向；重在学习目标达成意识，强化学科实践，践行素养导向质量观；重在对一线教师教学设计有所启迪，引发感悟！

课堂观察量表设计的偏失及优化思路

文/杨素霞（江苏省常州市武进区星辰学校）

什么样的教学才是有效的？“教学评一致”作为有效教学的基本原理，正越来越受到理论与实践研究者的关注。但在具体的课堂实践和教学研讨中，不少教师的课堂观察出现了偏差，要么是没能记下有价值的信息，要么是记录的数据空洞，缺乏说服力，最终无法进行推论。而观察活动出现偏差的主要原因在于课堂观察量表的设计存在偏失现象。

一、“教学评一致性”观察量表设计的偏失

观察量表是课堂观察的“试金石”“指南针”，然而教师在编制或使用观察量表时却存在着种种问题。

（一）主题内涵要点不清

进行课堂观察，首先面临的问题是观察什么，因此观察点的确立和对主题内涵的把握至关重要。以“教学评一致性”为主题，有教师初步尝试设计了课堂结构的观察量表，但却往往会出现一些与主题内涵不完全匹配的观察要点，如表1。教师将教学目标、评价任务和教学活动作为观察视角，这是合理的，但缺少一致性分析，而且后面注明的观察点也与主题内涵毫无关系。观察“教学评一致”的课堂必须注重课堂的评、教师的教、学生的学以及此三者是否在同一目标下相互匹配。

※ 表1 “教学评一致性”的课堂结构观察量表 ※

教学目标	评价任务	教学活动
目标1:		
……		
目标n:		
观察要点：1.学生是否了解任务的要求？2.有无情境创设，学生能否主动积极地参与教学活动？3.有无小组合作学习，小组中的每一位成员是否参与？4.学生能否自主归纳本课知识点并形成知识体系？		

※ 表2 目标达成情况观察量表 ※

	目标的适切性	目的达成检测方法（评价任务）	班级达成目标情况	课后抽测达标情况	问题及建议
目标1					
……					
目标n					

（二）量表样式单一

课堂观察量表是为了观察课堂教与学的情况，必须全面捕捉信息，才能得出准确的结论。但在教师进行课堂观察的过程中，信息捕捉不全面的情况较为普遍，究其原因是量表样式单一窄化，如某教师为了观察“目标达成情况”设计了表2。表2中“班级达成目标情况”这一栏，要记录的是班级学生达成本课学习目标的情况，观察者虽坐在学生中间，但因不了解身边学生的层次水平和其他回答问题的学生的水平，因而不能全面地推测出整班学生目标达成的情况。造成这种现象的主要原因是量表样式单一窄化。

（三）观察条目操作性差

综观现有的观察量表（见表1和表2），判断性的表达较少，多为描述性的记录，如此既耗费时间，又不能在第一时间进行记录。用这

样的量表进行信息采集，必然会顾此失彼，因此量表设计还需考虑操作的便捷性。

二、“教学评一致性”观察量表的优化思路

经过大量的实践摸索，我们总结出了优化课堂观察量表的思路：首先理解主题，洞察量表的设计依据；接着分析该主题下课堂观察的维度，然后采用相关设计策略设计量表，最后在实践中检验、修改和完善量表。

（一）“教学评一致性”量表的设计依据

课堂观察量表的设计要有据可循，即在设计观察量表之前，我们首先要了解“教学评一致性”的内涵。综合国内外的研究，我们认为“教学评一致性”的内涵主要包括以下三方面：

1. 以目标为核心导引。目标是“教学评一致性”的前提和灵魂，教学、学习、评价都是在同一目标的引领下展开的，没有清晰的目标，就没有一致性，因此目标居于核心地位。

2. 教、学、评三位一体。对于“教学评一致性”的理解有两种：一是针对教师与命题者而言的，是指学生的学、教师的教与命题者的命题保持一致；二是针对教师而言的，是指教师在教学活动中，教与学的目标、行动、评价三者之间衔接的一致。目标、教学活动、评价彼此间的关系如图1所示。我们重点研究的是教师在教学中“教、学、评的一致性”。

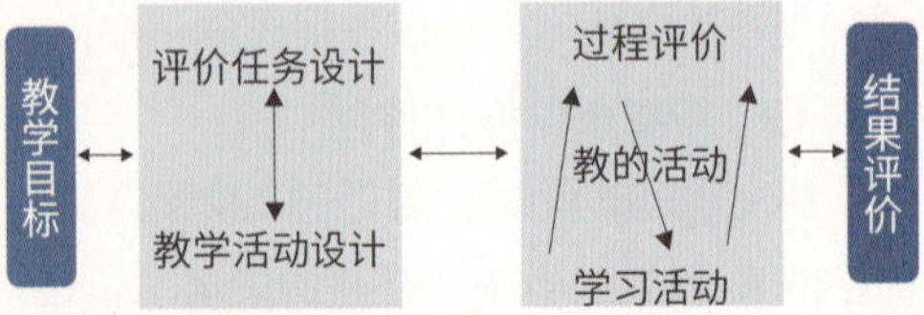

◎图 1 教学目标、教学活动与评价的关系

3. 有效教学的证据推论。有效教学是基于证据的推论，而非抽象的逻辑思辨。教学有效性的唯一证据是学生的学习效果及学习目标的达成度。

（二）“教学评一致性”量表的设计策略

1. 量表指标：基于问题解决

观察量表体现了观察者的研究思路，是解决所研究问题的思维框架。设置观察点，首先要明确解决问题的思路，然后将此思路具体化为观察指标，这样才能收集到解决问题的证据。具体来说，问题解决的策略有以下两点：

第一，从教学法角度确立。无论研究什么问题，解决问题的信息都来自于课堂中教与学的行为及由此派生出来的课堂文化。因此，解决问题的策略之一就是从教学法的角度寻找问题解决的思路与框架。以观察点“教学评的一致性”为例，若从教学法的角度出发，其思路是：教师预设的目标是什么？预设的评价任务是什么？课堂上教师是如何教的？学生是如何学的？评价任务是怎样实施的？教师的教、学生的学和课堂的评是否都指向学习目标的达成？根据此思路，我们编制了“‘教学评一致性’的课堂结构观察量表”（见表3）。

※ 表 3 “教学评一致性”的课堂结构观察量表 ※

预设的学习目标	预设的评价任务	教的活动	学的活动	评价活动	一致性分析
目标1:	评价任务1:				
……	……				
目标n:	评价任务n:				
观察要点：1.学习目标的设定是否适切课程标准、学生实际和教材内容？2.教学目标、评价任务、教师的教和学生的学是否相匹配？3.评价是否与教学相整合？评价能否促进学习？					

第二，从显性信息中确立。体现问题解决思路的具体观察指标还可以在课堂里的显性行为中寻找。课堂中的显性行为信息，从主体看，分为教师和学生两类；从种类看，有听、说、读、写、做等。课堂的显性要素信息包括空间、时间、环境、资源、人物等，这些都是可观、可听、可感的重要信息，是研究和解决问题的重要依据。从上述信息中确立观察指标后，再按逻辑排列组合，就能较好地得出问题解决的结论与建议。比如：要观察“教学评一致性”的课堂评价，课堂中的显性信息有学生完成任务的状态、用时、质量，教师获取的评价信息、信息获取途径，教师利用评价信息的方式、时机与效果等。据此，我们设计了观察量表（见表4）。

2. 量表样式：便于信息采集

为了更好地使用观察量表进行课堂观察记录与分析，信息的捕捉与收集必须全面、精准。为了减少信息遗失，课堂观察量表的样式需多样化。另外，量表记录有时涉及大量的信息，为了便于记录，观察者可以结合配套量表进行记录。基于此两点，我们需要设计一些配套的课堂观察量表。

⑴ 配套的学生座位表

为了全面、便捷地采集信息，我们可以设计学生座位表，并在座位表上标注出优秀生、中等生和学困生。在座位表上可记录对象的状态、任务参与度、任务完成度、所用时间等。如表4中的带*项目在座位表上记录就更方便快捷，且信息捕捉全面。因此我们可以为表4增添配套的座位表，如表5所示。

※ 表5 学生座位表 ※

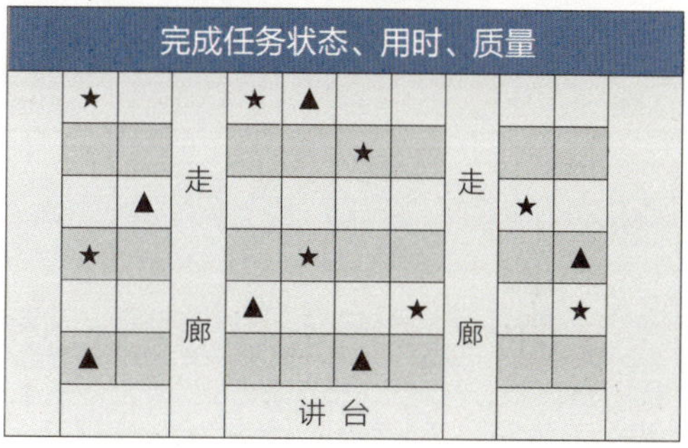

说明：（1）▲为优秀生，★为学困生。（2）观察时，直接记录状态、用时、质量、获取的评价信息、信息获取的途径、利用评价信息的方式。（3）以“任务序号+问题序号”表示任务及问题。

⑵ 配套的样本学生量表

在现实的课堂观察中，教师不可能记录每个学生的信息，因此抽样就显得非常重要，所以我们需要设计样本学生观察量表。样本学生观察量表与班级整体观察量表的关键指标相同，不同的是它全程记录抽样学生所有的学习信息，如学生的表情、行为、回答、对话、表演、板演、作业等，这可以

※ 表4 “教学评一致性”的课堂结构观察量表 ※

预设的评价任务	*完成任务的状态、用时、质量	*获取的评价信息	*信息获取的途径	*利用评价信息的方式	利用时机与效果	分析与建议
任务1:						
……						
任务n:						

注：1.评价信息的内容类别：A.听的评价信息 B.说的评价信息 C.读的评价信息 D.写的评价信息 E.做的评价信息；2.信息获取的途径：A.个体答 B.群体答 C.学生作业 D.小组表演；3.评价信息的利用方式：A.肯定 B.否定 C.质疑 D.追问 E.补例 F.提升 G.抑压 H.未发现 I.不处理 J.其他

为后面的分析、推论提供充分的依据。如表2所示的“班级目标达成情况”这一主题的课堂观察量表中，我们可以增添配套的样本学生观察量表，如表6所示。

※ 表6 样本学生的观察量表 ※

	学生			
目标列表	生A	生B	生C	生D
目标1:				
……				
目标n:				

注：1.此量表用于记录样本学生目标达成情况，从学生回答、对话、表演、板演、表情、作业情况等方面进行观察记录；2.学生A（女中等生），学生B（男中等生），学生C（男学困生），学生D（女优等生）

3. 量表数据：便于信息处理

在设计课堂观察量表之初，教师就需要思考设计的量表是否便于记录数据或现象，是否便于记录后的整理、归纳及推论。从资料收集的方式以及资料本身的属性角度看，课堂观察可分为定量观察和定性观察。它们取向不同，各有优势与局限。因此，如何在课堂观察中将二者有效结合，非常关键。

(1) 定性观察的优势与局限

定性观察，是观察者根据粗线条的观察纲要，对课堂实践进行细节描述，运用描述性和评价性的文字记录现场感受的观察活动。定性观察的优点之一是灵活、自由，观察者的视角较少受到限制，可以充分而整体地描述情境；优点二是能保留事件的自然顺序、逻辑关系和课堂生成。比如：需观察的问题教师的教、学生的学、课堂的评价是否在共同目标的前提下相互匹配，需要的就是粗线条的观察和从整体上进行描述、分析、推论，因此教的信息、学的信息、评价的活动的观察与记录就适合使用定性观察。

当然，定性的课堂观察也有缺点，其一是定性观察只适用于观察较小的样本；其二是定性观察产生的大量文字资料，处理起来耗时、烦琐、不经济。

(2) 定量观察的优势与局限

定量的记录方式是预先对课堂中的要素进行解构、分类，然后对在特定时间内出现的类目中的行为进行记录。定量观察注重客观、系统的方法与程序；定量观察研究的样本可稍大，观察所收集的资料可通过数据分析软件进行分析。定量的方法可以使研究有理有据，如进行“评价信息处理”的课堂观察时，就可以设计教师处理评价信息类型与方式的定量统计表。评价信息的内容、类别包括听的评价信息、说的评价信息、读的评价信息、写的评价信息和做的评价信息。对评价信息的处理，包括肯定、否定、质疑、追问、补例、提升、未发现、不处理等。据此，我们在观察量表下加注了编码提示（见表4），观察者可以用编码快捷地记录教师获取信息的类型、处理信息的方式与次数。

定量观察的缺点是观察视角单一，记录问题难以全面。尽管定量观察强调科学、客观，但实际使用中由于观察者的课程素养、评价素养等因素，很难做到完全科学和客观。

因此，将通过定性观察所得的描述性证据与定量观察所获的数据性证据结合起来，有助于教师对课堂行为从整体到细节的把握。

总之，量表虽小，却把握着课堂观察的方向，体现的是对课堂观察活动本质的认识，所以观察量表的设计至关重要。量表设计好后，还要检验其科学性，需要通过不断的试用进行修正。只有指向明确、指标合理、操作可行的课堂观察量表，才是有效实施课堂观察的保证。

7张教学评价量表，为课堂加分

整理/徐小轩（安徽省合肥市第四中学）

什么是教学评价量表

教学评价量表是课堂教学评价的重要工具，以期达到诊断和反馈学习效果、鉴别和改善教育教学的作用。从呈现方式来看，教学评价量表主要分为教师教学考核量表、学生课堂表现评价量表、实践活动评价量表等，还有更细分领域的专项考察量表，如教学设计评价量表、师生互动评价量表等。

教学评价量表的用处

教学评价量表反映教学理念，规范教学行为，提升教学质量（通俗来说，就是帮助教师更加深入地理解教学目标，帮助学生明确课堂要求，提升学习效率），是各类优质课、教学设计、微课比赛或展示课的加分项，也是教学类课题研究和学科论文撰写的必备环节。积极思考教学评价量表的设计，能帮助教师深化对“教学评一体化”的思考，提升教师的教科研能力。

教学评价量表设计建议

建议1：教师仔细研读课程标准“实施建议”中的“教学与评价建议”部分内容；

建议2：结合具体教学内容设计量表，根据课堂参与、社会实践、检测反馈等不同情况设计不同量表；

建议3：明确评价维度、行为表征、素养水平等指标，明确各项权重，语言表述要简洁明了；

建议4：多多学习借鉴优秀教案、学科论文中的量表设计，思考不同类型量表的设计意图；

建议5：每次公开课或比赛课都不要忽视教学评价量表的设计，要积极思考、大胆尝试。

教学评价量表的种类

本文介绍了下面7种量表，以供教师参考。

※ 表1　学生课堂表现评价量表 ※

评价维度	评价内容	自我评价	组内评价	教师评价	评价方法
参与态度	积极参与资料搜集、整理				
	与小组同学配合主动				
	能够独立承担部分任务				
活动能力	活动目标明确恰当				
	搜集信息方法恰当且使用工具合适				
	搜集信息充分、精当				
素养养成	流利地表达观点，并能为主要观点提供例证				
	发现问题、解决问题的能力提升				
	对学习的内容主题认识深刻、独到				

资料来源：《评价：为学赋能，让教增值——活动型学科课程教学之教学评价设计与实施》

※ 表2 学生课堂参与表现评价量表 ※

维度	等级水平		
	A级	B级	C级
语言表达能力	把自己的学习认知用学科语言表述出来	把自己的学习认知归纳整合并表达出来	把自己的学习认知表达出来
知识重构能力	能结合自己的认知对组内同学的关键认知进行结构化整合处理	整合归类后转述表达组内同学的观点	能够转述组内同学的认知观点
思维迁移能力	把学科认知运用到生活情境中，更深刻全面地认识生活情境	面对生活情境，运用学科认知观点进行分析	对生活情境有认识，但不能系统表达分析
价值判断能力	对课堂知识观点能在正确的价值导向下进行能动性认知阐述	对课堂观点有基本的价值判断和价值分析	对课堂观点有判断，但是不能阐述缘由
素养呈现能力	观点表述中有创建性认识，富有逻辑，内容科学，凸显学科素养能力	观点表述中有创建性认识，能呈现一定的学科素养	观点表述中有自己的认识

资料来源：《活动型学科课程评价量表的开发与应用》

※ 表3 议题式教学评价量表 ※

评价指标（权重）	观察点	得分	合计
参与状态（40%）	1.是否能有理有据地、有说服力地表达和解释解决问题的方案？能否专注地倾听同学发言？		
	2.是否积极参与教师和同学的对话、分享解决问题的方案？		
	3.解决问题过程中，能否认真思考，思维是否开阔，思路是否清晰？		
	4.是否经历了自主辨识、区分标志，并做出判断的过程？		
情感状态（20%）	5.对议题和教学内容保持兴趣的学生数		
	6.对议题和教学内容保持强烈求知欲的学生数		
素养养成度（40%）	7.学生对知识的掌握程度		
	8.学生回答问题的正确率和课堂练习完成率、正确率		
	9.学生课堂学习的展示效果（质量）		
	10.学生能否自主地发现及提出问题，并解决问题		
总体评价及建议		合计	

资料来源：《基于课堂观察的议题式教学评价》

※ 表 4　具体教学评价量表 ※

评价维度	评价等第			备注
	优秀	良好	及格	进步幅度
团队合作				
勇于表达				
倾听学习				
有理有据				
思辨完整				
思维开发				
创新品质				
总体评价				

资料来源：指向科学思维开放的教学策略——以《逻辑与思维》教材为例

※ 表 5　情境教学评价量表 ※

评价指标（权重）	观察点	学生自评	学生互评	教师评价
学习态度	1.学习目标明确，积极参与资料的搜集、整理 2.能够主动参与课堂学习活动 3.能够完成课后作业与实践活动			
思维状态	1.基于教学情境，能够归纳相应学科的知识逻辑 2.能够把所学知识迁移到新情境中，解释现实生活中存在的社会现象 3.思维清晰，能从不同的角度论证与所学内容相关的问题			
探究能力	1.勇于表达自己的观点 2.能够与小组的其他成员展开积极的交流，贡献自己的观点并交换观点 3.善于倾听、尊重他人，能够认真听取同学和教师的反馈，进行反思并完成自己承担的任务			
备注	评价指标赋值方法：☆☆☆☆☆ 5星制：优：☆☆☆☆☆；良：☆☆☆☆；好：☆☆☆；一般：☆☆；尚好：☆			

资料来源：《深度学习视域下的情境教学》

※ 表 6　社会实践活动评价量表 ※

评价内容	关键行为表现	个人自评	组长评	教师评（小组等第）	工作人员评（小组等第）
小组合作情况	积极参加本组活动，主动承担分工任务	☆☆☆☆☆	☆☆☆☆☆	/	/
	能清晰、完整地表达自己的观点	☆☆☆☆☆			
	能倾听、尊重他人的观点，形成小组共识	☆☆☆☆☆			
	能认真完成自己的分工任务	☆☆☆☆☆			
参访现场任务完成情况	严格遵守活动纪律，言行举止有礼貌	☆☆☆☆☆	☆☆☆☆☆	☆☆☆☆☆	☆☆☆☆☆
	认真听取讲解	☆☆☆☆☆			
	及时做好文字影像记录	☆☆☆☆☆			
挑战性任务完成情况：参访成果展示	能展示参访过程	☆☆☆☆☆	/	☆☆☆☆☆	/
	主题内容有事例证明、有理论支撑，条理清晰、论证严谨	☆☆☆☆☆			
	主讲人语言流畅，仪态自信	☆☆☆☆☆			
	PPT简洁、美观，能考虑受众观感	☆☆☆☆☆			

资料来源：《基于活动型课程的社会实践设计》

※ 表7 课堂表现评价量表 ※

评价维度	评价标准	学生自评（30%）	小组成员评价（35%）	教师评价（35%）
沟通协作能力	能有序地参与活动，积极地与同学合作完成活动任务			
	较为有序地参与活动、与同学合作热情不高			
	参与活动无序、杂乱，不愿与同学合作			
知识建构能力	对“挫折的影响、应对挫折的方法和策略”有深刻体验并能结合实例加以灵活理解和运用			
	对“挫折的影响、应对挫折的方法和策略”有一定认知，但不能结合具体事例灵活运用			
	对“挫折的影响、应对挫折的方法和策略”认知不清、不会运用			
价值判断能力	能结合具体事例分析论证，树立用坚强意志战胜困难的坚定意识			
	能结合具体事例简要分析论证，具有一定的用坚强意志战胜困难的意识			
	不能结合具体事例分析论证，没有形成用坚强的意志战胜困难的意识			
观点表达能力	分析问题时思路清晰、全面、深刻、角度新颖，能条理清晰、逻辑顺畅地表达观点			
	分析问题时思路一般、角度单一、浮于表面，表达观点时条理性和逻辑性不够清晰、流畅			
	分析问题的思路不清、答非所问，表达观点时主次不分、没有逻辑			
反思矫正能力	能对自己过往的行为进行反思，并能汲取他人所长完善自我			
	不善于对自己过往的行为进行反思，也不善于汲取他人所长完善自我			
	不能对自己过往的行为进行反思，也不愿汲取他人所长完善自我			

资料来源：例谈《道德与法治》体验式教学

“空白”学习单的妙用

文/谭雯静（上海市浦东新区万科实验小学）

学习单不仅可以为学生提供学习支架，还能让学生明确学习目标、学习任务、促进开展学习交流和评价学习成果。然而，传统学习单形式单一、内容枯燥，编辑模式往往针对考题类型设置，以机械式反复练习来巩固学生对知识的记忆和提高学生的做题技巧，且学习单答案较倾向于“准确性”，其评价方式多以教师评价为主。

“空白”学习单的创设旨在弥补传统学习单的不足，更加注重对学生的学习能力、学习方式方法、情意发展、创造能力、学科素养和价值观发展的关注（见图1）。

美国中小学学习单案例及其特征分析

一张白纸、一枚印章和一个打孔器，“空白”学习单“印制”完成了，这一想法最初来源于美国中小学课堂。在加州科罗纳学区的罗莎公园小学（La Rosa Elementary School ）里，每位孩子都有能装满一文件夹的类似学习单，从不同学科的到跨学科的学习单，各式各样五颜六色的，他们会利用教室里的三孔打孔器，将完成的学习单装订在文件夹里，这样的文件夹便成为了他们的“教科书”“作业本”和“学习笔记”。

在美国加州学校考察实习期间，我对加州中小学学生的学习单进行了观察，通过收集、归纳、整理与分析，将其大致可分为三类，分别为主题式学习单、创作式学习单和笔记式学习单。这三类学习单有着不同的特点和功能，为“空白”学习单的创设提供了设计思路和依据。

1. 主题式学习单

第一类主题式学习单，它们作为一种最

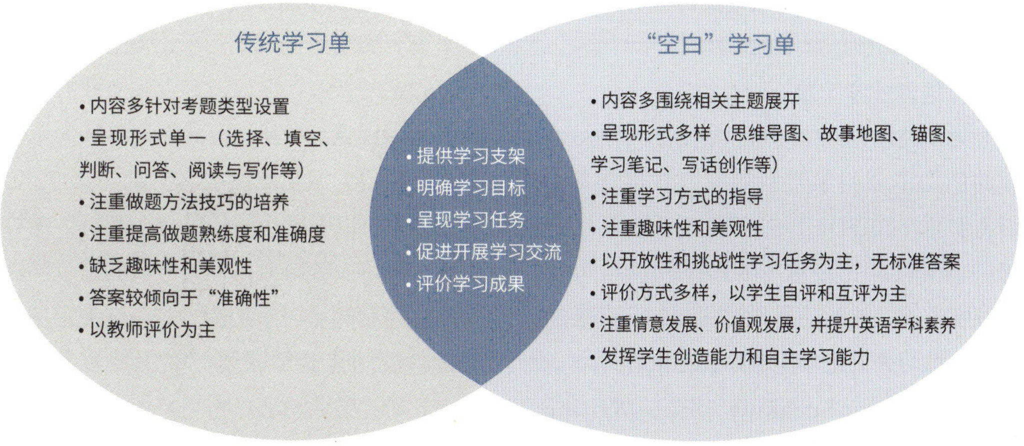

◎图 1　传统学习单与“空白”学习单异同

常见的共享教学资料被整理归纳在美国各类教学资源网站上，通过搜索不同的学习主题和内容，教师可以轻松地找到适合自己教学实际的学习单，应用于课堂内外，如趣味练习、主题学习、自主学习材料等。

这类学习单有以下特点：第一，主题鲜明，形式和内容丰富。由于这类学习单的设计者大多为一线教师，他们发挥各自的特长和创意，针对不同的学科教学主题和内容设计各类学习单，使得学习单的主题鲜明，形式和内容丰富；第二，注重趣味性和美观性。这些学习单的设计充满童趣，图文结合，形象生动且具有美观性。有很多学习单需要学生进行手工制作，在画画、剪剪、贴贴、玩玩的过程中，学生能充分体验到学习的快乐，发挥学习的主观能动性，他们完成的学习单大多能作为一份作品被展示在教室自主墙上，既实用又美观；第三，注重培养学生高阶思维。美国教师希望学生能像科学家一样思考，这一理念无不渗透在学习单的设计上，例如，在数学和科学课上，我们看到了需要“解释”的学习单，上面会频繁地出现这类表述“Please explain how and write your strategies you used.”，学生在完成这类学习单时，通常要写下自己的做题思路，充分体现了对学生学科核心素养的培养。

2. 创作式学习单

第二类创作式学习单，多为语言学习方面的创作单或科学学科的探究式创作单。语言学习方面以Daily5为例，Daily5活动是美国小学教师比较常用的训练阅读与写作的教学方式，该活动是通过每日的、常规的专项小练习来促进学生的Listening（听）、Reading（读）、Speaking（说）、Writing（写）以及Spelling（拼），为阅读和写作打下基础。在很多小学低年级教室的一角，都有Daily5活动区域。在观察中，我们发现了Daily5除了运用形式丰富有趣的学具配套相应学习单使用外，还会为学生提供自主写话创作单，学生可以自主选择喜爱的方式、内容与主题以及各类不同的创作单（如迷你写作卡片、贴纸创作单、图文创作单等）进行个性化创作，这使得创作更具个性和乐趣。

这类学习单的主要特点为：第一，练习针对性强，易有效帮助学生进行专项学习。教师通过整体设计和规划，先确定该学期学生需要掌握的核心内容与要求（如核心词句、阅读与写作要求等），再准备该学期将使用的学习单及其配套学具，最后整理在教室固定活动区域，并定期补充和更新，供学生进行自主选择和学习。第二，内容多样，易发挥学生创意。教师鼓励学生每日坚持利用课余时间进行个性化创作，在游戏和创作中对知识进行积累。第三，形式丰富，易促进学生交流与合作。分享是创作的最大动力，无论是编写一个小故事，还是书写一份表扬信，学生们经过几天或一周的时间完成学习单作品后，会在老师的引导和鼓励下与同伴或家人分享，这使得学习单的评价功能得到了有效的发挥。

3. 笔记式学习单

第三类是笔记式学习单。美国中小学生没有固定的课本，学习内容大多由教师根据教学大纲设置与安排，因此学习单作为重要的学习材料为学生提供学习支架。通过学习单，学生可以明确近阶段的学习目标、内容主题、学习任务与要求，这与我们基于学习共同体课堂的学习单功能一致。这类学习单的设计与制作非常注重对学生学习方法的指导、高阶思维的培养和学科核心素养的提升。比较常见的是美国教师经常会将学生某一阶段的学习单装订为“一本书”，例如，在罗莎公园小学3C班级，Ramsey老师指导她的学生制作完成了“My Resource Book of Math Tools”，这份笔记式学习单就像课本一样，帮助学生积累知识点、方法策略以及经典题型。

这类学习单的特点是：第一，充分运用知识可视化工具和思维工具，帮助学生科学记忆知识和记录学习历程。第二，有较强的功能性和实用性，学生在制作学习单的同时，不仅习得了知识，也能充分展示和表达观点与想法，总结和整理学习体验与收获。

美国中小学学习单为“空白”学习单的设计与应用提供了设计思路与依据。在学习单的设计和应用上，教师注重学习单的功能性、趣味性、美观性和实用性，注重对学生的学习能力、学习方法、学科素养和创造性、自主性的培养，重视引导学生通过完成学习单的方式对知识进行归纳、整理和积累，将知识潜移默化地传授给学生，做到“润物细无声”。

“空白”学习单的设计理念

通过对美国中小学学习单的观察，特征分析与总结以及基于学习共同体的小学英语课堂教学特征，我进一步明确了“空白”学习单的设计理念。

第一，注重开放性、趣味性和挑战性。从学生视角出发，以学生为主体，尊重学生的个性化发展，激发学生学习兴趣，以学生爱做、乐做为基本宗旨开展学习单创作活动，充分发挥学生的积极性和主观能动性。

第二，注重对学生学习方法的指导和思维的训练。在教学中引导学生运用思维导图、故事地图、锚图等知识可视化工具和科学合理的学习方法，对知识进行有效记忆、记录学习历程、展示和表达观点想法、总结和整理收获。

第三，充分发挥学习单的功能性和实用性。将主题式学习、创作式学习和笔记式学习有机统整，为基于学习共同体的课堂教学提供学习支架，使学习任务、学习目标和要求以及学习内容可视化、系统化。同时，通过学习单促进生生、师生间的合作交流。

第四，以学习单为抓手，促进学习成长档案袋的建立，为学生的学习成长做轨迹记录。通过多元化评价方式，对学生的学习进行科学合理的综合性评价。

“空白”学习单实践案例

1. 实践前期准备

（1）设计学习单印章

为了使“空白”学习单的主题明确，便于收纳整理，我着手设计了“空白”学习单印章，原先设计了Thinking Map、Story Map、Writing、Notes等四枚印章，为实现主题式学习、创作式学习和笔记式学习的有机统整，我最终将其合并为“Worksheet印章”（见图2），充分发挥其功能性和实用性，该印章由简单的三部分组成：Theme（学习单主题）、Name（作者姓名）以及Date（创作日期）。用操作简单的两孔打孔器和文件夹，让这些学习单的制作、分享、整理和保存成了充满乐趣的一件事。

◎图2 “空白”学习单印章设计

※ 表 1　实践计划表 ※

阶段	时间	任务与内容	实践目标
第一阶段	第1-10天	1.说明“空白”学习单功能、制作原则和制作方式 2.指导学生运用圆圈图对主题词进行归纳、梳理 3.引导学生尝试运用图文结合的方式积累和巩固核心词句 4.指导学生模仿课本内容进行写话创作	使学生建立信心、激发兴趣与好感、消除疑虑和恐惧
第二阶段	第11-20天	1.指导学生掌握气泡图的基本功能和使用方式 2.引导学生结合课文核心词句运用气泡图对公园场所进行描述，并试着写话创作 3.初步了解故事地图的基本要素，能根据故事地图进行简单的故事复述	寻找实践过程中的问题，进行内容或指导方法上的调整，进一步激发学生想象力和创造力
第三阶段	第21-30天	1.指导学生掌握双气泡图的基本功能和使用方式，结合课文核心词句，运用双气泡图对不同国家的不同天气进行描述 2.指导学生掌握树形图的基本功能和使用方式，运用树形图梳理不同季节、月份的不同天气，并学习和巩固季节、月份、天气词汇 3.通过树形图等方式对四季进行写话创作	进一步寻找问题，进行内容或指导方法上的调整，使学生保持兴趣，获得成就感，激发求知欲，培养自主能力

（2）制订实施计划

根据教学进度，我选择了牛津英语上海版四年级第一学期教材中的第四模块*The Natural World（Farm/Park/Weather）*进行为期30天的教学实践。

在“空白”学习单实践之前，学生们已熟练掌握圆圈图的功能和使用方式；初步了解故事地图的基本要素；能较熟练地进行写话创作，并做到图文结合。但学生们对“锚图”和其他知识可视化工具不熟悉，大部分学生没有养成主动归纳、总结和整理笔记的习惯，学习和积累的方式方法还有待进一步学习。

鉴于此，在实践第一阶段，我首先通过学生们熟悉的思维工具圆圈图，以及运用图文结合的方式鼓励和引导学生进行“空白”学习单创作。第二阶段，指导学生掌握气泡图的基本功能和使用方式，结合课文核心词句运用气泡图对公园场所进行描述，并试着写话创作。第三阶段，指导学生掌握双气泡图和树形图的基本功能和使用方式，结合课文核心词句，运用双气泡图对不同国家的不同天气进行描述以及用树形图梳理不同季节、月份的不同天气，并学习和巩固季节、月份、天气词汇。具体实施计划如表1所示。

（3）设计具体主题任务与要求

根据教学大纲要求和教学目标，我根据单元主题和分课时话题，设计了相应的学习单主题任务与要求。如表2、表3、表4。

2. 实践过程

在实践开展的第一天，当我将第一份“空白”学习单递给学生时，学生们的脸上都是惊讶、疑惑和欣喜的表情。当学生们看见板书上的“Theme：A visit to a farm”这几个字时，便很快就明白了他们将制作一张关于农场的学习单，具体怎么做，重点落在了“自主”二字上。学生可以自主选择喜爱的

※ 表 2　4AM4U1 学习单任务与要求设计 ※

单元主题	课时	分课时话题	学习单任务	学习单要求	形式
Unit 1 A visit to a farm	Period 1	Animals on the farm	Circle Map: Farm Animals	预习本单元核心词汇，复习已学农场动物词汇，课前制作关于Farm Animals的圆圈图	课前预习
	Period 2	Feed the animals	Design, draw and write: Signs on the farm	画一画、写一写所学农场标志，并在课后设计1-2个其他农场标志	课中、课后练习
	Period 3	Old MacDonald's pig Big	*Story Map: <MacDonald's pig Big>	（选做）根据故事地图复述故事	课后练习
	Period 4	A visit to the farm	Writing: <A visit to a farm>	写话练习，并与同学分享作品	课后、课中练习

※ 表 3　4AM4U2 学习单任务与要求设计 ※

单元主题	课时	分课时话题	学习单任务	学习单要求	形式
Unit 2 At Century Park	Period 1	Knowing about Century Park	Bubble Map: Century Park	根据课文内容完成关于Century Park的气泡图；并在课后说一说	课前预习 课中练习 课后复习
	Period 2	Getting ready for visiting	Think, draw and write:Things for visiting	想一想、画一画、写一写参观公园需要的物品	课中笔记
	Period 3	At Century Park	Bubble Map: Century Park	完善第一课时关于Century Park的气泡图：课后说一说	课中、课后练习
	Period 4	Photos at Century Park	Writing: <Photos at____ park>	描述一张公园照片，可以是自己的，也可以是家人朋友的，并与同学们分享	课后、课中练习

※ 表 4　4AM4U3 学习单任务与要求设计 ※

单元主题	课时	分课时话题	学习单任务	学习单要求	形式
Unit 2 At Century Park	Period 1	Knowing about Century Park	Bubble Map: Century Park	根据课文内容完成关于Century Park的气泡图：并在课后说一说	课前预习 课中练习 课后复习
	Period 2	Getting ready for visiting	Think, draw and write:Things for visiting	想一想、画一画、写一写参观公园需要的物品	课中笔记
	Period 3	At Century Park	Bubble Map: Century Park	完善第一课时关于Century Park的气泡图：课后说一说	课中、课后练习
	Period 4	Photos at Century Park	Writing: a.<Photos at____park> b.<Century Park>	a.描述一张自己或家人朋友的公园照片,并与同伴分享 b.根据Century Park气泡图对公园进行描述	课后、课中练习

笔，自主选择合适的空间，自主围绕主题进行设计和创作。

在“空白”学习单实践中，每位学生围绕分课时话题任务与要求，在自主学习、同伴交流与教师引导的过程中完成制作了三份学习单，教师在整个过程中担任组织策划者和方法指导者，学生则为学习单的设计者、创作者、分享者和评价者。

在课前，学生结合每单元主题进行词句预习，并在学习单上“画”出预习结果；在课中，学生在教师引导下，自主完成学习笔记，或创作与分课时话题有关的锚图、思维导图、故事地图、学习笔记、写话创作等，并根据各自的学习单进行同伴间的分享、交流（对话、表达、复述练习）和评价；在课后，学生根据学习单内容进行复习巩固、笔记整理、口语和写作操练。

当整个单元的学习完成后，教师将学生们的学习单“作品”贴在教室墙面，学生之间进行分享，每位学生都可为自己喜爱的作品贴上爱心贴（见图3）。

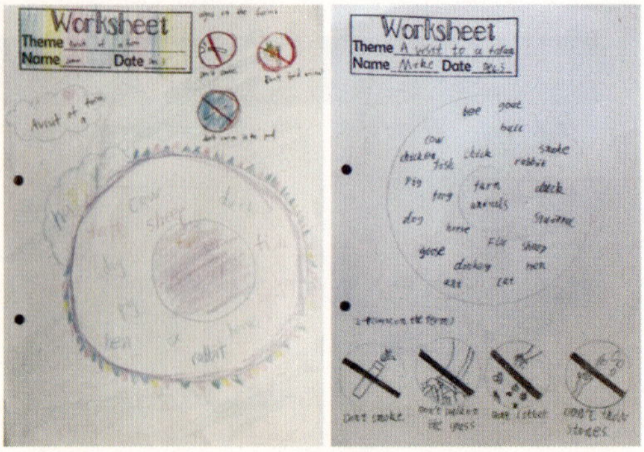

◎图3 学生“空白”学习单作品

“空白”学习单反思改进

“空白”学习单的实践过程中，我感受到了学生们在创作完成学习单过程中的投入，他们尽情地享受着这种创作练习的快乐，他们可以用自己喜爱的方式方法与同伴交流和分享。而作为教师，在整个实践过程中我也无比欢欣地发现了学生的变化与闪光点，他们的很多创作与想法更是让人受益匪浅，这一次的实践无不诠释“教学相长”的意义，唯有学习，恒常如新！

实践中，我也发现了以下有待改进的问题与不足：

第一，在实践中，我经常无法对教学的时间进行合理分配。如何合理分配教学时间，保障学生有充足的自主创作时间，使他们对知识进行消化和吸收，使同伴间的分享与交流的质量更高，这是下一阶段实践需要考虑和完善的问题之一。

第二，在实践中学生学习单的评价以自评和互评方式为主，学生在分享交流的过程中，通过同伴的鼓励和肯定来获得成就感。如何促使学习单评价更好地与学生阶段性评价、学科综合评价相关联，科学合理的学习单评价机制还有待完善。

第三，如何使“空白”学习单的应用成为教学常态化，如何保持学生的学习兴趣和积极性，是下一阶段实践需要思考的问题之一。

第四，针对不同单元主题的学习单任务与要求的设计，知识可视化工具的使用以及学习方法的指导等是否科学合理，还有待实践的检验。教师应在实践中不断摸索，发现问题并及时调整与优化。

第五，基于学习共同体课堂的“空白”学习单研究与运用尚处于起步阶段，理论发展尚不成熟，如何更好地对其进行具体定义、深化其理论内涵，还要在以后的实践研究中不断探索。

/ My Study Review /

我 的 学 习 回 顾

◎ 读完这部分，我学到了什么？

◎ 这部分内容给我带来的启发和思考：

◎ “教学评一体化”中，使用工具需关注的点：

我的行动

/ My Actions /

◎ 结合我的课堂教学，我能/应该做什么：

◎ 请利用1—2种工具改善我的课堂：

星教师创新教学

教师怎么说话

The Art of Teacher's Communication

蒲公英教育智库 主编

上海教育出版社
SHANGHAI EDUCATIONAL PUBLISHING HOUSE

图书在版编目（CIP）数据

星教师 ：创新教学 / 蒲公英教育智库主编. -- 上海 ：上海教育出版社，2023.11
ISBN 978-7-5720-2370-5

Ⅰ. ①星… Ⅱ. ①蒲… Ⅲ. ①中小学－教学研究 Ⅳ. ①G632.0

中国国家版本馆CIP数据核字(2023)第216524号

流向生命的语言

文/黄春霞

秋风起时，我拾起手边的《非暴力沟通》一书欣欣然读起来。读罢，有发现宝藏的喜悦，更有相见恨晚的倾心。扉页上“一种生命的语言”，正中心扉。我忽然明白，原来说话是如此厚重之事。

说话是我们与生俱来的天赋，因为这份天赐的礼物，我们可以便捷地表达、高效地互动、及时地交流、广泛地连接……以孤岛入群山，完成与世界的对话。但如何用好这天生的馈赠，背后是一门博大的学问。

鲁斯·贝本梅尔曾有一首小诗，节选如下：

语言是窗户，或者是墙/它们审判我们，或者让我们自由/在我说与听的时候/请让爱的光芒照耀我/……请尝试透过我的言语/倾听我们共有的情感。

显然，语言的毫厘之间便可以分割出截然不同的两个世界，而生成“这个世界”的背后，是我们对自我、对他人、对社会的认知感受与态度。具体到教育场景而言，如何看待身边的人和事，决定了我们用什么样的话语与之交流，从而产生不同的化学反应。

事实上，已经有越来越多的教育人对“如何表达”日益关注并积极成书，共同释放出一个信号——“会说话”的教师，更有潜能做好教育。他们各自提炼总结，形成不同的说话策略路线图，诸如崔佳的“接纳–赞赏–关爱–陪伴–负责”沟通地图，钟杰的“36个沟通场景”落地方案等，为“好好说话”凿开一条小径。

不过，回归到一线教学日常，这些看似“万灵丹”的妙方，也不是“立竿见影”的，现实的复杂性与偶发性，都要求教师具备更多灵活处理的能力。为此，我们尝试从课堂教学、人际关系、班级管理三个维度来简要划分教师的教育生活，并给出相应场景的沟通建议。

课堂上，多说引发思考的话。教师的课堂用语，重在“引”与“导”，通过点拨、搭桥等方式让学生豁然开朗。比如导入语要激发学生兴趣，过渡语应自然而然承上启下，讲解语是恰到好处的点拨，评价语要助力学生成长等，课堂被生动、趣味、简明的语言串联起来。

关系里，多说温和有爱的话。学生、同事、家长是教师的三大交流对象，沟通的重点在于，平和的心态+事实观察+适当共情+内心有爱……真正把话说到对方心里，从而建立和谐美好的关系。

管理中，多说巧妙智慧的话。班级是一个整体，管理不仅需要情感，还需要文化与机制。通过对班级的观察、分析、思考，借助如“非暴力沟通”等策略，教师可以巧妙地解决诸多班级问题，并激活班里的每一个人变得更好。

以上，我们希望通过对语言运用场景的分解，对语言表达策略的多元呈现，以鲜活的故事为一线教师在教学、关系、管理上遭遇的沟通难题提供可借鉴的说话指南。更重要的是，我们认为方法只是手段，目的是从“人”出发再回到“人”，走向美好。

说话，不仅仅是说话，它是生命内里的外在表达，不论是简约的、幽默的、热情的、温暖的、同理心的……最终的归旨是我们叩问了自己，理解了别人，成全了关系，赢得了爱。

目 录 CONTENTS

深度

“说”出好课堂

“说”出好关系

“说”出好班级

成为说话高手

01 深度

语言的力量如山海巨浪，足以搅动整个教育场。譬如一句话就撬动了课堂、一句话就化解了矛盾，那些老生常谈的问题诸如师生关系、班级管理、课堂教学，往往在美好语言的加持下，达成正向结果。这背后的核心原因在于，“好好说话”并不是随便说说，而是要基于语言背后的逻辑和人们对话时的心理，完成相应场景的互动交流。

当妙语在舌尖起舞，每场对话都是好风景

本刊记者/黄春霞

人人都会“说话”，未必人人都“会”说话。有人舌灿莲花，有人拙口钝腮；有人温言良语，有人唇枪舌剑。看似自带光环的技能，其实是一个巨复杂的系统，与后天学习密切相关。

为此，“教师怎么说话”一直是教育人高度关注的话题。

语言的重要性不必赘述，它关乎教师如何表达、如何与学生建立关系、如何解决问题、如何碰撞灵感……它是一切得以顺利进行的基础。

但在现实场景中，常常因为“不会说话”出现颇多问题。诸如情绪化的暴力语言引起冲突、激发矛盾，到最后两败俱伤；自我中心的偏执话语，无法为共同目标达成一致意见；居高临下的不平等输出，使交流氛围处于压力之下；等等。这导致很多本可以喜剧收场的故事，变得一片狼藉。

其实，教师每日面对的交谈对象不外乎学生、家长、同事三大类，面对的场景主要在课堂教学、人际关系、班级管理等方面。于此，我们似乎可以找到一条“好好说话”的路——围绕不同的人和事，采取不同的说话策略，辅以相应的心理学知识，形成有逻辑、有情感的对话。我们也欣喜地发现，有不少教育人对该话题进行了深入研究，并将教育现场案例抽象成通识的教师说话指南，非常落地。

本期，我们分享崔佳、钟杰、李进成三位教师的思考与研究，看看他们如何从说话逻辑、说话技巧、说话心理等方面，给出一份关于教学、管理、关系的沟通方案。

搭建“有效沟通地图”，助力学生成长一路生花

文/崔 佳（河北大学教育学院）

我喜欢当老师，喜欢到超出自己的想象。但曾经的我，不会当老师。

我踩过很多坑，一路摸爬滚打，边教学生边学习如何教学生，才发现学生的成长是从师生关系中生成的。师生关系的核心在于：如何接纳学生？如何欣赏学生？如何关爱学生？如何与学生相处？以良好的师生关系为前提，才能培养出自我负责的学生，确保教育的效果。

接纳学生

想要做到接纳，我们需要给接纳加一个

形容词——无条件。无条件接纳是放下对学生的偏见，平等地尊重每个学生个体。不因老师自身的喜好和偏见对学生区别对待，也不因学生一时的状态和表现给学生归类、贴标签。

当然，无条件接纳，不代表学生做什么都是对的、做什么都支持，无条件接纳的只是学生这个人，而不是认可他所做的一切行为。如何才能做到无条件接纳？

秉持目的论思维

先看一个场景：

当住宿生说跟宿舍的同学相处不顺，想调宿舍时，你打断他说：“跟宿舍的同学在一起就需要相互理解、相互包容。凡事也找找自己的原因，你在宿舍做过什么让其他人反感的事情？”

以上与学生沟通的方式属于原因论思维。秉持原因论思维的老师，一旦遇到问题就习惯回溯过去，考虑过去发生了什么事情，才导致今天这个问题发生。这种回溯原因的沟通方式对于解决学生的各类问题一般没什么用处，有时候反而让学生感觉老师在故意针对自己，进而引发师生矛盾。

目的论思维源自阿德勒，他认为，过去任何经历本身并不是一个人成功或失败的基本原因，人们会从过去的经历中，找到现在的目的因素。也就是说，如果一件事情发生了，事情发生的原因不重要，事情发生后如何解决更重要。

根据目的论思维，我们应该如何回应上述场景中的学生呢？

师：“发生了什么事情，让你这么想换宿舍呢？”（表示愿意倾听）

生：（或许会一顿吐槽）

师：“听起来你感觉很烦躁、很麻烦，迫切地想有一个和谐的宿舍关系。”（指出学生对良好宿舍关系的需求）

生：（感觉被接纳，情绪缓和）

师：“假设现在宿舍关系比较融洽，你觉得是因为发生了什么事情？”“假设在宿舍关系比较融洽的情况下，你会为他们做什么事情？”（耐心地慢慢引导，而不是要求）

区分评价与感受

无条件接纳的难点是接纳学生的负面情绪，并说出他们的感受，一旦老师帮助学生确认他们正在经历什么样的感受，他们便已经开始着手帮助自己了。遗憾的是，老师常关注学生行为，却很少关注他们的感受。

回应感受有三个步骤：

1.全神贯注地看着学生，听他描述。

2.用眼神交流、点头或者“嗯”“这样啊”来简单回应学生，以示倾听。

3.说出学生的感受。

为了帮助老师感受到“回应感受”的力量，表1对“评价学生”和“回应感受”两种方式做了对比。表2则列举了一些关于感受的词语，辅助老师练习，多用感受表达共情（见表1、表2）。

“回应感受”的方式既帮助学生从情绪中释放出来，也为学生提供了继续表达自己的出口，一旦他们清楚了自己内心的真实想法，就能集中精力应对出现的问题。

倾听是绝佳工具

从关注原因到关注目的，从关注行为到关注学生本人，从评价学生到回应学生感受，都属于思维的转变，它是无条件接纳的先决条件。思维的转变有难度，需要时间和训练，我们可以借助工具来调整和加速转变。倾听，就是无条件接纳的绝佳工具。

※ 表 1 不同回应方式的对比 ※

事件	评价学生	回应感受
生：我真想打他一顿。	师：那可不行，你打了他，你不需要负责任吗？对你、对他都不好！	师：听起来，你好像很生气。
生：就因为我们上课说话，老师直接就不讲课了，真过分。	师：你们上课为什么要说话？	老师这样做，让你觉得失望了？
生：小明让我跟他一起去参加社团招新，但是我不知道要不要去。	师：去啊，去试试，也锻炼一下自己。	师：嗯，你好像有些犹豫要不要参加社团，我很好奇，为什么呢？
生：真搞不懂，老师留这么多作业干什么，我们又不是作业机器。	师：作业是为了让你们巩固知识的，不写作业你们是高兴了，但是题不会做！	师：听起来你有些讨厌这些作业。
生：郁闷死了，今天篮球比赛，我一个球都没进。	师：这很正常啊，比赛就是这样，随机性很强。	师：那一定让你感觉到失望了，有点泄气？
生：要毕业了，见不到我最好的朋友了。	师：这有啥，交通这么便利，买张车票就看到了。	师：毕业是挺伤感的，舍不得好朋友。

※ 表 2 感受词汇表 ※

积极感受	消极感受
舒服：充满活力、满意、自在、放松、感到安全	不舒服：心神不安、愤怒、缺乏安全感、痛苦、难过、窘迫、尴尬
精神焕发：精神振作、精力充沛、非常灵活、放松、有生气、意志坚定	疲倦：筋疲力尽、瞌睡、迟钝、虚弱、迷茫、毫无生气
兴致盎然：很好奇、激动	冷淡：感到无聊、枯燥、乏味
高兴：开心、充满希望、心怀感激、有生气、快乐、喜悦	伤心：不高兴、失望、沉重、孤单、悲观、灰心
安静：平静、头脑清晰、满意	紧张：担忧、困惑、紧绷
充满爱心：良好联系、热情、开朗、温柔、友好、亲切	狂怒：生气、愤怒、沮丧、伤心、暴怒崩溃、充满敌意
充满感激：感谢、心存感激	烦恼：失望、痛苦
有趣：爱冒险、充满灵感、受到鼓励、热情洋溢	恐惧：害怕、犹豫不决、震惊、担心、焦虑、受惊吓、不知所措

倾听不能止于听，在听的过程中要对学生提供的信息进行解析，并给出积极的回应。到底怎么回应，学生才愿意讲给你听呢？以下是几种方案。

重复学生的话。也就是通过重复学生的话，使其思维不被打乱，且能在叙述过程中整理自己的思路和感受。需要注意的是，老师在“重复”过程中要保持关心、温暖的姿态，眼睛看向学生，表现出对学生讲的话感兴趣的态度。

神奇的简单提问。比如，“那还有吗？”“然后呢？”这种回答也可以理解为老师想听学生继续说下去，就好像在说：“继续说，我很好奇，我想知道更多关于你的事情”。

奇迹提问法。从结果开始，首先假设学生的梦想已经实现了，然后逐一回顾这个过程，让学生设想他的梦想是如何实现的，一直倒推出学生解决问题的第一步行动。使用奇迹提问法需要注意的原则有：

1.讲慢一点。用柔软、温和的声音和语调，使学生有足够的时间从问题焦点转换到解决焦点。

2.未来口吻。奇迹提问要求学生描述未来，所以要用包含未来方向的字眼，如“什么将会不一样？”“如果奇迹出现了，那是因为发生了什么事？”

3.聚焦变化。如果学生退回谈论问题，要重新将他的注意力逐步地聚焦在奇迹发生时，他的生活会发生什么变化。

4.激活想象。通常，学生对奇迹提问的回答不见得是最优的解决方案，老师需要持续提出一系列相关问题，以协助学生表达他们期待的、更好更具有实践性的未来景象和解决方案。

赞赏学生

如果我们能够在捕捉到学生做得好的地方时，毫不犹豫地表示赞赏和鼓励，那学生会感受到被认可，会更自信，朝更好的方向前进。最直观的是对学生外表的赞赏。

如新学期见到学生，你亲切地称呼他的名字，随意地说出：“明明，你头发短了！”“小阳，今天换了一件新衬衣！”“睿睿，新鞋子哦！”接下来你会感受到情感的流动，学生会报以欢喜的微笑，有时会滔滔不绝地跟你讲理发时候的趣事、买衬衣怎么砍价，以及新鞋子是磨了爸妈两个月才搞到手的……讲到兴奋之处，他们还可能手舞足蹈，非常欢快。

但真正的赞赏，肯定不会停留于表面。我参照罗伯特·迪尔茨的思维逻辑层次，结合赞赏动作的可行性，建构了赞赏金字塔模型。赞赏金字塔模型从下到上、由低到高依次如下图。

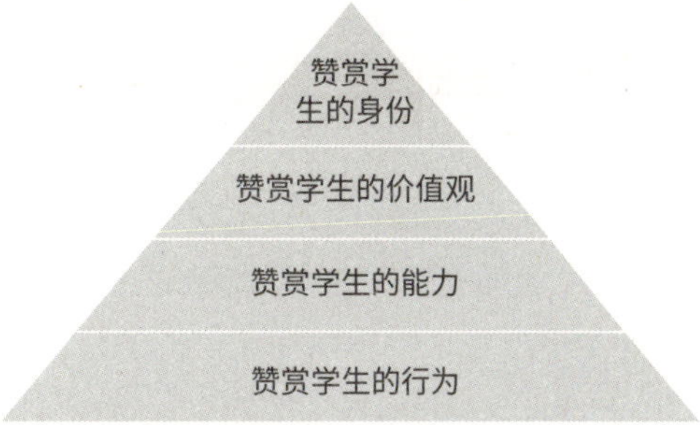

◎图 1 赞赏金字塔模型

赞赏学生的行为处于赞赏金字塔的第一层。行为重点指学生具体的行为和反应。赞赏学生的能力处于赞赏金字塔第二层，能力重点指学生能够做什么以及如何做。赞赏学生的价值观处于赞赏金字塔第三层，价值观主要指学生的立场和假设，可以回答他为什么塑造自己某种能力或采取某种行为。赞赏金字塔的顶层是赞赏学生的身份，身份指的是学生对自己的角色定位，回答学生如何看待自己以及“我是谁”这个问题。

赞赏金字塔层层递进，越往顶层走，越能撼动学生的内心。

赞赏学生的行为

行为一般都是外显的、可见的。从行为主义心理学的观点来看，关注学生的良性行为并对其进行赞赏，将有助于这种行为的再现。但其中的难点有二：一是辨别学生的良性行为；二是对学生的良性行为进行客观描述。

我总结了赞赏行为公式：描述学生的行为表现+表达你的感受。

赞赏学生行为需注意：

1.行为描述要客观且具有画面感。这种描述能引起学生回忆当时行为的情境和感受。

2.赞赏平时少言寡语、问题行为较多的学生。他们是老师正面关注时易忽视的学生群体，但他们被关注的需要却很强烈，老师要多寻找并表达对他们的积极行为的赞赏。

赞赏学生的能力

每个学生都是解决自己问题的专家，前提是他相信自己是有能力、有资源解决这个问题的。老师的赞赏就可以起到这个作用，帮助学生内观，找到并发展自己的优势能力，自主寻求问题解决的资源。

比如赞赏学生的性格优势：

我发现，每次我布置任务时，你都特别仔细地记录，还会认真反馈，有你帮我，真是我的福气。

比如赞赏学生的情绪调节能力：

我发现你像所有青春期孩子一样，情绪容易波动，经常心情不好，但是，我又发现你能很快地调节自己的情绪，快乐起来。我很好奇，你是怎么做到的呢？

……

总结而言，赞赏学生能力的公式是：描述学生的行为表现+提炼学生行为表现中所体现的某种能力+表达老师的感受。

赞赏学生的价值观

价值观是人的一种内心尺度，是人们用于区别好坏、分辨是非及其重要性的心理倾向体系。老师要发现学生的价值观，尤其是那些有助于学生积极行为发展的价值观，并及时给予赞赏。

比如赞赏学生的耐心：

你来找我，刚好赶上我手边有要紧的事处理，你没有烦躁，而是在边上看书，你是一个很有耐心的人，谢谢你愿意等我。

比如赞赏守时精神：

说好今天五点半运动会体操训练，五点二十大家都到了，这种尊重彼此时间的守时精神让我感动，谢谢你们。

……

总结一下，赞赏学生价值观的公式是：描述学生的行为表现+总结学生行为中反映的价值观+表达老师的感受。

赞赏学生的身份

身份，是人的意识形态，代表你是谁。一般来说，价值观回答了“为什么”的问题，而身份则是在更高一级的层次上回答了“我是谁”的问题。

比如赞赏学生是运动达人：

“你就是传说中的运动达人？（身份）运动就是你的生活方式是吗？（价值观）跑完五公里，一般人都累趴下了，我看你还能做半小时的核心训练。（行为和能力）每周都坚持这样，怪不得你的身材能保持得这么好，看上去也非常健康。（效果）我要向你学习！”

同理，我提取了赞赏学生身份的公式：描述学生的身份+描述与学生身份相匹配的价值观+描述佐证学生身份和价值观的学生行为表现+描述学生行为中所体现出的能力+描述老师的感受。

最后，赞赏学生时要注意：形式可多元化，不要提额外要求，善用正向语言，不要重复赞赏同一件事，多表达喜欢。

关爱学生

如果说接纳和赞赏是意识形态的，关爱就体现在行为形态上，是学生亲眼所见、亲身体验到的行为。每个学生都需要被关爱，每个老师都需要学会关爱。现在很流行“复盘”，你可以尝试每一天都问自己三个复盘问题：

1.今天我向学生表达关爱了吗？

2.明天，我将怎样向学生表达关爱？

3.学生感觉到我对他们的关爱了吗？

什么是关爱?

关注是关爱。它背后的心理逻辑是高期望，高期望促发高度关注，高度关注促进学生成长，是一种赋能。比如一个学生成绩考差了，一度怀疑自己的数学能力，此时老师为其一道题一道题耐心讲解，并在最后拍着学生的肩膀说："你看，数学一点都不差嘛，一点就透，你可以的。"学生会因此重拾信心。

了解是关爱。老师总是想把自己认为最好的、最合适的给学生，但是不懂学生、不理解学生的需求的关爱，最后很可能成为一种伤害，还会引发学生极大的不理解。了解才能精准关爱。所以，老师要保持谦卑之心，创设自我暴露的环境，鼓励学生主动赋能老师。

如"请你告诉我，你是一个怎样的孩子，你需要在什么时候以什么方式被对待，你告诉我，我就被赋能了，即便我做不到，也能与你好好沟通我为何做不到。"

服务是关爱。学生都是敏感的，老师为学生做的每一件事都会印刻在学生的心里，尤其是在他们看来老师本可以不做的那些事，他们会感到温暖的关爱。

尊重是关爱。老师们不妨做个自我检视：我是否像要求学生尊重他人一样尊重学生？我们要求学生讲文明、懂礼貌，可现实生活中却很少有老师主动向学生问好。我们教育学生要用平和的方式解决问题，现实中却很少有老师平和地解决师生冲突。其实，当我们想通这一点，就能基于尊重，发自内心关爱学生。

怎么关爱学生?

关爱学生不等于牺牲自我。老师首先要学会关爱自己，自尊的人才能被尊重，也才能教会别人尊重。有些老师承诺"遇到紧急问题不要担心，随时打电话给我，我手机24小时为你们开机"，但很多人不理解"紧急问题"的含义，以为自己暂时无法处理的事都是"紧急"的，不管这些事是多么的鸡毛蒜皮。但老师也是凡人，工作时被打断、半夜被电话吵醒，也会有情绪，这些负面情绪，反而会给学生留下不好的印象，被学生吐槽。说到底，老师这个职业是凭智慧开启智慧，用文化创造文化，照顾好自己才能照顾好学生。

关爱学生不是溺爱学生。优秀的老师要把学生培养成具有独立人格的人，而不是凡事找老师、求助老师的依赖者。真正的关爱，应该把尊重、信任和规则要求严密结合起来，绝不是无规则、无纪律地溺爱和纵容。当学生犯错时，温和的态度和对规则的坚守，是助力学生成长的关键。

关爱学生不等于偏爱学生。"你们是我带过最差的班级！""你们跟我带的上一届学生没法比。""你们都向××同学学习，看看人家是怎么写作业的。"……这些话是不是很熟悉？坦白说，老师感觉与某些学生或某个班有特别的情感联结是很自然的事情，但是老师不能将其作为评价其他学生和其他班级的标准，这会让学生感到被区别对待。如果对他们说，"我对你们抱有很高的期待，你们肯定还能够做到……"学生就会感受到关爱。

陪伴学生

真正的陪伴是与学生眼神交流，倾听他的心声，看见他的需求，与他高质量对话。花时间陪伴学生会传递出这样一个信息：你很重要，我愿意放下手头的事情陪伴你。

陪伴要注意力集中

比如当你正忙着一件事，学生却来找你聊天，这的确会让人感到有些麻烦。如果你能够说服自己把时间让渡出来，那学生会意识到他在你心中有相当重要的地位。如果实在事情重要且紧急，那就退而求其次，坦诚与学生沟通："我手头有一个必须马上处理的工作，你能等我一会儿吗？"这种方式，一般都能获得学生的理解。

当然，老师的时间是有限的，那么多学生，哪里来那么多时间陪伴呢？我曾在学校推行"十分钟对话行动"，每学期，老师至少要确保给每位学生单独的、不被打扰的十分钟对话时间。十分钟其实是虚指，具体时间看与学生聊天的情况。有些学生你给两分钟关注就够了，他还急着去打篮球呢；有些学生打开话匣子就停不下来，需要你多听多了解。

"十分钟对话行动"有独特的限定性：

第一，不仅是找那些调皮的学生聊聊天、教育教育他们，而是无差别地跟每个学生聊一聊，关心其近况。

第二，不一定把学生叫到办公室，可以创设一些偶遇的情境，因为有些学生惧怕来到老师办公室。

第三，不是边忙其他工作边与学生聊天，而是专心地、不被任何其他事物占据地、全身心地投入到学生身上的十分钟。

陪伴需要耐心

比如面对课堂沉默现象，老师如何高质量陪伴？

1.提问之后要善于等待。大部分老师抛出一个问题后，希望学生立刻回答，但学生需要思考和组织语言的时间。等多久合适呢？可能第一次需要很久，两三分钟甚至五六分钟，如果时间过长，你可以用平静和期待的语气重复问题，比如"这个问题，有谁愿意回应我一下呢？"多重复几次，每次之间有些间隔。等学生习惯了畅所欲言的课堂，等待的时间会越来越短。

2.学生准备回答问题之后要善于等待。为什么学生站起来准备回答问题了，还要等？因为有些学生想回应你的问题，但是尚未组织好语言，所以别催促。有些老师急躁地说"你要是没想好，就让别人来回答"，有些老师甚至批评说"磨磨叽叽干啥呢，快说啊"。说实话，老师都是无心的，有时候焦虑课堂进度太慢，有时候只是口头语言习惯，但是对学生来说，这种急躁和批评的方式是有害的。提问只是课堂小小的一个环节，但也决定了课堂陪伴的质量。

陪伴要好好说话

在陪伴中，语言和对话是师生沟通的载体。只要师生互动，对话就无处不在，如何与学生对话就成了重要的课题。

1.陪伴要正向表达。老师会说很多"不"的否定语言——"别玩手机""上课别睡觉""上课别说话""不能打架""不能打人""不能说脏话""考试别作弊"……这些"不"的否定语言往往不能取得我们想要的效果。

如何避免"不"语言？从关注负面行为转为关注目标，用正面表述代替毫无效果的"不"语言。也就是清楚告诉学生，我们希望他做什么。

不说"你别乱跑"，而说"牵着我的手，一起走"；

不说"你别说话了"，而说"请保持安静"；

……

但仅仅避免“不”语言是不够的，由于每个人心中的认知概念不同，最好把模糊的目标具体化，具体到可测量、可执行的层面。

不说“要好好学习英语”，而说“明天上课前读完这两篇短文”；

不说“早点睡觉”，而说“晚上十点前熄灯睡觉”；

……

总结而言，好好说话就两个要点：一是用正向目标表达代替“不”语言，二是用具体化表达代替模糊性表达。

2.陪伴态度要谦逊。谦逊具有社交层面和智力层面的双重含义。

有位老师说，“学生站得远，我就走近他，距离就会缩短；学生若冷漠，我就热情，冷漠就会消解。跟学生交流的时候，主动付出是第一位的。”主动站在学生的角度考虑问题，这是社交层面的谦逊。

智力层面的谦逊，是保持终身学习者的心态，保持对学生好奇的心态。有位老师说，“每次发现学生在玩什么新东西，我都会问一问，像个小学生一样请求指教。学生对新事物的理解总是比我们更敏感一些，那为什么要错过向他们请教的机会呢？”

谦逊，追求的不是我正确与否，而是我们一起创造了什么可能。

对学生负责

负责具有双重含义，一是老师为学生负责，二是老师培养出自我负责式的学生，后者是前者的终极目标。

负责要示范表率

有责任感的老师一定能起到示范表率的作用，通俗地讲就是：要求学生做到的事情，老师要先做到；不让学生做的事情，老师也坚决不做。那么，如何提升自己的示范表率力？有以下六个步骤：1.自我评估；2.主动自发；3.目标导向；4.利用资源；5.行动改变；6.约定监督。

负责要正确理解错误

错误是学习的好机会，让学生有能力承受一定的挫折，经由错误而成长。错误也是老师了解学生、引导学生成长的好时机。老师可以利用学生犯错所带来的问题挑战，以启发式提问的方式，让学生进行头脑风暴并提出解决方案。使用启发式提问有几点注意事项：

1.不要一开始就问“为什么”或“为什么不”，因为这会让学生感到被质疑和被否定。

2.当学生表现出生气或烦躁的情绪时，暂停提问，等双方都冷静下来再提问。

3.允许学生暂时想不出好方法。

4.在启发过程中，老师可以采用通用且有效的反馈方式：冷反馈和热反馈。

对自暴自弃的学生负责

几乎每一个自暴自弃的学生，都跟老师或家长的打击有关系。负责的老师不会用成年人的视角去评价学生，而是努力破解学生不良行为背后的密码，并帮助他们。破解学生行为密码的步骤如下：

1.描述学生的一个不良行为表现；

2.确认老师的感受，这是逆推学生不良行为目的的第一条线索；

3.描述老师对学生的这种行为通常做出的反应，这是逆推学生不良行为目的的第二条线索；

4.进入学生的世界，想象一下，如果你是学生，对于老师所说的或所做的，你有什么想法、感受，或做出怎样的行为？这是判断学生不良行为目的的第三条线索；

5.对照学生不良行为的四种目的，确认学生的需要和应对策略；

6.如果以上步骤没有起作用，别气馁，重新再来一遍以上五步，直到起作用为止。

自我负责式沟通

自我负责是“负责”体系里的一个关键的核心概念。比起想尽办法改变学生，不如让学生自我改变。比如一个学生的好朋友转学了，他心情很郁闷，那我们可以用自我负责式沟通的四个步骤进行对话。

1.共情学生的感受。（你最好的朋友转学了，你感觉很伤心是吗？）

2.说出学生处理感受的行为。（心情不好，掉眼泪，很难受吧？）

3.对学生的处理方式进行反馈。（好朋友知道你在哭，她会有什么感受呢？）

4.引导学生思考有没有更好的情绪处理方式。

要认识到：我们是和学生一起打败他们目前所遇到的困难，而不是和困难一起打败学生。

学会沟通、好好说话是人生的必修课，多说正向的话、鼓励的话、谦逊的话、关爱的话、负责的话，关系就会在你言我语中愈加和谐，教育也会因此温暖从容。

把话说到学生心窝里，就能建出一个好班级

文/钟 杰（深圳市光明区光明中学）

曾经的我很强势，自以为“呕心沥血”的管教，让班级的表现看起来确实不错，“官方”评价也很高，但“民间”评价却一言难尽。我甚至痛苦于这些孩子为何如此不懂感恩。别的班学生见到老师飞奔过去，我们班学生见到我如同见鬼一般慌忙躲开。后来，一个学生私聊说并非不敬重我，而是怕我。

我一下子恍然大悟——这是吃了“不会说话”的苦！自以为刀子嘴豆腐心，学生能见到“心”，其实他们只能看到“刀”。于是，我反躬自省，一句话失之毫厘谬以千里，良言一句三冬暖，恶语伤人六月寒，明白了好好说话是如此重要。

我开始对班级建设做出一些改变，班上的同学、师生之间也因此表现得关系稳定、心态阳光、学风浓厚、行为规范、三观端正等，于我而言，这就是生长出了一个“好班级”的模样。其中一项重要的转变策略就是通过专业、正面、欣赏的表达方式，撬动整

个班级的势能。

善用强势与激励，管理学生的课堂

课堂是教学和德育的主阵地，是班主任坚决捍卫的教育主场。因此，班主任必须要下大力气来管理好课堂，以确保教学质量稳中有升。那么具体如何管理呢？

首先是强势入轨，让学生深刻认识到，课堂是神圣而不可侵犯的。具体操作步骤如下：

1.班主任抓住开学第一课，态度鲜明地向学生“亮剑”，也就是掷地有声地抛出自己的课堂管理立场：

（1）课堂是大家的，不是个人的，必须要尊重；

（2）课堂是拿来学习的，不是拿来嬉闹、玩乐的；

（3）课堂是有规则的，必须遵守。

2.班主任趁热打铁，用坚定不移，不容置疑的口吻向学生解释自己的课堂管理立场：

每个人，包括老师我，都只是课堂的一分子，谁也没有权力去破坏这个课堂。老师正在全情投入地讲课，若有学生讲话、打闹、嬉笑影响了老师讲课，往小里说，就是对老师不尊重，往大里说，这是侵犯了老师的教育权。同理，如若因为你的不良行为分散了同学听课的注意力，往小里说，是不尊重同学，往大里说，是侵犯了同学的受教育权。不论是侵犯老师的教育权，还是侵犯同学的受教育权，均属于“违法行为”，都要追究责任。

课堂的功能是什么？就是供老师教学、学生学习的地方。因此，任何学生都不可以在课堂上肆无忌惮地嬉闹、玩乐，必须专注听课，认真学习。嬉闹、玩乐另寻时间和地点，前提是不可以对他人造成不良影响。

凡游戏，必有规则，同理，凡群体行为，也必须立规矩。我们的课堂也有不可违反的规则，谁若是与规则过不去，那么规则就不会给他自由。

班主任在说此番话时，一定要做到声音铿锵有力，态度坚定不移，眼神犀利果敢。也就是班主任要善用自己的身体语言向学生传输一种强大，非我莫属，不容违逆的生命能量。

其次是激励引流，让学生心甘情愿地习得牢不可破的课堂价值观，利于学生的可持续性发展。具体操作是，班主任先用亲和的态度和饱满的热情为学生消除强势带来的余威，再向学生抛出必须要遵守的课堂规则。这样一来，学生的抗阻情绪就会自动消失，进而认可班主任制定的课堂规则。

激励：亲爱的同学们，我们来到学校的初心是什么？是不是为了把自己变成自己喜欢的人？是不是想通过学习把自己变得更聪明，从而规避他人的精神奴役，以及被坏人“PUA”的命运？是不是为了有一天可以走得更远，看到更美妙的风景，碰到更美好的人，吃到更美味的食物？请静思三分钟，扪心自问，是否同意我的观点。如果你认为我说得有道理，那么说明我们师生是同频共振的人。我相信，我们一定能建立一种美好的、双向奔赴的师生关系，我们都会变成更好的自己！我们要为变成美好的自己同心同德，一起加油！

引流：顺势抛出班级课堂管理制度，并通过“抄写、朗读、背诵、默写、抽问”等方式推进落实，最终固化为学生的课堂价值观。以下为我所制定的班级课堂管理规则：

（1）与本课堂无关的话不说；

（2）与本课堂无关的事不做；

（3）与本课堂无关的书不看；

（4）与本课堂无关的游戏不玩；

（5）与本课堂无关的心事不想。

巧用表扬与批评，管理学生的行为

表扬的目的是什么？是让学生感受到被关注，被认可，被激励，从而约束自己的不良行为，放大并稳固自己的优良行为。批评的目的又是什么呢？那就是让学生有勇气面对自己的错误，真心觉得自己错了，决心改正自己的错误行为，并且对老师的善意批评心怀感激。具体怎么表扬和批评，学生才能发自内心地接受与认可呢？

表扬的正确策略：表扬后天、表扬细节、表扬过程、表扬结果、表扬进步、表扬独特。

案例：少侠一班的劳动委员林涵迅工作非常负责，经他督促、检查过后的卫生很让钟老师放心，也为钟老师减轻了很大的负担。那么钟老师如何表扬林涵迅，他才会感觉到老师是真正欣赏他，进而生出源源不竭的成长动力呢？

表扬策略一：大林，自你当上劳动委员以来，每天都走得很晚。每一次卫生你都做了检查，这个关口你把得真是好啊！（过程描述）

表扬策略二：大林，每一次那些粗心大意的同学把垃圾扔到教室里，你都用塑料袋装好，扔垃圾桶了。（细节描述）

表扬策略三：咱们大林不出手就算了，一出手，少侠一班就能拿到卫生班的奖状，让我特别有面子。（表扬结果）

表扬策略四：大林的勤劳、责任心，大家有目共睹，有他在，我安心。他办事，我放心！（表扬后天）

表扬策略五：大林，我发现，自你做了劳动委员以来，不仅体育成绩提升了，其他学科也进步很大啊。比如，以前你背古诗，很不流畅，现在就流畅太多了，并且时间花得少。（表扬进步）

表扬策略六：大林，我就欣赏你与众不同的地方，别的同学都怕做劳动委员。你不仅不怕，还做得有滋有味，今后在职场上必是狠人，一定会超过很多人！（表扬独特）

大林在我的多种表扬策略下，劳动委员当了三年，从未懈怠，表现可圈可点，学习成绩也有很大程度的提升。他甚至向他的母亲说，钟老师比他母亲好一百倍，理由竟是我懂得并能满足他内心的真实需求。

批评的正确策略：陈述过程、表达感受、表明态度、提出建议、释放感情、迅速翻篇。

案例：少侠一班大橙因好奇心作祟，伙同外班同学躲在教学楼五楼角落抽电子烟，被级长逮了现行。大橙因此被学校德育处给予了警告处分。少侠一班也因此被连累，在当月文明班评比中一票否决。钟老师该如何批评大橙，才能既让其他同学引以为戒，又能达到促进他成长的作用呢？

大橙抽烟这件事是级长抓了现行，由级长亲自处理，然后上交学校德育处进行处分。整个过程我没有参与，但我作为班主任，绝不可能置身事外。毕竟大橙的抽烟行为违反的是校纪校规，并且处分通知在全校的升旗仪式上，由德育主任当着全校师生3000多人宣读，就算我想顾及大橙脸面悄悄处理也是不可能了。班上几十双眼睛都在看着我，看我是否能秉公处理。因此，批评大橙的抽烟行为无法避免，那么我要怎么批评，才能让全班学生服气，让大橙不跟我赌气，让其他怀有抽烟欲望的学生就此作罢呢？

1.陈述过程：同学们，周二上午大课间，大橙与二班某同学，在教学五楼的角落抽了电子烟，被级长逮了现行。

2.表达感受：根据光明中学的违纪处罚条例，大橙被警告处分，相关综评观测点不达标。少侠一班本月文明班的评比也被一票否决。不论是大橙个人受到处分，还是我们班级付出代价，我心里都特别难受！这说明我的工作没有做到位，对同学的关心和了解也不够，我很惭愧！

3.表明态度：对于大橙抽烟这种行为，我坚决不接受，我也不希望看到我们班有其他同学犯类似的错误。

4.提出建议：抽烟有害健康，这已经是人人皆知的基本常识了。从现在开始，咱班同学要互相监督，启动实名举报机制。同时也建议各位清理自己的朋友圈，把那些怂恿自己抽烟的伙伴果断从朋友圈里清除掉。（此处要向学生解释“实名举报机制”，这跟告密行为有着本质的区别。告密是基于自身利益，目的不纯，不提倡；此处实名举报是基于保护同学身体健康，动机友善，属于正义之举，必须提倡）

5.释放感情：我特别要说明，大橙虽然犯了一个让我特别难过的错误，但这并不影响我对他的感情。以前我喜欢他，现在，今后，依然喜欢他。情归情，事归事，两者绝不混为一谈。

6.迅速翻篇：这件事，我说完就到此为止，请立即翻篇！希望大橙，以及其他同学不可再抓住不放，今后大家说话也不可揭短。咱们绝不搞“旧事重提，秋后算账”那一套！

我在陈述过程和表达感受时，大橙低着头，非常沮丧，根本不敢抬眼看我。我在提出建议时，我观察大橙的身体与神情，放松了不少。特别是我在释放感情时，大橙已经抬起了头，也敢大胆迎接我的眼神了。到最后的时候，大橙已经抬头挺胸，并且眼里有了光芒。那一刻，我知道我彻底赢得了大橙的信任，我相信，之后他为人行事，不会再任意妄为，一意孤行了。

妙用非暴力沟通，管理学生的语言

生生之间的矛盾，甚至上升为霸凌，绝大多数是言语不当，关系交恶导致的。班主任不仅要运用非暴力沟通的方法与学生建立健康和谐的关系，也要指导学生学会非暴力沟通法，以帮助学生建立健康的朋辈关系。具体如何指导学生学会非暴力沟通法呢？我个人很喜欢使用案例来训练学生管理和规范自己的语言。

案例：钟老师早上兴致勃勃地进到教室上早读，结果她看到小文的桌底下有几片垃圾。钟老师对班级卫生要求很高，看到这几片垃圾心里非常不舒服，心想这几片垃圾可能导致班级德育积分被扣了。那么钟老师该如何提醒小文，小文才不会生气，并且把教室卫生当回事呢？

我抛出这个案例，不仅要向学生呈现我的沟通策略，还要通过这个案例训练学生的非暴力沟通能力，从而提升学生管理语言的能力。我会先请几个学生用自己理解的，或者正在运用的沟通方式帮我去提醒小文。学生的话语五花八门，但根子上都生长着暴力，只是他们自己不觉知而已。当然，更多的还是语言大环境很不友善，隐形的暴力无处不在，学生们耳濡目染，潜移默化，自然也就把暴力融进了日常语言之中。

学生1（男）：小文，你桌子底下有垃圾，你看不到吗？你是装着看不到吗？你难道不知道要扣分吗？

学生2（男）：小文，你桌子底下垃圾这么大，这么明显，你是故意的吧？万一扣分了，老师肯定要怪你，同学们也不高兴。如果因为你桌下的垃圾拿不到文明班的奖状，你要负责哦。

学生3（女）：小文，你桌子底下有垃圾，麻烦你赶紧捡起来啊。不然检查卫生的干部来了，扣分就麻烦了。万一班主任看到了，肯定要骂你，你自己心里也过意不去啊。

学生4（女）：小文，我觉得吧，你还要细心一些，毕竟你是女孩子，不能像男生那样粗心大意。自己的地盘一定要自己搞定，不要让老师和同学操心，更不要因此扣掉班上的德育积分。

大家听听，这四位学生的表达如何？要说他们都抓住了事情的重点——桌子底下有垃圾。也都知道桌下有垃圾的后果——扣班级德育积分。并且都没有对小文横加指责，但你若细品，总觉得这些话不对味。当事人听着想生气，旁听者听着想发笑，事后自己反思，感觉说的都是废话。

这时，班主任就要向学生抛出非暴力沟通的四个步骤，告诉他们，其实还有更好的沟通策略，让说话人显得轻松平和，听话人听得入理入心，双方在心境和语境都安全的状态下就把事情给解决了。

非暴力沟通四个步骤：

1.客观陈述事实；2.真诚表达感受；3.准确说出需要；4.提出合理建议。

那么作为班主任的我，是如何运用这四个步骤与小文沟通的呢？此处就要向学生做沟通示范：

1.客观陈述事实。小文，你桌子底下有几片垃圾，你看到没？（看到什么说什么，不发表任何评价语，小文的心境是安全的，后续交流才能进行）

2.真诚表达感受。小文，我看到你桌下的垃圾，心里有些不太舒服。（真心实意地说出自己的内心感受，小文心里就会过意不去。加上我与小文的关系很健康，因此她会重视我的感受）

3.准确说出需要。小文，钟老师有些好强，还有些洁癖，最想要的就是每天进教室看到地面一尘不染，并因此评上文明班！（我表露自己的正当需求时，特意说了我个人的问题，目的是告知小文，我有这样的需求，是我个人本身固有的问题，进而引发小文的同理心，获得小文的理解与支持）

4.提出合理请求。小文，请你下课时把垃圾清扫到垃圾桶里去，今后也随时关注桌下的卫生状况，好吗？（提出正当要求，又有合理建议，小文就会很愉快地接受我的建议）

我按照非暴力沟通的四个步骤，亲切、平和、轻松、愉快地与小文进行了交流。小文心里没有任何不适感，更没有生出抗拒之心，而是非常配合地处理了桌子底下的垃圾，并向我保证，今后一定要高度重视自己座位周边的卫生状况。学生们也被这样的沟通方式吸引了，纷纷对我说，如果大家都这样说话，哪有什么亲子矛盾、师生纠纷、朋辈欺凌之说啊。

班主任妙用非暴力沟通，不仅可以建立健康和谐的师生关系，还能帮助学生管理好语言，建立健康的沟通体系，收获和谐友善的人际关系。这不仅仅是纯粹的班级管理了，而是为学生的未来人生在做铺垫。

班主任好好说话，学生就能好好听话，就会授权班主任对他们进行管理。最为重要的是，班主任本身就是学生学习的榜样，班主任若拥有锦心绣口，学生必然就不会满嘴胡话。班主任若能通过正面、积极、非暴力的沟通与身边人建立健康的关系，学生就会模仿班主任的表达与身边人建立友善和谐的关系。如此一来，班主任要把班级带得风生水起就绝不是什么难事！

教师的语言里藏着学生的未来

文/李进成（广东省广州市番禺区教育科学研究所）

如果你对学生说“只有考一个好的大学，将来才能找一份好的工作”，这样你就是在培养未来的打工者；如果你对学生说“将来很多人还是要靠你吃饭的”，这样你就是在培养未来的创业者；如果你对学生说“你们是祖国的未来，国家的繁荣兴旺还是要靠你们的”，这样就是在培养社会主义建设者和接班人。

动漫电影《哪吒之魔童降世》里哪吒有这样一句台词：“他们把我当妖怪，我就当妖怪给他们瞧瞧。”说明外界的评价往往引导当事人做出相应的行为。所以从某种程度而言，教师的语言里隐含着学生的未来。这并不是说教师的一次评价会有多么大的影响，而是一种发自内心的肯定和引导会给孩子的未来播下一颗人生种子。因此，教师要刻意修炼自己的课堂教学语言，突出正面引导，为学生的成长赋能。

方向要准：什么话才是“好话”

课堂语言顾名思义就是教师在课堂上表达教学内容、回应学生提问、引领学生思考等围绕教育教学的语言。教师声情并茂的表述、有逻辑的语言节奏、启发式的提问、鼓励欣赏式的评价、正向的价值引导等，都对学生的情感、道德、认知起着潜移默化的“身教”作用。

教师不同的语言表达方式直接影响学生的接受态度，例如：你很聪明，但是学习态度不好。这样对方感受到的不是表扬而是批评。如果把前后的内容调转，换成“你很聪明，如果你能够专注学习，我相信你的成绩一定会提高很快。”那么学生感受到的就是肯定和鼓励，其教育效果差异显而易见。

词语是有感情色彩的，教师的词语选择也会影响教育效果。例如一个学生咨询我说“同学都认为我胆小，该怎么办？”胆小的正面表述就是“谨慎、周全”。于是表扬他做事谨慎，考虑问题周全。然后建议他保留这些特质，因为会让自己少受伤害，同时增加自己的行动力，当考虑清楚之后立即行动。

教师也可以根据学生的表达进行恰当转换，从而达到更好的教学效果。例如当学生说“我会努力的，但是很困难”，引导学生转换为“我知道很困难，但是我会努力的”。当学生说“我不会”的时候，教师可以转换为“你只是暂时不会”。

这种充满正向思维的课堂语言对学生的教育效果会起到“春风化雨、润物无声”的效果，让教育变得轻松而富有情味。

正向的课堂语言要体现三个原则。

1.突出价值引领。价值观是指一个人对周围的客观事物（包括人、事、物）的意义、重要性的总评价和总看法。像这种对诸事物的看法和评价在心目中的主次、轻重的排列次序，就是价值观体系。价值观和价值观体系是决定人的行为的心理基础。价值观取决于人生观和世界观。

教师是学生的精神引路人，培养学生积极的价值观是教育的重要任务，立德树人的一个重要指标就是帮助学生养成积极的信念价值观，信念价值观影响学生未来的发展方向。

儿童阶段，孩子的评判标准往往取决于成年人的态度，所以教师在教书育人的时候，一定要注意言辞，给孩子积极正确的引导，在孩子内心播撒正能量的种子。

青少年阶段，一个人的独立意识开始觉醒，并从感性认识向理性认识发展，渴望独立。因为认识、阅历、能力还不足，很多言行可能还存在不恰当之处，所以可能显得“叛逆”。当一个人的价值观还没有完全养成，自我认同还不定型的时候，往往希望通过他人的眼睛来观察自己，所以非常在乎外人的评价。教师作为孩子生命成长的最重要他人，如果能给予恰当引导，将非常有利于学生价值观的养成。

教师在教学中要注意分析一些不恰当的言论，切勿“随波逐流”误导学生的价值观。例如：对于《西游记》的解读，有人说“没后台的妖怪都被打死了，有后台的妖怪都升天了。”这样的解读看似很有道理，也符合小说的情节。但这样的解读在价值观引导上暗含了“社会不公平”，放大激化了社会矛盾。

正面解读可以这样说：每个人的一生都是一部取经史，一生至少经历三类问题：（1）客观存在的问题，例如火焰山，这些问题就要想办法解决。（2）真正想害我们的人，例如白骨精，对这样的人不能心慈手软。（3）领导考验的问题，任何人在取得领导的信任、重用、提拔之前，都会经过领导的各种考验，有时是领导亲自出面，例如四菩萨化身母女四人考验唐僧师徒四人，有时是领导派身边的人故意刁难进行考验，例如神仙的小童或者坐骑，就好像领导的秘书和司机。这样的人完成任务当然要回到原来的岗位继续工作，不能一棍子打死。这样的解读，既激发了学生阅读名著的兴趣，更重要的是做好了价值观的引导。

2.注重品格培养。“必备品格”是核心素养的重要元素，因此教师的语言要有利于品格培养。有人说品格即人性、品格即精神、品格即行为。余文森说，表现在人与社会关系上的自律、表现在人与他人关系上的尊重、表现在人与事情关系上的认真，是人必备的三种核心品格。优秀传统文化的本色和底色也是伦理道德文化，强调“国无德不兴，人无德不立”。当下对教育的要求是做到“三全育人”，强调思政课程和课程思政，充分发掘各门课程中的德育内涵，注重育德与育心相结合。

教师在教学过程中要注重发现、欣赏学生身上的良好品格，包括坚忍、勇敢、谦卑、自律、怜悯、宽容、诚实、正直、耐心、仁慈、仁爱和无私。这些优秀的品格都会以某种形式在学生身上呈现，如果我们能及时捕捉到并给予鼓励、表扬，教育的效力就会大增。例如学生没交作业，可以表扬他的真实，没有用抄袭或其他作弊的手段来欺骗教师，但要让他学会在保留真实的同时想办法完成学业；学生顶撞教师可以肯定他的不惧权威的品格，但要引导他学会用正确的方式表现。肯定学生的品格需要通过具体的行为或事情来进行，不能空泛地说你很善良等。

评价学生行为的时候，对好的行为，要学会“对人不对事”。例如，学生随手关掉开着的水龙头，你要表扬他爱护公物、节约用水、保护资源等品格。提供一个语言模式供参考：我看到你（具体的事件或行为），我认为你是一个（具体的品格），老师为你高兴（可以是其他的代表老师感受的词语）。

对不好的行为，要做到“对事不对人”。例如，学生迟到了，你可以说“你是一个守纪律”的人，这次迟到了应该怎么处理？以后怎么解决迟到问题？而不能随便贴负面标签“你就是一个爱迟到的人”，这样针对人的品格贴负面标签的评价是要绝对禁止的。

3.强化关键能力。关键能力是核心素养的另一个重要元素，《关于深化教育体制机制改革的意见》中也强调，要注重培养支撑终身发展、适应时代要求的关键能力。在培养学生基础知识和基本技能的过程中，也要强化学生关键能力培养。也明确了四项关键能力：认知能力、合作能力、创新能力、职业能力。这就要求我们在课堂教学中做到从知识到能力、从育分到育人的转变。

有一个小学四年级的学生，经过他的努力，推算出了梯形面积公式。第二天他很兴奋地告诉老师，结果老师说“书本上早就有了”。这样的回应必然使学生备受打击，情绪一落千丈，甚至会失去学习的兴趣。如果老师说：“哇！你真厉害，和历史上的那些大数学家有一样的天赋和才干，你如果认真学习数学，将来一定能做出优异的成绩。”这样既委婉地告诉他之前已经有了这样的公式，更重要的是肯定了学生在学习方面的潜能，那么这个学生一定会受到鼓励，坚定学习数学的兴趣。

方法要对：哪些路通向“有意义的表达”

教师的课堂语言如此重要，那么教师该如何优化自己的课堂语言呢？建议从三个方面优化课堂教学语言。

1.瞄准学科核心素养。每个学科都承担了该学科的育人功能和目标，具体表现为学科核心素养。因此，教师的课堂教学语言一定要指向学科核心素养。这就要求教师深度理解教材，理解教材编写的逻辑和内在价值导向，对接课程标准对核心素养的理解和学段要求，从知识教学引向核心素养养成。

策略：透过言行看意义，通过意义引行为。教育的情境是我们每天教育活动、教育实践的场所，教育时机就位于这种实践的中心。教育思考是对儿童生活的事件和情境的教育意义的理解，进一步理解情境中自己或他人行为的教育恰当性。

案例现场：有一次开展小学道德与法治《我们身边的人》研讨课，讲到“保安、清洁工、售货员等对我们都很重要”的内容时，教师问孩子：你看到小区的清洁阿姨，会怎么想？一小朋友特别真实地说：我妈妈说，如果不好好学习，长大后只能像她们一样。当时教师就不知道该怎么处理？只能模糊过去。

应对方案：说实话，这样说的妈妈应该很常见，其动机固然是为了激励孩子好好学习，但是这样的教育太功利，对孩子的人格也是一份扭曲，其隐含的价值导向与学科的价值导向相悖。教师既不能简单否定妈妈的观点，更不能赞同该观点。教师可以这样说：是啊！你妈妈特别希望你好好学习，只有这样你将来才能回报我们这些身边的人的付出，才有能力帮助他们改善工作条件，提升生活质量。这样就指向了“责任意识”核心素养下的担当精神。

2.立足学生生活体验。《义务教育课程方案（2022年版）》强调“加强课程内容与学生经验、社会生活的联系”，加强“知行合一，学思结合”，倡导“做中学”“用中学”“创中学”，要立足学生成长的原点，创设生活情境开展教学。这样就要求教师的教育教学语言要考虑学生的真实生活，避免脱离体验的简单说教。

策略：打破教师“我视界”，走进学生“生活界”。“引学生生活进课堂”，结合教学内容创设教学情境，在学生的体验和感受的基础上进行引导。教育需要转向体验世界，体验可以开启我们的理解力，恢复一种具体化的认知感。只有当我们真正感受到教育作为一种召唤激起我们的活力，让我们深受鼓舞时，我们与孩子的生活才会有教育学的意义。“如果我们能直接面对学生的生活世界和生活体验，并对它们做有益的反思，从而形成一种对教育具体情况的敏感性和果断性，我们的教育生活就会变得容易了。”

案例现场：一位教师上《我很诚实》这一课，教师让学生写一写：我心中的诚实行为。这个问题有些抽象，学生的理解都停留在说实话、不撒谎等已有的认知层面。

应对方案：按照“立足学生的生活体验，引学生的生活进课堂”的理念，教师可以这样问：说一说自己曾经做过的体现诚实品格的事情。你所知道的班级同学做过的体现诚实品格的事情。

如此，学生讲述生活经历的过程就是对自身品格的认同和升华的过程，讲述其他同学的经历，被讲述者就会获得强大的被认同感，提升学生的道德品格，同时还会对讲述者产生强烈的情感认同，友谊的小船就这样被建造起来。

3.激发学生思维发展。促进学生思维发展是教育教学的重要内容，也是学生发展的重要指标。思维是一种存在却难以把握的因素，但可以通过学生的言行变化观察学生的思维状态及变化走向。

想要听到学生思维拔节、思想开花的声音，教师需要讲“四话”：开渠引源的话，即联系学生生活，引进思想活水；穿针引线的话，即梳理学生思维，调控课堂节奏；抛砖引玉的话，启迪学生思维，激活内在储备；画龙点睛的话，即提升学生认知，丰富学生思想。

策略：学会归因多分析，角度层次更清晰。一因可能造成多果，一果也可能有多因，激发学生从不同视角看问题，从不同角度分析问题。优秀的老师会关注课堂里学生的生活体验，对课堂里的教学活动有一种特有的敏感，并能捕捉到每一个细微的心绪变化，以随时调适自己的情绪、讲授和互动的节奏。教师要关注对生活体验的追问，像剥葱皮一样，促使我们对一层层包裹在我们体验之上的文化、历史、观念和思想进行质疑和反思，帮助我们摆脱理论和预设的概念，将我们的成见和已有看法、观点先搁置起来。

案例现场：一教师上《多元文化，多样魅力》这一课，学生形成共识：强调了解各种文化差异，并要学会尊重差异。这时，一个学生说：班里来了一个国外学生，女班长对他特别热情，给该国外学生很好的照顾。该国外学生想按照西方的见面礼仪要拥抱该女生，女生表示拒绝，出现了尴尬。当时教师没能恰当处理。因为尊重是一个宽泛词，怎样做才是尊重是方法论问题，因此教师可以借助问题情境展开追问，引发学生思考，促进学生思维和认知能力提升。

应对方案：尊重是否等于认同、接受、顺从？有差异是否就要按照对方的文化习俗？拒绝对方的行为是否就代表不礼貌？比较恰当的方式该如何处理？

引导学生从不同的视角、不同的层面分析问题，让学生明白：尊重不是简单接受对方的观念、行为，而是理解这是他们的文化习俗，不把拥抱女生当作耍流氓，我们要尊重他们的文化习俗，但不代表就可以顺从他们的习俗，也可以很礼貌地告诉对方中国的见面礼仪，引导对方入乡随俗，用中国的礼仪表达。方式可以开玩笑、可以现场教学等。

赋能未来：教育在一字一言中

教学过程中经常会出现一些生成性问题，这些问题往往隐含着学生的价值观念、思维方式、兴趣潜能，如果教师能够及时发现问题，看到学生言行下面的动机、期待、渴望、潜能，并给予合理的回应，一句话也许就会改变一个学生的命运。

一个学生偷偷地宰杀了校长心爱的狗煮来吃了，校长很生气，让该生详细地写出宰杀的过程。校长是教生物学科的，一看学生提交的报告，竟然写成了一份比较好的解剖报告。校长看到了学生在生物学科的潜力，告诉该生在生物学上很有天赋，如果认真学习生物学科，就可以免去对他的惩罚。结果，该生后来获得了诺贝尔生物学奖。

这就是从学生的成长出发，发现其潜在的优势并加以肯定、鼓励，为未来生涯赋能。

此外，学生的成长是动态的，需要能量补给。如有一个动漫人物是大力水手，只要他适时吃到菠菜就会有无穷的能量，战胜一切困难。学生的成长不会一帆风顺，那么当学生能量减弱的时候，教师可以用有效的语言给他“菠菜”。如此，学生会有源源不断的能量，面对未来的艰难险阻。

这就是善于在关键节点用语言激发学生的驱动力，使学生在重塑中获取力量，不断更新自我，面对未来。

看见自我，还要看见世界。学生时代是形成价值观、人生观、世界观的重要阶段，此时如果能够得到好的引导，良言一句，胜读十年书。老师的一句话，往往能够产生意想不到的连锁反应，指不定在未来某一天就发挥关键的作用。

古人云“功夫在诗外”，我想课堂语言的价值更在课堂之外。教育追求的理想效果就是“内化于心，外化于行”。“浇树浇根，育人育心”，教师的语言就要达到“育心”的效果，在言行之中把知识化作素养，把道理化作品格，种在学生心田。

/ My Study Review /

我 的 学 习 回 顾

◎ 这部分内容给我带来的启发与思考：

◎ 解决了我目前哪些沟通难题：

· 沟通小贴士 ·

表扬的方法

1.惊讶法：教师对学生的行为表现出惊讶。

2.夸张法：教师夸张地评价学生的行为。

3.意见法：教师坦率地向学生表达出自己的意见（感受而非命令），用“我是这样想的……”“老师是这样认为的……”等句式来表述主观的想法。

4.比较法：表扬学生比以前做得更好。

5.赋予价值法：通过给学生的行为赋予价值来说明优秀的理由。

我的行动

/ My Actions /

◎ 我计划将这些方法用到我的教育生活中:

◎ 在具体场景中使用某一策略，并记录效果:

· 沟通小贴士 ·

表扬的方法

6.传闻法：教师将从他人那里听来的对学生的评价告诉学生。

7.模范法：让某个同学成为模范，并让其他同学都注意到他的优点。

8.感谢法：教师向学生表示感谢。

9.比喻法：用比喻的修辞手法来夸奖学生的努力。

10.敬佩法：教师对学生表达敬佩之意，可对比自己学生时代或之前教过的学生，以此来表扬现在的学生有多么努力。

02

『说』出好课堂

当从教走向学逐渐成为教育共识，以学为中心的课堂也就成为教师绕不过去的实践课题。攻克这个难题的重要策略之一，就是如何用好课堂语言。从导入语到过渡语，从讲解语到评价语，哪怕是小小一个环节，话说对了，就能发挥巨大的能量，把学生真正卷入学习中心，收获真实成长。

教师教学语言的三重境界

文/党心池 姜锡春 李方红（重庆市巴蜀小学）

简单教学理论的核心理念是“简单的教，丰厚的学”。在教师教学语言艺术与修炼上，提倡“学生的话语要比教师多，思考训练时间要比说话时间多，学习活动要比教师讲解总结多”。“三要”本质上是弱化教，凸显学，真正做到以生为本，以学为本。在教学语言艺术与修炼方面，“三要”就是提倡学生多活动、多思考、多表达，相应的教师要少说话，甚至不说话。“精练有声语言、多用体态语言、用好心灵语言”，这就是教学语言的三重境界。

教学语言三重境界的具体内容、课堂教学主要应用场、艺术与修炼的总体结构见下表。

以人教版小学数学五年级上册《位置》一课为例，以三重教学语言的课堂教学主要应用场为主线谈谈各重语言的具体应用。客观上，各重教学语言的应用场是立体交织的，体态语言也用于“起承转合”，同样的有声语言也可用于亲和、激励、引导与传道。这样分类，是为了突出各重语言的主要应用场以及以此为范例对教学语言的应用深入地进行阐释。

第一重境界：有声语言，精练生动

课堂教学中，声音是教学语言的主要形式，话语是声音的载体。音色、音量、音调、语速、情感、内容是声音的内核。在艺术要求上，研究者们普遍认为，“音色悦耳、发音标准、音量适中、不紧不慢、抑扬顿挫；精练准确、生动形象；富有情感”是重要的指标。在课堂教学中，从声音应用的角度来看，主要发挥着“起承转合”的价值。

起：提问、启发、引导

开好场是一节课成功的关键，也是构建民主、平等、和谐、轻松课堂氛围的重要基础。课前谈话异常重要，开场要让学生放松、充满信心、集中注意力、充满期待。幽默风趣、生动形象的语言能让人放松，积累

※ 表 1 教师教学语言三重境界的内容、应用场、艺术与修炼一览表 ※

三重境界	内容	应用场	艺术	修炼
有声语言	声音	起承转合	音色悦耳、发音标准、音量适中、不紧不慢、抑扬顿挫；精练准确、生动形象；富有情感	内化于心 融化于情 强化于炼 外化于行 （因境而变）
体态语言	衣着、装扮、站姿、走位、板书、手势、表情、眼神	亲和、激励、引导、传道	亲切朴实、得体大方；大气沉稳、工整简洁；指向准确、缓慢优雅；表情自然、四目传神	
心灵语言	精神、人格、修养	涵养性情、培养品格、润泽心灵	精神高贵、以身作则、人格高尚、富有修养	

良好的情感体验。本课开场时通过师生谈话，让最勇敢的学生去给教师送花，表达情意与感恩。“what's this”，夹杂着重庆方言的英语顿时让全场一片笑声，瞬间拉近了师生的距离，消除隔阂与陌生感，构建起了轻松、愉悦的课堂氛围。同时，这个过程也在为其他同学树立榜样，培养间接的自信心，也让学生对课程充满了无限的期待。

再如学生来汇报练习思考时，想用手去触摸屏幕，此时教师说：“高档商品，非买勿摸。”这样幽默的语言起着氛围营造作用，但要用得恰当，绝不能矫揉造作。同时，一节课幽默的语言量要适当，不能喧宾夺主，要适可而止。亲切的称呼，往往也能很快拉近师生心理距离，真正实现课堂教学的认知、情感、精神互动与交流。

承：反馈、评价、讨论、交流

“如何让全班的同学都站起来”，在学生写出数对（y，y）时，教师笑着说：“终于等到你了！”面对学生灵动的生成，教师充满欣喜，不慌不忙，反过来将这份喜悦传给学生，“你想说什么？”简单的两句话，巧妙地进行评价、反馈，并引导学生深度思考，讨论交流。“终于等到你”，意味着精彩无比，比“你真棒，掌声送给他”更有新意且更能让学生感受到成就感。“你想说什么”，则引导学生思考、表达。

转：过度、反问、追问

在红旗插在第一个同学桌上时，教师问，“此刻你的心情”。学生说出了“激动”“紧张”。教师此时微微追问，“除了激动、紧张，还有什么？”“欣喜”。浅浅地追问，实际上是对课堂氛围很好的调度，一句还有什么，一下子将学生拉回欣喜的课堂。“那就请大家带着欢喜的心情，用你喜欢的方式，在你的练习本上，准确地写出这面小红旗现在的位置。”

当学生上台汇报（5，6）表示第5 排，第6 个同学。教师听完后，没有过多语言评价。只是望着台下的同学，指着5 说，“这是？”全班学生马上纠错，“第5 列”。让学生告诉学生，让学生自己体悟，是更好的教育方式。

过渡语言要做到流畅自然。在总结笛卡尔基于蜘蛛网发现数对后，到下一个环节，“生活中的数学”，教师只用了一句话，“我也发现了蜘蛛网，但我没有发现数对。其实数学就在我们身边，向笛卡尔学习。”在师生对话中，自然而然地进入“生活中的数学”环节（下一个环节），妙不可言。

合：总结

在合方面，包括课堂组织、环节小结、全课提升等。在课堂组织方面，尽量不用行为指令的语言，如“写完的同学，坐端正。”给人以命令的感觉，而多借助一些行为导引性的语言来组织教学。如“写完了，请看大屏幕。”让学生觉得上课不是外在指令的被动行动，而是思维的激荡与自然流动。

最后课堂小结时，教师在两位同学分别从知识和方法的角度分享后及时补充，“课后不只是总结学习的内容，还要总结学习的方法。数学使人简洁，数学让人智慧。只要我们留心观察，用心发现，细心比较就会发现学好数学非常的简单。最后让我们一起大声地把这句话读出来：数学是最简洁的语言。”“这节课就上到这里，同学们，我爱你们！”

第二重境界：体态语言，优雅传神

有声语言必不可少，但要适可而止，否则会影响学生的思考，占用学生探索的时间。所以，在一节课中，要精练有声语言，多用体态语言。

体态语言包括衣着装扮、站姿走位、板书、手势、表情、眼神等。总体上，无声语言主要应用场在于拉近师生距离，展示教师的亲和力，激励学生积极参与，引导与启发学生深入学习，传递一些知识与重要信息。

而体态语言，在艺术要求上，包括“亲切朴实、得体大方；大气沉稳、工整简洁；指向准确、缓慢优雅；表情自然、四目传神”。

亲和

穿着跟孩子接近的便衣，更有亲和力，更利于树立师生平等的课堂氛围。穿西装打领带，女生穿太漂亮的裙子，如公主般闪耀往往让学生有距离感。本节课，教师穿的是一件格子衬衫，直筒裤子，普通的皮鞋，让学生有一种如在普通教室里上课的感觉，教师像邻家叔叔一样亲切和蔼，平易近人。

再如这节课，教师走动巡视学生练习时不紧不慢，站着倾听学生发言时纹丝不动，给人一种安全感、亲切感、沉稳感，不干扰学生思维的流动。

激励

开课前，规定观测点后，教师说道，“第5列第3个同学起立”，学生站对后，教师用手势微微上扬。学生心领神会，鼓掌肯定。这样的手势比起单一地说“掌声在哪里”要好太多。既不打扰学生的思维，也让课堂之中学生的思考与表达更充分。同样的，在学生汇报完后，教师用手势缓缓前后摆动示意回位，同时大家报以掌声。

引导

当学生观察数对后的表达冗长时，教师表情，充满一种焦虑和怀疑感，皱着眉头，微微走动了两步，并做了一个挠头的动作，没有正面评价。学生通过老师的表情和肢体动作，一下子就领会到自己表达不够简洁。表情与动作也代表着评价反馈，比起有声语言，更传神。既保持了客观的反馈，又不断引导学生自我检视，深度思考。

全课用数对表示位置从具体到抽象，从已知到代数，从生活到纸上，实现了思维的三次升跃。此时教师利用手势缓缓地抓起同学们，将其顺时针缓缓放到黑板，这一手势既传神地实现了生活到纸上的抽象过渡，也很形象地引导着学生思维的流动。这样顺时针旋转恰好是实体到纸上的自然传承，这就是为什么要以教师为观测点来设计上半节课的活动。

再如在教师写同列数对时，在第一个示意对应位置同学起立后，后面则没有任何手势、语言甚至表情，只是眼睛看向下面的同学，师生心灵相通，学生心领神会，自然明白是对应位置的同学起立。这样的眼神的运用全课数不胜数，眼神的激励与引导应用得妙不可言。这需要教师在日常的教学中努力修炼对应的教学行为习惯，固化、强化与内化，方可自然而为。

传道

在开课时，让第一列学生起立，发现以学生为观测点的左边、右边第一列都起立。此时教师摸了摸脑袋，说道，“不好意思，老师糊涂了。我没有交代清楚以谁为观测点。”这样的手势语与体态语，让学生既觉得可爱，又对观测点留下了深刻的印象。

在板书时，教师一笔一画，认真书写，以身示范，写好每一个字，做好整个板书的布局，简洁且美观。一方面树立严谨的科学求真精神，另一方面也带给学生美学熏陶。

用手势来树立根据数对找对应位置的

方法时，教师带着学生利用手势竖着画找列，横着画定行，交点处便是数对对应位置。手势是一种直观的形象语言，为学生建立方法的直观模型提供了内化具象。

第三重境界：心灵语言，以身示范

在教学实践过程中，教师往往忽视了第三重境界的教学语言——心灵语言。事实上，教师的行为习惯、精神涵养、人格魅力、个人修养，往往会对学生产生一生的影响。这种影响是滞后性的，但却是深刻的。

“精练有声语言、多用体态语言、用好心灵语言”是教师教学语言的基本要求。因此，教师在艺术追求上，要做到“精神高贵；以身作则、人格高尚、富有修养”，进而达成“涵养性情、培养品格、润泽心灵”的教育价值与教学目标。

涵养性情

全节课，教师在学生发言时，站在一旁从不打断学生发言，即便学生说错或说偏，也带着欣赏的、期待的、包容的、开放的心态全程认真倾听，点评与总结朴实无华，恰到好处。让学生感受到了尊重、平等、欣赏、修养。同样，教师每一个环节，都尽力通过激励性的语言或手势，鼓励着每一个人积极参与，不断地请不同的学生上台分享，真正做到关照人人、激励人人、成就人人。真正心中有学生，行为有尺度，神情有大爱。在学生表达不够精练准确时，不断追问或启发，每一个知识点，每一种方法都做到脚踏实地，诲人不倦。教师身上展示出的这些可贵精神与个人涵养，无疑对学生的性情起着潜移默化的影响。

培养品格

教师的人格、品性也是课堂，是学生耳濡目染的重要课程资源。在让学生总结梳理时，教师直接到学生位置上端正坐好，以身示范，让全体学生都感受到教师尊重他人、欣赏他人的高尚品格，也让学生默化内化认真倾听、互相学习的良好学习习惯。真正做到大道至简，大育无声。

润泽心灵

在学生已经充分对（y，y）位置特点理解后，要让全班都站起来，另一个同学写了（x，y），教师说，“还需要介绍吗？”“教不如学，学不如悟”。从知识到思想，从思想到哲学思考，既是对学生的启发，也是与现场听课教师进行理念交流。

三重境界的教学语言修炼并非一朝一夕，但也有路可循。首先，需要每位教师形成对有声语言、体态语言、心灵语言的系统认识，并构建起整体的结构体系，包括内容、课堂教学中的应用场、艺术与修炼路径等。其次，要在认识基础上，真正应用到课堂中，体会到三重境界教学语言的价值与魅力，在情感上认同与接受。再次，更需要教师平时在课外对一招一式，一言一行，进行有意识的反复演练，形成动作记忆，直至形成自觉的行为。同时，还需要在常态的每节课内坚持进行修炼，如上课前就调整好情绪，以公开课的高要求来规范自己的教学行为与教学语言。最后，在日积月累、系统训练与单项训练的坚持中，才可能外化于行，并做到自如自然，达到因境而变，因生而动，恰到好处，妙趣横生，润物无声，无声胜有声。总之，“内化于心、融化于情、强化于炼、外化于行”反复交织，持恒修炼，才可能厚积薄发，水到渠成，达到“人在课中，课在心中”的课堂教学艺术境界，不断累积上课的快乐感受和信心。

用"简、趣、巧"的语言，串联课堂

文/徐湘燕（浙江省杭州市余杭区良渚七贤小学）

在平时的课堂教学中，我们非常注重教学内容的呈现，教学目标的达成，但是常常忽略串联教学内容的过渡语的设计，类似"课文读好了，接下来我们学习生字词……"这样的过渡语频繁出现，语言苍白，毫无新意，教学内容的转换生硬无趣，学生的学习积极性也不高。尤其是低年级的学生，他们喜欢新奇有趣的课堂，这样的过渡方式只会降低学生的学习兴趣，甚至分散注意力，学生很难进入下一环节的学习。

过渡语作为课堂语言的重要组成部分，它就像一条"线"，串联起整个课堂，使各个教学环节紧密相连、自然流畅，课堂行云流水。同时，生动有趣的过渡语能够吸引学生的注意力，引发师生之间的互动，碰撞观点和思维，进而提升自身的语言表达能力。

小学低年级语文课堂过渡语的设计可以从"简语、趣语、巧语"三个方面入手，力求设计出"简明、有趣、巧妙"的过渡语，为高效课堂打下基础。

"简"语：简洁明确之语

在低段语文课堂上，教师担心学生听不懂或听不清楚，有时候一句话或一个问题会重复说。把一些简单的问题复杂化，没有突出重点，虽然说得多，但大部分学生还是不理解。有时候，因为教师没有考虑低年级学生的理解能力，设计的过渡语超出了学生的认知，结果学生不理解，思维跟不上，学习积极性降低，最终导致课堂效率低下。

因此，我们在设计课堂过渡语时，要基于低年级学生的认知水平，尽量简洁明确。首先，教师要"少说"，减少重复的语言和问题，过渡语言要简练干净，突出重点。其次，过渡语言要符合低年级学生的认知特点，问题设计要浅显易懂，指向明确。

比如说，从导入环节到初读课文时，教师往往让学生带着问题自由读课文，有时候会设计这样的过渡问题：这篇课文的主要内容是什么？这篇课文讲了一个什么故事？低年级学生对这样的问题是有困惑的，大部分学生不理解“主要内容”的意思，这样的问题也比较笼统，指向不明确，导致学生毫无头绪，无从下手。

【案例】统编版语文一年级下册《小猴子下山》一课教学时，没有使用千篇一律的问题：这篇课文讲了一个什么故事？而是根据课后提示，设计了这样的问题过渡：小猴子下山看到了什么，做了什么，结果是什么？然后在黑板上简单板书：看到什么、做了什么、结果怎样。

【分析】这样一来，问题过渡变得简洁明确，指向清楚，学生马上就理解了，能够真正带着问题读课文，边读边做标记，并结合插图回答出问题，在自主思考中提升思维能力，提高学习效率。

“趣”语：生动有趣之语

低年级的学生喜欢新奇有趣的课堂。课堂上幽默的语言和动作能够激发学生的兴趣，大大提高他们学习的积极性。因此，教师要设计生动有趣的课堂过渡语，吸引学生的注意力，让学生学会主动思考，积极参与到学习中来。

同样的教学方法，因为语言的不同，效果就可能大相径庭。可想而知，语言在课堂上起着非常重要的作用。在统编版小学语文二年级上册《寒号鸟》一课的识字环节中，A和B两位教师都采用了分类识字的办法，但他们的过渡语言设计不同，教学效果也全然不同。

【案例一】A老师的识字教学片段：

师：这些词语你们会读吗？（课件出示三行词语）

学生自由读词语。

师：谁来读第一组词语？

学生认读词语。

师：谁来挑战第二组词语？

学生认读词语。

师：第三组词语会难倒你吗？

学生认读词语。

【案例二】B老师的识字教学片段：

师：你们觉得小喜鹊搭窝容易吗？

生：不容易。

师：那我们一起帮帮它吧！如果你能读准这些词语，就能用枯树枝帮小喜鹊搭一个简单的窝了。（课件出示词语和喜鹊搭窝的枯树枝）

学生认读第一组词语。

师：看，我们已经用枯树枝帮喜鹊搭了一个简单的窝了，但是这个窝四处漏风，我们再给这个窝添一些枯叶和泥土好不好？（课件出示词语和图片）

学生认读第二组含多音字的词语。

师：看，我们把小喜鹊的窝搭得很牢固了，下面我们给它的窝铺上羽毛，让小喜鹊的窝变得更暖和好不好？（课件出示词语和相应的图片）

学生认读第三组四字词语。

【分析】A老师在词语教学时，每组词语之间的过渡虽然很简明，但是缺少趣味性，不能很好地调动学生的积极性，虽然学生一开始读得起劲，但越到后面越没有兴趣，甚至个别同学的注意力开始分散，学习效果不佳。相反，B老师的整个识字环节用生动有趣的过渡语言串联起来，词语自然分类，层层递进，再配合生动的画面，充分调动了学生识字的积极性，效果显著。

由此及彼，在教学统编版小学语文一年级下册《青蛙写诗》一课时，结合文本内容，设计了富有趣味的过渡语，还加入了“小小魔术师”的趣味活动。

【案例】《青蛙写诗》教学片段：

师：小蝌蚪、水泡泡和一串水珠，它们在帮助青蛙写诗时会大变身哦！今天，我们来当小魔术师，帮它们变身吧！读对“魔术口诀”，魔术就成功啦！（课件出示三句“魔术口诀”，学生读对一句，呈现相应的标点符号）

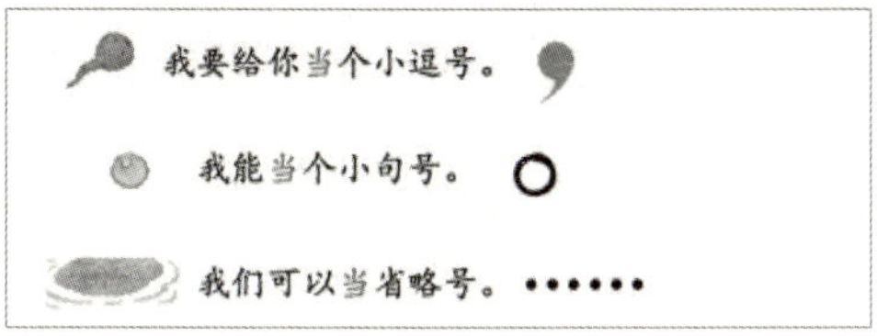

◎课件展示三句“魔术口诀”

师：这三句“魔术口诀”中藏着一个神奇的字，有了它，魔术才能成功。猜一猜是哪个字？

学生猜出后，教师出示“当”字。

师：小魔术师们，让我们一起用“当”来变魔术吧！看我变，我当蝌蚪游呀游呀（配动作）；我当水泡飘呀飘呀（配动作）；我当水珠滚呀滚呀（配动作）。

学生起立跟着老师边做边说。

师：是不是用上“当”字，我们就变成新的朋友啦！现在请你们自己变，看看谁做得最好，最会变！

学生自己边说边做。

师：还有一个最有趣的魔术，我当青蛙写啊写啊，青蛙的诗写成了（课件出示），一起读读。

学生大声读青蛙的诗。

……

【分析】这个教学片段通过“小小魔术师”的活动，先由句子朗读过渡到生字学习，接着在学习生字“当”时，加入动作，设计了“变魔术”表演，最后又过渡到课文朗读。不仅如此，整个教学片段刚好在课堂中间，正好是学生开始疲劳，注意力开始分散的时间点。此时，加入这样趣味的活动，能使学生的兴趣大增，也为学生进入下一环节的学习提供保障。而且，这样的过渡设计结合文本，有“说”有“动”，趣味十足。学生和老师劳逸结合，在课堂上快乐互动，课堂气氛活跃起来，学生学习的主动性和积极性得到有效提高。

综上所述，教师在设计过渡语时应以课文为本，结合学生实际，精心设计有趣、有效的过渡语。

“巧”语：巧妙绝伦之语

课堂过渡语串联各个教学环节，起到承上启下的作用。它帮助学生自然地进入到下一个学习活动中。这里的“巧”语不是简单地引导学生进入下一个环节的学习，而是根据课文内容，巧设情境，让学生入情入境，在情境中学习新的内容。在教学识字课《动物儿歌》时，结合文本主题，创设了“动物王国本领大比拼”这样的趣味情境，把整堂课的各个教学环节巧妙串联起来。

动物儿歌

蜻蜓半空展翅飞，
蝴蝶花间捉迷藏。
蚯蚓土里造宫殿，
蚂蚁地上运食粮。
蝌蚪池中游得欢，
蜘蛛房前结网忙。

◎《动物儿歌》识字课内容

【案例】《动物儿歌》教学片段：

（1）创设情境，激趣导入。

师：今天，动物王国要举行一场有趣的比赛。比一比：谁的本领大！

（2）初读儿歌，情境识字。

师：瞧！小动物们整齐地排好队等着裁判员来点名呢！赶紧大声地念念这些名字吧！（课件出示动物名单：蜻蜓、蝴蝶、蚯蚓、蚂蚁、蝌蚪、蜘蛛）

学生自由读词语。

师：比赛马上要开始了，小裁判们，让我们给小动物们贴上名片吧！

学生给黑板上的小动物贴名片。

（3）结合文本，巩固识字。

师：比赛开始了，小动物们开始比本领啦！小裁判们，我们一起瞧瞧它们都有什么本领吧！

学生再读儿歌，了解动物本领。

师：伴随着美妙的音乐，动物王国的比赛也结束了，你认为谁的本领大？

学生自由发言。

师：大家一致认为小动物们都很努力，都有各自的本领，所以今天的获胜者是——（引读全部的名字）让我们用掌声恭喜他们！

【分析】这堂课上，过渡语的设计非常巧妙，每一个环节都切合“动物王国本领大比拼”这个情境，各个教学环节的衔接自然顺畅，首尾呼应。学生不知不觉地融入到读文识字中，在趣味情境中学习、思考和表达，学习效率提高，课堂教学效果显著提升。

课堂过渡语既是串联课堂教学环节的“线”，又是课堂语言的重要组成部分，它的精心设计关系到整堂课的教学效果。在平时的教学过程中，教师应充分重视课堂过渡语的巧妙设计和运用，并结合低年级小学生的身心特点，设计简明、有趣、巧妙的课堂过渡语。

“教师讲解”应是恰到好处的点拨

文/夏永立（浙江省杭州市临平区育才实验小学教育集团荷花小学）

教师的讲解，体现了教师的语言修养，是一门说话艺术。事半功倍的教师讲解，可以让课堂妙趣横生，回味无穷。

走出课堂教学中教师讲解的误区

当前，一些教师对课堂教学中教师的讲解依然存在许多误区，其主要表现在“随意讲”和“不敢讲”两个方面。教师课堂上讲什么，讲多长时间，要根据学情决定，真正做到“三不讲”：学生已经会了的不讲，学生能学会的不讲，教师讲了也学不会的不讲。

1.教师随意讲。当前，在小学数学课堂上，一些教师依然注重数学解题教学，在课堂中分析解题思路，强调解题技巧。“脚底下踩西瓜皮，滑到哪里算哪里。”课堂上教师喋喋不休地讲解，学生如同嚼蜡，索然无味。

2.教师不敢讲。许多教师热衷于探究式学习，让讲授法难有容身之地。他们将讲授法和启发式教学对立起来，片面认为教师讲解过多就没有体现学生学习的主体性。在课堂教学中，一些教师采取“放羊式”教学，让学生进行无效探究，教学效果甚微。例如，在教学“认识乘法”时，有的教师花很长时间让学生探究乘号的写法；在“百分数”的教学中，有的教师让学生自己尝试书写百分号。对于这些规则性知识，让学生探究效果甚微。

数学课堂讲解之“术”

教师要了解课堂讲解之“术”：凡是学生能自学解决的，教师不讲；学生不明白的问题，教师要讲得通透。教师的讲解要“点”在卡壳处，“拨”在转换处，“辨”在混淆处，“议”在疑难处。只有这样，才能做到“讲明白、讲深刻、讲生动”。

1.讲明白。数学中的一些概念虽只有“一字之差”，但其含义迥然不同，需要讲清楚，让学生明白数学知识的科学性。例如，将最简分数说成“最简单分数”，互质数说成“互为质数”，都是不严谨的。由于受认知水平的限制，理解抽象概念时，学生要做到“严格的不解，不如不严格的理解”。例如，在教学“圆的认识”时，教师借助直观操作活动，让学生用自己的语言去表达，教师再适时讲解纠正，帮助学生理解直径的特征，而不是反复讲解准确规范的抽象概念。

2.讲深刻。教师在讲解数学知识时，要淡化形式，关注数学本质。例如，在教学“三角形的认识”时，有些教师关注形式化的定义“三条线段首尾相连围成的图形”，更多的是“咬文嚼字”。教师要引导学生操作和观察，再引导学生讨论交流，最后适时讲解“只要三角形的三条边的长度确定了，三角形的形状和大小就不会改变”这个本质特征。

3.讲生动。教师讲解时，除了语言准确严密，还要生动形象，吸引学生的注意力，这样才能取得理想的教学效果。教师的语言一定要符合儿童的年龄特征和心理特点，可适当运用故事、儿歌、谜语等多种方式，不断增强教学语言的生动性。将抽象的数学概念形象化，给数学课堂增添趣味。

数学课堂讲解之“道”

教师深谙数学课堂讲解之“道”，才能不断激发学生的学习潜能，点燃学生智慧的火花。

1.“该讲时，就大胆讲”。对于一些数学知识，教师没有必要花费大量的时间让学生去探究。这时，教师就要大胆讲解。对于一些重要的概念，还需要反复讲，让学生记忆深刻。例如，教学“含有中括号的混合运算”时，教师告诉学生“四则混合运算，有小括号又有中括号，要先算小括号里面的，再算中括号里面的。小括号就是银行卡的金卡，优先；如果有中括号，那是银卡，排在金卡之后”。

2.“山不过来，我就过去”。在课堂教学中，如果学生难以发现数学规律，这时候，教师就要搭建教学的“脚手架”，降低课堂教学探究的难度，让学生拾级而上，真正做到“山不过来，我就过去”。学生在学习中，找不到清晰的学习路径时，教师无须“兜圈子”，可以为学生提供直观的学习素材，直接明确地告诉学生探究方法，让学习更加高效。

3.“让我悄悄地告诉你”。教师讲解时，不要直接告诉学生结论，而要不断启发学生进行数学思考，使学生获得巨大而持久的学习动力。在教学过程中，教师应提出一些启发性的问题，引导学生积极探究。例如，在教学“长方体的认识”时，教师不要直接告诉学生“长、宽、高”，而是在黑板上画一个长方体的透视图，让学生尝试擦去一些棱，依然能看出原来长方体的大小和形状。这个活动，巧妙地揭示了抽象的数学概念。

◎ 长方体透视图

数学教师语言的修炼

语言是教师的“魔棒”，它可以让学生对课堂教学入迷。数学教师需要向语文教师学习，多去听听语文课，不断提高语言修养，让自己的课堂教学语言具有独特的魅力。

1.巧用停顿。讲解数学概念时，在句中有标点符号的地方做适当停顿，可以突出重点。例如，在教学“分数的意义”时，为了突出“单位1”“平均分”和“分数单位”，就可以在这里采用停顿，让学生加深理解。

2.善用节奏。不同的语言节奏，会产生不同的心理效应。教师的教学语言，要根据不同年龄的学生，采用不同的节奏。对高年级学生，节奏可以轻快高亢；对低年级学生，节奏应该轻松舒缓。

3.妙用修辞。在教学中，许多学生天性好动，注意力不集中。教师在讲解时，要妙用一些修辞，使课堂富有趣味。在教学“认识小数”时，教师把小数点称为“小精灵”，它的位置移动会引起小数大小的变化。这样，使冰冷的数学知识更有温度，让学生感到亲切。

向名师学习课堂评价语

文/还 丽（江苏句容市宝华中心小学）

《义务教育语文课程标准（2022年版）》在“评价建议”部分指出：“过程性评价贯穿语文学习全过程，重点考查学生在语文学习过程中表现出来的学习态度、参与态度和核心素养发展水平……”同时还指出：“课堂评价是过程性评价的主渠道。教师应树立‘教—学—评’一体化的意识……激发学习的积极性。”我结合名师的课堂教学片段，谈几点看法。

鼓励式评价语：学生学习的“动力源”

在教学中，教师不要吝啬对学生的鼓励和赞许，只要学生能积极参与，就应该适当鼓励、给予赞许。当被教师或同伴赏识的时候，学生就会迸发出学习的动力，发挥自己最大的潜能去研读和思考。而这一切的成功，离不开师生双方的理解、信任和赏识。教师在教学中用鼓励的目光去关爱每一个学生，用尊重的话语与学生平等交流，才能走进每个学生的心灵深处，倾听那花开的声音。

如孙双金老师执教五年级上册《落花生》的教学片段：

师：现在，我来检查同学们的课文读得怎么样。第1、2自然段，谁愿意读？（生纷纷举手）

师：好，请你来。大家注意听，看她读得怎么样。（生读完后）

师：告诉孙老师她叫什么名字。

生：她叫徐子慧。

师：徐子慧，我要表扬她。第一，她非常勇敢；第二，口齿特别清楚，声音很响亮，读得非常流畅，能够读得这样，真不简单！大家要向她学习！你们对她刚才读的部分，还有没有其他想法呢？有想法的可以说说。

生：我觉得徐子慧同学语速稍快了些。

师：哦！其他同学呢？你有没有发现她有一个字音好像读得不大准？

生：徐子慧同学把“后园”的“园”读成了“院”。

师：这位男同学听得真仔细！（板书：后园）

师：这个字很容易搞错，读什么？

生：（齐）后园。（板书：院）

师：把这个词读一遍！

生：（齐）后院。

师：你知道后园和后院有什么区别吗？（生没反应）

师：这个“园”可以组成什么词？

生：可以组成“花园”，还可以组成“公园”。

生：可以组成“游园”。

师：还可以组成“菜园”，是不是？种菜的园子叫菜园，那么这个“院”可以组成什么？

生：可以组成“庭院”。

生：还可以组成“医院”。

师：还可以组成大学的、高校的，叫什么？

生：（齐）学院。

师：同学们有的可能会纳闷，我们平时写的都是“后院”，这里为什么写成“后园”呢？你知道吗？

生：也许是后园的花草比较多。

师：你真会想！

生：因为刚才听别人组词“公园”，所以我想后园可能是比较大的。

师：你看书上写大到什么程度？

生：（齐）半亩空地。

师：是个很大的地方，我们城里人一家一户的院子比较小，课文中园子里可以种什么？

生：（齐）花生。

此案例中，教师的评价语言充满了赏识与信任，让学生在宽松、愉悦、不断获得鼓励的环境中去品读、思考与表达。更重要的是，学生的思维也变得活跃起来，探究越来越深入，进而成了作者的知音。由此可见，鼓励式评价语可以激发学生学习的兴趣，让学生保持了前进的信心，成为学生学习的动力源。

幽默式评价语：学生学习的“发酵剂”

语文课堂应该是一个愉悦、轻松、互相碰擦出智慧火花的地方。教师的评价语要讲究一定的艺术性和创造性。幽默式评价语能够营造出和谐、安全的课堂氛围，成为学生学习的“发酵剂”，引发学生的求知欲望，激发学生学习的灵感，从而让学生深入地走进文本，感悟作者语言表达的秘妙。

如王崧舟执教五年级下册《威尼斯的小艇》的教学片段：

师：现在四人小组来推荐一个人做船夫，其他同学当游客。注意，船夫要吆喝，招揽你的生意，最好能请到顾客上你的船，千方百计吆喝好。你能不能用课文的词语把游客请到船上？游客是来自各国的，你听了吆喝后有什么问题要问？（生讨论）

师：做船夫的举手，请上台！你是一号船夫，你是二号船夫，你是三号船夫。下面都是游客。咱们先有请一号船夫！

生：各位游客，我可以到很多景点，我的驾驶技术很好，我的小艇也很漂亮，有皮垫子，有沙发。你可以坐在里面看书，不管多远的地方，我都能快速驶进去。

生：我是二号船夫，大家快来坐我的船。你要快点，我就开快一点儿；你要慢点，我就开慢一点儿。（生表演，请一个同学合演）

师：你们有什么问题想问就问。

生：请问一号船夫，你的船免费吗？

生：（想了想）我的技术很好，如果你满意就给，不满意……

生：请问二号船夫，你的船会不会涨价？

生：这个呀，那就看你的路程有多远了，太远了当然要加钱！游客重的话，也要加一点。

生：三号船夫，你是个女的，你有力气驾驶吗？

生：我都已经当船夫了，当然。

师：愿意上一号船的举手，上二号、三号的分别举手。威尼斯的船夫真是厉害，有精湛的技术，又有经商头脑，对威尼斯的风景点非常熟悉。那么威尼斯到底有什么样的美丽风景呢？威尼斯有什么地方给你留下深刻的印象？把这些地方用笔画出来。

在此次教学中，教师创设船夫邀请游客上船的教学情境。在情境对话中，学生了解了威尼斯船夫的精湛技术、经商头脑和这座城市的风景点，巧妙地说出了文本大意，突破了理解课文的重点、难点。教师幽默风趣的评价语言，激起了学生浓厚的学习兴趣，恰到好处地点燃起学生思维的火花，学习高潮一浪接着一浪。教师寓教于乐，课堂气氛自始至终非常活跃。

引导式评价语：学生学习的“指明灯”

学生的学习不可能是一帆风顺的，总会遇到一些坎坷，出现一些错误，正因为如此，才更需要教师的引导。由于学生的认知水平、学习能力、知识基础、思维方式等方面的差异，当学生的思维偏离了正确的航线，探究过程中遭遇卡壳时，教师的引导式评价语能够及时纠正学生的错误，排除学习的障碍，引向正确的方向，成为学生学习的“指明灯”。

如黄元虎执教六年级上册《狼牙山五壮士》的教学片段：

师：学了课文，同学们一定感慨万千。如果你遇到幸存的葛振林、宋学义两位英雄，会说什么呢？

生：你们为了掩护群众和部队主力，与敌人激战，最后跳下悬崖，多么勇敢坚强！

生：从你们身上，我看到了中华民族坚强不屈的精神，你们的精神值得每个人学习。

生：我们要将你们热爱祖国、热爱人民、不怕牺牲的精神发扬光大。

生：（有些迟疑）老师，我有个问题。

师：大胆地说出来！

生：我们要向五壮士学习，但是我不知道学什么。如果是学习他们的勇气，难道我们也要跳崖吗？如果是学习他们的爱国精神，我们能为祖国做些什么呢？

师：我很欣赏这位同学独立思考、实话实说的精神。大家有什么看法？

生：我认为学习五壮士，不是学他们跳崖的行为，而是学他们爱国的精神。

生：我们爱国可以从小事做起，关心国家大事是爱国，热爱生活也是爱国。

生：热爱家庭是爱国，热爱家乡也是爱国。

生：勤奋学习是爱国，保护环境也是爱国。

师：说得好！这就是学习五壮士爱国精神的具体行动。狼牙山五壮士的故事虽然过去了几十年，但是他们的精神永远不会过时！

培养学生高尚的道德情操和健康的审美情趣，形成正确的价值观和积极的人生态度，是语文教学的重要内容。此案例中，教师站在“既教学生学习语文，更教学生学习做人”的高度，面对学生的困惑，尊重学生的个性，通过意味深长的引导式评价语，引导学生进入正确的“航线”，正确的价值观悄然形成，教师的引导式评价语成了学生学习的“指明灯”。

综上所述，恰到好处地运用评价语，就像一场及时的春雨，滋润了学生的心田，缩短了师生之间的距离，架起了师生之间理解、信任和欣赏的桥梁，使学生在教师饱含期待的激励和引导中向前发展，展现出充满生命活力的自我。

好的教学语言让知识浅显而有趣

文/吴 迪（江苏省南京市游府西街小学）

苏霍姆林斯基说：“教师的语言很大程度上决定了学生在课堂上脑力劳动的效率。”教学语言是语文课堂上最基本、最直接、最丰富的教学手段。走进斯霞老师的课堂，常常被她简约而明晰、具体而生动的教学语言深深吸引。在她的语言中，抽象的事物变得丰富具体了，深奥的事物变得浅显易懂了，枯燥的事物变得趣味盎然了。她的教学语言不只是一种教学手段，更是一门艺术。

抽象事物具体化

皮亚杰认知理论指出，小学阶段的儿童处于前运算阶段和具体运算阶段。这个阶段的儿童掌握概念往往要与具体的事物相联系，与具体的动作相联系。因此在教学中，教师应尊重儿童这一认知特点，用教学语言帮助学生把抽象事物具体化。

1.“图”化

斯霞老师巧妙地运用教学语言把“攀”字的每个部件形象化，让笔画复杂的“攀”字变成了生动的画面。学生听了，不仅能记住“攀”的字形，而且对字义也有了深刻的理解，对汉字文化也有了鲜明的感受，还逐渐养成了形象化理解、记忆汉字的能力和习惯，进一步发展了形象思维。

像这样巧妙的例子，斯霞老师的教学中还有很多，如“排”：排队要用手看齐，所以是提手旁。这边有三个小朋友排成一条线，那边也有三个小朋友排成一条线，看他们排得多整齐！

2.“动”化

教学身体的“身”字，斯霞老师把身子一侧，左脚向前一踢并绷直，然后对学生说：“你们看，这就好比是‘身’的字形，‘身’字上面一小撇，好像是一个人的头，中间部分是身子，身子里面有心、肺、肠、胃等器官，下面部分好像是两只脚，一只脚站着，一只脚向前踢出去。”学生看看字形，看看斯霞老师的动作，都高兴得笑起来了。斯霞老师接着说："大家也来做一做这个动作吧！"学生纷纷做起了动作，个个集中注意力，兴趣盎然。

这段教学中，斯霞老师先做了侧身和踢左脚的动作，再配合语言描述，接着让学生也做做动作，这样学生很轻松地就认识了"身"这个字，而且还在头脑中建立起字形和字义的联系。教学中，斯霞老师擅长发掘元素让学生动一动，并用教学语言巧妙点拨，让抽象的事物一下子具体化了。

深奥事物易懂化

教育学研究表明：置身具体情境、调动生活经验能帮助学生构建新的知识。因此，在语文教学中，教师要善于借助这些方式化繁为简、化难为易。

1.简短

《小小的船》这首儿歌将月亮比作了小船，怎么让一年级学生理解"月亮"和"船"的关系？斯霞老师巧妙地用简短的两句话就把问题说清楚了。斯霞老师说："这只船不是小木船，不是大轮船，也不是宇宙飞船，而是把弯弯的月儿当作船。"（播放幻灯片：画面上有一个小朋友，坐在弯弯的月儿上。）"大家看，月儿弯弯的，这个小朋友坐在月亮上，把月亮当小船。"

为了说清问题，斯霞老师先从学生已有认知出发，列举了三种船，连用了三个"不是"，帮助学生不断清晰这里的船不是真实生活中的船，接着直接告诉学生"月儿弯弯的，这个小朋友坐在月亮上，把月亮当小船"，这样一来，学生头脑中"船"的概念一下子就清晰了，简短的话语中充满了教学的智慧。

2.简易

要让学生理解深奥的内容，教师的教学语言一定要深入浅出。斯霞老师善于创设具体的语境、勾连学生的生活，帮助学生理解词语。

（1）借助语境

语境就是"语言环境"，指词、短语、句子与言语作品等话语所处的环境。语境对语言的理解有补充作用，能帮助读者理解语言的深层含义。

如，副词讲解起来很困难，通常是学生理解的难点。教学"可是"一词，斯霞老师先读了课文中的句子："我们快满八岁了，大家还叫我们'小孩子'。可是（加重语气），我们读完了一年级，已经学到了不少知识。"接着她又说了一个句子："有一位小朋友，他的功课很好，品德也很好，可是，他不喜欢体育，身体也不好，就不能称为'三好学生'。"学生读了这两个句子，就很容易理解"可是"的意思了。

斯霞老师没有把"可是"直接提出来讲解，而是将"可是"放入具体的句子中，通过语调的变化让学生感知"可是"在句子表达中起到的转折作用，又通过不同的语境让学生感受"可是"的用法，化难为易，同时还鼓励学生要德、智、体全面发展。

（2）勾连生活

生活是学生学习语文的源泉，勾连生活就是调动学生原有的知识储备和经验积累，帮助学生建构深化认识。如教学"寻根问底"一词，斯霞老师在备课时想到，学生偶尔会有早退、迟到、不交作业的情况，对这些情况可以"寻根问底"。上课的那天早晨，斯霞老师发现有一个孩子到校比往常早，斯霞老师问孩子："今天早晨你为什么到学校特别早？”

“因为家里没有人，妈妈上班去了。”

“平时你妈妈不也上班吗？为什么平时不像今天这样早就到学校呢？”

“平时妈妈上班后，我在家里读一会儿书，时间到了，便上学了。今天妈妈上班后，我一看钟，时间已经到啦，我就上学来了。”

“那就是说，你家的钟走得快了，因此你到校早了。”

此时，斯霞老师面向全班学生说：“我问呀问呀，终于把××小朋友今天到校特别早的原因找出来了，这就是‘寻根问底’。课文中的王新他们在生产上也是这样，把要干的事儿都弄得明明白白、清清楚楚，一点也不含糊。”这时，学生露出了会心的微笑，他们明白了什么叫“寻根问底”。

在这个教学片段中，斯霞老师没有直接用“追问一件事的原因”来解释“寻根问底”，而是从学生的生活中找到具体的例子，不断地追问，在与学生的问答中让全班同学具体感受到“寻根问底”的意思，再由生活中的理解引申到课文中的解释，让学生对“寻根问底”的意思感知更具体，印象更深刻。

枯燥事物趣味化

要想让低年级学生学得投入、开心，首先还是要激发学生的兴趣。因此，低年级课堂教学中，教师的课堂语言尤其要富有趣味。

1.游戏化

课堂教学中，每到复习生字环节，很多老师只让学生机械地读课本上的字，学生常常觉得枯燥乏味，而斯霞老师在复习生字环节，则经常让学生开展游戏和竞赛。

到了复习生字环节，斯霞老师说：“我们来玩一个猜字游戏，要认的字写在黑板上了，一个小朋友上来指定一个，另一个小朋友上来猜，猜的小朋友要这样问：是不是睡觉的‘睡’？大家要回答说：不是睡觉的‘睡’。猜的小朋友接着问：是不是铁锤的‘锤’？一直问到猜对为止。”

斯霞老师还带学生做送信游戏，斯霞老师说：“把生字卡片当作信，送给谁，谁就要念出来，念对了就送给他，比一比谁念对得多，谁得的信多。”

斯霞老师说，每当复习生字，她只要说到“猜”或“比”这样的游戏化字眼，小朋友的兴趣都异常高涨。斯霞老师紧紧抓住了低年级学生“好动、好玩、好胜”的心理特征，开展游戏、竞赛，让学生在猜一猜、比一比中巩固生字，学生学得投入，学得开心，效率还高。

2.激励化

一节课40分钟，对于低年级的学生来说，注意力很难持久，常常20分钟后就对学习提不起精神了，因此激励是课堂管理过程中不可或缺的环节和活动。

一节识字复习课中，斯霞老师的教学语言中满含热情的激励。“××坐得最好！”“对，你用心学习，肯动脑筋！”“你们都能举一反三，很好！”斯霞老师在教学中会不停地对学生进行评价，而且每个评价都不是简单地应付，而是包含了点拨和激励。低年级的学生爱被表扬，及时的鼓励和肯定，能让学生的内心产生一种成功的满足感和愉快、喜悦的情绪，这种体验能让他们对学习持续保持热情。

以学为中心的课堂，教师怎么说

文/陈春华（福建省福州市闽侯县教师进修学校）

在传统的小学数学课堂上，教师习惯于讲授与牵引，“教”支配、控制着“学”，自主探究、合作交流流于形式，学生缺乏自主性、创造性，主体性被压抑。以教师为主的课堂，学生缺乏观察、比较、分析、猜测、推理、操作，更缺乏交流互动等丰富的数学活动。“双减”背景下的课堂要提质增效，必须要将以教为中心的课堂转变为以学为中心的课堂，关注学生的“学”。以学为中心的课堂，必须是生生之间能够交流互动的课堂。教师要给予学生具体的方法和策略上的指导，比如：如何倾听、如何互动、如何对话，如何将在交流中所获得的启示与改变呈现、表达出来，从而构建生生交流的数学课堂新样态。

倾听——生生交流的前提

生生交流，首先从学会“听”开始。“听”比“讲”更重要，“听讲”可拆开来理解，即先“听”后“讲”。让学生静心倾听，听清了，听进了，才能思考，才有讲的由头，也才有讲好的可能。倾听不是学生在课堂上挺直腰板、正襟危坐，也不是简单地伸长耳朵听。听要伴随着想、伴随着说，听和想、听和说紧密相连。

面对新班级新学生，教师要指导学生学会怎样听、怎样想、怎样说。首先要听明白别人讲了什么，并提取别人发言的关键信息。接着与自己的想法进行对比，哪里相同？哪里不同？不同的话，谁的想法更符合要求？是否需要调整自己的想法？同时要思考自己应该怎样用简洁易懂的方式来表达。怎样听、怎样想是需要教师教的，一切学习方法在最初阶段都需要教师慢慢渗透、慢慢教给学生。

比如，某位教师在执教《商的变化规律应用》一课时，有个片段值得借鉴学习。780÷30 可以怎样计算呢？学生独立探究并与同桌交流后，请一名学生上台汇报。

师：在这位同学汇报的过程中，我们应

该干什么？

生：听。

师：应该怎么听？我想有一半的同学不知道该怎么听。你们会说：我认真听，竖着耳朵听，全神贯注地听，但是这些都不够。那么请问带着什么听呢？

生：带着思考听。

师：思考什么呢？

生1：思考他说得对不对。

师：判断对方说得对吗？这是听的时候必须带着的问题。

生2：思考还有没有其他方法。

师：是不是只有这个解题方法，还有没有其他的解题方法呢？这是求异性的思考。

生3：思考他说的和我的想法是否一样。

师：这是比较性的听。

通过师生对话，这位教师教会学生怎样倾听。倾听的方法是要教的，而且不仅仅指导一次，需要教师重复强化，学生才能真正学会有效倾听与思考。

互动——生生交流的保障

如何互动也是需要指导的。最初，教师可以给学生话语模式的指导，让学生学会说话，慢慢形成互动的意识。比如学生回答问题后，教师不要急着作出回应，而要把时间留给学生，让发言的学生与其他同学进行互动："我的回答，你们同意吗？你们有没有补充？还有问题要继续问我吗？"其他同学听后要作出回应。比如，回答对了，给予对方表扬，对其发言中精彩的部分进行肯定；回答错了，则分析错误原因，是否能够纠正错误。如果发言中有不完整的地方，可以进行补充；如果前面已经有多个同学陆续回答了，那么后面发言的同学可以对前面的内容进行对比分析。

总之，学生的回应可以概括为"四有"：我有表扬，我有补充，我有提醒，我有提问。一开始，教师可以将"四有"做成卡片贴在黑板上，让学生明确可以从哪些角度进行互动交流。具体到话语模式的指导，可以这样教学生说话："你说的我也赞同，但是不够完整，还要补充。我觉得你的发言中有一个漏洞。听了你的发言，我有一个疑问。我原先是这样想的……听了你的发言，我改变了我的想法，我现在是这样想的……"学生需要话语方式的指导，不仅仅要让学生学会如何说话，更重要的是，在这样的话语方式下，慢慢形成互动的意识。同时，话语指导并非一日之功，需要教师在日常教学中不断渗透。

对话——生生交流真正发生

对话的关键词在"对"上，即对话双方要有观点的碰撞、交流、对峙，最后形成一定的认识或者共识。传统的数学课堂上，当教师抛出一个问题时，学生的回答几乎是各自回答各自的，即后回答问题的学生没有根据前面学生的观点来发表他自己的想法，而是另起炉灶，直接给出自己的观点，这样并不是真正的对话。要让生生交流真正发生，需要培养学生的对话能力。

需对对方观点作出回应

首先，要有身体语言的回应。和谁对话，眼睛就看着谁，而不是看着教师。其次，和谁对话，就根据谁的想法和他产生互动。

比如，教学《商的变化规律应用》时，为了理解简算中余数的含义，教师呈现例题：

张老师带了840元为体育组买足球，每个足球50元，可以买多少个足球？还剩多少元？

学生列式独立解答，然后交流反馈。

生1：我计算的结果是可以买16个足球，还剩4元。

生2：根据商不变规律，我列了竖式，

```
      16
 50)840
     5
    34
    30
     4
```

结果是可以买16个足球，剩下40元。

生3（看着生1和生2）：我列的竖式跟你们是一样的。我也认为可以买16个足球，但是我觉得应该是还剩下40元而不是4元。我同意你的观点（手指向生2）。

生1和生2列的竖式是一样的，当这两位学生进行对话交流时，生2没有针对生1的观点进行补充、质疑、回应，而是漠视生1的想法，直接给出自己的观点，看似在对话，实际是各说各的。而生3在进行真正的对话，有对话的基本姿态。首先，有身体语言上的回应，眼睛看向生1和生2，而不是看着教师，等着教师作判断。其次，生3对生1、生2的观点作出回应：列的竖式和他们一样，得到的结果也和他们一样。可以买16个足球，但是剩余的钱数不一样，他同意生2的观点。和谁对话，就根据谁的想法和他产生互动，动作、表情、语言、思维都和前面发言的同学对接，而不能自说自话。

对话双方需实力均衡

对话双方的知识储备、生活经验、思维水平等，都是影响未来对话能否有效展开的重要因素。如果一个学生的思维缜密、逻辑严谨，而另一个学生相对比较薄弱，双方就无法形成平衡的对话。要想产生对话，两者的水平要尽可能接近。

再看教学《商的变化规律应用》时，在生1和生2各自说明自己的想法后，教师说："同意4元的请举手，同意40元的请举手。看样子大家的意见不统一。"教师再悄悄对生1说："请你邀请一个比较强的亲友团上来帮你说话。"台上的三名学生，生1比较薄弱，生2和生3比较强势。从教师的视角来说，生1的答案是错误的，而且生1的学习水平在班上属于中下游，如果生1选一个水平更弱的同学上来，生2和生3会对他们形成思维的碾压，对话很可能快速终止。因此，教师提醒生1请较强的同学上来，便于双方产生真正意义上的对话。

需确认对方的观点

对话前要先确认对方的想法是什么，直到明确对方在说什么，再给出相应的回应。如果完全不听对方表达了什么观点，就把自己反驳的观点说出来，那么就是无效沟通。

如教学《商的变化规律应用》时，针对例题，两位学生展开辩论。

生4：同时除以10以后，被除数是84，除数是5。我通过验算16 × 5+4=84，结果与被除数84一致。

生5：你说通过验算的方法来证明，这是好办法。同时除以10以后，被除数是84，除数是5。但是我们要回到原来的算式：如果840 ÷ 50=16……4，验算16 × 50+4=804。所以余数4是错误的，应该是40。

生5在对话中，两次确认对方的观点："用验算的方法来证明；同时除以10以后，被除数是84，除数是5。"确认完后，出现两种情况，一是对方的观点确实是这样的，可以直接给出反驳；二是对方不是这个观点，应再根据对方新的观点、新的理解展开下一轮的对话。如果不先进行确认，则反驳不到对方的点上，所以确认是展开对话的重要前提。只有确认对方的观点，反驳才是有力量的。

改变——生生交流的目标

数学课堂上，经常需要学生进行两人或四人合作交流学习。真正的合作应该是学生围坐在一起，围绕一个共同的目标、任务讨论交流，达到1+1>2、1+1+1+1>4 的效果。所以，学生在协作过程中，要互帮互助，从彼此的观点中获得启发，彼此都在原有的基础上获得提升。比如，原来某学生错选A，通过交流，改成选择B的正确答案。好的学习可以促进一个人的改变。如果交流之后，原来怎样想，现在还是这样想；原来是错的，现在还是错的，那么交流是无效的。所以要想两人交流、四人交流不流于形式，就要通过倾听，改变自己的思考方式和内容。这个改变既可以是原来错的变成对的，也可能是原来对的变成错的，或者原来模糊的变得清晰，原来单一的变得多元，原来肤浅的变得更深刻。

让改变可视化

通过交流获得改变，常常是发生在大脑中的，那么教师怎么知道学生有改变呢？可对学生的学情做简单的摸底，比如询问：“通过刚才的交流，你的思考和原来不太一样的请举手。”在学生交流时，教师可深入小组中倾听、观察、发现。要让学生的思维可视化，即要求学生在学习单或练习本上记录从同伴那里所获得的启示。记录自己的改变，便于自己看到，也便于教师了解学生。合作交流中，为了从同伴身上汲取有价值的想法，要求学生在组内表达时，指着图、板书、作品、实物投影等表达观点，这样更容易表达清楚，听的人也更容易明白。只有认真倾听并理解他人的想法，把他人的想法和自己的想法进行比较，求同存异，才能写下自己的改变。

需放大学生的改变

交流过程中也存在没有改变的情况，比如正确答案是B，有的学生原来是选B，交流之后还是选B，因为他本来是正确的，听完同伴的想法以后也没有获得观点的大改变。课堂上，教师刻意要放大的是先选择错误答案，然后调整成正确答案的学生，因为这些学生是在和同伴交流的过程中，听到同伴的想法，认为同伴的观点比自己的观点更合理、更正确，然后调整自己的观点。要放大这些学生的变化，并告诉全班学生，这才是真正的学习者，他们善于从同伴身上汲取有价值的想法，改造并优化自己的观点。教师可教给学生表达的脚手架：“我原来是这样想的……现在听完同伴的想法以后，我又是这样想的……”通过这样的句式，帮助学生把原来碎片化的思考和语言进行连接与整合，形成连贯的、有逻辑的语言表达。经过长期的训练和实践，这样的表达框架将成为学生语言表达的基本逻辑，有助于提升学生的语言表达能力。

总之，以学为中心的课堂，教师要关注学生的“学”，转变传统的满堂灌的教学形式，让学生善于倾听，乐于分享，勤于思考，敢于质疑，大胆表达。对于他人的回答，有错误时能够及时纠正，有漏洞时能够及时补充，意见相左时能够勇于陈述自己的想法，并善于从同伴身上汲取有价值的想法。要指导学生学会倾听、互动、对话、表达，从而构建生生交流的课堂新样态。

/ My Study Review /

我 的 学 习 回 顾

◎ 这部分内容给我带来的启发与思考:

◎ 我的课堂互动现状，计划怎么改变:

· 沟通小贴士·

批评的方法

1.无视法：教师对学生的捣乱行为采取无视的态度。

2.直接否定法：教师对学生错误言行要立即否定，并且无须说明否定的理由。

3.取消法：对于学生没有认真进行的活动，教师可以直接取消。

4.怒斥法：当学生的行为对他人的身心造成伤害时，教师可以严厉批评，尽量用简短且有震慑力的语言。

5.说教法：教师通过给学生讲道理的方式来说明批评的理由。

我的行动

/ My Actions /

◎ 我计划将这些方法用到我的课堂教学中：

◎ 选择最喜欢的一项策略运用到课堂：

· 沟通小贴士 ·

批评的方法

6.警告法：敦促学生获得他人的许可。

7.过度矫正法：针对学生的行为进行过度的矫正。

8.失望法：教师向学生表达对其感到失望的心情。

9.重视法：教师强烈地表现出对学生的重视，在批评学生的同时表现出对他的期待。

10.请求法：教师在认可学生的同时，向学生传达：希望他做出这样的改变。

03

『说』出好关系

教育学首先是关系学，与学生、家长、同事和谐相处，是教师的重要任务。相比于教学工作，与人相处是更为复杂的事情，也更需要智慧和开阔的心胸。各种沟通策略和技巧，在术的层面，可以帮助教师快速地化干戈为玉帛；但要真正建立和谐关系，更要从“人”出发，基于平等、尊重展开交流，在道的层面，实现真诚对话。

人的回归：班主任与学生沟通的“道与术”

文/齐学红（南京师范大学班主任研究中心）

班主任是中小学生生命成长中的重要他人，承担着对青少年的世界观、价值观、人生观进行引领的重要责任。在班主任的专业意识与能力中，人际沟通的意识和能力成为班主任最重要的专业能力与核心素养。尤其是对于生活在网络时代的青少年而言，他们成长的影响因素变得更为复杂多样，甚至不可控制，学校的影响作用会受到众多因素的消解，因此对于新时代班主任工作的重要性、复杂性应给予足够的重视。

班主任与学生的沟通交流是建立在对人的理解与尊重的基础之上的。为此，班主任应树立正确的学生观。班主任面对的教育对象是处于身心发展不同阶段的青少年，差异性与变化性是两大典型特征。发展变化、变动不居是他们的普遍特点，就像每天的天气一样，上午还是阳光灿烂、下午就可能阴云密布；作为一个个鲜活的生命个体，他们相貌不同、性格各异、品行不同，家庭成长环境更是相差很大。他们首先是作为一个个独立的生命个体而存在，而不是作为学生身份来到这个世界，会学习、会考试仅仅是学生身份的一部分，而不是全部。青少年作为民族国家的未来，是一个个有着独立意识的自我发展的主体，而不是成人意志的简单执行者。

从这样的学生观出发，班主任与学生沟通的前提是平等与尊重，沟通交流的第一要素是平和的心态，沟通方法中需要运用好批评的艺术。班主任在与学生的平等对话与交流中，也实现了“人的回归”，既回归到教师教书育人的职业特点，也实现了教育作为人与人之间精神层面的碰撞与交流的本质属性。

沟通的前提是平等与尊重

优秀班主任在与学生沟通时，他们首先在跟一个个具体的人打交道，而不是简单地把他们分为好学生、中等生和差生，加以区别对待。在现实生活中，班主任在面对来自学校、家长对学生分数成绩不断加码的各种诉求面前，往往会失去教育的平常心，与学生沟通的内容更多地集中在学生成绩的提高上。成人世界的焦虑、对分数成绩的过度关注势必导致学生精神紧张和心理压力增大。因此，班主任与学生沟通的基本原则是平等与尊重，是以对学生的关心爱护为前提的。班主任只要能做到真心为学生好，也许他们现在不能理解，但假以时日，终究能赢得孩子的理解与尊重。无论是老师还是学生，应多站在对方的角度来看问题，老师与学生之间的沟通，也应该在一个相对平和，相互尊重的环境中进行。只有用心去沟通，才能真正地去理解对方，也才能让学生更愿意接近你、接纳你，愿意听从你的教育，与你合作，才能建设一个和谐的师生关系和班级氛围。

优秀班主任总是能在一个个棘手问题处理之后进行理性反思，进而不断提升自己的实践智慧。在生活中往往会遇到这种情况：学生犯错误时，会以种种借口来掩饰或推卸责任。班主任越是训斥，学生越不服气。尤其是后进生，有较强的自尊心，更需要婉转地进行说服教育。如果这时班主任说：“你做事情前能否考虑一下别人的感受呢？假如别人做的事情损坏了你的利益，你能若无其事吗？”“虽然我能理解你为什么这样做，但是我不赞同你的行为，因为这样对你的成长不利。”“你认为这样做值得吗？如果我是你的话，我就不会那样做了。”这样既表达了自己的真实感受，又保护了学生的自尊心，学生从中体会到老师的期望和爱护，也会认识到自己的错误。

作为一名老班主任，遇到特殊问题应具体对待，不能用老办法去对待新问题，不能急于求成，一味地让学生按自己的想法去做。要不断反思，今后在工作中碰到不愉快的，甚至令人愤怒的事情，首先要在心里提醒自己：我是班主任，教育学生是我的责任，我要以教师的职责迫使自己忍受难堪的局面，压抑发作的脾气，轻松完美地解决问题，给学生以信心和鼓励，切记不能恶语相向伤害学生。

平和的沟通心态

在与一线班主任教师的接触中，我有一个发现：班主任良好的沟通心态集中体现在面对班级违纪事件，尤其是对待屡屡违纪的学生时，优秀班主任和新手班主任的心理历程往往是很不相同的。

【案例故事1】如何面对屡屡违纪的同学

昨晚值班老师告诉我，404宿舍几个男生在抽烟。尽管多次告诫自己不要生气，要冷静面对学生的各种违纪行为，可还是忍不住心里有点光火，有点难过。开学至今，一再强调遵纪守则，想尽各种方式引导他们向上、向善，可还是会有学生出现违纪行为。违纪的几个学生中，有我一直以来默默帮助的，有前几天单独聊过，鼓励过的，甚至还有我比较信任的班干部……

早上，一向七点之前进班的我，不想早早进班。六点半一个人来到办公室，批改昨晚剩下的默写。七点时进班。看见几双躲躲闪闪的眼睛，他们似乎想从老师的脸上看出点什么，又似乎害怕看出点什么。

我一如往常，提醒值日、交作业、背书，然后走到隔壁班上早读了。上完早读从隔壁班出来，办公室走廊一排六个男生齐齐地站着了。江老师很奇怪，问："顾老师，他们怎么啦？"我狠狠地回答了一句："不知道。"一眼不看，进办公室喝了一口茶又到2班上第一节课去了。

时间很快，一节课过去了。2班出来回办公室，他们又站在门口了。垂着头，有如霜打的茄子。我没吭声，默默走过，回办公室吃我的早饭。就这样默默地，一口一口吃着……

我不知道我为什么还会生气？还会难过？昨晚我看于洁老师的博客，还在慨叹她的睿智从容，渴望自己像她那样做一个有智慧，有耐心又平和从容的人，可是事来之时自己却又总是如此无法冷静！是生气？是难过？是失望？是不愿意原谅？其实终究会原谅他们的，我知道。就像以前和女儿闹些小矛盾，也会生气不理她。然后女儿走来怯怯地喊一声："妈妈。"就再也生不起气来。

因为有爱，才会有期望；因为有期望，才会在孩子犯错的时候，会难过，会伤心。也许更多一点智慧，多一点方法，多一点成功之后，我也会变得睿智从容，平和淡定吧？生着气，又何尝不是痛恨自己的无能？

唉，我的孩子们啊！

以上案例展现了班主任顾老师在面对屡屡违纪的学生时真实的内心世界，从一开始对学生的生气、难过、失望，到对自己的理性分析，到后来的一声叹息："我的孩子们啊！"这六个字的力量是强大的，一方面告诉自己他们还是孩子，犯错是正常的，一次次教育后仍然一次次犯错也是正常的，更重要的是，内心深处对学生们的爱占据了上风，消除了强大的负能量，暗示自己将以一个成年人的冷静与理性去处理问题。这份理性，不是完全追究学生的责任，而是更多地思考自己该如何使用更好的教育方法。

正如于洁老师所说，教师应该像农民种地般做教育：顺应天时，不违自然，插秧除草，松土除虫，播种希望，期待丰收，始终保持一个平和的心态。"若是问我，这些年来，什么样的心情一直贯穿在你的教育中？我会毫不犹豫地说：期待。期待看到学生真实的内心，期待学生与我敞开心扉地交流，期待看到学生产生良性的变化，期待我的播种开花结果……像农民一样精耕细作，拒绝一切不符合自然天性的方式。相信一分耕耘一分收获。"

批评教育中的"可是效应"

表扬和批评是班主任最常使用的两种教育手段，其中，批评作为一门艺术，方法运用得当，可以起到很好的教育效果，如果简单粗暴，不讲策略，激起学生的逆反心理，不仅达不到教育效果，反而会让事情朝着相反的方向发展。不当的批评可能会对学生造成很大的伤害和长期的负面影响。说服心理学中的"可是效应"在批评学生错误或者说服别人接受你的意见时，能发挥非常好的作用。"可是效应"简单说就是"欲抑先扬"，先采用肯定的态度（"是"），保护了对方的自尊心，从而为下一步的"可是"打下很好的基础和铺垫。先"是"，后"可是"，对方就很容易接受你的观点。如果上来就否定，极易引起对方的逆反心理，产生

抵触情绪，即使你说得有道理，学生就是听不进去，很难达到预期的教育效果。

【案例故事2】我要表扬你

晚上十点半接到宿管的电话。我心里咯噔一下，这么晚打电话肯定没什么好事！

她问我："你们班同学有没有打电话给你？"我说："没有。"

短暂的停顿之后，她说："晚自习前，你班上一位同学把宿舍查分的单子给撕下带走了。"

她连珠炮似地叙述了整个事件，说她今天有点失误使得这个宿舍的分算错了，说这个同学发现的时候，她已经耐心地和她做了解释，但是她没有想到这个同学竟然把单子给拿跑了。

安抚了宿管，我向其承诺立即向该生了解情况，并及时给其回复。第二天晨读课，我宣布我要表扬一名同学。大家都很奇怪，竖起耳朵来听到底是谁。我说这位同学让我昨天十点半还接到了宿舍打来的电话。这时住校生明白我要说什么了，走读生还是一头雾水，纷纷向住校生打听昨天的事情。

我接着说，虽然老师很生气，但是老师没有像以往一样发火。昨晚打完电话之后，老师想了很久。我今天一定要表扬吴××同学，因为她让我看到我们班同学越来越爱我们的班集体了，如果不是因为这个她也不会那么冲动。老师也很庆幸，昨天很冷静。如果老师发火了，简单地批评她违反了学校的规定，那就很不妥了。

虽然如此，老师还是有点遗憾。我为这位同学的处理方式感到担忧，我们采取了一种既伤害别人也最终会伤害自己的方式，这一点老师是不赞成的。

今天既然这个事情已经发生了，老师觉得我们还是要想个方法把这件事处理妥当。

老师知道这当中宿管有错在先，但是我们想想看，我们是不是也有错在后呢？是不是别人错了，我们就一定也要用错误的方式来回应他呢？老师觉得我们还是可以采取一点主动的方式，所以老师还是建议她能够先给宿管阿姨道个歉，我想宿管也会主动和你说声对不起。

她有点不情愿地接受了我的建议。

中午我给她发了一则消息，内容如下：

一个小朋友不小心把手割伤了，跑来和妈妈说他的手在流红水儿。妈妈看着他本想发火责备他怎么不小心（这也是中国母亲常见的处理方法），但是母亲在发作前的刹那停了下来。马上找来纱布给孩子做了包扎，之后让孩子带她去出事的地方，把安全隐患做了处理。这个母亲的做法至少教会了孩子出了事情之后该怎么办，而不是和以往一样一味抱怨，把责任推卸到别人身上。读到这个故事的时候，我也想到了我接到宿管电话时的情形，我没有批评你，我知道批评无济于事。我想通过这件事能够让你明白如何去处理和他人之间的冲突。当晚，我就想到了，第二天我要去表扬你，但是同时也要告诉你该如何去处理这个问题。所以，我希望我的这个处理对你是有帮助的。很感谢你，能够为班级的荣誉而战。

晚上我收到她的回复：

知道了！我明天会给宿管道个歉！

案例中的班主任陈老师采取的批评是很有艺术性的，体现了他的教育智慧：无形中利用了心理学的“可是效应”。为了让吴同学意识到自己行为的不当之处，陈老师并未采取全盘否定的态度，而是从吴同学错误的行动中找出可以理解甚至值得肯定之处加以表扬，肯定了她的良好动机，缓解了她的心理压力，然后再指出其错误并建议纠正。

在运用“可是效应”教育学生时，一般需要注意三点：（1）理解：“如果不是因为这个她也不会那么冲动的。”（2）同情，或者说换位思考：“不要简单地对学生的行为作出判断，要多关注行为背后的动机。”（3）温和：陈老师建议她先给宿管阿姨道个歉，看到吴同学还有一些不情愿，继续用短信的方式进行后续教育，可谓用心良苦。将心比心。面对如此用心的班主任，吴同学还有什么不服气的呢？陈老师的信息很长，学生回复得很简单，投入和产出似乎不成正比，但这就是教育——教育是不能简单计算成本的。为了让学生取得一点进步，教师往往需要花费大量的时间和精力。优秀班主任面对学生问题，总是能够做到循循善诱，在平淡中显出智慧。

班主任与学生沟通的方法有很多，除了语言的沟通之外，还有访谈类沟通、书信式沟通、人物素描、评语沟通等。如果用班主任工作的“道与术”来比喻的话，具体的方法策略是“术”，也是许多年轻班主任急于学习模仿的内容，而优秀班主任给我们的启发，恰恰是在“道”的层面，在如何看待人、如何做人、如何育人上下真功夫。他们在与学生沟通之前，首先是在了解人、关心人、理解人、尊重人上做足了功课，后面的方法策略可谓“水到渠成，顺其自然”，这是最值得广大年轻班主任学习的地方。

社会环境、家庭环境的复杂性，青少年学生的发展性，决定了育人工作的复杂性。与学生的沟通艺术是班主任的一项终身修炼，只有不断修炼自己的内心，我们才能担负起教育者的社会责任。

积极沟通：贴着学生心灵的正向互动

文/常彩卷（山东省威海市教育教学研究院） 杨雪梅（山东省荣成市教育教学研究中心）

师生沟通是一种重要的班级育人方式，有些班主任通过沟通能让学生心悦诚服，而有些班主任说出来的话却会遭到学生的无视甚至反抗。当我们以审视和研究的视角去反复思考后会发现：所有的沟通都是始于心灵然后抵达心灵的，如果教师缺少了对学生心灵的积极回应，缺失了对学生成长诉求的主动观照，缺乏了与学生情感的正向互动，这样的沟通方式自然就无法触及学生的内心。所以，积极的师生沟通一定是贴着学生心灵的。本文从积极心理学角度出发，来谈班主任与学生积极沟通必须具备的能力和素养。

精准解读学生的行为

每个班主任与学生沟通都是希望引导学生防误纠偏，但太多时候，由于读不懂学生内心的诉求，沟通非但不能解决问题，有时甚至会在师生之间产生隔膜。

课间，一个小男孩在办公室门前来来回回地不知道走了多少趟。“小辰这个孩子就是毛病多，你看他在门外探头探脑的，老师在干什么他都想看看！”办公室的同事们都发现了男孩的异常举动，一位任课教师率先开了口。“是呀，我上课时他除了不能老老实实地坐着听讲，别的什么事都能干，惹这个、碰碰那个，不安分得很。”“你们瞧他之前穿的衣服，什么时候干净整洁过？不是老师没有爱心，像这样打着灯笼都找不出优点的学生怎么去爱？”因为这个学生奇怪的行为，大家七嘴八舌地吐槽起来。“他又往办公室里探头探脑了，我去问问他到底……”一个同事说道。我赶紧起身，对众人说：“我来吧，我想他今天应该是希望我们能看到他！”带着笑，我叫住了男孩：“小辰，今天这身衣服真精神，妈妈新买的吗？”得到肯定的答复后，我又郑重其事、反反复复地打量了他好一番，然后开口道：“小家伙长大了呢，帅气十足！”看到他眼里有些羞赧与喜悦的光芒在闪动，我知道这几句话已经触到了他那希望获得关注与认可的心灵之弦。“快上课了，回教室吧！老师发现你最近听课也特别专注，了不起的小伙子，有进步！”我拍拍他的肩，示意他回教室。下午去上课，男孩端端正正地坐在座位上，全无往常的随意放肆。中间偶有小动作，可一旦与我含着笑的目光有了交汇，他立马就恢复了挺拔精神的学习状态。

学生的成长多么奇妙，他们表达渴求的方式又是多么特别。这个男孩就因为一身新衣而自信满满，渴望这光鲜的一刻能被别人看到。作为教师，看到学生微小的变化，不吝表达我们的赞赏，就是对他们心灵呼喊最好的回应！

发现学生行为中的“闪光点”

一个某次考试中作弊的孩子必定有着一颗对成绩非常在意的心，一个“因为看不顺眼就动手”的学生骨子里可能潜藏着“路见不平，仗义相助”的担当，一个在班级中总是捣乱搞怪的学生可能只是期待能吸引众人的眼球……可在班级管理的现场，班主任扮演的往往是“纠错”“找茬”的角色，我们好像不善于发现学生行为当中积极的一面，只会盯住学生某个错误的行为不断深挖扩散。如此教育沟通，学生感受到的只有教师对自己的否定。

我的班上曾经有一个又高又胖的女生，因为平时喜欢大吼大叫，同学们都比较怕她。一次，在听到走廊里传来了她熟悉的声音“看我怎么收拾你”后，我以为她又跟同学发生矛盾，连忙冲出了办公室。可是我看到的却是这样的场景：她一边对着一位低年级的小朋友骂骂咧咧，一边蹲下身子想要帮对方系鞋带。我太高兴了，赶忙走上前对她说：“老师真高兴，你长大了，能够主动帮助有需要的小同学。”我的这句话，在那位女生身上引发了神奇的化学反应——她开始以一个助人者的形象去要求自己，经常主动为集体和同学提供帮助。

其实对于这一件事，班主任不同的沟通可能会带来截然相反的结果：如果当时我不管不顾把她批评一顿，那么学生行为中向善的那一面就被完全忽视了。我的批评非但不能帮助她修正错误，她还极有可能因为觉得“老师只会冤枉人”或“就是看我不顺眼”而愈发的“破罐子破摔”。如果我既听到了她在骂人，也看到了她在助人，但在处理的时候却是先批评后肯定，效果肯定也不好，毕竟，挨过一巴掌后再给的那颗“枣”的甜度会大打折扣。所以，班主任在与学生沟通时，一定要顺势而行，先点亮，再影响。

洞察学生内在的发展需求

“我们为什么要批评学生呢？”每次我都会这么问自己和其他班主任。很多班主任的回答都很一致：“因为学生犯了错误。”当我继续追问“学生为什么会犯这样的错误呢？”回应我的往往是静默。其实根本原因就是班主任们只看到了学生的问题，却没有认真考虑为什么会发生这样的问题。所以，班主任看到学生犯错，第一反应就是批评教育，而这样的教育沟通往往没有效果，有时候还会带来师生关系的僵化。一个拥有积极思维的班主任，一定会主动试探成长中的小心思，即便是批评也能让学生感受到被理解和被尊重的温度。

曾经有一位班主任批评班上造型“雷人”的女生说：“你这是什么打扮，怪里怪气的，还不快换回正常的衣服，把头发捋直了！”这样的沟通交流，非但没收到期待的纠偏改错之效，还激怒了学生。正好在现场的我赶紧打圆场说：“这个小家伙长大了，变美是好事情啊！来，跟老师去办公室，咱们一起研究下女孩子梳妆打扮有哪些好的技巧……”来到办公室后，我和学生就装扮进行讨论。我向她传递正确的审美观，在学生认同我的基础上，再对她之前的着装打扮进行了指导。

班主任要理解学生，洞察学生内在的发展需求，如此，双方的心灵就会因为别样的懂得而贴近。

适当与学生共情

曾经，我在一所学校督导时看到这样一幕：一个小男生在走廊里一蹦三跳，嘴里还哼着欢快的小调儿。“徐老师，徐老师，你看……”迎面走来的应该是他的班主任，男生兴奋地呼喊着。“会不会好好走路，说过多少次走廊里面不可以跑跳，你嘚瑟什么，还不快点回教室去！”在迎面而来的徐老师的厉声斥责中，小男孩最后垂头丧气地溜回了教室。

事后我了解到，这所学校不允许学生课间在走廊里奔跑打闹。为了严格执行学校的规定，避免常规扣分，这位班主任以一盆冰冷的“说教”之水瞬间熄灭了一个孩子亲师向师的热情。试想，当学生被这样的阴影笼罩，班主任以后所进行的沟通还能多大程度地触动孩子的心灵呢？非常明显，这位班主任在与学生沟通时所表现出的典型问题就是共情能力的缺失。学生刚开学见到老师的喜悦心情和倾诉愿望，班主任忽略掉了。

其实这件事完全可以有另一种完美的结局，比如班主任可以这样说：“你这么早就来学校了，看来假期里发生了许多有趣的事，是不是迫不及待地想和老师分享呢？”——这是在共情，是在表明班主任接收到了孩子的心灵电波。“在走廊里跑跑跳跳撞到别人或摔倒了多不好，以后要注意哟！”——这当然也是在说教，只是这份说教里充满了对学生的关心与善意。

教育是需要情感投入的，积极的沟通离不开情感的参与。

关注事件背后的人

“说了多少次别顺着楼梯扶手往下滑，你到底长没长脑子？”“能不能记住，如果下次再扣分，就让你家长……”同事的话音未落，那个恼怒至极的学生早已摔门而出。事后我问同事：“为什么不让学生顺着楼梯扶手往下滑？”她很是恼怒我的“不明所以”，生气地说：“如果学生碰到了头或磕伤了腿怎么办？”

其实，同事的回答恰恰也揭示了这场师生冲突的问题所在，即班主任担心学生会因为不恰当的行为受到伤害，但沟通过程中表达出来的却是更看重“扣了班级的分数”或“破坏班级形象”，指向发生了偏差，师生间的隔膜也就形成了。如果教师能明确地表达对学生的关心，如“这种行为很不好，一不小心就可能发生安全事故，你得受多少罪？”我相信，学生内心所接收到的肯定是另一种美好的讯号：老师担心我，我在老师心里很重要，我要注意安全！

班主任不能“就事论事”，而是“以事论人”，也会带来师生沟通不畅。例如：学生上学迟到了，班主任不是问学生有什么特殊情况或提示他这一次违反了规定，而是由此判定了他就是一个懒散、没有时间观念的人；学生因为贪玩没能按时提交作业，班主任不是给他提供一些可以参考的自律方法，而是直截了当地认定学生这样的状态将来会一事无成……如此“人”与“事”不分，其实就是在用“贴标签”的方式摧毁学生的自我认知，逼迫学生逃离或对抗。

班级管理当中，师生沟通永远都是一个值得研究的命题。总之，师生沟通要尽量积极正向，紧贴着学生的心灵，既有基于情感的共鸣观照，又有基于细节的敏锐觉察。

学生不一样了，教师得说说“新”话

文/何琛（重庆市南开中学校）

语言是教师教育学生不可或缺的工具，而如何来使用这个工具，直接关系到教育效果的好坏。教师能否恰当地说话，关系到学生学习兴趣的培养和学习效果的呈现，甚至还会影响学生的心理健康和人生发展。

中国第一篇教育学的论著《学记》中就谈到：“善教者，使人继其志。其言也，约而达，微而臧，罕譬而喻，可谓继志矣。”意思是善于教学的人，能使人继承他的志向而努力不懈。他的语言简洁而使人明白，含蓄而使人受益，譬喻精当而能使人知晓，这样就可以说是能使人继承他的意志了。说明古人很早就发现在教师和学生的沟通交流中，语言技术的重要性。

那么在今天的教育形势下，教师面对伴随互联网成长起来的新一代学生，传统的教育语言是否还能沿用？有哪些新的方式和技巧值得推崇？我作为一个有二十多年教龄的教师，根据自己多年的教育经验，真正感受到教师有“话”一定要“好好说”的真谛。

面对“数字原住民”，教师也说“时尚话”

在被电脑、视频、游戏、数字音乐播放器、摄影机、手机等数字科技包围的时代，学生几乎在信息技术环境中沉浸式长大。在开阔视野的同时，也出现了很多问题。如沉溺于网络，不爱学习；脾气暴躁，不能好好交流；看不起教师，觉得教师老土……面对沉迷于“数字化”的学生，传统的交流方式——苦口婆心地说无济于事，暴跳如雷地吼也毫无用处。怎么办？以其人之道还治其人之身，说些洋气的网络语言，用时尚的表达拉近与学生之间的距离，让学生感觉教师就是自己的同龄人，师生能成为无话不谈的朋友。

小宇一有闲暇时间就抱着手机，不是打游戏就是刷抖音，在虚拟世界里悠游。在家对父母的谈话置若罔闻，仿若“木头人”，成绩也因沉迷网络跌入谷底。父母甚是焦急，常常念叨，说得多了他就怼回去：“你们知道什么？我是在用最便捷的方式和世界建立联系。”家长无言以对，只好采取暴力措施——没收手机。但冷战几日的小宇找同学租借手机继续玩，父母无奈到学校找我哭诉，希望我拉孩子一把。

其实我对小宇的情况也有所察觉，再加上父母的反馈，我决定迈出探索的脚步。上网去查阅网络流行用语，刷最新的消息，甚至是一些学生们比较关心的八卦。我开始用自己都很惊讶的语言和小宇、和小宇们对话。作业评语我会用“顶楼上说的”表示肯定，用“9494”表示认同；上课的时候，讲到李白，一句“yyds”，表示我对李白的敬仰；班会上，对班级出现的诸多问题，我大呼一个“emo”。小宇交上来的作业不仅字迹更加工整，而且附着的表情从“哭脸”变成“呲牙”；我讲完课后同学们的嘴巴呈“O”形，然后“哇”一声长音，不爱讲话的小宇居然拖了一个最长音。渐渐地，小宇喜欢跟在我周围，和我各种天南海北地聊天。

有一天，我故意向他抱怨“我太难了！”他扑哧一笑，回复一个：“为虾米（为什么）？”当我说起我面对班级各种问题焦头烂额时，他竟然对我说：“我是上帝派来拯救老师您的。”后来，他在班会课上现身说法，提醒同学们要和数字产品保持距离，要用之有度；回家和父母也开始交流学校发生的一二趣事。发毕业证的时候，小宇给我送了一个本子，上面写了四个字母“nswy”（你是唯一），我知道他是在说，我是他唯一喜欢的老师。

今天学生沉迷于网络电子产品的情况以及信息化快速发展给教师们带来的困扰比比皆是。教师们如果能够做到先认真了解情况，积极做好家校沟通，构建一个说话交流的大框架；然后愿意放下身段，去走进这些年轻的“数字原住民”的世界，掌握一些新鲜时尚的信息，储备好对话的基础内容；最后试着用他们喜欢认同的说话方式来交流，缩短师生彼此的距离，得到他们的信任，最终就会产生良好的教育力量。

面对心理问题生，教师要说“体己话”

好的教育，其实就是“爱的教育”，需要教师用温暖动情渗透爱的语言和学生进行良好沟通，从而提高教师的人格魅力，进而产生强大的教育力量。

现在，出现心理问题的学生不在少数，甚至因为心理问题厌学、辍学、做出极端行为的比例在逐渐增加。面对内心脆弱的学生，你去教育他，正面效果没有，反而会不小心伤害他，让他变得更加敏感，与同学老师交往困难，学习更是没有办法集中注意力。相比普通学生，他们更渴望感受到教师的关爱，第一步或许就是说体己话，让问题学生信赖自己。

很多年前，我遇见了一位特殊的学生，现在回想这个所谓的特殊或许就是现在常说的抑郁。当时我任教年级的学生基本是来自市区的孩子，小名是唯一一个来自乡镇的学生。他来到班上的时候，整个人像一只被狼追逐的、担惊受怕的兔子，总是沉默寡言，处于惶恐不安中，班上同学几乎都不和他接触。我一开始就注意到了这一点，只是那时不知道这就是有抑郁倾向。第一天的班会课上我讲了一段话，大意是：所有的学生都开始追逐梦想，有同学甚至为了和大家从同一起点出发，离开父母，独自面对挑战。彼时班上只有他是住读生，大家都扭头看他，他脸红了，但是他抬头看了我一眼，似乎知道我是说给他听的。

当时我年轻，也没什么经验，就是多和他说话，说些他喜欢听的“好话”。于是上课也好，体育活动也罢，我总是会单独对他说点儿什么。“小名的字越来越有进步了！”“小名六一节快乐哟！”他每天都能听到我热情得有些夸张的表达，潜移默化中他发生了变化。他抬头的角度更大了，从30度到60度，到完全昂首而立。他开始用“谢谢老师！”来回复我，甚至有时候是一个灿烂的微笑。他完全融入了新的群体，变得和城里的孩子一样自信快乐。

如今小名是一家几百人公司的掌舵人，算是事业有成。于我而言，欣慰的点在于他跳出了自己封闭的世界，开启了正常的生活，并且生活得很好。你瞧，柔软动情的语言会帮助学生获得生长的希望。

在心理问题早发和频发的当下，教师如何对学生说体己话？首先，要做到体察入微，随时关注学生的变化，并通过变化了解他们的心理活动；其次，能够解读学生的心理语言，阅读一些心理方面的书籍，掌握一些心理学知识；最后，能用心理学专业语言和学生沟通，站在学生的角度，依照他们的具体情况，循循善诱，帮助他们解决问题，从而使其敞开心扉，逐渐回归正常。

面对内卷压力孩，教师需说“轻松话”

不知从何时起，各行各业皆可卷，人们一面苦不堪言，一面又无法躺平，被社会裹挟着骑虎难下。这样的内卷现象在学校显得尤为突出——学生间比的是多付出、多努力来竞争更多更好的资源。简而言之，内卷是努力的“通货膨胀”，是一种非理性的竞争。

你做一道题，我要做两道；你上一门辅导课，我偏偏要上两门课程；你晚上十点上床睡觉，我一定要熬到深夜十二点才入睡……这些学生在有些畸形的竞争中压力巨大，痛苦不堪。此时，宏大的目标、严格的要求，都可能成为压倒他的最后一根稻草；反而是轻言慢语，说点轻松话或许能调整他的心态。

我曾教过一个班，班里有不少数学竞赛尖子生，整体学习氛围非常浓厚，师生互动也很好。但是有段时间，我突然发现不对，教室变得有些安静。我最早发现二大组的第二、三排几个数学大神级的学生总是埋头苦干，不看黑板。有一天，我突然点其中一个孩子小张回答问题，他站起来支支吾吾，半天回答不上来；接着我让他的同桌小刘回答，小刘也不行；继续点后排的小朱，依然答不上。三个人脸涨得通红地站着，剩一个坐着的女生小孔低着头，手都在抖，生怕我点她起来。全班学生都有点儿屏气凝神，几个孩子的紧张感染了其他人。我没有责备他们，反而朗声一笑：“同学们，这就是典型的一问‘三’不知哟！”听我这么打趣，本来还有一些埋头的孩子也仰着脸笑了，几个“肇事”孩子表情也松弛了些。

我走到他们面前，每个人桌子上并没有别的学科资料，是语文练习册，他们孜孜不倦做的正是在讲的这一课。“小张，你来说，你们四个，谁未卜先知，知道我今天要布置这个作业？”小张嗫嚅着没说个所以然，但显然没有刚才紧张了。“这个人可以去买彩票哈！”我又笑着说。几个孩子也不好意思地笑了，站着的孩子都看向坐着的小孔。我心里大约明白了，“肯定只有女生心思才这么细腻哈，何老师是不是也可以去做巫师了？”这一次，教室里笑着闹着，七嘴八舌：“可以，可以！”几个站着的孩子也开始说了：“我看到小孔做练习册，我怕她做完了，我没做完，所以我也做。”“我看小朱做，我也跟着做。”“小张看着周围人都在做，所以必须做呀。看来小张是被裹挟的，最是无辜。”我打趣道。“老师，他最卷。”一直坐着没说话的小孔开口了，“他竞赛作业都比我多做了两个单元。”“卷王！”小刘、小朱异口同声。“那我的惩罚就是——”我故意拖长声音，“今天的作业不做练习册了，写小练笔。”说完，我还狡猾地笑了笑。其他本来也有些在赶作业的孩子兴奋地跟着起哄，几个犯事的孩子也笑了。

其实，班上一大部分着急忙慌赶作业的孩子都是认真学习、听话的学生，他们之所以上课赶着做作业，就是觉得任务重，压力大，所以选择了自以为正确的方式去“卷”。面对“内卷”时代下的学生行为，老师该如何说话？

第一，不要一味地指责。如果这个时候对学生横加斥责，他们会惶恐不安，会感到委屈抵触，认为教师“小题大做”，甚至可能会因此放弃某一学科，影响自己的学习。

第二，不要置之不理。学生用错误的方式在乱“卷”，教师不要觉得这也是认真学习。不对学生进行引导，不申明正确的立场，学生只会花更多的时间在错误的路上越走越远。

第三，要“舒”得有法。聚集得太紧就要散开有法。教师可以用一些幽默风趣的话与学生交流，缓解他们的焦虑，尽量松弛他们紧绷的弦，让他们在忙碌之间有轻快的停留。比如说些“自粉”或者“自黑”的话，让学生开心一乐。他们渐渐没有“水深火热”的那种体验了，就会是每天有些“小确幸”的卷。

面对认知超前人，教师请说“智慧话”

有天开会谈感受，同事慢慢悠悠吐出一句话：“我觉得教师这条路越来越艰险。”话说完，应和的教师还不少。其中特别提到的一个困难是，碰到越来越多的“成熟”学生。何谓“成熟”？指有些学生总在某些时候，在某些领域表现出知识面广阔、思想独到、认知超前。碰到这样的“成熟”学生，教师固然感到欣慰幸运，但同时特别有压力，生怕说错了什么，在学生面前无处遁形。这时，教师要怎么说话？我想应该动动脑筋，说得智慧，才能服人。

刚刚入职时，我因不会说话就栽了一个大跟头。一次，我讲作文课，列举了很多名家的作品，为了迎合学生的兴趣，我选取了热播剧《还珠格格》中的桥段进行分析。我本意是遣词造句上可以学习这部剧中大家熟悉的桥段。

“老师，《还珠格格》又臭又长，篡改历史，哪里值得欣赏。”（一女生“腾”地一下站起来）

“琼瑶的作品，怎么不值得欣赏？”（我慌忙接了一句）

“谁说名家作品都是精品？”

我一时语塞，还好下课铃拯救了我。

后来听课老师过来安抚我，同时告诉我如果彼时不回击学生，缓一下，肯定学生的独特思考，之后再来研究，就不会如此尴尬了。

我细细琢磨，觉得句句在理。老师的知识也是有限的，要尊重并报以学习交流的心态。

后来再次遇见成熟的“神级”学生，我的应对就老道智慧多了。有次我在讲孙权的词，知人论世，讲到孙权的经历，随口问了一句大家还知道孙权的其他故事吗？一个女孩站起来侃侃而谈，讲孙权墓，讲明孝陵，感叹同一块风水宝地，孙权只占一隅为朱元璋守墓。女孩知识渊博，见解独到，相比我前面的普通讲述显得更精彩。我暗暗赞叹之余，想着我怎么接话。女孩说完，也看着我，想知道我这个传说中的好老师的反应。“只道名山君占尽，林深更有帝王家。”我似乎很随意地点评一句。女孩的眸子闪亮亮的，她率先鼓掌，跟着的是全班同学鼓掌。只有我知道，我是深思熟虑后说的这句话，而这句话为我赢得的不只是掌声，更有后面学生对我的肯定和热爱。

智慧话，自然不是说每句都是斟酌后的金句，还可以是一些坦诚话。我在接新学生的第一堂课上总会说同样的话：“我会写错字，会说错话，会有很多不知道，但是我不会走岔路，做坏事，还一定会和大家一起努力。”这样真诚的话会让自己在学生面前，尤其是那些认知超前的学生面前有一些余地，让他们知道老师也和他们一样还需要学习，不断进步。亲近感加强，教育的效果就会更好。

当教师遇到认知超前的学生时，先告诉自己不要慌乱，这是正常的，我们也会有知识盲区和短板。然后再稳定心神想办法应对，要么“让子弹再飞一会儿”，跟学生说等找到最优答案再告知；要么就用自己的知识储备逻辑分明地和学生共同探讨。这些都是真诚，也是智慧，会赢得学生的尊重和喜欢。

当然教师要说好话，还关涉很多方面，比如说话要简洁、有逻辑性，说话前要学会倾听、说话时要留有余地、说话后要跟踪反思等等。普通教师要成为语言大师，激发学生兴趣，助力学生成长，还有很长一段路要走。但我想，教师只要从现实情况出发，综合研判，就会逐步找到最适合自己的一种说话模式，逐渐在教育这条路上走得稳健，走得精彩。

多一些评价，少一些赞美

文/沈丽新（江苏省苏州工业园区小学）

时常从一间间教室里听到各种赞美：“你真棒！”“你真是个好孩子！”“你真了不起！”……诸如此类的赞美，有的学生听了会获得暂时的愉悦与满足，但会逐渐依赖。这些孩子会渴望并习惯他人的赞美，很难培养自立能力与自律精神。今后他们如果处于不再充溢赞美的环境，则有可能失去奋斗的动力。而有的学生会逐渐对上述类似的赞美免疫，听多了之后，这些赞美不再能够有效地激励他们奋发向上。

而一旦学生听到不符合自己实际情况的赞美，他们有可能会用出格的行为来否定这个赞美。看到过一个案例：十个5岁孩子的生日聚会，大家都很乖。老师很满意他们的表现，于是赞美道：“今天每个人都很棒。你们真像天使！”即便是5岁孩子，他们也知道自己不是天使。他们不同意老师的赞美，他们的潜意识促使他们用具体的行为来修正老师的定义。于是，一场原本美好的生日聚会以一片狼藉结束，师生还各有各的烦恼。

“赞美”本身无错。在成年人之间，赞美是一种礼貌，可以打造和谐的人际关系。但是对于成长中的儿童来说，不妨少一些赞美，多一些评价。

多一些对努力程度的评价，少去赞美外表

俗话说：爱美之心人皆有之。长相漂亮的孩子，容易赢得人的第一眼好感。教师新接一个班的时候，在对学生完全不了解的情况下，班上那些长相清秀、英俊的孩子，的确更容易让教师关注到。此外，即便五官并不特别好看，但衣着得体的孩子，在人群中也是比较出众的。

对于这样的孩子，教师的赞美一定要警惕，甚至不妨格外吝啬一些。不要轻易开口赞美：“你真漂亮！”“你的衣服真别致！”这样的赞美，有可能让这些“漂亮孩子”的品性日渐趋于浮夸，更有可能伤害容貌不出众的孩子。“漂亮孩子”一旦听多了对自己容貌的赞美，因为年龄小，有可能以为这是自己的本领，会觉得漂亮是值得骄傲的资本，甚至看不起长相普通的孩子。而旁观“漂亮孩子”的普通孩子，则可能因此而不自信，甚至自卑。

教师对这些"漂亮孩子"的评价要基于他们自己的努力。比如："你对同学们和老师微笑的时候真美，因为你很有礼貌。""你上课时候的眼睛很美，因为你很专注，一直看着老师或者课本。""你跳起舞来很优美，看得出你很努力练过基本功。""你的衣服很漂亮，因为到放学的时候你的衣服上一点污渍都没有，保持得很干净。"

在这样的评价中长大的孩子，他们不会太在意自己的外貌，反而会逐渐领悟到一个人的德行与品性远远重于容颜与衣着，并将之内化为自己的一条人生规则，进而奉行不悖。

多一些陈述性的评价，少去赞美能力

在教学中，教师经常会遇到各种学习能力极其出众的孩子，他们的成绩经常能够名列前茅。这些孩子中的一部分，会对自己的成绩或者排名格外在意。对这些孩子，教师不要过多地赞美他们这方面的能力。"你是我们班的学霸。""你是我们班永远的Number One。""你是我们班的一哥/一姐。"这种赞美有可能诱发当事人的焦虑："老师对我的期望就是'当学霸'。如果我下次没考好，老师会不会认为看走眼了？老师会不会再也不喜欢我了？"如果某次没考好，学生可能会产生"没脸见人""大家都会嘲笑我"等诸如此类的消极情绪，不利于他们的身心健康。有的孩子特别脆弱，甚至会走极端。

陈述性的评价可以诱导这些孩子免于焦虑，并愿意继续努力。比如："这道题特别难，你解答得完全正确。可见你花了不少精力，融会贯通地理解了这个知识点。""这次英语卷上的'阅读理解'一题中生词不少，你却全部答对了。可见你的课外的积累非常丰富。"……

这种具体的陈述性的评价，能够帮助学生总结自己的优势或者长项。他们因此而更加了解自己，从而保持不断进取向上的动力。更重要的是，学生自己会在内心知道，老师对他们的评价，并不完全取决于他们的能力高低。

多一些对特定行为的评价，少去赞美品性

在与学生相处的过程中，教师会发现班上会有比较突出的一种孩子——他们极其愿意为大家服务。有时候自己作业没写完，只要老师问一句："谁去倒一下垃圾？"他们会立马举手，申请这份服务工作。如果是为老师服务，他们就会更加神采奕奕。

对这些孩子，如果教师经常赞美："你真是我们班的小雷锋！""你真是助人为乐的小标兵！"这些赞美会渐渐在孩子身上成为自动设置的标签。他们有可能受这个标签的暗示，而把"自己必须要完成的事"和"有空为大家做些服务工作"的安排本末倒置。他们特别迷恋"小雷锋""小标兵"这样的赞美，而渐渐忽视自己必须要完成的事务。有时候他们甚至不能容忍自己"不雷锋""不标兵"，四处打探着如何更好、更多次地成为"小雷锋"和"小标兵"。他们偶尔对服务性工作犯懒一回，内心可能就要对自己充满谴责。

因此，教师要尽量不对孩子的行为定义成各种品性，少赞美"你真勤劳""你真是乐于助人"，而是对特定的行为多一些具体

的评价。比如："谢谢你帮我去办公室拿了作业本，让我省了来回奔走的时间，可以把同学们的这套本子批完。""谢谢你在写好作业后帮值日生擦了黑板，他作业还没来得及写。你帮助他解决了刚才的困难，他心里就不着急了。"……

对于特定的行为，教师最好只是评价孩子的努力和成果，以及造成的有益影响。不要据此判断孩子有什么样的品性而去赞美，这种教师主动"定义"学生的品性大多数时候只是暂时的、表面的。只有对这样的特定行为的评价积少成多之后，孩子才会渐渐在内心学会自我评价。

多一些建设性的评价，少去赞美并不成功的成果

在初次学习写字、画画、乐器或者球类的时候，特别聪慧的孩子的确学什么都是立马有模有样，但更多的孩子是需要反复地练习之后才能渐入佳境的。在孩子的初次作品、初次运动或者初次演奏的时候，教师要多一些建设性的评价，不要过于夸张地去赞美并不成功的成果——那会诱导孩子过于自我膨胀，不了解自己的真实水准，从而停滞不前。

三年级的孩子初次学写英文句子，状况百出。不是忘了句子的第一个字母要大写，就是没注意到词与词之间要空一个字母的距离，或者把句点给写成中文里的句号。即便这三点都注意到了，还是会有不幸的事情发生：句子中的单词拼写有误。所以，要把句子写正确，那是一件比较困难的事情。基于这样的情况，我会耐心地带着孩子们慢慢练习。

有些性急的孩子，自我感觉又比较良好，趁我经过他们身边巡视的时候，会主动拿起作业本向我"邀功"："老师，看看我写的句子！"其实，这样的孩子塞给我看的作业往往真正优秀的很少，有的甚至惨不忍睹。基于他们的年龄特点、心理特点，这时候比较夸张的表扬与赞美往往可以让孩子们高兴，并在他们心中增加教师本人的魅力指数，但基于他们的长远发展，建设性的评价其实更有利于他们的继续学习。

"我看见你的字母t写得特别规范，而且注意到没有顶格。我特别喜欢你的每一个t。但你的字母t跟后面的字母h挨得特别紧，挤得快合二为一了。是不是把它们分开点？""你的每一个单词都特别规范，像电脑打印出来的一样。只是词与词之间的距离太遥远了，我觉得里面至少放得下4个字母。你自己看看？"……教师这样客观地描述观感，并给出建设性的评价。学生一方面得到了鼓励，心情会特别愉快。与此同时，更得到了具体的建议，也就有了再接再厉的方向与动力。

赞美更多适用于成年人之间，表示我们能够看见对方的优点与长处。而中小学生则是成长中的未成年儿童，他们各方面的德行与品性尚未稳定，过于泛滥的、形式化的赞美并不能够帮助孩子身心更好地成长。

教师对于学生在学习与活动中流露的各种特质，要敏感察觉，然后及时评价。各种评价蕴含丰富的、具体的肯定、赞同以及建议，这种评价能够激发孩子的自我审视，从而去习得各种能力和规则。这样自发习得的能力与规则，远胜于教师的反复说教。

对学生，我们不妨多一些评价，少一些赞美。

说话的尺度与教育的力度

文/王春媛（江苏省淮安市第二中学）

期末考试前的一节数学习题课，我走进教室，发了一张小练习。就在同学们都埋头做题的时候，一个男生，侧着身，伸着头看着隔壁同学的试卷，手里没有笔，也没有本子。

我很奇怪，便走过去，问道：“你的练习呢？”“找不到了。”他仍然侧着身，头都没抬。

“刚发的试卷，怎么可能找不到呢？”我问。“我也不知道。”他仍然没有抬头。

其实我很清楚，不是找不到，而是不想做！关于这个孩子，我也了解过，是个极聪明的孩子，但比较自我，总是做一些违背老师要求的事，是个典型的青春期叛逆少年。

“那这样吧，你把昨晚的作业发了，然后先订正自己的作业，好吧？”为了让他不把时间都浪费掉，我给他安排了发作业这件事。

“我不发。”他头抬了起来，面无表情地给了我一个回复。

“为什么呢？”面对他直截了当的拒绝，我愣了一下，问道。

“不想发。你找别人吧！”他看着我，满不在乎地回了一句。

那一瞬间，我的身体仿佛被定住了一般，进一步不是，退一步也不是！此时，很多学生抬起头盯着我们！怎么办？如他所愿，换别人发？如果这样，那我以后还怎么对其他学生提要求呢？以强硬的态度，命令他发？我们要一直僵持在这里吗？

“帮老师一个忙，好吗？”看着他若无其事的表情，我没有放弃，继续说道。

谁知话音刚落，他噌地一下站起来，接过我手里的作业，欣然地发作业去了！

其他同学也再次埋头，做起了练习，课堂也就此步入正轨。

下课后，我回到办公室，但脑中仍回忆着刚才发生的一幕。不禁感慨“帮老师一个忙，好吗？”这简单的一句话，却能让一个正处青春期的孩子态度瞬间发生转变，这简单的一句话，为什么会有如此大的教育力量？

忽然想起教育家叶圣陶的一句话：“养成习惯，换个说法，就是教育。”我恍然大悟：对青春期孩子的教育，我们经常会感到力不从心，也经常会抱怨为什么孩子总是和我们对着干。现在想来，很有可能是我们和学生沟通的语言出了问题。面对一群青春期的孩子，他们有了更多的想法和主见，也更勇于表达自己的意见。所以，当学生挑战老师的权威时，他们可能出言不逊，可能强硬到底，而老师如果只会说出比他更狠的话，让学生臣服，我想，这只能让矛盾进一步激化。作为教育工作者，我们应该认清这点，并遵循孩子的心理特点，换个说法和孩子交流，只有这样，才能让我们的教育更有力量。

换个说法，保护孩子的自尊心

青春期的孩子都是有着极强而又敏感脆弱的自尊心。所以，在孩子的成长过程中，我们要千方百计地保护孩子的自尊心，要时刻懂得给孩子留面子。发作业这样一件小事，孩子能从开始的坚决抵制到后来的欣然接受，正是因为老师以一种请求帮忙的语气提出了要求，这样不仅照顾了孩子的面子，也保护了孩子的自尊。

诗人席慕蓉五岁就上学了，在老师眼里，她是个反应迟钝并会说谎的孩子。三年级的一次考试，当她看到自己的成绩单是第35名时，便躲在厕所里用纸条和墨水把它涂改成了第5名。回到家，姐妹三人向父亲汇报成绩，当看到两个姐姐分别是第1和第2的成绩单时，她用颤抖的双手交出了那份被自己涂改过的成绩单。她紧张极了，也很清楚大家都看出了她在造假。奇怪的是，两个姐姐只是安静地看着，并没有说话。父亲也是轻描淡写地说了一句：“老师怎么把成绩单搞这么脏？你明天问一下老师再告诉我好吗？”席慕蓉后来回忆说，她很感谢姐姐和父亲在关键时刻没有揭穿她，保护了她的自尊。所以她在第二天便向父亲坦白了一切。从那之后，她在小学里的成绩就没低于第4名。

提倡把生硬的、粗暴的语言换一种说法，就是充分考虑孩子的自尊，只有拥有了自尊，他才能最终做到自我实现。

换个说法，建立孩子的自信心

青春期的孩子，表面上什么都不在乎，实际上特别需要别人的肯定和鼓励。赞美，可以激发孩子们的积极性，也可以增强他们的信心。

戴尔·卡耐基出生于美国贫困家庭，曾经因为调皮捣蛋，差点被学校开除。也因常被同学取笑，在青少年时期便充满自卑。在他9岁时，父亲领着他的继母走进家门，指着卡耐基向继母介绍说：“以后你可千万要提防他，他可是全镇公认的坏孩子。”而继母却微笑着走到他的面前，笑着说：“你怎么能这么说呢？我看他应该是全镇最聪明快乐的孩子才对。”就这一句话，本不打算接受继母的卡耐基却和继母建立了深厚的情谊。也正是这句话，让9岁的卡耐基产生了自信，最终成为给别人传播自信、让人们乐观的心理导师。

“哀莫大于心死”，切莫因自己说话的方式打消了孩子的自信，伤害到孩子的心灵。

换个说法，遵循孩子的自主心

进入青春期的孩子，不愿受到别人的

干涉和控制，有较强的自主心。当我们对学生提出要求、建议或批评时，首先要考虑到：如果用尖刻的语言去责备学生，只会让学生对你产生戒备心理，久而久之，你的教育就会显得力不从心。所以，当我们面对孩子气急败坏的时候，不妨把到嘴边的话先过滤一下，想想如何换一种说法，使孩子更容易接受。

课堂是我们教学的主阵地，如果我们能把课堂一些责备性的话语，如“想好了再说，别不懂装懂”换成“别急，再想想，我们等你”、能把“刚讲过就忘，还不好好听”换成“如是能在课后及时复习一下，我想你就不会忘记了”、能把“你怎么那么笨，讲过了还不会”换成“没关系，多练习几次，相信你一定能行”……我想，在这样被赏识、被激励的语言环境中教育出来的孩子，一定是一个自信的、阳光的、有爱的孩子。

换个说法，挖掘孩子的闪光点

人生就是在不断地犯错和不断地改错中成长的。每一个成长中的孩子，都是优点和缺点共存的。当我们面对孩子的问题时，不要因为孩子所犯的错误而忽略他们身上的闪光点，更不要着急用粗暴的语言去批判和否定他们。

当老师久了，仿佛就习惯了说教，更习惯了用一种居高临下的语气和孩子沟通，时间长了，师生间就会产生隔阂。而换个说法，其实就是教师在进行教育行为前的换位思考。这样不仅能有效解决问题，还能化解师生间的尴尬局面。这是一门学问，更是教师的一项终身修炼。

要修炼自己的心胸。心胸宽阔，看问题才能更全面。我们说，世上没有完全相同的两片树叶，更何况长相、性格全不相同的人了。所以，认清每个学生都是独立的个体，允许他们有不同的意见，接受他们的缺点，自然不会在矛盾冲突时，说出一些伤害学生心灵的话。

要修炼自己的耐性。教育，是一门慢的艺术。慢，就是要给自己一个耐心等待的时间。当学生总是迟到时、当学生经常不交作业时、当学生考试总是作弊时……提醒自己不妨先退一步，让自己冷静下来，然后组织语言，这样方能深入人心，取得立竿见影的教育效果。

我们说，教育方法是多样的，正所谓“教学有法，法无定法”。教育过程是复杂的，正所谓“千人千面”。所以，在教育过程中，我们根本找不到一个万能公式，去解决不同学生存在的不同问题。但有一点是共通的，那就是每个孩子都能通过你的语言判断出你对他评价的“友好性”。因此，良好的沟通，是实现教育目的的基础。

语言修炼的艺术，体现在细节之处，无非就是指把我们过于生硬的、粗鲁的语言进行包装，换成一种能影响学生心灵的话语。老师们，千万别让考试的压力淡化了我们对语言的修炼。努力把“恶语”修炼成“良言”，用它去感化学生、去唤醒学生。

当沿着一个方向走不到终点时，可以引导学生换个方向前行；当一句话讲不通时，不妨换个说法，让学生感受到老师的关心和重视，帮助学生慢慢认识自己，然后逐步成长为理想中的自己。这，不正是最有力的教育吗？

“外化问题”：师生沟通的好工具

文/刘梅婷（湖南省长沙市开福区清水塘北辰实验小学）

“外化问题”，是解决问题冲突的好工具。所谓的外化问题，是把“问题”和“人”分开，还原被贴上标签的人。

把人和问题拆分后，教师和学生、家长和孩子就成了可以协作的共同体，有了一起解决问题的基础。我经常将“外化问题”这个工具用于与学生的交流中，成效显著。

周一早晨八点，看着干净整洁的教室，我心想，昨天刚做过大扫除，这么干净，今天肯定不会被扣分了。于是我陪同领读员开始组织早读。不一会儿，卫生委员跑过来告诉我：“老师，卫生检查被扣了一分！”我奇怪地问：“怎么可能？检查人员是不是弄错了？”“不是，是小岩扔了好多纸屑在地上！”我走到小岩的座位旁一看，纸屑撒了一地。她听到卫生委员在告她的“状”，大叫道：“这不是我的垃圾！不关我的事！”说着又扔了两个本子在地上。我有点儿生气：“即便不是你的东西，你也不可以把它们扔在地上！现在赶快扫干净吧。”她反抗道：“我不扫！不是我的垃圾，我为什么要扫？”为了不影响其他同学早读，我先请卫生委员将纸屑清理干净，然后让小岩下课后到办公室找我。可她仍沉浸在生气的情绪中，并没有过来。

升旗仪式结束后，我拉着她的手来到走廊，温和地问：“你的抽屉里放了一些别人的东西，所以你很生气，对吗？”她情绪激动地说：“还有垃圾！而且我的东西被弄丢了！”我点点头，接着说：“我能理解你的感受。这个学期，我在办公室丢了一个订书机、一把剪刀，还有修正贴。但我并没有大哭大闹，也没有乱扔东西。”“可我就是忍不住，想生气！”小岩依然情绪激动。

我突然想到用“外化问题”方法试一试。于是我对她说：“小岩，我们一起给生气的情绪取个名吧。”她愣了一下，说：“叫坏脾气？”“可以，那‘坏脾气’一般什么时候来找你呢？”她说：“当我生气，或者遇到不开心的事情时。”我继续问：“当它找上你的时候，你是什么反应？”小岩回答：“我会忍不住要哭闹，还想要扔东西。”我故作深沉地说：“看来是你被它控制了。那它会影响你的人际交往吗？”她说：“是的，还会影响我跟同学之间的关系。”我接着说：“让班级被扣分，你也很气恼吧？现在你已经认识了这个‘坏脾气’，那么我们可以把它画下来吗？”她点点头。

之后，她交给我一张小纸片，上面画着一只红红的小怪兽。我说：“你画得真好，你的‘坏脾气’长得很可爱呀。下次它再来的时候，你可以试着管理好它吗？”她又点点头。“那你准备怎么管理它呢？”她捶了一下“坏脾气”说：“赶走它。”我说：“非常好，你已经认识它了，这就是一种觉察。你一定可以管理好它，给自己的情绪按下暂停键，慢慢学着做情绪的主人而不是奴隶。”我把“坏脾气”还给她：“现在你是它的主人了。你可以练习怎么做它的主人，还可以把处理‘坏脾气’这件事的经过写下来。现在你觉得能为班级做些什么？”她说：“我可以去捡垃圾。”

午饭过后，小岩交给我两张小纸条，是她写的自己控制“坏脾气”的经过。她还特别告诉我，在写这些的时候，她的一支笔不见了，但是她没有生气，然而把事情经过写完，控制住情绪之后，居然又找到了那支笔！我笑着告诉她：“这说明你的正能量越来越强了，好心情会更容易发现好的事情。现在，开心地笑一笑，和我拥抱吧！”她笑着拥抱了我，对我说了声“谢谢”。

这个学期，小岩特别容易生气，她的父母为此也很烦恼。通过“外化问题”这个方法，小岩开始慢慢学会控制自己的情绪了。

那么，这个“外化问题”的案例为什么能取得较好的效果呢？它对我们今后的教育有何启示作用呢？

首先，运用隐喻。比如在小岩的案例里，我邀请她给自己的情绪取名，她说叫“坏脾气”，这就是一个隐喻。这种方法可以将问题从孩子身上抽离出来，不是孩子本身有问题，而是“问题”影响了孩子。有些孩子将自己拖欠作业的行为隐喻为“拖拖拉拉怪兽”，将自己不能与同学好好相处的问题隐喻为“红色火山”等。

其次，找到问题发生的缘由。正如我问小岩的几个问题：“‘坏脾气’一般什么时候来找你？”、“它来的时候你是什么感觉？”（关注孩子的身体感受）、“它会影响你的人际交往吗？”（关注问题对孩子造成的影响，孩子是问题的受害者）。这些问题都在帮助孩子认识问题发生的缘由。

再次，探索互动故事。比如邀请小岩把“坏脾气”画下来，思考怎么才能觉察并管理好它。

最后，回到“人”的身上，重新评估与选择，书写新的故事。当小岩认识了“坏脾气”后，她开始成为自己情绪的主人，成为解决自己问题的专家，从而获得了新的力量，自然就可以重新选择自己的行为，书写新的故事。

看见孩子对问题的影响力，让孩子感觉自己可以掌控自己的问题，这是外化重要的面向。“外化问题”是叙事心理治疗方法的一种。叙事心理治疗法作为受到广泛关注的后现代心理治疗方式，摆脱了传统将“人”看作“问题”的治疗观念，通过“故事叙说”“外化问题”“由薄到厚”等方法，使人变得更自主、更有动力。作为一名教师，我还想继续深入学习叙事心理治疗法，帮助更多的孩子。

卷入“家长”的五个有效沟通法

文/陈双燕（湖南省郴州市三完小）

家庭是孩子成长的温馨港湾，学校是孩子成长的重要场所，只有家庭和学校、家长和教师共同参与到学生的教育活动中来，形成合力，教育才能成为学生成长天平的两翼，助其健康成长。为了形成这股教育合力，教师免不了因学生的学习或者行为等问题与家长进行沟通。但在沟通过程中，教师常会因为与家长在对教育的认识、对孩子的期盼等方面存在差异以及缺乏有效沟通的策略等问题，导致无效沟通，进而难以对家长形成有效的影响。那么教师如何与家长沟通才更容易形成教育合力，从而达到良好的教育效果呢？

树立“理解差异，求同存异”的沟通观是有效沟通的前提

人的观念决定言行，要想从根本上解决无效沟通的问题，前提是先解决意识形态的问题。拥有“理解差异，求同存异”这一沟通观是实现有效沟通的重要前提。为什么这么说呢？来看一则在心理学界著名的实验。

一位心理学家用不同颜色的颜料涂抹一个圆球，一半染成红色，另一半则染成黄色，然后让两个实验对象分别从不同角度观察圆球，之后询问他们这个球是什么颜色。结果，一人坚持说球是红色的，另一人坚持说球是黄色的，他们都指责对方是“色盲”，看错了球的颜色，甚至开始争执不休。最后，心理学家让这两个实验对象分别站在对方的位置，重新又看了一次那个圆球，他们这才发现，原来心理学家在圆球上使了这么一个小小的“诡计”。

以上实验对于教师与家长有效沟通有什么启发呢？

一是在沟通中如果发现家长与自己的观点不一致，不要想当然地认为家长不愿意配合工作或不讲道理，而是要明白，由于家长的学习经历、生活阅历等方面与教师不同，使得他们在对教育的认识、对孩子的期盼及教养方式等方面与教师存在差异；二是面对与家长的分歧，不能跟随本能——训斥指责或冷淡疏远，而是应该换位思考，这样才能看到更多的真相，才会更容易与家长达成共识；三是面对与家长的差异，要发自内心地接纳和尊重。

以上三点一言以蔽之就是“理解差异，求同存异”。在这种观念的引导下，人倾向于把注意力放在“同”上——致力于追求共同目标，忽略“异”——把分歧放在一边，但允许分歧的存在。在这种“和”的局面下，教师才能把想表达的信息准确传递给家长，家长更愿意接受，这样的沟通才是真正有效的沟通。

优选沟通渠道是促进有效沟通的重要途径

有效的沟通，不仅源于对差异的态度，也源于沟通渠道的选择，优选沟通渠道是促

进教师与家长有效沟通的重要途径。那么如何做到优选沟通渠道呢？

1.因地制宜：扬善于公庭，规过于私室

选择与家长沟通的渠道时，我们需要因地制宜，做到“扬善于公庭，规过于私室”。“扬善于公庭，规过于私室”是曾国藩在给他弟弟的一封家书中透露的一个管理秘诀。这句话的意思是“在公开场合要多表扬一个人，至于他的过失或不足，要私下去纠正或者规劝”。这充分遵循了马斯洛的需要层次理论所揭示的“人是需要被尊重的”这一需求规律。

记得2018年6月，河南郑州一位小学四年级的班主任因为把本班默写古诗的成绩及相关的照片发到了班级家长群，引发了部分家长的强烈不满，并四处去告状。这位老师的本意是想发挥班级榜样的示范作用，希望那些潜能生的家长看到差距后能督促自家娃汲取榜样的力量，但这番“良苦用心”不但没被家长理解，反而引发部分家长的攻击，这就是因为这位教师所选择的“家长群”这个沟通渠道是“公庭”，这样的呈现就忽略了那些成绩不理想孩子的家长“被尊重”的需求的满足，所以这样的沟通不但无效，甚至还遭到了“反噬”。

2.因事制宜：熟练运用“55387定律”

“55387定律”是一条沟通定律，即55%+38%+7%=100%。这条定律告诉我们，人际沟通效果，55%是由态度、动作、表情等方面是否恰当、得体决定的；38%是由语气、口吻等决定的；只有7%来自我们说话的内容。由此带给教师们选择沟通渠道的指导就是要“因事制宜”：能当面沟通的，绝不打电话；能打电话的，绝不发信息（邮件或网络聊天）；必须发邮件的，要尽量辅以电话的方式进一步沟通。

管理好情绪是支撑有效沟通的必要支点

人人都会产生情绪，不同的情绪，会导致不同的沟通结果。作为在教育教学方面有着专业知识储备的教师，要想与家长进行有效沟通，既要注意管理好自己的情绪，还要兼顾好家长的情绪。“回归初心法”和“细节营造安全感”是管理情绪的良方。

1.“回归初心法”：管理好自己的情绪

“回归初心法”的步骤很简单，就是在与家长沟通时，当感觉情绪不佳，觉察谈话目标正在发生变化时，必须暂停与对方交流，转而停下来问自己四个问题：一问我希望为自己实现什么目标？二问我希望为对方实现什么目标？三问我希望为我们之间的关系实现什么目标？四问要实现这些目标，我该怎么做？

“回归初心法”为何能助力情绪的管理，进而促使有效沟通的达成呢？这与大脑的构造和运行机制有关。当我们情绪不佳时，如果不暂停交流，任由情绪泛滥，就会激活具有“战斗”或“逃跑”本能反应功能的哺乳动物脑，进而让沟通行为演变成语言或行为方面的斥责攻击或漠视逃避。反之，当我们暂停交流，尝试问出以上四个问题时，这等于是激活了与解决问题、控制情感冲动等有密切联系的灵长类脑，灵长类脑一旦被激活，就会抑制住生存本能的“战斗”或“逃跑”反应，进而使我们回归理性，重新考虑采用收益更大的长期目标去指导我们进行有效的沟通。

2.“细节营造安全感”：照顾好家长的情绪

教师应该怎样照顾好家长的情绪呢？在

沟通过程中，通过注意细节营造安全感是一个不错的选择。怎样做到用细节营造安全感呢？我所在学校的一位资深教师给了良好的示范。

一次，一位家长气冲冲地来到这位教师的办公室，一进门就大声指责该教师。面对情绪激动、盛气凌人的家长，这位教师首先搬出一张椅子放在家长身旁，并倒了一杯水放在家长面前，笑眯眯地说："别急，坐在这儿，先喝点水再慢慢说。"在家长继续表达不满的过程中，她不打断，也不反驳，只是看着家长，静静听着。等家长说完后，这位教师才轻言细语地对家长的误会逐一做出解释。从以上资深教师的做法中，我至少学到了以下几个用"细节营造安全感"的小窍门：一是从态度方面注意——态度谦和；二是从行为方面注意——行为周到；三是从表达方面注意——表达真诚。

精准编码是提升有效沟通的关键手段

1.避免啰嗦，简明扼要有实效

（1）教师编码环节中"唠叨"问题现象及弊端

加拿大教育心理学家林格伦等曾指出，许多教师都患有一种可以被称为"唠叨"的心理疾病，而且越是资深的老师越感觉不到这种病症。"唠叨"的主要症状是话特别多，啰哩啰嗦，并经常不分场合、事无巨细地指责，还认为自己一直在"诲人不倦"。在沟通中，唠叨给沟通对象造成的负面情绪会严重妨碍沟通的有效性。

（2）教师克服唠叨的三个妙招

怎样克服唠叨症呢？三个妙招有实效：一是语言上讲重点，例如将表达的内容浓缩成几个要点，用精练的语言表达出来；二是逻辑上有条理，可以采用"总述、分条阐述、总结"的方式来表达；三是说话时间分配上要把控，建议跟家长沟通时让家长多说一点。这可以让家长在表达中梳理好情绪，进而提升沟通的有效性。

2.防止"角色固着"式表达，重表达事实、感受及需求

（1）教师编码环节中"角色固着"式表达问题现象及弊端

心理学家通过研究发现，教师在人际沟通中常会出现"角色固着"这一心理障碍。角色固着是一个社会学名词，指一个人根据社会的舆论规范和约定俗成的习惯所表现出的思维倾向、行为方式等。如果一个人不顾环境、场合等因素固守一种角色，就是角色固着。角色固着型教师在与家长沟通时，常会用与学生对话的方式来与家长沟通，这种不懂转化的语言表达问题具体体现为以下三方面：

问题一："说评论"。即给对方贴标签，或仅凭自己的主观判断来评价对方的好与坏。例如"这个孩子很懒，也不爱学习"等话语。"说评论"会让人倾向于听到批评，容易产生逆反心理。

问题二："说想法"。例如"你家孩子经常不交家庭作业，你很少管孩子吧！这样会毁了孩子的。"这句话的问题在于难道孩子不交作业，就一定是家长没管教孩子吗？难道孩子经常不交家庭作业就一定会毁掉他的整个人生吗？这是把自己的臆想当事实来强加给对方，这样表达会让家长觉得你盛气凌人，也会有种躺着中枪的委屈感。

问题三："表达责备"。例如直接指责训斥家长的话——"哪有像你这样当家长的，你会不会当家长？"指责和训斥会挫伤

听者的自尊心，对方会倾向于申辩或还击。

(2) 改善“角色固着”式表达的三大“必杀技”

必杀技之一：把“说评论”改成“说事实”。例如将“这个孩子很懒，也不爱学习”改成“今天上课时，我看见孩子一会儿趴在桌子上，一会儿又东张西望”。

必杀技之二：把“说想法”改成“说感受”以及“感受的原因”。例如把“你家孩子经常不交家庭作业，你很少管孩子吧！”这句话改成这样来说：“看到孩子昨天和今天都没交作业，我有点着急，我会担心孩子因为没有及时巩固而导致知识掌握不牢固。”

必杀技之三：把“表达责备”改成“说需求”。即把所有的责备语言换成期望对方做到的内容。例如把“哪有像你这样当家长的？你会不会当家长”改成“我知道您平常工作很忙，可我还是真心希望您每天抽出一个小时来陪伴孩子成长”。

以上三种表达方式既遵循了客观事实，又能让家长感到自己被尊重、被理解和被关心，因此教师的真心话家长听得进去，家长的心里话也会与教师说，从而提升沟通的实效性。

明晰解码是强化有效沟通的妙招

有效的沟通不仅需要发送者精准的信息编码，还需要接收者明晰地解码，由此才能够完成传递和接收。我认为明晰解码需要坚持“一个核心”，运用“三个技巧”。

1.坚持“一个核心”

坚持“一个核心”即坚持以同理心倾听为核心。“同理心倾听”是一种既注意信息的接收，还注重情感交流的倾听方式。它之所以能强化沟通的效能，是因为在倾听的过程中，如果能做到与对方共情，就能帮助对方通过情绪的共振，让沟通双方之间的盲区渐渐缩小，共识区相互扩大，从而增强沟通的有效性。

2.运用“三个技巧”

教师在与家长沟通时，要想做到同理心倾听，就至少得运用好三个技巧。

一是沟通前精心准备。例如教师要调查了解有关家长教育素养、职业背景、性格特征等方面的资料，汇集并列出所需要谈话的内容及需要解决的问题等信息。

二是沟通时正确理解信息。教师要懂得听声观行——不仅要关注家长说的内容，还要观察家长的神态、动作等非语言行为；教师需尽量做到同感回应——态度专注投入，保持适当视线接触，及时做出情感反应，同时也要适度地给予语言反应；教师要懂得换位思考——注意力集中于家长身上，联系其背景经历、个性特征及谈话内容等信息，听出言外之意。

三是沟通后的有意识训练。即把日常工作及生活中的沟通过程当作训练场，有意识地提醒自己用以上相关技能技巧去倾听对方的心声。

著名教育家陈鹤琴先生曾说过，教育是一件很复杂的事情，不是家长一方面可以单独胜任的，也不是学校一方面可以单独胜任的，必定要两方面共同合作，方能起到良好的功效。教师，作为有着专业教育教学素养的师者以及亲师关系的主导者，应该主动担负起与家长密切合作的责任，努力学习沟通技能，加强沟通认知，提升沟通能力，并运用睿智的沟通策略与家长保持有效的沟通，让教育达成一致，使每名学生都得到全面、健康、和谐的发展。

教师与家长沟通中的五“言”艺术

文/陈蒙盛（浙江省宁波市新城第一实验学校）

我曾经不止一次听到后进生的家长说，最害怕接老师打来的电话，一看号码，头皮就发麻，心想：“糟了，我孩子一定又犯什么事了！”前几天听到学生之间的一段对话，一个男生对另一个男生说：“刚才我不是故意撞你的，你千万不能告诉王老师，王老师知道了肯定会跟我妈妈告状，我妈妈一生气肯定跟我爸爸吵架，他们一吵架可能会离婚……”忍俊不禁之余引起了我深思：我们教师在与家长沟通中了解到哪些新的信息？我们向家长传递了什么信息？我们的沟通氛围如何？沟通效果怎样？沟通之后孩子有无改变？

“教育即交往”，而交往的本质就是沟通。沟通状况如何，直接影响着学校教育的效果。教师工作取得成功的一个重要环节就是和学生家长建立相互信任、相互配合的人际关系。那么教师如何与家长沟通才能带来积极的效果呢？下面谈谈我的五“言”做法。

言之有“物”

对学生的信息了解得越充分，越容易对学生的情况做出全面分析，这样在与家长沟通时就“言之有物”，也能真正起到反映情况、得到配合的目的。

刚改选完班委，小莉落选了。这孩子学习成绩比较优异，她的妈妈对她寄予厚望，对这次的班委落选事宜估计会有不解和意见。晚上，我主动联系了小莉妈妈，我先夸了小莉的优点：“学习努力，有悟性，特别是数学的‘解决问题’能力强，说题时思路清晰，表达能力也不错，课外知识丰富，想象力好，昨天语文老师陆老师还跟我分享了她的一篇作文，她观察雨后露珠真是细致入微呀！听说你跟她爸爸两人为了支持她对生物的兴趣，还特意买了显微镜，你们真的好用心呀！”接着说：“这次落选班委我也询问了班上一些同学，同学反映她人际关系不太好，与同学交往要求别人听她的，还有，劳动可能也不太积极。我已经找她谈过了，她也认识到了自己的不足，后来情绪也比较稳定，希望经过努力，在下次班委改选时能成功当选。”“陈老师，谢谢你，对小莉这么关心，我们一定会好好配合的！”留言后面还送了我好多玫瑰花。

事先充分了解每个学生的情况，包括学习成绩、性情脾气、兴趣爱好、家庭基本信息，以及自己为这个孩子做了哪些工作等。掌握的信息越多，在与家长交流时就能言之有“物”，更能在沟通中占据主导地位，也方便引导整个沟通的过程。沟通前的充分准备，还能让家长感受到教师对孩子的重视，感受到教师工作的细致、认真、负责。

言之有“蜜”

不要一味地指责学生、指责学生家长，而是要发掘并赞美学生及家长的优点。教师一定要向学生和家长传达积极正面的信息，如“错误是成长的好机会”“孩子是一个成长的个体，孩子出现问题，正好可以让我们反思教育中出现的问题，相信家、校一起努力，一定能有解决的办法”。牢牢记住，我们找家长沟通的目的是解决问题，唤起家长和学生的信心及面对困难的勇气，这是改变的第一步。

期中试卷下发后第二天，小婉拿着数学试卷找到我，说老师给她批错了4处，分别是两道填空题和两道解决问题，看着被揉得皱巴巴的卷子，我心里大致明白了是怎么回事。一番循循善诱后，小婉跟我说了事情的真相：她只考了82分，怕妈妈会大发雷霆，于是事先悄悄改了试题的答案，果然妈妈一看这分数，先是把试卷揉成一团，眼看马上要发飙。情急之下，自己无奈撒了谎，说是老师给批错了这几题。批评、教育完小婉后，我马上打电话跟小婉妈妈联系：“小婉妈妈，今天小婉来找我，说给她批错了4题，这事她跟你说过吗？”电话那头小婉妈妈有点忐忑地回应道：“是的，昨晚小婉回到家，告诉我老师给她批错了4道题，我看了下试卷，还检查了她的草稿本，有点不敢确定到底是她在撒谎还是老师给她批错了，所以让她今天来找你。”我先是跟小婉妈妈说了事情真相，然后向她了解平时小婉在家学习情况。小婉妈妈告诉我，小婉这学期自己主动提出想独立学习，不需要妈妈每天在旁边盯着，父母给了她机会。然后叹了口气说：“唉，这孩子学习还是不行，都怪我们，太相信孩子，以后还是得每天盯着才好。”我迅速找到了几个积极关注点：孩子独立、自觉，家长放手、信任孩子。“小婉妈妈，我的看法跟你不同。如果你不跟我说她这学期每天的家庭作业都是独立完成的，我都没感觉到跟之前有什么差别，这说明什么？说明她有很强的学习能力和自控能力啊！这份卷子的失分点我都看过了，基本上是因计算错误或题目中数据抄错而失分，所以只要加强计算和检验，并给她适当减轻考试压力就行啦。还有你们，我觉得做得也不错啊，你们信任孩子，愿意放手让孩子去尝试，做得不够的地方是对孩子的学习结果看得较重，而忽视了学习习惯和过程，所以……”

著名教育家苏霍姆林斯基认为，当跟学生沟通后，他生气地离开，则教育效果不是最理想的；他若面带微笑地离开，说明此次教育是成功的。教师与家长的沟通也一样，通过彼此的交流沟通，最后能使家长怀揣希望与目标，带着微笑道别，对孩子充满信心，对自己的教育策略充满信心，说明这次沟通是有效的。

言之有“谋”

空洞的说教给人一种敷衍的感觉，不但无效，甚至会引起家长的不满和反感。所以要针对学生和家长的特点，说具有针对性和建设意义的话，心理学中把这种技术叫作“具体化”。

小轩做作业非常拖拉，计算速度又很慢，为了改变他的拖拉行为，我跟他妈妈反映完情况后，塞给他一张计算纸，要求第二天交给我。到了第二天，我发现他一题没做，马上跟他妈妈联系：“小轩妈妈，昨天我让小轩带回家的那张计算练习，小轩一道题也没做，我很想知道发生了什么事？”“老师，对不起。昨晚作业做得太晚了，我就让他睡觉了。”电话那头传来了无奈的声音。

作业做得太晚了，难道连做一张计算纸花十来分钟的时间也挤不出吗？这样不配合老师工作，以后怎么让孩子听话？批评、指责的话生生被我咽了下去，改成：“你们在辅导孩子作业上遇到了什么困难吗？要不，我们当面谈一次？”

放学后，小轩爸爸急匆匆地来到办公室，我努力控制住自己想直奔主题、批评教育的念头，关心地询问小轩家的具体情况。在倾听中，我了解到，小轩的弟弟今年刚上一年级，两兄弟一起做作业，弟弟会受哥哥影响，一起嘻哈打闹或发呆走神，妈妈根本管不了两兄弟的学习，于是妈妈一下班先辅导弟弟做作业，哥哥的作业就等爸爸下班并吃完晚饭后（大概晚上七点半以后）再盯着做。在爸爸一再催促下，做完作业基本上是晚上九点半了，然后再洗漱睡觉。

“那在妈妈辅导弟弟作业时，小轩在干什么呢？”我好奇地问。“还能干什么？坐在书桌前发呆，要么才写两个字，要么什么都没写，我回家时，每次都能听到他妈妈的责骂声。”小轩爸爸苦笑着说。我听了后感到心酸：这是一个怎样的家庭啊？你能说父母不负责吗？他们缺少的是教养孩子的理论知识和方法指导呀！“看得出来，你和他妈妈对孩子的学习付出了很多很多，真的不容易呀！”接着我请小轩爸爸思考：对于小轩目前的问题，你有什么看法？你认为是什么原因造成的？你和他妈妈对于解决这个问题有什么想法？做了哪些尝试？通过启发式提问，我帮助小轩爸爸梳理了感受、想法，一起寻找解决问题的办法。最后还推荐了《揭露孩子磨蹭真相》《你越大声吼，孩子越差劲》等家庭教育类的书籍。

在家、校沟通时，不少教师会一味地把问题推给家长，让家长自己想办法。教师在反映问题的同时，如果还能跟家长一起分析问题，并给予家长一些意见或建议，家长一定会感受到教师真诚的愿望，沟通就能真正达到效果。

言之有“情”

与家长交流时，能体会家长的情绪和想法，理解家长的立场和感受，并站在家长的角度思考哪些话是家长想听的，才能把话说到家长的心窝里引起“共鸣”，也就是我们所说的“同理心”。

小朱妈妈找到我，面带愠色地说：“昨天我儿子跟叶××吵架，叶××把我儿子抓伤了，为什么上课时让我儿子也站着？”刚接班时就听说小朱是个捣蛋鬼，他妈妈更是个“刺儿头”，好多教师被她告到校长处。看得出小朱妈妈对我的做法也颇有成见，是来讨说法的。办公室气氛一下紧张了起来，同事们都替我捏了一把汗。我给小朱妈妈倒了一杯水，然后不紧不慢地回答道：“唉，小朱妈妈，我是心疼小朱呀，你看叶××伸手来抓小朱的脖子，小朱遇到危险居然不躲开，不懂得保护自己，这长大了得吃多大亏呀。所以我让他站着反思一下，自己可以在哪些方面做得更好。”这时小朱妈妈的脸由阴转晴，我又跟小朱妈妈交流了自己的想法，小朱妈妈频频点头，最后平静地回去了。让我想不到的是，没过多久，我收到了小朱妈妈的留言：“陈老师，你是个不一样的老师。以前遇到这种事，老师都会说我儿子也有错，我听到了太多老师对他的负面评价。我也了解我儿子，让我生气的是老师对他的态度，我能感觉到老师和同学都不喜欢他。每次遇到这种事，一面是老师对我儿子的批评指责（也包括批评我），一面又是儿子委屈的眼泪，我真的要崩溃了！只有你，你是真的关心孩子。谢谢你，我会配合教育好孩子的。”

家长其实十分关注教师对自己孩子的态度，他们的想法在很大程度上是受教师的情感流露和情绪反应影响的。沟通时，如果教师给家长传达的是对孩子的关心、爱护，那么家长就会心生感激，更容易接受教师的建议；如果流露出对学生的讨厌或不耐烦，则会使家长产生抵触情绪，效果适得其反。

言之有“别”

家长对孩子的教育观念是各不相同的。有的家长总是为孩子辩解，过分支持孩子的自由成长而忽视教育的意义。对于这类“庇护型”的家长，教师可以采取先扬后抑的方式，比如“宝贝表现很棒，比如……如果在……方面再改进一下就更棒了！”有的家长往往对孩子的教育采取不管的状态，认为教育就应该是教师的事。对于这部分“敷衍型”的家长，教师一方面对他们的忙碌表示“理解”，另一方面也要让他们明白家庭教育的重要意义，逐渐提高他们的责任意识，比如“你们俩工作确实都很忙，但孩子的成长也是不容等待的，我想你们努力工作、赚钱，很大程度上也是为了小孩有个更好的将来。现在我们一起想个两全其美的对策？”还有一些家长对教师比较信任，对孩子的管教比较重视，能够积极配合教师。教师要进一步指导这部分“支持型”的家长需要做什么，与他们交流孩子的状态，更好地与其合作。

家长的个性也千差万别。有的家长自尊心比较强，把谈孩子的缺点视为对自己的批评，感到有压力。对这样的家长特别要注意方式方法，比如一个孩子最近经常迟到，上课打瞌睡，教师可以这样问家长：“您的孩子每天都什么时候起床？最近身体怎样？”再比如学生最近上课心神不宁，可以关切地问：“宝贝最近上课心事重重的样子，注意力很不集中，我心里很着急，不知你们有没有发现？是不是家里发生了什么事？”先从心理上让家长感觉平等。当孩子犯错时，可以这样跟家长说：“您不要着急，孩子偶尔犯错误是难免的，我们一起来慢慢引导他……”先从心理上给家长支持和信心。切忌刺到个别家长的“死穴”，如单亲家庭、离异、疾病等。

另外，每个学生情况不同，教师要学会区别对待。比如，有的学生问题较多，作为教师，应该多发掘他的闪光点，加以放大，并把他的点滴进步及时告知家长。多肯定，多鼓励，少告状。如果经常听到的是负面评价，而得不到鼓励和肯定，任何人都会失去信心，家长也是。如果每次教师与家长的交谈都是以告状为主，那么再配合的家长也会因此而失去耐心。有的学生成绩很好，家长也沾沾自喜，这时教师反而要指出孩子的不足和努力的方向，比如情绪控制能力、人际关系、体育、劳动表现、自理能力等，方方面面都不容忽视，以使孩子变得越来越优秀。

总而言之，家校沟通从根本上说是人际关系的交往，要想在人际交往中获得成功，不仅要有善意和诚意，而且要讲究一定的技巧。尊重是交流的基础，真诚是交流的黏合剂，师爱是共识的向心力，只有这样，我们的教育才能取得理想的效果。

基于导师角色，提升教师家校沟通能力

文/施建英（上海市奉贤区思言小学）

家校沟通不是学校导师单方面的努力就能行的，需要家校携手，保持开放、平等、协作、共赢的关系，才能构建家校和谐共育的良好氛围，助力学生健康成长。

每位教师都是集德育教师、学科教师、心理教师、生活教师、生涯教师等于一身的全科教师。这就要求改变以班主任为主的与家长沟通的模式，变成以导师为主的与学生、家长沟通的模式。这样有助于拓展和挖掘家校沟通的广度和深度，但也对教师家校沟通能力提出了更高的要求。

了解家长需求的背后，做到沟通在点上

在家校沟通中，很多时候家长会主动寻求导师的帮助，而这背后一般会有深层次的原因。新导师热情有余，容易不假思索地满足家长的需求，却忘了去了解家长需求背后的原因。

1.案例呈现

老师，孩子作业做得慢，请您批评！

三年级的小晨同学今天没有来上学。原来，几天前家长提出，希望导师以孩子作业做得慢为由在课堂上批评教育一下孩子，这位导师答应并照做了。结果孩子回家后和妈妈大吵了一架，认为妈妈和老师串通一气，让自己在全班同学面前抬不起头，于是拒绝上学。家长束手无策，责怪起导师来。

2.案例分析

关于作业问题，“双减”政策要求，小学三至六年级书面作业平均完成时间不超过60分钟。当家长让导师以“孩子作业做得慢”为由批评孩子时，年轻的导师没有了解孩子在家里做了什么作业、为什么慢、慢的程度等情况，直接答应了家长。其背后的原因可能是：第一，导师想通过满足家长的需求来体现自己的职责和价值；第二，导师不清楚家庭教育中导师的职责；第三，导师不了解该家庭亲子关系的状况和家长的动机。

此案例中家长提出诉求背后的原因可能是多样的，可能是家长在孩子面前没有权威，家长对“双减”政策下的作业管理不甚了解，家长依赖导师、考验导师等原因。

3.改进措施

导师有“学业辅导”的任务要求。导师应定期帮助学生进行学业分析，发现问题，提出建议，指导学生自主制订学习与发展计划；采取有效措施端正学生学习态度，激发其学习动力，培养其良好的学习习惯。

在本案例中，导师需要指导家长如何应对，以此帮助家长提高家教水平。导师应在严格遵守“双减”政策下作业管理相关规定的基础上做到：

第一，引导家长客观分析孩子的态度、兴趣、意志力等，指导家长和孩子一起探讨作业的难度、数量，在亲子探讨中增进亲子良性互动关系，并在分析原因、相互理解、寻找对策中达成一致；第二，指导家长学会调试自己的焦虑情绪，不能以成人的眼光来看待孩子，不能以作业本身的完成率、正确

率、速度等作为衡量孩子学习能力的标准，而是要指导家长以孩子学习有没有动力、学业有没有进步等作为衡量标准；第三，指导家长进一步了解孩子，相信孩子，帮助孩子，给孩子一个缓冲和调整的时间，做孩子的坚强后盾。

学生的学业情况是家长非常关心的问题。导师需要积极缓解家长的养育焦虑情绪，引导家长树立正确的教育观，掌握科学的教育方法，发现孩子的个性潜能和优势特长，建立对孩子成长的合理预期。当涉及不是自己所教的或者不擅长的学科时，导师还要联系任课教师，把了解到的学生课堂表现、作业情况等告知家长，家、校合力促进学生学习进步。

了解学生的心理特点，做到沟通在心上

家、校沟通要到位，导师就必须了解学生的心理特点，据此有的放矢地开展工作。沟通要讲究方式方法，是主动沟通还是静心等候，是课上沟通还是课下沟通，需要细心斟酌。如果采取了不太恰当的沟通方式方法，不仅走不进学生的心里，还会产生“副作用”。

1.案例呈现

老师，我家孩子碰到一点儿小事就哭

五年级的小美同学因为班级男生给她取绰号，回家大哭。小美妈妈跳过导师，直接把这事告诉了班主任，班主任在班级里对相关学生进行了批评教育，男生保证以后不会说了。小美因为这件事被全班同学都知道了，更加难为情，回家又哭了一场，并且希望任何人都不要再提起。第二天，导师知道了这件事，在课上走到小美面前说：“一点儿小事，有什么好哭的，胆子这么小，要向××学习，瞧她大大咧咧的，不要总是把别人的话放在心上！”小美听后又大哭了一场，之后再也不理睬导师了，有什么心里话也不告诉妈妈了。妈妈很头疼，问导师：我家孩子碰到一点儿小事就哭，该怎么办呢？

2.案例分析

本案例中女生哭了三次，特别是导师的一句话，更是让她大哭一场，并关闭了心门。究其原因，其一，导师对孩子的性格特点不甚了解，没有意识到其性格比较敏感内向；其二，导师没有了解前期发生的事情，缺少与学生及家长、班主任之间的沟通，不了解女生此时的心理状态；其三，导师在不恰当的时间，采用了不恰当的方式教育学生，加剧了这件事对学生的负面影响，最终让学生对导师和家长都产生了排斥心理。

3.改进措施

导师有“心理疏导”和“成长向导”的任务要求。所谓“心理疏导”，是通过各种渠道及时了解受导学生的心理状况，疏导学生的不良情绪，化解学生的心理压力，引导学生正确对待成长中的挫折和烦恼，激发学生自尊、自重、自爱、自信意识，培养学生拥有阳光心态和健康向上的精神风貌。所谓“成长向导”，是帮助学生分析自身优缺点，全面认识自我，明确发展方向，不断完善自我，真正实现自我。

作为导师，教师要了解每一位受导学生的身心特点，对学生做出客观、全面的评价，根据不同学生特点采用不同的沟通方式方法。本案例中的女生特别敏感，更适合在课后或校外悄悄地进行沟通。譬如，和家长约好时间，上门家访；和学生坐下来，一对一谈心……此外，如果孩子暂时不愿意谈，

导师和家长就需要放慢节奏，安静陪伴，耐心倾听，不要急于解决问题。

面对性格特别内向的学生，导师也可以合力开展有针对性的心理辅导。如美术老师可以通过画一画、涂一涂、说一说等方式，让孩子吐露心声，提升亲子关系、师生关系；体育老师可以通过搭建平台和创设机会，和胆小的学生一起运动，一起闯关，以此来锻炼学生的胆量，培养学生的自信心。

了解学生家庭情况，做到沟通在实处

学生身上所表现出来的特质各不相同：有的学生活泼开朗，有的学生内向孤僻，有的学生容易偏激……学生身上所具有的特质，往往与家庭密切相关。所以，导师要深入了解学生的家庭情况，以便在沟通中准确定位，把握教育的尺度。

1.案例呈现

老师对我家孩子不关心

小汤同学是四年级的新转进生，班主任尹老师和他结对，成为他的导师。小汤个性活泼，到了新环境也毫无拘束感，一下课就找同学玩。有一次，小汤找小屠同学玩时，因小屠正在写作业，就没理睬他，在拉扯中，小汤没站稳摔在地上，“咯咯”笑个不停。尹老师看见了，认为是同学之间嬉戏，没当一回事。第二天，小汤家长来校找领导告状，说孩子刚来新校，就受到同学欺凌，导师还不管不顾。

2.案例分析

案例中的家长认为自己家孩子碰到这件事是大事，但导师像没有看到一般，没有履行好自己的职责。尹老师在事件发生时，认为这是一件同学之间嬉戏的小事，没有必要告知家长，双方由此产生了矛盾。究其原因，其一，尹老师对该事件仅凭自己的经验，认为是同学之间的嬉戏，没有深究；其二，家长和老师之间不是很熟悉，老师和家长之间还没有建立起良好的关系；其三，家长对老师不信任，或者想要引起学校足够重视，因此跳过了导师，直接上报到学校。

3.改进措施

导师有着“思想引导”和“生活指导”的任务要求。所谓“思想引导”，是指引导学生正确认识并学会处理与自我、他人、社会和国家的关系，树立正确的世界观、人生观、价值观，形成良好的思想道德品质。所谓“生活指导”，是指帮助学生分析自身的优缺点，全面认识自我；明确发展方向，不断完善自我；确立成长目标，真正实现自我。

导师须深入了解每个受导学生的家庭情况，了解每个家长的教育观念和教育特点。对于新转进生，导师要多加关爱，可以通过家访，多了解学生及其家庭。譬如，本案例中的家长，在家里特别溺爱孩子。如果老师在第一时间告诉家长事情的经过，孩子之间只是嬉戏，家长了解事情真相后，感受到老师的真诚和对自己家孩子的关心，就会消除误会。此外，导师还要对新转进生进行校园生活适应性的指导，使其了解校纪校规，了解班级公约，让学生快速融入新集体之中，结识新朋友，明确新目标，开启愉快的校园新生活。

当然，家校沟通也不是学校导师单方面的努力就能有好的效果，需要家校携手，保持开放、平等、协作、共赢的关系，才能构建家校和谐共育的良好氛围，助力学生健康成长。

巧妙化解与科任教师的“情绪摩擦”

文/孙亦华（浙江省嘉兴市海盐县滨海小学）

班主任与科任老师的沟通，现实中大部分情况下双方都是友好且善意的，即便遇到问题，双方基本上也都能友好协商，共同解决问题。但也不排除有一些特殊情况，或者遇到个性强硬的科任老师，一着不慎，双方就很容易发生“情绪摩擦”，甚至最终“擦枪走火”。

那么，当面对科任老师情绪上头，或者很明显感觉到对方来势不善时，班主任又该如何既表明态度又巧妙化解对方的情绪呢？

积极回应，也许是一条破解之道。即主动地参与沟通，积极回应对方的情绪，它能让两个人的情感连接越来越紧密。本文所提出的“积极回应”，包含两个方面，首先指班主任对自身情绪的主动识别和回应，其次指对科任老师情绪的积极反馈。

策略一：积极的自我心理建设

虽然人是情绪动物，但作为班主任，是班级管理的“大当家”，有责任和义务在与科任老师发生摩擦时发挥主动性，“忍”字当头，然后主动斡旋关系，给予对方积极和善意的回应，在矛盾激化前巧妙化干戈为玉帛。毕竟，一个好的科任老师团队是班主任的智囊团；而脱离了科任老师支持的班主任，即便有诸葛亮的才智，也多半会累得身心俱疲。

因此，当与科任老师发生了摩擦，在发作前，请先忍耐几秒钟，想一想：我是班主任！同时进行积极的自我心理暗示：以大局为重！小不忍则乱大谋！作为班主任，忍耐性也是专业能力的体现！

经常这样自我暗示，就能不断刺激我

们的大脑，逐步把“产生摩擦—积极暗示—积极回应”变成一个自动化的大脑程序。有了这样的强大心理做基础，后续的“积极回应”科任老师情绪这一做法，也才可能真正实现。

策略二：肯定反射

处理完自己的情绪后，接下来我们要做的就是安抚好科任老师的情绪。一般来说，“你不要生气”或“这样的事情不必生气”这样的话语会习惯性地脱口而出。但我们也会发现，这样的安抚在大部分情况下往往是无效的，因为这样说等于在否定对方的情绪，暗示他这样生气是不对的，是不被接纳的。

那么，该如何表达，才能让科任老师感觉到自己的情绪是被接纳、被认同的呢？我会首先使用“肯定反射”，就是在开口回应对方前，把回应的第一句话定位为给对方的一种肯定。换句话说，就是无论对方说了什么、做了什么，我们接下来说的第一句话，都是对对方的肯定。这样的肯定，不是为了取悦对方，而是符合脑科学原理的沟通艺术。

“肯定反射”具体可以怎么操作？

比如，当科任老师带着情绪来找你反馈：“这个班级的纪律是越来越差了！简直没法上课。”我们自然能听懂科任老师的话语里隐含着的攻击性，但如果顺着这样的思路往下想，我们脑区中的“防御系统”也会被启动，一场“课堂纪律谁之过”的口水仗在所难免。而如果以“反射肯定”的思维方式去处理，我们的第一句回应就可以变成感谢：

“谢谢您告知我，如果不是您分享，我还不知道具体情况呢！”

或者变成共情：“真是难为您了！这群孩子的确不好带！”

还可以变成主动担责：“难为情难为情！纪律不好，我也有责任，您消消气！看我怎么收拾他们！”

……

这样的肯定式回应，主要目的是安抚情绪，为后面的沟通奠定正向的情感基础，让科任老师看见班主任建设性的处理态度。伴随着肯定反射，接下来的沟通就会容易很多。因为无论是谁，都很难拒绝一个在我们明显带着情绪时，既能拥抱我们的情绪，同时眼睛里能看到我们的闪光点的人，而那些满含善意的肯定，自然就如三九天的暖阳，融化坚冰，温暖人心。

策略三：先跟后带

“先跟后带”中的“先跟”，是指先对科任老师言语中的信念、价值观等部分内容进行认同处理，把焦点放在对方说话中与我们想法一致的部分，由此建立亲和感，也就是我们俗话说的寻找共同点。“后带”，就是认同之后的引导，即带领科任老师去我们想他去的方向，引导科任老师回归理性思考，选择更加合理的行为。这样的做法能让对方感觉到我们的尊重认同，也能为对方搭设台阶，削弱潜在的冲突风险。

我曾遇到一位脾气特别火爆的搭班科任老师。新学期开始不久，部分学生的规则意识还不强，动不动就会惹到这位老师。有一次我正在批作业，这位原本在教室上课的老师气呼呼回了办公室，把书本重重地往桌上一摔：“这样的班级根本没法上课！谁爱上谁去上！”这矛头显然直指我这位班主任。

这时如果我跳起来反驳：“为什么我的

课上他们专心听讲，你进去他们就不遵守纪律了？你不该反思反思自己吗？”办公室大战将会立刻爆发。

显然，应该避免这种情况发生。于是我立刻做好表情管理，一脸歉意地走到她面前，认同她的牢骚：“王老师啊，这个班真的不好带！这群熊孩子又惹事了是吗？真的辛苦您了！”说着，我又拿过她的水杯，接满了水送到她面前：“不过英语课还真的只有您能上，我现在就只认识26个字母了！”玩笑中，我通过黑自己抬高她的方式，一边继续疏解她的情绪，一边暗示她，属于她的课堂，还是得她自己去。见我这样真诚，她不再发牢骚了，只坐在那里板着脸一言不发。

我见她情绪有所缓和，便继续尝试“带”着她处理问题：“王老师，那您看这样行吗？要不我先去教室狠狠骂他们一顿给您出出气，等您什么时候气消了，什么时候再去给他们上课。”说着，我起身就要往教室走。

捧着茶杯的王老师叹了口气，喊住了我：“算了算了！骂一顿能有用就好了！还是我去吧，谁让我摊上了这样的班级呢！”说着，她捧起了书本，俨然忘记了此前怒气冲冲的那句“谁爱上谁上”。我连忙继续堆着笑起身送她：“就知道您宠他们！”

一场一触即发的矛盾，由此化解。

策略四：偷换概念

我遇到过一位科任老师很喜欢说“反话”，一言不合就用“这样的好班级”“你的得意门生”“瞧他们能耐的”等反话来表达情绪。其实我也明白他不是故意针对我，而是他的性格使然，但有时这些话听起来真叫人生气。可是，我没有挑选科任老师的资格，只能顺势而为，与他维持基本的友好关系，毕竟要以大局为重，以班级发展、学生成长为先。

当我以包容的心态接纳他之后，每每遇到他气呼呼地说着“反话”来跟我表达情绪时，我便会努力寻找他“反话”后面的正向心理诉求，然后用“偷换概念”的方式来翻译他消极语言中的积极信息。

“偷换概念”，原是指在思维和论辩过程中用一个概念去代换另一个不同的概念，而达到自己想要的表达效果，是一种常见的诡辩手法。在科任老师带着情绪来找我时，偷换概念常能起到四两拨千斤的效果。

例如有一次，我被公派外出培训一段时间，教导处就安排了这位老师代理我的班主任工作，同时代上一些课程。于是他的情绪又上来了，一挂掉教导主任的电话，他就开始了“阴阳怪气”：“小孙你可真是大忙人啊，得配个秘书了！”解读他“反话”背后的心理机制，很可能是他把我被外派培训理解为我被学校“特殊照顾”或“有特权”，觉得我“捞到了好处”，而他的利益却受损了。

如果我反驳他“你这是羡慕嫉妒恨吧”，就等于正中他下怀，给了他发泄情绪的正当借口。于是我顺着他的话语进行“偷换概念”：“是呀！我又要像只‘癫狗’一样到处跑了，连自己的班级都管不好！好在有您帮我管着班级顶着课，不然班级就要乱套了！真是辛苦您啦！”我假装听不懂他的话里有话，而是从积极的视角来拿“忙”字做文章，把这场对话变成了“自黑”和“感恩”，最终换回了他的“嘿嘿”一笑，说：“你这只‘癫狗’也不容易，我也不容易啊！希望你以后少出差！不然我可真吃不

消。”在我的再次感谢中，这场对话也算愉快收场。

当然，“偷换概念”这一沟通方式不适合经常用，否则会被误认为是抖机灵，反而不利于双方良好关系的建立。但在面对说话爱“夹枪带棒”的科任老师时，及时替换掉对方的消极观念，就等于给了双方一个台阶下，能将沟通引向积极的、有建设性的方向。

策略五：积极的暂停

“积极的暂停”这一理念来自正面管教，原指在教育孩子时，如果孩子正陷入生气、伤心、沮丧等情绪状态时，为了帮助孩子大脑从“原始脑”切换到“理性脑”，大多数情况下需要给他一段冷静的时间。活用到与科任老师的沟通中，“积极的暂停”作用同样是为了让对方冷静和恢复理性。

具体来说，我常用的“积极的暂停”主要有两种具体做法，一个是“改变场合”，另一个是“改变时间”。

先说说如何通过“改变场合”来实现“积极的暂停”。

班主任与科任老师相处的场合主要集中在教室或办公室。而这样的公共区域对于处理双方矛盾其实是非常不利的。因为相比独自经历情绪事件，有“观众”在场，很多时候因为“假想观众”和“面子问题”等因素，个体会放大情绪体验。

因此，当科任老师带着情绪来与我沟通时，我首先需要考虑当下场合是否有利于化解矛盾、消解情绪，如果不是，就要果断变换场合，规避不利因素。

比如有一次科任老师因课堂纪律问题派学生把我喊到了教室里，并当着我和全班同学的面怒斥那名违纪的学生：“这就是孙老师的得意门生！”满脸怒容的科任老师，一脸不服气的违纪学生，还有一班的“吃瓜群众”，以及无端受牵连的我，场面很是尴尬。于是我立刻用“肯定反射”这一策略安抚科任老师的情绪：“感谢您的信任，第一时间联系了我！”同时我也意识到，如果在教室里处理这一问题，会影响学生正常上课，当着全班同学的面，违纪的学生肯定碍于面子不会服软，而科任老师出于要“杀一儆百”的心理，自然也不会自降火气，冲突非但无法解决，还很有可能升级。

于是我立刻征求科任老师的意见：“您

看是我把这惹事的熊孩子领走，狠狠教育惩罚一下，还是您先回办公室休息一下，这里交由我处理？”最终通过“换场合”的方式把冲突中的两个当事人分离开来，让冲突事件及时暂停。

在我带走违纪学生后，科任老师平息了怒气，继续给学生上课。而被我带走的孩子也在与我的对话中，很快回归理性，认识到了自己的问题，还在我的引导下，给科任老师写了一封道歉信。一场师生冲突因为及时“换场合”，给了彼此台阶下，也给了双方回归理性的时间，最终得以及时化解。

再说说如何通过“改变时间”来实现“积极的暂停”。

这一做法其实在各类体育赛事中非常常见，意识到选手在比赛中状态不佳时，教练常会喊暂停。这不仅是一种技术指导和战术调整，更是一种心理战术的应用，能通过暂停打乱对方节奏。节奏一变，战局也就有可能发生变化，很多时候就能占据主动权，甚至直接影响比赛的结果。

在科任老师带着情绪来与我们沟通时，如果一时间不知道该如何处理应对，就可以用“改变时间”的方式来进行“积极的暂停”，为自己赢得时间，把握沟通的主动权。

某次，一科任老师因与一学生家长发生矛盾，找到我，情绪非常激动，要求我出面解决这个问题。从内心深处来讲，我非常不想参与其中，因为这位家长很“难搞”，而且这起家、校矛盾的来龙去脉我也并不清楚。没能掌握一手资料，还带着抗拒心理，如果我贸然与科任老师开展对话，这样的沟通可想而知会是低效的，甚至可能产生反作用。因此，我选择了用“改变时间”的方式进行积极的暂停。

在宽慰科任老师的基础上，我告知她“接下来我有课，得准备一下。之后还有个视频会议。等会议结束，我来找你，我们一起想办法！你看这样可以吗？”我既表明了当下不能沟通的具体原因，也与科任老师约定了沟通的具体时间，并用“我们一起想办法”结尾，表达了我想与科任老师共同进退的积极态度，也就比较顺利地赢得了她的配合。

利用这段“暂停”的时间，我给自己做了积极的心理建设，又以表扬孩子为由与该家长取得了联系，及时了解了冲突的起因经过。待到由我主动发起与科任老师的对话时，我已经有了较为成熟的计划和预案，这场家、校矛盾最后也得以顺利化解。而这位科任老师也因为我能站在她的立场考虑和处理问题，与我成了很好的朋友，后来的搭班过程变得和谐愉快了很多。

这些实践反复证明，将上文所介绍的“积极回应”策略单独或组合灵活应用，对于班主任化解科任老师的情绪、消解彼此间的情绪摩擦的确有很好的效果。但一定也有读者朋友会质疑：一定要这样做吗？班主任这样也太憋屈了吧？有时候为什么不可以以牙还牙震慑对方呢？

当然可以，但是然后呢？作为班主任，我们在班级管理和学生教育这一盘棋中起着牵一发而动全身的关键性作用，如果我们不能有大局意识，遇事任性随性，就很可能因一次任性，而让管理效能以“蝴蝶效应”之势产生一连串巨大的副作用。

如果我们秉持“关系建设者”的自我定位，就会有意识地把与科任老师的每一次摩擦都升华为优化双方关系的机会，真正实现“在问题中成长”。

收获美好同事关系的八个小秘诀

文/三好真史（心理咨询师）

很多人会觉得与同事相处是件复杂的事，其实，只要掌握对的方法，同事关系也可以变得很轻松。

于无关痛痒处改善关系

通常在办公室里聊天时，你是否也有这样的烦恼——想和同事有更多的沟通，但不知道该说些什么。明明与朋友有很多话题，可一旦遇到不同立场、不同年龄、身处不同环境的人，自己就变得少言寡语。

我们可以笼统地将对话分为两种类型，即传达主旨的对话和其他对话。例如，某教师对同事说："今天第二节课需要换教室，麻烦您做好准备。"这就是传达主旨的对话；而"你最近是不是在打高尔夫球？"则属于其他对话。那么，看似毫无意义的其他对话究竟蕴含着怎样的价值呢？

人们的闲谈往往缺乏主旨。但这些没有主旨的对话却依旧有意义。就像施工前要平整土地一样，它可以帮助我们事先协调人际关系，以使后续的沟通变得更顺畅。

简而言之，聊天时最好选择适合所有人且无关痛痒的话题。例如，可以先从天气这类稀松平常的话题出发，在交谈中挖掘彼此的共同点，继而深入交流。按照这样的节奏推进，对话会更加自然。

比如食物、工作、新闻、出生地、服饰、共同点、宠物、健康、气候、爱好、血型等，都是可以开启对话的话题。

此外，有一些话题在聊天过程中不宜提及，比较典型的就是政治和宗教类的话题。这些敏感话题有可能让聊天变成激烈的讨论，而不是简单的交谈。总而言之，在轻松愉快的氛围中开展的对话才有助于构建良好的人际关系。

扮演提问者角色

在交谈过程中，如果对方所讲的是自己不感兴趣或不熟悉的领域，该怎么办？鹦鹉学舌是一个有效的办法。重点是以提问的方式与对方互动，扩展交谈内容。例如，如果有同事说"我最近开始玩相机了"，你可以重复对方所说的内容表达认同，如"哦，相机吗？"然后保持沉默，期待对方的回应。

如果对方没有在你的"鹦鹉学舌"后继续往下说，你也可以运用5W1H提问法主动发问。即从原因（Why）、对象（What）、地点（Where）、时间（When）、人员（Who）、方法（How）6 个方面提出问题。例如，"你是在怎样的契机之下开始玩相机的？""你是什么时候开始玩相机的？""你的相机大概多少钱？"等，之后再着重询问对方的感受。

即使对这个领域不太了解，我们也可以提出这样一些问题：

"想必你的相机一定很棒吧？"

"爱好摄影的人都是什么样的呢？"

"你的家人支持你吗？"

充满期待地提出请求

基于学校岗位职责的划分，每一位教师可能都会遇到需要他人给予协助的情况。

请求他人做某事时，你可以尝试通过“强调对方优点”的方式来表达。假设你是体育组组长，必须把活动筹备负责人这样一个重要的岗位分配给他人，这时你不妨尝试跟目标候选人说：“因为你总能把自己的日常工作与生活安排得井井有条，所以我才想让你来担任这样一个重要的职务……”

对方在听到这番表述后，可能会一边苦笑一边接受请求。

除此之外，以下几种说法也同样适用于此类场景。

“只有你能够做到，其他人都不行。”

“我认为你能行，所以才拜托你的。”

“我自然而然地就想到你了。”

扩展对话

很多人都会认为自己是世界上最重要的人，并且对自己充满信心。

因此，教师在与同事互动的过程中非常重要的一个沟通方法就是扩展对话，即扩展有关对方的话题。具体来说，可以按照以下步骤实施。

1.感叹。善于交谈的人可以根据对方的话题恰当熟练地使用感叹词，仿佛是在某一句话的最后添加了“！”“？”“♥”等表达不同情感的符号。例如，单纯一句“是吗”不带任何感情色彩，但“是吗！”“是吗？”“是吗♥”“是吗……”却可以分别表达出不同的情感。

2.复述。复述对方所说的话，如对方说：“我最近特别喜欢吃咖喱。”在听到这样的话后，你也可以说：“咖喱吗？听起来不错哟！”

3.共鸣。使用贴近对方情绪的表达方式，富有感情地表达自己对于对方的理解。如“我理解”“的确很难”“太好了”“很痛苦吧”“你已经尽力了”等。

4.赞美。充满感情地赞美对方。如“你太厉害了”“不愧是你”等。

5.提问。为了以对方的话题为中心进一步展开互动，可以用充满好奇的口吻向对方发问：“然后呢？”“后来发生了什么？”“你再给我讲讲嘛。”“现在已经没问题了吗？”如果能在恰当的时机向对方提问，对方在讲述的过程中也会越来越有动力。

通过扩展对话，双方可以在相对舒适的氛围中进行对话，这将有助于你与同事保持良好的人际关系。

言简意赅地提出建议

如果同事做错事了，作为同伴，我们必须提醒他们。然而，你是否会因为害怕指出对方的问题而影响你们之间的关系，所以就选择沉默呢？或许你原本只是想点到为止，但实际却变成了冗长的说教。为此，你也可能会后悔自己将事情扩大化了。

处理人际关系问题时有以下三种态度：

一是只为自己着想，伤害他人的自尊心。

二是优先考虑他人，而不是自己。

三是首先为自己着想，但是也会考虑他人。

第三种态度自信而坚定，是一种重视对方的表现。用这样的态度沟通，既可以顾及对方的感受，又可以尽量把自己的感受传递给对方，在试图表达自己观点的同时，也能够尊重对方。向同事提出建议时应尽量简短地表达要点，包括希望达成的目的和要求对方做出的行动。

汇报时先概括后具体描述

教师有时需要向年级主任、校领导等报告工作中出现的问题，有时还要向学校的所有教职工做汇报。但这并不意味着我们只需要按照“报告、联系、商量”的流程盲目地推进就可以了。在讲述一件事时，如果从细节开始描述，对方可能因为无法领会讲话人的意图而感到一头雾水。

这时，教师应该严格遵循总分式汇报的基本原则。也就是说，在汇报时应首先简要描述整件事的情况，然后再详细说明细节。例如，报纸上的文章一般会在副标题中提炼全文的主要思想，继而在正文中进行详细阐述，以便读者快速把握文章主旨，这就是总分式的典型应用案例。

教师A：上周四，学生A因有自行车盗窃嫌疑而被警方约谈，下面我将就该事件做报告。周四放学后，学生B的家长来到学校。后来……

教师B：(我明白了，这位老师说的是学生被调查的那件事情。)

尝试间接赞美

对教师来说，赞美其他教师是很困难的一件事。如果直接赞美对方“您的课很有趣”，难免会给人留下刻意、恭维的印象。

此外，不愿阿谀奉承的人在表达对他人的赞美时，可能会略显生涩，甚至还会让人觉得言语之中暗含讽刺的意味。

但如果只是转述从学生那里听到的话，似乎就不太会让人产生误解了。绝大多数教师都十分在意学生对自己的评价。所以，“班上的A同学说您的课很有趣”是更加自然的表达。

换句话说就是尝试间接赞美。对于正面话题来说，通过“某人曾发表过某言论”的方式所传达的转述信息往往更加可信，而且也不会使人产生直接赞美时的不自然感。善于沟通的人会借用自己之前听到的话作为聊天的话题。

要想做到间接赞美，你可以尝试在见到某教师班上学生时询问“你觉得A老师的课怎么样？”“课堂状态如何？”等，向学生了解某教师在他们心目中的形象。

做一个优秀的倾听者

工作中，同事有时可能有事找你商量。此时，最重要的是你要保持倾听。

同事向你咨询的问题可能涉及学生的升学、未来选择、人际关系等。在这种情况下，你需要先给予对方安心感。相比获得新的建议，人们更希望向倾听者吐露心声。

为了更加通俗易懂，我将通过杯子理论来阐释倾听的重要性。

当有人来找我们商量时，他就像一个装满水的杯子，对方能否接受我们的建议，取决于对方杯子的容量。倾诉和建议分别是排水和注水的过程。当杯子装满水时，即使我们努力地向杯中注水，最终也只会因为杯子容量不足而溢出。

这时，倾听对方是减少杯中水量的一种有效方式，听得越多，杯子里的水就会减少得越多，而我们的建议也就有了被接纳的空间。

在提出自己的建议前，我们可以问对方：“还有什么想要说的吗？”这样做可以向对方表明自己愿意倾听。在被他人当作咨询对象时，我们需要将“绝对不否定对方+完整倾听”作为一套完整的程序来执行。

年轻教师如何与学校领导进行有效沟通

文/钟 杰（广东省深圳市光明区光明中学）

很多教师，其中年轻教师占比最大，他们都说，看到领导就发懵，更别说与领导正常说话了。每次看到领导远远走来，就吓得赶紧一边闪。还有些教师不无担心地说，与领导说话，说得太甜蜜了，保不定就被人家贴上“阿谀奉承”的标签。说得太直白了，弄不好又要得罪领导。既然左右都为难，还不如离领导远一点，少说为妙，妙在保身。

作为一名一线教师，若想在职场里快速地成长，就免不了要与领导打交道。这么说来，那种善于察言观色，能说会道的教师就会好处占尽，荣华尽享？那倒未必！特别能来事的教师在职场里肯定会占一定的优势，但若只会讨好卖乖，曲意逢迎，最终会变成一只人见人厌的职场“大白兔”。

那么作为一线教师，尤其是口讷胆小的教师，如何与领导进行沟通才能轻松自在且有效呢？

准备一个万能笔记本

不论是开会还是学习，抑或是找领导汇报工作，都要携带纸质笔记本，最好是自己单位定制的笔记本。

只要在学校里，不论出席何种规格的会议，不管用得着还是用不着，我都会带着我的笔记本出场。领导讲话，我会把紧急又重要的事情记下来。当然，领导们偶尔也免不了讲废话，并且是长篇大论的废话，我也会在笔记本上奋笔疾书。领导看我是在做笔记，其实我是在梳理我的工作思路。

开会，我在做笔记，领导觉得我很尊重他/她，事实上我确实也很尊重领导，这是职场伦理，必须严格遵守。

学习，我在做笔记，领导觉得我很热爱学习，事实上我也很热爱学习，这是个人成长的大事，必须认真对待。

工作汇报，我能拿出笔记本，领导认为我做了充分的准备，对我这种做事靠谱的人自然会记在心里，之后有什么适合我的工作，就会委派给我。这样一来，我就获得了成长的平台。

即便是领导生气了，批评我了，我也可以记几笔，以便在今后的工作中改进。领导再火大，看我态度端正，气也就慢慢消了。

我没有说甜言蜜语，也没故意讨好，甚至都没怎么开口说话，我就与领导进行了有效的沟通。我在领导的眼里，就是一个勤奋、认真、靠谱的好青年，值得培养！

温馨提示：开会的时候，最好不带笔记本电脑，也不建议用手机做笔记，强烈建议用纸质笔记本。

开会一定要坐前三排

我在职场沉浮30多年，在近10所学校工作过，我发现那些开会永远都躲在角落的教师，教一辈子书都没有出头之日。我这里说的出头并非做领导，而是特指专业成长。

我为什么建议教师们开会一定要坐前三排呢？因为领导永远都是近视眼，离他/她太远，压根就看不到你。你是谁？你的态度怎样？你有没有培养价值？领导永远都不会想到与他没有交集的教师。再说了，那些坐在最后一排，或者坐在隐蔽角落的教师，究竟在回避什么？或者在做其他什么？大家都心知肚明。

当领导在主席台讲话时，坐在前三排的教师，一边做笔记，一边颔首表示赞许，领导目光所及，心里是不是特别高兴？是不是就记住了你这个教师？今后有重要的发展机会，脑子里首先闪现的就是那些坐在前三排认真听他/她开会的教师。

整个沟通过程教师一句话都没说，只需要靠前坐，聆听，做笔记，加上会心一笑，颔首赞许就可以了。

温馨提示：最好不用电脑和手机做笔记，这样会产生误解。你明明在认真做笔记，发言的领导还以为你在用手机和电脑上网。

见面多请教

突然间与领导相遇，确实不知怎么说才好，特别尴尬。那就请大家准备一个万能请教模板：领导好，最近我遇到了……问题，我也想了很多办法，但效果不佳，请领导帮我指点迷津。如果遇到的是负责全面工作的大校长，就说：校长好，最近我遇到了职业发展的瓶颈，我也想了很多办法去改进，但效果不佳，请领导帮我指点迷津。如果遇到的是德育主任，就说，主任好，最近我遇到了班级管理的难题，我也想了不少办法，请教了资深的班主任，但效果不佳，请领导帮我指点迷津。如果遇到了教学主任，就说，主任好，最近我遇到了教学上的问题，我在做教学设计时，不知道如何表述教学目标，我也看了一些教学视频，但效果不佳，请领导帮我指点迷津。

教师与领导不期而遇，向领导请教，领导未必会立即为教师指点迷津，但领导心里一定很高兴，对向他/她请教的教师会高看一眼。一是有教师向他/她请教，说明他/她在教师心目中是有分量的，专业能力是被认可的，高兴！二是他/她觉得自己学校的教师很上进，看到了学校发展的希望，对未来充满了信心，高兴！

教师自己呢，因为重心在请教上了，口水话不必说，心口不一的奉承话更不用说，整个人都很舒爽，又在领导那里刷了一波存在感，何乐而不为呢？

我有个小同事曾经就因见到领导不知所措闹了个大笑话，尴尬得几天都不想吃饭。有天中午放学，她从教室里出来，刚好碰到校长从男厕所里出来。她本是一个胆小又不善言辞的年轻女教师，突然偶遇校长，慌乱之下说了一句：“校长，你吃饱啦？”校长脸一沉，气呼呼地回答道：“你是累晕了吗？食堂和厕所都分不清了？”女教师的脑子一下清醒了，尴尬得恨不能立即钻进地缝。自那以后，她每次见到校长都绕道而行。我就对她说，你准备一个请教的万能版本，今后不管在哪里遇见领导，都用这个版本向领导请教，尴尬的事情就再也不会出现了。

温馨提示：工作场合，一定要请教与工作有关的事。个人私事，一定是私下场合的事。

事后多汇报

刚入职的新人一天在忙什么有意义的事？做出了什么好的效果？领导确实不知道。但你若搞出了烂摊子，做了很多无效的事情，领导一下子就知道了。

于是有些教师就愤愤不平，抱怨道：“领导都是眼盲，我做了那么多有意义的事，为什么就看不到？”学校事情那么多，领导不可能天天来关注你。你只有把自己所做过的有意义的事情告诉领导，领导才会知晓你不是瞎忙，而是忙而有序。

教师们在自己教室里进行了微变革，并且取得了一定的效果，用笔记本记下来。对课堂教学进行了改革，且取得了一定的成效，用笔记本记下来。搞班级活动，运用了创新思想，搞出了很多新花样，学生和家长都特别认可，并且班级面貌发生了极大的变化，用图片、视频、文字等记录下来。

然后，找个合适的机会，去领导的办公室，拿出你的笔记本，认真地向领导汇报你最近都做了哪些有价值的事情、获得了哪些成果、如何在学校里进行推广。千万别误解为这是在向领导邀功要宝，我觉得这是一种担当。办好学校，搞好教育，真正受益的是孩子啊！每个教师都应该有这样职业自觉。

温馨提示：这是下属向领导汇报，不是去领导办公室做指示，因此态度要诚恳，行事要低调。

不随便吐槽，多提出有效建议

很多教师习惯在领导布置任务时怨气冲天，吐槽不断。抱怨不仅不能解决问题，还会恶化人际关系，并且摧毁人的积极性。

此时教师们该如何沟通呢？首先记住，不评价，不吐槽，不传播，不扩散。其次就

事论事，分析原因，形成解决方案，寻找解决途径。一旦解决的途径找到，就要去找领导提建议。

建议一定要具有可实施性和操作性，分A方案、B方案、C方案。向领导提出建议后，最后还要加一句话，三个方案都具有可操作性，究竟使用哪一套方案更合适，请领导定夺！

教师向领导提可行性建议的行为，既解决了领导的麻烦，又没有凌驾于领导之上，在领导那里就会好感值大增。

温馨提示：提建议时一定要摆正自己的位置，哪怕眼前的领导能力不如自己，也要谦虚低调，尊敬有加。

不邀功，不抢功

事成之后，聪明的下属，即便自己贡献值最大，也不会把功劳归为己有，而是主动让功，避功，功高盖主是职场伦理的大忌。

这种行为我称之为职场格局！我观察了30年，那些总认为自己很牛，没有他/她，学校就要垮掉的教师，最终都一事无成！

反倒是那些把学生成长当作国家大事对待，把学校发展当作自己终身大事看待的教师，既没有在大庭广众之下夸夸其谈，也没有在领导面前滔滔不绝。他们或许很内向，或许很害羞，或许很木讷，或许很低调，他们很少在人前煽情，人后抱怨，但他们却是学校里的沟通高手！

他们用真诚的态度，正确的行动，执着的追求，以及对工作的热爱去与领导沟通，一沟就通，一通就达，一达就有效！

/ My Study Review /

我 的 学 习 回 顾

◎ 这部分内容给我带来的启发与思考：

◎ 我和学生、家长、同事的关系复盘：

· 沟通小贴士 ·

提问的方法

1.选择法：教师可以给出2—4个选项作为解决问题的对策，让学生从中选择，之后确定集体和个人目标。

2.想象法：教师可以让学生想象一下获得成功时的情景，并在想象中感受自己的想法和周围人的反应，从想象中唤起学生对体验成功的强烈热情。

3.目标法：确立清晰的活动目标，将这个目标作为大家努力的方向，并时常确认是否在朝着既定方向前进，以此来修正大家的行动和态度。

4.发现法：问题很多的情况下，教师应先让学生提出各种意见和想法，促使学生主动发现问题。

5.扩大法：教师继续对学生的回答进行详细询问。

我的行动

/ My Actions /

◎ 每天使用一个说话小技巧，改善人际关系：

◎ 梳理一套适合自己的说话逻辑：

· 沟通小贴士 ·

提问的方法

6.原因法：让学生思考产生某些问题的原因。

7.总结法：教师让学生提出各自的意见和想法并进行整合，形成统一的意见。

8.数值化法：让学生的自我评价数值化、具体化，如“试着用手的高度来表示自己的水平吧”。

9.步骤法：确认某项活动的每个步骤，教师可以通过“然后呢”“接下来呢”这样的问题来督促学生按照步骤认真执行。

10.反省法：让学生对自己的错误行为进行反省，如“重做一次的话应该怎么办”。

04

「说」出好班级

班主任的工作多线头、碎片化，还具有偶发性，如果不具备平和的心态，很难在沟通时输出温和的语言，也就难以保证班级的高质量运转。面对一个班和面对一个学生不同，班主任要通过对话，引导学生形成共识，并共同遵守约定。这就要求教师要做一个善于观察、分析、思考的有心人，并借助如非暴力沟通等对话策略，进行班级管理。

班级管理中的“非暴力沟通”

文/王燕红（甘肃省兰州市西北师范大学附属中学）

高中教师，尤其是班主任的日常教学管理需要和学生频繁沟通，特别是需要和有行为偏差的学生进行沟通。由于传统文化中教师的权威身份，沟通往往以命令——服从，或命令——冲突的形式呈现，沟通效果并不理想。如果将“非暴力沟通”的方式引入学校，师生的相处模式就会变得平等与和谐。

“非暴力沟通”

“非暴力沟通”是基于尊重、理解、平等的沟通手段，在教学管理中运用这种沟通方式，可以帮助学生与教师，尤其是与班主任进行有效沟通，促进学校教学管理，建立和谐健康的师生关系。

“非暴力沟通”包含观察、感受、需求、请求等四个要素。观察，即只表达自己观察到的结果，不做任何价值判断和评价；感受，即表达自己受伤害、担心、恐惧、开心、愤怒等感受；需求，即考虑自己的哪些需求没有得到满足，导致自己产生了这种感受；请求，即要求对方采取哪些行为来满足自己的需求或愿望。教师在与学生对学习和日常行为规范方面的问题沟通时，能合理运用这四个因素就会取得明显的效果。

“非暴力沟通”手段的必要性

师生间对行为问题的沟通是存在问题的，而师生关系的紧张会导致学生行为的恶化，并影响学生的学习效果与学习体验。

目前师生间最常见的沟通手段是道德评判，即学生的行为和教师的价值观不一致或违背了教师的价值观，学生就会被认为不道德或是差生。如果学生迟到，教师会批评他“你就是懒惰”！这种评判往往被学生看作是侮辱，进而引发不满或冲突；又如，教师拿两个学生做比较：“你看看某某同学的成绩，再看看你，大家都是人，差别怎么那么大？”这样给他们贴标签加以评论的语言，往往会引起学生的抵触或敌意。这样的沟通的本质就是道德评判，它无法达到有效沟通的目的，相反却充当了沟通的杀手。但为什么成年人，尤其是教师会轻易地做出道德评判呢？其根源是忽视了对方的内心感受与需求。如教师发现学生迟到时并没有发自内心地关心学生迟到背后的原因。但如果教师通过详细了解与询问，了解到原来学生的迟到是失眠引起的，而失眠是由于室友打鼾造成的，那么解决迟到问题就由指责学生变成调整宿舍或购买耳塞而得到解决。所以，以道德判断为出发点的语言阻碍了教师对问题的了解与解决。

此外，传统的教师权威地位阻碍了师生间的有效沟通。由于我国有尊师重教的传统，教师处于强势地位，他们往往认为改变学生的不良行为是教师的职责，在日常管理中也容易采取强人所难的方式。如果学生不配合教师的要求，他们就会采用惩罚的手段迫使学生做出改变，或者直接发出命令，让他们服从。处于弱势的学生可能不会直接反抗，但一定会想办法来忤逆老师。比如，中学生的智能手机在学校被禁止使用，如果老师仅仅是没收了学生的手机，但学生并没有意识到手机对他的消极影响，就会想尽办法满足自己玩手机的愿望，如改装电子词典成为上网工具，天天吃泡面省钱再买手机，更加机警地避开老师等。这样一来，学生在校使用手机的问题没有得到解决，可能还会增加沉溺其中的风险。

因此，教师如果借由社会文化赋予的强势地位，以道德评判的方式评价学生的行为与价值观，师生之间的有效沟通就很难实现，平等与相互尊重的关系更难以建立，那么高效管理班级的任务也难以达成。

利用“非暴力沟通”做好班级管理

本文将结合“非暴力沟通”中观察、感受、请求、需求等四个要素，探讨如何与学生进行有效沟通。下表列举了教师常见的错误沟通方式及学生的反应（见下页表1）。

不难看出，责备、谩骂、威胁、命令、说教、警告、控诉、比较、嘲讽及预言等教师常用的沟通方式，并不能激励学生遵守校规校纪、主动学习，达到管理班级的目的，反而会引起学生的反感，破坏师生之间信任与和谐的关系。那么教师该如何利用“非暴力沟通”的手段进行日常班级管理呢？

区分观察和评论

下表呈现了教师针对学生的具体行为将观察到的事实与评论混为一谈，以及教师如何用区分事实与评论的方法来表达的差异（见下页表2）。

当教师把预测、缺乏依据的评论与事实混淆，或言过其实时，学生便会产生逆反心理。而客观地表达观察到的事实，却不做任何评判，就让师生之间的进一步沟通具备了可能性。

学会表达感受

表达感受的前提是体察感受。体察感受本就不易，表达感受更难。难度在于人们往往将想法与感受混为一谈。比如，当教师对学生说“我感觉跟你讲话就像对着空气讲话”“我觉得你这么做太自私了”，虽然教师说“我觉得”并非在表达感受，而是表

※ 表 1 常见的教师错误沟通方式 ※

教师沟通方式	学生对教师沟通方式的反应	
责备	教师语言	你就不能上课认真听讲吗
	学生反应	你说我不认真，那我干脆不听了
谩骂	教师语言	这道题讲多少遍了，还不会，这么笨的人真是少见
	学生反应	说得对，我就是笨
威胁	教师语言	我数三下，你再不停止小动作，我就要给你们组扣分了，一、二……
	学生反应	你看不见的时候，我再玩
命令	教师语言	不要再磨蹭，我限你在 10 分钟之内打扫干净教室
	学生反应	我就不想干
说教	教师语言	你在宿舍随意用别人的东西对吗？这种不好的行为习惯是非常害人的
	学生反应	得了得了，又来了，谁想听你说啊
警告	教师语言	再磨蹭就迟到了
	学生反应	烦死了，这么多要求
控诉	教师语言	我每天强调作业的事情，还不是为了你们好
	学生反应	都是我的错，还不如不上学
比较	教师语言	你看人家晨晨，学习多认真
	学生反应	晨晨真讨厌
嘲讽	教师语言	你的字真是书法大家，也不知道谁能认出来
	学生反应	我干啥都不行，干脆不干了
预言	教师语言	你再撒谎的话，老师和同学们都不会再相信你了
	学生反应	我放弃算了

※ 表 2 关于事实与评论的表达方式 ※

表达方式	事实与评论混为一谈	区分事实与评论
使用的语言没有体现出评论的人对其评论负有责任	你太大方了	我看到你经常请同学吃饭，觉得你太大方了
把对他人思想情感或愿望的推测当作唯一的可能	她肯定考不及格	她担心自己考不及格
把预测当事实	如果你挑食，你的健康会出问题	如果你挑食，我担心你的健康会出问题
缺乏依据	小明花钱大手大脚	小明上周买参考书花了1000元
把评论当事实	小华是个差劲的前锋	在这一季的比赛中，小华没有进过一个球
言过其实	你从不配合我的工作	我最近组织了三次活动，你一次都没有参加

达自己的看法，但在学生听来就是指责，他们有可能会因此觉得委屈、退缩、自责或内疚，痛恨自己。“我是个自私的人，因为我完全没有考虑别人的感受。”那么当学生面对教师这样的表达方式，自责的学生即便想做出回应，也无法在语言、行动上反馈给教师，导致师生关系更疏远。当然也有些学生可能会指责老师，“你没有权利这么说我，你才自私呢”。因此，当教师把想法与感受混淆时，沟通是无效的。

那么该如何表达感受呢？教师可以试着去积累一些表达内心感受的词语，并通过使用这些词语，向学生示范如何表达感受。“很好、很坏”这类模糊的用词很难让学生理解教师的实际感受。当教师对学生的行为满意时，可以用“兴奋、喜悦、欣慰、心满意足、感动、感激”等词语；当教师对学生的行为不满意时，可以用“恐惧、担忧、焦虑、紧张、悲伤、沮丧、绝望、愤怒、生气、疲惫、孤独、寂寞、愧疚、后悔”等词语。感受词汇的积累与使用不但可以帮助教师正视并觉察自己的情绪感受，而且也能帮助教师去体会觉察学生，并用清晰、具体的语言表达出内在感受。这样，学生才有可能在教师的影响或示范下，学会用心体会他人的感受和需求。

表达造成上述感受的原因

比如，当教师在学生张贴的海报上看到了拼写错误时，会责怪学生“看到海报上的拼写错误，我特别生气”，这种表达方式虽然表达了感受，但却忽略了产生这种感受的原因。如果将这句话调整为“看到海报上的拼写错误，我很生气，因为我看重认真的品质”，调整后的表达可以帮助学生了解教师感受的根源，更重要的是学生了解了教师的需求，进而去思考如何满足教师的需求。同样的，如果教师学会引导学生表达造成他们各种感受的原因，就能分辨出学生的哪些需求没有得到满足，就能商量或想办法满足学生的需求。如果教师和学生都互相关注对方的需求和价值观念，就会成为营造相互合作、相互关心教学环境的良好开端。

明确提出具体要求

当教师要求学生“你要有责任感”时，不能忽视不同学生对责任感的认知是不同的，他们体现责任感的行为也是不同的，不一定能达到教师的要求。教师如果明确提出“我希望你每次都能参加班级活动”，这种明确具体的表达方式对学生来说更具有操作性。当学生对老师说“我就想要自由”时，教师不能急于指责学生“你还想怎么自由？”“你们这代学生比我们当学生时自由多了，还想怎样啊？”教师可以询问学生“你具体讲讲，在哪方面需要自由呢？”这个询问会帮助学生理清思路，明确他的需求到底是什么。教师可以和学生一起判断是否能实现，以及如何实现这个需求。

班级管理关乎学生的发展，教师要做到一切从学生的身心健康出发，用爱去聆听与关注，在管理班级时做到不吼不叫、有效管理。师生关系不是猫鼠游戏，也不是权威与服从，而是关心与信任、聆听与尊重。虽然每个人的价值观念和生活方式大相径庭，但作为人却都有相似的感受和需求。在发生矛盾和冲突的时候，应合理运用“非暴力沟通”的方式，通过倾听、理解让学生和教师关注彼此的感受和需求。“非暴力沟通”给教师尤其是班主任提供了一个更好的机会，去表达对学生的爱，也有助于创建融洽的师生关系与和谐的学校氛围。

运用恰当的语言机制解决班级问题

文/楼茌玲（浙江省杭州市萧山区义桥实验学校）

教师的语言机制是德育中的一门艺术，充分利用好相应的语言机制可以提升德育的有效性，这就需要教育工作者在处理班级日常事务时做一个善于观察分析并能结合班级实际和学生情况反复思考的有心人，形成一套与班级适配的德育机制，尝试利用恰当的语言机制解决一些班级管理中的问题，与处于青春期的学生进行有效的沟通，进而让他们平稳地度过这一时期。

知己知彼，建立师生沟通基石

班级管理开始前，教师需要做足功课，摸排班级和学生概况，在此基础上选择相应的语言机制，建立起平等的师生关系，增强家长、教师、学校三方的沟通。进入青春期的学生有许多不成熟的小心思，容易让教育工作者误以为他们已经长大了。当他们出现一些大大小小的问题时，教师往往会用大人的眼光审视和考量他们，而忘记了他们不过是十几岁的学生。

思考:如果语言机制选择得当，教师就能有效地应对教育问题和学生问题，使亲密师生关系的建立水到渠成。当一些品行方面的学困生得到一些“特殊关照”之后，其很容易建立起与教师之间的良好关系，这就使得教育过程中衍生出来的问题可以得到一定程度上的解决。在实施家访的过程中，教师走出校门并走进家门，不仅仅是教育方式的改变，更是一种学校教育理念的更新。

措施:每次接班，我都会去上一任教师那里做功课，了解班级学生的情况，以利于后续班级管理的有条不紊。对于功课中的一些个例，事无巨细，深入了解学生的个性化特征，充分利用语言机制，采取有针对性的措施。

案例1：我八年级中途接班，在和任课教师交流时获悉，班里有位田同学行为习惯差，经常用小动作招惹其他学生，课上随意走动，教室里从早到晚都是他的絮絮叨叨。在一次被教师批评之后，他还公然在教室摔桌子表示抗议，他也因为以上种种，在班里被贴上了品行学困生的标签，很多学生都不愿意与他交往。

为了更深入地了解田同学的问题，我先后三次进行家访。第一次我和他的家长分析了他的现状，提出了较易达成的目标，让他清楚地意识到他的成绩不理想只是因为不够勤奋和脚踏实地，其实他是一个聪明的学生。我们共同制定了相对较低的目标，以书本为基础，背公式概念、做基本题，困难的内容不做要求。目标逐步达成，让他有了一些信心。

当他有进步时，我及时给予表扬，让其获得成就感。第二次家访，我还通过与他外婆的沟通、与各科教师的沟通、与全班同学的沟通，营造正面引导的良好氛围。学习上的进步，使他显得较以前自信多了，偶尔有点洋洋自得。第三次家访，我引导他逐渐树立长远目标，在实现目标的过程中遭遇挫折时，他也能以正确的心态面对，摆脱知难而退、对现实一味逃避的心理。这下他不仅保持了自信心，也对自己有了更清醒的认识。几次家访下来，他似乎感觉自己受到了重视，我们的关系变得更加和谐，沟通也更加深入。

反思：教师应公平地对待每个学生，尊重学生之间的个体差异，关心学生的全面发展。每个学生身上都有不同的闪光点和不足之处，这要求教师仔细观察，寻找、发扬他们的优点，慢慢引导其改正缺点。每个学生都是可爱的，值得教师用同样的爱心去对待。只要用心，就没有一个学生是“坏学生”。

巧言妙语，利用一切教育契机

“当世界年纪还小的时候，每样东西都必须学习怎么生活，每样东西只要弄明白自己做什么最容易就行了。”学生也一样，倘若他们在遭遇挫折时，能够在教师的引导性语言下学会直面挫折，教育又怎么能不成功呢？

思考：挫折的存在是具有普遍性和必然性的，学生在成长过程中都会面临这样那样的挫折，助力他们克服这些成长路上的小阻碍，这也是语言机制的作用之一。

措施：面对挫折时，教师如果小题大做，处理失当，不仅不能帮助学生化解挫折，反而会在学生心中埋下抱怨的种子。因此，学生遇到挫折时，教师的引导性语言机制就要发挥作用了。运用恰当的语言机制四两拨千斤，大事化小，给予学生启发，才能真正地体现教师的教育智慧。

案例2：校运动会前的班级特色方阵展示是每个班级都十分重视的环节，大家都渴望在那时好好表现，成为其他班级学生羡慕的对象。文娱委员甚至向我申请，特许他们在午饭后的休息时间进行排练。

看到学生热情高涨，我当然乐于支持，于是安排班里的体育健将孙同学和文娱委员方同学分配每一位学生的任务，并进行排练。本以为孙同学和方同学组织的排练开展得很顺利，怎料等我到达训练场地时，学生们叽叽喳喳争论不休，有对出场顺序持否定态度的，有嫌弃其他学生表演不精的……

孙同学看到我过来立马大吐苦水："老师，这群人我是没法教了，他们没有一点集体观念，自顾自聊天，还不服从我们的任务安排，在那里瞎指挥。"我笑了出来："这下你明白老师平时教你们有多辛苦了吧，你看看，你才遇到一点点小挫折就垂头丧气想罢工，我可是被你们伤害了千百遍啊。"大家听到我的话一哄而笑，仔细想想好像又是那么一回事，于是你看看我，我看看你，刚才的小矛盾一下子就烟消云散了。玩笑过后，学生投入到紧张有序的训练中，他们相互鼓劲。在之后的方阵演出中，大家相互配合，团结协作，在得知我们班没有取得第一名后，大家都一脸失落。

我正好趁着这次比赛给学生开展一次挫折教育，于是我找到了一些名人曾经失败的案例。在展示这些案例后，我对学生说："其实我发现咱班的同学关键时刻集体荣誉感还是非常强的，没拿第一名，老师看到大家都很失落，我想我们缺的不是团结。输了没关系，谁也不可能一直赢，你们在我心里已经是最棒的了，刚刚我们看到的那些人物谁不是经历过几次失败才有所成就的呢。"学生听了我的话，都陷入了沉思。

反思：教育向来是细小处见真情，教师需要把握教育时机，运用自己的教育智慧有效化解学生遇到的挫折。对此，可以抓住学校组织的各类集体活动的机遇，采用引导性语言机制，开展挫折教育，借助各项比赛的评比让学生共同接受不如意的结果，从而让学生积极应对各类挫折，树立正确的挫折观。

相辅相成，强化班委的辅助功能

教育的本质是一朵云推动另一朵云，一棵树摇曳另一棵树，一个灵魂唤醒另一个灵魂，应该是让学生学会感受，也学会生活。

思考：加德纳的多元智力理论告诉我们，每一个学生的智力都各具特点并有自己独特的表现形式，有自己的学习方法。由此可见，教育工作者只要用心去观察，每个学生都很聪明，都是拥有巨大潜力的。

措施：如何让学生在集体之中仍然保有自己的个性，而不至于让自己的声音被别人的否定给淹没？这一点也值得教师思考。因为教育不是把不同学生的天性抹杀，而是耐心地等待学生成长。班干部培养机制就是德育的又一有效切入点，教师可以采用调动性语言机制让学生在互帮互助的过程中强化班委的辅助功能。怎么选举，怎么跟进，怎么评价，怎么轮岗，这一系列举措就是丰富学生认识、体验的教育活动。

案例3：新学期的头等大事便是选举班干部，为了让学生的个性得到凸显，我摒弃了过去指定班干部的方式，改用竞争的方式。

我问学生们是否愿意成为班级的主人，自主管理班级，大家热情高涨，跃跃欲试。学生们通过自荐和他人推荐相结合的方式，采用"上岗"机制。不过，与此同时，我也明确了班干部的任职并不是终身制的，而是轮流管理；不是简单地发号施令，而是教学生学会管理。并且在担任班干部的过程中定期组织学生进行自评、互评等，同时设置了班干部职责和打分制度。这样可以通过相互监督与评价，发挥每一个学生在班级中应有的作用，增强学生的主人翁意识，让每一位学生都参与到班级管理中来，激发学生的表现欲，增强学生主动参与的意识，分工合作，体现了齐心协力、团结协作的精神，也让学生间的友谊得到升华，集体主义观念也得到加强。

尤其是在自修课或早读课上，各个班委之间相互制约，从而可以树立良好的纪律意识，与此同时学生也可以学会自我管理。这样的班干部培养机制让学生的竞争意识不仅体现在班委竞争上岗上，更是延伸到学习中，可谓一举多得。

反思：教育并不是磨平所有人的棱角，而是让每个人都能成为更好的自己。学生在年幼时个性可以得到表达，没有人会觉得有什么奇怪。在集体生活中，教师应采用调动性语言机制，让每一个学生都拥有自己的个性，使他们被理解，也被欣赏，自由地成长。

同心同行，实现教育价值延续

好的教育，常常是与学生心灵的对话。仪式感对学生而言是庄重而有意义的，它的存在足以让平凡的日子散发出光芒。

思考：许多教师在班级管理中总会一丝不苟地要求学生按照自己的想法执行，这样的教育枯燥乏味，长此以往定会形成教师疲惫不堪、学生没有激情的局面。教育价值不仅仅体现在平时，还应该体现在教育对学生产生的后续作用上。

措施：学生有许多不成熟的时候，但不可否认的是他们内心世界极为丰富。教师在教育中用心经营，采用多样性语言机制，时不时给平淡的校园生活加点料，或许就可以打开学生的心扉，让他们感受到爱，也学会表达爱。

案例4：中考前，我给毕业班的学生写了一封信：亲爱的同学们，过了这个夏天，我和你们中的很多人大概率这辈子都很难再见一面了，所以最后的时间要好好珍惜。看看你身边的同学，你和他一起度过了人生中的第一个转折点，第一个重要的三年，你的一生中最好的朋友也许就在这里。好朋友其实不用很多，老师最好的朋友们就是初中的同班同学，前两天小聚时我们还在感慨有幸遇见，恰好合拍。所以，互相鼓励，相互支持，携手共进，相约在未来的某一天相遇，这才是属于你们这个年纪的轻狂不羁。同学们，每天学习一点，就会感觉自己进步了一些，这样一步步地前进，或许你就能看到不一样的风景。没有不劳而获的童话，真正强大而成熟的人，他们信奉的是天道酬勤。仔细想想，其实你考的不是试，是前途，你桌面上的书，是将来做选择的意气和拒绝时的底气。所以，不要停止奔跑，不要回顾来路，来路无可眷恋，值得期待的只有前方。加油！

反思：这样的多样性语言机制可以让学生懂得爱是需要传递的，爱的传递也是需要有仪式感的。学校里以及家庭中的那些大大小小的仪式能让学生真切地感受到被爱，也只有当他们感受到爱，才能学会如何爱人，如何爱自己。

教师需要平等地对待每一位学生，一个个鲜活的生命都有各自的个性和特点。班主任需要在接班前做足功课，选择相应的语言机制，建立师生沟通的基石。同时，在日常管理中要把握教学时机设计德育活动，运用个性化的语言机制和教育智慧助力班委共同管理班级。班级管理是一个具有个性化的工作，每一个班级有各自的特色，每一个学生有各自的性格。所以，教师要利用恰当的语言机制和学生有效沟通，用学生喜欢的方式进行管理，才可以使班级成为学生的家。

巧妙均衡表扬与批评，促进学生健康成长

文/吕 纯（江苏省锡山高级中学实验学校第二小学）

现阶段小学生大多为独生子女，大多数家长非常宠溺孩子，这就导致小学生从小就容易养成“为所欲为”的坏习惯，这也给班级管理造成了一定的困难。作为班主任，在班级管理过程中更要掌握表扬与批评的艺术，帮助学生从小树立正确的人生观、价值观，帮助他们发现自身的长处和缺点，促进学生健康成长。

在课堂教学中，表扬往往有助于促进学习，大多数学生都喜欢受到表扬，但是，适当地批评也会产生意想不到的效果，能够让学生认识到自己的不足并改正缺点，进一步提高自己。在班级管理过程中应该奖罚结合，表扬时指明学生进一步努力的方向，批评时还要肯定其进步，这样才能取得良好的教育效果。

表扬与批评在教育中的运用现状

近年来，随着我国教育法治建设的不断完善和教育课堂的引导，尊重学生被纳入了法治领域。在这一政策实施的过程中，我们发现学生的价值观和个性获得了充分的尊重，但同时学生的权利也变大了，许多教师都开始“害怕”学生，“害怕”家长，不敢对学生提出一点批评。即使有些学生做错了，教师也不敢适当地批评学生，以免伤害学生自尊。表扬主要是为了肯定每一个学生的表现和成绩，表扬他们的长处与优点，也可以激励和鼓舞学生，使学生坚定信心，进一步调动积极性，树立榜样。批评是指出学生的缺点，分析错误，指引正确的方向。因此，在教学中教师要掌握表扬与批评的艺术，这样学生才能得到全面的发展。

班级管理中巧妙运用表扬与批评的策略

要充分了解学生，对症下药

新课标强调所有学生都应该得到教师的重视。学生每个年龄段的心理变化都不一样，比如小学六年级作为毕业班，教师更应该在这个人生转折点让他们树立正确的学习态度和生活态度。教师要了解这个阶段学生的心理特点和每个学生的性格特点。在面对一个经常受到教师和同学表扬的学生时，教师也要把握时机，指出其做得不好的地方，适当提出批评，使其明白世界上没有完美的人，避免其骄傲、自负。

例如，我们班的班长，她的学习成绩一直名列前茅，也会帮老师管理班级事务。在同学遇到困难时，她也会积极帮助同学解

决困难，非常受老师和同学的喜爱。但是，在一堂作文课上，我让几名学生站起来读一下自己写的作文，当班长读完后，我对其提出了表扬："班长写得非常好，继续努力。"台下有同学发出了质疑的声音："写得很一般啊！"听后，她立刻把自己的作文纸揉成一团，表现出很生气的样子。从她这一偏激的行为我得出了结论，学生总是受到表扬，容易让他们滋生骄傲自满的态度，导致其不能正确评价自己，耳朵里听不得一句不好的话，从而迷失自我。对于班长的行为，我对其提出了批评："首先，这是在课堂上，你的这种行为是不尊重课堂的行为；其次，在听到别人质疑的声音时，你就要知道你还有许多不足的地方，你只有努力做得更好，才能打消他人的质疑，而不是在课堂上展示你的愤怒。你已经做得很好了，但是，希望你在听到别人的质疑声时，能够虚心听取，更加努力。"

老师的一言一行都会影响学生。在我的工作中，我也体会到表扬与批评艺术的重要。一味地否定学习成绩差的学生，只会导致他们变得更加排斥学习。当他们有所进步时，应该立即肯定并发现他们的长处，肯定他们的进步，让他们在思想上和生活上更多地感受到进步的快乐。对于那些受表扬较多的学生，也要适当地对其做得不对的地方提出批评，使他们能够正确评价自己，避免产生骄傲自满的不良心态。

同学之间互相帮助，共同成长

在小学教育教学中，不可避免地会出现一些落后的学生。由于过去长期受到教师和同学的忽视，他们对奖惩一直持漠不关心的态度。这个时候，同学的帮助是至关重要的，同学的力量有时会超过老师的力量。他们相对于教师，交流更加方便，他们之间一旦搭建起友谊的桥梁，就能够共同进步。大多数学生不喜欢教师太直接，尤其是批评太严重不能接受的时候。这时，让学习成绩好的学生帮带后进生，反而会让学生感受到同学帮助带来的快乐，取得意想不到的效果。

例如，我班上有个学生，由于家长的溺爱，导致其为所欲为，课堂上不专心听讲，对学习也不感兴趣，学习成绩较差，屡屡触犯课堂纪律和学校制度，对教师的表扬和批评总是持满不在乎的态度。为了不影响其他学生的学习，帮助他提高学习成绩，除了潜移默化地让其在思想上放下对教师的戒备外，我还特意安排了一个学习成绩好、乐于助人的学生跟他坐同桌，让他的同桌发挥榜样的力量来带动他学习。经过半个学期的努力，在他同桌的帮助下，他的学习成绩有了很大的提高，再也没有出现过违反课堂纪律的情况，两个人也成了好朋友。这位帮带的同学在帮带过程中对所学知识得到进一步巩固，学习成绩也更进一步，两个人互相促进，共同进步。

因此，在表扬和批评都起不到明显效果的时候，采用"动之以情，晓之以理"，或者让同学之间互相帮助，激发他们的学习兴趣的方式，这既能促进同学之间的和睦相处，又能使他们树立正确的学习态度，一举两得。

尊重学生，建立融洽的师生关系

"教育没有情感，缺乏了爱，就像没有水的池塘，缺乏了水不能变成池塘，缺乏了情感，缺少了爱，就没有了教育。"师生之间的沟通与交流是我们在学校日常生活中的基础。师生关系不但直接影响着学生的思想和学习态度，而且还会影响学生的整体身心健康发展。每个学生都非常渴望与教师之间保持良好的师生关系，都希望得到教师的亲切关心和积极鼓励。

例如，在上课过程中，有两个男生一直在窃窃私语。我发现后非常生气，快步向他们走了过去，想在课堂上立即对他们进行惩罚。但我在慢慢走近时，怒气逐渐消退，只盯着他们看，什么也没说。开始他们没有站起来，昂着头看着我，见我很生气地一直盯着他们，就慢慢低下了头，慢慢站了起来。这时我轻声对他们说："下课后到办公室去，现在认真听课。"下课后，他们找到我，直接对我说："老师，原谅我们，我们错了，我们保证没有下次了。"我冲他们笑了笑说："很好，现在你们已经认错了，也给了我保证，老师相信你们一次，如果再有下次可就不是这样了。"从那以后，他们在课堂上听课更加认真，再也没有出现过窃窃私语的情况。当时如果在课堂上直接处理他们，他们可能不仅不会认识到自己的错误，反而会对教师产生厌烦，甚至会产生逆反心理，这样反而适得其反。

因此，只有尊重学生，学生才会尊重你。虽然处于小学阶段，学生们同样有很强的自尊心。只有营造融洽的师生关系，彼此之间平等交流，才能使表扬与批评起到良好的效果。

要善用商榷性评语，尊重学生的成果

我总是要求学生平时每周写周记，让他们畅谈理想，畅谈人生，畅谈学习，畅谈对班级管理的感悟和建议，以此掌握学生的心理状态。学生的周记我都会写几句评语，如果是笼统、随意、冷漠的应对性评语，就失去了教育的目的。因此，我会在评语中采用激励性的语句来提高学生的积极性。

例如，有的学生作文很好，但是写得不整齐，所以我就写了这样的评论："这么漂亮的文章，如果配合优美的字迹那就会更好啦！"这样的评论给学生留了想象空间，语气温和，易和学生平等交流。有时我也用假设的句子写评语，如我曾给一位基础较差但又爱写作的学生写下这样的评论："据说你的写作能力不是很扎实，但在我看来，你的文章进步很大，以后要是能克服用词不当的问题，你的文章就会更精彩啦！"学生看到评论后，写下这样的一句话："我真诚地感谢你，老师，你鼓励我用心写，我一定要更加努力。"有时我会以感叹句的形式表示我的期待。班干部选举的时候，一个平时不太守纪律的学生想当体育委员。后来，我给他写了这样一句话："你的身体素质很好，可以考虑，但是体育委员作为班干部，必须各方面都要严格要求自己，不光身体素质要好，学习成绩也不能落下，当然我相信你能做到！"这样的评语，能够给该学生以激励，使其为了自己的目标而努力学习。

这种欲抑先扬的语言艺术的确会起到很明显的效果。在这些评语的激励下，学生学习更加努力，更加遵守纪律，成绩也有了很大的提高。

作为小学教师，我们要真诚地保护我们的学生，用真诚和善意对待他们，用爱建立和谐的人际关系。总的来说，如果你善于运用表扬和批评，不仅可以促进学生扬长避短、明辨是非，而且可以避免伤害其自尊心，使他们能够正确地评价自己。学生发现自己的长处和短处，这样才能不断完善自己，教育才能逐步走向成功。

面对刺儿头学生，我这样做

文/覃丽兰（浙江省杭州市塘栖中学）

每一个学生都是一座心灵孤岛。教育如何走心，走近这一座座心灵孤岛，确保教育有效，需要我们教师因人谈心，因材施教。

学生：不满教师的态度或者行为，为自己辩护

策略：处乱不惊，不做学生讨厌的那个人。

当学生意识到自己的错误，但又不想被批评时，出于自我保护的心理，他们习惯选择辩解撒谎，甚至和教师针锋相对地争吵。

我班女生欣欣高一时酗酒、打架、旷课、彻夜不归，搅得班主任和家长一天到晚不得安宁。而且，她一进我班，就不来上课。

我找她谈话，她直愣愣地盯着我，翻了个白眼，蹦出一句话：“不想来就不来，没理由。”很干脆，也很不耐烦。

“你不来，不怕覃老师担心？我是担心你生病，担心你在路上出了安全问题啊，生命最重要，你说呢？”我道出我的善意。

她的戒备情绪有所缓解，“我以后不旷课，我旷课你就请家长。”“你是重情重义的女生，我相信你不会让我为你担惊受怕的。何况上学是你的责任，你的事情，我们俩解决，为什么要请父母？”我笑着说道。

“你们当老师的，只要我犯错，不都是喜欢叫家长来吗？”“你不喜欢叫家长，是吗？”

“那当然，我讨厌叫家长来。”“对，我也讨厌。如果请家长来，是你、是我、是我们俩的无能，我们可以解决的事情，为什么要他们操心和代劳呢。”

从那以后，我发现这位女生远没有高一时那么刺儿头了。

所以，教师处乱不惊，学生也就收起了她如刺猬般的刺。学生讨厌我们请家长，我们何必要做学生讨厌的那种人呢？

学生：没有人关注我，我就想激怒你，引起你的关注

策略：让你做我最重视的学生，也让你做我最铁杆的粉丝。

小伟作业没有上交，我说给我一个不交作业的、合理的理由。小伟说话很冲：“不会做，不喜欢你上课，你去问问班上有几个人喜欢你的课。”这话一出噎死人，我冷静了一下，柔声问道：“哦，这很意外，你能告诉我是哪些人不喜欢？我该怎么改进呢？”他支吾了两下，很犹豫地说出了两个同学的名字，还不忘强调一下：“他们都说你的课听不懂。不是我一个人听不懂，也不是我一个人不喜欢你的上课方式。”

“是哪些课文听不懂？第一单元还是第二单元？”我很耐心地追问。“诗歌单元听不懂。”

“哪些课你听得懂？”我继续问道。见我态度较好，他说话的冲劲也渐渐变弱，“说明文单元，文言文也还凑合。”

“我明白了”，我笑道，“你们几位同学，都擅长理科思考，对于诗歌意象意境这些需要揣摩的感悟不出来，是吗？”他恍然大悟：“是的。你上课，就那些叽叽喳喳、头脑简单的女生喜欢！”

哦，他那醋意十足的样子，让我明白了问题的症结所在。我这一届带的是理科班，理科男生对文学性的东西反应迟钝，他们长于理性思考，浅于感性表达，看到女孩子们在我面前风光，心里不是滋味。

挑货的人其实是想买货的人，既然如此，我就上课方式、效果等继续追问，并且向他表达感激，是他告诉了我问题所在。聊完之后，小伟居然表扬我：“覃老师，您是我遇到的最平易近人的老师。”

我赶紧跟进：“老师想请你帮个忙，去班上征集建议和点子，好吗？”他爽快地答应了。后来他搜集了不少意见，让我们的课堂参与和探讨高效不少。

学生：面对困难想逃避，“老师我请假”

策略：给她以勇气，甚至不妨对她“霸道”一下。

自从高三以来，慕楠时不时请假，理由是拉肚子。这不，昨晚慕楠作业不会做，干脆抱着手机通宵看电视剧，妈妈好劝歹劝劝不住，抢了她的手机，结果慕楠大发脾气闹不停。

我知道后，打电话给慕楠。“我肚子疼，请假。”她说道。

“不行，今天必须来！”慕楠一向认为我好说话，今天被我这强硬的态度着实吓住了，15 分钟后她来到学校。“老师，我还是肚子不舒服，我想请假在家复习……”她鼓起勇气说道。

我笑嘻嘻地望着她“准备当逃兵了？”“没有！”慕楠涨红着脸辩解道。“那为什么要请假在家里复习呢？”“老闹肚子，学不进去……”

“我也有很严重的肠炎，要不，我们一起请假？”“同学们需要你，你有责任你怎么可以请假？”慕楠情急之下劝导我。

“哦？我有责任！”我重重地咬着说出“责任”二字。慕楠听出了我的话外音，不好意思地低下了头。

“慕楠，我们做人都要对自己负责，对亲人负责！你作为女儿，怎么能用伤害身体的方式来威胁母亲？”慕楠顿时眼泪簌簌地流了下来。我让她哭了一会儿。

我继续说道“今天覃老师就霸道一回，不准假！”“遇到问题，我们不应该逃避，而是需要勇敢面对。学习有困难，我们克服；身体不舒服，我们学会悦纳。”

慕楠如释重负地叹了一口气，下定决心说：“老师，我想明白了。我克服！”慕楠终于不再请假了。望着笑盈盈的慕楠，我知道她已经克服了心理障碍，已经学会面对困难和逆境！

慕楠妈妈也是心情大好，“覃老师，现在慕楠不再把拉肚子当借口，在家也不玩手机了。您在我们父母都打算放弃的时候还没有放弃，让慕楠重新振作起来，我们千万句感谢也道不尽对您的感激……”

经常站讲台，哪里会风平浪静！学生形形色色，教师只有见招拆招，见难解难，攻心在前，尽量不做事后诸葛。

三段式沟通话术巧平校服风波

文/万 聪（湖北省武昌实验中学）

高一开学不久，在几个有个性孩子的鼓动下，班上掀起了“吐槽校服”的热潮。“这校服太丑了，天天穿真让人不舒服。”“学校不会是想多卖几件校服挣钱吧？”“衣品就是个性，大家都穿一样的有啥意思！”虽然学生都是随口说说，但有愈演愈烈的趋势。

于是，某一天，我布置了一份“成长日记”作业，让大家聊聊校服那些事，鼓励大家开诚布公地把想法通过日记私下告诉我。随后，我安排了一堂班会课，依据“校服风波”当了一回主播，采用的是“我能理解”“我很高兴”“我还认为”的三段式沟通话术。

第一段：“我能理解”

“孩子们，我们班有关校服的讨论已有些时日了。前几天我拜读了大家的日记，内心颇不宁静，现在我觉得有说些什么的必要了！”

大家本来以为我要发脾气，听到我故意模仿起鲁迅的口吻，都“噗嗤”一笑，露出了心领神会的表情，脸上戒备的表情也没有了。

“说真的，我充分理解你们的这些‘吐槽’，恰如我看到了当年的自己。”说罢，我稍作停顿。

孩子们竖起耳朵等待我“想当年”。

“记得我读高中那会儿，也觉得校服千篇一律。那个时候我怕被班主任批评，又不敢像你们这样大胆地表达自己的看法。没办法，我就只能搞‘地下工作’。几个女生凑在一起，经常买些自己喜欢的贴布，在寝室里一针一针地绣进校服里，还专挑袖口或标签处下手，一方面班主任很难注意到，另一方面又觉得自己终于穿出了个性。谁的青春不爱美，是不是？”

“哈哈哈……”孩子们被我的故事逗乐了。

“一个年轻人，追求美和个性，实在是一种再正常不过的精神需要，也是你们成长的必经之路。你们的路，老师也走过，所以贸然呵斥和阻止你们是不明智的。校服是同窗共读感情的最好体现。你们仔细想一想，商场里颇为流行学院风，是不是成人版的校服？因为它正好满足了成年人校园情怀的精神需求。我们有大把的时间可以穿各种服装，但是对成年人来说，校服就是回不去的青春啊！”

说到这里，孩子们都若有所思，教室里一片安静。

第二段：“我很高兴”

“爱美之心，人皆有之。其实，今天我很高兴。”

孩子们用怀疑的眼神看着我，班里为校服的事吵翻了你还高兴？

“我很高兴，原因有两点。其一，对于

你们和我的关系我很高兴。也许有同学能猜到，我作为班主任，肯定是支持学校关于穿校服的规定的，但大家没有把我放在对立面，而是把我当知心人，在日记里开诚布公，没有一名同学因为我的身份而恶语相向，甚至还有很多同学对我说了许多体己话。大家刚刚聚到一个班级里，我们也需要更多机会了解彼此，只要我们彼此摆正心态，任何冲突都可以是一次沟通的契机。我为我在这次风波中收获的真诚和信任而高兴。”

我观察到，那些在日记里给我写下“私房话”的孩子们的表情多了一丝欣慰，而那些言辞略激烈的同学反倒因为我的“致谢”而有几分不好意思。

“其二，我高兴，你们这一代年轻人是勇敢而自信的。我们在最美的年龄能够大方地探讨美、追求美甚至创造美，这本就是一件好事。校服是校园文化的一部分，大家作为学校生活的参与者，评论一二并不是错；但评头论足甚至恶意揣测，就不是君子之风了。若能化被动的评价为积极有效的参与，岂不更好？在新文化运动中，青年人剪长辫、习外语、穿洋装，但辜鸿铭先生留长辫、着长袖，保留着旧时习俗。面对学生的质疑，他反问：‘我的辫子在头上，但我心里却认为我们中国的文明是世界上最先进的文明；我的辫子是有形的，顶在头上，但有些人的辫子是无形的，藏在心里。’现在我也想让大家思考，多少人即便不穿校服，实则也不具有保持自己清醒而独立的思维、不人云亦云的个性？”

第三段：“我还认为”

“针对大家对校服的‘吐槽’，我还认为，我们可以发挥自己的聪明才智。”孩子们虽不说话，但个个都期待无比，等待着我说出后续的提议。

“我们班正式开启班服设计大赛。虽然校服的样式我们改变不了，但我们可以着手设计自己的班服，材质、样式、花纹、配色……这些都由我们自己来决定。大家集思广益，争取设计出一套人人满意的班服。以后我们的班级活动、校园展示，甚至高三时的毕业典礼，都以班服为我班的统一服装。”

教室里一下子炸开了锅。“太好了！”“哎呀，我腿粗，千万别让我穿裙子！”“汉服很棒啊，很有特色。”“还不如T恤来得简单，没必要搞得太复杂。”……一时间大家都各抒己见。

几分钟后，我清了一下嗓子，示意大家安静下来。“小刚、小雨，我暂且安排你们作为班服设计委员会的核心成员，先去收集一下大家的想法，再拿出具体的方案吧。”这两名同学对校服的意见最大，让他们参与其中，正是想转移他们的注意力，也让他们感受一下，在集体中做一个决策是多么不易，需要花费多少心血。

“下周班会课上，我们就继续推进这个计划，期待两位同学给我们的班服设计带来更多的金点子。”说罢，大家热烈地鼓掌，既激动又感到有趣。

一场风波就此停息，大家都投入到班服的设计中去了。

“我能理解”是人与人的共情；“我很高兴”是师对生的接纳；“我还认为”是长对幼的指引。“麻烦”往往是躲不过的，唯有在一次次“麻烦”中走近学生、引领学生，才能真正树立班主任的威信，形成独特的育人风格。

说服，怎样让学生心悦诚服

文/马志国（中国教育家协会）

先来看一位班主任的工作案例。

一次月考，班上一名男生作弊被抓了，监考老师把他交给我来教育。开始他很不服气，认为其他同学也作弊却没被抓住，不公平。我没说什么，让他先回去自己想想。

自习课的时候，我趁办公室没人，叫他来谈话。我说："说说看，别人作弊对不对？""不对。""该不该抓？""该抓。""那你作弊呢？""这……"我抓住他的心理变化，赶紧替他说话："老师明白你的意思，你是觉得同样是作弊，抓住你，却没有抓住他，这不公平，是吧？"他点点头，情绪缓和多了。

随即，我笑着问道："你知道什么是小偷吧？"他莫名其妙地看看我，点点头。"难道你看到有人偷东西没被抓住，就认为自己也该去偷吗？"看他低头不语，我用略带遗憾又诚恳的口气说："确实，其他作弊的人可能有没被抓住的。问题是，老师一向认为，你是明白事理的，也明白作弊终究是害自己，对吧？怎么今天不向全班那么多优秀的同学看齐，却偏跟作弊的同学比，这是不是把自己看得太低了？"

看他有些手足无措了，我趁热打铁："谁都难免犯错误，犯错误并不可怕，可怕的是，知错不认错，知错不改错。一个人知错能改比不犯错误更受人尊重。老师相信，你会做一个这样受人尊重的人！"

说到这里，他满脸通红，心悦诚服地认了错，此后再也没有作弊。

这是多好的说服教育！

说服心理及其影响因素

群体生活中的人际影响离不开说服。班

级群体管理中老师对学生的影响更离不开说服。

所谓说服，就是通过信息沟通来改变人的态度的心理过程。

具体来说，说服是在一定的情境下，说服者提供说服信息，促使被说服者改变态度的心理过程。就是说，在说服过程中，影响说服效果的因素有4个方面：说服者、说服信息、被说服者和说服情境。

心理学研究表明，当说服者有可信性、权威性、可靠性等特质的时候，人们会更容易被说服。此外，被说服者的原有态度、个性特征、情绪状态、心理免疫力等，都会影响说服的效果。

怎样的说服信息更有说服效果？

一是信息存在差距。说服者传递的信息与被说服者的原有态度存在差异，就会导致被说服者产生压力，从而促使态度发生改变。一般情况是，中等差异引起的态度改变最大，超过中等差异后，差异越大，态度改变越困难，所以说服要逐步进行。

二是信息唤起恐惧。说服自然要晓以利害。只有使说服对象认识到原有态度会给自己带来危害，他才可能有改变态度的意愿。所以，说服一定要引起被说服者的恐惧情绪。但不是越恐惧越好，一般说来，中等恐惧效果最好。

三是信息提供方法。信息提供方法分单面说明和双面说明。单面说明就是只说一方面的理由。比如，要你赞成，就光说赞成的理由，而不说有人反对的理由。双面说明就是正反两面理由都说。用哪种方法，要看具体的情况。首先看被说服者原有的态度与说服信息要求的态度方向是否一致。如果方向一致，只需单面说明，如果不一致，就要双面说明。

四是信息呈现顺序。在单面说明中，先呈现的信息可能成为评判后续信息的依据，因此，先呈现什么信息很重要。在双面说明中，先正后反的信息呈现顺序可以使人对后面的消极信息做出积极评价，比先反后正的顺序效果好。

五是信息形式新颖。老生常谈往往会让人充耳不闻，陈词滥调更令人生厌，形式新颖的信息更有吸引力，容易引起人的兴趣和关注。因为在人们心中，新颖往往蕴含“较好的”意思，容易让人接受暗示，改变态度。

六是信息适当重复。新颖的信息容易引起关注，但是，人们很难在第一次接触到新观点时就被说服。如果重复听到相同信息，感到熟悉了，信息的吸引力会更大。因此，重复也有助于说服。不过，重复过度，就会引起对方的防御性抵抗了。

哪些说服情境会影响说服效果呢？

一是预先警告。在说服前，如果事先有人透露了说服的意图，这种预先警告，对于卷入相关问题不是很深的人，可能会更容易被说服。但是，对卷入相关问题很深的人，却会激活心理防御机制，事先做好反驳的准备，反而更不容易被说服了。

二是情感迁移。人会把对一个事物的情感迁移到相联系的另一个事物上。因此，一个事物如果与美好的背景相联系，人就容易形成对这个事物的正向态度。正所谓爱屋及乌。比如，电视节目大多要俊男靓女来主持，还要配以美丽的背景画面，就是利用情感迁移，把人们的视觉美感迁移到节目传递的信息内容上来。

三是分散注意。如果说服过程中有某些干扰因素适当地分散被说服者的注意力，不让被说服者思考，不让被说服者准备反驳的理由，往往使其更容易被说服。当然，干扰因素太强了，也会妨碍说服。

我们还要强调说服过程的两个要素，一是信息沟通，二是态度改变。就是说，所谓说服，不仅要让人口服，更要让人心服。就我们的班主任工作来说，对学生的说服教育要能触动学生心灵，要能促使学生从内心改变自己的态度。只有触动心灵了，才叫说服了。只有态度改变了，才叫说服教育有效了。

说服教育是班主任最常用的教育方法。然而，说服教育并不是轻而易举的，并不是总能有理想效果的。说而不服，口服心不服，是常有的事情。开头案例中这位老师的说服教育为什么能让学生心悦诚服呢？关键是这位老师的说服教育遵循了说服的心理规律。

那么，说服心理有哪些规律？我们怎样才能增强说服教育的效果？

说服与态度改变

态度是生活中的常用概念。在心理学上，所谓态度，是人对事物稳定的评价性的心理倾向，是一种心理准备状态。态度由三个成分构成，即认知、情感和行为倾向。

这三种成分，一般是协调一致的。也就是说，有什么样的认知，就有什么样的情感，也就有什么样的行为倾向。但是，这三种成分也有不一致的时候，主要是认知和情感的不一致。这种情况下，情感决定行为，这是态度的特点。也就是说，在态度中起决定作用的成分是情感。

具体说来，态度对人的影响体现为影响人对事物的判断，影响人活动的倾向，影响人活动的耐力，影响人活动的效率，进而影响人生的发展走向。比如，如果学生对学习抱有认真积极的态度，就会认识到学习的意义，对学习活动抱有兴趣，并为此付出主观努力。有坚持下去的耐力，也就会更好地理解和记忆学习材料，从而取得良好的学习效果，进而影响自己的发展。

由此说来，我们对学生的说服教育都是为了让学生形成态度或改变学生的态度。

态度是后天学习来的，所以是可以改变的。

态度的改变有两种：一种是方向性的改变，比如由积极到消极，或由消极到积极；另一种是程度的改变，就是态度的方向不变，只是改变程度，由不消极到积极，或由积极到更积极。

态度改变有怎样的心理机制呢？

一是信息学习机制。新的信息是态度改变的起点。一个人如果学习了某些新的信息，就可能改变态度。因此，要想改变对方的态度，关键在于为对方提供相关的新信息。提供的新信息应该是对方需要的，容易接受的，容易记住的，容易理解的。为此，有的要言简意赅，有的要形象生动，有的要细致深刻。

二是寻求相符机制。人们总要寻求新的信息与原有信念的相符，这是促使人改变态度的一种内驱力。如果不相符，就会产生压力，促使人进行二选一的态度改变。比如，某人习惯户外晨练，后来听说户外空气不好。为了寻求相符，他就要进行二选一的态度改变：或者戴上口罩抵御不良的空气，或者不再进行户外晨练。

三是公开表态机制。人们在公开自己对某个问题的态度后，往往会表现出与公开表态相一致的行为，这是一种角色扮演。比如一名学生公开表态，要做个遵守纪律的学生，他就会以遵守纪律的学生自居，就会较好地扮演遵守纪律的角色。

四是反驳无效机制。人们面对与原有态度不同的劝说时，为了减少由于态度差异造成的压力，第一反应往往是试图反驳。但是，实际情况是，劝说者往往更有充分准备，真正驳倒劝说者是很困难的。这时候，人们也会通过改变态度来减少压力。

增强说服教育效果的心理策略

说服教育，重在说服，重在让学生口服心服、心悦诚服。那么，我们在班级管理工作中，该怎样遵循心理规律，增强说服教育的效果呢？

第一，优化自身特质，增强说服教育效果。

说服者是影响说服效果的首要因素。这就要求班主任在优化自身特质上下功夫，内外兼修，不断提高自身专业素养，不断完善自身人格素养，注重仪容仪表，讲究言谈举止，让学生感到班主任既可敬可靠，又可亲可爱。一旦学生对班主任有了敬畏之心和亲近之情，对班主任的说服教育就会心服口服。“亲其师，信其道”，就是这个道理。

从说服者角度来说，你之所以能说服别人，最根本的是因为你让别人感到可信赖，让别人感到能从中受益。因此，假如学生认为老师的说服是为了老师自己从中获益，那任其费尽口舌也是枉然。就是说，可敬可靠也好，可亲可爱也罢，班主任之所以能说服学生，最根本的是因为学生感到老师可信赖，感到老师是为自己好。开头案例中，学生之所以心悦诚服，从根本上说，也是因为他知道老师是为他好。

第二，恰当组织信息，增强说服教育效果。

说服教育还应恰当组织信息。一是通过信息晓以利害，让学生意识到不改变态度的危害，引起学生的恐惧情绪。二是注意信息提供方式。对年龄小的学生，最好单面说明，注意信息先后顺序。对年龄大的学生，最好是双面说明，通常先正后反。特殊情况，比如对固执的学生，也可以先反后正，用类似归谬法的方式把他的错误态度推到极致，反过来也就回头是岸，接受正面信息了。三是注意信息形式新颖。如果老师的话让学生耳目一新，学生就会感兴趣，也就容易接受。四是注意信息适当重复。对学生的有些问题，我们要“反复说，说反复”，才能让学生入耳、入脑、入心。当然，信息的重复要适当，当心唠唠叨叨让学生产生心理免疫力。

在提供信息的时候，往往事实信息比理论信息更有说服力。例如，一个学生满脸不高兴地找到班主任，抱怨有些同学对他议论纷纷，很是痛苦。老师没讲什么大道理，只给他讲了《抬着驴走路》的故事。老师讲完故事，学生心领神会，开心地笑了。

第三，针对学生心理，增强说服教育效果。

说服前，教师应对学生的原有态度、个性特征、情绪状态、卷入程度、心理免疫力等有一个基本把握。如果学生原有态度很坚定，个性很倔强，情绪很激动，卷入程度很深，而且久经批评早就有了心理免疫力，我们却缺乏了解仓促上阵，盲目说服教育，那往往会半途而废，败下阵来，后面再想说服教育就更难了。再有，有的学生“吃顺不吃戗”，有的学生“吃硬不吃软”，也需要“对症下药”。

开头案例中的老师，就做到了针对学生心理来说服。首先是冷处理，一方面给了学生冷静的时间，一方面也给自己可以做足功课的机会。在说服过程中，老师抓住学生心理波动，虚实相济，恩威并重，终于让学生心悦诚服。

第四，注意利用情境，增强说服教育效果。

说服还应注意情境因素。一是慎用预先警告。如果学生的问题明显，说服教育之前，可以由其他同学间接传递信息，让他意识到老师即将找他。这种预先警告可能让学生很快被说服。如果学生的问题比较复杂，又有些固执己见，就要避免预先警告，不要事先让学生知情，以便让学生面对说服时猝不及防，从而比较容易接受老师讲的道理。二是利用情感迁移。比如，找个让人心旷神怡的环境跟学生谈话，学生会比较容易接受说服教育。再如，学生往往因为不喜欢某位老师，进而不喜欢这位老师教的学科，班主任就要从帮助学生转变对老师的态度入手，来转变对该学科的态度。三是适当分散注意。比如，说服中有意无意地插入一些别的话题，可以淡化学生对心中话题的防御心态，而比较容易接受老师的说服教育。

就情境因素说，还有一个“居家优势”问题。心理学家拉尔夫·泰勒等人在研究中，先测定大学生被试的影响力高低，然后组织被试讨论问题。讨论的地点做了特别安排，一半在影响力高的学生的寝室里，一半在影响力低的学生的寝室里。结果发现，不论寝室主人影响力高低，讨论的结果总是按照寝室主人的意见行事。由此可见，一个人在自己熟悉的环境中比在陌生的环境中更有说服力，这就是所谓的“居家优势”。这启示我们，找学生谈话要选有利说服的场所。比如，到学生课桌前谈，往往不如把学生叫来办公室谈更有说服力。

第五，善于机智应对，增强说服教育效果。

班级管理千头万绪，说服教育千变万化。对学生的说服教育，很多时候都需要机智应对。

利用“反驳无效”来增强说服效果，是一种机智应对。开头案例中，老师先说出学生心里想到的反驳理由，这样让学生意识到，怎么说作弊都是不对的。学生感到反驳无效，也就理屈词穷，只有接受说服教育了。如果老师没考虑到这一点，学生就难免开口反驳老师，一旦反驳出口，师生冲突起来，说服就难了。

利用“公开表态”来增强说服效果，是一种机智应对。有一位老师发现班上有学生欺负同学，为了增强说服教育的效果，老师在班上举行了一次“反对欺负同学”的班会活动，让学生在倡议书上签字，公开表态承诺不欺负同学。这样让平时有欺负同学行为的学生内心感到冲突和压力，从而改变态度，减少欺负同学的行为。

利用“角色扮演”来增强说服效果，也是一种机智应对。态度影响行为，行为也影响态度。角色扮演，可以促使当事人积极参与相关活动，从而改变相关态度。我们熟知的科代表往往该科成绩好，其中就有角色扮演的作用。就是说，当了科代表，学习态度会更认真，成绩就会好起来。以此类推，可以让散漫的学生当纪律班长，让不爱运动的学生当体育委员，让作业马虎的学生当作业小组长。

此外，善意威胁，投其所好，寻求一致，留个台阶，都是可行的说服方法。

/ My Study Review /

我 的 学 习 回 顾

◎ 这部分内容给我带来的启发与思考：

◎ 我在班级管理中，踩过哪些坑：

· 沟通小贴士 ·

鼓励的方法

1.理解法：尝试着理解学生的感情，与之产生共鸣，并用语言表达出来。

2.示例法：将自己或他人的经历作为范例告诉学生，从心理上安慰学生。

3.倾诉法：教给学生如何表达情感，如“难过的话就哭出来吧”。

4.察觉法：把目光投向“目前具备的优势”，不要总是关注“缺少的东西”。

5.视角转换法：就像把硬币翻面一样改变看问题的视角，如“这恰恰证明了你很……”。

我的行动

/ My Actions /

◎ 我计划将这些方法运用到班级管理中：

◎ 制定本学期的班级目标，并发起讨论：

· 沟通小贴士 ·

鼓励的方法

6.进一步否定法：教师否定学生的谦虚说法，如“这样不是很好吗”。

7.劝诱法：教师提出具体的行动，让学生产生积极努力的热情，并认为自己“能够做到”。

8.肯定法：通过一些简短且富有鼓励性的话，使学生拥有自信。

9.加油法：教师对学生表示对他们的支持，如“我会一直陪着你，加油”。

10.减压法：帮助学生缓解压力，让他们能够保持积极向上的态度，如“放轻松，慢慢来”。

05

成为说话高手

说话的艺术并非天生，而在于后天养成。修炼语言除了要建立谈话逻辑，构建话语系统，形成一套高效的沟通方法；更重要的是要广泛涉猎，加强自身文化修养及人文语言素养，使语言或幽默有趣、或富有感情、或深入简出、或底蕴深厚，形成自我独特的语言风格。

从企业视角看教师职场如何沟通

文/脱不花（得到CEO&联合创始人）

画好三个框，沟通不用慌

1.倾听是沟通的起点

萧伯纳曾说：沟通最大的问题在于，人们想当然地认为已经沟通了。

在大多数人的心里，因为“说”了，就默认彼此已经沟通了。至于对方到底听了没有，听懂了没有，我们并不关心。同样，作为倾听者，在听的时候，我们也很少会主动核实听到的信息是否准确、完整。

事实上，人人都说“倾听很重要”，但能做到的人却很少。

反观那些公认的沟通高手，他们有一个共性：沟通不靠说，人狠话不多。因为他们知道，口若悬河只会把人推开。把嘴闭上，把耳朵支起来，才是让他人愿意和你沟通的头号秘诀。

如果你无法听懂对方表达的意思，甚至听不全对方提供的信息，绝对不可能展开真正有效的沟通。所以，要有点耐心，从最基础的倾听开始掌握沟通的方法。

相信我，聪明人更得下笨功夫。

2.结构化倾听

结构化倾听，是指你在接收到对方传达的信息以后，要习惯性地在头脑里画三个框，分别放三件东西：沟通对象的情绪、事实和期待。

第一个框：情绪

情绪是我们内心感受的外在表现。高兴、悲伤、恐惧、焦虑、愤怒……都是情绪。但对方通常不会直接表示“我很生气、焦虑”，而是把情绪隐藏在话语里面。这就需要我们在倾听时把对方语言里隐藏的情绪识别出来，分清何为事实，何为情绪。

比如，“领导总是让我加班”，这句话是事实还是情绪？是“情绪”。一旦出现“总是、老是、每次、经常、永远”等类似的词，你就可以立即告诉自己，对方是在宣泄情绪。我把这样的词叫作“情绪路标词”。

“情绪路标词”一出现，你就要意识到，对方没有在陈述事实，而是在发泄情绪。这时候你要做的，不是跟他辩论事实真相，而是安抚他的情绪。只有把恶劣的情绪先降下来，双方才有沟通的基础。

第二个框：事实

对方不带情绪陈述的信息都是事实吗？不见得。和情绪刚好相反，我们只有在表达那些不受主观判断影响，可考证、可追溯的内容时，才会说它是一个事实。当然，从对方丢给你的一堆信息里判断哪些才是事实，是最考验侦查能力的，需要你调用自己的经验和对事件本身的了解。

我们可以借用新闻记者核查事实的方法，在对方的描述中考证以下几个要素：who（人物）、when（时间）、where（地点）、what（事件）。

如果能用四个W还原实际场景，那么对方所言大概率是事实。相反，如果对这些要素语焉不详，而仅仅从诸如“我觉得”“我判断”“我认为”的主观推论出发，那我们听到的陈述很有可能不是事实。

第三个框：期待

找出对方内心真正想要得到的东西。了解了情绪和事实，我们需要结合二者来判断对方的期待。

举个例子。假如我是客服，接到一个用户的电话投诉，说收到的商品有破损，很生气。我该怎么反馈？是不断跟客户道歉，说“你别生气，你别着急”吗？显然不是。如果被对方暴跳如雷的情绪带着走，就没法听懂他真正的意思。越跟他说别生气，就越是在火上浇油，把一起针对公司的投诉变成了私人恩怨。

所以，不要跟他在情绪上纠缠。

首先承认他不应该有这样的遭遇，然后承认错误，道歉，紧接着跟上一句：“我马上给您补发新的商品，并且同步发您一个小礼品，希望能弥补一点点您的损失。”

3.反向叙述，挖掘更多信息

有些情况下，对方只说了一两句话，传达的信息非常有限，很难分辨出他内心真实的意图。这时我们就要利用反向叙述去挖掘更多的信息。

第一步：响应情绪

这是一个“排雷”的步骤。情绪是对方的，我们要用最简单的方式解决——点破和接纳对方的情绪。三四岁的小孩如果情绪失控，哭闹个不停，你只需要问他：“你现在是很生气，还是很着急？”孩子就会立马安静下来。之所以会这样，是因为此刻他需要切换状态，审视、分辨自己的情绪。

这里要注意的是，千万不要说“你别生气，你别着急”。因为这是在否定对方的情绪。对方会把这种否定视为对他本人整体的否定。不管是孩子还是成人，都会更生气。

第二步：确认事实

信息挖掘主要是在这一步完成的。

我们可以先把听到的事实用自己的话描述一遍：“您刚才说的这几点，我的理解是……不知道我的理解对吗？”如果正确，对方就会给你个肯定的确认，如果不对，那他就会补充更多的信息。

特殊情况下，对方表达的信息，我们可能压根儿就没有听懂。这时，不要逃避，可以借由一系列提问的技巧去追问，比如：“您能跟我再展开讲讲吗？”甚至，再诚恳一点，直接说：“不好意思，这里我没听太明白，您能再跟我说说吗？”

第三步：明确行动

所谓明确行动，是按照前面的所有信息，把对方的期待翻译成接下来可实施的行动。让对方清晰地感受到，你确实听懂了他的意思，并按照他的期待规划出了行动。到这一步，就完成了反向叙述——拿到所有信息，也让对方放心的全过程。

掌握三大沟通原则，不犯低级错误

1.开放性：学会说“我们”，你就能团结任何人

沟通是两个人在交换信息。如果一个人全程只输出了自己的信息，而没有接收他人输入的新信息，那么，他就像一个没联网的封闭系统，沟通是没法在这样的系统中发生的。反过来，我作为一个“开放系统”，别人的建议、智慧和感受都可以进入我这个系统中，成为系统的一部分。之后我通过运算，输出一个更好的结果——这才算是完成了一次沟通。

让自己在沟通中保持开放性，不是要展现“我愿意听大家意见”的姿态，而是真正地把对方的意见吸纳进来。所以，评判一个人开放性的高低，最简单的检验标准就是他有没有从沟通对象那里拿到新的信息，能不能因此输出一个更好的结果。

开放性不只是一种态度，更是一种能力。给大家一个公式：开放性=扩大共识+消除盲区。这里涉及“乔哈里窗”理论。如果你想在日常工作、生活中使用“乔哈里窗”，应该如何着手呢？简单来说，分为四个步骤：

第一步，穷尽自己的已知。在和别人沟通前，先在笔记本上列一列，通过此举穷尽你知道的事项。

第二步，盘点自己的未知。有哪些事是你应该知道或者希望知道的，这是你跟对方沟通之前需要“做功课”了解的。

第三步，尽可能探寻对方的已知。用一些开放性的问题，引导对方多说出信息。在这个过程中你会慢慢发现，有些事情是你们都知道的，有些是对方知道、你不知道的，还有些是你们都不知道的。

重点来了，向对方探寻信息时，有一个技巧非常有效，就是少说“你”，多说“我们”。在沟通中多多使用“我们”，把我们自己变成责任主体——这不是简单地向对方示好，也不是什么客气话，而是减少对方的压力。对方的压力变小了，和我们结成共同体的障碍也会变小，就愿意与我们分享更多信息。当然，在你的带动下，对方可能也会无意识地用“我们”来替代“你”。

第四步，探寻你们双方共同的未知，一起寻找答案，进一步扩大共识。

最后一个问题，如果用上述技巧，对方不接茬怎么办？

这种情况下，我们可以每说一段就请对方说说想法，而不是等到我们自己全部说完以后，再请大家来提意见。

比如，我们公司要做跨部门协作流程改

革，目标很大，同事们很容易陷入前文提到的“不知从何说起”的境地。与其在会议最后请大家“畅所欲言”，不如在过程中反复向他们提问：

流程改革的初步框架就是这样，你们看看哪里还要补充？

在具体执行上我不太懂，小王，你是业务部的，你觉得在具体执行过程中，可能有哪些障碍？

第一个环节没问题了，咱们来看看第二个环节。这中间的衔接环节我没太想好，你们觉得怎么调整一下呢？

此外，我们在征求意见时可以有意露出的一点“破绽”。比如我说的“我还没想好”。抛出这个问题后，大家讨论的压力就变小了。

2.目标感:越有目标感,就能掌握主动权

实际场景中，还有一种与之全然相反的情况：沟通对象的信息如排山倒海般涌来，事实中夹杂着情绪，情绪中夹杂着评判。为了避免干扰，这就需要提到我们这里要探讨的主题——目标感。

很多人把目标感理解为“强势”：决不放弃自己的立场，“我要我要我就要”。这不叫目标感，那叫“霸道”。真正的目标感不是把“我要”时刻挂在嘴边，它其实是一种想方设法实现目标的能力。关键词是“实现”。即目标感=方案力。

在沟通中保持目标感，其实是要把“我的目标”转化为“我们的方案”。用一个标

准句式来说："我们有一个目标要达成，对此，我有一个方案。"

举个例子：假设你决定从一家体制内单位离职创业，需要领导同意。离职后，你的工作需要有人接手，但现在没合适的，且领导对你有知遇之恩，你要如何提离职？

如果你说："实在对不起领导，感谢您的培养，我还是想去外面闯闯试试。"话说到这个份上，领导不会硬拦着你，但这么多年的师徒关系算是结下疙瘩了。领导觉得，你只考虑自己的前途，不考虑他工作的难处。不管你说得多么声泪俱下，都无法改变这个事实。怎么办呢？

按照我们在这一节反复强调的，应该把你自己的目标转化成双方共同的目标："领导，我跟您汇报下最近的想法。八年前，多亏您的赏识和关照，我才有今天。一直以来，我也特别感谢您对我的提携。但经过这么多年的锻炼，我也想出去闯一闯。而且，咱们单位积压了好几个干部，没有位置提升级别，严重影响了他们的工作热情。我出去之后，也可以给他们腾个位置。"

说到这里，还要立马跟上一个方案："我计划用半年左右的时间，把能接手的人带出来。部门里的几个年轻人，能力强，素质高，也很努力，肯定能比我干得好。您可以指定一两个人，我用半年时间好好带带他，帮助他尽快进入状态，防止我走后工作受影响。

当然，我知道您肯定担心他们写材料的水平还有点欠缺。即使半年后我离职了，只要您批准，我都会跟他们保持沟通，远程支持。"

最后别忘了保持开放性，征求下对方意见："这只是我不太成熟的想法，您觉得可行吗？还望您多多指点。"

3.建设性：从"我要"到"我来"

在生活中，我们经常会遇到这样的情况：我们提出一个想法，他们说："这里有个问题。"我们又提出一个想法，他们说：

“哎呀，这里可能有个风险。”一来二去，性格再好的人也忍不住发飙：“别说什么不行，你给我说个行的！”

这时候，当事人往往表示非常无辜：“你生这么大气干啥？我没有别的意思，我也是想把这件事促成啊！”

我想告诉你，他们说的是真的。他们这样回复，并不是想挑剔你，只是不知道应该怎样沟通来“把事促成”。不是有句话吗？“能解释为‘愚蠢’的，就不要解释为‘恶意’。”下次再遇到这种情况，应该对对方多一份慈悲心。

那么，怎样的沟通方式才能展现出“我想把这件事促成”的态度呢？

我们来看与之相关的一大沟通原则：建设性。

我总结了一个把沟通导向行动的公式，它可以拆解为三个关键动作：建设性=可执行的最小化行动+可持续的行动阶梯+每个节点的即时反馈。

第一，也是最重要的，找到立即可执行的最小化行动。

比如，部门开项目会，你作为一个年轻人，既没有决策权，又想不到什么绝妙的主意，是不是只能全程旁听？不是。即便在这种情况下，你都有一个当下就能开展的行动，就是抓起马克笔，跟大家说：“来，你们说，我在白板上记录。”

当然，光有“第一个推动力”还不够，任何沟通都会经历交锋与磨合。我们还要把整个方案拆解，使其成为一级级可以持续向上的阶梯，把沟通引导向最终行动。

所以，建设性的第二个关键动作是拆解可持续的行动阶梯。

在此基础上，我们要做的第三个关键动作是不断反馈，及时调整，让沟通对象对接下来的每一步都产生掌控感。

我再给你一个提示：为了让你的沟通保持建设性，请不要使用（尤其不要下意识地使用）负面词汇。我们很多人经常有这样的口头禅：“烦死了”“没意思”“讨厌”……这些话似乎挺俏皮的，但对沟通对象来说，它们其实是缺乏建设性的表达。

这样沟通，能让人按你期待行事

最后，我再介绍大家几个上手就能用方法。

1.批评：怎样让难听的话也能得到正反馈？

很多人把批评理解为责备，认为只要发一顿脾气，向对方施压，就算批评到位了。这种“被误解”的批评不但影响个人威信，而且根本起不到批评的效果。批评可不是告诉对方他怎么错了，而是告诉他怎么才能对。批评不是要让他“服”，而是要让他“好”。

我们要将以下五个动作要领闭环：批评=控制环境+定义问题+刷新动作+设定反馈点+完成重启。

控制环境

控制环境，指的是我们既要控制批评的场合，又要控制批评的时间。

众目睽睽之下的批评会让对方感到愤怒和委屈。这些负面情绪翻涌上来时，对方就没有多余心力理解怎样才能做对了，通常还会变得自暴自弃：“我就这样，你能怎么着吧？”

再来看时间上的控制。它是指批评最好发生在对方做错后的第一时间，绝不能翻旧账。

定义问题

定义问题，就是批评前一定要调查事实经过。这是为了拥有比对方本人更多的信息优势。如此，我们的批评才是有依据的。要特别注意的是，即便我们自觉已经完成详尽调查了，批评之前还是要跟对方确认一下，事情到底是不是我们了解到的样子。

为避免误会，应该准备一份核查问题清单，我把话术写在这里：

第一个问题是，“今天把你叫过来是有件事想和你沟通，我对你某个行为不满意，想和你谈谈。”直截了当地发问，一方面是不让对方产生误会，另一方面则是管理预期，在对方已知这是一个批评场景的情况下，他的承受能力会相对强一些。

第二个问题是，“发生了什么？”要有耐心，让对方从他的角度把这件事再陈述一遍。或许我们原以为是态度问题，结果是信息不对称的问题，他遗漏关键信息了。又或许是同事之间配合度不够的问题。

第三个问题是，“你怎么看这件事？”这个问题很重要，它邀请对方先做一次自我剖析。

刷新动作

刷新动作，是指了解到对方的问题后，把批评转译为一个具体行动，告诉对方怎样才能做对。

设定反馈点

批评到这里就结束了吗？并不是。对方虽然接受了你的批评，但他回去之后到底行不行动，你并不知道。所以，为了让你的这次沟通能够影响他的行为形成闭环，一定要设定反馈点。比如，告知具体反馈时间或反馈行为。

完成重启

最后，“完成重启”的步骤，不是必选项，而是加分项。

擅长做这一步的人，往往能在职场中快速建立起领导权威。不管你在批评时是不是带着脾气，从对方的角度来说，他的感受一定都是沮丧的。“完成重启”，意味着你需要管理对方离开那一瞬间的情绪。怎么做呢？

有一个窍门：批评的最后一句话一定要让对方说。不能只有你一个人说痛快了，对方可能完全没听懂，然后带着一堆责备和委屈离开了。

你可以这么问他：“这是现在的情况，你说说你的想法吧。”

对方在复述的时候可能会丢掉一些信息，你就可以把其中重要的部分重申一遍，保证对方离开时，他听到的、听懂的和你想要的是一致的。这样做还能避免一些误会。对方挨完一顿批，可能会悲观地设想：“领导是不是要开除我？”但其实你根本没有这个意思。

所以到了结尾，应该通过“重启”，让他有安全感和掌控感。

2.提意见：怎样改变自己说了不算的事情？

我能批评一个人，意味着我对他负有管理责任，也有相应的权力。比如上级对下级、老师对学生。但如果我们对他没有管理权，也担负不了管理责任呢？比如，下属对领导、客户对甲方、同事对平级同事？在这种关系中发生的建设性冲突，其实就不是发起批评了，而是提意见。

先发展关系，再解决问题。

首先我们要认识到，“提意见”这三个字，一出口就已经输了。

不管是谁，只要听到对方说的那句“我现在想给你提个意见”，就会立刻调出自己潜意识里的防御对抗心理。因为这句话背后透露出来的含义是“你这样做不对”。所以，我建议你从现在开始改一改自己的语言习惯，用“提建议”这三个字来代替“提意见”。

与“提意见”最大的区别在于，“提建议”暗示你在发现问题的同时，还带来了一个解决方案。你没有抓着对方的小辫子，说他哪里做错了，而是在想办法让他变得更好——这就提前管理了对方的感受，解除了双方潜在的对抗局面。

提意见=事前征求同意+定义双方关系+提供具体建议。

事前征求同意

真正、真诚地征求同意，意味着你要做两件事。一是你要知悉沟通中的事实、情绪和目标，把“草稿”先打好。在完成事实、情绪、目标三方面的准备后，你就可以做征求同意的第二步了：“我对这件事有个建议，你想听一下吗？

在对方愿意听取你建议的情况下，过程中也有几个注意事项：提意见和批评一样，要控制时间和场合，最好在对方心力资源充沛的情况下提。别等人家快下班了，要出门接孩子时把人拦住，或者在人家加班到半夜，快结束工作时去提意见。

同样，最好不要当众提，当着众人的面，很容易激起双方输赢对抗的心态。

定义双方关系

一开场，我们恰恰应该先定义双方的关系，告诉对方，我们是一伙的。

比如，你提意见的对象是上级，可以这么说：“成为您团队的成员，我受益特别多。您在某些事上对我的指导，是从0到1级别的。”

比如，你提意见的对象是跨部门同事，你们原本井水不犯河水，在提意见前就需要重新定义双方的关系，可以这么说：“我们一起在公司共事那么长时间，我特别认同你，觉得你是一个我特别喜欢的战友。”

从另一个角度来看，在无法证明双方是共同体关系的情况下，我们就不该跟对方提意见。原因很简单，对方和我们都没有什么关系，凭什么要听我们的呢？

提供具体建议

之所以强调“建议要具体”，是因为只有具体的建议才是可以执行的。如果对方听罢觉得有道理，就可以立即展开行动。

比如，一个新员工针对某个具体的开会方式、某项具体的管理举措向公司提建议，只要足够具体，哪怕这件事很小，也能赢得他人的重视和尊重。但反过来，没有带上具体方案就提意见，对方最直接的感受就是你在刷存在感。

最后，如果你是团队领导，你可以在团队里定期组织活动，推行一种格式化的表达方式，在一个封闭的场景里，让大家只聊三件事：

你希望我开始做什么事情。

你希望我不要再做什么事情。

你建议我在什么地方、哪些事情上投入更多。

以上，是我给大家的“沟通说明书”提供的一些小方法，也是我不断“自我追问”出来的一套方法。最后，请记住，沟通不是你和沟通对象个人的事情，而是你和世界之间的事。

语言何以幽默、趣味、富有感情

文/马 进 王庆文（浙江省湖州师范学院教师教育学院）

语言文字既是文化的载体，又是文化的重要组成部分，学习语言文字的过程也是学生文化积淀与发展的过程。对于新时代的语文教师来说，良好的课堂教学语言能激发学生对语言文字的兴趣与热爱，增强表达欲，指引其正确运用祖国语言文字，从而在语文学习中获得高雅的审美情趣与丰富的情感体验。

在长期的语文教育实践中，于永正基于其课堂教学语言的呈现与传达，逐渐形成了自己独特的“五重”教学风格：重情趣、重感悟、重积累、重迁移、重习惯。可以说，于永正的课堂教学语言对新时代语文教师的启示，仍是语文教师专业成长需要关注的重要话题。

于永正课堂教学语言的特色

语言是思想的外衣，教师的课堂教学语言体现教师的教学风格。于永正的课堂教学语言彰显出浓厚的幽默感、儿童味、情感味特色，在富有童趣和充满情感的幽默语言中勾连学生之情思，在倾听、道说中昭示教育教学的真谛。

1.幽默感

每一个教育工作者都应该有幽默感，幽默是一种反思性智慧的结晶。于永正是一位深谙儿童幽默学的大师，善于用轻松欢快、寓庄于谐的幽默语言使课堂充满欢乐，因而他的课堂充满幽默感，经常能听到儿童欢乐的笑声。儿童在幽默的课堂中，实现学生之为学生的向学本质，学得开心，同时得到了良好的教育，这无形中提高了课堂的教学效率。

于永正制造幽默的方式很多，如通过多音字、形似词、谐音、故弄玄虚、反话、肢体动作等方式在课堂上随机制造幽默。在教《记实与想象作文》时，于永正意识到学生读错“生”字后，没有立即指正或批评学生，而是巧妙机智地利用“生”字独特的读音及“先生”和“后生”的不同词义，提示学生注意并反思“生”的读音，纠正学生错误。比起学生回答错误后给予严厉的批评与指责，于永正更喜欢用幽默机智的教学语言让学生在会心一笑中发现错误。这样的方式既丰满了课堂，也更易于让学生接受错误并及时改正，同时在一定程度上保护了学生的自尊心。

此外，于永正的幽默还能帮助儿童在大型公开课环境下放松自己，乐于参与课堂，不怕犯错，从而更加主动与自信。在口语交际《送、还东西》中，于永正通过贴切的动作：紧闭嘴巴，努力用鼻子“说话”，发出含糊不清的声音，让学生即刻产生真实的体会，明白如果没有嘴就无法说清自己想要表达的内容这一道理，既直观又幽默。

2.儿童味

小学语文是儿童语文教学的起点，此时儿童正处在生命的开端，拥有来自儿童的天然、本真的情感与想象。如果教师的课堂教学语言能切近儿童心灵，便能通过儿童的心灵展开课堂教学的诗意空间，呵护儿童的生命成长。于永正的课堂教学语言就紧密贴近儿童生活，十分具有儿童味。

在教《劝戒烟》时，于永正注重结合儿童的现实生活经验，从生活实际出发，选取的话题和使用的语言都很贴近儿童日常生活。他从儿童视角出发，将日常生活中经常可见的行为与口语交际课堂相结合。儿童学习了“吸烟有害健康”的主题知识后都知道吸烟对身体有害，在生活中，儿童可能曾劝诫过他人不要吸烟，以此引导儿童回忆真实生活的场景，这不仅能激发儿童的兴趣，还让儿童都有话可说。同样，在口语交际《送药》场景的说话练习环节，于永正根据需要创设教学情境，建设开放的语文学习空间，整个过程极符合儿童的现实生活，具有很强的真实感。从而根据儿童的身心特点，循循善诱，引导儿童在日常生活场景中学习语言文字的应用，逐步启发儿童、激发儿童情趣，将交际中《送药》情景的重点说话内容顺利完成。

于永正的课堂教学语言简约而自然、风趣而不失幽默，学生不仅乐于配合，而且练习起来也卓有成效。由于亲近儿童真实生活，语言极富儿童化风格，强烈的生活感拉近了师生之间的距离，这样的课堂更激发了儿童的分享欲，不仅能达成预设的教学目标，也提高了课堂教学效果。

3.情感味

语文课堂是情感的诗意课堂。一堂优美的语文课不仅是美的展现，更是富有情韵流转的场域。学生在教师语言的带领下走进语文课堂，共同欣赏语文的魅力。汉语言是一种别具情感诗性的语言，具有深厚的文化性与巧妙的灵活性。适切的课堂教学语言是打开语文课堂情感魅力的钥匙，这把钥匙连接学生、教师、文本的情感共鸣、情感接受与情感认同，从而达成语文课程的时代使命。

语言是情感的外衣，于永正的课堂教学语言带有浓厚的情感。在教《圆明园的毁灭》一文时，他结合课文独特的爱国情愫将教学语言融入丰沛的情感，这种带入情感的语言有效帮助学生把握了文章基调，使学生获得情感的反思与提升。课堂上，于永正如是说：

“当我们看到圆明园变成一片废墟时，仅仅是一个建筑的毁灭吗？当我们看到自己国家的宝藏被掠夺时，仅仅是物质上的侵略吗？当我们知道圆明园无法修复成原有的样貌时，无法修补的仅仅是历史吗？同学们，我们的家园是中国人民用辛勤的双手组建而成，当我们看到这一切从历史上被抹去，我们的心情应该是沉痛的。但我们更要振作精神，承担起保护祖国家园的责任。”

“岁有其物，物有其容；情以物迁，辞以情发。”文章是情感的产物，《圆明园的毁灭》蕴含最深层、最持久的爱国情感，需要学生在课堂学习中生发出自己内心的爱国精神，而教师的情感投入会极大影响儿童的文本理解与情感升华。于永正情感激昂的三个反问，用语言的力量感染学生，将深沉的情感带向学生，表达了对昔日辉煌壮观的圆明园毁灭的愤懑，不仅具有鲜明的情感色彩，还引发学生强烈的情感共鸣，生发强烈的爱国情感，产生自觉肩负祖国伟大复兴的民族使命感和责任感。

新时代语文教师如何借鉴于永正的课堂教学语言

语言是语文教师的重要法宝，缺乏美感与情性的课堂教学语言，难以达到优质课堂教学语言要求。“言为心声”，新时代语文教师要具备“言为士则、行为世范”的自觉。新时代语文教师提升课堂教学语言，首先应加强自身文化修养及人文语言素养，同时要适应时代发展趋势，贯彻核心素养和语文课程标准，树立终身学习理念，从而帮助自己在教学的旅途中收获人生诗意。

1.语言宏观层面

（1）语言素养：提升文化素养，营造高效简约课堂

教师的语言修养，在很大程度上决定了课堂中学生的脑力劳动效率。良好的语言修养是教师合理利用课堂时间的重要条件。“腹有诗书气自华”，语文教师要养成良好的读书习惯，不断丰富语言学、文学、教育学等方面的知识，同时要理论与实践同行。如主动阅读教育类与语言文学类经典书籍，加强语言文化的理论学习，积淀理论知识，将理论与实践有效融合，学会用所阅读的理论指引反哺当下的教学实践，增强理论与实践的适切性，在真实课堂的具体操作中体悟理论的深层意蕴，通过反思、丰富和完善自身语言素养，逐渐构建高效、要约、写真的语文课堂。

此外，还需要锻炼敏锐的目光，不断阅读、积累，以克服语言的平淡无味，通过语言文字直抵学生心灵世界，从而打造高效简约的语言课堂。

（2）语言表达：锻炼表达能力，形成自身幽默风格

语言表达能力是语文教师最重要的能力，教师的语言表达是课堂教学表达的关键所在。如果语文教师忽视生本，走向“唯教师表达”，抑或忽视体系走向“表达割裂”“表达浅表”道路，课堂教学终将虚化、无趣、无味。良好幽默的语言表达能助力教师整体把握课堂节奏，创造性地调动学生的好奇心与求知热情，增加学生汲取知识的动力，启迪学生心灵。于永正在教学生涯中，经常反思并勤练自己的语言表达，以帮助自身课堂教学语言在精简却不失幽默的情形下达到优质课堂标准，从而促进学生快乐高效地学习。

每一位新时代语文教师都可以通过朗诵、融合古今诗词、化用经典名句等训练提高语言表达能力，在实践锻炼中通过训练和打磨自己精简幽默的课堂教学语言，反思语言表达，让语言表达更富有美感与情意，逐渐形成具有自身幽默趣味的课堂语言艺术风格。

（3）语言情感：接受艺术熏陶，陶冶师生精神情操

艺术是情感的载体，也是人们感受美、发现美的重要形式。良好的艺术素养可以在学生心中种下一颗美的种子，给学生以生命的滋养，引领学生生命成长，并在课堂中陶冶师生双方的精神情操。因此，新时代语文教师不应局限于自身专业，应转换思维，更多涉猎其他学科，尤需接受艺术的情感熏陶，通过多方面活动提升自身艺术素养。如可从阅读、朗诵、绘画、做手工、学乐器等活动中陶冶艺术情操、修养身心。日常生活中，许多不出众的兴趣爱好，有时也具备培养良好情感的独特作用。教师应善于发现并学会在艺术情感的熏陶中沉淀自身，展现语言的生命之力，走向教师语言的完满。

于永正提倡艺术教育，他认为艺术教育是情感的体操，没有艺术的教育是残缺的教育。艺术不仅作用于人们的理智，还影响人们的情感，有助于学生情感与信念的培养。

2.语言微观层面

（1）句式结构：剖析语言句式，理解语言结构

语言表达的规范反映语言自身的规律，如发音准确、吐字清晰、遣词造句讲究语法、

语言结构、注意修辞等方面，同时语言的完整、雅正也体现其表达的句式结构。课堂教学语言应注重句式的变化和多样，使教师的语言为学生的体验打造一个切合、舒适、温暖的语言场。这需要教师能巧妙自然地转换语言独白与师生对话的言语表达形式，连贯顺畅地变换各类句式。在通向课堂教学语言使用佳境的途中，语文教师可结合课堂情境剖析教学语言的句式结构来不断学习、领会和应用，从而提升自身的课堂教学语言水平。于永正课堂教学语言的特色就深刻体现在教学语言的句式结构中。

新时代语文教师可通过于永正的课堂实录探寻其语言句式结构，从语言句式结构和语言独特风格层面来把握，在简单学习模仿的基础上深入剖析其课堂语言句式的语法脉络、逻辑理性，掌握其独特课堂语言背后的结构奥秘。继而进一步利用其语言结构，结合自身的语言特点通过实践不断发展、建构出具有独特语言风格的课堂教学语言句式。

（2）显隐表情：丰富语言表情，重视显隐结合

每一个语言的表达生发都有属于其本己的语言表情。语言表情包括隐性语言表情和显性语言表情。从隐性的语言表情看，人能从语言中感受到万般不同的情感，比如我们可以闭眼，只用耳朵细心倾听，就能感受语言表情的情感召唤，这是因为语言本身有表情。课堂教学是师生之间语言和表情协调统一的“对话”过程。显性的表情是提高教学效率与完美呈现语言表达的最佳搭档。显性的语言表情可以从语言发出者的各种外在表情来领悟。比如，教师对学生说话时的每一个面部细微表情，都可能对学生产生影响。课堂教学中，学生的关注焦点都在教师身上，因而教师应对不同的语言表达有不同的语言表情。

新时代语文教师可借助于永正的教学视频，倾听、挖掘其课堂教学中的隐性语言表情，观察、感受其课堂教学中的显性语言表情，从显隐性结合的角度把握语言与表情的共通特点，实现自己教学语言的超越。

（3）童味点评：注重课堂评价，学会倾听儿童

课堂中师生的相互对话本质上是一种发问的寻求与应答。“任何发问都是一种寻求”，而任何一种应答都是对发问的一种存在之思。在“此在课堂”上学生对教师的任何一种回答都是学生此在的思，因此新时代语文教师的课堂点评需要切近儿童之语思。然而很多教师的课堂点评都比较模式化、简单化，大多是惯用“不错”“很好”“是的”等毫无情感与童味色彩的口头应答。如此无情的乏味点评不仅缺失了儿童味，而且疏远了与学生的情感距离，有时甚至遮蔽了教师的此在存在，也将学生的此在之思遗忘于课堂场域。

于永正的课堂点评尊重儿童，认真倾听儿童的每一句话，并针对每一个学生快速做出相应的应答。其语言极富儿童味，有时是温柔鼓励的夸赞，有时是幽默诙谐的指点，有时是调皮的肢体语言，通过各种点评方式激发学生灵感继续回答。恰如其分的评价是对学生的一种鞭策，是对学生的一种鼓励，也是一种学的引导。新时代语文教师可以借助观察学习于永正的课堂点评，思考儿童味、情感味等不同味道的点评如何从心中自然流淌出来，在实践运用中通达纯真自如的点评境界。

话语逻辑：和孩子这样说话

文/方海东（浙江省温州市第二中学）

“为什么学生不听我的话？”很多老师都有这样的苦恼。

“你觉得你会说话吗？说得对吗？”我话音未落，老师就冲着我不满地说：“说话？谁不会呀！你这人什么意思！”于是，纷纷离去。

再次遇见，还是同样的问题。

老师讲话学生不听或者不在乎，原因无非有三种：没有主题、重复啰嗦，伤害了学生的自尊心，话语之间没有逻辑，这其中最常见的就是话语之间没有逻辑。说话缺乏逻辑主要有三种表现：不知所云，离题万里；前言不搭后语；没有论据，凭经验论述。

于是，说者津津乐道，听者一脸茫然，学生还是无法理解老师的观点。话语之间缺少逻辑，不仅让学生不明所以，更会影响教育效果。

所以，教师在与学生谈话时，应建立谈话逻辑，构建话语系统，可以基于逆向思维、理性思维和因果逻辑三个角度建立话语逻辑。

逆向思维：从角度到角度的换位

角度单一会造成认知偏差，表述就有可能出现逻辑问题。

重视逆向思维，从换角度和多角度两个方面建立逻辑体系。换角度，即换位思考，从反方向思考问题；多角度，是指从不同的角度看事情，准确性就会提高。

譬如，针对集体荣誉这个问题，有学生问：“我们要更重视自己，还是更重视他人？”有人认为是他人，因为这是集体荣誉，要多关注集体中的每一个成员；有人认为是自己，认为只有个体进步了，集体才会变好。

针对这个问题，我设计了一场活动。

我给每个学生发一张报纸，中部撕空，套在头上，然后用手拉住前面同学的报纸两角，围成圈跑。不一会儿，就有学生的报纸被撕破了。如果别的同学脖子上的报纸代表了集体荣誉的具体行为，那么自己脖子上的报纸就代表了个人行为，我们是更关注自己脖子上的报纸（自己行为）还是他人脖子上的报纸（他人行为），这就是我们看待问题的角度不同。

在这场活动中有自我和他人两个关注点，我们要在哪一个关注点花费更多的精力，自我还是他人？学生基于经验，一般会选择自我。

第一个角度，关注自我。在奔跑的时候，假如每个人的注意力都集中在自己脖子上的报纸上，手会不自觉地出现拉扯的动作，前面同学脖子上的报纸马上就会被扯破。

第二个角度，关注他人。在奔跑的时候，如果每个人的注意力都集中在别人脖子上的报纸上，大家都会更小心翼翼，这样，每个同学脖子上的报纸都会保护得比较好。

两次体验活动的结论直接明确，班级集体荣誉感建立的关键在于多关注他人。现实中，如果班上有很多同学乐于助人，就会改变班级氛围，这就是集体荣誉感讨论和实践的过程。

在逆向思维的具体化中，我们从一个角度拓展到两个角度，并多次换位思考，明白了集体荣誉感包含了自我和他人的努力。在自我和他人之间，帮助他人才是建设集体荣誉感的核心，所以我们的重点是在关注他人。在行动中，我们应学会帮助别人，成就自己。

综上，建立逆向思维的话语逻辑要注意三个方面：第一，多角度思考，根据不同主题的影响因素找到不同的分析角度；第二，换位思考，跳出经验判断，从事实出发，寻找解决问题的方法；第三，将主题置于更长时间和更广泛的空间内思考，在前因后果的基础上建立逻辑。

理性思维：从具体向抽象的过渡

我们在思考问题的时候，容易因为过多的纠结“内容”而迷失解决问题的方向，这样从“具体”到“具体”的思考方式容易出现逻辑问题。在现实中，内容是具体的，目的是抽象的，内容的生成建立在目的基础上。也就是说，从目的出发，我们的内容就是合理的，脱离了目的，内容之间的逻辑就会受到影响。

内容缺乏逻辑通常是因为太执着于内容，以至于忘记了内容的类别和内容之间的关系，从而失去逻辑。

思考者的层次太低，就会从内容出发，一直停留在操作层面。我们解决一个问题通常有两个方向，向上是目的建立，向下叫做法寻找，即内容是建立在目的基础上的做法寻找。如果我们过于关注做法，看不到目的，那么具体内容之间必然会缺乏逻辑。

根据理性思维建立认识问题的层次，将思考从“具体走向抽象”，实践从“抽象走向具体”，需要重视三个问题：第一，将思考分成“目的—目标—任务—要求—安排”五个层次，自上而下分解；第二，任何主题的解读都源于此层次，弄清层次之间的关系；第三，对于后三个层次的具体内容，要根据“目的”和“目标”进行整合。

譬如，教师对运动会的安排通常是这样的：在运动会召开之前呼吁大家踊跃参与，奋力争先，获得好成绩。但是，这种做法通常都没有达到自己想要的教育效果。于是，他们不明白为什么反复鼓励，还是有学生的主动性和参与性不足？为什么团体活动中总有一些学生拖后腿？为什么我们的学生关注的重点都是取得第一名，而不是为了成就什么样的班级，成为什么样的人？

这些问题背后反映了三个问题：第一，那些主动性有问题的孩子其实并不接受你的教育，主动的孩子不需要，被动的孩子没效果。第二，拖后腿的孩子才是教育的重点，但是我们常常会因为那些主动的孩子，忽略拖后腿的被动孩子。第三，孩子们的重点在具体的比赛中，是因为我们从未解释过比赛对我们的成长来说有什么价值，我们对于比赛的教育价值引领不清。

基于逻辑，从目的来说，我们想要培养一个德智体美劳全面发展的人，因此我们制定了“运动会获得团体总分第一”的目标。在此基础上，我们以任务的形式分解目标。根据运动会得分计算方式，我们了解了每一年总分第一的分数构成，并据此根据本班同学的运动能力选拔运动员；给每个运动员制定目标；观察运动员的运动状态，提出要求；制定激励机制，激发运动员的积极性；制订训练计划并确定负责人。这就是从抽象向具体的拓展，是基于目的的具体行为操作，最后就是针对任务和要求进行行动安排。

在现实中，理性思维要具备不局限于具体，并从具体中抽象出理性认识的要求；在5个层次中，关注各层次之间的关系，重视目的和具体操作；所有的具体事情都在目的的指引下发展。在此基础上，强调重视理性思考和逻辑关系，懂得为什么会发生这样的事情，以及各影响因素之间的关系是什么。

因果逻辑：从原因向结果的推理

我们基于现象分析其背后的原因，基于

不同的事情看其中的联系，基于品质判断重点，这些都是寻找逻辑的方法，也是从原因向结果的推理。如果各因素之间缺乏联系，或者仅仅根据主观判断其中一者而决定其他，那么就会出现理解不清、概念混乱等逻辑问题。

缺乏因果之间的逻辑联系通常是因为事实和原因之间倒置了。

从联系判断是因为联系双方没有抓准对方的话语重点。譬如，沟通中有一种漏斗效应，呈现的是由上至下信息逐渐减少的现象。对沟通者来说，心里想的是100%的内容，但当你在众人面前用语言表达时，你说出来的只有80%。当这80%进入别人的耳朵时，由于文化水平、知识背景差异，只被接收了60%。实际上，真正被别人理解了的内容大概只有40%，行动时就已经变成20%了。常态中，由于各种“漏斗”，双方都会有不等的内容缺失，所以就导致原因到结果推理不合逻辑。

建立因果逻辑需要做到三个方面：清楚原因分析的立足点，足够全面地考虑原因；根据事实整合原因，要有论据；在原因的基础上得出结论。这样，因果之间的逻辑关系就清晰了。

譬如，翻看班级活动的照片，发现只要有人拍照，无论其他人在做什么，有一个孩子始终盯着镜头。由此，我们可以由盯着镜头看这个结果推理出这个事件的原因。

这件事情由结果到原因的逻辑推理可以分成四个层面：

第一层，表象认识。很多人的第一反应是这个孩子注意力不集中，但为什么会这样，影响因素是什么，造成这种现象的原因是什么呢？于是，我和孩子说，你不能走神，要专注，要集中注意力。但这样的教育，并不会让孩子发生什么变化。

第二层，通过多张照片关注这个孩子时刻盯着相机的习惯性细节，发现她的眼睛一直都跟随着同一个拍照老师的镜头。一般说来，我们专注某一个人的时候，也期待这个人能够关注自己，这是人内心的需求。换个角度说，这个学生的行为是在“求关注”。

第三层，学生表现出“求关注”的行为，我们的第一着力点应该是家庭，通常只有单亲、离异、留守、父母工作很忙和有二孩的家庭的孩子才会缺失关注。另一方面，可能是因为家庭的过度偏向关注，比如父母只关注她的分数，而不关心她的心理，这样片面的家庭关注给孩子的感受就是缺失关注？

第四层，从此前接受的教育来看，她在小学时期经历了什么，是什么原因让她变成这样？

从“表象→动机→家庭→教育”四个方面看，结合学生的成长环境，分析问题行为背后的动机，最后得到的结论就是确定教育方法的依据。所以，在逻辑建立中，我们见到“果”时，也要注意推理寻找其中的“因”。

建立因果逻辑一般从四个层次入手：第一，确定表面现象和问题行为；第二，行为内在动机的探寻；第三，基于家庭层面的原因思考；第四，基于过往教育经验的思考。四个层面体现了一种由表及里寻找影响问题核心的顺序，最终看到行为和原因之间的逻辑联系。因果逻辑建立有三个关键点：重视影响因素的完整体系，看见行为背后的动机，确定诸多影响因素中的关键因素。

说话八字原则：谨慎谦和，三思而言

文/刘雨静（广东省深圳市盐田区乐群小学）

词达即止，不贵多言

看到“聒噪”这个词，估计很多人会忍不住想捂住耳朵。词典中对这个词的定义是：“说话琐碎，声音喧闹，令人烦躁”。是啊，一条舌头在你的耳边不停地“聒噪”，没一刻安宁，想想心里都要冒出火苗来。

一位老师如果上课时语言不简练，就会产生“聒噪”的效果，对听课者真是一种折磨。

什么样的语言是不简练的呢？

有一种情况叫“重复”。有的老师在学生回答完毕后，总喜欢把学生的答案再重复一遍。若是这个答案值得特别关注，需要辨析讲解，重复一下也无不可。但是，让人忍受不了的是，许多老师只是习惯性地、无目的地重复，好像所有的答案非要经过他的口过滤一遍才能放心地输送到空气中，真让听者不胜其烦。还有的老师对自己提出的问题不断地重复。这倒可以理解，可能是怕个别学生没听准而不能进行下一步的学习。这种“重复”背后的潜台词是：“我多说几遍，总有一遍你会听到”，这是一种不计效率的教学行为。老师也许没细致地思考过，有意注意才能提高教学效率。有意注意的关键因素不是重复，而是“明确的学习任务”。想让每个学生都记住老师的提问，只需追加一个问题即可：“谁能说说老师刚才问了什么问题？”让学生带着任务去听问题，学生还能溜号吗？如此一来，提问两三名学生足矣。

还有一种情况叫“给自己的提问打补丁”。有的老师问完了问题，好像总担心自己的表述学生听不懂，不断进行补充说明，不断进行解释。殊不知，越说越乱，学生到底该思考哪个问题？是最初的那个，还是最后的那个？如果是后者，那么前者还有什么价值呢？所以，有这样习惯的老师在备课时应该对教学问题反复斟酌，一旦敲定，就不要再琐碎地补充。因为老师的问题一个劲儿地调整，学生的思考也要跟着不断被推翻，从头再来，非常浪费时间。

第三种情况，也很令人烦恼，那就是老师在学生自主学习的时候“喋喋不休”。“咱们班的小朋友可真棒！”“注意呀，不要把字写出格！”“写的时候认真想啊！”这些话语是不是很熟悉？大家想想看，如果在你独立学习的时候，耳畔不时响起这些琐碎的语句，你的思维会不会短路？人的大脑在独立思考的时候，是思维最敏捷的时候。这个时候，千万不要去打扰学生。所以，学生在默读、写字、写作时，老师不要播放音乐，更不要时不时地讲话，以免打断学生的思考。如果老师发现了共性的问题，应该予以归纳，然后请全体同学停止自主学习，共同听老师讲解评析。至于个别学生的问题，应该低声、个别纠正，不要打扰其他同学。最坏的情况就是老师在全班范围内不停地点评个别学生的问题，或是毫无目的性地讲话。

课堂不怕“静”，最怕“吵”。学习，说到底是“静静地听、静静地想、静静地做”的过程，安静的课堂里才能产生最有质量的思考。所以，走进课堂，我们要常怀敬畏之心，每一句话都应该是经过打磨和雕琢的，措辞准确，简练清晰。我们每个老师在备课、讲课的时候，不妨用古人朱熹的话提醒自己：词达即止，不贵多言。

语贵质朴，莫求花哨

有一日听了一节古诗课《江雪》，授课者是一位德高望重的男老师。这位男老师年过半百，声若洪钟。上课伊始，老师以诵读的语调开场，寥寥数语，台上就已是浓厚的古风古韵。

老师浑厚而富有韵味的语调让人备感惊奇，毕竟平时以这种调子上课的老师难得一见，我们这些听课的老师也觉得挺新鲜。课堂里非常安静。

可是随着教学的深入，我越来越感到疲惫，因为老师所有的语言都是这样的腔调。每一句话都会有某个字读得特别重，句尾一律尾音拖长。提问、评价、讲解全都是这样的语调，仅仅听了一会儿，新鲜感就消失殆尽，只觉累得慌。

这让我想起我以前听过的一节课。一位年轻教师讲《武松打虎》，整节课均是以东北评书的语调进行教学的。也是开场之初很有新鲜感，听课像欣赏表演一样，但是，听到后来，单调而疲乏，看台上的老师也不复是老师的模样，好像哗众取宠的表演者一样。

两堂课还有一个共同的尴尬之处，就是学生的答语和老师的语调匹配不上，课堂显得不伦不类。

我很不赞同这样讲课。教学语言讲究的是准确、鲜明，学生听老师的语言，目的不是为了欣赏，而是为了听清内容，开展学习。前文所说的两种教学语言，学生的注意力都被语言的形式吸引了，对其承载的内容，还会有多少深入的思考呢？再说，这两种腔调的重音、语速和平日的交流语调明显不同，想快速捕捉语言中的信息，真是要费一番工夫的。老师的语言是在帮助学生学习还是在制造障碍，现在看来，都是值得商榷的问题。

这两位老师可能没弄明白，朗读和讲解不是一回事，两者对语调有着不同的要求。朗读的调子因文本而定，以“不变应万变”是败笔；讲解则应以“明白晓畅”为原则，“妨碍理解”是最大的错误。

王崧舟老师的教学语言算是有特点的了。作为“诗意语文”的代表，王崧舟老师的语言精雕细琢，极富文学气息。但是，他的教学语言有深情却不怪异，该朗读的时候就抑扬顿挫、余味悠长，该讲解的时候就语调柔和、清晰简练，绝不会让学生理解困难。于永正老先生不也是这样吗，老先生的朗读真是惟妙惟肖，可没有哪一堂课于先生是拿腔作调上的。

针对教学语言，语文出版社原社长王旭明曾经说过：“语文老师一定要好好说话”。“好好说话”，指的就是用普通话的语音语调来授课，坚决杜绝表演腔。

其实说到底，评价一堂课的好坏，终极标准只有一个，那就是“是否促进了学生的发展”。老师的特长，老师的喜好，只有在“能帮助学生学习”的情况下，于教学才有意义。质朴的语言，承载的内容不一定就单薄。反之，花哨的语言，往往会削弱文字的力量。

最后，还想赘述一句，是否具有鲜明的教学风格，不在形式，而在内容，我们不能舍本逐末。

春风化雨，不吝赞赏

某晚翻看手机，忽然发现微信群里儿子的老师让全班学生进行英语口语测试。老师说10点钟平台就要关闭，而彼时已经9点40分。

于是，儿子慌慌张张地捧着手机开始跟读。我和爱人一声也不敢吭，生怕影响了测试效果。安静的房间里，只听到英文原音和儿子的朗读声。

儿子每读完一个词，软件就会发送一句评价：“哦，太棒了，你简直是外交官哪！”“Perfect，你的发音太完美了！”这赞叹是那么真诚，那么亲切大方，声音又特别清晰响亮。别说儿子听了很受用，连我们家长听了都觉得以前小看了儿子，心里好像被一双小手轻轻抚摸了一遍，非常舒坦。儿子也有读得不像的时候，软件里这么说："失败是成功的妈妈，你愿意再试一次吗？"儿子就很努力地去试，直到听到下一句夸奖。

英语是儿子最薄弱的学科，但他一直反复读，总想让每一次成绩都在90分以上，放下手机时已远远超过了10点。我们最反对儿子对着手机看，但是这一次我们谁也没有催促，一直由着孩子测试完。

一次让人心急火燎的临时作业，竟然在没有怒吼与抗拒中就完成了。为什么？这就是语言的魅力。如果这款软件化身为一位老师，我敢肯定，他（她）的追随者一定涌动如潮，他（她）的学生一定会深深陶醉于他（她）的课堂。作为家长，我也一定乐意与这样的老师交流孩子的情况。这位"软件老师"的语言为什么这样打动人心呢？细细想来，是因为它回应了孩子心底最真切的呼唤——我希望得到表扬！

表扬，意味着肯定。肯定你的态度，肯定你所做过的努力。表扬，还包含着嘉许，嘉许你比过往有了进步，能力、态度超越了一般人。一个人获得表扬的时候，就是内心升腾起自信的时候。老师一句真诚的表扬，就是在孩子的心里埋下了一颗自信的种子。这颗种子会伴着孩子的成长生根发芽，枝叶繁茂。"自律、自尊、自强"都是这棵自信之树上结出的累累果实。按照美国著名心理学家马斯洛的需求层次理论，人在填满胃袋，获得安全、温暖之后，无不渴望"受人信赖与认同"，马斯洛称这一阶段的追求为"尊重的需要"。人则会在"他人的表扬"中建立信心，体验到自己活着的价值。这是人类心理发展的规律，无论是成人，还是孩子，概莫能外。

但日常的学习中，孩子在真人版老师那里不会这么容易得到表扬。

"行！""挺好！""接着努力呀！"差不多就涵盖了老师表扬语言的全部种类了。和表扬语言的单调匮乏相比，我们老师批评、警醒学生的语言可就丰富多了。苦口婆心型、疾言厉色型，无不脱口而出。回想起来，平常我们和学生之间的教学对话，表扬语言与批评语言的比例大概连"三七开"都达不到。不妨回忆一下，和老师谈完话的学生，多少人转身离去时是欢欣鼓舞、信心满满的？看到学生出错的老师，又有多少人不是心头冒火、口吐荆棘的？

"刀子嘴，豆腐心"，是一颗包裹着黄连汁的糖豆，即使内核再甘美，也没有几个学生愿意品尝。说不定刚舔了一口，就已避之唯恐不及了。教育想发挥作用，一个重要的原则是"运用学生可接受的方式"，而不是"老师觉得好用的方式"。批评，老师是解气了，但是容易伤害学生，容易导致学生沮丧消沉、自暴自弃。批评里面有没有智慧的含量？有，但是不多。而表扬、赞赏则显示了一个老师对学生的真诚关怀，显示了老师对教育规律的深刻理解。表面上看，唤醒学生奋进之心的是那句表扬之语，实则是老师教育的智慧和那颗仁爱之心。

古人云：数子十过，莫若赞子一功。我们祖先的话和马斯洛的理论只是表述不同而已，但都在提醒我们：孩子在成长过程中要多表扬、少批评，多肯定、少斥责，这是教育的规律。

春风化雨，不吝赞赏。每个老师当谨记在心。

谨慎谦和，三思而言

毕淑敏在《谁是你的重要他人》这篇散文里，回忆了自己小学时参加合唱队的经历。

一天，她因跑调儿被老师赶出合唱队，老师说："我在指挥台上总听到一个人跑调儿，不知是谁。原来就是你！一颗老鼠屎坏了一锅汤！"后来，老师找不到合适的人选，她又被召回合唱队，但老师要求："你听好，你人可以回到队伍里，但要记住，从现在开始，你只能干张嘴，绝不可以发出任何声音！"

毕淑敏至今记着，老师的目光像锥子一样刺在自己的身上。此后几十年里，毕淑敏不仅不敢再唱歌，连当众发言也逃避退缩。她说，自己一想到要当众讲话，内心就会引发剧烈的恐慌。

今天，以我们做老师的经验来读这个故事，我们能读懂这位音乐老师的苦衷：参加合唱比赛，学校要成绩，容不得哪个学生跑调儿出错。一时又选不到合适的替补队员，情急之下，只能出此下策。至于那几句话，也未必是看不上这个孩子，故意贬损她，十有八九属于口不择言。不过，话虽这样说，但想一想，老师的不当语言对一个孩子的大半生造成了伤害，是无论如何也不能被原谅的。

每一位老师都可能成为学生成长过程中的"重要他人"。尤其在小学生心里，老师就是权威，老师的话就是真理的代名词。正因如此，我们讲话的时候要格外谨慎，要想到：自己的每一句话，都会在孩子心里留下痕迹，那种散漫随意、信口开河的语言是要不得的。

曾有一位老师和我讲了这样一件事。一个小女孩跑来告状："老师，×××又跑来说他喜欢我，可烦人了。"这位老师一边批改作业一边随口说道："他再和你说这样的话，你就扇他个嘴巴，看他下回还敢不敢这样说。"一节课后，那个男生气冲冲地跑过来："老师，×××扇我耳光！"大家看，大人不会当真的话，小孩就会当真。这位老师可能也没料想自己随意之言，竟然成了人为制造矛盾。如果两个孩子因此产生严重的伤害，这位老师说不定还要负法律责任。

老师面对学生讲话的时候，是以职业身份，不仅要合情合理，还要合乎教育工作的规律，绝不可口无遮拦、信口胡言。否则，在制造麻烦的同时，还会降低自己在学生和家长心中的威信，让人无法再信服你。

一位老师若心底有爱，往往言语谦和，态度可亲，让学生产生无限依赖。反之，老师经常语言犀利、出言不逊，则说明他漠视学生的感受，对学生缺少关怀，所以学生自然会远离他，甚至憎恨他。要知道，一句刻薄的话语，也许就会让孩子失去自尊、陷入困境，甚至带给孩子长久的伤害。

别看学生年龄小，但孩子的心是最敏感的。谁对他好，谁对他不好，他都能敏锐地感受到。就像毕淑敏，几十年后对老师当时的语言、动作、神情都还记得清清楚楚的，足见当时给她带来多么大的影响。

教育，说到底，是一个生命对另一个生命的陪伴与影响，其使命神圣。而完成这一使命的主要媒介，则是教师的语言。要想让教育闪烁出温暖的人性光辉，充满生机和力量，我们每一位老师都应该精心雕琢自己的语言。请以下八个字成为教师说话的原则之一：谨慎谦和，三思而言。

16个极小化极大策略，翻转沟通结果

文/曼弗雷德·普赖尔（德国心理学家）

学生心理健康是近年来比较关注的话题，老师在发现和解决学生种种情绪和行为问题的同时，更应该注意将心理健康教育工作融入与学生的日常沟通中，引导学生积极向上，培养学生乐观阳光的心态。

以下16条师生沟通策略，利用暗示、引导、激励，培养学生阳光自信学习心态、积极主动思考的学习习惯，协助师生日常交流更加轻松，更加从容，更加高效。

改变一个词，就能突破师生沟通的瓶颈，提升师生沟通的效率；改变一个句式，就能极大加强师生互信与合作。

策略1：谈论学生的问题和困难时，要用“过去”“以前”

在谈论学生的错误、弱点、困难或问题时，加上表示过去的词，强调了教师想要准确理解对方的意图，更有助于教师向学生展示美好的未来和解决方案。

策略2：在描述问题时，“总是”这个词从来都不准确

“总是”这个词让问题比实际情况听起来更糟糕。“总是”有问题意味着问题不仅在过去“总是”发生，而且现在也发生，并且将来也会“总是”发生。“总是”这个词暗示了人们将未来的改进或解决方案拒之门外。教师应该把“总是”换成“过去经常”。

示例：

你总是迟到到底什么时候能改？

可改为：

你过去经常迟到，你找到以前那几次迟到的原因了吗？

（本示例融合了策略1和策略2）

策略3：用“还没有”暗示学生问题能解决

用“还没有”将学生的注意力引向可能性、机会和未来的改进方法上。“问题”是“还没有找到的解决方案”；“障碍”是“还没有克服的困难，还没有找到的方法或策略”；“弱点”是“还没有形成的强项”。

示例：

咱们教室太脏了，今天的值日生是谁？

可改为：

同学们还没有打扫教室呀？

策略4：用“如何”“什么”“哪些”等提问来引导学生思考

当教师想要激发学生思考和帮助学生找到特定的思考方向时，不要用“是否”提问，改用“如何”“什么”“哪些”来提问，鼓励学生说出观点、想法、解决问题的具体方法、方案和改进方法等。

策略5：用“而是”鼓励学生明确说出自己的目标

教师经常告诉学生不要做什么，比如“不要把作业写的乱七八糟”“考试不要紧张”，但往往只说出了不希望发生什么却没有说出和学生双方未来追求的是什么，设定的目标是什么。使用“而是”引导学生说出自己的计划和目标。

示例：

连作业都不写，你们还想不想好好学了？

可改为：

在英语学习上不要在懒散了，而是采取什么方法呢……对，先从做英语作业开始。

（本示例融合了策略4和策略5）

策略6：用“你的问题类似于……”激发学生的积极性

将学生在学习中的问题类比到他熟悉和喜爱的领域，比如将背单词类比成足球基本功，引导孩子自己去思考解决方案。类比可以引导出俏皮的想象和创新的活力，有时还可以产生幽默感，有助于放大优点。

示例：

下国际象棋时，越有远见，越能集中注意力关注眼前的细节，越能战胜那些走一步看一步且粗心的对手。如果你写作时的态度类似于下国际象棋时求胜的态度，那么你自然会更多地考虑文章的结构，还会在一些细节上更仔细、更专注。这样写出的文章肯定更出色。

策略7：正话反说，提出建议

当教师对学生提出一个很好的建议却被学生拒绝时，可以利用“不要去想粉红兔子”效应（看到这句话时你是不是很难不去想这只粉红兔子呢），把好的建议包装在否定句中：“你还不需要现在就……”“你没必要……”

策略8：面对“难对付的”学生时，多用否定句表达观点

总有一类学生，不管你说什么他都在顶嘴、否定。在和这类学生沟通时多使用否定词，如“没有”“不”，交流会顺畅得多。

示例：

你为什么不能好好学英语，不知道英语对你以后多重要吗？

可改为：

我知道你不喜欢上英语课，也不喜欢英语，也不指望你知道英语对你未来的重要性，你也没必要背单词、背课文了。不过我不太理解你如果不知道这些初中单词，怎么才能成为一个优秀的飞行员，毕竟飞行员和塔台交流都说英语。

（本示例融合了策略7和策略8）

策略9：使用具有建设性的特殊疑问句

使用一般疑问句时，如果学生多次回答否定会很容易让对话无法开展。

如果想要询问学生关于他的强项、想法、解决方法、改进方法等，并且期待得到内容丰富、明确的答案，那教师应该使用“什么”“哪些”“因为什么”等特殊疑问句，从而激励学生一直思考改进的方法。

示例：

有办法做到早上准时到校吗？

可改为：

你会采用哪些方法使自己准时来到学校？

策略10：问学生的问题要具体

教师提出以解决方案为导向的特殊疑问句时，所问的解决方案要尽可能具体，关注学生的解决方案、改进方法、能力，以及学生可以利用的信息和工具，避免抽象的提问。

示例：

学生：我为这次考试付出了这么多，现在还是出了问题！我总是、总是考砸。

教师：嗯，你能解释一下你为什么考砸了吗？

学生：嗯，实际上我也说不好……我看懂了复习材料，考试之前一小时我还能对这些内容说出一些观点。

教师：可能是你准备得不够充分？

学生：不，也不能这么说……我之前已经读了很多遍课文，而且理解了。

教师：是不是有其他事情让你分心了？

学生：没有，我为什么要……算了，到头来还是没人帮得了我。

可改为：

学生：尽管我疯狂地学习，但每次考试还是考得很糟糕。

教师：过去你经常在课堂测试中表现不好，这和你现在的情况有什么关系吗？

学生：我只是太害怕我做不到。我总是对自己说“我希望别考砸了！”，然后我就考砸了！

教师：你最近什么时候在考试中不那么害怕了？

学生：上次考试的那篇作文的主题真是太棒了，我马上就想到了很多内容，我甚至完全忘了我可能不太会写作文。那次我考了很好的成绩。

教师：你之所以能成功，是因为这个主题让你很放松，于是你好奇地问自己“你还能想到什么？”然后集中注意力在你的想法、思路和答案上。假使一开始你知道得不多，甚至什么都想不出来，你也问问自己“你还能想到什么？”

学生：嗯，好问题。这不那么容易……

教师：试试看。

策略11：不要说让人焦虑的话，而要说让人产生信心的话

充满期待的提问通常能够帮助学生表

达出积极的愿望，从而产生面对挑战并能够有所作为的自信。

示例：

希望你在下一个关键时刻不会又想着“不论如何我都做不到”。

可改为：

希望你在下一个关键时刻会想“我能做到”，因为你已经下定决心，并且做好了准备。

策略12：用“假设你会……”帮助学生预设目标

先在对话中涉及学生的兴趣，然后用“假设……你会怎么做”帮助学生建立目标，启发学生的思考，并给出两个或多个包含理想代替方案的问题，间接引导学生找到理想的解决方案。

示例：

历史是你最喜欢的科目，你对历史很感兴趣，而且学习历史让你很开心。正像你说的，你花了很多时间学习历史，这给你带来了很多乐趣，而且你的努力也获得了回报。假设你把这种乐趣学习法运用到数学上来，让你也可以在学习数学上获得乐趣……之后再看看自己是不是真的能喜欢上数学。

策略13：用“假装你是……”激发学生的灵感

当你想跳出学校课程的条条框框，激发学生的想象力时，让学生假装的建议总是很有帮助。当你发现学生正面临困难，或者在克服困难的时候遇到了麻烦，你在鼓励他时就可以使用“假装”策略。

示例：

你说你前几天在电视上看到了撒贝宁的访谈，我想让你假装成他，模仿他的语气和发音读这篇文章。

策略14：告诉学生他只是“认为自己做不到”

当学生表示自己做不到某件事时，教师应该表示理解地说“你认为你不能……”，这表明按照教师的理解，学生不能做到某件事情的事实并不存在。

相反，教师理解的是学生只是认为他做不到某件事。教师接受了学生对自己能力的局限性的相信，同时提出了与此相反的另一种可能。

策略15：根据学生的话语风格调整自己语气的夸张程度

在谈话中，区分夸张的人和低调的人很重要。如果你想与谈话对象建立联系，那么你需要掌握他的夸张或低调的表达方式，使用他的语言，这样可以大大促进双方的相互理解。

例如面对夸张的人，可以用“非常”“极其”“完全”等极端的词语进行表达；而面对低调的人，则可以使用“一点点”“可能不完全是”“有点儿”等适度的词语进行描述。

策略16：规避指责，表达愿望

这个法则要求人们将指责都转述为愿望。如果教师带着愿望而非一连串的指责面对学生，那么一部分的攻击性和紧张关系将转化为富有成效的共同合作的激情。

这些只改变一个词、一种句式就能达到良好的沟通效果的策略就是极小化极大策略。

愿每一位老师都能找到与学生的沟通相处之道，和学生建立互信互爱的良好关系，让每个学生都能快乐自觉地学习。

班主任要谨防“出口成伤”

文/谢秀琴（福建省柘荣县教师进修学校附属小学）

语言作为师生间交流的工具，是班主任魅力的体现，更是师德师风的外在表现形式。苏霍姆林斯基曾说过：“对于语言美的敏感性，这是促使孩子精神世界高尚的一股强大力量，是人类文明的一个源泉。”对于班主任来说，语言中隐藏着最真实的“师”品，“口德”即“师德”，使用不好会“出口成伤”。因此，吃“语言饭”的班主任更要舌耕不断，锤炼自己的嘴上功夫。

摆正说话位置：变“高高在上”为“平等相待”

据网络调查，65%的人不愿意与三种人进行交谈，分别是老师、“老鸟”、老大。老师永远把别人当学生；“老鸟”经常把别人的挫折当成小事；老大喜欢轻易表现他能罩住你。总结这三种态度的共通点，都是把自己位置摆得高高的。从中我们可以看出，班主任谈话时的位置很重要，它决定着谈话氛围是否轻松、愉快，学生是否能畅所欲言。要摆正位置，班主任须做到以下三点：

学会聆听

班主任必须明确沟通交流不是一个人的事，是人与人之间平等的对话和情感的交流。所以，要养成“开口前先要懂得听，教育前先了解事情”的交谈习惯。不管学生说得对不对、好不好，给予他们一定的尊重，为他们预留说话的时间，并表现出认真倾听的态度，鼓励他们大胆表达自己内心真实的想法和感受，察言观色，及时发现每次事件的关键点，找出后面谈话教育的切入点。这种基于耐心倾听的交流，更能唤醒师生心灵的碰撞和交融。

放下身段

许多班主任在日常教育教学中总会不自觉地“一言堂”，高高在上、不容置疑。例如，“你们必须……”“作为学生……”“再这样的话，就请你家长进来！”“不要再说了，就按我说的做”……这类的语言杀伤力不亚于过去一直存在班级的“戒尺”“教鞭”，只是后者“伤身”，前者“伤心”。教师作为谈话里“平等中的首席”，应该从高高的讲台上走下来，蹲下身子与学生平等对话。“你是怎么做到的，快教教我吧！”“你真厉害，我怎么没想到。”“你说得也有道理，不过……”类似这种无距离的谈话语气，可使学生不仅听得懂、能理解、愿接受，而且有利于他们敞开心扉，畅所欲言。

寻找共性

心理学“认同理论”认为：两个人之间的共同点越多，心理距离越近；相互越信赖，关系越亲近；看法越一致，相互越理解；兴趣越相投，交谈越投机。教师可以在与学生的对话中寻找共同点，打开话匣子。

例如“这没什么，老师以前也犯过这样的错误。”“老师的女儿原来也像你这样想的。”“看来咱们真是心有灵犀呀！”“这部电视剧，我也很爱看。”“你的心情我完全能理解。我们先深呼吸，等你平缓下来，我们再交流。”……诸如此类的话能让学生打开话匣，师生之间也能坦陈胸臆。

把握说话时机：改“急不择言”为“三思而言”

工作中，我们经常会遇到一些学生违反校规校纪，如乱扔垃圾、喜欢打架、不做作业、迟到旷课等。遇到这类事件，教师通常会采取批评教育的常规手段加以制止。但如果教育时机不对，不仅没能取得期待的教育效果，反而会使师生之间产生隔阂，甚至是怨恨。

大部分教师都有这样“急不择言”的经历。遇到一些屡教屡犯的学生，会在某一次到班级以后，听到学生告状，某某同学又怎么样怎么样。先入为主，脱口而出：“我也不想管你了，你给我滚出去！”“你除了会惹事，你还会干什么？”会在某一次，反复地辅导一道题目后，学生茫然地望着你时，失去耐心，严厉指责：“你蠢到家了，讲了这么久都不会”“你脑袋长着是干什么的？”……这样的言语暴力，通常会让学生自尊心受损，产生破罐子破摔的心理。

有这样一个案例，王老师最近这段时间总是感觉小明（化名）同学在漠视自己，甚至有时还带着点挑衅，经常故意跟自己对着干，让自己下不了台。通过了解，才发现原来是因为有一次小明同学与班干部打架，王老师当时不分缘由，当众批评了他，而且盛怒下说出了“你给我滚出去！”这样的话，小明自尊心比较强，又好面子，这件事情在王老师的印象里虽然已经很模糊了，但在小明的心里却总是过不去。找到原因后，王老师将小明私底下约到了办公室，对他说：“上回那件事，老师后面了解了，虽然你与同学打架是犯了错，但是老师不问缘由，不分场合，当众批评你，无意间伤害了你，你能原谅老师的过错吗？”刚到办公室还像刺猬的小明，此时却红了眼睛，后来，王老师与学生聊了很久，并一起约定以后如果犯了错，老师会先了解情况，再私底下提醒；如果第二次犯同样的错误，老师再严厉批评。从这以后，师生关系日益融洽，小明学习的劲头也不一样了。

在这个案例中，虽然事发第一时间班主任错过了最佳的时机，在与学生的沟通中遇到了瓶颈，造成了后续的一系列师生矛盾。但还好班主任最后还是找到了谈话的切入点，用自己诚恳的态度重新赢得了学生的喜爱和尊重。

变换说话形式：去“指责呵斥”为“委婉暗示”

孔子曾说：“闻过则喜。”可是又有几个人能做到？面对直接批评时，许多人内心的第一反应都会不舒服，因为批评就像是惩罚。更何况班主任的教育对象是学生，他们年龄小，是非观念薄弱，趋利避害又是人的本性。班主任谈话时只有因人而异，因事施法，创设轻松的说话氛围，采取正确的说话方式，让学生心悦诚服，产生积极配合的心理反应与行为反应，才能达到师生“双赢”的效果。具体实施时，班主任可为自己的语言裹上三种糖衣，以达到“良药甜口”“治病救人”的最终目的。

糖衣一：情感投入

别林斯基说：充满爱的语言，可以使劝说发出熊熊的烈焰和热情。情感是语言表达过程中的乘号，语言中充满情感，会使语言的感染力成倍地增加。班主任的语言，如果从“关爱”的起点出发，所产生的力量是无穷的。在平常的教育教学过程中，我最喜欢称呼学生的不是名字，而是“孩子”。“孩子，有点小粗心哦！”“孩子，你这样做，让我很伤心”……记得刚说这种称呼时学生都笑了。“老师，你有50个孩子吗？”我笑着告诉他们：“虽然老师只生了一个孩子，但是在我心目中，你们就是我的孩子。”学生的心都是最敏感的，当他意识到你的真诚、你的关爱时，就更愿意听从你的教导。

糖衣二：故事包装

有经验的教师都知道只靠单纯说教，力量是单薄的，如果借助故事包装等方法，就会使谈话更具感染力量。例如，现在学生大多是独生子女，都比较自私，缺少容人之量，容易妒忌他人。同学之间隔三岔五地会闹些矛盾。这时就可以给他们讲蔺相如和廉颇将相和的故事，讲楚庄王夜宴群臣的故事，讲庞涓和孙膑由朋友成为不共戴天的仇敌的故事，讲朱熹和陆九渊互相敬慕的故事。从而让学生们明白“君子坦荡荡，小人长戚戚”，妒忌的人总是心情不快的，因为折磨他的不仅是本身的挫折，还有别人的成就。

糖衣三：迂回侧击

虽说“有理走遍天下，无理寸步难行。”据理论述、规劝学生正确认识自己的行为，是常见的说理方法。但不少情况下，采取迂回侧击的谈话方法，效果更好。著名儿童教育家孙敬修有次见几个孩子在折树苗，就把耳朵凑了过去，装作认真聆听的样子。孩子们好奇地问：“爷爷，你在听什么？”“听小树苗在哭泣呀！”老先生回答。“小树苗会哭吗？”孩子们都围了过来。“当然，你们折了它，它当然要哭，它们说，它们本想快快长大，为大家服务的，可……”孩子们听了，都羞愧地低下了头。整个教育过程，没有指责批评，甚至也没说“你们应该……”只是投石问路，迂回侧击，最后同样达到了目的。

明确说话对象：不“以偏概全”应“对人对事”

下面的这些情况和语言可能很多班主任都觉得似曾相识。比如，一个学生连续两次作业没做，便指责：“你怎么整天不做作业？”一位男生把一个女生打哭了，便是：“你们男生……”对某个家长有看法，便是：“你们家长……”这届学生成绩不是很理想，便是：“你们这届学生……”将特殊现象当成普遍现象，将个性当成共性，无意中打击一大片。这就是“伤众”！班主任在教育学生时切忌一棍子打翻一船人，应就事论事，不要将事情无限扩大。

案例：某某同学经常打架生事，在教育后，好了没几天，旧病就犯了，今天，又和一个同学干上了。而且，教师到场后两位同学依然不能控制自己的情绪。以下是两位老师的两种教育方式，我们不妨对比下。

方法一：鉴于他以往的“光荣事迹”，直觉认为这家伙又惹事了，便不问缘由，劈头盖脸就对他说：“你怎么屡教不改呢？

除了打架你还会干什么？你到底要不要读书？”又指着另外一个男孩子，说：“你们这些男孩子，就只会打架。你给我说清楚，这是怎么回事？”

方法二：忘记孩子以前的劣迹，只针对这件事进行处理。“这么激动，看来一定是发生了什么事，或许有些什么地方让你觉得委屈了，跟老师谈谈事情是怎么发生的。”接着，对另一个孩子说道：“我相信你也不愿意出现这种局面，大家冷静下，坐下来，把事情讲开了。”

两位教师都有了解事情来龙去脉的想法，但区别在于第一位教师将事情扩大，把前尘往事都翻了出来，揭老底，算旧账，甚至一句“你们这些男孩子，就只会打架”，把所有没犯事的男生也都牵扯进来，容易引起学生的逆反心理，让学生站到自己的对立面，使谈话陷入僵局。而第二位教师能撇开偏见，一切的言语建立在“一碗水端平”的基础上，以事论事，解决问题，加上适时的安抚，让学生在感情上与教师迅速合拍，让师生情绪和事件都迅速降温，同时打开了后面的话匣子。

精简说话内容：忌“唠叨重复”，须“形式多样”

鲁迅《祝福》中的祥林嫂，儿子被狼吃了，本是招人同情的事，但因为见人就哭诉，结果成了笑柄。类似饶舌的人很多，经常是一开口，拦都拦不住。须知即使是好话，说多了也招人烦。但是另一方面，班主任工作琐碎，学生的自控能力差，一个行为习惯往往要教育好多遍才能初见成效。如何让学生在反复的说教中不厌烦，不逆反，从而规范自己的行为。我觉得教师一定要精简自己的说话内容。这里的“精简”不仅只减少说教的次数，缩减说话的内容，还要变换说教的形式，做到润物无声。

以“拒绝零食”的习惯教育为例，班主任如果只留在空洞乏味的说教上，“零食有很多危害，我们孩子正是长身体的时候，千万不能吃零食”“学校禁止带零食进校园，如果带了就要处罚！”……我们会发现第一次说学生听进去了，过不了多久又会再犯；教师再说一次，学生再老实几天，但是时间一长，不仅会留下教师爱唠叨的印象，而且学生通常是左耳进右耳出，完全不放在心上。这样的说教不仅不会起到教育的效果，反而会影响师生和谐的关系。针对这一局面，教师应该放下身份和说教，用沟通解决教育顽疾，先像朋友一样用心去和学生沟通，了解他们喜欢的零食有哪些种类，平常购买零食有哪些习惯，掌握零食屡禁不止的深层原因。接着，召开主题班会，通过播放记者对地下作坊的调查视频，交流零食带来危害的具体案例，用生动的画面，具体的数字，让他们获得最直观的感受。最后，通过开展“小学生能不能吃零食”的辩论赛，提升认知，将教师的外部教育内化成自己内心的需求，教育自然也就水到渠成。

著名心理学家马歇尔·卢森堡曾说过：“我们可能不认为自己说话的方式很暴力，但语言确实引起了自己和别人的痛苦。”如果说教育是一辆前进的火车头，那么班主任的舌尖便是“点火器”“润滑剂”，每位教师都应该谨记：在教育工作中不要举着“爱”的旗帜，做着言语霸凌的事，要把语言当作必修课，当作师德师风的一项准则，做学生成长的引路人，做社会文明的传承者。

/ My Study Review /

我 的 学 习 回 顾

◎ 这部分内容给我带来的启发与思考：

◎ 最触动我的几个故事是：

· 沟通小贴士 ·

反向激励的方法

1.欲言又止法：想说一件事，又装作不想说了，以此吸引学生的注意力，如“其实……嗯，还是算了”。

2.佯装不知法：教师装作不知道学生所了解的或能够做到的事，学生做到后，教师再通过惊讶的表情来增强他们的自信心。如“我想你们应该没听过……”

3.制止法：教师在学生开始进行某项行动前采取阻止的态度，激发学生勇于挑战。如“这题太难了，最好还是放弃吧”。

4.叹气法：教师表现出对学生的失望来激发他们的积极性，师生之间信赖关系越强，效果越好。

5.基准法：教师应给出具体的基准，让学生清楚到底要做到什么程度才可以。

我的行动

/ My Actions /

◎ 找到适合自己风格的学习对象，梳理其说话方法：

◎ 学期结束，写一篇关于说话技能的总结：

· 沟通小贴士 ·

反向激励的方法

6.理所当然法：用简单亲切的语言告诉学生做到哪些事情是理所当然的。

7.点名法：教师指定某位学生为其他同学做示范，如果大家能一起讨论出做示范的同学在活动中所表现出的优点就更好了。

8.示范法：教师找到可以作为榜样的同学，让他给大家示范某项活动，其他同学观看。

9.奇怪的修辞法：通过奇怪的修辞来提醒对方注意。如“快点写，要达到笔尖都被磨得冒烟的速度”。

10.中途结束法：在说教中途停止。如“正因为如此，要……啊，算了，加油吧”。

星教师创新教学

让学生爱上学科

Make Students Interested in Disciplines

蒲公英教育智库 主编

上海教育出版社
SHANGHAI EDUCATIONAL PUBLISHING HOUSE

图书在版编目（CIP）数据

星教师：创新教学 / 蒲公英教育智库主编. -- 上海：上海教育出版社, 2023.11
ISBN 978-7-5720-2370-5

I. ①星… II. ①蒲… III. ①中小学－教学研究
IV. ①G632.0

中国国家版本馆CIP数据核字(2023)第216524号

责任编辑 刘美文
封面设计 韦 晓

星教师：创新教学
蒲公英教育智库 主编

出版发行 上海教育出版社有限公司
官 网 www.seph.com.cn
地 址 上海市闵行区号景路159弄C座
邮 编 201101
印 刷 重庆建新印务有限公司
开 本 787×1092 1/16 印张 28.5
字 数 600 千字
版 次 2023年12月第1版
印 次 2023年12月第1次印刷
书 号 ISBN 978-7-5720-2370-5/G·2102
定 价 135.00 元（全三册）

来一场学科的寻爱之旅

文/刘锐

热爱的力量有多大？著名实验物理学家丁肇中教授经常在实验室连续工作几天几夜，有人问他苦不苦，他回答说：“一点也不苦，相反，我乐在其中，因为我喜欢探索物质世界的秘密。”

教学过程中，教师们何曾不想把学生带入学科花园中，一起感受其中的深刻理性与蓬勃情感，但现实通路往往却有些逼仄。南京赫德学校的张宏伟老师曾用“数学是什么？数学留给你的印象是什么？”这两个问题，调查了千余名学生，得到的回答是：数学是计算、图形、法则、公式，对数学的印象是做题、枯燥、抽象、难学、害怕……

很多时候，我们发现学生对各门学科学习的态度似乎大同小异，仿佛只感受到了其中不那么讨喜，甚至给人带来压力的一面，甚少领略到学科本身的魅力。当然，就更谈不上喜欢与热爱。因此，一位优秀的老师不但需要领着学生的“脑”，更要唤醒他的心，能从普遍性原则中抽离出方法，形成一把把钥匙，打开学生对学科的热爱阀门，让教与学成为一趟“美的历程”。这些“钥匙”包括但不限于：

1. 燃一束光，为热爱种下“趣味”的种子。认知心理学家布鲁纳认为：“学习的最好刺激是学生对所学材料的兴趣。”学科知识并不一定都印在纸上，它可能是一部电影、一幅绘画，甚至可以是某种行为或校内外的某处风景。在教学中创设丰富多样的情境，学习者便会因趣生爱，见光而行。

2. 烹饪学科，让热爱从“千滋百味”中长出来。学科面貌并非千篇一律，如果把学科中的知识比作主食，老师们完全可以根据“学生口味”，料理各色开胃小吃和饭后甜点，利用主体内容触底起跳，扩展超越，在“巧妙的不经意间”传递别样的学科滋味。

3. 看见那个“人”，使热爱在情感交互中日渐浓烈。柏拉图说：教育非他，乃心灵的转向。培养学生对学科的热爱，需要教师从面向分数、才能、本事的教授，转向爱、善和智慧的引导。通过师生交往的脉络，为热爱添一把柴，加一把火。

4. 把知识教活，找到热爱的现实需求。学到的知识究竟有什么用？如果能让学习者清楚自己的所学指向什么价值，关乎什么问题，抵达怎样的未来，无疑会让学生对学科知识的学习多一份期待的筹码。

5. 尊重学习科学，寻求热爱的依据。好的学习设计，不仅是一门科学，也是一门艺术。从科学的角度出发，执行教、引导学，可以把更多学生从无趣、无意义的学习状态中“救赎”出来，为热爱推开一扇窗，植入更多可能性。

学生的兴趣是可以培养的，正如《小王子》一书中说的那样“如果想造一艘船，首先要做的不是召集他们去采集木材，也不是分派任务，而是激发对大海的热情向往。”当一名教师站立在教育现场，以教学方式的创变去唤醒更多孩子的生命天赋和学习能量，去把更多对学科心不在焉或者莫名恐惧的学生“打捞上岸”，和他们一起发现、探索、热爱，这位教师也必将成就更好的自己。

目录 CONTENTS

深度

兴趣是最好的动力

感悟学科之美

营造正向情感体验

把知识变得更有意义

延伸阅读

01 深度

学科的学习情感，往往在学习过程中产生。任何学科，当其作为课程内容必须学习时，教师的教学法就显示出不同凡响的作用。是妙趣横生的共学，让教与学的过程变得津津有味，抑或是呆板地照本宣科，让师生感到兴趣索然，这考验着教师的能力与智慧。

一把多功能“钥匙”，破译与学生快乐共学的密码

本刊记者/刘锐

一个教师怎样才能把课上好，怎样才能让学生喜欢你的课堂？一千个教师或许有一千个回答，但如果把每个回答都拼凑起来，再一一抽丝剥茧，会发现最内核的东西总是殊途同归的——引人入胜的课堂讲解和作业设计，妙趣横生的游戏植入和师生互动，循循善诱地引导学生思维，看见他们的需求，肯定、鼓励每个人的成就……

当然，对照教与学的目的地以及更深远的教育意义，仅把课上好，让学生喜欢课堂还不够，教师们还需要更多元化地尝试和探索，放大“教”的外延，将书本知识与生活相连，用朝向未来的眼光和手段，在大教育观里与学生一起内化知识、提升素养，培育他们对学科乃至学习本身的兴趣与热爱。

让学生爱上学科，教师们可以从何处着手？本期我们邀请了三位不同学科的教师，分别立足教的格局与方法、练的设计内涵与技巧，以及从学科立意、活动的植入与设计出发，讲述自己与学生相处的点滴日常，用得到实践验证的、切实可行的经验与方法，勾勒出一幅幅生机盎然的师生共学实景图，让热爱从心底蓬勃而深情地长出来。

为教学多开一扇窗，把丰富的世界给学生

文/陈加仓（浙江省温州大学城附属学校）

在没有研究小学数学拓展课之前，我和众多数学教师一样，日复一日、年复一年地教书本上的内容，讲解书本上的例题，再让学生做课后练习，这在很大程度上挫伤了学生学习数学的兴趣。

为了解决这一问题，我开始尝试每周插进一节小学数学拓展课，发现它大大地激发了学生的学习热情，并能把学生从课堂学习引向课外自主探究。在实践过程中我渐渐发现，它解决了困扰我多年的数学教学问

题——数学教学如何满足学生的个体差异性和层次性需求，让更多学生在数学上获得更好的发展。

摆脱单一上课方式，让知识活起来

数学知识的呈现是符号化、系统化的，因此，相较其他学科更具抽象性，而儿童的思维是偏于形象化、具体化的。枯燥、抽象的数学学习和儿童的学习心理之间存在冲突，加之日常实践中，小学数学教学通常是针对数学知识而展开学习活动，过多强调数学知识点的掌握，而忽视数学知识所蕴含的人文思想，从而使数学变得枯燥乏味，缺乏生动性，导致很多学生不喜欢数学，甚至对数学的学习带有恐惧的心理。

美国数学科普作家马丁·加德纳指出，唤醒学生的最好办法是向他们提供有吸引力的数学游戏、智力题、魔术、笑话、悖论、打油诗或那些呆板的教师认为无意义而避开的其他东西。因此，让学生喜欢上数学要依靠数学本身的魅力，引入一些拓展性内容，让学生产生浓厚的学习兴趣与强烈的学习欲望，让学生在学中生智、在练中生趣。

新课程提倡“用教材教”，即创造性地使用教材来培养学生的学科素养，发展学生的能力。这就要求教师不仅要把握教材、吃透教材、激活教材，还要修改、重组教材，拓展教材。而多数教师重视对教材的解读、把握，却忽略了对教材的重组、拓展，使教材成为教学的唯一依据。这难免会造成学习内容的单一性与儿童求知欲望和发展潜能的无限性之间的巨大矛盾和落差。

教材是教学的重要依据，但并非全部。“教材无非是个例子”，它不是简简单单的一句口号。因此，有必要在数学教学中引入一些拓展性内容，如数学游戏、数学故事、数学趣题、数学名题、数学绘本、数学益智玩具等，用丰富的学习内容为学生的数学学习注入新的活力。

妙用身边素材，数学也能很活泼

1.从教材中挖掘趣味素材

小学数学拓展课的素材可以是对教材中某一概念或知识点的深入研究，也可以是练习中一道习题的开放性设计，还可以是对数学历史、文化的挖掘，从而培养学生的数学素养。

在日常教学中，教师们经常有这样的无奈——一道题目反复练习了十多遍，仍有学生答错；或者刚讲解完一道题目，把这道题目稍做修改，又有学生不会解答。出现这种情况的本质原因，是学生对这类数学问题的核心知识并没有真正理解。数学核心知识包括基本原理、基本关系、基本方法、基本问题四个方面，它是培养学生数学思维、提升学生数学素养的重要载体。

例如“周长和面积的关系”拓展课“怎样围面积最大”，就是针对学生最容易混淆、出错的知识点设计的，从核心知识点——周长和面积的关系出发，让学生思考周长相等面积有什么不同，进而展开拓展课教学，实现对这一知识点的巩固、深化和升华。

小学数学教材上有些开放性习题设计得非常巧妙，蕴含着丰富的数学思想和方法，具有很强的思维性与探索性。如果以拓展课的方式开展学习、研究活动，既可以避免千篇一律的题海战术，又可以开阔学生的眼界，发展学生的思维。教师们也可以把它们开发成拓展课。根据这样一则阅读材料，我们可以利用七块板边与边、形与形之间的关系，设计用若干块板拼各类四边形的拓展课，从而巩固学生对各类四边形的本质特征，以及它们之间的联系的认识；也可以设计用七块板来拼其他各式各样图形的拓展课，从而发展学生的空间观念。当然，这些开放题的应用要求教师结合学生的兴趣，根据教学内容，寻找现实生活情境进行挖掘、开发，从而起到习题练习以一敌百的效果，使学生轻松、愉快地学习数学。

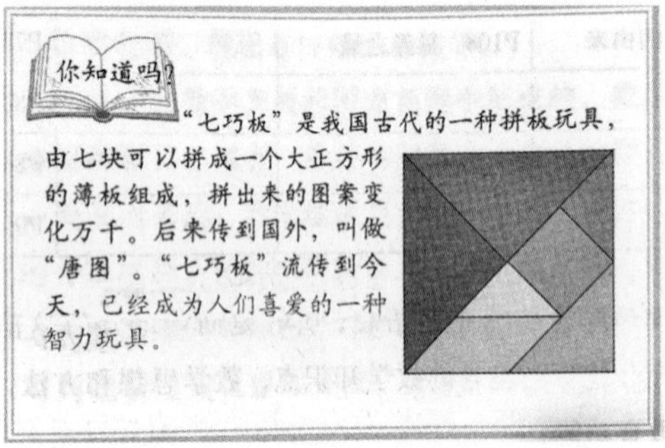
你知道吗？

“七巧板”是我国古代的一种拼板玩具，由七块可以拼成一个大正方形的薄板组成，拼出来的图案变化万千。后来传到国外，叫做“唐图”。“七巧板”流传到今天，已经成为人们喜爱的一种智力玩具。

◎ 开放性习题：七巧板拼图

2.巧用课堂教学生成性资源

在充满升级、富有情趣、宽松和谐的课堂氛围中，随时可能会闪现出智慧的火花，教师应机智地捕捉课堂上来自学生的有用信息，通过巧妙转化、有效利用等再创造，使其成为可遇不可求的拓展课教学资源。

如在六年级下册“圆柱的特征”一课教学时，我出示了一组材料让学生判断是否能做成一个圆柱，其中有这样一道题，让学生用一张长方形铁皮（长18.84分米、宽8分米）和两个半径为1分米的圆围成一个圆柱。大多数学生认为，用这铁皮围起来的圆柱底面半径为3分米，而提供的两个圆的半径只有1分米，显然底面太小。

此时，一位学生突然举手，告诉大家可以围成一个圆柱，只要把这张铁皮竖着平均切成三块焊接起来，就可以得到长、宽分别为6.28分米、24分米的长方形铁皮，然后再以6.28分米为底面周长围成一个圆柱。这使我产生了引导学生探索其中奥秘的兴趣，设计了“怎样围，圆柱形粮仓的容积更大”“怎样转，使圆柱、圆锥的体积更大”等拓展课。

在开放、民主的数学课堂上，学生常常会有精彩的交流、节外生枝的回答、智慧的火花，这些都是教学中的生成性资源，教师如果能充分关注这些资源，善于捕捉、挖掘这些资源背后的知识、思想、方法，进行巧妙设计，就能开发出鲜活、有趣的拓展课。

3.在“题”上做文章

（1）精选中外数学名题、趣题进行拓展课教学。数学名题、趣题往往有别于常规练习题，看似简单，但是每道题都有它的巧妙之处。以它们为素材开展拓展课教学，有利于打破学生的思维定式，丰富学生数学思考的方法，培养学生的动手操作能力和分析推理能力，发展学生的发散性思维。

例如，在学习了分数的应用题后，我们可以用这样一道历史趣题——“巍巍古寺在山林，不知寺内几多僧。三百六十四只碗，看看用尽不差争。三人共食一碗饭，四人共吃一碗羹。请问先生明算者，算来寺内几多僧”来开展数学拓展课教学。

又如，在民间盛传着一道“牲口驮瓦”

的数学趣题："一百牲口一百瓦，骡子驮仨马驮俩，仨驴共驮一块瓦，几骡几驴几匹马？"这样的趣题读起来朗朗上口，情节生动、有趣，题中数据整齐、奇巧，以它为学习素材开展拓展课教学，能激发学生的兴趣和探究的欲望。

（2）挖掘世界数学难题进行拓展课教学。世界数学难题是一个令人望而生畏的话题，每个人潜意识里都觉得那是数学家研究的问题，根本不敢涉及。其实不然，它们同样来自生活实际，同样蕴藏于小学数学知识之中。

例如，教学了"质数与合数"之后，我就大胆引进了"哥德巴赫猜想"之"除2之外的任意一个偶数都是两个质数之和"（如下图），设计了拓展课"奇妙的偶数与质数"，通过研究让孩子们感受到原来世界难题和我们距离这么近，大大激发了他们学习数学的兴趣和探究的欲望，静悄悄地在他们心里埋下了攻克数学难题的种子。

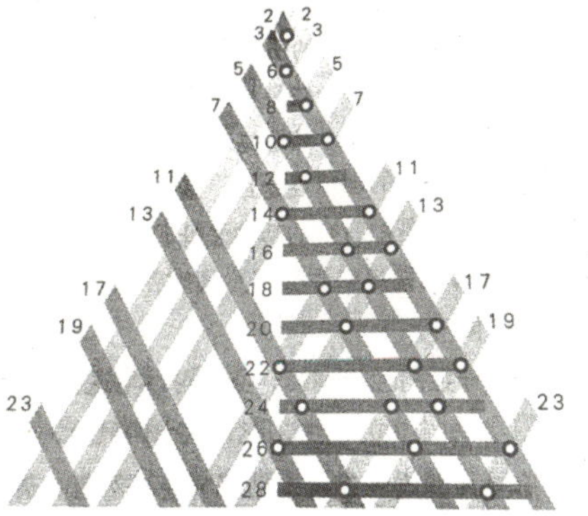

◎ "哥德巴赫猜想"之"除 2 之外的任意一个偶数都是两个质数之和"

4.让游戏走入课堂

数学游戏是为教学服务的，游戏本身不是目的，只是一种鼓励和推动学生参与数学活动的辅助手段，不能为了纯粹的娱乐而在数学课上做游戏。

例如，学习了"万以内数的加法和减法"后，学生将面临枯燥、单调的计算练习。于是，我抓住学生好胜、爱玩的特点，设计了拓展课"骰子游戏"。教学前我准备了五个骰子，每个骰子的每个面上都有一个精心设计的三位数，然后引导学生从两个骰子开始玩，看谁算得（求和）又对又快。学生经历了掷骰子游戏和探索规律的全过程，进一步掌握了万以内数的加法，并能正确、快速地计算，初步体验了数学与生活之间的密切联系，体验了游戏成功的快乐，激发了学习数学的兴趣。

5.藏在绘本里的数学素养

传统数学教材的教学内容呈螺旋式上升，但在知识的广度和深度上有所局限。而数学绘本既能拓展知识的广度，又能将抽象的数学概念形象化、情境化，还能将学生难以理解的知识以故事的形式讲述出来。因此，数学绘本也是小学数学拓展课重要的学习素材。数学绘本进课堂，让数学更好玩了，但数学绘本教学不能机械地复制或照搬绘本内容，而要对绘本内容进行合理的重组、改编、整合，在教学中不断渗透数学思想与方法。

根据学生的年龄特征，可以把数学绘本的内容重组、改编、设计成拓展课。如对绘本《世界上最帅的猪》进行重组、改编，舍去复杂的故事情节，使教学内容始终围绕着( ) + ( )=( )+( )的恒等性质展开。

再如一年级数学拓展课"奇数和偶数"，让学生在找同伴的活动中，认识到能找到同伴、能组成一对一对的数就是偶数，而找不到同伴的数就是奇数。然后引导学生把两只手的各个指头一一对应，他们发现结果都是偶数，初步认识到了奇数与奇数相加得到偶数，偶数与偶数相加也得到偶数。接着再引导学生在戳纸等游戏活动中加深认识。

小学数学拓展课的学习内容源于教材、宽于教材、高于教材，它具有丰富性、多样性与很强的探究性。因此，教学时既不能简单地放手让学生自主学习，也不能仅靠教师示范与讲解，而应注重引导学生在动手操作、实践探索等活动中发现知识，感悟数学思想与方法，提高数学素养。

把握教的技巧，锚定美的结局

新课标出台以来，教师们越来越认识到上拓展课的重要性和必要性，很多教师也想上拓展课，无奈课时安排太紧，感觉抽不出时间。根据我自己和团队成员的经验，拓展课的课时可以从这里来：

（1）对新授课的课时进行必要的整合。教材以静态形式编排，它具有普适性，但缺乏针对性。在数学实践中，教师不一定非得按照教材要求逐个课时死板地进行教学，可以根据学情对部分相关内容进行压缩、整合。

（2）对练习课的课时进行整合。练习是数学学习的重要组成部分，是学生掌握知识、形成技能、发展智力、挖掘潜能的重要手段。因此，教材在一定量的行课教学之后，一般会安排几节练习课进行巩固、提升，而且练习课的数量并不比行课少。在实际教学中，我们经常见到单调、机械的重复练习，练到学生一看就会，一做就对，练到学生讨厌学习。因此，我们有必要对一些练习课进行整合，让学习更具层次性、挑战性。

具体实施中，要在让学生感兴趣的基础上实施拓展课，以下三点需要教师们注意：

1.情境导入

有效的情境能激发学生的学习兴趣与欲望，迅速调动学生的思维，让学生集中注意力，收到良好的学习效果。

小学生不仅对好玩的事感兴趣，也对富有挑战性的数学感兴趣。我们应创设富有挑战性的情境，给学生创造研究数学的机会，让他们在开放性、探究性问题的解决中表现自我、发展自我，从而感受到数学学习是很重要的活动，并初步形成“我能够而且应当学会数学的思考”的意识。

如“硬币的滚动圈数”一课，上课时我问：“有甲、乙两枚大小相等的硬币。现将硬币甲固定，让硬币乙沿硬币甲的周围滚动。当硬币乙滚动一周，回到原来的位置时，硬币乙滚动了几圈？”全班学生异口同声地说“1圈”，然而验证的结果却是2圈。这一结果和学生的猜想不一样，创设了富有挑战性的情境，激发了学生强烈的学习兴趣与探究欲望。

当然，教学情境是为教学目标服务的，它要引起学生的思考，提高学习活动的思维含量。这就要求创设的情境必须富有启发性和思考性，为学生提供一定的思考空间，能引发他们广泛的联想和思考。

要创设富有思考性的情境，就要求教师设计的问题有思考性。例如“走楼梯”一课，在出示11级楼梯的平面图及走的规则（一次可以走1级或2级）后，我问：走完11级楼梯有几种方法呢？在学生毫无依据地猜想后，我提出疑问：到底有几种？你们有什么好办法来研究它吗？这样的情境导

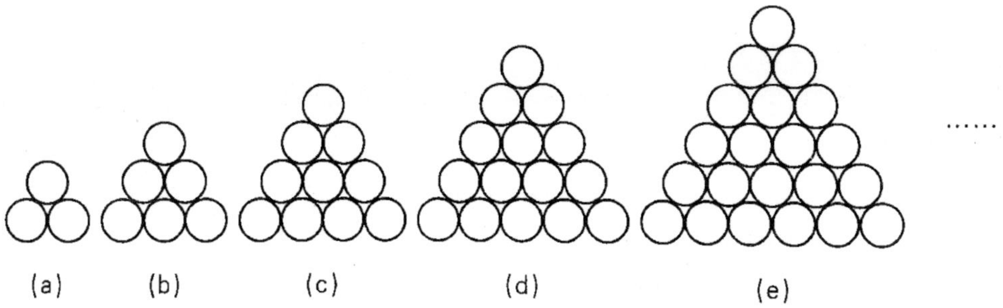

◎ 出示图例鼓励学生探究“至少移动几个圆片”

入直奔主题，让学生带着问题去思考，简洁有效。

2.探究尝试

学生只有主动参与知识的建构、形成过程，才会深刻、有效地掌握知识。因此，拓展课的探究尝试环节教师或半扶半放，或放手让学生自主研究。

在开放型探究活动中，研究方案的制订以及动手操作等活动都需要学生合作完成。教学时要充分利用已会的学生，允许他们离开座位帮助还未会的学生完成探究任务。

例如“至少移动几个圆片”拓展课，出示下图让学生先想一想，然后动手移一移，至少移动其中的几个圆片，才能分别让这些三角形上下颠倒呢？

此题靠单纯的想象是解决不了的，必须让学生用小圆片动手操作。因此，整个探索、研究的过程都需要同桌之间相互合作、交流，共同探讨。当研究图 (d)、(e) 时，学生完成的时间与圆片移动的个数差距就很大。有的学生很快就完成了，但是有的学生移得很慢，且移动的个数较多。因此，让已会的孩子当“小老师”，不但能激发他们学习的积极性，而且能让他们帮助老师指导其他学生学习，教学效果非常好。

3.练习创设

在小学数学拓展课中，首先应设计基础性练习，它有利于帮助学生运用所学知识，起到举一反三、巩固知识的作用。例如“正方形与圆的关系”一课，通过对学生发现内切圆与正方形的关系、外接圆与正方形的关系的观察，我设计了一组练习：两个圆 (如下图) 的半径都是1cm，求正方形和圆之间的部分的面积 (可以用不同的方法解题)。

这样的练习既让学生感受到数学来自于生活，感知数学知识的学习能解决生活中的问题，又让学生对圆与正方形的关系进行应用，在机械枯燥的练习之外，加深了他们对这一知识的理解。

◎ 创设练习：两个圆

坚持原则，带领学生感知数学妙趣

小学数学拓展课教学不是简单地增加知识点，也不是简单地增加教学时间，而是在数学学科教学时间总量不变的前提下，以培养学科关键能力为目标，适当地整合教材，相应地增加一些趣味学习内容。

因为数学拓展课既没有教材，也没有可参考的资料，它是由执教教师自行选材，独立设计，进行课堂教学。所以，很容易导致学习内容随意化、教学要求把握不准、教学目标偏离。因此，选择学习素材时要把握以下几个原则。

1.用趣味作敲门砖

这主要指两方面，一是形式有趣，二是内容有趣。富有趣味性的学习内容，才能让学生产生探究的兴趣与欲望，才能产生良好的学习效果。比如“骰子游戏”一课，让学生发现骰子中存在的秘密，揭开赌局背后的秘密，既好玩，又有较高的思维含量和教育价值。又如“硬币的滚动圈数”一课，教师可在引入环节出示这样一道题目：“有甲、乙两枚大小相等的硬币。现将其中一枚硬币固定，让另一枚硬币沿着它的周围滚动。当这枚硬币滚动一周，回到原来的位置时，它滚动了几圈？”通常而言，全班学生都认为硬币只滚动了1圈。然而，在实际验证中却发现它滚动了2圈。“奇怪！真奇怪！”学生探究的热情一下子被点燃了。

2.把探究精神带到课堂

数学教学并不仅仅是知识教学，更是智慧教学。学生学习并不是简单地获取知识，而是在获取知识的过程中发展思维能力，提高解决问题的能力。小学数学拓展课的学习内容源于教材、宽于教材、高于教材，不是学生一看就懂、一做就对的常规练习题。与教材相比，它更具探索性与挑战性。如“怎样围，圆柱形粮仓的容积更大”一课，教师可引导学生利用“用一张长18.84cm、宽12.56cm的长方形铁皮在地面上围成一个圆柱形粮仓，你觉得应该怎样围呢”这样一道题，引导学生经历想象、猜想、验证、发现等探究过程。

3.带领学生体验成功乐趣

小学数学拓展课的学习内容是围绕学生的最近发展区做文章，教学中要充分解读学生，充分评估学习内容的难度与学生的可接受度之间的关系，只有让学习内容的难度稍大于学生的可接受度，才能让学生在学习中跳一跳摘到果子，体验成功的乐趣。

如教学“鸡兔同笼”问题，同样都是用假设法教学，针对不同年级段的学生，设定的教学要求和采取的教学方式是不同的。二年级学生以形象思维为主，在教学中，要侧重用画图的方法来展开教学；四年级学生已经具备了用列表法和算式表达的能力，在教学中，要侧重让学生结合列表与算式来沟通不同方法之间的联系；五年级学生已经学习了方程，在教学中，主要让学生列方程来解题，培养学生用方程解决问题的能力和意识。

执教生涯中，我越来越发现数学学习中的快乐并不是来自于感官的满足，而是智力满足带来的深层次快乐。一名数学教师，不能把自己和学生都死死地捆绑在数学教材上，而应该勇敢地从数学教材中跳出来，让学生在更广阔的空间里开展数学学习活动。不仅要让学生学习教材上的数学，还要让学生学习好玩、有趣、有魔力的数学。让学生在五彩缤纷的数学学习中，学会独立思考、自由探索，行走在智慧数学的道路上，最终喜欢上数学。

拿作业当“诱饵”，释放学科魅力

文/吴磊（广东省深圳市福田区红岭中学）

上大学时我就喜欢读《人类群星闪耀时》，作者在书中写道：“回顾发生在不同时空和地域的群星闪耀时刻，它们宛若星辰，在人类的黑夜中散发着璀璨的光芒！”我憧憬着，成为一名教师后，带领孩子们创造自己独特的历史，见证他们闪耀着独特光芒的成长故事。

但登上讲台却发现，在许多人的潜意识中，历史被认定是一门刻板枯燥的学科。相对于课堂，作业更是让师生们苦不堪言：形式单一，毫无趣味，机械重复，味同嚼蜡……虽然老师整天沉浸在“题山卷海”中不能自拔，废寝忘食，依然激不起学生学习的兴趣。

为了把作业变成一段学习旅程，我采用“学科+”项目式作业的方式，分别从学习内容、完成时间、发生场所和兴趣角度等维度，将作业从“课内”延伸至“课外”，从“动脑”变成了“动手”，从“校园”拓展到“社区”……让学生学会在真实情境下解决现实问题，激发学生参与的热情，从不同维度感受历史学科的魅力。

作业“变脸”，调动学生学的热情

一线教师习惯通过教材来驱动教学，布置作业往往侧重于落实和强化课本知识，但多过于程式化，导致学生完成作业的主动性不高。针对学生的年龄特点、知识储备和认知水平，我会跨学科整合教学内容，设计有意思又有挑战的学习任务，拉近历史与学生的距离。

用现代元素唤活历史记忆

在高中历史第一节导言课，我问学生为什么要学习历史？一片沉寂后，角落里的一个男孩故意拉长声音回答：为了考试。全班哄堂大笑。笑声背后，我暗下决心，一定要让他看见历史的魅力。

于是，在讲第一课《中华文明的起源与早期国家》时，我和备课组老师为了拉近孩子们与史前文明的距离，提升大家学习的主动性，策划和组织了“华夏之初”主题的跨学科作业。要求学生选择中国境内有代表性的文化遗存，如仰韶文化、大汶口文化、河姆渡文化、龙山文化、红山文化、良渚文化等，设计历史文创丝巾并将其创作意图说出来，致敬中华文明最初的光芒。利用小组形式进行合作探究，以丝巾样稿的形式分享他们的设计成果。

这样的跨学科个性化作业，让学生真正从课本中走出来。我清楚地看到，当这样的作业摆在学生面前时，他们的眸子里闪烁着星星点点的亮光。作业布置下去之后，学生利用图书馆、互联网等资源，搜集相关资料，完成积极性明显提高。回收完作业，我不仅将这些充满着想象力和创造力的作品放在学校公众号上展出，还挑选出优秀设计做成了校庆的特殊礼物，送给嘉宾，同步激发了学生的体验感和荣誉感。

历史也能拥有现代感

在传统文科作业中，很多问题的提出与

解决在教材中多有定论，对学生而言，回答仅是记忆和知识“搬家”。这种作业，学生的问题意识和创新意识容易被忽视，思维活动也被活生生地扼杀。

在分析太平天国失败的原因时，我给学生创设一个真实情境：如果“太平天国”是一个生命体，随着天京陷落，“太平天国”也算是“英年早逝”。那么导致太平天国“死亡”的“嫌疑犯”有哪些？让学生自己分析推理，要求学生根据所学，小组讨论后，当堂写一段300字左右的“审判词”（列明先后次序）。

死亡时间：1864年7月19日。

嫌疑犯：天王洪秀全、东王杨秀清、翼王石达开、曾国藩、戈登……

嫌疑犯	主犯	有罪	无罪	与本案无关
洪秀全				
杨秀清				
石达开				
曾国藩				
戈登				
言过其实				

马佳妮同学审判词：

本法庭今日受理一14岁少年——“太平天国”惨死案，经陪审团讨论，判决结果如下：

被告洪秀全，作为未成年死者的监护人，对其不养不教，放任自流，虽在死者临终前极力挽救，但于事无补，对死者的死亡负间接责任，本法庭判决其有罪。

被告杨秀清，因与被告洪秀全争夺死者监护权而被杀害，二者间的争夺给死者造成极不良心理影响，自此一病不起，对死者的死亡负间接责任，本法庭判决其有罪。

被告石达开，在死者病重时因感情因素而离家出走，加重死者病情，对死者的死亡负间接责任，本法庭判决其有罪。

被告曾国藩，在死者生前多次对其进行肉体和精神上的打击，最终趁死者病重，将其杀害。本法庭判决其为主犯。

被告戈登，为谋求利益而不择手段加害死者，最终伙同被告曾国藩将其杀害，对死者死亡负直接责任，本法庭判决其有罪。

本法庭判决宣读完毕，因被告都已作古，不追究其刑事责任。

在批改过程中，我常常觉得学生的作业让人眼前一“亮”，耳目一“新”，也由此引发了我更多的教学反思——个性化展示作业不仅要求学生思考自己该如何选择立论，而且还得考虑收集、整理资料，构建有说服力的、能证明自己立论的论证。在这一过程中，教师须关注每一位学生个体思想的差异，从而有针对性地具体指导，解决不同学生的需要，使每个学生都能得到充分的发展。而学生在这样的开放性作业中所闪现的智慧、所表露的思想、所呈现的喜悦就是一种评价，是对历史教学的一种肯定，也是对自己的一种接纳和欣赏。这比反映到任何试卷上的分数和评价量表上的数据更有意义，也更有价值。

第一学期结束时，那个喊着“为了考试”的男孩跑来说：“吴老师，下学期我能不能当您的课代表？”我知道，是不一样的作业拉近了学生与历史的距离，也让他们看见了不一样的历史学科魅力！

在情境中拉近学生与历史的距离

“双新”带来教学的变革，要求教育更加注重考查学生的辩证思维和创新意识，新课标对学生“发现问题、创设问题和独立提出观点”的能力培养也尤为重视。在这样的教学背景下，我设计了多样性体验作业，注重让学生在体验中发现问题、解决问题，让每个人都参与其中。

上选修改革史《王安石变法》一课时，因为变法措施种类多，难记忆，我让学生搞了一个标语创作大赛：假如你是王安石，试着设计一些宣传标语，向百姓推广你的改革方案，以寻求他们的支持。以下为学生原创的变法广告：

青苗贷款，安石担保，低本薄利，只为百姓。

“贷”来希望，“存”就辉煌！

高利贷，丧天良，青苗法来帮大忙；

夏秋税，保七八，干多赚多好持家！

省兵少饷以求精，两“保”一“将”以求强。

你不修，我不修，庄稼何时能丰收？

你养马，我养马，军队明天就出马！

改革洗脑儿歌：你拍一我拍一，连坐不举十户一；你拍二我拍二，户养一马富户二；你拍三我拍三，军将合编一将千；你拍四我拍四，军监盯梢治营私。

大宋礼部科考办提醒您：道路千万条，科举第一条！

多样性体验作业让孩子们有机会表达情绪情感、观点见解，从而发现学习的价值和快乐，既“服务考试”又“服务人生”，让作业真正迸发出智慧的光芒。

陶艺是中华民族的文化瑰宝，而软陶主要是含PVC成分的合成材料。其色彩丰富、可塑性强，可以塑造出各种独具特色的造型，而且在空气中便于长久保存。基于软陶的特点，在教学中我将其与历史资源有效整合，深入挖掘中国传统文化的精髓，先后完成了传统美食、古代服饰、十八般兵器、大盛敦煌等十多个主题，激发了学生的学习兴趣，深受学生欢迎。

◎ 学生用软陶完成“百家姓溯源”体验作业

在讲孝文帝改革时，新教材要求了解当代汉族姓氏与少数民族之间的关系，我与美术老师一起设计了“百家姓溯源”的体验作业。让学生以“我的姓氏”为题查阅历史，绘制手绘草图，介绍姓氏渊源，撰写设计说明。最后将看似遥远的古文字、姓氏历史通过软陶艺术呈现出来（见上图）。个性化的姓氏作品主题鲜明，创意新颖，设计巧妙，配色独特，赋予原本感性厚重的历史立体的空间，蕴含着学生们的无限创意和家国情怀。

针对当下中国科技被“卡脖子”的困境，我让学生去查找资料：中国古代有哪些发明创造曾领先世界并改变了人类生活？然后在美术老师的指导下将其用软陶制作出来。于是，从“四大发明”到大型编钟、从卡尺到日晷、从环保节能的雁鱼灯到“空调冰箱一体机”冰鉴……在一件件“黑科技”作品中，学生感受到古人的智慧，增强了文化自信，也坚定了科技强国的信念。

兴趣是最好的老师。学生只有对这个学科产生兴趣，才可能萌生探求这门学科的欲

◎ 带领学生在历史学科中感受古人智慧

望。而这种兴趣，在某种程度上非常依靠教师创设的情境。在作业设计中，教师应该善于选取学生熟悉的日常生活情境素材，并通过多样性体验，让学生对相隔甚远的历史人物或事件产生共情，这会大大增强学习历史的乐趣。

为作业赋能——承载师生共度的美好时光

项目式作业不仅从形式、内容上创新，在完成方式上也必须让学生加强交流、学会合作。基于这样的目的，我在高考备考时实施了“小组轮流作业”新策略，积极引导学生建立起交流机制，有意识地营造宽松互动的氛围，力求共同发展。

所谓“小组轮流作业”，即是班级历史小组共同使用一个作业本。每周小组成员按照约定轮流完成教师布置的作业（主要是材料题）。每位组员在完成自己作业的同时，可以阅读其他组员的答题情况，组内可共同谋划、讨论分享答题的经验技巧，但不许拖欠、敷衍、抄袭。另外，每周得分前三的小组将荣登学科“英雄榜”，收到由教师派发的“盲盒礼物”。

“轮流作业”带来的最大惊喜就是学生不再惧怕“刷题”，作业态度也从“要我做”变为“我要做”。每一本作业都被学生装饰得美轮美奂，小组名也是争奇斗艳，“喧宾夺组”“大汉雄风”“细数百代”……为了登上“英雄榜”，轮到书写潦草的同学“上阵”，小伙伴会提醒其注意整齐规范，别给小组丢分；遇到疑难问题更是全组动员，集思广益，力求尽善尽美。在一次次对题目的剖析、标准答案的质疑、历史的推演中，小组成员也都练就了一双“火眼金睛”，个个思维缜密、答题严谨。为了让自己的小组与众不同更具特色，心灵手巧的小伙伴还会为作业本配上精美的贴纸和插图，为高三单调的学习生活增添了一抹亮色。

◎ “小组轮流作业”让学生不再惧怕“刷题”，完成作业的态度从“要我做”变为“我要做”

小组作业重新点燃了孩子们学习历史的热情。已经毕业的罗馨妍同学曾在朋友圈中回忆高三那些特殊的日子：“可以十分骄傲地说，对每一个全身心地投入到小组作业的人来说，我们收获的不仅仅是分数。还有一份在青春张扬、激情燃烧的岁月中留下的奋斗痕迹，一份对未来共同的憧憬与向往，一份在学习的苦海中作乐的悠然心境……”这些作业不仅是学生的学习成果，也见证了我们师生共同经历的那段美好而难忘的时光。

打开学科视野，为学生创设更丰富的体验

跨学科学习是未来学习发展的新方向。正如北京师范大学郭华教授所言，“真正的教学要能够让学生深切体会到，是身在历史中，而不是历史的旁观者”。

所以，除了走进课堂，深入历史，我还在周末或节假日，带领学生走出课堂，编演历史剧、设计历代服饰、编修家谱、寻访城中村祠堂，利用别开生面的创意性作业，激发学生的潜能，提升他们的素养。

历史学科特别强调培养学生的家国情怀，但如何将这一核心素养渗透到平时的教学中？我们想到了带领学生编制家谱。编制家族的历史可以帮助学生从历史教科书宏大的叙述中走进历史的细节，通过对具体的、细微的、自己家庭流转变迁历程的梳理，来感受历史的节奏，达到数典认祖、增进亲情、寻找成长动力、汲取历史智慧的目的。

以寒假为契机，我们开展了“以己之力，书写历史”的家谱制作实践作业：要求学生通过网络、书籍等方式学习家谱制作的要求和方法。还特别约法三章：必须是自己的家谱，且真实可信；至少有最近三代人的记录，且包括家庭世系表、家庭大事记、家庭史料、家庭故事、活动后记等要素；送交家谱制作需家长签字同意等。

开学后，八百多份构思巧妙、形式新颖的“家谱”作品中，让我们的思绪游弋在一份份家族史中，感受其中的欢喜与悲伤。学生们的热情让我们倍感惊喜，他们天马行空的创意也让我们赞叹不已。

家谱作业使学生有机会从个人、家族的角度理解一个国家、民族的历史。有学生写道：“过去历史学到关于农村人民公社化运动之类的左倾错误时，总以为是离自己比较遥远的事情，但没想到爷爷奶奶正是从那个时候走出来的人……得知爸妈小时候生活时非常之贫穷，再看看现在较之以前的变化，不得不感慨时代变化发展之快，也感受到现在这样的生活确实来之不易。”

2013届刘芳同学在家谱编后记中感言：“制作家谱虽然很累，但真的很开心……或许有那么一天，我也可以告诉我的下一代、下下一代，我们家曾经发生的一切，那该是

◎ 学生完成的构思巧妙、形式新颖的“家谱”作品

◎ 历史软陶之“百家姓溯源”学生分小组设计、制作历代服饰，体验中华文明的内涵

多么美好的场景。就让这份血浓于水的亲情一直延续下去。”

相对于平时，假期作业更需要让学生“在做中学，在用中学，在创中学”。为了让学生了解秦汉至民国时期中华服饰的神韵，增进对传统文化的认同，我们还专门组织学生在假期参观博物馆的民俗服饰展，查阅华夏服饰相关的古代文献和考古实物，在此基础上，学生分小组设计并制作历代服饰，亲身体验中华文明的内涵。经过假期中的一次次打磨，一次次彩排，一次次完善细节，开学初，我们精心策划的华夏服饰T台秀震撼登场。

走下T台，“模特”王惠群同学感慨留言：“我的胆子向来很小，曾认为这样的表演可望不可即，但还是怀着忐忑的心情报了名。在彩排过程中，我收获了许多书本上无法得来的经验。经过与设计者的协调与沟通，我对自己身上的元朝平民服饰也有了更深的了解。通过这次活动，我增加了胆识，由衷地爱上了历史。我在舞台上的瞬间定格成了永恒，这也是我高中生活里浓墨重彩的一笔。”

多样化的作业设计让很多学生欣喜地发现，历史学科不再是一门不食人间烟火的概念游戏，历史也不仅局限于教材中一段段文字史料，更不是博物馆中一件件静默的文物，而是化作华夏文明的一张张精致绚丽的丝巾图案、一幅幅构思精妙的“百家姓”手工作品、一次次充满挑战的科学实验、一份份城中村祠堂的田野调查，还有一个个绽放T台的自信身影……这些“不一样的作业”激发了一届又一届学生的灵感与热情，让他们从不同维度感受到历史的魅力，也让学生真正地“恋”上了历史课。

我相信，让每一个孩子变得独特，他的生命就会散发出璀璨的光芒，就会照亮他们未来的希望。回顾这些年在教学中实施的“学科+”项目式作业，不仅让我从千篇一律的“勾叉”式工作中得到解放，也收获了难以想象的无尽乐趣。因为我看到，每一份作业的背后都是一个活生生的人，每本作业都是一本耐读的“书”。

仰望星空，历史的星光依然闪烁。很欣慰看见学生在我的作业中能够体验到学习的快乐、发现的欣喜，能够时时“怦然心动”“浮想联翩”或“百感交集”。虽然他们的学业不一定都那么成功，但历史带给他们的不仅仅是分数，更是奠基一生、改变一生的素养和芬芳一生、温暖一生的记忆。

诲人如渡舟，陪着学生去远航

文/汤玫（安徽省宣城市第二小学）

选择教语文，很大一部分原因是读师范时受到文选教师的影响。那位慈眉善目、轻言巧语，带着学生写爱情故事的语文教师，让我们感受到文学是那么的美好，语文的课堂是那么有意思。于是，毕业后没有选择所学专业进到幼儿园，而是成了一名小学语文教师。

这么多年的教学生涯，更让我感受到，要想让学生喜欢上某一门学科，首先得让他们喜欢上这门学科的老师。学生喜欢怎样的老师呢？如果要说关键词，能罗列出一大串：有爱心、有责任心、有耐心、尊重每个学生、幽默风趣、有亲和力、会讲故事、上课有吸引力、布置作业少、和学生打成一片、漂亮、声音好听、博学多才……

在多年和小孩子沉浸一起的时光里，留下印象最深的还是那些和孩子们精神共振、心灵共鸣的时刻。被学生深爱的老师，必定有着对孩子们透彻的理解和关爱，对教育教学本质的洞察和把握，对孩子们所生活的这个世界无限的关切与共情。

带着学生玩起来，把学习变得妙趣横生

语文学习的核心是听说读写，在小学低年级，教学的重点是识字写字，难免会陷在死记硬背的窠臼里。这就可能让刚入学的孩子被“语文”吓倒，从一开始就失去了学语文的兴趣。如果把语文学习和各种有意思的活动结合在一起，带着孩子们、家长们玩起来，学习就不再是单调枯燥的，而是趣味盎然的。

为了让学生爱上阅读，培养良好的阅读习惯，从一年级起，我们就开展“班级共读”的活动。通过全班同学共读同一本书，孩子们的自主阅读能力得以提高，在共读情境中去发现图书的奥秘，在师生聊书中去发散思维、启迪智慧，在充满创意的活动中去训练读写能力，让他们能始终保持阅读的兴趣。

二年级时，我们共读了一本通识类书籍《团子的神奇美术馆》。这本书并不是这个阶段孩子熟悉的童话、神话，书中虽然有图画，却又不像绘本那样有故事情节。这本书的内容属于“非连续性文本”，共读这样一本书，很有挑战。但只要找准共读的打开方式，整个阅读过程就很有料，也很有趣。我们通过“读前猜想”“新书见面会”“初读交流”“名画模仿秀”等多个阅读活动，学生既读得快乐，又玩得开心。

最有意思的是延展阅读活动中的“玩”，读到这本书中的修拉“点点点”绘画技巧，我就在美术课上让专业老师带着他们画一画，感受这种作画方法。读完整本书后，我们举行了一次“名画模仿秀”，让学生回家和大人一起开启脑洞，找到最适合自己气质的名画，去装扮模仿，看看相似度有多少。学生发来的各种模仿秀照片，把大家乐坏了，家长们也跟着一起玩得嗨了起来。

玩够了，再继续深入交流，引导他们发现艺术和生活的关系，这些书就会成为班级、师生间的共同密码。

《奥菲利来 / 深思一刻》　　二（4）班 周雨昕

◎ 学生的《名画模仿秀》作品

除了阅读，我们还把语文能力的训练点、日常生活的细节、有仪式感的节日都和“玩”融合在一起。

◎ 深受学生喜爱的“跳蚤书市”活动

中秋节，我们一起写“我想问问月亮”的小诗；世界读书日，我们开办“跳蚤书市”；冬至日，我们在班级动手包饺子，大口吃饺子，开心诵读古诗，一起感受二十四节气的智慧。

学习《树之歌》课文后，让学生为校园里的树制作“树名牌”；学了《中国美食》，鼓励学生自己做美食、画美食、拍美食、写美食，并做了“美食名片”；学习古诗，我们把一首首古诗改写成现代诗；学了口语交际《做手工》，我们就开始自己制作一本书，每个学生都拥有了人生中第一本“小书”。

秋天，共读了《田鼠阿佛》，学生也去收集银杏叶，留下属于自己的创作；到了吃橘子的冬季，我们一起在教室里吃橘子，再用橘子皮制作创意手工，并用文字进行记录；共读《小时候的喜欢》时，我让学生和爸爸妈妈一起玩他们儿时的游戏，并写下对他们想说的话……

苏霍姆林斯基说：“我的学生的学习不应当是死记硬背，而是在游戏、童话、美、音乐、幻想和创造的世界里进行的生机蓬勃的智力生活。我的目的是要努力做到使学习成为丰富的精神生活的一部分，使这种丰富的精神生活促进儿童的发展，丰富他的智慧。”循着这样的引导，学生们再也不害怕语文学习，每一节语文课，每一次语文活动，都让他们充满期待。有了妙趣横生的学习体验，学生想不爱上这门学科都难。

点燃思维的火花，带着学生自由飞翔

语文学习中，不仅有语言文字的美妙，更有人生哲理的思考。教师要做的是能激活学生心中的哲思，引发思辨，而不是将个人价值观强硬地灌输。当学生开始思考并乐于表达，他们对学习的兴趣也就产生了。

◎ 在课堂上激活学生思维，引发思辨

一年级课文《小猴子下山》是一个经典的故事，“小猴子下山”甚至成了一个固定短语，用来形容那些贪心不足、见异思迁，最后什么也没得到的人。学生读到最后，都哈哈大笑。当问他们“你们喜欢这只小猴子吗？”时，所有人都直摇头，表示不喜欢，让他们说原因，第一个孩子说“因为它看到什么就想要什么”，后面的孩子就都跟着这样说。

课堂上，这样的场景很常见，尤其是低年级的学生，听到别人说什么，自己也跟着说同样的答案，很少有自己独立的思考。怎样让他们勇敢说出和别人不同的看法呢？需要教师来打破惯性思维。当我们认为这个问题学生应该怎样回答时，不妨再从反方向去想：有没有可能学生不会这样说？如果有，他们会怎么说？原因可能是什么？这样把每一个问题，尤其是可以产生思辨点的问题，先从正反两面来预设学生的思考，再设计更深入的启发引导问题，课堂上，就会产生思维的火花，就会有难以设计的精彩。

所有的学生真的都不喜欢小猴子吗？再问：“哎呀，这只小猴子好可怜，都没有小朋友喜欢它啊？”两三只小手举了起来，其中有一个学生平日比较内向胆小，她说：“我喜欢小猴子，因为它和我很像。”这是多么可贵的阅读体验，学生已经和故事中的角色共情了。那就继续和她对话：“你和小猴子哪里像呢？”她说：“有次我想买零食，但每一种都想吃，妈妈后来烦了，就说给三秒钟只能选一种，可是过了三秒我还是没选好，妈妈就拉着我走了，我一样都没吃到。”她的“不同声音”非常珍贵，打开了大家的思路。

如果教师对这样的回答未置可否，含糊带过，不但会打击发言学生的积极性，连带着全班都不会再有新的思维。教师要做的，是顺着学生的话再往下深挖——“哈哈，这也是一只‘可怜’的小猴子啊！小猴子啊小猴子，到最后你什么也没得到，还被别人笑话，你伤心后悔吗？”

如果是一开始，可能大家都会说“是”，但这个时候，更多“不同的声音”冒了出来。有的学生说：“我不伤心，因为我已经下山转了一圈，能出去玩就很开心了。”肯定他心态好，享受过程，不必追求结果；有的学生说：“我也不伤心，因为我发现了一个新伙伴——小兔子，明天我再去找它玩。”朋友比好吃的更重要，这就是小孩子的心理啊。有了这个问题的交流，再给出拓展问题：“小猴子呀，你再下山，会怎么做呢？”学生回答得五花八门，有的说要抵挡住“诱惑”，就把第一个选中的东西带回家；有的说可以先想好要找什么，一旦找到了就回家，不再去找后面的；有的说可以用两全其美的办法，比如看到一个就吃掉；有的说可以带一个大筐子，把看到的东西都装进去……大家聊得非常开心。

一年级的孩子读这个故事，不必非得

限制在“不能三心二意”“要有明确的目标”“不要受到诱惑”“做事要有始有终”等这些既定道理上。把更多学生的思维点燃，让他们自己去说去想，也是很有趣的学习之道。

小猴子这一趟下山，就算什么也没得到，但在大自然中，见到了丰硕的果实、蓬勃的生物，就是一次愉悦的旅程。学了这篇课文的学生，学会自处，学会消解不良情绪，是比道理更重要的道理。

爱因斯坦说过，“我们体验到的一种最美好、最深刻的情感，就是探索奥秘的感觉。”学生的大脑中，天生就闪动着思考的火花，需要教师用自己的思想去点燃它们。教会他们思考，比教知识更重要。当我引导着学生渐渐发现自我，想法不再受到束缚，我们就享受到了课堂上真正的快乐。

学习《大象的耳朵》，我们不仅读童话，还试着梳理大象的心路历程，经过深度学习，二年级的学生说出了“我们要学会接纳自己，也要学会欣赏别人。可以学习别人，但适合自己的，才是最好的”这样的感悟，令人惊叹。和学生一起读绘本《一寸虫》，师生共同聊了很多非常深刻的话题，学生从一寸虫身上看到了自己，他们在阅读和交流中实现了自我认知，这些未涉人世的孩子，也可以是我们成人的人生导师。

这些美妙的时刻，让师生陶醉其中，也让学生越来越喜欢上语文课，因为那个时候，他们感受到思考是怎样的美好、诱人又富有趣味。

用“心”营造仪式感，唤醒孩子的心灵

教育的确是一件很耗费心力的事情。如果教师只是将此当作一份谋生的职业，每天按照惯性备课上课、批阅作业，上起课来完全是敷衍了事，学生在他的眼里不过是流水线上的产品，而不是一个个活生生的人，这样的教师不会赢得学生的尊重和热爱，他所任教的学科，即使学生能取得不错的成绩，也不会是真正地全身心投入学习。教师需要教学技术，也需要学科专门知识，但若无用心，缺乏灵性，所有这些都微不足道。

孩子的心灵是最纯净的，他们的心思也是最细腻敏感的。你真诚地对待他们，他们就会回报你更真诚的爱。只有用心、用情的教师，才能唤醒学生内心学习的热情。

从事教育工作二十多年，难免也会心生厌烦，当周遭充斥着一些负能量时，当和学生“相爱相杀”、当每日应付各种检查和资料、当职称评优基本无望……这样单调乏味的生活，日复一日，年复一年，很容易把人的热情和希望消磨殆尽。如果每天进到课堂就是训斥、订正、追责、惩罚，教师是不会有任何职业幸福感的。同样，如果学生每天是带着厌倦、恐惧、冷漠的情感来到学校，怎么还能有热情和智慧去坚持学习？师生间，必须有情感上的双向奔赴，一间教室，才能有和谐的温情，学生才愿意在这个环境中进行紧张的脑力劳动。

作为语文教师，和学生打交道的时间尤其多，要布置的作业、组织的活动也很频繁。当我用心为学生营造有仪式感的氛围，为他们设计一个又一个有趣有料的语文活动，看到孩子们满怀欣喜和激动，我们便拥有了共同的场域。学习，也在其中自然发生。

有一则短片，拍的是一位老师每天早晨

在教室门口迎接每一个学生的到来。每个学生在进教室之前，都有一套与众不同的与老师打招呼的方式，比如击掌、拥抱、碰一碰脚等，这是每一个学生和老师一起创造的每日见面仪式。当老师在教室门口用富有仪式感的互动开启一天的班级生活时，这一刻，师生彼此信任，一起对新一天的学习生活充满了美好的期待。

我们班的仪式程序是固定的，每天早晨进入教室，早读铃响起，学生已经把晨诵读本拿出来放在桌子上，然后坐端正，没有一个学生在喧闹。就是来迟了的同学，也知道安静地从后门进教室，迅速到座位上完成这一套程序。然后老师打开屏幕，播放晨曲，晨曲随着季节、晨诵诗单元而变化，大约半个月换一首歌曲。音乐声响起，学生们开始跟着一起哼唱，非常投入。接着复习前一天读的诗，再诵读新的晨诵诗，最后，是留给孩子们的自由创作时间，他们会拿出铅笔和彩笔在自己的读本上写诗、画画。

新学期的第一天，我们读《早安，小松鼠》，然后把内容稍加改动，就成了每天师生互相问好的晨诵诗，在晨曲之后就用彼此的诵读来打招呼。我对学生说——“早安，亲爱的孩子们/整个早晨/我一直看着你们/怎样把每一寸玲珑的晨光/变成七彩的朗诵/嚼成书本的芳香”，他们对我说——“早安，亲爱的老师/整个早晨/我一直看着你们/怎样把每一寸玲珑的晨光/变成粉笔的舞蹈/嚼成知识的芳香”。每天早晨，晨诵是一种师生共同穿越诗歌，享受生命，开启新的一天的仪式。当我们每天早晨用诗歌来唤醒黎明，唤醒我们沉睡的灵魂的时候，它就成了我们在学校的一种美好的生活方式。

蹲下来，真切地看见学生

于永正老师的《做一个学生喜欢的老师——我的为师之道》中，第一章标题叫“做‘甘草’”，意指做教师要性温、味甘，且能包容。他写自己对迟到的学生从来不批评，甚至怀有敬意。他对学生的宽容，完全出于一种推己及人的理解。

这让我想到自己记录的一个“迟到的故事”——

◎ 带领学生们与书为伴，开启黎明

二年级了，绝大部分学生都能提前或按时到校，但仍然有两三个学生每天要踏着铃声进来。

第一周，就有迟到的学生，三三两两地在教室门口喊“报告”，被问怎么回事，不外乎就是“起迟了”“搞慢了”，越听越生气。大家都在读书了，干脆用手势示意迟到的学生直接进来。第二周，我这样规定：全班同学已经准备开始晨诵，迟到的同学就不允许从教室大门进来了。如果迟来，就静静地从后门进，到自己座位上，迅速开始晨诵。

但两个星期下来，每天都仍有迟到的学生。这天早晨，我们在读《花朵小屋》，正好读到“你为什么还关闭着门窗，白色的小花？”这句，那个总是迟到的女孩子，背着大书包，晃悠悠地进来了。我瞪着她，忍不住手一指：先在后面站着！同学们还在认真读，读完问他们“白色小花为什么还关闭着门窗？你猜猜看？”，同学们都叽叽喳喳说起来——

“它可能很害羞！”它大概被清晨的太阳刺得睁不开眼了。”“它还没睡醒吧！”“小白花开放的时间还没到呢！”大家说得太好了，我不禁心里一动，对迟到的同学说“你就是这朵白色的小花呀，可能还没睡醒，可能开放时间和大家不同”，然后让她回座位，她笑了，他们也都笑了起来。

但其实，这样并不能化解孩子的尴尬，这一刻，我理解了于老师说的“推己及人”。书中，他这样写——推己及人，就是孔子说的“恕”，“恕”就是“诚敬、宽厚”，就是“己所不欲，勿施于人”。推己及人，让我有了平静的心态和处理问题的智慧。试想，如果我在开会迟到时，被要求站在会场后面（甚至台上），会不会无地自容，恨死那个“罚站的人”？

我们总会有一种教育上的错觉：让学生感到羞耻，他们就会改正错误。这是多么可怕的想法。平心而论，迟到并不是他们的错，至少，他们的责任只能占极小部分。可以预见，以后的时间里，她可能还会多次迟到，但我想，我不会再罚她站了。

教育是一项艰难的工作，我们面对的是极易受到伤害的儿童。所有的孩子，都是想被我们看见和肯定的，也都是需要我们帮助的。没有哪个孩子，想故意把自己的缺点暴露在众人面前，想故意让自己成为“不被喜欢”的人。教师应抛开自己总是高高在上的感觉，真正看到学生，看到他们的需求和窘迫。

批评和惩罚只是一种方式。学生出现的问题，需要耐心找到背后的原因，再帮助他们去解决去改变。当然，这些错误和问题还有很大可能会一再出现，教师要做到一方面注重保护学生的心灵不受伤害，一方面引导学生通过具体的行为去弥补过失，让他们感到自己是有力量克服一切困难的。很多时候，教师需要蹲下身来，这是一种对学生的理解，一种源于人性的宽容，那是教育者发自内心的善意与慈悲。

苏霍姆林斯基说：“如果您想使您的学生看到、理解到并感受到他一生中需要掌握什么样的精神财富的话，那您就把他领进您自己的智力生活世界中去吧。让他把您看作一位面对浩瀚的大海在思索、勇于探索的航海家吧；让他把您看作奉献自己毕生精力也研究不完那未知领域的一部分，但仍大无畏地踏上征途去求知的博学家吧！”当学生开始信任、亲近、模仿、崇拜一位老师，他们就会主动在这门学科上花费更多的时间和精力，学习的内驱力也会应运而生。

/ My Study Review /

我 的 学 习 回 顾

◎ 这部分内容给我带来的启发和思考：

◎ 这部分内容最触动我的几个点是：

◎ 几位教师的方法中，可以借鉴的经验包括：

◎ 根据对班级学生的了解，这些方法应该会比较受欢迎：

我的行动

/ My Actions /

◎ 从教的内容出发，让学生喜爱上学科，我的计划包括：

◎ 从作业布置入手，让学生对学科产生兴趣，我的计划包括：

◎ 聚焦活动设计，我可以带学生做的内容包括：

◎ 让学生爱上学科，还可以做的工作包括：

02

兴趣是最好的动力

“知之者不如好之者，好之者不如乐之者。” 兴趣是教学的原动力，是使“讨厌学习”变为“乐于学习”的关键。在教学过程中，扭开趣味的开关，在妙趣横生的探索里，师生不仅共度了快乐难忘的学习时光，更将知识与技能深深地烙印在彼此的心上。

四字秘诀，引领学生爱上学习

文/于漪

课堂的教学中，分为“教”与“学”两种相辅相成的模式，与教师输出对应的是学生的吸收与反馈。学生的学习兴趣越浓，吸收的知识就会越丰富，反馈到教师的部分则更加深透，对教师教学的改进亦有不可或缺的帮助。

在语文教学过程中，最忌讳的是教师的单向性“产出”，不顾学生的意愿，只是按照自己的教学安排肆意传授知识，以完成教学目标为目的。

学生是学习和发展的主体，其对学习的内部态度，即学习内在驱动力决定了学习质量的高度，在学习的过程中，若是学生毫无兴趣，获取知识不积极，纵使教师在讲台上激情四溢，滔滔不绝，他们的学习质量也无法得到提高。

教学的最高境界，不是教得如何优质，表达的观点如何深刻，而是带动学生学习的兴趣，提升他们的自主性。只有与学生高效互动的课堂才能体现出一个教师高超的教学水平。

培养学习兴趣，激发学习驱动力是克服厌学问题的有效途径，但是学生热爱自己的母语并不是与生俱来的。激发学生学习兴趣，教师的教学过程至关重要，要做到“目中有人”，把学生放在教学的正中央，以学生为本，只有抓住学生在学习过程中的思维特点，进入学生的世界，心心相印，不断地加强沟通，才能将所有获取到的信息为教学所用，循循善诱，启发学生思考，实现学习高质量。

在教学过程中，教师应如何发挥“指向标”的作用，引领学生爱上学习呢？我认为，“激发学生兴趣要抓住新、趣、情、思四个字”。

新——保持新鲜感

“新”是指学生具有好奇好胜的特点，新异的刺激物能引起他们的定向探究活动。教学是一个动态的过程，是教师传授与学生反馈，具有双向互动性，因此教学不能千篇一律，千课一面，而应实时保持新鲜感，追求新奇的传递。

怎样才能在课堂中展现出“新”的特征呢？首先，要从不同的角度来讲述文章，抓住各种文章的个性，以此满足学生的求知心理。

例如我在讲解春夏秋冬四季景物描写的时候，很少使用重复的名词术语去教出每一篇文章的特点：

介绍朱自清的《春》就可以说是一幅恬淡的水彩画，春花图、春草图、春雨图、春风图，教出四幅图画是以横式的结构大面积铺开的。

而《海滨仲夏夜》则是另外一种景色，我教学生把握住以时间推移的线索，主人公是定点观察海边的仲夏夜。

在讲《香山红叶》的时候我就带领学生一同跟着文中的老向导身临其境去游香山，看红叶，体会漫山遍野的红色，让学生自己解说观察到的景色，复述游玩后的心情。

讲老舍的《济南的冬天》就要教导学生抓住文章的眼睛，以“温晴”领略济南的冬天。

其次，教师不能简单和学生保持在同一个平面上教学，而是要以多维度、全方位的开放性总揽式教授课程，从多方面刺激学生学习欲望。教师不能仅仅以书本为主，还要拓展学生的思维，进行不同文章之间的对比。从古至今或是由中及外，许多的知识都可以运用到课程教学当中。

趣——增强趣味性

“趣”强调的是教学课程要富有趣味，使学生流连忘返，让学生如沐春风。因此，课程必须设置得有吸引力和感染力，学生才能觉得趣味无穷，推动思维进入兴奋状态。怎么样才能增强课程的趣味性呢？

首先，在课程讲授过程中，我会加入直观演示，这有助于学生对知识的充分理解。直观演示教学是进行基础知识和基本技能教学的重要手段，一方面可以使学生获得较为全面、正确的知识，在此基础上启发学生积极思维；另一方面有助于加快学生学习理解，提高学习效率，达到“百闻不如一见”的效果。

例如我在教《藤野先生》的时候，用鲁迅先生不同时期的照片来展示他不同时期的创作，将抽象的文章内涵化为具体的照片体验。

我专门去城隍庙购买核舟，为了在讲《核舟记》时让学生有更直观的了解；

讲解《记一辆纺车》时，我就请学生模仿《周总理纺线》油画上的纺车，画出纺车的模样，对不熟悉传统纺车的学生理解课文有着更直接的帮助。

在教学过程中，通过正确的直观演示手段，可以有效地培养学生的观察能力、思维以及分析能力。

其次，“抓点成线”同样也是增加趣味性的窍门。要学生一开始就阅读整篇文章，还要抓住文章的脉络、主旨等，这是很困难的，甚至会引发学生对阅读的厌恶情绪。因此，教师在授课之前要先打好铺垫，抓住点，连成线，形成面，织成网，促使学生自己形成文章的脉络网，加深他们对内容的理解。

例如解析《荔枝蜜》，我就想到通过对“蜜”字的字形结构分析来引导学生。我先在黑板上写下“蜜”字，让学生解答它是什么样的结构。

有同学回答“蜜是上中下结构，最下面是个虫。”

“那通过虫又能想到什么？”

她就回答说：“小虫子，蜜蜂。”

这样引导学生逐步进入文章学习，串联成文章脉络。

最后，制造悬念。不但可以顺应学生求知新奇的心态，激发学生浓厚的阅读兴趣，还可以达到启迪思维、发展智力、提高学习质量的目的。

例如论说鲁迅先生《孔乙己》这一篇文章，我会这样在开头介绍：

“凡是学过鲁迅小说的人，没有不知道孔乙己的。凡是读过《孔乙己》这篇小说的人，也无不被社会凉薄的苦人儿的形象所感动。据鲁迅先生的朋友孙伏园回忆，鲁迅先生在世的时候，他曾经说过，在他创作的短篇小说当中最喜欢的是《孔乙己》。那么鲁迅先生为什么最喜欢孔乙己呢？又是以怎样的鬼斧神工的笔触来塑造这个苦人儿的形象的呢？”

层层递进，引导学生阅读思考，增强学生自主理解性，兴趣就来了。悬念法可运用于课程的全过程，课始激兴趣，课中见深度，课尾泛余波。

情——打造入情场

教学过程中，教师要善于创设情境，带领学生置身于教学内容相应的情境之中，使学生耳濡目染，受到熏陶。

学生尚处于语文学习的发展期，教师对学生的教导要做到“入情”，无论是在备课还是在授课过程中都需要入情，以情传情，以情激情，教师有情感，更能激起学生对学习的热爱，从而深刻领会学习的乐趣。

该如何入情呢？首先，教师必须要自己先行对文本情感进行体察感悟，这就需要教师全面掌握文本材料，包括作者生平、创作背景、生活经历等，这样才能触摸到作者真实的情感，深入到作者情感深处，从而对学生进行有效的引导。

例如，在《最后一次讲演》中，我在上课前一言不发，就只在黑板上写下：“请将你的脂膏，不息地流向人间，培出慰藉底花儿，结成快乐的果子。”

这是我深切感受到闻一多先生一泻千里的气势和慷慨激昂献身精神后，向学生展示我的“入情”。我要求自己不断地与作者情感碰撞，形成独特的情感体验。

其次，教师可以创设情境，打造学生入情磁场。情境具有强大的感染力，就像一个磁场一样让学生浸入其中，不知归处。创设有效的情境可以充分调动学生的情感积累，使学生在情境的作用下，潜移默化地受到感染。

学生对文章情感的感知是一个循序渐进的过程，不可能一下子就做到入情，所以教师在教学时注重层次，由表及里、由浅入深地触摸文本中的情感，逐步提升学生入情的境界。在我创设的情境下学习，学生看到的不仅仅是文字，更是身临其境般地置身于闻一多先生当年讲演的那个会场，切身体会到他拍案而起的英姿。

最后，可以加强实践，强化学生的入情体验。为学生搭建入情的平台，提供学生排练情景剧的机会，将学习与表演结合起来，促进阅读与其他表演形式的融合，激发学生的学习兴趣，使学生在情景剧表演中获得真切的体验，加快入情。

思——加强探究性

“思”不仅指思考，还着重开发学生的思维性，提倡探究，做探索性研究，借此调动学生的积极性、主动性。

教学不能持续依靠传统式教学方法，以教师、课堂、书本为中心，忽视学生交流、合作、主动参与和能力的培养，而要充分发挥探究式教学的作用，通过智力活动，为学生提供充分自由表达、质疑、探究、谈论问题的机会，将其所学知识应用于解决实际问题。

“欲生于汝意，意以思想生。”带着开创性思维的思考，教师要在教学中不断拓展学生的思维深度，鼓励学生积极探索文章的妙处，大胆提出创新性问题。

那么如何推进学生做探索式研究呢？首先，开放课堂，发掘学生自主探究潜能。在这一环节中，教师起到的是组织者的作用，指导、规范学生在富有开放性的问题情境中进行研究。可以由学生单独完成，培养独立意识，亦可以组队合作，建立团队理念。

其次，适当点播，诱导学生探究的方向。在学生为研求方向困惑时，教师要适时提供一些建议，引导学生探究的方向。在学生思考研究的过程中，教师切勿违背学生的主体性原则，尊重学生的主体地位，发挥学生的主观能动作用，注重学生的自我发展和互相启发。

这就要求教师应努力寻找教育对象与教育内容之间最佳的结合点，研究学生的思维方式和他们解决问题的思维习惯，善于将各种间接经验转化为学生生活情境中的直接经验，并善于使学生将直接经验与所学的知识结合，力求在此基础上进行创新。

兴趣是学习的基石，热忱也不只是外在的表现，它发自于内心，教师要培植学生对学习的热爱，对他们的学习愿望、动机、态度加以重视，发挥兴趣的导向作用，使其成为知识的“乐之者”。

趣字当头，用热爱点燃热爱

文/张宏伟（江苏省南京市赫贤学校）

教师是教学中最重要的因子。从某种意义上讲，教师怎么样，学生便怎么样，学习便怎么样。我上课充满激情，极其珍视学生跟我上课的感觉，尽最大努力让每一个学生每一节课都带着自信和愉悦离开我的课堂，如果不能，也绝不让他们带着负面情绪离开。我储备了很多教材上学不到的奇“知”妙计，让学生感受数学的神奇，方法的奇妙，用热爱点燃热爱。

谁是那条“锦鲤”

记得有一年国庆，支付宝的一条“锦鲤”曾让300万人为之疯狂，所有人都知道中奖率微乎其微，但还是玩命刷屏，不能自已。因为，每个人都有碰运气的心理。借而鉴之，我们就把这种“心理”融合到很多学习活动中，以此来吸引学生。

比如，一年级的数数很枯燥。于是，我就在教室里开起了超市，引发和刺激学生的食欲、玩耍欲、购买欲，在真实的购物活动中认识人民币、学习计算和解决问题。同时，我又准备了10斤花生，只要课堂上集体表现得好，下课时，每个人就可以随意抓一把，数一数，谁抓的花生与教师公布的条件符合，谁就成为本场的“幸运花生人”，可以免费任选一样商品。

比如：第一天“＞18的数中奖”，十几个有幸成为“锦鲤”的学生情不自禁地欢呼；第二天“7的相邻数中奖”，第三天“十位是3的数中奖”……你知道吗？学生每天最期待的就是课后数花生，不仅数自己的，为了防止作弊，往往还要数别人的。一学期下来，不仅可以促进好习惯的养成，而且把数的各种知识巩固于无形之中。

后来，我们把这种“锦鲤心理”扩展到各种活动和评价中，成为一种激励机制。只要某些方面有进步，就会获得抽奖机会，奖品也逐步从物质过渡到精神。如做一周教室封面人物，致电家长表扬等。原本机械的管理、束人的规范、恼人的作业等一下子变得可爱、好玩、鲜活、刺激起来。

这种改变，表面上是增加了抽奖这个因子，实际上是对人天性的尊重，融入了所有人都想撞大运的欲望，给学生的学习生活增添了一种期待，一种希望，一样惊喜，更有一种不确定感带来的刺激。

当然，抽奖的目的绝对不仅仅是吸引。之所以设计了“3中1”“10中1”和“30中1”这样3个不同的奖箱。我们的目的是让学生从一年级就开始浪漫地体验可能性的大小，感受随机现象，为以后学习统计和概率积累真实、深切、充分的体验。

把学习“装进”学生的饥胃饿肠

以分数的初步认识为例，传统教学是让学生通过分纸、分图形、涂一涂来学习。我们搞成了“舌尖上的分数”。

在课前自学的基础上，先出示便秘药（酚酞片）的说明书：

> 【用法用量】口服，成人一次1/2片，2~5岁儿童每次1/4片，6岁以上儿童每次1/2片。用量根据患者情况而增减，睡前服。

先让学生研究：假如你便秘了，怎么吃？理解1/2的含义。药吃了，病好了，就能吃东西了。接下来，是分蛋糕吃蛋糕：

◎ 在课堂上用实物让学生认识分数

要求：只有切出比较标准的1/4，才有资格吃。学生一个个都特别小心、投入和专注，生怕一不小心切得不平均没法吃了！切完后，大家一起吃，先吃1/4，再把剩下的3/4全部塞到嘴里，体会它占领口腔的感觉、吞咽的感觉和1/4有什么不同。

学生吞咽完了说：3/4比1/4占得空多，1/4很好咽，3/4差点噎死。老师追问：“这说明了什么？”“3/4比1/4大！”老师点评：“你吃的不是蛋糕，是分数，是分数的大小。”学生不仅用视觉，还有触觉、味觉等全方位地感受数感，全身心地认识分数。

吃完了蛋糕，我们还安排了“喝”的环节——每组一杯橙汁，5个人喝，问学生打算怎么分。学生都愿意平均分，因为没有人愿意少喝，于是学生把五个小杯子放在一起，匀来匀去，直到一样高才罢手，然后一起为1/5干杯。

下课铃响了，看着还有一大盒还没分的巧克力，学生特别不愿意下课。人对吃喝的欲望无须赘言，所以才有了“要抓住男人的心，先抓住男人的胃”的说法。学习亦然，要抓住学生的心，先链接他的生活，抓住他的味蕾。

我们在数学学习中经常这样，在吃中学，在用中学，比如，用葡萄干讲加减法，用瓜子认识千以内的数，用瓜果学测量……很多知识、技能都是在吃和生活中浸润而成。一旦把学习活动“装进”学生的“饥胃饿肠”，就会幻化成他们身体和心理共需的欲望，使得学习如饮如食，如饥似渴。

发现、猎奇和挑战的欲望

“10可以分成几和几”非常重要，是进位加法最核心的基础，学生必须烂熟于心，实现自动化。很多教师通常是通过大量的练习和逼着学生背诵完成，致使学生对它再无好感，这比不熟练更可怕。

通常，我的做法是让学生自主发现：你能在生活中找到一个真实的现象帮你牢牢记住10可以分成几和几吗？一个家里卖海鲜的孩子拿来螃蟹，说用它记住了10可以分成2和8，因为它有两2只螯，8条腿。

有个孩子说，我用“双枪老太婆”记住了10可以分成4和6……

最难找的是把10分成3和7。一周多都没人找到，我决定发研发经费激励学生，找到一个奖10元，第二天还是没有人找到，于是，我又追加了5元奖金，第三天还没人找到，再加5元，这时候，学生和家长都“疯”了，纷纷发动家里的大姑八大姨，一起来寻找什么东西正好是10个，又天然地分成了7和3。

十多天了，还是没有人找到。一天夜晚，我都睡了，突然接到了一个家长的电话，她非常激动地说：张老师，我儿子找到10分成7和3的案例啦。我一听，立马就爬了起来，忍不住说道：“哇，太棒了，我要奖励他100元！”孩子接过电话，却吞吞吐吐，欲言又止。我不断催促：“孩子，快说、快说啊。”孩子终于公布了答案：老师，你的发型是三七开。我听了哈哈大笑，我这一笑，学生有些生气，说：“不是我的事，是我妈让我说的。”我说你们能考虑到三七开，就已经很了不起了，遗憾的是我的头发并不像三毛那样，就10根，右边捋了7根，左边捋了3根，一下子就能看出7和3，先奖励20元，继续找。

这个组成十多天都没找到。有的教师可能会问，这样的活动设计有意义吗？我的回答是太有意义了！学生10多天来，每天找10去看，如果一天发现了4和6，5和5，而不是7和3，这一天他就背了三个10的组成。找着找着，不知不觉间就把10的组合背得滚瓜烂熟了。最后，一个姓徐的学生终于找到了，他的姓一共10笔，左边3画，右边7画。

受孩子的启发，我又开发了“姓氏数学课程”。如：按照笔画排排姓、姓氏笔画里的加减法等——识姓、识人、学数学。我们这是在用人性本源的好奇、好动、发现和挑战的本能，吸引孩子沉浸其中。

用热爱点燃热爱

我对数学充满激情，上课热情如火，能充分点燃学生的学习热情。我给学生最大程度地安全、自由、鼓励、放手、尊重和信任。我在课堂从不计较学生的对错，激励每一个敢于表达的学生，尊重学生所有不逾越

底线的想法和行为，鼓励学生：

你只有敢于“胡说八道”，才会能说会道；你只有敢于“胡思乱想，”才有奇思妙想；你只有敢于“胡作非为”，将来才能有所作为！

我极其珍重学生上课时的感受，尽最大努力让每一个学生每一节课都带着自信和愉悦离开我的课堂，我不仅努力让学生喜欢我，更努力让他崇拜我、崇拜数学！我储备了很多教材上学不到数学知识，让学生感受数学的神奇，老师的厉害！

为此，我们补充了逻辑、运筹初步、模糊数学、非欧几何系列课程。学圆锥时，让学生堆出大小不同的圆锥，测量母线和地面夹角的度数。再让学生们阅读数学漫画：了解到自然形成的树杈是51度，自然风化土堆是51度，埃及金字塔斜51度……原来，51度是大自然最稳定的一种结构！学生不由自主地发出这样的感叹：自然真是奇妙！六个大字让孩子的惊喜、意外、热爱跃然纸上！曾经，一个六年级的学生竟然写出“数学是一种天赐的语言”这样的名言，我认为它绝不亚于著名的物理学家、数学家伽利略（Galileo）的名言：“数学是上帝的语言”。

我还会联手同学、家长，千方百计鼓励学生，尽可能多地举行各种数学活动，让学生总能在一些点上体验到成功的感觉，让“我适合学数学，我能学好数学”也成为每位学生的信仰！

所以，只要我们用心博阅精取类似的奇异课程，总能让学生产生神奇、惊喜和崇拜的高峰体验……慢慢地，就会让数学成为他们的信仰。

用热爱点燃热爱，用数学的美和神奇满足猎奇、探索、崇拜、信仰的欲念和心理。全景式数学教育团队的上述做法，其实都是在优先捍卫学生对数学、对学习、对世界的兴趣、信心和好奇心；都是基于对儿童的深度理解和尊重，因循孩子的天性，遵从人的人性，设法在同一种活动中融合、调用、激发和满足学生多种的欲望和本能，从而实现学习的多点驱动，让学习就像章鱼一样长出更多的触手和吸盘，产生更多、更强的吸力，学生因此而爱上数学，爱上学习，爱上这个世界！更重要的是：孩子只有真正爱上这个世界，他才能真正地爱上他自己！

尽情释放运动魅力的花式课堂

文/向宏钊（重庆市渝中区人和街小学校） 张洁（四川省成都市沙河源小学校）

风对我耳语：“运动是我这样的轻盈飘飞！”

雨对我耳语：“运动是我这样的淋漓尽致！”

雷对我耳语：“运动是我这样的铿锵有力！”

电对我耳语：“运动是我这样的亮丽透明！”

在生命的成长过程中，体育运动就像一束有力量、有美感的光，给学生们健康、激情和自信、愉悦与憧憬。

波利亚认为：“学习任何知识的最佳途径都是由自己去发现，因为这种发现，理解最深刻，也最容易掌握其中的内在规律、性质和联系。”学生参与的机会越多，越能唤起其参与的欲望和激情。体育教学的设计要满足学生的需要和重视学生的情感体验，重视学生主体地位的体现。只有这样，学生的学习积极性和学习潜能才能得到发挥，体育学习能力才能得到提高，学生才敢于向自己挑战，不断提高自己，完善自己。

巧置关卡，在趣味中激活思维

教学实践中，我发现大多数学生对“耐久跑”这项学习内容感觉畏惧。从定向跑中得到启示，我利用扑克牌的不同点数，为学生提供多点目标，引导学生通过翻取相应扑克牌点数的方式，实现持续的反复跑动，并在跑中融合其他学科知识，让“耐久跑”变为“轻松跑和智慧跑”。

我把第一关游戏取名为“蚂蚁搬家”——将5—6名学生分为一组，引导他们在出发线后成纵队站立。我在距离出发线15米处设置场地一，在地上摆放一个呼啦圈，并在圈里摊开摆放同种花色A—Q的12张扑克牌，花色朝下成暗牌。距离出发线30米处设置场地二，也放同种花色的12张扑克牌，距离出发线40米处摆放一个标志桶。

比赛开始，每组跑出一名队员，到场地一后任意翻取一张牌，翻牌顺序必须为A—Q，若没有翻到规定顺序牌，原地翻转还原为暗牌；若翻到顺序牌，放于圈外为明牌，并向前跑向场地二，沿用同样的方法翻牌，成功后向前跑，绕过标志桶从右侧直线跑回起点队尾。当同组前一名队员翻取场地一牌后，队伍后一名队员自动出发前进。整个小组持续循环跑动，直到该组把两个场地暗牌按顺序全部翻转为明牌后结束小组比赛，并以每个小组完成的先后顺序决定该组名次。

第一关结束后，我向学生提出了三个问题：（1）你们翻取扑克牌有目标吗？（2）翻取扑克牌时有同伴间的交流吗？（3）可以利用数学学科知识来解决合作翻取的问题吗？三个问题直击大家的思维，指向他们完全没有想到的问题。然后，我让学生相互讨论，从练习经验中找方法。

过程中，我适时引出数学学科学过的时钟一课，引导学生思考是否可以用钟盘方式，尽快找出规定的扑克牌。结合小组讨论和教师引导，学生明白可以按照钟盘规律来尽快找到顺序牌，从而开始了开启思维和合作的第二关翻牌游戏，体验智慧和快乐的耐久跑——每组跑出的队员，到场地一任意翻取一张牌，按时钟1—12点位置放于呼啦圈形成的“钟盘”。小组组员在翻牌过程中也不是盲目翻牌了，而是记住了自己牌的花色和位置，跑回起点后迅速把信息告知给即将出发的学生，让其能快速知道需要的牌在哪个时钟点上，使其快速找准需要的牌。

让练习情境发生变化，极大地激发了学生的学习兴趣和练习积极性。游戏一把扑克牌按顺序由暗牌变为明牌的过程充满挑战性，下一张翻取的是否为需要的点数牌这种未知因素贯穿着游戏始终，促使学生产生持续跑动的动力。游戏二加入合作方式，把时钟概念融入游戏中，由无序翻牌到有序翻牌，在促使学生持续跑动的同时，又做到了体育与数学学科的融合。通过体育学科开发思维，很好地达成了耐久跑方式创新的目的，智慧的光让他们跑得开心，跑得轻快。

给学生更多“权利”，让自主在课堂上生根

在低年段武术教学中，传统的体育教学教授的动作一板一眼，没有让学生发现并体会到动作带来的实际作用，学生多练习几次就丧失了兴趣。如何才能改变这一现状呢？

一次课间，我坐在操场一角休息，远处几个孩子拿着其他体育教师放在旁边的体操小垫子在玩耍。只见一个孩子双手将垫子举到胸前，另一个孩子挥拳连续击打垫子，拿垫子的孩子左右前后移动，击打的孩子也跟随移动。看到这儿，我眼睛一亮，赶紧跑上去问他们：“有垫子击打的感觉怎么样？”“老师，我觉得有使不完的劲！”“老师，他躲开，我依然有办法打中他！”从学生叽叽喳喳的回答中，仿佛看到一束光。

上课了，我拿着一张圆盘胶垫，选出一个学生，让他用学过的冲拳和推掌动作来击打我手上的垫子，争取击中甚至打掉垫子。我不停变换方向和举垫子的高度，击打的学生也随机应变。这样的操作，让观看的学生发出一阵阵笑声和惊呼声。我趁机给学生布置了一个学习任务：小组创设不同方法击打垫子的游戏。散开后，小组积极地讨论、尝试顿时让操场热闹起来。

不一会儿，同学们就创设了如下趣味练习。

游戏一：你来我往

两人一组，一人双手握紧圆盘边缘，让圆盘竖立绷紧。开始练习后，对面同伴以左右手冲拳击打胶垫各两次，每次击打两人均同时呼口令：快速旋转，力达拳面。再变成左右手推掌击打胶垫各两次，并且同时呼口令：快速旋转，力达掌根。完毕后两人迅速交换练习。

游戏二：移动打垫

两人一组，相距一臂。其中一人马步蹲，双手侧平举打开，两手分别拿着胶垫上端。另一人马步蹲，从中间开始，横向移动到同伴左手的胶垫处，快速左右手冲拳各一次，再横向移动到右手胶垫处，左右手冲拳各一次。冲拳完后，用相同方法变成移动推掌击打，结束回到两人面对面中间。一套动作完毕后两人交换练习。

游戏三：你进我退

两人一组，其中一人双手握紧圆盘边缘，让圆盘竖立绷紧。自喊口令“准备，开

始”，手拿胶垫同学向后弓步退，另一同伴左右手冲拳前行击打胶垫各一次，再改用推掌左右手击打胶垫各一次。完毕后两人迅速交换练习。

游戏四：打飞垫

两人一组，相距两臂距离面对面弓步站立，其中一人双手握住圆盘胶垫。拿圆盘同伴发出“开始”口令，双手把圆盘平推出去，对面同伴看准时机先用冲拳、再推掌击打冲过来的圆盘。一轮动作结束后，两人交换。

学生们创设的这四个游戏完全颠覆了传统的武术教学模式。在和学生的一起尝试中，我毫不保留地夸奖着他们，也意识到自主是学生获得自我价值感的前提，没有自主的体验，学生无从获得自我价值感。在自由探索的过程中，学生才能发展能力、体验成功，获得自我满足感，从而增加自我价值的认同感。作为教师，我们的责任是让学生发现自己的人生价值，让他们在被关注、被肯定、被欣赏的氛围中健康成长。妙用自主权利，满足个体需求，让学生爱上体育学科。

丰富情境体验，让体育活起来

一堂课能否吸引学生，使学生充分卷入课堂教学中，取决于教师的课堂教学是否具有灵魂。一节二年级体育课《瓦片上练平衡》，从精妙设计出发，让学生纯真的天性展现无遗。

课中体育老师采用了一种新型器材——用工程硬PVC下水管道切割加工而成的一张张“瓦片”来教学，在“瓦片”上涂刷多种色彩，使器材显现出活动，充分调动学生学习的热情。“瓦片”正放、反放都有一定高度，符合寻找平衡感要求。不规则的形状，不同的放置使其稳定性不同，而人体的平衡呈现状态在平地、高处亦是各不相同的，在窄窄的“瓦片”上站立、行走，能很好地锻炼平衡感。

课一开始，教师让学生利用“瓦片”自主体现各种姿态的静态平衡，激发学习情趣。到后面的直线“瓦片”、创意数字字母“瓦片”、移动的“瓦片”、摇动的“瓦片”，情境创设逐步升级，使教学内容和组织形式呈现结构化，在不同场景中解决了不同的学习目标，大大丰富了本课的课堂内涵。

而后，教师创设体验情境，让学生带着问题体验在不同姿态和不同音乐节奏的“瓦片”上行走，让教学难点在这样的情境中巧妙合理突破。游戏“鸠占鹊巢”，创设了动态情境，让学生在不同“鹊巢”中移动，由静态平衡向动态平衡发展；游戏“多种方式平衡走”，带着问题体验，在不同姿态、不同节奏的行走中去找到平衡行走的关键点；游戏“瓦片上的迪斯科”，更是融入了高难度动态平衡，让学生体验了生活中不同的平衡状态，真是律动中的“瓦片芭蕾”。这样的内容游戏化处理使教学内容更贴近学生，更具有操作性，巧妙降低了学习难度，高效达成了学习目标，让学生在欢乐的环境中体验不同的平衡感觉，不知不觉地爱上体育。

课中，教师提出“哪种行走方式最平衡，快走和慢走哪种对平衡要求高”两个问题，引导学生运用双手贴近身体、单手平举和双手侧举三种姿态在瓦片上行走，激发学生参与、思考的积极性。运用听快慢节奏音乐练习行走，体验哪种姿态对平衡感要求更高。这样的问题设置引导学生主动投入探索，在趣味中完成学习。

热爱你的学科，把炽热传递给学生

李希贵校长曾说：什么是教育？教育就是帮助孩子找到他们“可以伟大”的地方，让他们在通往伟大的道路上行动起来。“可以伟大”其实就是让学生能发现自己可以发光。对于教师来说，如何引导学生发光恰恰是学科本质的魅力。

在我看来，一个教师对自己学科的痴迷与挚爱，就是对教书育人的初心使命。一个真正热爱体育学科的教师一定是别人不可替代的体育教师。语文教师替代不了这个位置，因为体育教师有教授体育技能的基本功；数学教师替代不了这个位置，因为体育教师有提高身体素质的各种方法；思品教师替代不了这个位置，因为体育课堂具有更多的学生德育教育的真实场景。

作为一名体育教师，要让学生爱上体育学科，那就先让自己爱上体育学科吧！

1.发挥教学特色和个性，成为学生的焦点

我的课堂我做主，我的学生我教会。教师要教会学生十八般武艺，自己首先得要有十九般武艺，多的那一般，就是用正确的方法教学生习得与年龄、认知相匹配的知识与技能。因为我们面对的都是天真无邪的孩子，所以我们的体育课堂应该有童趣，在快乐的游戏中传授方法与技能。学生是需要长大的孩子，所以我们的体育课堂应该给予他们发展能力的机会，学会与人相处，学会管理自己，培养练习方法，培养体育精神。

2.争做学习、研究型教师，成为专业标杆

我喜欢在观课议课时挖掘别人的某个亮点，而后将其运用到自己的课堂上；我喜欢钻教学的“牛角尖”，那样可以在实践中让我明白对与错；我喜欢在教学中“玩新花样”，总会让我有新收获；我喜欢在教授每一个动作前学会或练习巩固自己的技能，让自己在学生面前充满着自信。我想，也正是因为这一个个喜欢，让自己自然而然地喜爱上了体育学科，而在这种种的实践与探索中，对体育教学也有了更深层次的理解，让自己的专业更强，形成一个良性教学循环，让教与学的效果更好。

3.坚定信念，让自己一直追求那束光

爱，带着学生一起追光。在教学这条路上，当看到别人进步了，那我便有了赶超的目标；当感觉自己懈怠了，那便为自己寻找到一个奋斗的方向；当看到专家独特的教育智慧，我努力吸收；看到了同事聪明的教法，我参考借鉴；发现了体育教学的博大精深，我在充实自己的道路上奋力奔跑。这种奋进的心态，让我的体育课堂越来越受学生喜爱，学生感受到能成为我的学生是幸运的幸福的，而我又何尝不觉得成为一名体育教师，能教授学生是我的幸运？

教育的目的不在于传授和灌输某种外在的、具体的知识与技能，而是要从心灵深处唤醒孩子的自我意识、生命意识，促使孩子价值观、生命感、创造力的觉醒，以实现自我生命意义的自由、自觉地建构，培养出快乐、温暖、人格健全的学生。让每一位学生置身于喜欢的事物中，会惊喜地感受到一种跃动的活力、会有一种难以遏制的生命激情与力量。

最好的体育教育是帮助学生成为他自己，帮助他不断成长，不断超越自己。爱体育学科，用学科智慧唤醒孩子们内在的心灵能量与人格理想，激发其生命的潜能和创造力。和学生一起运动吧，在运动中接受风雨的洗礼，感受生命的脉动闪光！

从恐惧到喜欢，我为学生架起了写作的桥梁

文/曹秋英（浙江省衢州市实验学校教育集团新湖校区）

几乎每接一个新班，我都会发现一个共同的问题：孩子怕写作。一说写日记，绝大部分孩子就唉声叹气地叫起来：“唉，怎么又写作文！”那一声“唉”，凄凄惨惨，似有千斤压在心头。问其原因，绝大部分说不知道写什么，还有的说不知怎么写。不知写什么，如何写，是写作教学的共性问题。如何才能把共性问题转化为班里的个性问题，激发孩子的写作兴趣，提高其写作水平呢？

翻开教材发现，小学阶段大部分写作任务是写人、写事，而写事很大程度上又归结到写人上，通过一件事写一个人。统编语文教材中，每个年级都有一个单元着重于写人：三下第六单元，写一个身边的人，尝试写出他的特点；四上第二单元，写一个人，注意把印象深刻的地方写出来；四下第七单元，学习从多个方面写出人物的特点；五上第二单元，结合具体事例写出人物的特点；五下第五单元，初步运用描写人物的基本方法，具体地表现一个人的特点；六上第八单元，通过事情写一个人，表达出自己的情感……

于是，我想到以“人”为写作突破口，带领学生进行系统的人物故事写作训练。为了让同学们更容易搜集写作素材，破除反感、害怕写作的情绪，走入写作之门，我将身边的同学选作大家的写作对象，带领大家从中发现写作的妙趣。

花样玩法，趣获素材

针对大多数学生反馈的不知道写什么这一难题，我在班级举行了“素材大发现”系列活动。

1.在“玩耍”中捕捉人物亮点，搜集素材

我喜欢带着孩子“玩”，如在班级里组织开展剥蒜比赛、橘子画展、篮球比赛等。剥蒜比赛时，看到小张同学手巧，一瓣一瓣剥得干干净净，我说小张剥蒜的手法很不一样，左手捏着蒜，右手从底部沿着撕开，右手的兰花指翘起来了。我让他示范，其他人观看。小张站上讲台，大家仔细观看，然后学着他的样子剥蒜，有孩子开玩笑说，翘起兰花指像在唱戏。有人附和，那就唱一段。于是，教室里就响起了唱戏声。大家一边剥蒜一边听歌，不知不觉中，小张剥蒜的动作就印刻在同学们心里了。

篮球比赛时，啦啦队员小李，总喜欢双手捂着脸看，若是她支持的队进球了，她就把眼睛遮住，反之就轻轻拍一下脸。我大声一喊：“小李，进球啦！”她看也没看，双手刷一下，捂住了眼睛，逗得大家哈哈大笑。我采访小李，她说是太紧张，看到球进了，心脏就会不由自主加速跳动，捂住眼睛可以缓解。

而后，我故意在班上说，这件事大家听听就好，尤其是小李的动作和神态，一

定不能写进作文；如果你们一定要写，也不能保存下来，千万不能让小李的子孙知道这件事。第二天很多孩子果然就把这件事写进作文中了，尤其是动作、神态写得活灵活现。瞧，用激将法激发学生的写作欲望，就这么轻而易举地实现了。大家不仅欢天喜地地写了作文，还为自己抓到了小李的“把柄”暗自欢喜。细心的教师担心这样的操作是否会给被当成写作对象的小李同学带来困扰，事实上，这样的“困扰”只要教师稍加引导和安抚，是不会造成不好的后果的。

在这样的“玩耍”中，同学的口头禅、惯性动作、特有表情等，大家都牢牢记在了心里。我让他们在语文书最后一页贴一张表格，把搜集到的同学特点，用一两个词语或一两句话记下来，称之为“班级奇人异事库”，方便查看。因为好玩，常有孩子追着我问，下一次要做什么活动，要观察谁，他们迫不及待地想要把这些人和事写下来，让更多的人看到。

2.用“秘史”撬动好奇心，习得写作方法

每周，我们班都会举行一次自我介绍会，要求是一眼就能看得见的不说，同学都知道的不说，必须拿出每个人的“秘史”和大家分享。“秘史”一词深深吸引了孩子们的眼球，每次有人自我介绍时，他们除了瞪大眼睛，竖起耳朵听，还会把语文书翻到最后一页，记录几个关键词。为了让“秘史”的讲解更有趣味，我们通常会选择两个版本，一个讲得详细些，一个简单讲。详细的故事大家听完后点评哪里讲得好，给自己留下了怎样的印象。简单的故事，大家则根据对这个人的了解，在某一个环节添上人物的动作、语言、神态、心理活动中的任何一种，写作完成之后再读给全班听。

这个方法，常常能引发出乎意料的笑点。比如，擅长“演戏”的戏精王自我介绍：“跟妈妈去逛超市，结账时收银员问要不要塑料袋，要六毛一个，我一听，立刻拒绝，六毛钱也是钱啊！”

有孩子添加了戏精王的心理活动：戏精王一听，六毛，心里就开始思考，六毛啊，数数也要数六个，买一根棒棒糖还多一毛，要是来十次超市都不要塑料袋，我不就发小财了？人生啊，如此圆满！这样的心理活动补充，让戏精王精于算计的形象瞬间就立体丰满起来了，还充满了幽默感。其实，我正是想通过这样的锻炼，教会学生如何把叙事性的语言，改为故事性的语言。

“秘史”极大地满足了孩子的好奇心，现在，这一环节早已不用我安排，孩子们早就排好了自我介绍的顺序，故事记录好了，有时还会在班里举行“秘史”故事分享大会。整个班级，讨论声、笑声不断，写作在快乐中进行。

3.好友爆料，为写作加点“味”

好友爆料是对前面两种方法的补充，也是对学生的一种写作调剂。我和同学们约定，所谓爆料不能伤害同学，不讲低级趣味的事，不用低俗的语言。在我们班，好友爆料举行的频率不高，每次都会用不同的形式，有时是论坛，几个好友带上自己的小板凳，在讲台上围成一个半圆，自由自在地讲；有时是对话式，同学坐在位置上，想提问的人事先准备好问题，直接发问；有时是传纸条，好友把了解到的信息写在纸条上，从前往后传或从后往前传。

孩子们之所以期待好友爆料的环节，一是想知道有哪些新的爆料方式，二是通过爆料更加了解了身边的同学。不止一个孩子感慨说，好友爆料刺激又好玩，将这些“爆料”信息写进作文，有一种神秘感，好期待下一个被爆料的人。

创意写法，多元表达

为了让学生从枯燥乏味的写作中跳脱出来，亲身经历写作的妙趣，我特意挑选了符合学生年龄气质的事物，进行分类引导（下图是其中一个小组的分类），并根据不同的题材，确定不同的体裁。

1.童话类同学故事录写作

如何才能让自己的作品有意趣呢？我鼓励学生把写作的主人公当作童话故事的主角，可以赞扬主人公的美好品质，可以寄托作者的美好愿望，可以提醒主人公改正某个缺点，凡此种种，以伙伴的口吻，记录下来。写作时重点聚焦作者如何一步一步揭示道理，也就是说，随着故事情节的推动，主人公做了什么，怎么做的，从他的身上，我们受到了什么启发，都是很好的写作线索和素材，把这些串联起来，就会是一篇出色的文章。

实践过程中，我看到同学们写作的童话故事里同学可以变成善良的兔子、飞翔的小鸟、绽放的花朵等。每次分享的时候，孩子们就会说，感觉自己生活在森林、花园、海洋之中，世界之美尽在文字中。当写作的热情被调动起来，方法和技巧自然就在娴熟中生成了。

2.说明文类同学故事录写作

引导学生把人当作某种物件来写，通过说明方法写清楚人物的特点。为了便于学生理解这其中的内涵，我鼓励大家把人当作某个产品，就像给产品写说明书一样。

具体执行时，我要求每个孩子先搜集一种产品说明书，仔细阅读，小组交流，全班展示，发现说明书的特点之后再写作。学生

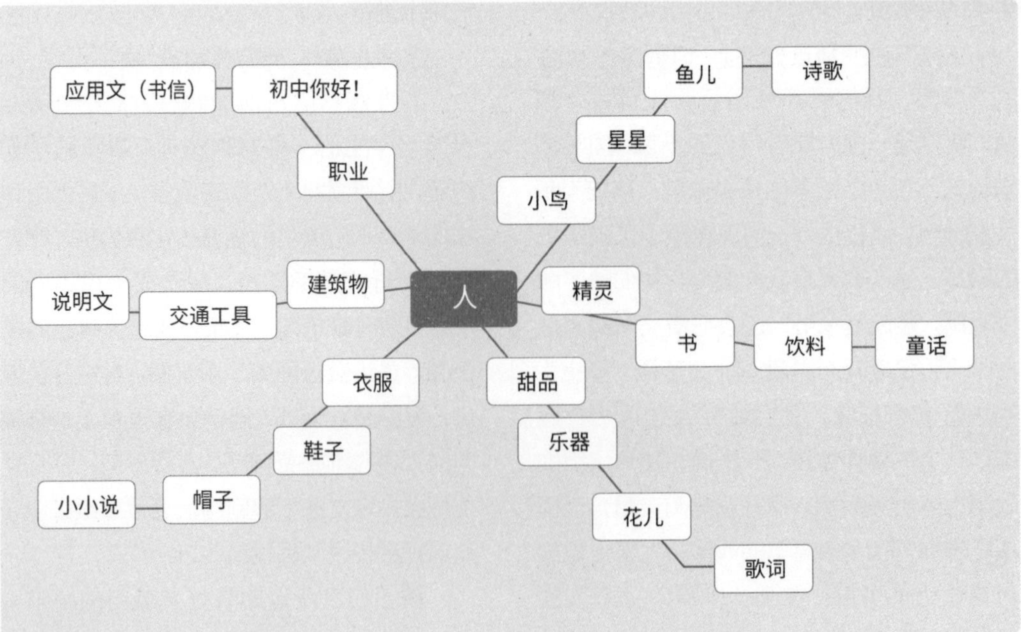

◎引导学生开展人物类写作的关键词归纳

们特别厉害，他们说人的生产日期就是出生日期，保质期就是生命的长度，用途对应职业。写作，交流，修改……在一轮又一轮地打磨中，一份关于人的说明书诞生了。

而这另类的写作方法，也让同学们大呼有趣。每次交流，孩子们都异常兴奋，总喜欢比较谁写的“产品”说明书最特别，最符合被写人的气质。有些孩子，会找几种不同的说明书来，如药品、电子产品等，把同一个人用不同的产品说明书写出来，让其他同学来评评，哪种最好。原定的一节课交流时间，往往因讨论激烈，有时会用两节乃至三节课的时间。有学生说：“让我再写五百篇也愿意。”从这夸张的说法中，我知道，他们从内心深处爱上了写作。

3.应用文类同学故事录写作

如果能给未来的同学写一封信，你会写些什么呢？我让学生利用假期的时间，凭借现在对同学的了解，预测他将来可能会从事哪方面的工作，就去哪里体验，在工作中要注意可能遇到什么问题，需要储备哪些知识，想想现在该怎么做会更有利于未来所从事的职业，写出来的信就会大不一样，对同学的帮助更大。信写好，交给当事人，由当事人进行评价。评价需要标准——你感受到了作者的心情吗？这封信中的建议对你现在的学习有帮助吗？

事后，不止一个学生跑来说希望这样的写作还能多来几次，因为这不仅可以让大家体验不同的工作，还能帮同学们规划未来，做了不起的规划师。当写作真正走进学生的心里，老师和学生都不必再为没有写作素材、不能激发写作热情而烦忧了。

4.姓名读写

一个人的姓名，往往蕴含着父母、长辈的美好心愿，你的名字是怎么来的？有什么特殊的寓意吗？曾经，我在班级发起姓名读写活动，让学生通过查阅资料、询问长辈等方式了解自己姓名的奥秘。之后，在班级组织学生交流展示，使学生相互了解班级同学的姓名内涵。理清了这些之后，再把姓名写作大致进行分类，如谐音类、形近字类、名人效应类等。如此一来，学生在写作的时候，就能结合人物的性格，完成不一样的写作体验。

别样陪伴，为热爱锦上添花

在花式指导学生写作的同时，我自己也会坚持写作，实现对班级学生的全程陪伴。每写完一篇，我都会读给孩子听，有时读一两段，学生听得欲罢不能，心痒难耐，追着要我读完。我问他们，接下去我会写什么？他们乐此不疲地给我口头续写故事。因为没有限制，他们想到什么觉得合理，就说什么，特别快乐。然后，我才会把剩下的故事读给他们听，猜中的觉得跟我心有灵犀，没有猜中的，就建议我把他的故事写进去。我经常写一个故事，用好几个结尾，分享的时候就说这是某某的结尾，他们别提多有成就感了。

我们相互陪伴，相互鼓励，相互竞赛，写好一篇文章之后我会告诉他们写作的字数、用时，于是，他们立志要超越我。他们赢我的概率不高，我“谎报军情”，故意让他们赢。聪明的孩子一眼就看出了我的演技，笑嘻嘻地告诉我，他们早就知道我的用心良苦，他们不会气馁，会一直写下去，一直与写作为伴。我大笑，对一个语文教师来说，这世间没有什么比让一群学生爱上写作更美妙的了！

四个小妙招，学习也能很“好玩”

文/蒋燕卿（河南省洛阳市实验小学）

《数学课程标准（2011年版）解读》中提到什么是数学课堂教学中最需要做的事，一共有四点：一是激发学生的兴趣；二是引发数学思考；三是培养学生良好的数学学习习惯；四是教学生掌握恰当的数学学习方法。我觉得我们最应该下功夫的点在于如何在数学课堂中激发学生的学习兴趣。

“数学好玩”曾经是数学家陈省身先生对数学的赞美，但是在平时的教学中，我们会发现对很多学生来说，随着年龄的增长，他们会认为数学课就是做题课，觉得非常的枯燥，没有意思，慢慢地对数学失去了兴趣，也没有了学好数学的信心。那么，教师就应该思考如何让数学保持它“好玩”这个特有的魅力，多思考如何拨动学生的好奇心，激发学生学习数学的原动力，让学生对数学充满兴趣。

设置教学情境，引导学习发生

《义务教育数学课程标准（2011年版）》（以下简称“数学课程标准”）指出，数学教学要紧密联系学生的生活实际，从学生的生活经验和已有的知识水平出发，创设各种情境，为学生提供从事数学活动的机会，激发对数学的兴趣及学好数学的愿望。

也就是说，教学情境指的是教师借助各种直观手段创设与教学内容一致，有利于丰富学生感知，启迪学生思维，激发学生创新，调动学生兴趣的具体形象且富有情感性的教学环境和氛围。简单说来，教学情境是学生参与学习的具体现实环境。在平时的教学中我们要认识到不论创设什么样的情境，都要服务于教学，不能偏离学习内容去设计情境，也不能脱离学生生活实际去创设情境，我们创设的情境要有益于学生发展，与学生的生活紧密联系，贴近生活，让学生感受到数学与生活的紧密联系，感受数学在生活中的意义和价值。

义务教育阶段数学课程标准根据不同学段的实际情况，对数学情境化提出了不同的要求。第一学段提出：要紧密联系学生的生活实际，从学生的生活经验和已有的知识出发，创设生动有趣的情境；第二学段提出：要创设有助于学生自主学习、合作交流的情境，使学生通过多样化的活动在情境中体验和理解数学；第三学段提出：数学应结合具体的教学内容，采用“问题情境—建立模型—解释应用、拓展”的模式展开，以使学生经历知识的形成与应用研究的过程，更好地理解数学知识。因此可以看出，我们要结合不同年龄段学生的心理特征、认知规律来创设不同类型的教学情境来吸引学生，激发他们的学习兴趣。

4个妙招，用情境激发学生学习兴趣

今年我教的是一年级，重点来说一说如

何创设情境激发一年级学生的学习兴趣。

通过平时的教学和课下跟学生的交流沟通，我了解到在幼儿园中大部分学生对一年级上册将要学的知识都已经学过，还有的学生学习得更多，甚至二年级的相关知识都有涉及，在数学知识和技能上都有了一定的基础，也有了一定的生活经验。但孩子们的认知水平还处于启蒙阶段，未形成完整的知识结构体系。

执教过程中，我观察到，自己所教的两个班学生都比较活泼，很多孩子的注意力不集中，有些学生手上的小动作很多、坐不住，甚至上课的时候做一些与课堂无关的事情。这样的现象时有发生，通过课下的沟通，有些学生直言不讳地说："老师，上课讲的这些东西我早就会了，上幼儿园都学过，现在又学一遍，没意思。"孩子们的真心话，让我不断反思如何才能让孩子们觉得数学课有意思。

1.有效利用教材中的情境图，激发学习兴趣

一年级学生大多对未知的知识充满好奇，他们非常渴望学习新知，但在课堂上缺乏关注力。因此在课堂上我们要认识到学生以形象思维为主，有效利用教材中的情境图，激发学生的学习兴趣。

我们的教材中设计了大量形象生动的插图，这些插图与学生的生活紧密联系，教材中的每一幅情境图我都通过设置一些层层递进的问题引发学生进行数学思考，引导他们通过观察这些生活情境图，根据提出的问题搜集、分析所需要的数学信息，在这个过程中增强学生对所学知识的理解，使学生的思维能力和情感体验得到提升。

例如在讲解一年级教材79页第六单元"11到20各数的认识"例6的时候，我先让学生观察那幅情境图，说一说自己看到了什么。学生会说他看到了一些人在排队，有一些花草挡住了部分的人；还有些同学会说，小丽排在前面，排在第10，小宇排在后面，排在第15。再让学生想一想，这些信息里面隐藏的数学信息和数学问题是什么。这时候，学生就会通过观察、思考、分析发现数学问题是问小丽和小宇之间有几人。要想解决这个问题，只用知道两个数学信息就可以，一个是小丽排第10，另一个是小宇排第15。最后，我让学生想一想，用自己喜欢的方式来解决这个问题。

学生汇报自己的方法时，有观察情境图推理出来的，有数数数出来的，有画图表示出来的，我对这些方法进行汇总，最后组织学生进行对比，说一说自己喜欢哪种方法、为什么。根据这个情境图，我让学生提出一些其他的问题，他们会问到小丽前面有几人，后面有几人，第几个人和第几个人之间有多少人等问题。这节课我充分利用情境图，围绕着本节课学习的内容让学生发现问题、提出问题、分析问题、解决问题，并讲解解决的方法，让学生意识到一幅小小的图中竟然有那么多的问题等着他们去发掘，这既激发了他们的学习兴趣，又培养了他们的能力。

2.创设竞争情境，激发学生好胜心

一年级的孩子爱表现，喜欢听到老师的表扬和夸赞，喜欢同学之间比一比看谁表现得好、知道得多，他们的争胜心很强，因此在课堂上我会有意识地创设竞争情境，激发学生的好胜心，培养他们良好的学习习惯。

例如在教学1到10这几个数字的书写时，我先让学生在本子上随意地写上几个数字，同桌之间相互看一看，比一比谁写得好看。我看了看，部分学生写得不太规范。我在黑板上利用田字格进行示范书写，得到一片惊叹声，个个露出吃惊、羡慕的眼神。随后我告诉学生这节课认真听，按老师讲解的书写要点来，就可以写得很好看，甚至超过我。让我们看一看哪个同学的字写得棒？班里只要有一个学生的字得到我的夸奖，其他学生都会更加认真，一笔一画写得有模有样。

在平时的教学中，我会让竞争情境贯穿在整堂课中，有小组间的竞争，有男女生之间的竞争，有个人间的竞争。在课堂上我经常创设比一比谁回答问题最积极、谁注意力最集中、谁最听老师的话、谁提出的问题最有趣、谁的方法最好、谁计算得又对又快等这样的竞争情境，对表现好的学生我会奖励其一张奖卡，凑够十张可以来我这里兑换奖品。

3.创设故事情境，提高学习兴趣

一年级的学生很喜欢听故事，选择合适的数学绘本故事引入课堂，为他们创设一个想象中的学习氛围，能激发学生的好奇心，提高学生的学习兴趣。

我们学校张方方老师在讲钟表的认识这一课时，将数学绘本故事《时钟王国》带入到了一年级学生的数学课堂中。张老师将本节课的知识点融入故事中，以故事情境贯穿整堂课的重难点，让大家在听故事的同时根据老师提出的问题进行思考，从而学会了整节课的要点。这节课给我的印象很深，让我觉得张老师的教法很新颖、有创意，在设计课的时候考虑到了学生的年龄特点，对一年级的学生来说很有吸引力，能激发他们的好奇心，提高他们的学习兴趣。

另外一次，云南省昆明市盘龙区新迎第三小学的付群老师在教授二年级“6的乘法口诀”一课时也为学生创设了故事情境，用《蛋蛋数蛋蛋》的绘本故事将整节课的教学环节串联在一起，过渡自然，学生也融入故事情境中，帮故事中的人物解决问题。

通过这两节课我们会发现：对低年级的学生来说，这样的故事情境能在很大程度上吸引他们，让他们身心愉悦地沉入进去，自主去探究。

4.利用学具、实物创设真实情境，激发学习兴趣

在开学之初我就根据本册书的内容让学生自己制作准备了一套学具：10个红色的圆片、10个黄色的圆片、10个蓝色的三角形、10个绿色的三角形、20根小棒。一年级的学生好动、好玩，在每节数学课我都设计了一些活动情境，让学生利用这些学具数一数、摆一摆、说一说，在活动或游戏中对知识进行理解与巩固。

例如在学习位置与方向的时候，我利用教具将这些图形摆放在黑板上，让学生用前、后、左、右、上、下去描述它们的位置，或让学生根据我的口令去拿相应的图形，摆放在相应的位置，或让学生根据我的口令摆放书本、铅笔、文具盒、本子、书包，又或根据口令排队等，回家后拿自己的玩具听口令摆一摆或摆完后进行介绍。在讲解数的组成、理解加法和减法的意义、进位加法的算理时让学生利用这些学具去摆一摆来帮助理解。在这些活动情境中，我发现学生特别开心，他们觉得这比枯燥的讲解有趣得多，学生动起来、玩起来，整个课堂充满了生机，他们在玩中学、学中玩，兴趣盎然，乐此不疲。

游戏进课堂，乐学又高效

文/周佳（北京市二十一世纪国际学校）

游戏化教学是将教育游戏融入课程教学和自主学习的活动，让学生在愉悦的学习体验中获得知识、技能，并培养正确态度的过程。小学阶段的学生好奇心强、好动，喜欢参与有趣的活动。游戏化学习可以激发学生的学习动机，使他们在游戏中愉快地习得知识。对小学生而言，游戏化学习模式是激发学生学习兴趣和提高参与度的高效方式。

利用游戏动机设计教学活动

许多研究结果表明，游戏确实有助于激发学生的学习动力。在课堂设计时将游戏贯穿课堂，能够让学生体验在玩中学。

以我的一个课堂设计为例，整个教学活动都围绕闯关活动进行，从课堂导入到操练，再到检测与总结，每个环节都由游戏贯穿。我将课堂活动的几个环节分别设置成几个关卡，在课堂开始告知学生游戏规则和关卡个数，闯关成功能够得到哪些奖励，等等。

闯关游戏是学生非常感兴趣的方式，这样的设计大大激发了学生学习的热情。在课堂开始就为一节课营造了非常好的学习氛围，为一节课的顺利进行奠定了基础。

在学生每完成一个环节的学习任务后我设计闯关符号，用绿色对钩代表通过本关，给学生视觉上的真实游戏体验，将他们带入更真实的游戏情境当中，从而更加投入到由游戏构成的课堂活动中。

◎将闯关游戏引入课堂中

将学习活动转为游戏化学习体验

一些传统学习活动通过游戏思维进行改造后，也能够起到意想不到的效果。单词是英语构成的基本单位，掌握英语词汇是学好英语的基础，在传统学习中教师会带领学生反复朗读单词，直到学生能够掌握单词的读音为止。但是这种机械性的操练会让学生丧失学习的兴趣，枯燥的方式也会让课堂失去生机。如果能够将机械的反复操练转变为学生喜欢的游戏方式，就会让词汇学习充满趣味性。

我在进行词汇课授课前设计了一系列单词游戏，目的就是让学生在快乐的氛围中掌握单词。首先利用单词卡片进行一系列的“Touching Games”，我将单词写在硬卡纸上，阐明游戏规则，学生首先读出单词，然后用手指摸单词卡，此时的单词卡便成了学生喜欢的游戏道具，大家都非常想尝试摸一摸词卡，但是摸词卡的前提必须是读出单词，并且我会选择一列的学生完成游戏，这样通过每位学生读一遍单词的方式让学生反复练习单词发音，加快学生对词汇发音的记忆。

我还将“Touching Games”进行一系列的改编，手指指完后，另一列学生可以起立跳起来用头触碰卡片，这个游戏更是能点燃学生参与的热情，游戏规则相同，必须先读单词再进行游戏。我还会为游戏增加难度，在学生跳起来时教师将卡片故意抬高，让学生碰不到，让学生再读一次尝试触碰词卡，这样的方式能够为英语基础较弱的学生提供更多的练习机会。除手指和头触碰外，还可以将游戏设置为肩膀、耳朵等身体部位触碰。

通过实践发现，学生非常喜欢这样的词汇练习方式，每个人都有参与的机会。站在学生的角度，每个人都想参与这样的游戏化学习，真正体验到游戏式的学习带给他们的快乐。词汇游戏教学法还有很多其他方式，教师可以根据班级学生情况选择不同的方式进行授课，适合且有趣的方式就是高效的方式。

发挥游戏作用，提升学生学习能力

课堂教学中还可以使用不同类型教育游戏，激发学生的好奇心、求知欲，不断提升其学习力。目的在于通过寓教于乐的方式培养学生的逆向思维、角色体验、发散性思维、合作意识、公平发展机会等素养。我在基于词汇游戏教学法的基础上，为句子练习和故事教学也创编了一系列游戏方法，可以根据具体的知识点选择不同的游戏方式。

在小学低年级段中，很多学生会出现朗读句子时丢单词的现象，针对这样的情况可以使用拍手读的方式，每读一个单词拍一次手，拍手的次数就是单词的数量，这样学生就能够非常注意认真朗读每一个单词，不丢词。在故事教学中，反复朗读会让学生感到疲惫、无趣，因此我采用拍手读、跺脚读、大声读、小声读、开心读、伤心读、角色扮演读等方式进行练习，丰富多样的游戏方式可以让学生尽情享受英语学习的快乐，每天乐此不疲地在游戏中习得知识。不同的游戏体验让学生有了不同的能力提升——朗读配合肢体语言可以提升学生的协调能力；大声、小声读可以锻炼学生的思维和反应能力；分角色扮演读可以提升学生的表演能力。

利用游戏提升课堂效率

信息技术应用于教学之中作为一种特殊的教学手段，对小学英语教学效率的提升具有促进作用。

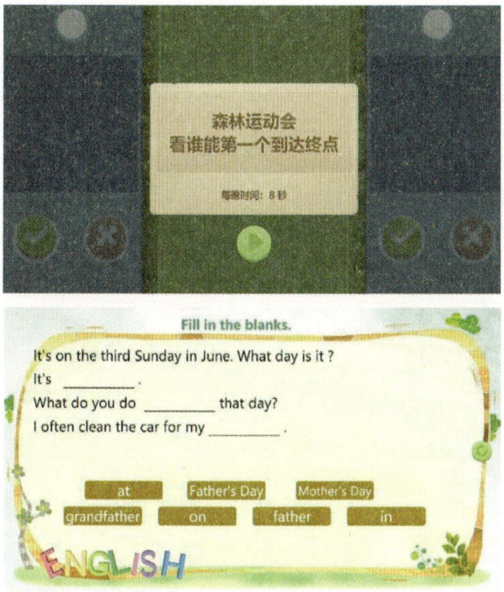

◎利用现代技术辅助教学，提升课堂效率

借用先进的信息技术辅助教学，立足让课堂更高效。我采用希沃白板中的游戏功能进行对知识的检测。游戏分为填空、竞技和知识匹配等功能，教师可以根据不同的检测内容选择不同的游戏类型。在检测学生对阅读内容的掌握程度时，可以选择填空和竞技类的判断游戏，这样的方式给学生的体验是在进行游戏闯关，而非检测或考试，能够让学生在轻松和愉悦的氛围中完成任务。

竞技类的游戏更能够激发学生的热情，两两对战的模式会让学生更能够专注于游戏中的内容，游戏可以用非常直观的分数及时反馈学生的答题情况，让学生及时了解自己对知识的掌握情况，游戏结束后可以通过查看答案再一次巩固知识点，加深印象。

通过大量课堂实践后，我发现课堂游戏的活动可以大大提高学生的学习热情和参与度，和传统的纸质版检测相比，这样的游戏检测方式更适合每节课的知识点检查，检测结果实时可以查看，与教师手动阅卷相比效率会提高很多倍。这样的方式能够提高课堂效率，帮助教师及时掌握学生对知识的掌握情况，更重要的是可以提高学生的学习效率和兴趣。

为教育游戏制定一套奖惩机制

在通过情境与交互激发学习动机的基础上，教育游戏需要一套完善的奖惩机制以维持动机水平，增加学习者的情感投入。进行游戏教学前，最重要的是教师要制定一套行之有效的评价体系，无规矩不成方圆，没有规则的游戏是不能够有效达成课堂目标的，因此我采用的方式是在游戏前讲清规则，在游戏中实时评价，在游戏结束后总结评价，根据评价给予学生奖励。如果在游戏中存在犯规的行为，教师可以采用取消游戏的方式，待学生能够很好遵守规则后再进行游戏。我在设计整节课通关游戏时，也会采用积分制进行评价，每个关卡得分的总和就是每个组最后得分，最后根据得分进行奖励。

教育游戏的设计一定要紧贴最近发展区理论，基于学生的现有水平，设计通关游戏，使之随着关卡的不断提升，逐渐增加任务难度，但切忌陡然增加难度。因此在游戏化教学实践中，要基于科学地研究，做到时刻研究反思，找到研究点不断实践和总结，就会总结出一套行之有效的游戏化教学的高效方式。根据学科需求、学生水平等诸多因素选择适合的游戏方式，制定配套的评价体系辅助游戏教学才能让课堂真正走向高效。

让作业带着关怀，挖掘孩子对学科的热爱

文/刘善娜（浙江省宁波市奉化区岳林中心小学）

年轻又有一定教学能力的教师，总是工作学习矛盾突出。执教生涯中，我曾有过尤其忙碌的几年——执教两个班的数学，担任了班主任及数学教研组长，还要参与各类培训和竞赛。但是，那年毕业考试成绩揭晓，我带的两个班学生的数学成绩都非常棒，实现了跨越式提升。

我开始琢磨，为什么在如此忙碌的过程里，在作业比其他班少、练习卷比其他人少做很多张的情况下，学生的数学成绩却比接班时提升这么多？教学上，我自认一贯认真。那么，之前带班和这一届带班对比，有什么不同？是因为我第一次有序地写教学日志了？不是，之前也写。是因为作业量偏少了？也不是，之前也少。

反复思量，觉得唯一的变化是：比较有序地设计并实施了探究性作业。虽然做得不是那么有理有据，但是我真切地感受到了探究性作业对学生数学思维发展的助力。我越想越兴奋，为探究性作业体现出来的成效感到由衷的喜悦，也为确定了今后努力的方向而振奋。

那个学生，让我知道作业设计的意义

曾经有个女孩，在我四年级接班时，她的数学成绩很难及格，作业本上基本都是“×”。当我推出“寒假说题”这档“说数学”作业的时候，她积极报了名，还选了一道很难的“鸡兔同笼”问题。平时的简单问题，她都不一定能答好，预习并解说“数学广角”里的问题，对她而言难度也太高了。当时觉得，这娃是来“砸场子”的吗？

没想到，她的说题视频让我感到非常惊艳，居然一次过关，成了班里的“说题样板”。之后的寒暑假，她一次也没落下申报，每次都说得很精彩。我想，对她而言，过去数学带来的“痛苦”比较多，如今却因为这种新型数学作业而沾了“甜”味。

作业，让我们清晰地看到学生之间学力的差距，于是有了“优等生”“中等生”“困难生”的存在。可这个女孩让我们明白，作业不仅能体现学力差距，它更是让差异教学得以落实的重要手段。我们大可不必纠结于作业中展现的“差距”，而应该把目光聚焦到如何设计作业上，促使学生进一步了解世界，了解自己，体验成就感，从而对自己满怀期待，用爱和期待的眼光来对待学习。

当然，每个学生都不一样，如果只有一种作业形式，如何让不同的学生获得成就感呢？为每一个学生设计不同的作业也不现实，会存在学生之间作业交流减少与教师设计、反馈作业难度过大等问题。

我以为，作业美好的样子应该是——同一个问题，可以让不同的学生经历不同的过程，展示不同的结果；不同类型的作业，可以让班级里不同学力的学生都有体验成就感的机会。以成就感作牵引，帮学生建立起对学科学习的兴趣和信心。

用巧、用深、用活，把作业变个样

在作业研究过程中，我开始坚信，体现分层、具有弹性和个性化的探究性作业是基础性作业的必要补充。很多基础性作业，本身就是探究性作业的重要素材。基础性作业，不是学生做一遍、解答正确就算用好了。

1.基础性作业的“再利用”，体现深度与变化

对于教材和配套作业本上的习题，教师可以先做“下水题”，体会习题设计的意图，再把学生裹进基础性作业的“挖掘”活动中来。比如，引导学生假设自己是一名出题老师，来说说这道题包含哪些知识点，主要练习什么；假设自己是优秀的数学教师，评价一下这些习题设计得好不好，该如何改编、拓展、再设计，培养变式设计的能力；假设自己是能言善辩的“小淘气”，想少做一些作业，对各种作业结构进行分类辨析，只要找到同类题型并说明理由，就可以只做其中一道题……

就这样，在分析的过程里，学生相当于高位地解决了这些题目，提升了自己的数学修养。更关键的是，打破了数学作业呆板的样子，用更灵活的方式培养了学生数学学习的兴趣。

2.基础性作业要多样化，重在激趣与鼓励

针对学生之间的差异，教师可设计多种类型的基础性作业，让不同学力的学生得到肯定，感受作业带来的欢喜。

我们可以设计要求全体学生完成的“每日两道计算题”，若一周全对则下周免做，期末根据“免做”的次数评选“计算达人”，让那些学力一般但是每天认真对待计算任务的学生受到肯定；可以设计“每日一道思维题”（学生自行决定是否完成），做对的学生上“解题成功榜”，感受攻克难题的乐趣，进而提高自己对数学学习的要求；可以设计“寒暑假玩作业超市”，让学生自行选择作业，掌握作业的主动权。

用巧、用深、用活基础性作业，不仅能让学生对习题有自己的观点和看法，还能让各学力层次的学生得到肯定，建立学科感情，感受数学学习的乐趣。

设计探究性作业，刺激学生思维发展

什么是探究性作业，它如何展现学生个性化的思考过程呢？

在常态的数学作业中，从学生审题到落笔解答的这段思考过程是隐形的，我们能批阅的就是最后的、有“标准答案”的、封闭单一的结果。探究性作业则是用一个较“大”的问题去引领学生展开思考，展开探究，让学生基于自身的知识、经验去理解这个问题，去表达和展示自己的思考过程。

这两类作业之间的区别就是——“做几道平均数的题”与“请你为平均数代言，可以通过举例、画图等你喜欢和擅长的方式”的差异。两者最终的呈现也不同，前者是解题的确定结果，后者则是开“盲盒”。学生可以通过大量举例来描述平均数的求法，通过画图移多补少来表达平均数的特点，甚至可以通过讲故事、拍视频来解说什么是平均数。

探究性作业把一定的“设计主动权”“材料选择权”交给了学生，能展现学生独特的、个性化的思考与结论，激活了学生的思考兴趣，也深度推进了学生学科素养的发展。

当然，在具体实施中，并不是每一课学习之后都需要设计探究性作业。我们要对整个单元的数学教学目标充分解读，再根据这个单元的基础性练习的内容，来剖析学生还需要经历怎样的思考过程，再进行相应的探究性作业设计。

比如，人教版三年级的“面积”单元，我们发现，这一单元的习题已经把本单元需要落实的知识点和生长点都覆盖了。但是，习题的开放度不足，看不到学生个性化的体验和理解，我们可以设计强化个性化经验表达的探究性作业，比如“一个平面图形，周长越长，面积就越大，有道理吗？请画一画写一写，说明白你的道理”。

学生基于自身的知识经验举例、画图，表达自己的看法。不同学力的学生会有不一样的作品呈现，让探究性作业自然地体现分层与个性。这是课堂教学和基础性作业做不到的。

需要注意的是，我们在进行探究性作业设计时，要突出问题导向，且问题解决的过程和结果要具有多元性，符合探究性活动的特点，从而能够呈现思维过程并促进学生的思维发展。

1.突出问题导向

探究性作业是对“问题”的探究，问题导向是第一特征。探究性作业的问题要具备以下要素：

有一定的弹性空间和一定的开放度。有个性化的理解，不一样的思考路径；立足学生已有的学习、生活经验。学生有经历、有感悟，才有话可说，有理去推，有图去分析，有自己的故事去对应理解；问题来源要丰富。考虑到学生对这一类型作业的陌生，一开始可由教师来设计探究性问题。后期慢慢转变问题来源，让学生发现问题、设计问题，激活学生的思维，激起大家对数学学习的热情。

2.强调解决过程

探究性作业重在探究的过程，这也是它促进思维进阶的重要连接。常态作业里，学生整个思考过程都是内隐的，而探究性作业则具备三个明显的特点：

显性化，注重引导学生使用“工具”去表达，如利用草图分析、借生活故事比喻、关联已有生活经验去举例；作品化，鼓励学生形成一定的自我表达逻辑，让个性化作业蜕变为个性化作品；趣味性，小学生比较喜欢幽默有趣的比拟、好看的插图，而探究性作业一定程度上鼓励这种趣味性，让学生把作业当作情绪释放、思考绽放的载体。

3.重视结果呈现

探究性作业的结果是未知的，作品是个体的，而且是自然分层没有“天花板”的，拥有不同经验、能力的学生都可以各自完成不同思维层级的作品，实现因材施教，这也为探究性作业丰富多元的结果呈现打开了大门。

在这种愉悦的氛围下，学生可以充分创意，让作业结果精彩纷呈。如在认识亿以内的大数之后，我们设计了“请你介绍几个大数，想一想可以运用哪些工具从多少角度介绍这个大数”的问题，学生们提交上来的作业，展现出了完全不同的结果，如图：

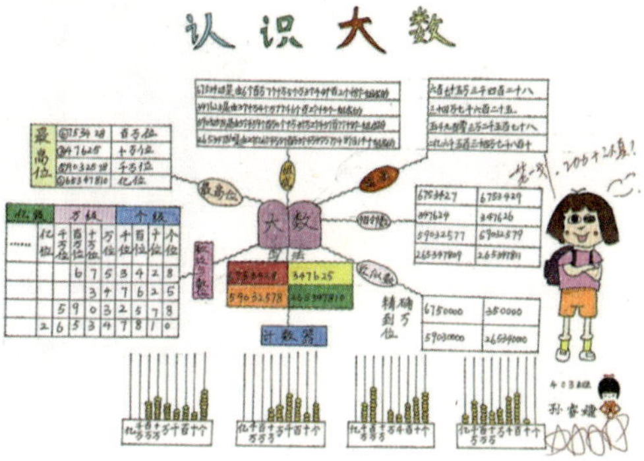

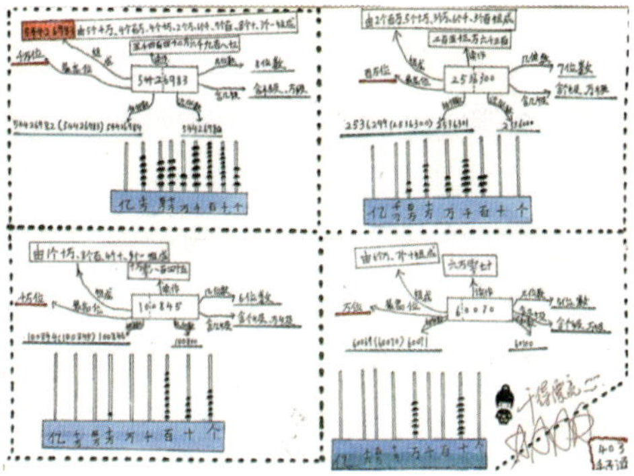

◎引导学生通过探究性作业认识大数

北京师范大学教育学部郭华教授说：“小学或者初中的数学题，一定是跨学科的，一定是有情境的。现实生活很复杂，我们要能从其中抽象出数学问题，解决之后再返回具体生活中去。”

推动学生们在日常事物中感知数学、发现数学，形成一种数学思维和数学习惯，正是探究性作业的精神内核。而这与新课标关于“会用数学的眼光观察现实世界，会用数学的思维思考现实世界，会用数学的语言表达现实世界”的经典提法，在本质上也是相通的。并且，用这样的方式，会让学生感觉到学习并非枯燥乏味的，也可以是快乐有趣的，慢慢地，学生就会培养出多做作业的兴趣，进而爱上这门学科。

巧置任务，埋下趣味探索的牵引线

文/孙燕（山东省邹平市黄山实验初中）

陶行知说："凡做一事，要用最简单、最省力、最省钱、最省时的法子，去收最大的效果。"上课后布置作业的目的是消化和巩固所学知识，让学生将所学知识转化为技能。学生认真完成作业，能提高分析问题和解决问题的能力。教师通过学生作业反馈来了解学生对知识的掌握情况，及时调整教学思路。语文作业离不开听说读写，设计什么样的作业才能既达到教学效果又让学生喜欢呢？

让作业更有学科特质

语文作业的设置要达到"教"与"学"的有机融合，语文作业要科学、有效，更要有创新，教师可以设计基于语文学科特质的作业来让学生从课堂走向更广阔的生活。

在教学中教师要重视教材，用好教材这个例子。也可以进行"1+X"设计，引导学生广泛地阅读。《昆明的雨》是汪曾祺先生在1984年5月19日写的一篇散文。汪先生博学多识，性情平和，热爱生活，擅长书画，热爱美食，对凡人小事、乡情民俗、花鸟虫鱼有着独特的感受。《昆明的雨》语言平实却有趣，让我们对昆明有了初步了解。通过文中的景、物、人和事，我们可以看到汪曾祺先生对昆明的热爱。通过细读品味从而走近作者，感悟他的人生态度，由景入情，由文到人。这节课应该起到"抛砖引玉"的作用，一篇文，一个人，一座城，能从此在我们的心中扎根，让学生走近汪曾祺先生的文章，感受这个诗意而美好的世界。

基于这个目的，我给学生设计了如下作业：

任务一：走近雨季

1.阅读写雨的名家名作，对比阅读学过的刘湛秋的《雨的四季》，推荐阅读余光中的《听听那冷雨》，季羡林的《听雨》，体会这些名家写法的不同，赏析精彩段落并背诵。

2.汪曾祺先生非常善于发现生活中的美，无论花草树木还是水果食物，无论怀人记事还是谈文论艺，都是如话家常又极有韵致。请同学们也像汪曾祺先生一样，用发现美的眼睛来捕捉生活中的情趣，模仿汪曾祺先生的写法，寻找生活中的“最美镜头”。请以“家乡的雨季”为题写一篇随笔，来展现平淡生活的美好。

任务二:走近汪曾祺笔下的昆明

昆明是汪曾祺先生的第二故乡，他19岁考进西南联大中文系，在昆明生活了7年。他在西南联大结识了如沈从文、朱德熙等师长和朋友，走上了文学创作之路，还结识了后来与他相知相爱一生的妻子施松卿。汪曾祺写昆明生活的作品有几十篇。

阅读汪曾祺先生写的《人间草木》中的《沈从文先生在西南联大》《闻一多先生上课》《金岳霖先生》《西南联大中文系》《跑警报》《新校舍》和他写的《人间滋味》中的《昆明的吃食》《昆明的果品》《昆明菜》。然后写一篇读书报告，主题是“汪曾祺先生谈昆明”，通过阅读这些文章，让学生更多地了解汪曾祺先生的作品及行文风格，学习先生不管面对怎样的困境，都能发现生活中的美的生活态度。

通过一篇文章，让学生走近作者。从单篇课文到整本书，帮助学生在课内外阅读之间搭起桥梁，从而激发学生的阅读兴趣，提高学生的阅读量。

专题阅读，激活学生更有效

我们的语文课本是阅读的钥匙，学生还需要大量的课外阅读来提升文学素养。学生都喜欢轻松的通俗的作品，一提到名著阅读，不少学生就头疼。怎样才能引领学生深入阅读名著，领略经典文化的魅力呢？通过实践发现，专题阅读就非常有效。

《红星照耀中国》这本书，是美国记者埃德加·斯诺写的，这本书给了世界第一双了解中国革命的眼睛，也让原本迷茫的爱国青年看到了希望，排除艰难险阻奔赴陕北苏区。就连加拿大的白求恩大夫也受此书影响，前来支援中国。该书自1937年面世以来，用近二十种文字翻译出版，几乎传遍了很多个国家和地区。可是这本书因为没有多少故事情节，所以很多学生不感兴趣。为了调动学生的积极性，我给学生布置了具体的读书任务。

先安排学生通读整本书，按章节每天读2小节，每读一章节都通过简单的填空题或问答题来考查学生读书情况。然后进行专题阅读，给学生布置不同的专题。

专题一:我眼中的红星

头号“赤匪”毛泽东是什么样的？用英语讲话的“共匪”有什么样的经历？民间流传有各种神奇的本领，人们称他和毛泽东为孪生天才的又是谁？横刀立马的彭大将军喜欢什么？用一把菜刀在湖南建立了一个苏区，行军以神出鬼没著称的又是谁？令敌人闻风丧胆，外号“徐老虎”，南京的悬赏和彭德怀一样赏洋十万，在斯诺面前却有点害羞的缺牙将军又是谁？这些闪耀的红星各有特点，让学生细读文章，为他们每个人写一则小传。写作时要关注他们的共性和个人魅力，关注他们的成长经历和参加革命的原因。

专题二:我眼中的长征

区别于历史课，我们的阅读重点要放在人物精神的描写上。所以，我让学生细读描写长征的内容，从文中找出长征中遇到什么样的困难？长征中有哪些典型事例，文中是怎么描写的？体现长征精神的语段是如何描绘的？再请学生根据阅读情况来出一张手抄报。

专题三：我眼中的红军

任何杰出的个人身后都有一个杰出的群体。这些杰出将领背后是世人眼里的“赤匪”，就是这群“赤匪”创造了长征这一人类历史上的伟大奇迹，也让红军成长起来。这是一群什么样的“赤匪”呢？让我们走近红军，看看这是一支怎样的队伍。从部队的人员构成到严明的纪律，从战略战术到强悍的战斗力，这群“小米加步枪”的“赤匪”是怎么创造奇迹的？让学生精读这一部分后进行读书交流活动。

书中有高瞻远瞩的领袖，有精忠报国的将领，有浴血奋战的战士，有自尊的少先队员，有热烈拥护红军的群众。通过一系列活动引导学生梳理重要人物及事件，注重对人物的刻画，以及关注事件背后的个人魅力。感悟共产党人坚忍卓绝、任劳任怨、奋勇拼搏、不怕牺牲、勇往直前、团结互助的无产阶级乐观主义精神，我们读书时要从字里行间体会他们这种精神，并能将这种精神传承下去。

让诗歌把我们的耳朵叫醒

古人云：熟读唐诗三百首，不会作诗也会吟。对自己喜欢的诗文和优美片段，熟读成诵是最好的积累，一定要反复诵读，最好能背下来，这样，当自己需要时就能信手拈来。初中阶段是一个人一生中记忆力最强的时期，虽然可能对有的东西还不太理解，但是记住以后随着阅历的增长，很多东西也会逐渐明白。因此，作为一名语文教师，应该以巧妙的方法引导学生背诵积累。

于是我在假期给学生布置了一个背诵的作业，要求如下：

这个寒假，“诗词大会”节目如火如荼，那么多美到让人心动的诗词我们竟然还不知道，从明天开始，我们来搞个活动吧，活动名称暂定为“我最喜欢的诗词推荐”，让诗歌把我们的耳朵叫醒，每天早晨赏析一首诗词，但不能选我们学过的，请每位同学专门准备一个诗词默写本，用以积累推荐诗词。推荐时注意，先推荐诗词，确保准确无误，然后写明推荐的理由，50字左右，最后注明本诗由谁推荐。活动由科代表组织，明天就由科代表先开始，之后每天安排好推荐人，被选到的同学可以先把选好的诗词及推荐语发给科代表审核一下。

“一年之计在于春，一日之计在于晨”，这大好的春光正是学习的好时候，早晨也是记忆力最好的时候，从明天早晨开始请推荐诗词的同学早上7点发出自己喜欢的诗词，大家抄下来完成背诵。“不积跬步，无以至千里；不积小流，无以成江海”，让我们从明天开始积累吧。

这个活动调动了学生的积极性，从此以后，每天早晨就有一名学生在语文群里推荐一首诗词，并且精心准备推荐语。我每天对学生推荐的诗词认真读过之后进行补充，有时是更深入的赏析，有时是对作者材料的补充，有时是对诗歌进行对比阅读。

如2月25日，语文科代表率先进行了分享，她分享的是苏轼的《定风波·莫听穿林打叶声》。她的推荐理由为：“这首词是作者苏轼因‘乌台诗案’被贬黄州，与朋友春日外出游玩，遇雨时所作。苏轼当时正身处逆境，屡受挫折，但在诗中我们却体会不到一点颓丧，有的反而是他毫不畏惧的倔强性格，还有那豁达开朗的胸襟。我最喜欢末尾一句：一蓑烟雨任平生。不仅表达了苏轼面对人生的豁达，搏击风雨的豪迈，还体现了他我行我素、不畏坎坷的豪放不羁之情。”

我的点评是：

苏轼，一生频遭贬谪，历典八州，身行万里，走过无数穷山恶水，却如处天堂，他说“此心安处是吾家”。

苏轼，被无数小人中伤下狱，朋友背叛，同道反目，见识了人间万千丑恶，他却说“眼前见天下无一个不是好人”。

苏轼这样描述自己的一生：“载歌载舞，深得其乐。”

心有东坡词，人生无难题。《定风波·莫听穿林打叶声》体现了词人在自然风雨中镇定自若，在仕途风险中泰然处之，在人生痛苦中乐观旷达的情怀。愿我们活得像苏轼那样明亮、洒脱、精彩！

谢谢煜玮的推荐！请同学们把词抄下来背熟。

从2月25日到4月30日，我和学生每天都用一首诗词迎接新一天的到来，开学后我们进行了诗歌诵读比赛，通过背诵、比赛，激发了同学们对唐诗宋词的热爱，不少同学准备了《唐诗宋词鉴赏辞典》，每天早自习前先背诵一首诗词开始新的一天。让学生喜欢上诗词，并将这种喜欢一直延续到自己以后的生活中，比背诵多少首诗词都重要。

读万卷书，让笔尖记录你的心情

阅读是提升人生境界的捷径。从小养成阅读习惯的孩子，不仅可以获得良好的语感，还能在阅读中体验到各种不同的思想与文化。只有博览群书、海量阅读古今中外的名著经典，广泛涉猎百科常识书籍，才可以让孩子的智慧不断成长，最终形成一种强大的发展能力。

所以，我给学生布置阅读的作业就是每天阅读课外书10页，很多学生会利用闲暇时间完成。学生养成这样的阅读习惯，需要教师家长的引导和督促，需要不断提醒并规范。每天耐心监督确保完成，直到形成习惯。为了更好地实现读写结合，我也组织了各种活动。

活动一：现在不能走万里路，那就让我们来读万卷书吧。当你枯燥烦闷时，阅读能使你心情愉悦；当你迷茫惆怅时，阅读让你看清前路；当你心情愉快时，阅读能让你发现身边更多的美好。这个假期你一定读过不少书，挑一本你最喜欢的再读一读，利用周末时间把你最真实的读后感写下来。

活动二：意大利文学家安伯托·艾柯说：“不读书的人只过了一生，读书的人过着5000种生活。”一书一世界，翻开一本书，就是打开另一个世界。有了这些阅读的经历，你会逐渐发现真实的自己，最终这些文字都会成为你的底气，成为你面对这个世界的力量，你的内心也会变得越来越坚强。今天是世界读书日，让我们拿起笔写写自己的读书故事吧。以叙事为主，写出自己读书过程中难忘的故事，不少于600字。

语文作业有很多形式能提升学生的语文素养。通过积累诵读，让学生爱上诗词。通过引导学生读书，让学生爱上阅读。这种喜欢就像一粒种子，撒播在学生的心田，终有一天会开出美丽的花朵。语文的外延就是生活的外延，让我们开动脑筋，让学生爱上语文作业。

打开作业这盏灯，照亮学生的学习热忱

文/张玮欣（广东省东莞市寮步镇小学）

小学英语课程的任务之一是激发和培养学生学习英语的兴趣，使学生树立学好英语的自信心。对于小学英语教学，教师除了重视课堂教学以外还应该多关注课外作业的布置，通过设计生动有趣的作业取代枯燥乏味的学习，以此激发学生的学习兴趣。同时，教师应对所收作业及时进行批改反馈，可通过设立作业评价激励机制让学生感受到学习既有压力也有动力，培养学生良好的学习习惯，让学生保持积极的学习态度。

从问题出发，看到兴趣的阻碍

1.超量

对于小学阶段而言，在作业量上主要包含语文、数学、英语三门主要学科。学校对于教师布置的作业量都有着相对严格的规定及管理措施，为何还会出现学生作业量超时的情况呢？其实我们不难发现，原因主要体现在学生之间的个体差异。部分学生由于自身在学习上存在一定困难，他们对所学知识还没有熟练掌握，因此在面对分量相同、内容一致、难度相当的作业时，学困生完成作业的速度相对较慢，效率低。也有部分学生是因为平时学习习惯较差，在做作业时显得比较拖拉，因此完成作业比较耗时。

2.无趣

目前许多课外作业的内容形式单一，比如让学生重复抄写一些单词或句型。当然，教师的目的是希望让学生在重复多次的抄写过程中加深对知识点的印象。但是这种机械性的抄写任务往往会让学生对作业产生厌烦情绪，他们可能会抗拒作业的完成，不仅会导致完成的作业质量差，并且不利于提高学生的学习积极性，学生对英语学习的热情也将被慢慢消磨殆尽。因此，我们要精心设计出丰富多彩的课外作业，激发学生对英语的学习兴趣，调动学生的学习积极性。

巧妙设计课外作业，激发学习兴趣

仅靠课堂教学的40分钟就想让所有学生学好英语是不现实的，教师需要通过布置课后作业来辅助课堂教学，帮助学生实现对所学知识的理解、巩固和应用。课后作业是课堂教学的延伸，教师要认识到它的重要性，结合自己的教学实践经验，科学合理地设计英语作业，让学生爱上作业。

基础书写作业不可缺——发挥语言的魅力，让学生爱上作业

在众多的课外作业中，抄写作业占据了极大的比重。简单的单词句型抄写任务是有必要的，这需要教师在布置书面抄写作业时稍微注意一下作业量的把控。把错误订正罚抄几十遍并不能达到好的效果，有时候你会发现学生并没有纠正错误，反而把“错”进行到底，并且还可能对这项作业产生厌恶的情绪。

从中受到启发，我们每次学完一课*Let's learn*时都会布置一项常规作业——A本（单词抄写作业）。作业格式很简单，每个单词要求各书写两行（一行有4格），平均每课的*Let's learn*有4个单词，因此这样的抄写作业内容并不多。当然，作业量是少的，不过对于学生来说最好是没有作业，所以接下来我们就要想方设法让学生主动去接受作业。

我们班有一个积分考核激励制度，能帮助监督学生做到认真学习，并主动完成作业。在我一开始接手三年级英语教学工作时，我就定下了一个小目标，要让学生心甘情愿地交出高质量作业。一开始布置单词抄写作业就不要指望学生能通过这样的抄抄写写达到记忆单词的目的，我需要他们做到的只是按照四线三格的格式，认真学好英语手写体书写。因为只有让学生先培养良好的学习习惯，这样才能对往后的学习提供更大的帮助。

所以，在刚开始学习26个字母书写时我会格外关注他们的书写情况，比如在教室巡堂过程中会表扬某某同学书写过程中坐姿端正，某某同学哪个部分的书写特别棒，利用学生之间的“攀比心”来激励学生们尽力做到最好。

简单的口头鼓励对低年段的学生来说很受用，如果你再把平时的优秀作业放到一体机上展示给全班同学进行表扬更有效，他们很高兴自己的作业能被老师选出来做示范。对于书写有点弱的学生更应该提出来表扬，不是表扬他的字，而是可以去发现其他的闪光点，比如表扬他的学习态度。适当的鼓励能给学生带来积极的心理暗示，帮助学生树立自信心，激发学习兴趣。

一、二年级的学生是使用铅笔书写的，到了三年级他们开始改用圆珠笔进行书写了，这时总会出现很多写错就乱涂的情况，或者使用了质量比较差的可擦笔时，一些痕迹没有被擦除得很干净，这些问题就会导致作业不够整洁。

当你发现这种情况时会怎么做？把学生喊到面前劈头盖脸骂一顿，还是直接在班上问学生交上来的是什么作业，涂得跟鬼画符一样？告诉你，千万不要这么直白！换种说法效果也许会更好，你可以说，老师发现有的同学在书写时不小心写错了字（他用的是可擦笔），但是他用橡皮擦把错误的地方清理得很干净，如果你们也出现写错的时候，记得要把它擦干净再重写哦。如果你刚好有这样一份值得表扬的作业，建议可以展示出来，如果没有，你可以“捏造事实”，用上述这样一份作业间接告诉学生如何正确订正作业，既帮“犯错”学生保留了颜面，又让大家学到正确的处理方法。

可擦笔的使用是暂时的，后面开始要求使用不可擦的签字笔，一开始学生失去了“橡皮擦”，交上来的作业大多颜值不高，有的喜欢用涂改液甚至直接用笔涂抹错别字后重写，比之前使用可擦笔写的作业更糟糕。于是我就用同样的方式，夸奖了一份正确作业，帮助他们找出最佳解决方法，这就是语言的魅力。当然，直接指正错误是效率最快的，能让犯错学生立刻了解出错点，但是如果没有掌握说话的技巧就会弄巧成拙，学生就会害怕出错，怕挨批，导致不喜欢写作业。所以我们要学会好好说话，让学生不怕出错，爱上作业，并乐于学习英语。

课后习题要精练——有效指导，让学生爱上作业

除了抄写任务外，学生还有与教材配套的练习册要完成，对英语这门学科而言，它不需要像语文学科要写很多文字，也不像数学要大量计算，英语除了单词填空外都是选择判断题。刚开始在批改练习题时你就会发现有的学生是如何应付作业的，完全靠盲选，有时候明明是会做的题偏偏就不认真做。为了整治这种坏毛病，我又用上了积分政策，学生们很在意自己在班上排行榜的排名情况，只要一发现一些不良的学习习惯就会获得减分“惩罚”，反之，做得好将获得加分“奖励”。

三年级下册的教学开始考查学生简单的阅读能力了，在单元测试卷中开始出现阅读短文判断句子正误的题型。学困生容易被这五六行密密麻麻的短文吓倒，看到这类题就开始想退缩了，我会叫他们用尺子去画出“关键句”，标出能够判断短文下面5个句子正误的依据。每次的短文阅读题我都会鼓励学生去“找证据”，每当学生找出相关句子时及时提出表扬（会在习题中学生画对的句子旁边画一颗星星表示），通过有效的指导让学生掌握答题技巧，并从作业中获得了成就感，从而让学生爱上作业。

分层次的额外作业——丰富的“自助餐”，让学生各取所需

《义务教育英语课程标准（2022年版）》中提到：义务教育阶段英语课程的总目标是通过英语学习使学生形成初步的综合语言运用能力，促进心智发展，提高综合人文素养。因此，我们应该让学生全面发展。

我会根据当天学习内容给学生留口语练习作业，培养学生的语言运用能力。如我们在学习人教版英语三年级下册*Unit 2 My family*这个单元时，我让学生完成一个介绍家庭成员的口语作业。学生可以选择不同等级的任务挑战：一星级任务是把本单元关于家庭成员的英语单词对照图片指读2遍；二星级任务是读课本上Mike对自己家庭成员的介绍；三星级任务是仿照Mike，介绍自己的家庭成员。所有任务都是通过录视频上交，我会一一查看他们的作品，并在下一节英语课前进行点评总结，根据他们所选择的关卡和实际完成情况对个人进行加分。

在这种你追我赶的比赛中促进学生主动完成口语作业甚至乐于挑战高难度任务。在后面的学习中我开始鼓励他们找搭档合作，如在*Unit 4 Where is my car*？这个单元时需要练习核心句型Where is……？It's on/in/under……的用法，学生可以选择读课本上的*Let's talk*，也可以通过摆放自己文具用品，然后自己进行提问及回答，还可以是选择同学（家人）一起合作来进行角色扮演。

通过这些分层挑战任务可以让不同层次的学生在学习上都学有所成，对不同性格的孩子也有所帮助。比如*Unit 5 Do you like pears*？有询问他人是否喜欢某种水果的口语练习，文静的孩子喜欢自己出镜（自问自答式角色扮演），活泼的孩子甚至会拉上爸妈跑到水果摊完成口语练习。

网络型作业——在玩中学，学中玩，让学生爱上学科

英语学科一直是家长头疼的问题，因为大多数家长都辅导不来。有的孩子在学校学会了，回到家又“失忆”了，家里大人又不会教，这可真是太难了。所以我推荐学生使用一些作业软件，孩子回家可以跟着软件学习，最初只是布置识词、跟读等基础练习，后来开始布置动画配音、口语交际等任务，它像游戏闯关一样，学生们都很喜欢，让学生在玩的时候就顺便获得了知识。

多元化评价作业，调动学习积极性

教师对学生的评价具有很大的激励性。

口头/书面评价

可以在上交的优秀书面作业签上“Good! /Great! ”等评语或直接盖章，对值得表扬的作业也可进行口头评价。

积分制

可以在班上设立积分制度。根据学生平时表现（作业得到表扬或得到老师盖的印章；参与不同等级的口语练习等活动）可以获得兑换积分的机会，积分可以兑换奖品。

展示墙

平时让学生完成的手抄报或其他优秀作业可以在班上展出，只需要在教室留出一块特殊的位置，让全班同学都可以欣赏上交的优秀作品，既能给其他小伙伴学习的机会，又能激励学生的自信心和自豪感。

PK榜

我们班有一个积分排行榜，和前面提到的积分制是可以一起操作的。学生可以通过完成不同的学习挑战任务来获取老师的加分（表现不佳时也会被减分）。学生都想“榜上有名”，因此他们在学习方面还是比较上心的，会比较主动地去完成学习任务。所有的评价方式都是为了激励学生，让学生对英语作业充满挑战感和成就感，对英语学习也能充满乐趣。

小学阶段的英语教学要培养学生的学习兴趣，并培养学生的综合语言运用能力。学生的学习兴趣不是先天就拥有的，首先需要靠教师精心设计的课堂教学，让学生能在愉快的学习中获得知识，激发学生对这门学科的学习兴趣。除了关注40分钟的课堂效率外，我们还要重视课后作业的布置和批改，好的作业设计能够巩固一堂课所要求掌握的知识，能够调动学生的学习积极性，丰富学生的课外学习生活，有利于更好地达到“减负增效”的作用。教师要不断学习，不断汲取经验，做好优化作业设计这项任务，让学生爱上作业，激发学生学习英语的兴趣，培养自主学习能力。

/ My Study Review /

我 的 学 习 回 顾

◎ 这部分内容给我带来的启发和思考：

◎ 这部分内容最触动我的几个点是：

◎ 结合自己的学科教学情况，可以学习借鉴的地方包括：

◎ 接下来，我准备尝试用这些方法让学生爱上我的学科：

我的行动

/ My Actions /

◎ 日常工作中，我是这样开展学科教学的：

◎ 学习完这部分内容，我准备将如下这些方法运用到学科知识教学中：

◎ 培养学生学习本学科的兴趣，我的计划包括：

◎ 从调动学生兴趣这个点出发，还可以做的工作包括：

03

感悟学科之美

好的教育，是一趟“美的历程”。每个学科都有各自不同的美，而教育正是教师和孩子一起，基于学科特点发现美、欣赏美、表达美、创造美的过程。从这里启程，背上学科的魅力行囊，和学生一起发现学科之美，尽享学习之乐吧！

走到数学内部，体悟教与学的魅力

文/苏明强（泉州师范学院第二附属小学）

张奠宙先生认为“教师的任务是把知识的学术形态转化为教育形态，教育形态的数学知识，散发着数学的巨大魅力，教师通过展示数学的美感，体现数学的价值，揭示数学的本质，感染学生，激励学生，这才是美好的数学教育”。那么，数学的魅力是什么？如何才能让课堂焕发数学应有的魅力？

在我看来，数学的魅力在于冰冷的外表下蕴藏着火热的思考，体现在它的神奇和美妙，课堂的魅力在于通过师生的共同演绎，让数学焕发出应有的魅力，让学生体会到数学知识的神奇和美妙，感受到数学思考的乐趣。

从根源处着力，构建一个魅力课堂

在教学过程中，教师如何才能真正让课堂焕发数学应有的魅力，激发学生的学习兴趣和求知欲望，让学生真正喜欢上数学呢？我认为：我们不能单靠“喜羊羊”“灰太狼”“光头强”“熊大”“熊二”等外在素材来吸引学生，这不是长久之计，不是数学自身的魅力。我们应该从数学的外部转向数学的内部，从根源上寻找数学的魅力，在教学中，通过把握数学本质，融入数学思想，突出数学思考，让课堂焕发出数学应有的魅力，让学生感受到数学的“神奇”和“美妙”，让学生体验到思考的“乐趣”。

把握数学本质，让学生感受数学的神奇

数学本质是基于知识又高于知识的本位思考，教学时，如果教师能够把握好教学内容的数学本质，那么就能让学生感受到数学的“神奇”，这是让课堂焕发数学应有魅力的重要前提。

如何才能把握好教学内容的数学本质？我们应该根据教学内容，抓住核心知识，认真思考三个问题：是什么？从哪来？到哪去？其中，“是什么？”是追问数学教学内容本质的一个核心问题，它是对教学内容的深度挖掘和本位思考，“从哪来？到哪

去？”这两个问题是从知识生长和发展脉络的角度思考教学内容，属于追问数学本质的辅助性问题，因此，“是什么？从哪来？到哪去？”这是我们把握好数学教学内容本质的三个关键性问题。

比如，《确定位置（数对）》一课，这是方向与位置的教学内容，主要是学习“数对”的概念。我们不能简单地认为本节课就是教“数对”的概念，让学生会读、会写、会用也就可以了，而应该深入思考用数对确定位置的数学本质，这是魅力课堂的根本性问题——既要基于“数对”，又要超越“数对”，认识到数对的数学本质是“物体位置的一种量化表达形式”，这里包含两层含义，一是数对是物体位置的另一种表达形式，二是数对是物体位置表达形式的量化结果，正因为“数对”对物体的位置采用“量化表达”的形式，才达到精准“确定位置”的神奇效果，这是“数对”和“方位词”在表达物体位置上最为本质的区别。

“数对”从哪来？通过分析不难发现，学生已经认识了“前、后、左、右、上、下”和“东、南、西、北”等方位词，学会了用方位词表达物体的大致位置，数对是物体位置表达形式的一次优化。“数对”又要到哪去？通过梳理不难发现，小学数学中“数对”的概念，到了中学的平面解析几何，就被平面中“点的坐标”所取代，并统一称为横坐标和纵坐标。从小学的“数对”到中学的“二维坐标”，表达形式和名称都变了，但是，本质不变，都是物体位置的量化表达形式。

因此，如果我们能够把握好“数对”的数学本质，把前面的方位词和后面的坐标有机联系起来，通过巧妙设计一些数学活动，让学生经历物体位置表达方式从不精确到精确的过程，感受精确表达物体位置的必要性和重要性，体会量化表达的优越性，那么我们的课堂就能很好展现出数学神奇的一面，这样，从数学本质的角度，才能更好绽放出魅力课堂的风采。

融入数学思想，让学生体会数学的美妙

数学思想是数学知识和方法在更高层次上的抽象表达与概括，数学思想是数学的灵魂，是数学教学的精髓。教学时，如果我们能够在知识技能的学习过程中恰当地融入数学思想，那么就能让学生感受到数学的“美妙”，这是让课堂焕发数学应有魅力的根本保证。

如何才能准确挖掘出教学内容所蕴含的数学思想呢？首先我们应该明确数学思想都有哪些。其次，我们还应该明确数学思想都在哪里。数学思想蕴含在数学知识的形成、发展和应用的过程中，一般地，在数学知识的形成过程中常常蕴含抽象思想，在数学知识的发展过程中常常蕴含推理思想，在数学知识的应用过程中常常蕴含建模思想，然而，一个具体的教学内容蕴含什么数学思想，需要从多个角度进行分析，需要具体问题具体分析。

比如，《三角形内角和》一课，属于三角形的再认识。它是三角形认识的一次升华，是从图形外部感知到内在规律的一次探索过程，是从图形要素的认识到要素（角）之间关系的一次递进过程，是从直观观察到思想感悟的一次体验过程，它是将来进一步认识其他几何图形、探索图形奥秘的重要基础。在三角形内角和等于180度这一数学结论的探索过程中，如果从数学知识形成的角度分析，数学结论是数学规律的一种抽象表达，蕴含着抽象思想，主要是变中不变的思想，也就是三角形的形状大小“变”了，却蕴含着“不变”的规律——内角和都等于180度；如果从数学知识发展的角度分析，它蕴含着推理思想，为了探索三角形内角和的规律，我们可以从锐角三角形、直角三角形、钝角三角形等三类三角形中，分别选取一个代表进行研究，获得猜想，得出一般结论，这是一个从特殊到一般的过程，在这个过程中蕴含着归纳思想；如果从知识拓展的角度分析，我们把三角形内角和问题拓展到其他多边形内角和问题，启发学生思考，通过把多边形分割成若干个三角形的办法，把多边形内角和问题都变成三角形内角和问题，在这个过程中就蕴含着转化思想。也就是，变中不变思想、归纳思想和转化思想是三角形内角和一课蕴含的主要数学思想，这些数学思想都是学生后续探索几何图形的重要思想基础。

因此，如果我们的教学能够让学生经历数学知识的形成、发展和应用的过程，通过巧妙设计一些数学活动，融入数学思想，让学生在掌握知识习得技能的基础上，感悟数学思想，那么我们的数学课堂才能真正让学生体会到数学的美妙。从数学思想的角度出发，才能更好绽放出魅力课堂的神韵。

突出数学思考，让学生体验数学的乐趣

数学思考是运用数学的思维方式思考问题，推理是数学思考的主要方式，主要包括合情推理和演绎推理、归纳推理和类比推理。如果说数学是思维的体现，那么在数学课堂中促进学生更为积极地思考，并逐步学会想得更清晰、更全面、更深刻、更合理，是数学教学的重要任务。教学时，如果我们能够充分突出数学思考，那么就能让学生更好体验到数学的“乐趣”，这是让课堂焕发数学应有魅力的关键所在。

有效启发学生进行数学思考的关键在于，在教学过程中，教师要有问题意识，要通过深入分析教材，提炼出一个明确的核心问题，设计一些富有启发性和引导性的问题串，以核心问题为统领，以问题串为线索，推进数学学习的进程，促进学生更为积极地思考，学会用数学的方式思考问题。

比如，《分数的初步认识》一课，它属于传统的经典概念课。如果我们只是简单地创设一个教学情境，把一个月饼平均分成两份，然后就引出分数的概念，教学分数的读写法、各部分名称及其意义，那么，在这个学习过程中，“听讲”的味道比较浓，而“思考”的味道比较淡，缺少应有的数学思考，缺乏必要的思维过程，学生也就没有办法真正体验到思维的乐趣，更无法体会到数学的魅力。

如果我们能够从数的认识的角度，在原有认识自然数的基础上，让学生在数线上找到0、1、2、3的“家”（位置），然后提出核心问题：0和1之间“有没有”其他数？这样的问题显得很神秘，富有启发性，学生未曾想过，普遍感到好奇，不仅能够有效激发学生的兴趣，驱动学生的数学思考，而且可以引领学生对分数概念的学习。

接着，设计一个问题串：（如果有）是什么？（它们）在哪里？还有吗？把数学思考引向深入。这样，通过“有没有”“是什么”“在哪里”“还有吗”一系列富有启发性和引导性的问题，不仅巧妙地把分数概念的学习置于数学思考之中，让学生在问题解决过程中体会思维的乐趣，而且还能让学生发现新问题，引发新的思考，从而感受数

的神奇，激发探索数的奥秘，这样，从数学思考的角度，才能更好展现出魅力课堂的姿态。

三个基本原则，让教、学更鲜活

想让数学焕发出应有的魅力，在课堂整体设计中，应该坚持如下三个基本原则。

站位要高、基点要低

魅力课堂的整体设计要坚持“站位要高、基点要低”的设计原则。如果课堂设计的站位高度不够，那么单纯知识与技能的学习，学生普遍会感到单调乏味，难以感受到数学的魅力。要让数学有魅力，让课堂有魅力，教学设计的“站位要高”，要站在“数学本质”和“数学思想”的高度上设计教学。同时，还要立足学生的实际，“基点要低”，应该把学生已有的知识和经验作为教学设计的基点，这样才能真正面向全体，不仅顾及学习有困难的学生，还能顾及学习优异的学生，真正做到“不同的人在数学上得到不同的发展”。

比如，《三角形边的关系》一课，从本质上看，这是验证一个命题的逆命题是否成立的问题。在三角形的认识中，学生已经知道“三角形都有三条边（线段）”这一结论，这是正命题，是个真命题，如果把条件和结论对换位置，就得到它的逆命题“任意三条线段都能围成三角形”，逆命题是否成立？这就是本课的核心问题，在问题的探索过程中蕴含着推理思想。

因此，如果我们能够站在数学本质和数学思想的高度，从逆命题和推理思想的高度设计教学，立足学生已有的知识经验这一认知基点，启发引导学生对逆命题进行思考，让学生凭借经验和直觉先做出合情推理，获得猜想。然后，通过动手操作进行实验验证，最后发现原来的猜想是错的（逆命题不成立）。同时，获得围成三角形的一般结论，这样的认知冲突，往往给学生留下极为深刻的印象，不仅让他们掌握了知识，也增长了见识。正命题成立，逆命题不一定成立，这样的学习历程，才能真正让学生感受到数学的魅力。

由浅入深、深入浅出

魅力课堂的整体设计要坚持“由浅入深、深入浅出”的设计原则。如果我们设计的教学活动，让学生跟不上、听不懂，那么学生就不可能体会数学的神奇、美妙和思维的乐趣，更不可能体验到数学的魅力。因此，魅力课堂的教学设计，还应该立足学生已有的知识和经验，以核心问题为统领，以问题串为线索，遵循由浅入深的设计原则展开教学，将数学学习的过程，通过一系列的问题，逐步将学生的数学思考引向深入，最终达到深入浅出的目的，让学生突然顿悟、豁然开朗。这样，学生就能体会到数学的神奇和美妙，感受数学的魅力。

比如，《平行四边形的面积》一课，它在多边形面积的探索过程中具有承上启下的作用。我们可以把一个活动的长方形框拉成平行四边形，然后设计一串问题："变不变""怎么变""为什么"，由浅入深启发学生进行思考。首先让学生在观察的基础上进行初步的思考：长方形框拉成平行四边形，角变了，周长不变，面积变不变？学生常常会凭借经验和直觉进行合情推理，获得猜想，认为"面积不变"。接着，借助方格图，利用割补法，通过演绎推理，探索平行四边形面积的计算公式，这时再引导学生利用面积计算公式进行验证——面积变不变？通过验证明确了面积已经发生了变化，再启发学生进一步思考面积"怎么变"，是变大了，还是变小了？最后，引导学生深入思考面积"为什么"会变小，让学生再次利用面积公式解释这一现象，明确面积变小的根本原因是"底不变，高变小"的缘故，营造突然顿悟、豁然开朗的局面，此时，数学无穷的魅力便油然而生。

明暗交融、和谐统一

要让课堂焕发出数学的魅力，教学推进的过程可以设计成两条线，一条明线，一条暗线。明线设计成问题解决，让学生经历发现问题、提出问题、分析问题和解决问题的过程，当问题解决时，教师再引导学生继续思考，发现并尝试提出新的数学问题；暗线的设计要融入数学思想，通过一些精心设计的数学活动，让学生在问题解决过程中，在掌握知识技能的基础上，感悟数学思想，体会数学的神奇和美妙。

这样，一堂课就解决一个核心问题。为了解决这个问题，学生必须思考一串问题。问题解决了，新知识的学习也就结束，课虽然结束，但思维并没有停止，思考仍在继续，这就巧妙地把数学思考延伸到课外，激励着学生不断探索数学世界的奥秘。

比如，《分数的意义》一课，从本质上看，这是在分数表示"量"的意义的基础上，进一步学习分数表示"关系"的意义，在学生已有知识和经验中，"数相等，量就相同"已经成为常识。然而，在分数的世界里，当分数表示部分与整体的关系时，"数相等，量却不一定相同"，这是一个认知冲突，也是分数的奇妙之处。因此，明线的问题解决可以做如下设计：创设一个问题情境"爸爸口袋里有一些钱，妈妈口袋里也有一些钱"，然后提出核心问题：爸爸的和妈妈的，一样多吗？紧接着，用"为什么""怎么办""还有吗"三个问题串，进一步引领学生进行深入思考，让学生经历发现问题、提出问题、分析问题和解决问题的全过程。

暗线设计融入数学思想，可以做如下设计：以"圆片"为载体，有序排列在黑板上，把分数表示部分与整体之间的"关系"与"形"有机结合起来，让学生在认真观察的基础上，体会到"整体"变了，"部分"跟着变，但是部分与整体的"关系"不变。这样，就可以让学生在问题解决过程中，在掌握基础知识和基本技能的基础上，体会数形结合思想和变中不变的思想，感受数学的神奇和美妙。

沉浸在文字间，焕活学科之美

文/赵珊珊（四川省广元市利州区东城实验初级中学）

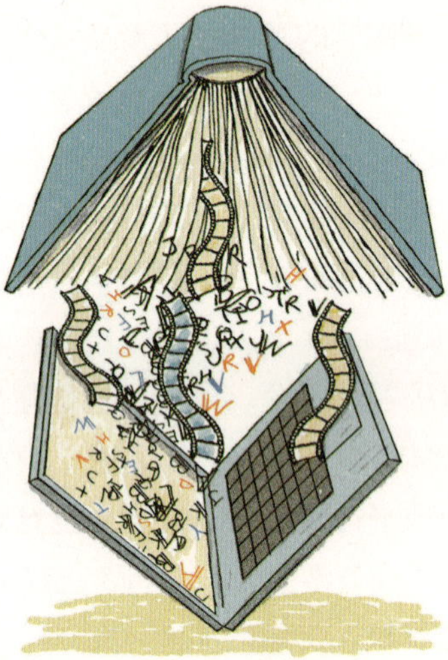

语文既是一门学科，也是中华民族文化的载体。它包罗万象，内涵宽广。语文教学不仅是教师带领学生学习语文知识、掌握语言运用技巧、熟练习得口语表达技能，更是师生一起沉浸在文字之间，享受文化熏陶、发现语文之美的过程。

穿越文字，探寻语文之美

要与学生一起共享语文之美，教师首先就要知道，语文到底美在何处。或者说，教师要先明确，要呈现语文的哪些美，与学生共享。

1.语文之美，美在景

文字的奇妙在于，三言两语之间，我们已看遍山河，轻描淡写之间，我们仿佛置身其中，浮想联翩。所谓："一切景语皆情语。"古往今来的作家用笔尖将物之景、人之景永远定格，用一个个单调的字符建立起了一个让人无限想象、奇异瑰丽的诗意王国，记录下了世上样式各异的美景：长河落日的雄奇壮美，小桥流水的婉约柔美，千里冰封的北国异美，落霞孤鹜的浓彩绮美，这是物景之美；在水一方的窈窕淑女，春日花影的桃花人面，倚门嗅梅的懵懂少女，锦帽貂裘的意气男儿，这是人景之美。语文的景之美，散发在课本的书香之中，飞扬在山川河流的草木之间，停留在心灵的欣赏享受之处。这样的景之美无时不在，无处不在，需要教师带领学生去发现和探寻。

2.语文之美，美在意

意，意境也。如同在中国绘画中的"留白"手法，文字中也常常蕴含着许多让师生都感到趣味无穷的想象空间。这些空间，或情景交融，或虚实相生，或难以言传。它们活跃着生命的律动，以形神情理的统一、虚实有无的协调，传递着语文的意境美：辛弃疾“醉里挑灯看剑，梦回吹角连营”的一腔热血；贺铸“一川烟草，满城风絮，梅子黄时雨”的无边愁绪；李白“孤帆远影碧空尽，唯见长江天际流”的不舍惆怅……这些意境让读者仿佛身临其境，欢乐着他们的欢乐，悲伤着他们的悲伤，如同香茗在口，余味无穷。这些意境，表真挚之情，状飞动之趣，传万物之灵。当然，语文的意境美，丰富多样，内涵广阔。一个人在人生的不同阶段，对同一意境有不同的认识和理解，但带给人心灵的洗涤和熏陶却是真实的。为此，教师要引导学生在阅读中体味作者的心境和情感。也许，总有一个时间，一个地点，我们会和这些意境之美不期而遇。

3.语文之美，美在情

“诗以言志，文以言情。”古往今来，文人墨客有感而发，留下了许多动人心弦的作品。这些蕴含着丰富情感的作品，或是对外界事物的态度与认知，或是对自己本心的判断与解读，或是展现着一种精气神。

例如，庄子的超然飘逸，苏轼的豁达洒脱，纳兰容若的伤感哀怨，鲁迅的刚直尖锐等都是由不同的经历、不同的性格所引发的不同情感。

每一节语文课，教师都要带领学生一起走进文人广袤的精神世界：“出淤泥而不染，濯清涟而不妖”的洁身自好，“寄意寒星荃不察，我以我血荐轩辕”的报国之志，“夕阳西下，断肠人在天涯”的失落怅惘，“安得广厦千万间，大庇天下寒士俱欢颜”的忧国忧民……

小至个人，大至国家，文人们毫不吝惜，用自己的经历与感受描绘着他们多彩的情感世界，充实着我们的文化宝库，丰厚了我们的血肉精神。

融入生活，体验语文之美

语文蕴含着强大的育人功能。在教学过程中，将语文之美融入学生的生活，给学生带来震撼心灵的体验，这是至关重要的。语文之美博大精深，与实际生活相连，才能让师生徜徉其间，增强直观的感受。

1.于亘古不变的情感中感悟人生

美文长久流传，不变的是作者笔下悠远的情思。教师要带领学生以一种后来人的方式，感悟那些长存在人类历史当中的美。为此，教师要教给学生阅读的方法，就如同给予学生一把欣赏美的“钥匙”，让学生去开启那些尘封在历史中的、蕴含着作者思想以及流畅行文的美。在未来的学习生活中，学生依然能够去感悟这长存于世间的语文之美。学生想法多，看问题的角度十分独特，同样也能够成为教师的“老师”。和学生一同共享语文美，能够帮助教师通过更多的角度去解析文学作品，感悟与体验人生。

2.于静默清净的文字中洗涤心灵

语文之美，可以涤荡心灵。当师生一同感悟语文之美时，双方都能得到不同的体验与感悟，而恰恰是这些体验与感悟，常常洗刷着每一个人的心灵：读到孟子的“舍生取义”时，教师内心涌动着一种难以言状的感动，以此作为为人处世的目标与准则，并在心灵上获得洗礼；读到“少壮不努力，老大徒伤悲”时，再辅以作者的坎坷生平，让学生意识到当下生活的幸福，从而更加用功学习。可以说，一些带有美感的诗句，常常能激发学生探索语文美的兴趣，抚平他们焦躁、苦闷的心灵，让他们能坦然面对生活，健康快乐地成长。

3.于教学相长的智慧中共同进步

共享语文之美，能让人不断成长与进

步，这可谓“教学相长”。语文的美同样能让教师和学生一同成长：教师多年如一日地被语文的美所浸润，能潜移默化地影响个人的谈吐气质，使之更加向“谦谦君子、温润如玉”靠拢；学生从文学作品中获取历史经验，获取前人的情感，并在每一次的打动中学会了思考，学会了奉献，学会了关爱他人，学会了与世界相处……当教师和学生一同感悟语文之美时，就是一起在成长。

走进课堂，共享语文之美

语文如此美，需要教师与学生一起走进课堂，共享语文之美。通过教师智慧的教学方法，师生在课堂中共同收获成长。

1.海纳百川，融会贯通

语文学科不是单一地进行字词句的讲解，也不是简单地进行文本分析。语文与生活中的各个方面息息相关，也与其他学科互相通融。只有让学生在融合之后的课堂里畅游，才能收获舒适、自在，才能让学生获得震撼心灵、洗涤心灵的满足感，才能让学生真正爱上语文。

例如，在教学《老王》这一篇课文时，我先抓文章的文眼“那是一个幸运的人对一个不幸者的愧怍”，然后就这个文眼再探讨几个问题：谁是“幸运的人”？谁是“不幸者”？“幸运的人”幸运在哪里，为何连三轮车都不敢坐？“不幸者”为何反倒同情“幸运的人”？这样，一串环环相扣的问题，顺势引出了当时的特殊历史背景。学生只有了解了当时的历史背景，才能更好地理解杨绛先生作为一名知识分子的自我审视和“老王”身处苦难年代却处处散发着的人性光辉。

为此，教师只有不断丰富和充盈语文课的内容，才能让学生爱上语文，感受语文的博大之美。

例如，在赏析《蜀道难》时，教师可以结合四川的地形来分析，将李白笔下那份“难于上青天”更直观地呈现出来；在学习“人间四月芳菲尽，山寺桃花始盛开”时，教师可以结合气候与海拔知识，让学生知道诗人眼中的美景背后还有哪些自然科学知识。

除此之外，语文还包含了许多美学知识。

例如，在教学《山水画的意境》这一课时，教师可以介绍美学的构图知识，将电影领域的拍摄手法融入语文课堂教学之中。

语文课为师生敲开了新世界的大门，需要教师将丰富的内容进行有机融合，让它们相辅相成，为学生提供一场海纳百川的文化盛宴。

2.珠联璧合，锦上添花

语文学科要注重跨学科的学习和现代科技手段的运用，使学生在不同内容和方法的相互交叉、渗透和整合中开阔视野，提高学习效率。

语文课与现代技术手段的结合，对学生核心素养的形成与发展有着不可替代的作用。

首先，情境创设与多媒体手段相得益彰。

语文学科情境教学的核心就是通过课堂上诸如微课、PPT、动画、音乐等形式，让学生不断贴近文本。

例如，在《桃花源记》一课的教学中，教师播放融合了木偶、皮影、剪纸等多种元素的国产动画，向学生展示文中所描绘的世外桃源的美好场景以及东晋时期百姓民不聊生的景象，让学生在对比之中产生情绪落差，从而进一步思考、感受陶渊明在这篇文章中所寄托的思想情感。

其次，文本关联与知识建构相辅相成。

教师要从教材中跳出来，创造性地组合文本，从情感、主旨、作者、写作手法等角度去延伸，拓展课堂的空间和视野。大家所熟知的“珠联璧合”这个成语，意为把美好的事物聚集在一起。那我们的语文课也可以把相关联的美文聚集在一起，以达到既跳出教材又拓宽眼界和思维的目的。

例如，在教学李清照的《如梦令》时，教师可以与《一剪梅》《武陵春》等词联合起来，借助词里的意象“舟”来设计教学，以“舟”为载体来分析词人的心路历程，梳理词人少女、青年、老年三个人生阶段的不同经历及情感的转折变化。

这样，学生掌握了人物的整个生平及经历，感受到李清照鲜活灵动的生命。

最后，阅读理解与写作训练交互体验。

听、说、读、写是语文课永恒的主题。读写结合，相辅相成，互相促进，可以有效提升学生的感悟能力和写作能力。

为此，教师要善于将读与写、说与写进行有机结合。

例如，在教学史铁生的《秋天的怀念》时，我让学生想象自己就是史铁生，感受在遭受瘫痪的打击后坐在窗边的绝望的心理活动。当史铁生努力践行着“好好儿活”的时候，他坐在树叶飘落的窗前，又会想些什么呢？此时，我再一次让学生描写作者的心理活动。

短短一堂课，学生收获了不同的心理体验，切实锻炼了写作能力。这样，“读”与“写”珠联璧合的魅力就充分展示出来。

3.行云流水，赏心悦目

在我看来，行云流水不只是教学环节的衔接自然、课堂流程的环环相扣和层层递进。如果课堂预设太多，学生会被教学设计牵着鼻子走，很难有自己独特的情感体验和思考。一堂美的语文课是水到渠成的，拥有行云流水般的家常味，让人感到真实、真切。这样的课堂会有许多意料之外的声音与情况，并不在教师的预设之中。为此，教师更应注重这些课堂生成，因为这才是学生学习的真实反馈。教师应根据课堂生成逐步调整教学步骤，引导学生向教学落脚点靠拢。

语文之美，浩瀚丰富，广阔深邃。中华民族几千年的文化积淀就是它最强大和深沉的支柱。师生共享语文之美，是精神的传递，是文明的传承，更是一种生生不息的力量。

做好“导游”，把学生带进“花园”里

文/李永乐（中国人民大学附属中学）

刚入职中国人民大学附属中学（以下简称“人大附中”）的时候，我总是对自己的教学谨小慎微，每天晚上都要备课到很晚，还害怕有的地方没讲到，担心考试成绩出来了学生和家长会有意见。

为了让学生喜欢我，觉得我有趣，会有意在课堂中加上故事、笑话。课下，我经常找学生谈话、给学生分析错题，在考试前总是给学生发很多复习资料，就怕他们考不好，但事实却事与愿违。

第一次考试，我教的班考试成绩依然垫底。我很困惑：为什么自己非常努力地教学，成绩还是不好呢？我觉得自己对物理的理解已经很透彻了，上学的时候还参加了物理竞赛，为什么连中学生也不会教了呢？

现在，我不再花那么长的时间备课，上课不会刻意加入笑话，课后也不会花大量时间与学生谈话。但教学效果却比以前好得多。原因归结起来，或许就是我从一个布道者的角色，更多地变成了一个引导者的角色，带着学生感受到物理本身的美，把学习物理变成了一件充满乐趣的事情。

发现学科本身之美

受中、高考改革的影响，很多教育工作者可能也会有这样的观点，把过多的精力放在讲授考试技巧、解题套路上，但是忽视了知识本身的美。

我们经常说，兴趣是最好的老师。只有让学生发现物理是有趣的、有用的，他才不会在学习过程中感到枯燥，才会主动去解决学习过程中遇到的困难。

我在辅导自家孩子学习的过程中体会到，教育的最低层次是教知识，即告诉他具体哪一道题该怎么做，但是当他学会之后，遇到换个方式的题目就又不会了。稍微高一点的层次是找方法，通过方法的传递引导学习者自然而然地实现举一反三。最高层次是重塑意识，让他了解学习这些知识是有利的、有帮助的，他才能主动去探究。

无论是小学生还是高中生，这套理论都是适用的。但很遗憾的是，我们很多教师在达到第一、第二个层次之后，没有向第三个层次的方向去努力。

以物理教学为例，在教学过程中，怎样让学生体会到物理教学之美呢？

我认为教师应该对自己执教学科的逻辑有更深的认识，并教会学生这种逻辑。让学生懂得不管是物理、化学、生物、数学、语文、历史、政治，都应该是讲理、讲逻辑的，并不是强迫学生去接受教师的观点。

为了做到这一点，教师应该把知识和生活实际相联系，或者用不同学科彼此交叉、印证，让学生们体会到学科彼此的联系，从而体会到学科之美。

比如在讲天体运动的轨道时，当我们告诉学生如果速度运行轨道合适就是个圆，速度不合适是椭圆，速度再大就是抛物线，更大就是双曲线。有的学生可能并不理解。这时，教师可以把数学和物理联系起来，让学生明白这其实是一个渐变的过程（如果我们用一个平面切割圆锥，横着切是圆形，斜一点是椭圆，再斜一点是抛物线，再斜一点就是双曲线）。进而教师可以问学生，为什么行星运动的轨迹是椭圆而不是圆？学生很快就可以明白，因为圆是一种状态，而椭圆是一个范围，能量不同，天体运动轨道会出现一些差别。他们会把数学和物理的知识联系起来，感觉到学科之间是相通的，教师并不是让自己死记这个观点，而是和大家讲道理的。

让课堂变得有趣

除了物理学本身严谨的逻辑之美之外，物理学家研究物理的过程也是很有趣的。如果教师能在上课过程中把物理学史的知识介绍给学生，学生一定感觉这个教师很有意思，觉得这门学科很有趣。他们会知道物理学家们并不是书本上印着的冷冰冰的名字，而是一个个活生生的人，他们也有喜怒哀乐，他们也会互相斗争，也会有八卦故事，这些都能够有效激发学生的兴趣。

比如，在讲述牛顿发现了万有引力定律时，通常的讲述版本是牛顿在苹果树下坐着被苹果砸了后发现了万有引力。事实果真如此吗？真实的情况是，牛顿的确有一段时间坐在苹果树下，那是第三次世界鼠疫大流行的时候，英国死了几十万人，牛顿回到家乡躲避瘟疫，在此期间做了著名的光的色散实验。后来，疫情结束他又回到剑桥大学，并给物理学会提交了一篇报告——根据自己的研究，发现光是一种粒子。

当时英国皇家学会科学家胡克，他认为光是波。那个时代人们已经知道了开普勒定律，知道了天上的星球是围绕太阳转的，而且转的过程中能走出一个椭圆轨道。那个时候，牛顿跟胡克之间互相通信讨论问题。一次，牛顿在信里问胡克：“您说物体在地球的重力是不是一样的？”胡克回答说不一样，任何地方的重力都有大有小，离得越远重力越小，两者有平方反比的关系。

1687 年，牛顿写成了《自然哲学的数学原理》一书，提出了牛顿三大定律和万有引力定律。胡克看到之后非常生气，找到牛顿说万有引力的理念是他最早提出来的，指责牛顿窃取了他的研究成果，并擅自把这一结论写到了自己的书里。

牛顿听后也不服气，于是就有了那句著名的话：“如果说我看得远，那是因为我站在巨人的肩膀上。”讽刺胡克个子非常矮小，而且是个驼背。最终，因为这些问题，牛顿和胡克发展到了老死不相往来的地步。

之后，在悲愤交加之中，胡克去世了。牛顿成了英国皇家学会的会长，他干的第一件事就是把皇家学会从一个地方搬到另一个地方，而在搬家过程中又“不慎”遗失了胡克的所有画像和著作，以及所有的研究成果。

如果我们把这个过程讲给学生听，其实不需要跟大家讲什么笑话，故事本身已经足以让大家记住这些伟大科学家的名字了。

除此之外，作为教师，我们还要在课堂教学过程中教会学生如何辩证地看问题，因为物理学是不断进步的科学，我们不应因为今天的成就去否定古代先贤们的发现，也不该自我膨胀到认为已经掌握了宇宙真理。

比如，在讲天体运动时，托勒密认为地球是宇宙的中心，行星和太阳围绕着地球转，后来哥白尼证明是地球围绕太阳转。很多教师讲到此处会告诉学生托勒密错了，而哥白尼是正确的。

其实，真正的运动是相对的。所谓“相

对”，就是既可以认为太阳不动，也可以认为地球不动，这本身并没有什么差别，也没有绝对的对与不对。后来牛顿根据万有引力定理，认为只有以太阳为中心这个问题才是可解的，所以人们再一次抛弃了地心说的观点，认为日心说是正确的。不过我们要明白，爱因斯坦的参考系选取也是相对的，在广义相对性原理下，所有的物理规律在所有的参考系下都保持不变。既然如此，日心和地心的争论就变得不那么重要了。

通过这些，学生们知道无论是开普勒、伽利略还是牛顿，都不是那么完美。爱因斯坦的狭义相对论和广义相对论是我们目前所知道的最完美的科学理论，但是我们也没有信心和理由证明爱因斯坦一定是对的。也许在未来，爱因斯坦的理论也会被人推翻。从发展的角度来说，所有的科学理论都是待证伪的理论，没有绝对的正确。

所以，让学生从更多的角度看待问题也是教师的责任。在授课过程中，教师需要让学生明白，当我们看到一个观点的时候，不要着急确认或者否认它，而应看看与它相对的观点，综合起来判断。

让学科走向生活

在教的过程中，我还有意识地想让学生明白，物理学和生活是相联系的，学习了物理学确实可以理解生活中的一种现象。

现在，许多人认为只有能赚钱的学问才是有用的，像物理学、数学这种基础学科是不能赚钱的。这实际上是一种误区，我经常给学生讲，物理学和生活是紧密联系的，学好物理学，不光可以更深刻地认识世界，同时也能改造世界，让你获得想要的回报。比如，我就曾和学生聊天——我有一个同学，是学量子力学的，看起来好像与生活距离很远，但他在海外留学之后回国创立了一家公司，使用量子力学的方法计算药物结构，为许多大型药企提供设计，还获得了腾讯和谷歌几千万美元的投资。

此外，在教学过程中，教师也应该让学生感受到书本知识与现实生活的联系。例如，近年中美贸易战，美国对我国实行芯片制裁。物理课本中就有数字电路一章，因为没有纳入考试，很多教师可能会选择不讲，但是每次我在教学时都会专门抽出时间来讲。我会给大家讲授三种基本门电路以及与非门、或非门、与或非门；我会讲授如何利用二极管实现这些门电路，以及如何用这些门电路实现加法器；我还会讲授如何通过光刻的方法将我们的设计变成芯片，以及芯片制作过程中的难度究竟在哪里。后来学生发现：一个基本的物理元件居然真的可以制造出计算机这么神奇的东西，他在这其中感受到了物理的美。

我始终认为，作为一名教师，让学生考试考出好成绩，这只达到了教师发展的第一阶段——生存。当我们做了一段时间教师，教学工作熟练之后，应该通过关注情境，进而达到关注学生个体的发展。

这需要教师自身先扭转观念——认识到向学生传达科学观、展现科学之美也是教师的职责。为了让学生体会到学习之美，这就需要教师终身学习，多读书、多看文章、多思考，不能落到一套教案走天涯的舒适区，而要把课程常讲常新。

我曾在一篇文章中读到一句话，“教师并不应该被比作园丁，因为园丁会把花草修剪成他们喜欢的样子。教师应该是导游，他把学生带到科学的花园里，让他们感受到科学的美。”对此，我深以为然。

改造教学，让学生越学越“上头”

文/郭华（北京师范大学教育学部）

教学，本应让学生越学越想学，越学越聪明，越学越发觉知识有无穷的乐趣，越学越愿意学习新本领、开阔新眼界。但我们的教学却往往把学生教得越来越笨，变得越来越不愿意思考、不愿意动脑筋，不愿意学习掌握新本领，只想着完成老师规定的题目就万事大吉。知识成为与学生无关的外在物，学习成了和自己无关的外部强加的任务。

追根溯源，这种现象的出现是与教学有关的。应该改造我们的教学，让学生越学越想学，越学越爱学，愿意接受新事物、挑战新困难。

告别僵化的照本宣科

俞正强老师在《“加法交换律”的种子特质在哪里》一文中举例介绍了“加法交换律”一课的通常教法，包括四个环节：先通过具体例证的计算，让学生发现两个加数“交换位置和不变”，再通过更多例证的计算将“两个加数交换位置和不变”概括为算律a+b=b+a，之后则是应用此算律进行练习并做小结。

仅从文字介绍来看，这样的做法似乎好得很，既有发现又有概括，既有具体又有抽象，既有对新知的学习又有对它的应用，结构完整、环节清晰、步步递进。麻烦的是，对学生而言，这节课没困难、没挑战，没有投入学习的愿望。

正如俞老师所说，在这节课上，“加法交换律的发现、概括、应用均可以在较短时间内完成。对学生而言，得到7+8=8+7的结论是一件不需要观察、不需要思考的事情，是一件理所当然的事情”。这节课所谓的“发现”只是教师的假设，而非学生真切的活动与感受，学生的学习没有真正发生。

我们猜想，这节课之所以这样处理，主要是由于执教教师对数学教学做了简单化的理解，把算律的抽象表达与具体的教学活动相等同，把逻辑上具有先后关系但事实上无法分割的加法交换律与结合律做了人为分割、分别来教。这样的处理，是对教材内容逻辑的照本宣科，是把“算律”本身当作了学生学习的直接对象，没有对教学内容做整体思考和教学转化。教师只把教学内容作为“一个知识点”孤立对待，没能从学生学习的角度考虑算律应该怎么教。

加法交换律是对加数位置交换的抽象表达，是对两个及两个以上加数“位置交换和不变”的概括。这样的抽象化概括，当它与学生见面时，要转化为有血有肉的、能使学生产生“位置交换”需要的“真题”。大多数教师教“加法交换律”时，没能用心揣摩学生的学习愿望和思维特点，对算律如何具体化为现实的“真题”没下功夫，于是，把算律直接套现为两个加数的位置交换，如7+8=8+7。这样的“位置交换”当然“和不变”，但因为只是两个加数“相加”，不论怎么加，“和”肯定是一样的，根本不需要发现，也不需要观察。如此折腾了四个环节的教学，在学生看来就是“逗你玩”，是浪费时间，学生自然也应付老师，不会付出真心和努力。这样的教学，没能帮助学生建立起关于算律的整体图景，也没能让学生理解算律的真实意义。

灵活、创造性地把握知识点

“加法交换律”这节课怎么教？俞正强老师给出了一个极好的范例。

俞老师不是把加法交换律作为一个孤立的知识点来教，而是把它放在一个整体系统中对待。这个系统包括加法交换律、加法结合律，也包括乘法交换律、乘法结合律、减法的性质、除法的性质（事实上也是各自的交换律、结合律），等等。在整体中观照一个知识点，就使这个知识点有了明确的地位以及相应的作用，教师也就知道应该以什么样的方法让它起到这样的作用。这是引导学生深度学习，把握知识本质，建构知识结构的重要前提。

俞正强老师执教“加法交换律”一课时，并没有“硬教”加法交换律，而是把加法交换律放在加法结合律出现需要的背景下让学生讨论、理解交换律的意义。

俞老师对这节课的整体思路成竹在胸。在他看来，弄清算理、算法与算律之间的关系，找到激发学生全身心投入学习的“心理痛点”，是非常重要的。课上，俞老师提供了连加算式，让学生思考计算如何能既“对”又“快”。由于提供的是连加算式，学生就产生了结合凑整以进行简便运算的需要，而结合凑整又必须交换位置、打乱连加顺序，这样，就出现了已有算法与新需求之间的矛盾，为学生深入思考、解决这个矛盾提供了现实的需要和材料支持。

在这种情况下，学生就有了疑惑：究竟是遵循算法“从左到右依次相加”，还是“交换位置”使计算简便？如何解决已有算法的权威性与简便运算需求之间的矛盾，便成为一个现实的、需要解决的问题。在权威的算法面前，学生必须用强有力的事实证明：位置交换和不变。这个结论的形成过程，事实上是持不同观点的学生相互讨论、辩论，以事实为依据证明、辩驳的过程。这样的教学，使学生感受到数学是有意义的，是与自己的生活有实质关联的；学生在这样的教学中，不只是学习数学知识，也是在过一种有意义的社会生活。这正是俞老师数学课的魅力所在。

俞老师的这节加法交换律课，也有四个环节，却与通常的上法有完全不同的效果。

环节一很简单，由学生自主完成复习，唤醒学生已有的经验，即连加的算法是“从左到右依次计算”。

环节二是新授，很有意思。我们注意到这个环节出示的材料与第一环节“复习”出示的材料不同，在三个加数的连加算式里，有两个数是可以凑十或凑百的。显然，这样的材料非常关键，它会启迪有心的学生交换加数的位置，引发学生对加法交换律的意义的关注。如此材料的提供，可见教师教学之意图，教师对学生润物无声的引导。

由于有了这样的材料，在新授环节里，全班学生便有了两种不同的算法，一种是依照“连加”算法的要求进行计算，既符合算法，又得数正确；另一种是“凑十凑百”的简便运算，速度快、得数正确，但似乎违反了已经学过的算法的要求。由于算法不同，教师便要引导学生展开讨论，为各自的算法找依据讲道理，最终形成加法交换律的一致结论。这样，结论不是教师强加给他们的，而是他们自己想出来的、辩论得来的，学生们会觉得很自豪。

环节三为练习。在俞老师这节课里，练习绝不仅是新授环节所得结论的简单应用，而要通过变式练习，得出新的结论，即“交换位置有两个条件：①连加；②能凑整”。这个新结论的得出，是通过提供新的变式材料实现的。变式材料的提供，引导学生去观察材料的特点，去除无关因素，从而更有力地把握知识的根本特质。对于那些在新授环节没能充分把握知识根本特质的学生来说，练习的多样变式，可以弥补新授环节所学的不足。在俞老师这里，每一个环节都有新意，需要学生认真对待，才能获得新的认识和发展。

俞老师把加法交换律放在连加的背景下让学生发现交换律的必要性和意义，是符合学生的心理逻辑和生活逻辑的：有需要才交换位置，不是为了交换而交换。这样的处理，与已有的算法相纠结，造成认知困惑，引发学生的深度思考和讨论，使得教学既有紧张的张力，又有现实的需要，是一节有灵魂的课。

让学生越学越想学，越学越聪明

好的教学，是能激发学生学习愿望的教学。若学生离开教师、离开学校后，还能葆有学习的热情和愿望，对新事物有兴趣，愿意去探究明理，那教学便成功了。

就“加法交换律”这节课而言，如果只是为了计算简便迅速，在计算器普及的背景下，加法交换律的学习似已无必要。但是，为什么它依然有学习的价值？第一个重要原因便如俞老师所说，“加法交换律”是一节种子课，具有生发性和起始性。讲清楚了加法交换律，加法结合律就清楚了，学生若明白了加法交换律的内在道理和意义，其他算律的道理也就不难理解了。正是基于这样的考虑，俞老师通过引导学生思考加法交换律的意义，在学生心里种下一颗种子，当遇到其他算律的时候，便能够从加法交换律这儿生长出新的内容来。正因为挖掘出“加法交换律”的种子课的特质，才使这节课具备了让学生认真对待、专心思考，过一种有意义的课堂生活的价值。这便是它具有学习价值的第二个原因。

俞老师的课把这两方面完美地展现了出来。他将学生可理解的常理与数学的算律有机融合在一起，让学生能够在已有经验的基础上，运用自己的头脑观察和发现：学生在计算时不仅仅是把数字相加合并，而是要先观察哪些数字是可以凑整的。学生所做的绝不是计算器可以替代的一个动作，而是作为一个有思想的人的独立思考。俞老师运用苏格拉底的产婆术，让学生相互辩论，用事实证明了“位置交换和不变”的算律，让学生体验到成功的喜悦和自信，也体会到自己存在的价值和意义。

这样的课，就是让学生越学越想学、越学越聪明的课，更是深度学习的课。

三次邂逅，探索隐藏在学科中的美

文/戈向红（无锡市幸福外国语学校）

我一直认为，真正的教学要尊重学生的不同，因为教学不仅是课程传递和执行的过程，更是课程开发与建构的过程。课程的学习者需要足够地理解、研究材料，并有足够的信心既能解决、解释、分析和表达所呈现的材料，又能以富有想象力的方式利用(play with)这些材料。于是，我们需要去寻找一些能够与教材对话的多样材料，并且营造一种促进探索的课堂气氛。

而我，正是在一次次蓦然回首中，邂逅了以下这些教材之外，却又与教材息息相关的资源和材料。

邂逅一：“三文治”英语

我很想给学生多一些接触英语的机会，也一直在寻找合适的语言材料，开学初的几天，每天都利用夜深人静的时候，一个人在网上搜索，通过链接的页面一个一个地看下去，有的时候花了两三个小时都没有斩获，脖子倒是僵硬了。终于，在一天傍晚，发现了“三文治英语故事教学”资源，它以一个个故事为载体，采用中文夹英文的形式，反复出现一个词汇，在故事结束后对词汇和句型进行集中教学，再学唱一首包含故事中出现的词汇和句型的歌曲。

我在网上一口气看了好几集，觉得很是好用，大为快慰，唯一遗憾的是没有办法下载，请教了多名电脑老师都说只能在线播放，而且还不能全屏。

但这样的素材实在是太好了。幸好我们的教室里都可以上网。

第二天我就抱着电脑进去早读了。

当然，我明白要让孩子预防些什么？不能光顾着听故事，什么都忘了，正所谓捡了芝麻丢了西瓜。于是，我在黑板上写了：今日英语早读——听故事学英语，问他们，哪个是我们真正的目的，是听故事还是学英语？机灵的学生大声说：学英语。我就把这个故事的编排体系一一告诉了他们，瞧着他们跃跃欲试的样子，我也高兴。

那天，第一个故事大约听了5分钟，几个单词也很容易，我和他们一一过关，歌曲也很容易上口。每个人都乐乐地哼着：我们是快乐的little pigs（小猪）， little pigs。所以说这样的语言素材只能用于低年级，若要让五六年级的学生唱：我们是快乐的little pigs， little pigs会有这么多fans吗？

第一次听故事学英语应该说是成功的，因为事后就有学生来问我：我们什么时候再听三只小猪的故事啊？

于是乎，我就在每次早读课上播放一个故事，第二次听的时候再把前一个故事的语言点和歌曲复习一遍。为了方便他们回家复习，我把网址放在了班级网站。鼓励学生在家学英语，但是要求他们一个星期学1个故事就够了，因为还有其他的作业要完成。

就这样，我们的早读课就变成了“三文治英语故事”早读课。这样的早餐学生很是喜欢。每天，先来的学生都会自觉拿出书本读英语，等学生差不多都来齐了，我们就开始“吃三文治”了。

邂逅二：儿歌接力

通常，英语教师埋怨最多的就是学生在家不主动学习英语。其实不论哪个年级，学生学英语的一个很大弊端是在课堂上能够跟着老师走，但是到了课外就没有很好的学习习惯了。英语能力要向课外发展，就要建立一种稳定的，可操作、可延伸的学习方式。而当学生没有这样的学习方式时，做老师的不应该为他们从无到有地建设起来吗？

我是通过“儿歌接力”这项活动把学生的学习方式链接到课外的。儿歌接力——这个想法来自于二（8）班一名叫Flower的学生，她经常喜欢自告奋勇地在班级里表演她在课外学会的歌曲，每次都是她一个人举手来表演，别人都默默地听着，孩子们也没有一种我也想来表演的欲望。

Flower个人的学习方式已经建立得很好了，我觉得我有责任把她的好习惯传递开来，怎么办呢？我就想到了接力本。

我特意买了漂亮的本子，上面写：我们的接力本——二（8）班的英语小天地。然后请Flower写第一篇儿歌，我把课前一分钟作为一个平台，请她来教大家她写的那篇内容，学生都可以评价她这个内容对我们有没有吸引力？难度是否适合我们？她教得怎么样？讲完后，我还要请讲得最好的人把点评的话写下来。还要很煽情地问：下一个谁来接力？小手如林，大家都争着来。

在二（8）班实施后，我到二（7）班“煽风点火”，让他们也跃跃欲试，开始了儿歌接力。学生带着一种被老师肯定、被同学肯定的愉快体验，建成了这种自学、讲授（开放式）的学习方式。学生为了能在众人面前小试身手，就必须要在课外学会一首新的儿歌，还要学得非常好，不然怎么教别人？学生在这个过程中要寻求帮助，与人沟通，表达能力也在增强。就这样，我提供了可以外显的机会，萌芽和结果的过程由他们自己实现，以此达到了学习方式的习惯化和迁移化。

下面就是发生在儿歌接力中的一个小插曲。

一天，因为在8班收作业，耽误了一点时间。上课铃声已经响了，我才走到7班门口。

教室里传来整齐的英语朗读声。

我微笑，知道他们会这样。7班，我有得力的小干部：Amy，Cindy……

但是，目光所及之处令我诧异，因为领读的不是我心目中的得力助手，而是班上一个有朗读障碍的女孩！

我问还留在教室的班主任：是她主动要求的吗？

班主任说：我看见她略带羞涩地站在那里，想动又不敢动。就问她：今天是不是你读儿歌（连班主任都知道了我们的儿歌接力）？那你就来吧，没有什么不好意思的。于是，就有了开头的那一幕。

我感慨！也许是她真的有这个想领读的心，因为最近对她鼓励很多很多，可能也让她感受到了自己在老师心目中的地位。又或许她本无意，恰是班主任的一句话成全了她。不管怎样，她踏出了这一步，对她来说，这是难能可贵的一步。

邂逅三：阅读实验

低年级学生的阅读，并不等同于高年级学生，支撑他们阅读下去的力量在于语篇的简洁、教师的帮扶以及角色的共鸣。正因为如此，我在低年级学生的阅读开展上是非常慎重的。起初我准备了一些原版故事书，国外购买的，很是原汁原味在全班发动阅读。因为书有限，所以要求孩子们两人合看一本，期待他们会小有收获；但是仔细观察学生的反应，虽说句型简单，对于二年级的学生来说，让他们自己阅读还是一件比较困难的事情，看来采用和语文一样的阅读方式并不被学生接受。

阅读之花，由点带面

巧的是在一次随堂听课中，我在四（3）班的班级书橱发现了六本英汉双语读本，篇幅不长，语句很简单，还配合有插图，我大为欣喜，一下把六本书借了来，分给另外两个英语老师每人两本。

而我的两本，马上就派上用场了。我把一本借给了二（7）班的Steven，另一本借给了二（8）班的Alex，作为我对他们平时学习认真的奖励，因为他们都是有能力进行英语阅读的，我把他们选择为最适合的“种子”，借以传播我的“阅读之花”。我还请他们来介绍阅读心得，并示范读给大家听，他们还真是吸引了不少羡慕的目光。

阅读方法，由易到难

Alex和Steven是可以依赖个体能力进行阅读的，但是在全班开展的阅读，还是需要我的帮扶。为了降低阅读的难度，我先不采用难度更大的默读，而是选择有声阅读，让孩子们读出声音来。

第一步：进行单词的发音练习，熟悉句子的结构。我会选择在文章中反复出现的单词和结构进行语音练习，学生此时只要模仿读音、熟悉结构即可。例如：I am going to shave. I am waiting for the bus. I am doing my homework. I am going to paint the wall. I am washing the dishes.

第二步：通过肢体语言，演绎出单词的意思，帮助学生理解词义并进一步巩固语音。例如：to shave，to wait for the bus，to do my homework，to wash the dishes，to paint the wall.

第三步：角色朗读。我会适当改变文本，把我学生的名字替换文中的角色，根据学生的特点为他们选择不同的角色，让他们前来演绎文中的行为，其他学生看着文字朗读。

例如：Baby boy is shaving his face because he will go to work. Baby girl is going to school and she is waiting for the bus. Lazy boy is not doing his homework. So he will wash the dishes and paint the walls. His mother is angry（Baby boy，Baby girl，Lazy boy，Lazy boy's mother这四个角色就是班级中的学生。）

阅读空间，合理延伸

在我的带动下，很多家长都理解了这样的做法，我还取得我校外籍教师的协助，请他在双休日的教学中利用《新概念英语》组织学生进行阅读训练，进一步规范了学生的语音语调以及语篇阅读的能力，外教丰富的肢体语言也让学生完全可以理解文章的意思。现在学生对语篇的阅读基本没有了畏惧心理，外教也评价他们的阅读能力远远超过了同轨班级。

“三文治英语”“儿歌接力”“阅读实验”，是我和孩子们在共度的教育生活中栽培的课程之花。其实，教育生活处处有风景，关键是用心捕捉。如果对我们身边的人、事、物视而不见，那么，即使走再远，路还是那条路。如果我们一路上欣赏风景，记录心情，整理思绪，学习着、发现着、创造着……那么，终有一天蓦然回首，可能会发现幸福或收获已经紧贴在自己的掌心了。

与教材脉搏同频，勾勒魅力实景图

文/王德军（广东省湛江市教育局）

历史课堂上学生参与意识的培养是新课程改革对历史教学的要求，是推进素质教育的重要举措，这对教师形成“以生为本”的教学方式、学生养成积极主动的学习方式有重要意义，更是增强历史课堂生命力的重要举措。培养学生参与意识，造就充满生命力的历史课堂可以从以下几个方面入手：首先，教师要引导学生做课堂的主人；其次，教师要鼓励学生积极进行合作探究；再次，教师要积极创设历史情境让学生能触摸历史的脉搏、领悟历史的魅力。

传统课堂，想说爱你不容易

上级教育主管部门对学校教学工作的一项学生问卷调查结果令人震惊，超过60%的学生认为教师的课堂授课方式是“满堂灌”，学生参与不足，历史课堂成为“重灾区”之一，这对于一向致力于素质教育和追求课堂教学有效性的历史教师来说是不小的打击。

与此同时，不少历史教师也存在这样的困惑：自己精心准备的教学活动，学生参与欲望不强，到头来还是自己唱“独角戏”，学生只注重抄教师的课堂笔记，导致“课堂活力”不够。

学生参与意识不足已成为历史课堂沉闷、无生命力的重要原因。解决历史教学中学生抱怨、教师困惑的问题——课堂生命力，已是刻不容缓。已故著名历史教育家赵恒烈先生曾开出一剂良方，曰：“提高主体的参与程度。”我深以为然。

三条路径，为学生的热爱编织“理由”

课堂生命力因学生主体地位的确立而勃发

新课标倡导“树立以学生为主体的教学观念，注重学生自主探究的学习活动，鼓励教学方式的创新”。然而，在日常的历史学习中学生往往处在“被统治的地位”，被教师“剥夺”了积极参与教学过程的“权利”和机会。要改变这一现状，教师要抛弃传统教学中“我讲、你听；我问、你答；我写、你抄”的模式，教师要充分地“授权给学生”，让学生享有充分的学习自由。在大多数情况下，学生是很乐意接受教师的“授权”，并按照自己的想法完成任务的，甚至是“超额完成任务”。在讲授《辉煌的古代工程建筑》一课时，我设计了“我是导游，我来讲解”的活动，在准备阶段我做了如下发动：

“同学们，暑假即将来临，很多同学将参加夏令营活动，去践行古人‘读万卷书，行万里路’的学习方法。作为中国人，首都北京将是你们的首选，金碧辉煌的故宫，巍峨雄壮的长城，碧波荡漾的颐和园……这些神奇的地方将会给你留下难忘的记忆，为了更好地参观旅游，了解这些伟大建筑的历史非常重要，请你们查找相关资料，并制作成幻灯片，下节课请你们给大家做一回小小讲解员，向我们的‘游客’隆重地推荐景点，比一比哪个同学的讲解最精彩。”

在上这节课时，同学们经过课前自愿报名，小组推荐，最终有三位同学上台展示了他们辛勤劳动的成果。这些“小小讲解员”讲解得非常投入、到位，把这些建筑的建造年代、与之相关重要人物、建造特点、历史地位以及与之相关典故讲得一清二楚，还有不少同学及时补充发问，课堂上充满了欢声笑语和此起彼伏的掌声；提问者“穷追猛打”，讲解者“沉着应战”，课堂气氛之热烈，效果之良好，使坐在台下的我“欣喜若狂”。

苏霍姆林斯基说：“一个孩子，如果从未品尝过学习劳动的欢乐，从未体验过克服困难的骄傲——这是他的不幸。”在课堂教学中教师与其“大包大揽”，不如充分“授权”给学生学习的自由，引导、鼓励他们围绕学习情境，参与甚至是主导课堂活动、自主探索，合作交流，进而发现问题、解决问题。如能这样，历史课堂会因学生的积极参与而活力四射，精彩纷呈。

课堂生命力在学生的合作和竞争中彰显

以往历史课堂之所以出现较为沉闷的氛围，与学生单独面对课本和教师提出的问题有关；学生总感觉自己是“一个人在战斗”，对于一些自己拿不准、或有疑虑的问题不敢大胆提出，从而造成课堂要么是几个优等生的“独奏”，要么是全体学生的沉寂。并非学生不愿意参与讨论，而是教师没能点燃他们参与的激情，没能搭建合适的舞台让他们去展示自我，没有“竭尽全力”帮助他们获得成功。课堂学习中合作探究的缺失是历史课堂生命力不足的重要原因。在讲《诸子百家》时，我做了一次小组合作与竞争的尝试，具体做法是：

1.对分组活动进行积极的鼓动。在我讲完儒家学派后，我做了以下引导发言：“面对动荡的社会局面，种种社会问题，除儒家提倡以‘仁’和‘礼’的‘医国良方’外，其他学派也积极行动起来，他们又提出了哪些治国良方呢？让我们穿越时空，回到2500年前‘百家争鸣’那激动人心的时刻吧！”

分组：利用老师给你们的资料，仿照老师整理的简表，整理出自己流派的简表，2分钟后请你们学派的领袖来，阐述自己学派观点，其他组员可以补充发言。

2.分小组进行填表和流派观点演说：

	代表人物	主要观点	代表作
儒家			
道家			
墨家			
法家			
兵家			

◎ 鼓励学生分小组整理各流派治国良方

3.分小组回答与竞赛：把学生分为道家、墨家、法家、兵家等四组后，在“流派观点阐述”“历史考场”“以史为鉴”“身边的历史”等环节中，我都让他们以小组为单位进行学习、讨论。回答问题每次都以小组为单位进行计分奖励，得分最多小组荣获“最佳流派”荣誉。

《诸子百家》一课因内容多、难理解，历来被历史教师视为“烫手山芋”，上课效果不佳、气氛沉闷，是历史课中较为难啃的“硬骨头”，但引入小组合作与竞争机制后，学生的激情被点燃，他们为阐述自己的流派主张绞尽脑汁，为了某一观点而唇枪舌剑；在这次课堂上，问题提出后学生皆跃跃欲试，小组内更是精诚团结，学生仿佛回到两千多年前的春秋战国时代，每个人仿佛都成为学派领袖，课堂似乎成为他们游说各个诸侯的朝堂了。

新课标提倡学习者之间的合作，就是要求学生之间在体验、发现等方面相互启发和借鉴。个人的认识和发现总是有限的，这对极富个性色彩与创造性的历史学习而言更是如此。在历史学习中进行分组合作与竞争，有利于学生对学习策略的准确把握与高效应用，也有利于他们全面、深入地体验学习内容。同时，在合作学习过程中，他人对策略的成功体验与应用，也会为自己提供真实的范例，有利于增强个人的信心，改善和提高个体策略的体验与学习水平。历史课堂因为个体的提高进而带动整体的提高，也因此勃发出无限生机。

课堂生命力因学生的心灵感知而永恒

历史教育家赵恒烈说："学生学习历史的心理可以分为两种类型：一种是'符号型'，以背诵为主，把历史知识停留在字句的记忆上，当被记忆的一组文字符号遗忘时，'历史'也就消失了；另一种是立体型，能通过文字记载的历史去想象当年的人和事，使活灵活现的历史有鲜明的立体感。"

历史课程之所以成为典型的"无趣、无味、无用"的"三无"产品，关键是学生在学习历史时多采用"符号型"的学习方式，没能从历史学习中获得内心的愉悦和满足。当"背多分"成为学生对付历史课程的"法宝"时，课堂上他们关注的就是教师的板书和勾画的重点，哪里还有鲜活的历史本身，充满灵动智慧之学的历史也就显得无聊之极，历史课堂犹如走入古稀的老人，毫无生机可言。

"背多分"这个历史学习的"顽症"急需改变，否则无以建立充满生命力的历史课堂。让学生亲近历史，从时间和空间上拉近学生与历史的距离是解决这一"顽症"的有效举措。在讲《北方民族大融合》一课时，对"民族融合"这个概念的理解至关重要，然而，"民族融合"一词对刚刚学习历史的七年级学生来说是很抽象的，为了让学生更好地理解，我做了如下处理：

在导入新课时，我以生活中与人们最为密切的吃为切入点，以"湛江美食节"来拉近学生与历史的时空距离，让"民族融合"这个历史过程在我们身边找到例证。具体做法是：

播放我在"湛江美食节"拍摄的照片让学生欣赏，同时让学生思考以下问题：

1.图片中你最喜欢的食物是什么？

2.这些食物中哪些是湛江本地出产的？哪些不是？你觉得它们来自哪些地方？

3.你想知道这些外来的食物是什么时候进入湛江，是怎样进入湛江的吗？

在讲授北魏孝文帝迁都时，让学生弄清楚迁都对北魏的重要作用非常重要，如果用"符合历史潮流"来给学生解释显然是不妥当的，学生会"一脸茫然"，或者是"一头雾水"，为此我做了以下处理：

同学们，北魏孝文帝拓跋宏是一位杰出的君主，他亲政后做了一件对北魏甚至是中国历史影响深远的大事——把都城从平城（今天的山西大同东北）迁到洛阳，但是迁都却遭到了北魏贵族的反对，甚至还有太子，拓跋宏最后不得不处死太子等反对派，用了诸多计谋才使迁都得以实施。那些北魏贵族为什么反对迁都呢？大家可能不明白，为了弄清这一问题，让我们穿越时空，做一次"当廷辩论"，我来做一次拓跋宏，你们分两组进行："我是贵族，我反对，是因为……”“我是赞成派，我支持迁都，是因为……”大家可以从以下几个方面入手：

1.迁都后鲜卑人在洛阳的衣、食、住、行等生活方面会是什么样呢？

2.除了生活方面的不便，鲜卑人迁到洛阳后哪些方面还会发生变化呢？

本以为学生会限于迁都对衣、食、住、行等生活方面进行讨论，没想到他们通过衣食住行的讨论进而发现了迁都也是“农业生产”与“牧业生产”的两种生产方式斗争，更进一步发现迁都是以拓跋宏为代表的开明鲜卑人对先进汉文化的认同，是否迁都是对“先进文化”是否愿意吸收、是否具有发展眼光的争论。学生对民族融合过程所遭遇的挫折有了更加清晰、具体的认识，对“民族融合”这个难以理解的概念有了较深入的认知，“超额”完成了教学任务。

这次课堂设计的成功给我的启示是：在历史教学中要积极创设情境，从学生熟悉问题（衣、食、住、行）入手，进而引导他们进行发散思维，培养思考方法，提高思维能力；学生的潜力是巨大的，需要教师把久远、抽象的历史拉近到学生思维的“最近发展区”，让历史知识易于为学生所理解，乐于去探索，如能这样，还操心历史课堂的活力吗？

长期以来，历史教师习惯于“邮差式”的教学方式，把需要教的知识从教科书、参考书搬到教案上，然后再搬到课堂里，再把教案的内容告诉学生，在这个流程中，学生的主体性没能得到体现，学生在学习过程中没能得到应有的“尊重”，学生在这一流程中作为被动的接受者存在，积极性没能得到激发，课堂的沉闷也就在所难免了。

对学生最大的尊重和学生主体地位的真正实现就是要尊重学生的想法，积极创设情境让他们有机会去触摸历史的脉搏，感知历史的魅力。唯如此，“学生的心灵才不会遮蔽，历史知识的真实才会生动起来。”历史课堂也会因学习者的触动而激情四射。

转变教学思想，让热爱从课堂中长出来

建构充满生命力的历史课堂需要教师从多方面着手，课堂参与意识的培养是建立有生命力课堂的重要举措。确立学生主体地位、课堂中注重小组合作和竞争、创设历史情境让学生去感知历史是较为可行的几项措施。为了更好地实施这些措施，教师应该注意以下问题：充满生命力的历史课堂应该是民主、开放的课堂；为了能使你的措施得以顺利实施，创设历史课堂学习所需要的“场域”是必须的；为了更好地激发学生的学习热情，要注重历史课堂内外延伸，包括知识的延伸，学习方法指导的延伸，甚至是师生互动的延伸，增加历史交流渠道如历史信箱、历史交流群是学生所喜欢接受的形式。当然，不能为了课堂的互动而互动、热闹而热闹，注重学生参与意识的培养要为历史课程学习服务，否则就得不偿失了。

正如一位学者所言：“课程改革的成败关键在教师，主战场在课堂。”只有教师彻底转变教学思想，摒弃“唯分数论”观念，注重激发学生学习历史的兴趣，引导学生形成积极主动的学习习惯，在课堂上注重培养学生的参与意识，历史这门充满灵动的智慧之学才会为学生所喜爱，也才会迸发出无穷的生命力，达到课程改革之目的。如此，历史教育工作者才不会感叹与羡慕《百家讲坛》等国学热潮的火爆，而担心历史课堂呈现“瑟瑟秋风”的冷清局面了。

/ My Study Review /

我的学习回顾

◎ 这部分内容给我带来的启发和思考：

◎ 这部分内容最触动我的几个点是：

◎ 结合自己所教授的学科，可以挖掘的学科魅力包括：

◎ 接下来，我准备尝试用这些方法和学生一起感悟学科之美：

我的行动

/ My Actions /

◎ 在此之前，我对自己执教学科的理解是：

◎ 学习完这部分内容，我准备尝试这样来挖掘学科的魅力：

◎ 引导学生感悟本学科美感，我的计划包括：

◎ 结合学生年龄，让他们感受到“学科之美”，还可以做的工作包括：

04

营造正向情感体验

德国教育家第斯多惠说：“教育的艺术不在于传授知识，而在于唤醒、激发、鼓励。”师者如光，微以致远。理想的师生关系在情感上是亲密无间、心心相通、互相接纳的。在陪伴学生学习的过程中，教师通过给予认同、启发思维、调动积极性、赋予成就感……，引导每个学生朝向更好的自己奔去。

看见学生，营造美好的学习体验

文/吴正宪（北京教科院基础教育教学研究中心小学数学室）

我从 1970 年开始当教师，那时候只有 16 岁。虽然当时对教师这个职业并没有很深的认识，但是我对待工作非常认真。在那时片面追求高分的背景下，学生们虽然得到了高分，但缺乏学习的热情，对学习没有兴趣，课堂上我发现很多学生目光呆滞、言语贫乏，一点也感觉不到他们对数学学习的热爱。

面对这样的情况，我经常想，学生们为什么不爱学呢？其中的症结是什么？思考过后我发现，我们的教学太缺乏儿童视角了，不管是教材的编写还是课堂教学，都很少考虑怎样让儿童喜欢数学，于是我开始关注儿童，这就是我提出的儿童数学教育理念的萌芽。

我是个想到就干的人，便开始对教材进行改革。

在马芯兰老师教育经验的影响下，我根据知识的内在联系和学生的认知规律，重新编排教材，组合成“六条龙”的小学数学知识体系，并通过了专家鉴定。此后，“读懂儿童，读懂数学，读懂教材”就成了我努力的方向。

我在“三读懂”基础上确立了儿童数学教育的三维目标，即“传递知识，启迪智慧，完善人格”。在三维目标的基础上，又提出了明确的儿童数学教学理念，即让儿童在“好吃”中享受有“营养”的数学学习。这也是我直到今天都在追求的目标。

教师应该怎样看待儿童，如何在小学数学教学中适应儿童的需求呢？

在我看来，首先，教师一定要换位思考，要站在儿童的立场上思考问题，要按照儿童的认知规律和心理特点看待儿童，要让儿童学儿童的数学。

其次，儿童是具有丰富情感、有着独立人格的人，我们要保护他们的积极性，要尊重他们的需求，要平等地与他们交流。

再次，儿童是发展中的人，要注意开发、挖掘他们身上的潜能，促进他们的自我成长，儿童能做到的我们一定不要包办代替，让儿童在自主探索中培养自信和创新意识。

最后，儿童又是未成熟的个体，所以我们要包容他们的错误，并善于利用“错误”这种教育资源促进儿童的发展。

总之，教师应该是儿童最重要的朋友，是儿童学习的引导人，应该尊重、理解、善待、帮助儿童，以广博的知识、强烈的责任感、高尚的人格引领学生学会学习、快乐成长。

放大教的格局，树立大课堂观

记得有一年，我参加国际数学家大会，与来自全国的一千多名中小学生进行了一次名为“走进美妙数学世界”的主题对话。学生们这样表达自己对数学的印象：“数学就是没完没了地做题。”“数学太难了，学起来又累又烦。”“数学家是不是整天拿着一支笔没完没了地算啊算啊？”

这次对话引起了我对儿童数学学习的再思考。数学是比较抽象的学科，给人的印象往往是冰冷、枯燥的，这也是许多儿童不喜欢数学的原因。

我认为唤起兴趣是引导学生学习数学的第一要务。小学生的年龄特点和心理特征决定了他们学习行为的前提是“有趣的我才喜欢学”。

可是我们大人常常以成人的眼光审视严谨系统的数学，并以自己多年习惯了的思维方式将数学“成人化”地呈现在儿童面前。在课堂上对儿童的“奇思妙想”“异想天开”并没有太在意，忽视了儿童期心理特点和学习规律，失去了儿童的兴趣，影响了儿童创造力的发挥。教师要满腔热情地保护好奇心这颗“火种”，小心翼翼地呵护学生的求知欲。

其次，数学学习不仅仅是知识的获得，更重要的是培养学生的思维能力，掌握学习数学的方法。

数学中的比较、分类、归纳、推理、抽象、概括、符号化……，培养了人的逻辑思维能力和对事物基本属性、重要属性的准确把握能力。由此可以看到，数学为人们提供了特有的、具有典范意义的思维方式，这种思维方式是从事各种职业的公民在自己的岗位上获得成功与发展的重要智力保障。人们日常工作的思维方式和处理问题的能力不是与生俱来的，数学在培养人的思维方面有它特殊的地位和不可替代的作用。

我在教学时，一是注重学习内容要贴近儿童实际，教学方法要符合他们的认知规律；二是把数学变得简单些、容易些、朴实些，用“熟悉”的解释“陌生”的，用“具体”的理解“抽象”的，把人为制造的难点降下来，减少整齐划一、千篇一律的统一要求，从抽象、严谨、枯燥的形式中解放出来，走下金字塔、走向生活。

数学学习正是有关数学现象的重新认识，是在原有认知基础上的总结与升华。因此，教师要善于设计与生活实际有联系的数学情境。比如学生在学习“年、月、日”之前已经知道“我今年过生日，到明年过生日正好是一年”“爸爸这个月领工资，到下个月再领工资正好是一个月”，把这样的生活常识和数学学习结合起来，学生自然会喜欢。

课堂需要愉悦和谐的气氛

从事小学教师工作几十年，我常常在想：一位教师教育教学的最大成功是什么呢？经过多年的实践，终于找到了答案——学生乐学、爱学、善学、会学，教师乐教、爱教、善教、会教，这就是教师最大的成功和快乐。

怎样才能让学生在愉悦和谐的课堂气氛中积极主动地探求新知，从而得到全面的发展呢？教师应通过创造性的教学劳动，以数学教学本身的艺术魅力去感染和激励学生。促进“愉悦和谐”课堂气氛的形成，创设“积极主动”探求新知的条件，实现全面发展的目的。

教学环境、课堂教学气氛的好坏对“认知”与“情感”能否达到和谐统一，影响甚大。在课堂上，往往看到两种不同的场面。有的课堂，教师满怀激情，生动传神，学生情绪高昂，兴趣盎然。教与学双方都沉醉在一种轻松愉快的气氛中，其间虽有苦思冥想，一筹莫展，而茅塞顿开后，脸上荡漾出发自内心的微笑。学生充分体会着思维之趣，成功之乐。有的课堂，教师呆板的教法，乏味枯燥的讲解，学生木然置之，毫无反应，整个课堂犹如一潭死水。

善于创设愉悦和谐的课堂气氛是教学艺术的体现。教师应用这种良好的教学环境去感染和激励学生，为实现认知与情感的和谐统一创造条件。

例如，学习“圆的周长计算”一课时，当学生通过观察、操作、思考，发现了“圆的周长总是它直径的 3 倍多一些”这个规律时，我就充满激情地配乐朗诵：

“同学们，你们的发现很了不起，但是你们知道吗，早在一千四百多年前，我国古代的数学家祖冲之，就精密地计算出圆的周长是它直径的 3.1415926和 3.1415927之间的倍数。这是当时算得最早、最精确的圆周率值……这是我们中华民族的骄傲。你们发挥自己的聪明才智，重新走了一遍当年科学家的发现、发明的道路，你们就是祖国的希望，很有可能未来的科学家就在你们中间！”

听罢，学生都很激动，眼睛里充满了对探求知识的渴望，坚定了攀登科学高峰的勇气。“看看谁最聪明，能运用新知识解决实际问题。天坛公园有一棵粗大的古树，你能想办法知道古树截面积的直径吗？”我又一次提出新问题。

学生又一次进入思维的高潮，大家热烈地讨论着，终于得出了“既保护了古树，又求直径”的方案。学生根据“周长÷圆周率＝直径”的逆向思路，动手实践，创造性地解决了生活中的实际问题。思维得到了发展，智慧受到了启迪。

心理学实验表明："一个人只要体验过一次成功的欣慰，便会激起多次追求成功的欲念。"我以满腔的热情为学生积极创造"多次追求成功"的条件，努力捕捉他们身上的闪光点，想方设法给他们表现才华、体现自我价值的机会，学生得到的不仅仅是满足感、愉悦感，更重要的是增强了学习数学的信念和勇气。师生的情感也更加融洽了，使学生收到"亲其师而信其道"之果。

现代教育家认为，学生积极、主动地探索求知，生动活泼地全面发展，必须创设在民主、平等、友好合作的师生关系的基础上，愉悦和谐的学习气氛中。教师只有爱得真切、爱得直接、爱得投入、爱得心甘情愿，才能真正使每一个学生都抬起头来学习，使每一个学生都能积极投入学习的怀抱，从而达到使学生全面发展的目的。

没什么比尊重更重要

在教学过程中，我很尊重学生，努力做到平等对待每一位学生，让每一个孩子都能抬起头走路，都能"体体面面"地坐下。

讲一个我上课时的故事吧：在学"平均数"一课时，我先出示了一幅北京五一期间自然博物馆售出门票的统计图，请同学们估计一下，平均每天售出门票大约多少张？

"1000张""1100张""900 张""1500张"……同学们迫不及待地报出自己的估计，我请同学们用自己喜欢的方法进行验证。很快，结果出来了，平均每天售出门票1000 张。

这时，我拿着话筒来到估计结果是1500 张的那个小男孩面前，请他下去问问，其他同学是怎样估计的。于是他去问了一个扎羊角辫的小女孩。小女孩的解释是："五一期间售出门票最多的是1300张，最少的是700张，所以平均数肯定在 700 到 1300之间。我又看到图中的数据大多和1000比较接近，所以就估计是 1000 张。"

我摸着小男孩的头说："听了刚才这位的发言，你有什么感受？"憨厚的小男孩摇摇头，不好意思地说："人家估计的都在里边，我估计得到外边去了。"

我充满感情地说："我非常羡慕一开始就估计对的同学，你们很了不起，但我更佩服身边的这位小男孩，虽然第一次他估计到'外边'去了，但是他能在和同学们的交流中接受大家的意见，调整自己的思路，这是一种很好的学习习惯，我们都应该向他学习。"听我说完，小男孩很激动。

我举这个例子是想说明，课堂教学中没有什么比尊重更重要了。我们要像尊重成人一样尊重每一位学生，把学生看成一个个有尊严的个体，看成一个个平等交流的伙伴。

教师要适时地"退"、适度地"装傻"、适当地融入，激发学生的自信，使师生之间平等交流；要特别关注学习困难的、胆怯的、不爱发言的学生，一个微笑、一个抚摸、一句鼓励的评价和由衷的赞美，都能使这些平时得不到关注的学生在课堂中挺直腰板，自信地与其他同学交流；而对于学习有了错误的学生，我们要及时送上鼓励，帮助他找到错误的真正原因，并进行真诚的评价，使每个学生都能体面地坐下。对教师来说，这是特别有价值的事情。

用积极情绪，打造开放、活泼的课堂氛围

文/刘可钦（原北京市海淀区中关村第三小学）

不论我备课多么好，或者我对课的内容多么有激情，我都会时刻意识到当我与学生交流时，我必须与他们保持一种真正的面对面的关系和亲密的个人关系。学生只有喜欢上课，然后才能喜爱学数学。

用积极的情绪影响学生

每个人在社会交往中都保持着一种个性，情绪的差异是一种持久的因素。因此，教师在促进学生学习时，是不应该忽略情绪因素的。我想，聪明的老师，应该试图根据个人的兴趣和情感，以一种专业的方式去影响每个学生。

为什么许多人担心或者畏惧数学，这是长久以来人们形成的错误认识：数学枯燥，聪明的人才能学会数学。假如一个人在成长的过程中听父母或者同辈人说"数学是难学的，只有不寻常的人才喜欢它"，这个人在与数学打交道时，其情绪就会受到影响。

奇怪的是，把对数学的焦虑情绪"传染"给许多孩子的人中，有一些竟是老师。

"不注意听，你就不会了。"

"数学的连贯性很强，差一节后面的就跟不上了。"

"要多做练习题，才能搞懂数学。"

"你脑子都不开窍，怎么能学好数学呢？"

……

在这种焦虑情绪的影响下，一部分有困难的学生可能会干脆放弃——"反正我就跟不上了，随他去吧。"学习数学的快乐体验荡然无存了。一部分学习成绩好的学生尚存的一份喜悦充其量也是一种窃喜——"我比他们强。"

现在的数学课堂教学，注重于记忆和现成算法的应用练习，这导致了与自然的、经验的数学活动的分离。数学学习的良好情绪环境依赖于不寻常的教师、父母或朋友的热情，假如将范围广泛的数学过程的学习与孩子们活动的其他部分相互结

合起来，那么学生能否获得对数学的享受以及在数学方面获得成功呢？ 如包含了非常重要和复杂技能的数学的一个组成部分——计数，却没有任何一个学生会表现出畏惧或者是焦虑。因为在学习自然语言时，计数就作为其中的一个基本部分，用和其他的基本部分同样的方式学到了。因为计数进入了孩子们的社会活动，从而一种良好的情绪逐渐丰盈了学习的过程。

我们为什么不把学生的好奇心和急于得到答案的迫切心情，自然而然地置于学生的数学活动中呢？即使学生可能会经历一种无助和受挫的感情，可是当他们找到自己所提问题的满意答案后，学生得到的是因获得新发现而感到的欢欣、兴奋等心情的奖励。数学活动对于孩子们来说有时就是一种游戏，学习观察物体时，让学生变成4个人一组，把各自看到的那一面画出来，再相互猜测这是哪个同学从哪个方面画的，数学的学习在一种自然状态下得以完成。由于孩子们贪玩的天性而产生的积极的情绪就可能引起充满着活力的数学学习，而不是那种迫于教师向学生施加压力的学习。

良好的情绪除了数学本身之外，还有教师对学生的理解、包容及赏识，这些也是重要的因素。一个叫小尧的学生常常不能控制自己，做出许多课堂上不允许出现的动作。我们可以批评制止，也可以不理睬。但是还有更好的方法令他醒悟，马上改正，积极投入到学习中吗？于是，当他的目光与我对视时，我只是笑一笑地摇摇头，表示我的不满，他马上脸一红，投入到学习中去。这不也是一种积极情绪影响的结果吗？

可见，在非常成功的教学中，积极的情绪是学生热爱学习的重要因素。

课堂应有生活的气息

以往的课堂教学是以知识的传授为主要目的，强调系统和严密。联结师生间的纽带是一个一个知识点。教师想的是“我怎样讲书上的知识”，很少去考虑“学生怎样想”。如今的课堂教学追求的是思维的开放与师生间情感的交流，课堂不仅是学生的，也是教师的主要活动场所，是师生生命历程中重要的组成部分。这样的教学不仅要关心学生知道些什么，而且要关心他们是怎样学到的，怎样从一个错误的理解转为正确的认识，更要关心学生的情绪和体验，使教学真正符合学生学习的实际。

因而，营造一个开放的、活泼的、充满挑战的课堂氛围，是每个教师必须重新思考的首要问题。这就需要我们积极转变教育观念，改变多年来习以为常的教学方式——讲例题、示范、讲解、总结，改变学生习惯的学习方式——听讲、记忆、模仿、练习。教师要成为学习活动的组织者、指导者和参与者，使课堂成为富有生机的场所。

只有贴近儿童生活的学习，才能最大限度地带动学生参与和引发学生思考，让学生在交流身边问题的过程中体会到学习的乐趣和数学的价值。如“广播操比赛，我们班男生22人，女生24人，怎样设计队形”的问题。过去侧重“算”，忽略不同思路的交流，今天教师主要是启发学生“还可以怎样想”“你有哪些方法”“这么多的方案中你认为哪一种更合适？请说明你的理由”，等等。学生在教师的启发引导下，体验到每个环节都与自身的生活有关，都那么有趣，“下面是什么呢？”“我试着做一下吧”，而不是被动地等待教师示范和讲解，他们思维活跃，不断迸发创造的灵感。

创造力不是教出来的，只有学生真正拥有鼓励他们发表想法的机会，才能够发挥他们创造的才能。而随着问题的讨论，师生之间逐渐建立一种对话的关系、包容的关系和共享的关系，这是我们应该追求的一种境界。

“将课堂教学还原成一种课堂生活”，不再呆板，不再僵化，不再整齐划一，师生享有充分的自主权，教师走下讲台与学生们共同发现、共同研究、共同交流、共同创造、共同体味数学的魅力。

为改变传统课堂的这种现状，教师就要努力做一些突破，尤其要突破多年来形成的僵化的、以知识传授为主要目的的教学程序，还课堂生动活泼的场面。

如果我们树立了这样一种观念，就会根据学生身心特点、生活经验、教学内容、学科特点等，选择有效的教学方式与方法，让学生自主学习探究，课堂才会焕发出应有的生机和活力。

一般认为，开放的课堂是让学生的思维开放，很少谈及情感的开放，学生围绕教师选好的问题，学生的思维随着教师的问题转。这种模式下的课堂，充其量是一种“课堂教学”，谈不上是“课堂生活”。

我们都熟悉这样一种景象：教师站在讲台前，指挥学生干每一件事，先做完的等着那些没有做完的，天性动作慢的学生又在教师的不断催促下，才能赶得上大家。在这种课堂上，大家都在同一时刻做同一件事情，达到同一个目标。学生们不需要形成和提出自己的“问题”，不需要就某个问题向教师或同学“质疑”。学生在这种制度下，感受的是一种机械、僵化的课堂生活，唯一敢于反抗的形式恐怕也就是“扰乱课堂秩序”，借此发泄自己的苦闷罢了。

我认为真正的“课堂生活”，就是要把课堂的生活气息带给学生，就要改变一系列的、人们习以为常的模式。

活用教的方式，为学生带来快乐体验

开放的课堂生活是什么样的呢？在教学一年级“认识图形”一课时，我让学生根据书中的要求，自己想办法将各种图形通过折一折、剪一剪，变成需要的图形。如，将一个长方形变成一个正方形和一个长方形，将一个正方形折一下变成一个三角形和一个多边形，在一个长方形里面画一条直线变成两个相等的四边形……学生各自按照自己的方式、速度去理解数学知识，遇到困难时可以走下座位向教师寻求帮助，与同学交流想法，再试着做。

此刻，教师是学生学习的伙伴，与学生融为一体，和学生一起做题目。在这样的课堂上，学生快乐又紧张地完成一项又一项任务，每遇到困难而又悟出后，会情不自禁地发出内心的欢呼，这就是充满意趣的学习生活！

有哪位儿童会逃避或反抗这种快乐的生活呢？

开放的课堂生活不仅为学生带来快乐的体验，重要的是可以促进个体创造性的发展，所以开放的课堂生活是现代教育所需要的，我们应该：

——改变传统的秧田式的座位排列为梯形式或马蹄形的座位，为学生开展合作学习提供空间保障。教师应为学生创设一个宽松的学习环境，使他们能够在其中积极自主地、充满信心地学习，平等地交流各自对学习问题的理解，并通过相互合作去解决所面临的问题。

——改革传统的教案书写方式（即以知识的单一传授为主线），尝试设计以学生的活动为主线的教学方案。通过改变学习内容的呈现方式，促使学生积极主动地去学习，使学习过程变成学生不断提出问题和解决问题的探索过程。针对不同的学习内容，选择不同的学习方式，使学生的学习变得丰富而有个性。

——教师应创造性地使用教科书，积极开发有效的课程资源，将学习内容与学生的生活有机相连。应该认识到，有效的学习是建立在儿童原有经验的基础上，没有儿童的主动参与和原有经验的建构，任何脱离儿童经验的灌输都是低效的学习。

——作业的设计要丰富多样，不要强迫学生做过多的机械式训练。倡导学生用多样的方式，如图画、语言、符号、文字等表达自己对事物的理解。

——教师应该走下讲台，深入到学生中间，对学生施以个别辅导。我们倡导让学生动起来，但动不等于乱，不等于声音大。关键是让学生的眼、手、口、脑“动”起来。

——鼓励学生大胆地表达自己的想法，完整地倾听别人的观点。引导学生善于倾听、学习、吸收他人的观点，尊重不同的意见，不固执己见。

教师应该充分认识到，如果学生处在能够自由地探索知识、提出问题、讨论他们的想法甚至允许犯错的环境中，他们往往表现得会更好些，而且能学到较多的东西。通过倾听学生的思想和鼓励学生倾听别人的发言，可以建立起师生之间互相尊重的氛围。

——任何时候，教师的言语都应富有激励和启发。应该认识到，一个学生在完成学业的时候，要面对几千次的问答，教师的反应能影响学生的自尊心，并且也能教导学生如何去尊重他人。

教师应该努力去发现学生的回答中能够给予肯定的东西，并巧妙地维护学生的自尊。比如，“这是答案的一部分，但不是全部，你的思路是正确的”“我们对你的想法很感兴趣，你能给大家再说一遍吗？”。

当一个学生面对全班同学读书困难时，如果教师说：“谁愿意帮助他？”通常另一个学生会替他读书。如果教师说：“你愿意××同学跟你一起朗读吗？”学生反而没有感到难堪，因为他是××的合作者，而不是被动地接受帮助，他的尊严得以维护。

——应为每个学生提供学习的机会，允许学生随时表达自己的意见，并努力营造一种互相倾诉、补充的氛围。任何时候的评价和小组活动都应给困难学生提供表现的机会。作为教师，最重要的是唤醒并保护学生的学习热情，不让学生讨厌自己所教的这门课。

——创建新的课堂评价标准。有什么样的评价标准，就会有什么样的教学行为。改造现行的以学科知识为核心的教学计划和以知识管理为重点的课堂生活，不仅能帮助师生传递基本的态度、知识，还有利于技能的提升和运用。

——充分发挥小组教学的功能，将教师或学生面向全班的交流，尽量缩小到小组之间。

从表面上看，开放的课堂可能是嘈杂不安的、无序的，但深入其中你会发现，学生都那么投入，那么迷恋自己的探究工作。正是在这种适合个体学习的方式、适合儿童特点的生活中，学生的创造欲望和能力才有可能得到激发和提升。

教育的两个名字：影响与激励

文/于永正（原江苏省徐州市鼓楼区教研室）

什么是教育呢？教育虽然很复杂，但我从教师那本“书”里读出了四个字：“影响”和“激励”；而我从教的40多年中也能概括出这四个字。

鼓励行动，培养热爱

上四年级时，韩松的作文还很差。内容空洞且不说，最伤脑筋的是思维紊乱，东扯葫芦西扯瓢，前言不搭后语。看他的作文，有点像看卡通画，思维跟不上节拍。或许他正是受卡通的影响才写成这个样子的，也未可知。

但他有个长处，就是虽然从一年级到四年级一直没写出篇像样的文章，却从不灰心，仍然一丝不苟地、尽心尽力地去写。“屡败屡战”的精神令人感动。

尽心，也值得表扬。我几次把他的作文本在学生中传阅——只看字不看内容，看人家韩松是怎样工工整整地写字的。表扬是郑重的、动情的。

一天，我叩开了他家的门，送给他两本书，一本书的扉页上写了塞万提斯的一句话：“努力是成功之母。”另一本书的扉页上写上了我的一句话：“读书吧，书会告诉你怎样写好作文。”

我请韩松的家长为他准备一个大点儿的书柜，多为孩子买点书，当时给他开了一个书单。我对韩松说：“以后来你家时，首先看你书柜里有多少册书。”

进步是缓慢的，却是能够感觉到的。哪怕只用准一个词，写好了一句话，我都毫不吝啬地在下面画上波浪线，在旁边写一句赞许的话。

到了六年级，他的作文有了明显的变化，我多次在班里读他的作文，并请他向全班同学介绍写作文的经验。他红着脸，只说了五个字：“我喜欢作文。”

一次，我因为外出耽误了两节作文课。回来后，学生们拉着我，非让我补课不可。韩松趁人不注意的时候，塞给我两张稿纸，悄声说：“于老师，这是我自己写的一篇作文，题目是我自己出的。”

我很激动，觉得自己成功了，至少在韩松身上是这样。

我不由得想起语言文字学家倪海曙说的一句话：“对于孩子来说，学习的最大动力，第一是兴趣，第二是兴趣，第三还是兴趣。”

韩松能自觉地写作文，不正是兴趣的驱使吗？他的行为，不正证明了兴趣是孩子们克服困难，排除障碍，锲而不舍以抵于成的最大动力吗？

美国学者鲁德说：“兴趣不是学习的先决条件，而是学习的产物，是良好的教学的必然产物。它来自于取得成就的满足。”

韩松对作文的浓厚兴趣，就是来自他一次一次地“取得成就的满足”。其实，这“成就”完全是我用放大镜找出来的，或者压根就谈不上“成就”，而是我硬说的。毕竟，教师说的，学生总是相信的。

班主任教师感慨地说：“如果换个教师教，韩松准是个后进生。”

让学生不断体验成功的喜悦

教师教学难就难在教“后进生”上。

一次，一位听课教师翻着我班学生的作文簿，不解地问：“于老师，为什么有些写得很不错的文章，你才给打了90多分，而有些写得不怎么样的文章，你却给了个满分呢？”说完，把张雷的作文和靳冲的作文翻给我看。

我看了看说：“手指有长有短，能力有大有小，成功的标准自然也不一样。譬如举重，有100斤力气的，举起100斤才算成功；有50斤力气的，举起50斤就是胜利。硬让举50斤的人去举100斤，他只有累趴下的份儿。靳冲的文章和张雷的文章当然不能同日而语。但对靳冲来说，他已发挥了最高的水平，所以给他个满分。”

这位教师连连点头。我接着告诉他，我评价作文因人而异，不横向比较。无论是谁，只要发挥了他的水平，超过了昨天，都给满分。

“同样是满分，含‘金’量可不一样。”“如果横向比，文章的质量当然有差别。”

正说着，靳冲走过来，让我看看他写的草稿。我对这位听课的教师说：“他就是靳冲。”

“能让我看看吗？”这位听课的教师问。“写得不好……”靳冲脸红了。

“请老师指教指教嘛。”我对不好意思的靳冲说，“这是煤矿子弟学校的张老师。”

她浏览了一遍连声说：“不错，不错！看来你很喜欢作文，是不是？”“喜欢。”靳冲眼睛忽闪了一下。

课后，我对这位张老师说：“我想，您一定看出我班学生，特别是像靳冲这样所谓的后进生为什么对作文如此感兴趣的原因了。一句话，就是让他们不断体验成功的愉悦。苏联教育家苏霍姆林斯基就是这么做的，他从来不给学生打不及格的分。写得不好，怎么办？暂不打分就是了，等修改好了之后再给分，目的就是不让学生失去信心。”

“问题是，一般老师从来不给看不上眼的作文打高分。”张老师说。

我说：“是这样。说是从实际出发，要因材施教，实际上真正这样做的人少。大家习惯于用一把尺子衡量所有学生。岂不知，这样量的结果，后进生会越来越短，越来越矮。”

为学生的热爱添一把火，使其熊熊燃烧

聪颖而且秀气的贝贝患了恶性脑瘤。消息传来，教师和同学感到窒息，心上像压着

一块大石头。医生很快为她做了手术。手术很成功。

出院后，我和几位同学去看望她。她母亲见到我和贝贝的同学们，偷偷地抹眼泪。贝贝到底是个孩子，见了我们很高兴，扎着绷带的脸露出了笑容。她能一一叫出同学的名字，我很欣慰。

她问我：什么时候能上学？什么时候能上作文课？

我心里一酸，说："你的病很快就会好的。好了，就能上学，和同学一起玩。"

家长说："她最想上学，尤其是想上作文课，经常念叨着：小伙伴们写了几篇作文了？"

贝贝从小学电子琴。上二年级时，曾参加市里的比赛获一等奖。上三年级，她写过一篇关于学习电子琴的作文，很真实，很动人，我在班里读了，后来，还上了墙报。

还有一次，从邳州市运河师范附属小学回来，她写了一篇《依依惜别》的文章，写得感人至深，我在班里读的时候，连听课的老师都被深深地打动了，纷纷把它抄了下来。

是柴火，都可以点燃。是好柴火，只一把火就可以使其熊熊燃烧，且一发而不可收。

寒假过后，贝贝终于圆了上学的梦，她又回到了同伴的身边。各个同学都体贴她，关照她。她学习更认真了，作文写得更工整了。我写的批语也与往常不同，就连句号，也点得特别圆。中国教育电视台到我班拍摄，我尽量让她发言，给她一些镜头。目的只有一个，尽量多给她一些满足感和愉悦感，因为她的病。

可是，就在毕业前夕，她突然发起了高烧，又住进了医院。我和校长去看她，她打着吊针，脸上没有一点血色。她轻轻喊了一声"于老师"，喃喃地说："我最后一篇作文没写完……"

不久，她便走了。她父亲说，她戴着红领巾，表情安详，身旁放着生前用的书包。里边有一本专门为她新买的作文簿。她喜欢作文。

我永远记着她父亲描述的关于她的这最后一幕。

添加喜悦剂量，让兴趣转化为志趣

上小学四年级的蔡苏，仅四篇作文就用掉一个大作文簿。他的父亲大吃一惊，说："明明是一个很简单的故事，他怎么会如此'节外生枝'？"

"看您！"我说，"孩子写少了，您犯愁；写多了，也犯愁。蔡苏写的，叫'放胆文'。古人说了，作文要先放后收，开始不要约束孩子，想怎么写就怎么写。如果写不出来，倒是个问题了。然后才在写'放胆文'的基础上，讲一些写文章的方法，注意事项。随着年龄的增长，阅读量的增加，知识的不断丰富，孩子会懂得怎样写文章的。但是，没有第一步的'放'，就不会有第二步的'收'。"

家长半信半疑地听着，半信半疑地端详着我在他儿子作文簿上批的一句话："你真成了作家了！"

我的话，蔡苏却十分相信。

从此，他天天以书为伴。对他来说，兴趣已变为志趣。

优秀学生的兴趣逐渐升华为志趣，意味着教育的更大成功。

我对学习优秀学生的关照，绝不亚于后

进生。我不因他们能随时随地尝到成功的喜悦而有一丝一毫的忽略。对他们，评价时我着意加大使他们喜悦的剂量，使兴趣转化为志趣。

用激励唤醒热爱

清代的颜昊说："数子十过，不如奖子一长。"这就是激励。

上小学的时候，张敬斋老师给我颁发的一张他亲自画的奖状，还有他在我的作业簿上画的一条条波浪线，对幼小的我是多么大的激励呀！读初中一年级时，李晓旭老师在我的作文上写的"此文有老舍风格，可试投《中国青年报》"竟让我做起了作家梦！从此便如饥似渴地读书，搜肠刮肚地写稿。

理想虽未实现，但为理想奋斗的人生是充实的，收获是丰厚的！为此养成的读书、写作、观察、思考的习惯是无价的！

至于别人的例子更是不胜枚举，每个成功者、进步者，每个优秀教师教的每个学生都有这样感人的故事。

安徽凤阳一中有个叫邵军的学生，表现很差，是个被老师放弃的学生，升入高三，新班主任吴华兵老师找他促膝谈心，说："让我们从心开始。"说完，把"心"字写了出来。邵军十分感动，在吴老师的鼓励、帮助下，他发愤学习，一年以后，成了大学本科生！这不能不说是一个奇迹！这个奇迹产生的动力叫"激励"——由教师的爱心，激活了邵军的潜力。从这个角度上说，教育也可以叫"激活"。

要激励每个学生，虽然学生不可能都像邵军那样变得令人惊诧。我在《教育，有时候很简单》一文中说："同样褒奖的话，对张三可能起大作用，对李四的作用可能微乎其微（一点作用没有也是不可能的）。但是，激励、期待的话只要对一个人能起作用，我们就不放弃所有的人。人人都有长处，对他的长处就要多说夸奖的话、鼓励的话；就要赏识它、放大它。"

放大优点"能激活学生的潜能，激发他们的兴趣"。而无数事实都证明，根据兴趣学习的人都有可能成为天才。因此第斯多惠才会说："教学艺术的本质不在于传授的本领，而在于激励、唤醒、鼓舞。"

激励要有针对性。要看准学生的闪光点之所在，即他到底有什么特长，把他的闪光点激活。有个学生叫李明，数学经常考不及格，为此他觉得抬不起头来，但他喜欢画画儿。

一次，在他正为数学没考好而沮丧时，我说了一句："李明李明，画画最行！"从此，他对绘画乐此不疲，后来通过刻苦自学，成为一名优秀的画师。彭晓明记忆力、理解力惊人，一篇《赤壁赋》，读几遍便能背下来。我对他说："我很喜欢你，你有很好的天赋，又好学，将来会成为一个学者。"后来他考取了清华大学，毕业后留校了。

有人指出，教育的悲剧恰恰就在于我们千方百计地企图把千万个天赋不一、个性迥异的学生造就成一个人，我们要尊重差异。孔子在两千多年前提出"因材施教"的思想是多么伟大！但时至今日，又有多少人去实施了呢？

表扬、激励的语言要有实指性，用词要恰当，实事求是，不能空泛。大而空的表扬，甚至像朦胧诗似的评价没有多大作用。"你真棒"之类的话可以使用，但最好说出"棒"在哪里。

"你真棒！你的字有柳体的味道。""你居然能正确地使用分号，思维多清晰啊！""你不但回答正确，而且语言简洁，几乎没有一个多余的字，也不需要再添一个字。"这样的语言，学生能听懂，知道好在哪里，而且对其他学生也有启示作用。

激励要着眼于育人。"虽然朱雷的发言是反驳李挺的，但李挺一直在平静地听，有君子之风。""虽然这次刘卓薇落选了，有人还对她说是老师偏向另外的同学，才使她没评上'三好学生'，可是她——大家看她的表情——始终是微笑着的。她的名字改为'刘卓微笑'更合适！""我真感谢我们的语文课代表，每次收的作业本他都为我翻好——翻到该改的那一页，费了他的时间，却省了我的时间。"

激励要真诚、动情。轻描淡写，面无表情地鼓励与肯定，会使学生不以为意，甚至不领情。什么是真诚的表扬，什么是随便说说，学生一听就知道，我从来不把小学生当作小小孩看待。

激励要及时。事情过去很久了才去赞扬，就失去了意义。即时赞美是第一阶段。突出的表现，赞美要重复，而且我总是当着全班同学的面表扬——一定要当众说！这样会增加被赞美的学生的荣誉感，而且会产生示范、引导的效果。

我对学生的激励手段很多。除了语言外，还包括为学生发放奖品（哪怕只是一本书，一支铅笔）、发奖状。奖项要多，这样，奖品和奖状就不会为少数学生所包揽。让学生的作文、书法作品"上墙"也有很强的激励作用。还有一种激励叫"掌声"。不要低估了掌声的作用，掌声是世界通用语，它对人的激励作用也大得很，且又方便易行。把掌声送给该赞美的学生才真是"举手之劳"呢。

我是在老师的激励下成长的，我的学生也是在我的不断激励中成长的。当年老师讲课内容已经印象淡漠了，但对老师所有鼓励、表扬的话却永远记在心中。

我对"激励"的作用深信不疑。"唤醒、激励、鼓舞"是教育的伟大的法则。但是，它的背后必须站着了解、理解、真诚和热情。一句话，必须用爱来支撑。教育很艰巨，但只要从"心"开始，伸手就能成功；教育很复杂，但只要"学高""身正"，谁都会成功。

当然，"影响"和"激励"不是教育的全部，教育还有别的名字，等待老师们去发现。

直面教育之难，让教学充盈温暖

文/黄硕（《教育家》杂志社）

李培芳的数学课幽默、温情。课堂上，天性未受束缚的小学生们积极发言，甚至在课堂上叫起来、笑起来。下课后，他们也不愿离去，围住李老师……

“当一门学科不是成就，而是打击、摧毁人的自信时，它的教学方式就需要进行改革。”李培芳说，他的数学课首先保证让同学体验“成功的数学”。同时，他还要让数学课好玩、温暖。

数学可以很好玩

作为福建省特级教师，李培芳多次上公开课、参加教学比赛。听课者的评价，往往不是“课上得好”或者“设计真巧妙”，而是“做你的学生很幸福”。不少家长的评价也是“孩子放在你的班级，很幸运”，一些学生也反馈“上课很开心”。李培芳自己也纳闷这是为什么，后来他慢慢总结出自己课堂的三个主张：好玩、温暖、成功。

提炼教学主张是教师专业成长的关键一步。李培芳认为，教学主张不是刻意造就的，而是自然生就的。从多年的教学经历中，李培芳总结出：“教师的教育生命，就是一个个40分钟的总和。要过好自己的教育生涯，就应该让40分钟充满快乐。”于是，

“好玩”就成了他的教学追求。李培芳抱着“和学生玩”的心态上课，像“邻家大哥哥”那样和学生对话，他相信“自己的快乐可以传导给学生并带动他们”。

他追求“好玩的数学”，相信学习本身就是可以快乐的。他认为，现在的孩子不爱学习，是因为学习被分数异化了：“只是机械地模仿、纯粹地死记硬背，喜欢学习才是怪事。”因此，展现学习本身的魅力，让学习回归其本质，用参差多态的学习方式让学生领略它固有的美好。

李培芳认为，虽然“教学不是一口袋子戏法”，但“如果在你的工具箱里只有一把锤子，那么所有问题在你看来都像是钉子”。想让数学好玩，教师需要不断丰富、创新学习形式，让学习充满活力。数学课可以有多样的教学方式，如微课、翻转课堂、化错教学、预学导学、思维导图、学习共同体、小先生制，等等，这些“不同”让人心生期待。另一方面，数学课应像科幻电影一样，展现出科学的力量——让其看得见摸得着、有力量、有趣味，回味无穷又指向未来。

李培芳也相信数学是一门非常美的学科、一门非常神奇的学科，只是学生们被机械枯燥的教学方式磨灭了兴趣。他引用本·奥尔林《欢乐数学》中的一句话来说明：“如果你觉得数学不可能这么神奇，那也许是因为你在一个叫‘学校’的地方学过数学了。”因此，李培芳努力设计充满魅力的数学课，让学生感知数学的魅力、学习的魅力。

比如“认识小数”这节课上，李培芳出示了一道填空题：比1小的数是____。学生回答“0”。李培芳语气夸张地说：“同学们，如果比1小的数只有0，那可就惨了，那可要出大事的啊！”学生很惊奇，有一些孩子突然点头：“比1小的数如果只有0，个矮的小朋友的身高就只能填‘0米’了！”怎么表示个矮同学的身高呢？接下来，师生就饶有兴致地投入对小数的认识和思考。

让课堂充盈温暖

“好玩”之后，李培芳总结了第二个关键词——“温暖”。他说：“举个不恰当的例子，拿一个孩子开玩笑，也可以很好玩，其他孩子可能笑得很开心，但是对那个孩子来说就是一场灾难。”因此，“好玩”不能离了“温暖”。李培芳的做法是，用自己温柔的人格魅力，给学生构建安全、无恐惧的心理环境，让课堂充盈着尊重、鼓励的情感暖流。

在一节“数说长征”的课上，李培芳让学生从日常生活中选择一个数字，与“25000”进行比较。一个男生选择与地球周长“40万千米”比较，实际上地球周长约为4万千米。李培芳轻声问道：“你确定吗？”男生坚持自己的记忆，李培芳说：“到底是40万千米还是4万千米，就留给同学们课后去查证，作为课后作业好吗？”随后对这位男生说：“你已经很棒了。”并提议全班为他鼓掌。

事后，李培芳表示，之所以没有急于“纠正”错误，原因有很多。一方面，他坚持这样一种教学理念，教的结束是学的开始，希望学生在课后也会继续思考，并对下一节课有所期待，“数学课不要上成‘小品’，而应该成为‘连续剧’”。另一方面，李培芳由衷地不愿“揭露”男生的错误，“他能在六年级说出地球周长是40万千米，已经很棒了，没必要纠结于多了一个零。我不想在那一刻告诉他‘你错了’，我真的说不出口。”

这一充满温情和智慧的处理，是李培芳所追求的数学课堂的真实写照。这种由内而外的温柔，让李培芳的课堂具有了温润、和谐的气质，曾有听课教师如此评价：“以前去听课，觉得是任务。但第一次听李老师的课，大家就入迷了，是放松下来的沉迷，那种状态我以前从未体验过。”

让学生体验成功

李培芳的学生很喜欢找他聊天。有学生表示：“我记得老师曾说过一句话，就是他把我当作朋友。我总去找他。虽然老师忙，但他总会留时间跟我聊聊闲话。”李培芳也很享受跟孩子们聊天的时光，他觉得孩子的世界单纯而美好，就算只是听他们说说日常琐碎，也感到有趣。有时候午休，孩子们还围着李培芳不肯离去，让他又感动又哭笑不得。

也正是在这样安全、信任的师生关系中，李培芳得以走进孩子们的内心，倾听到他们对数学学习最真实的声音。有一次，李培芳问一个孩子：“你喜欢数学吗？”“不喜欢。”李培芳接着问：“你觉得要怎么样，你会喜欢上数学？”孩子的回答让李培芳震惊不已，他赶紧又找了一个孩子，得到的是相同的答案。不是课堂更有趣，不是作业少一点，不是做游戏、搞活动，孩子们表示：“只要那些题我会做，我就喜欢数学。”

“这是可以理解的，一张考卷发下来59分、32分，你让他如何喜欢？数学其实在不断伤害他。所以一定要让他成功。”成功如何定义？李培芳认为，有两种成功，一种是大浪淘沙式的成功，一种是让每个人成功。“而在小学阶段，我真心希望让每一个人成功。成功的数学是让人学会数学，每节课都让学生有所得，每一天都感受到学习上的变化、进步和提高，对数学越来越有信心。”

仔细回想过往的教学经历，的确如此，不少学生屡次考试不及格，怎么可能喜欢数学呢？“对，一定要让孩子成功，没有成功体验，再好玩也没用。”李培芳终于完成了教学主张的最后一块拼图。

但他清楚，实现“成功的数学”并非易事，因为这至少需要两方面的力量——一是有效的学习，二是科学的教学评测。但当下，各种教学测试越来越多、越来越难，严重挫伤学生学习的积极性，摧毁学生的学习自信，“学生好不容易考到80分，换一张考卷来评测，让80分的学生直接掉到60分，考试需要这么难吗？一线教师常有‘检测猛于虎’的感觉，不断加压，小学就要为中考高考做准备……”在李培芳心里，在小学阶段，比成绩更重要的，是兴趣、习惯及阅读。“小学学习应更理想化、更浪漫一些。”

直面教育之难

让孩子体验成功，其实是每个老师的愿望。通过机械地刷题训练，也能提高分数，但“那样就不好玩了”。让孩子在好玩、温暖中体验成功的数学，李培芳觉得这有难度，但很有意义。

一方面，是教学评价的问题。李培芳

认为，应该避免过难的评价体系，避免给不少孩子贴上标签："你就是数学不及格的差学生。"曾经，李培芳和一位教研员讨论过，他说："不能让孩子们都考到80分以上吗？"对方认为，区分度很重要，关于评价的问题重在改变家长的观念，让家长不要因为孩子考不到80分就过分焦虑。

李培芳没有被说服，他觉得区分度没那么重要。"最重要的是兴趣和信心。如果一个孩子没兴趣又没信心，这个学科的主动学习进程对他来说就宣告终结了。所以我觉得，在小学阶段，宁愿牺牲一点成绩上的要求，也应该呵护孩子的兴趣和信心。"

"A喜欢数学，考90分；B讨厌数学，考95分。你希望哪一个是自己的孩子？"在很多次培训活动上，李培芳都会问这样一个问题。在场的老师们几乎都选了A，然而现实往往是，大家期望孩子既能考95分，又能喜欢数学。

"可是90分到95分，这之间是需要训练的，有的时候过度训练就把孩子的兴趣磨灭了。"李培芳见过太多这样的例子，所以他急切地呼唤评价体系的科学化、人性化。

另一方面，是教学方式的问题。李培芳认为，教师运用一些教学策略，提高学习质量，自然也有助于孩子体验成功。例如在一节讲解"分段计费"的数学课上，教学情境是乘坐出租车，3千米内收费10元，超过3千米后每千米加收2元。孩子解决这类问题颇为吃力，李培芳很久都没找到原因，直到那节课上，他问了一个问题：

"如果里程是5千米，你们觉得要分几段来算？"孩子答道："分三段，第一段是3千米，第二段是1千米，第三段是1千米。"这让李培芳感到很意外，因为一直以来的教法都是分两段，教参上也是如此建议的，却没想到学生是这样思考的。他决定，学生怎么想，课就要怎么讲。

李培芳感慨道："很多时候，孩子们学不好的原因是，他们想的和老师教的不在同一个频道上。"他也因此总结了一条教学原则——顺学而教，如果大部分学生认为上述问题应该分三段，那么教学就应该按三段来进行设计，以后再优化为两段。这个案例让李培芳触动颇深，顺学而教的教学思维颇为朴实，也并非独创，但更多的时候，只是老师觉得"顺"。"这个案例的真正意义在于，我们要真真正正地倾听孩子、观察孩子，如此才能捕捉到'顺'的契机。"

又如另一节数学课上，关于阶梯水费的计算。李培芳充满激情地说："分段计算就分三步。第一步，分三段；第二步，乘单价；第三步加起来。真的很简单，比做饭都简单，你们想，做饭都不止三步吧？"这时，学生小宇认同地点了点头。李培芳很高兴，小宇是班上学习较为落后的孩子，在数学学习中存在困难，可他却能从老师的鼓励中得到共鸣。

李培芳就此又提炼了一个简单朴素的道理——很多时候，要告诉学生学数学不难，要给孩子传递信心，甚至是信仰。网上流传着一句班主任"经典台词"——你们是我带过的最差的一届。李培芳把它反过来说："同学们，你们可能是李老师带过的最好的一届学生。"他发现，这样说的效果好多了，孩子们大多愿意并且会成长为老师期待的样子。

三个小巧思，和孩子热烈“拥抱”

文/李芸（河南省郑州市郑中国际学校）

一次课间，班主任王老师笑着向我复述了她所带班级孩子们的话：“我们美术老师为什么下课从来不拖堂呢？我好想让她拖堂呀，拖一节课都行！”孩子这番童言童语，让我笑了好半天。王老师打趣地追问我：“快说说，你到底给我们班孩子施了什么魔法？”细细回想，我可不会什么魔法，无非是教学多年，逐渐摸索到了一些有效的窍门而已，我把这些窍门戏称为“巧劲儿”，用好了就能事半功倍，不仅我教得轻松，学生们也学得开心。

用好自身优势，培养忠实的“小粉丝”

现在的学生已经不需要不苟言笑的教书先生了，时至今日，越来越多具有独特人格魅力的教师受到学生的热烈追捧。试想：如果学生能用崇拜的心情跟着教师进行学习，成为教师忠实的追随者，在教学和教育上的问题岂不是就简单很多了。

一次周五放学，小夏妈妈对我说：“李老师，我家小夏特别喜欢你，回家总是说我们美术老师好漂亮，最喜欢她了！”小夏妈妈的一番话提醒了我，现在的学生都喜欢形象气质好的教师，得体的穿搭和教态是一种优势，能够吸引孩子的注意力，能否将它植入到教学过程中，让学生对教师所教授学科的喜爱更胜一筹呢？

带着这样的疑问，我认真观察了小夏，发现他在美术课上总是表现得特别认真，作业画得也很用心。只要得到我的鼓励和表扬，小夏马上就开心地笑起来，作业也越画越好。

从小夏这里得到启发。于是，我把自身的外表优势与教学方法进行结合，运用激励的方法，多与孩子们聊天，以此维系好学生对于美术学习的热情。渐渐地，我的小“粉丝”团就组建起来了。

鸣鸣是个爱动的学生，上课很难坐得住，我的形象优势在他这里不起任何作用。一到美术练习，他就显得无比“痛苦”，总是随便勾勒两笔，草草应付作业。多次提醒之后，仍旧我行我素。深入了解之后，我发现他是个对新奇的事物有很多好奇心的学生。

一次，我带领同学们上了一节特殊的美术课——播放了英国的《艺术创想》，这个针对4—16岁孩子的艺术类节目里有很多动手创作、变废为宝和绘画小窍门的介绍。这回，鸣鸣仿佛变了一个人，一双大眼睛始终目不转睛地盯着屏幕，看得尤其专心。

下课后，我把他拉来聊天。“老师，那些都是美术吗？”“对呀，那些都属于美术，美术这门学科里包含的内容多着呢，但都是需要良好的美术基础作支撑呢。”听我这么说，鸣鸣特别兴奋：“老师，我们以后美术课上也能做视频里的手工吗？”“当然了，不过需要你先把线条和涂色的技巧练好，这样做出来的手工作品才会更好看、更精致，下节美术课我要看到你的画哟！”

鸣鸣爽快地答应了。此后的课程中，我

也有意识地加入更多“趣味”元素，把“原来这也是美术”的理念通过课堂传递给学生。让更多像鸣鸣一样的孩子不再排斥美术，感受到美术和教师的专业魅力。与此同时，我也利用之前已成立的“粉丝团”，让他们去影响、带动更多同学。慢慢地，我的“粉丝”队伍越来越壮大。

要想成为受学生欢迎的教师，除了拥有过硬的专业教学水平，还应懂得运用个人优势，感染、影响学生。对于那些缺乏绘画兴趣的学生，我们需要帮他们找到美术的兴奋点，再结合他们的个人喜好来设置适合他们水平的“特殊”教授内容和作业，给予他们从接受到喜欢的机会、支点和桥梁，让他们慢慢地接受教师，爱上学科。

少讲精练，用好“翻转课堂”

执教一年级美术课时，由于学生识字量有限，导致我的课堂教学与预期设想有较大差距：首先是没办法设置导课员，无法由孩子自己发布学习任务并组织学习；其次是课件与板书没效果。课件上出示的重点文字，教师的板书梳理，也都没有起到该有的作用。所以每次开展新授课讲解时，我都需要在调动学生情绪、保持互动的基础上完成详细讲解，一堂课上下来，口干舌燥，十分辛苦。

有没有什么方法既能让我教得轻松，又能让学生牢固掌握知识点呢？思考过程中，我想到了“翻转课堂”教学法。

“翻转课堂”也被称为“颠倒课堂”或“反转课堂”，是指重新调整课堂内外的时间，将学习的决定权从教师转移给学生的一种教学方法。这种方法具备了两个特点：一是重构课堂学习流程。教师提前了解学生的学习困难，在课堂上给予有效辅导；二是注重课堂讨论。同学之间的相互交流，有助于促进学生知识的内化吸收，提高其学习效率。于是，我进行了如下尝试：

1.了解学生的学习困难

接下来的美术课上，我没有按之前的教学思路按部就班地讲解，而是先提出一个问题：“今天我们要画汽车，如果我不讲，谁有信心能画出一辆好看又有趣的小汽车呢？”问题一出，班里有一半的孩子举起了小手，表示自己能画好。“没有举手的孩子们，你觉得小汽车哪里比较难画？”我紧接着问。有孩子说：“老师，我不知道车门、车窗怎么画！”有的说：“汽车的身体该怎么画呀？”我一边听，一边将他们提出的问题进行记录，然后就让大家开始画一辆好看有趣的小汽车。这时，有个学生大声提出了自己的疑问：“老师你还没给我们讲呢，你不讲我们就画？”在得到我肯定的答复之后，他迟疑了一下，动笔画了起来。

2.组织学生交流讨论

20分钟后，大部分孩子已经完成了铅笔稿，大致画出了汽车的外形。这时，我请大家暂时停下，请几个汽车画得有特点的孩子来讲解自己的作品。一个画兔子汽车的女孩儿上台展示后，班里顿时热闹了起来，有人说：“快看，她的兔子汽车，鼻子还能当车灯！”

你瞧，当学生看到自己感兴趣的作品时，自然就会引发出思考和讨论了。“孩子们，大家看了刚才几个同学的作品之后，你能找到画汽车的外形，包括门窗、轮胎的方法吗？汽车怎么画才有趣呢？”这时，我再将之前他们提出的问题拎出来，并组织学生四人一个小组，针对这两个问题进行讨论，

5分钟后请小组派代表发言。

3.有针对性地辅导

讨论结束后，学生迫不及待地举手，抢着发言，一个小男孩说："老师，我们想到了可以画形状，车窗画成方形的，车轮用圆形画！"另外一个男孩举手说："我要补充，老师，车灯也可以用圆形画！"……

原来，当我只抛出问题并不解答，留给学生的学习空间反而变大了。学习难点是他们自己提出的，学习方法也是通过讨论交流找到的，学不会或者不会画的问题也就不存在了，学生在课堂上学得就更起劲了。

用好"示弱定律"，给学生更大的成长空间

下课了，一些喜欢折纸的孩子围在我身边，向我分享他们的折纸作品，带着期待地问："老师，你会折吗？"如果我的回答是"我会。"孩子就表现得挺失望，如果我回答："这个看起来很难，我不会！"孩子顿时就开心起来，立马塞给我一张折纸，说要教教我。

孩子们前后两种不同的心情变化，明显取决于我的回答，这种现象背后的心理学依据是示弱定律。示弱是一种聪明的退让，有时候，适度、有策略的示弱，反而能取得人们的理解，获得更多的生存和发展空间。

既然如此，那我何不想办法，把示弱定律运用到教学中呢？

一天，刚下课，小Y就拿着新折好的折纸作品向我跑来，"老师，你看，这是我折的恐龙！""哇，还挺像呀！"说着，我便拿过折纸认真观察起来。"老师，你看，这是恐龙的嘴，这是它的牙，这是我给它折的脚……"看到我对他的作品感兴趣，小Y开始认真给我讲解起来，旁边越来越多的同学挤过来，都想要瞧一瞧他做的恐龙。

看到自己折的恐龙这么受欢迎，小Y满眼期待地问我："老师，下次手工课，我能教大家折恐龙吗？""可以，那你要好好准备啊！"得到我肯定的答复后，小Y开心极了。

看着他开心的样子，我也陷入思考：学校一直提倡分享式课堂，让学生站在课堂中央，这一教学理念在绘画表现类型的课上，确实能够通过分享、展示环节来实现，对于手工课，则需要一定的制作技巧和良好的语言表达能力来作支撑。所以，一年级的手工课，我基本上是一手包办，学生虽然很喜欢，学得也认真，却无法在我的手工课上发展他们的自学、语言表达等能力，小Y向我预约的这节折纸课，让我看到了希望。

当我看到小Y从容地站在教室前面，一边演示一边讲解，还能注意到要和同学们互动，观察他们学习进行得是否顺利，我非常欣慰。更令我惊喜的是：班级学生不仅配合回应小Y的课堂口令，在他偶尔忘记讲错时，也表现得很宽容。

原来学生身上蕴藏着巨大的学习潜力，教师的适度示弱能给他们更大的锻炼平台和成长空间。尝到甜头之后，我就在各班级寻找像小Y这样有特长的孩子，培养他们做小老师。只要他们选好教的折纸内容，就可以找我预约上课，当然，上课内容需先经过我的审核。

让学生爱上学科，所有的"巧劲儿"都需要建立在学生的学习需求之上。如此一来，一节节能够帮助学生发展自身能力、展示自我、建立自信的美术课堂，他们怎么可能不喜欢呢？

慎重“亮相”，启动开心学的开关

文/尹筱（河南省郑州市创新实验学校金桂街校区）

从酝酿着走上讲台开始，如何让学生喜欢自己、喜欢自己所教授的学科，也许是每一位教师在脑海里思索的问题。

万事开头难。一出戏，要演好序幕；一部乐章，要奏好序曲。因此，让学生爱上课堂，上好第一堂课就显得尤为重要。苏霍姆林斯基也在很多场合强调，任何一个优秀的教师，他必须是一个善于激起学生对自己课堂兴趣、确立自己课堂吸引力的教师。

讲台就是教师的舞台，一旦站在这个舞台上，教师的台词、表现、教学内容都应该是进行过精心准备的，尤其是第一堂课，是我们向学生展现自己的重要演出。如果教师的第一次演出精彩到位，以后继续努力，你的观众自然欣赏。如果你的表现平平，或者在学生的眼里并不怎样，观众不捧场也属正常。当然，第一次登场便表演砸了，遭到学生腹诽也在所难免。

那么，第一堂课究竟可以怎么准备呢？

酒香也怕巷子深，用好“开场秀”来蓄势

正因为学生对教师所执教学科的印象往往会受到教师留给他们第一印象的影响，教师的第一次亮相才显得尤为重要。第一印象的组成部件很多，其中包括了你的仪容仪表、情绪态度、业务水平等。当接受一个新的班级，我们不妨发挥自己的特长，给自己设计一个精彩的亮相。

个人形象是第一要素。音乐教师作为艺术发言人，在走进教室之前，最好修饰一下自己，洗发沐浴，结合教师身份，在服装、妆容上下一番功夫，打扮得体，留给学生一个美的第一印象。在显得干净干练的同时，也传递出对学生和课堂的尊重。

当然，一段精致的开场白也能迅速吸引学生们的目光。需要提醒的是，在开场白的过程中，别忘了进行你的专属特长展示。

比如今年在我第一次走进新班级的音乐课堂之前，就综合环境、现场、学生年龄、学生喜好等多方因素，精心配置了一套自然大方的服装，借精心准备的开场白导入，选择了一首歌曲作为孩子们的礼物来进行我“歌唱得好”这一特长展示，在“如果还有梦就追，至少不会遗憾后悔……”的音乐声中，我的秀场变成了全班的大合唱。

在第一个开场秀的环节上，我没有花费很多力气，就利用我的亮相将课堂气氛与学生兴趣充分调动。漂亮的、出彩的亮相，已经激起学生对我的关注和兴趣。

让学生看到一个生动的你

想要引发学生对你的兴趣（至少是不排斥），远不是一个简单的姓氏介绍和称呼能解决的，你的求学经历、工作经验、获奖荣誉、日常生活……都可以当作吸引他们的点。初次亮相时，让学生对教师有全方位的

了解，有助于他们近距离地走近教师，将时间线与故事线串联，更好地促进师生友谊的建立。当师生关系理顺之后，彼此间的喜欢也就顺理成章了。

因此，我将自己的经历过的小故事、获得的各种称号、策划执导的各种大型活动、带队指导学生获得的各种奖项打包，带去与学生一一见面。听的过程中，学生们一遍遍发出惊呼，我知道，他们在捧场的同时，也是在我的自我介绍里真正生发出对我的钦佩之情。

这一环节，还可以向学生介绍自己的教学计划、授课习惯、讲课特点等，并对学生应该达到的程度作出明确的说明，以便学生在接下来的学习生涯里，能更快地适应教师的教学风格，跟上教师的教学步伐。相信我，当学生感受到教师的智慧之美、进取之美后，他们会从心里认同、喜爱和敬佩这位教师。

◎ 课堂上和学生在一起

让“你”和“你的学科”与学生建立深度连接

任何一门学科都有它的独特魅力，但通常而言，综合科目会让学生感觉是不重要的副科，大多数时候，学生不会像重视语文、数学等学科一样，带着明确的目的去学音乐。为了激发学生的学习热情，培养学生对学科的热爱，教师需要让学生知道你所教授的学科同他的关系与他以往的认知不同，甚至有些“不一般”。

每每面对这样的时刻，我都会联系社会中的一些具体的实际例子，真诚、郑重地向学生介绍我所教授的科目，通过这样的学科介绍，来突出所教科目在社会发展中的重要性，让学生产生一种愿意学好你所教学科的冲动。

例如，今年我在第一节课上利用马云的名人效应，告诉学生：“在马云创办的云谷学校里，语文和数学是可以慢慢来的，音乐课、体育课和绘画课才是必修课，因为马云说，一个生活在城市里面的人，没看到过谁不会算数的，现在的教育急缺的是艺术教育！”

不出所料，学生在这样的介绍里，眼睛变得更明亮了，对学科的期待值也拉满了。

在约束力的基础上培养“爱”

综合科目的纪律秩序问题常常令执教教师们头疼。究其原因，很多时候是因为这些课堂没有和学生制定课堂规矩，往往在学生出现问题之后才仓促处理，但处理的尺度或宽或严，并不能服众，长此以往，问题越积越多，教师会感觉到学生越来越难管理。

因此，越是希望孩子们喜欢上自己的学科，越是要在自己的学科上与学生共同订立规矩。如果接手一个班，教师进入课堂就讲课，这样的带班效果通常不会太好，为了确保师生共度一次次美妙的学习旅程，第一次课，我们可以跟学生“约法三章”。

不同的学校、不同的班级、不同的学科

都有自己的实际情况，让学生漫天去想“课堂规则”是不实际的。制定规则的目的是要保证课堂教学的顺利施行，因此，需要订立的规矩也应该是本学科中可实际操作的具体事项。就音乐学科而言，我关注的是学生的教学组织、聆听、发言、演唱等具体方面，所以，在引导学生“畅所欲言”之前，我会明确地告知学生，建议他们围绕这些方面展开。

为了让这些公约发挥最佳效果，需要教师真正做到“从学生中来，到学生中去”，让全体学生参与到规矩的制定和表决的过程中来，所有的约定与展示由学生提议、商讨、决议并实施（当然，教师心里应该有基本要求或达成目标），在学生讨论时适时引导，让全数同意的条例上墙。比如，我的学生们就根据自己和班上实际情况梳理约定出“唱歌时做到面部表情带微笑”“表演时落落大方不笑场”等有效公约。

管理是最好的参与，当你将决策权交给学生时，你会发现他们比你想象的定位更高、要求更严、承诺更谨慎。待到“公约”的基本条款出来之后，通常我会组织进入下一环节——课堂“专属角色”申报。

在音乐学科特点及学校分享式教学的大方向下，我为我的课堂设置了以下“专属角色”：导课员、计时员、范唱员、指挥员、提醒员、领舞员等，根据各项角色性能的不同，请学生结合自身实际情况，进行申报并投票选举。

如导课员负责带队进场、清点人数、汇报情况、纪律管理、下课整理等一系列事项，这就要求担任者具备较高的自制力与组织力，范唱员要首先完成歌曲的演唱并带领同学展现歌曲，要求自荐者自身的音准、音质、节奏感及表现力都要强于别人……

我发现，学生在考量自身的品质时，会在潜意识里加强对自己的要求。因此，他们在进行角色梳理和申报时，会对自己在课堂中的角色和位置更加清晰，更容易接受课堂内容，这就为学生爱上这门学科提供了良好的土壤。

除了公约和角色，我还会用隆重颁出的“特别约定”去帮助我的课堂。例如，借助音乐课堂的特色约定，我跟学生达成了常规与底线要求的共识，像“琴声起，教室静”就是音乐课堂的“最高指示”。必须让学生明白，在原则性的事态前应该怎么样做，这会为今后上课的组织教学节省大量时间，到时就不会浪费上课时间来向学生强调纪律，导致整堂课手忙脚乱。

值得提醒的是，不论什么策略、什么路径，在与学生的往来中，教师都应记得注重情感的发挥，在教学的每一个环节上都注入“情”。摆正心态，从肢体、表情、语言和实际行动告诉学生，你和他们的关系就像朋友一样，你们可以互享联络方式，可以问候交流、可以相互帮助。同时，通过自己充沛的精力、饱满的情绪感染学生、激励学生，得到学生的认可，为建立融洽的师生关系打下良好的基础。

总之，教育的艺术不在于传授本领，而在于激励、唤醒、鼓舞。第一堂课对教师而言是平常的一课，对学生来讲却是不寻常的一节课。这节课，应该是拉近和学生的距离，培养学生对这门学科的兴趣的最佳时机。把第一堂课上得精彩、上得有意义，让学生在第一堂课里喜欢上学科！学生的兴趣有了，通常也就意味着你的课堂成功了。

在和谐的师生关系中，探寻美妙的学习旅程

文/赵继红（北京市十一学校）

师生关系直接影响学生的课程体验和学业成绩。学生对教师的积极情感迁移到学习上来，会使他们产生积极的学习动机，享受学习的乐趣，获得成功、自信、愉悦的情绪体验。

良好的师生关系还是学生处理各种人际关系的榜样，对学生性格、品质的培养和长远发展意义重大。它还会影响教师教学水平的发挥和教育目的的顺利达成。和学生关系疏远，会影响教学质量，错失许多教育契机。

如何才能与学生建立良好的关系呢？我们有七条建议：

一、找到共同话题，培养共同兴趣

如果有学生对你的课程没有热情，不想参与，也不爱与你接触和交流，那么你千万别心急。

这个时候，你可以采取迂回的方式解决，避免与学生产生正面冲突，你需要先在情感上与学生产生共鸣。你可以仔细观察学生的兴趣、爱好，留意能让他兴奋起来的话题，发现能让他有成就感的事情，以这些为契机去创造与他接触和交流的机会，打开你们情感交流的通道，进而产生情感上的连接。

当学生在情感上接受你的时候，你再慢慢地去引导他，就能避免因学生不良的学业表现而造成的师生关系紧张和冲突，增进师生间的感情。

下面让我们一起来看看王爱丽老师是如何引导不太喜欢生物的学生转变学习态度的。

王爱丽老师巧妙引导学生

王爱丽老师是一名生物学博士，她的学科功能教室和传统的生物教室不太一样，这间生物教室更像一个博物馆。教室里摆放着各种花草，养着“千奇百怪”的小动物。

王爱丽老师发现，自己班上有些学生并不太喜欢生物，但他们却主动认领了养护植物和动物的任务，他们特别喜欢照顾教室里面的花草，喂养小动物。

王老师敏锐地发现了学生的这个爱好后，便趁学生每次来看望花草、喂养动物的时间，和学生讨论植物的生长规律、动物的生活习性等他们感兴趣的话题，让学生越来越喜欢来到学科教室和她探讨问题。当学生和她的感情越来越好的时候，王老师才慢慢告诉学生应该如何正确地去学习生物，这时学生就不再反感了。

二、向学生示弱

作为教师的我们，很多时候习惯做专业上的权威，习惯去引导学生成长，为学生的行为制定规范，一味地处于主导学生的强势地位。可教师的“强大”会让学生感觉到自己的“弱小”，挫伤学生学习上的主动性和积极性。

我们有时候需要摘掉教师角色带给我们的光环，放下自己的优越感和身段，向学生“示弱”，甚至佯装比学生无知。当你“示弱”的时候，学生更能够体验到成功的快乐，这能够增强学生学习的主动性，还能培养学生勇于挑战权威、敢于质疑和批判的精神。当你创造了一种愉悦、平等、民主的教学氛围时，就更容易激活学生的思维，让他们更积极地参与到课堂中来。

放低自己的姿态，可以缩短与学生的距离，更容易与学生产生情感上的共鸣，从而让学生越来越亲近你。

李亮老师巧用“示弱”

李亮老师是一位懂得“示弱”的教师。他是十一学校的历史高级教师，上课风趣睿智，深受学生欢迎。学生亲切地称呼他为“亮哥”。

在李老师的历史课上，在做材料论述题时，学生会有很多答题思路。让学生从错综复杂的答题思路中找出正确的思路，这是重要的答题策略。李老师虽然对正确的答题思路了然于胸，但还是把自己当成“学生”，通过具体的学习实践展示自己的学习路径，让学生为自己这个“一无所知”的老师支招，让学生自己甄别出正确的答题思路。

学生在这个过程中获得了成就感，记忆也更加深刻，并且越来越愿意与李老师交流和接触，因为学生总是渴望体验到比老师“强”带来的自豪感。

三、与学生谈心

每个学生都渴望得到老师的关注，希望自己在老师心中很重要。初职教师可以尝试和学生敞开心扉，在合适的时机和他一对一聊天、谈心。让学生感觉到老师是真心为他着想，他就会对你心存感激，也就更愿意在学习上给予积极的回应。让我们来看看孙龙老师是怎么做的。

孙龙老师循循善诱引导学生

孙龙老师是十一学校一名优秀的化学老师、化学竞赛教练，同时也是学生的导师。孙老师担任导师的学生A对自己的数学水平过于自信，认为自己的数学达到了可以自学、自研的程度，所以不太愿意完成老师布置的练习题和改错任务，认为这些作业对他来说都太“小儿科”了。

发现学生的问题后，孙老师多次寻找合适的时机与学生单独交流。在这个过程中，他充分了解了学生的想法，并循循善诱地引导学生认识到自己的问题。结合自己的学习和成长经历，孙老师指导学生找到了努力的方向。

他晓之以理、动之以情地和学生进行友好、真诚的沟通，终于让学生意识到自己需要克服眼高手低的毛病，也让他赢得了学生的信任、尊重和爱。

四、多渠道与学生产生连接

更多时间的相处、沟通、了解和陪伴是培养深厚师生感情的重要途径。课堂上的相处总是短暂的，学生和老师都无法在课堂上看到生活中更完整、更鲜活的对方。想要更了解学生，并让学生更了解你，我们就需要付出更多时间。而在网络发达的今天，我们完全可以通过各种技术手段与学生不断产生连接，抢到增进情感的先机。

1.用好微信朋友圈

新教师可以和学生互加微信，经常看看学生的朋友圈，主动为学生点赞、留言，让学生感觉自己特别受老师的关注。坚持下来，学生也会礼尚往来，关注你的动态，这样可以使师生彼此更加了解。教师在朋友圈中可以多发和学生在一起的趣事、感悟，以表明自己对他们的重视和关心，让他们感受到自己在教师心中非常重要。

2.建微信群

可以建立班级微信群。不要只在微信群里发课程通知和作业，否则容易让学生反感。教师可以在微信群里发一些课程的前沿动态、最新成果、逸闻趣事等，以引导学生去讨论和交流。在适当的时候，也可以发起抢红包活动，活跃群里的气氛；在与学生对话时还可以发一些有趣的动态表情。这些都可以拉近教师和学生的距离，让学生愿意主动去亲近你。

3.建微信公众号

你可以为你的班级建立微信公众号，每天推送一条图文并茂的高质量信息。刚开始，公众号可以自己打理，后期可鼓励学生轮流负责，为他们搭建一个展示平台。长期坚持下去，学生就会经常关注你发的信息，你和学生之间就会有更多交流的话题，你的教育、你跟学生的沟通和交流自然而然地就会发生。

五、制造与学生“邂逅”的机会

每个学生都有自己的特点，课堂上并不能展示他的全部。初职教师可以多和学生的导师、任课教师交流，多渠道了解学生。

你还可以关注学校里张贴的各种海报，如果你的学生被表彰了，一定要抓住机会当面告诉他：“我看到你被表彰了，你真棒！”如果有学生的演出，要告诉学生：“老师很期待你的演出，一定会去给你捧场。”看完表演后，还可当着全班的面表扬他，以增进他的自信，让他知道原来老师时时刻刻都在留意他、关心他。这会让他更愿意与你分享他在学校中的见闻，分享他成长的喜悦和烦恼。

看到一张海报而与学生“邂逅”

我（鲍晓梅老师）在学校的电梯里曾留意到一张海报，海报上有乐团表演的预告，其中有我俄语班的一名学生，这名学生将在乐团表演中吹奏大号。看到海报后，我夸赞了学生的多才多艺，并答应他一定会去看他的演出。我还跟他说：“语言和音乐是相通的，懂音乐的人更懂得节奏和韵律，这和我们语言中的语音和语调有异曲同工之妙。你音乐天赋好，俄语一定可以学好！”

经过这次事件后，这名学生变得更加自信了，还经常邀请我去观看他的演出，也更愿意和我聊他最近的生活和学习状态了。

六、制造意外感动或者雪中送炭

除了在课堂上关注学生外，还要在学生的生活中渗透我们对他们的关心，以唤醒他们在情感上的共鸣，这样才能让他们喜欢和你交往。

逢年过节时，教师可以放低姿态，主动祝福学生节日快乐；天气变化时，可以提醒学生注意添加衣服；他们过生日时，可以给他们制造小小的惊喜；每个学期结束时，可以制作一个图文并茂的班级电子相册给他们作为纪念，或者给班里的每一名学生写一段话；等等。当你这样做的时候，学生会感受到自己在教师心中的地位，从而在情感上接受你。

当学生遇到学习、生活上的困难时，教师及时伸出援手，帮助学生从痛苦中走出来，无疑是雪中送炭，这样学生会更加尊重你、信任你。比如：学生因为生病耽误了学习，如果你主动帮助他补上落下的课，学生就会对你心存感激。

七、用好过程性评价

十一学校对学生的评估系统由过程性评价和终结性评价组成。过程性评价用来记录学生的学习过程。教师需要在学校的选课平台上及时记录学生在每节课上的课堂表现。过程性评价是教师和学生交流的好机会，每一次过程性评价都是你与学生的一次单独对话，用好过程性评价就能增进师生的感情。

做过程性评价时，一定要针对学生近期在生活和学习中的表现给予个性化的表述，表扬和批评都需要具体。进行过程性评价要及时，要让学生知道教师在时刻关注着他们，教师认真、负责的工作态度会影响学生的日常行为，也会影响学生对你的评价。

下面是一些我对学生的过程性评价：

小涵今天表现很棒，要继续保持哦！

小荻注意力要集中哦，不要和几个男生打闹，不注意听讲哦！

你今天表现非常棒，老师很开心！

表现很棒，学习习惯好！

本节课你表现很赞，就是要这样勇敢发言哦！

学得挺好的，在课堂上能否稍微控制下音量啊？

圣阳要积极参与到课堂上来哦，不要偷懒哦！

积极参与对话，就是要这样勇敢张口说，好样的！

学得很快，发音也很好，很有潜力，继续加油！

虽然坐在后排，但是非常认真！

今天你回答问题非常积极，能够发现问题问老师，这很好！

……

给每个学生的评价都应该不同。在一次教育、教学诊断中，很多学生给我留言时都说：“老师每次都特别认真地给我做评价、写评语！”教师的行为其实学生都能察觉到。

良好的师生关系，不仅关乎课堂体验，而且对学生性格、品质的培养和长远发展均有重要意义。在和谐的氛围中，师生才更有可能共同开启美好的学习之旅。

/ My Study Review /

我 的 学 习 回 顾

◎ 这部分内容给我带来的启发和思考：

◎ 这部分内容最触动我的几个点是：

◎ 结合班级学生的情况，可以让他们体验的正向情感包括：

◎ 接下来，我准备尝试用这些方法让学生的学习体验感更好：

我的行动

/ My Actions /

◎ 在此之前，我常用的教学方式是：

◎ 学习完这部分内容，我准备尝试这样来加强与学生的连接和互动：

◎ 尊重、鼓励、引导学生，让他们有更多获得感和参与感，我的计划包括：

◎ 为了达成让学生爱上学科的目的，从教的方面还可以做的工作包括：

05

把知识变得更有意义

真正的教育不能狭义地理解为知识或技能方面的训练和获得，它的最终目的不是教学生学会一套动作，通过一项测试，而是带领他们习得一种思维方式，培养他们面对日常生活和未来世界所需要的心智与能力，建构起适应、迁移的本领和健康的心理。

尊重学习科学，让知识与现实相连

文/刘徽（浙江大学课程学习科学系）

我们都知道，科学就是实事求是，即要符合规律。如果说学习是一门科学，我们首先要弄清楚的是今天我们需要什么样的学习，这样学习的规律是什么？

为什么学生需要深度学习

不可否认的是，信息时代需要深度学习，但究竟什么是深度学习，或许每个人都有自己的理解。

加拿大当代著名教育家迈克尔·富兰认为深度学习就是在现实世界中去创造和运用新知识。北京师范大学的郭华老师对深度学习下了一个很长的定义，她认为深度学习是把握学科的本质及思想方法，形成积极的内在学习动机、高级的社会性情感、积极的态度、正确的价值观，成为既具独立性、批判性、创造性又有合作精神，基础扎实的优秀的学习者，成为未来社会历史实践的主人。

从中我们可以看出，深度学习指向的是学生走入现实世界中，可以运用知识去解决真实的问题。所以深度学习跟另外一个概念的内涵是一样的，即真实性学习。

深度学习的对立面是浅层学习，二者最大的不同在于学习目标的不一样——浅层学习教的是知识，深度学习希望发展学生的素养。

什么是素养？让我们从一份问题探究性学习单谈起。

特级教师朱德江老师曾上过一节数学大概念实验课，让小学生估算一版小学生作文报大概有多少字，鼓励同学们分小组写出解决问题的过程。

统计发现班上7个小组给出的答案，里面好几个小组的算法都比较粗糙，相比之下第五小组的方法是比较科学的，这组的小朋友写道，要解决这个问题，需要先选择一篇长短适中的文章来数字数，得出结论后再乘以文章篇数。

这堂课的授课对象是五年级下半学期的同学。其实，在五年级上半学期的时候，他们刚学过说明文的写作，教材上有专门的说明文写作单元，其中有一篇课文《风向袋的制作》，跟这节课通过估算来解决问题的情境非常类似，文中也是通过分步骤来呈现的。

为什么上学期刚学过的内容，到下学期学生就又不会了呢？

针对这一现象，我们访谈过一些教师。其中，英语教师反馈说其实小学生在低年级时，就学过动物的外形、习性等知识，到了高年级之后，教师以为他们可以把所有学过的有关动物的知识都整合起来，可事实并非教师们想的那样，大多数孩子都做不到这一点。

经过更长时间的跟踪之后，教师们发现，这个单元教什么学生就只会什么，把知识迁移组合嵌套起来进行迁移是比较困难的。

英国教育学家怀特海曾提出“惰性知

识”的概念，把这个概念套用到此处，恰好能说明那些“惰性知识”很难在单元与单元之间完成迁移。当然，这些知识就更难在学科与学科之间、在学校教育和现实世界之间实现迁移。

也正因为如此，学生很难做到所谓的深度学习，因为深度学习希望达成的学习效果是学生能够在现实世界中去运用他的知识。

进而，我们可以知道，素养之所以未能形成的原因就是学习者只记住了作为专家结论的知识与技能，而没有通过“专家结论”掌握背后的专家思维，没办法让知识形成流通，完成迁移。

所以，只有学会像专家一样思考，具备专家一样的素养，学到的知识才能从学校教育迁移到现实世界。

教师如何帮助学生开展深度学习

教育界一直鼓励老师不仅教教材，而是用教材来教，但很多教师似乎不太明白这到底是什么意思。

其实，翻译过来就是说，教师不能只教给学生书上的专家结论，我们要做的是透过专家结论去让学生建构起专家思维。

在学习方面，理解力建构是非常重要的。因为理解其实就是在不断织网、不断创建地图。《人是如何学习》的作者布兰斯福特就曾提到，新学习科学的一大特色就在于它强调理解性学习，因为只有在理解的基础上，才有可能形成高通路迁移，达成创新。

大概念是专家思维非常重要的组成。如果我们从冰山模型来看，小概念就像是专家的结论，而大概念则是水下的那部分，指向的是专家思维。

无论是深度学习或者是真实性学习，都是一种教育改革的理念，希望能让学生形成学习的素养，而不仅仅只是掌握一些知识或专家结论。

学生的核心素养囊括了很多内容，包含课程核心素养、学科核心素养等，总体来说这些提法都比较高位，怎么将这些素养和具体的单元内容相结合，需要一个抓手，大概念就是这个抓手。

美国教育科学院院士Michelene T.H.Chi（季清华）教授曾做了一个研究，对比了专家跟新手对同一内容的思维导图输出，发现二者最大区别就是专家会用机械原理把所有的知识串联起来，而新手看到的只是一些表面上东西，比如斜面、斜面的角度等。

从中我们得出这样一个结论：只有具备专家思维，能像专家一样思考的人才具备素养。

事实上，专家思维就是通过大概念来组织的，它反映了专家对学科的理解深度。

什么是大概念，大概念的“大”究竟是什么意思？是否与我们通常所说的学科的核心概念、关键概念雷同呢？答案是否定的。

因为二者的教学论含义是不一样的，大概念是反映专家思维方式的概念、观念或者论题，是具有生活价值的。早在2017年，大概念就写入了普通高中的课程方案。

如何来理解呢？给大家举个例子。比如三角函数，如果只是描述它的结论，就是个小概念，在日常生活中的价值发挥非常有限。三角函数再往上是函数的思想，反映了变量和变量之间的关系，函数思想再往上就是数学抽象、数学建模的大概念。

这些大概念是如何投射到日常生活中的呢？

我们都知道，人的年龄和身高之间的关系存在正比例函数关系。普遍规律是大部分人随着年龄的增长，身高也会缓慢增加。当达到某一年龄阀值之后，这一规律便不再适用。

这一现象用函数语言来解释就是，函数的自变量是有区间的。当然，这其中也会有一些普遍规律之外的特异值，比如有些人（初、高中男生尤为明显）可能在很短的时间内突然长高很多，有的人突破常规年龄阀值之后，仍在继续长高……

从复杂的现实世界中去抽象出一般的规律就是我们讲的大概念，它反映的是一种专家思维，具有生活价值。

或许有些教师会问，大概念不就是“授人以鱼不如授之以渔”吗，就是教会学生方法，既然方法有生活价值，那方法是不是大概念呢？当然不是。

可以起到证明作用的例子在语文学科中非常常见。比如学写通知，通知是与大多数人生活息息相关的，它是不是大概念呢？让我们来看一下。

我们的小学语文教科书上有教过通知，与书本上的学习内容相比，回到现实世界，大家发现通知有什么变化呢？

除了承载媒介上的变化——相比传统的通知，现在的通知大多都是通过电子形式来传达，通知的形式也发生了很大变化——传统的通知标题是居中的，因为标题很重要，需要我们将之突出并着重显示。

我的学生曾在微信群内发布了一则通知，他并没有将“通知”二字居中，而是给它加了一个方括号来突出，虽然形式有所变化，但其实背后的原理和逻辑是一样的，而这个原理就是我们说的大概念。

大概念是形成素养的一个前提条件，只有理解了大概念，未来到真实生活中才能真正调用那些知识和技能。

再给大家举个例子，在《令人心动的offer》第二季中，有8个实习生到律所去实习，带教律师给他们的第一个工作是给一个遭受家暴的男人写一封回信，这几个学生完成得都不太好，他们犯的最大错误就是在信中使用了大量法律术语。

这些学生当然非常优秀，都是国内外名校毕业的学生，他们完全具备应对这一事件的能力，但他们没有真正理解写作大概念，即写出来的东西是给谁看的，他关心什么问题，是否能明白法律术语等。

在这里，受家暴的男人最为关切的可能是妻子的行为是否有触犯法律，自己可以得到什么样的帮助，周期是多长，大概需要多少费用等，而不是无关痛痒的专业术语。

具体到教学中，设定以大概念为核心的素养目标有什么好处呢？

从小学到高中，学生学习的各类写作文体，包括应用文、说明文等，教师们往往看到的是它们表面上的区别，而很少关注他们之间共通的大概念，所有的东西都是零散的，教师是在进行拼图式教学。更关键的是，学生在学校中学到的东西毕竟是有限的，在现实生活中遇到没学过的知识学生该怎么办呢？

其实，教学中的很多点都贯穿着同样的大概念，它的案例越多样、越丰富，支撑的大概念可迁移性就越强，随着不断的学习，学生便会不断加强对大概念的理解，并在未来将之迁移到真实世界中去。

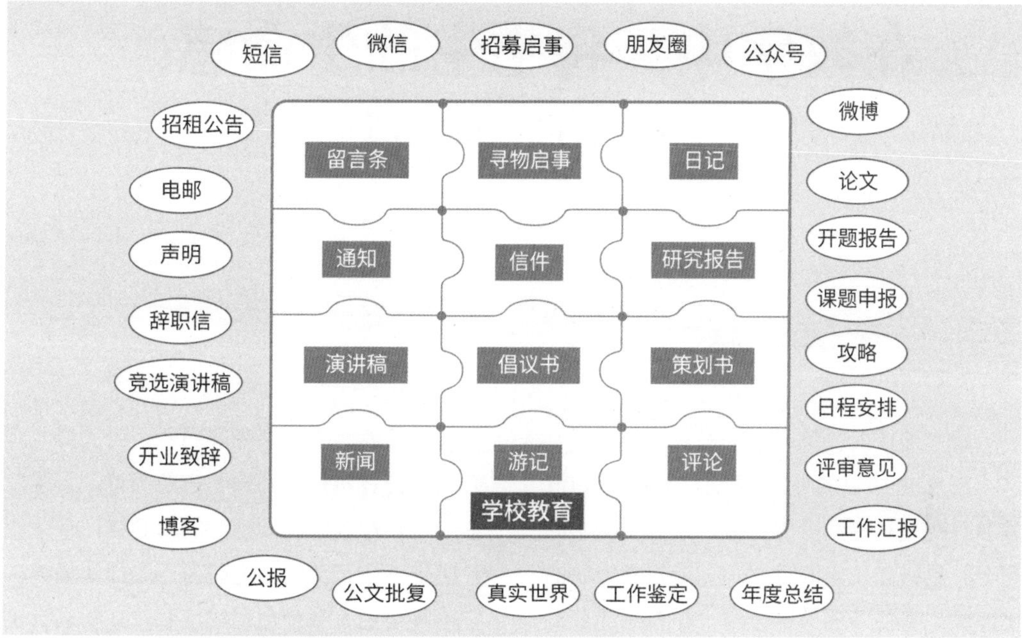

◎ 学校教育要让学生在真实世界中调用学到的知识

帮学生建构认知地图，让知识可以被随时提取

大概念是帮助学生建构认知地图、树立专家思维非常有效的一个抓手，因为大概念有层级，可以把素养目标落实到每个单元、每节课上去。

比如数学抽象、数学建模，它可能渗透在我们所有的数学学习里面，教师们要明确这也是我们的目标，应该想办法让它渗透在自己的教学内容里，慢慢培养学生的数学抽象、数学建模意识。

如果教学目标始终聚焦在一些小概念上，未来，这些小概念知识很难出现在未来学生的真实生活中，学过之后他们很快就会忘掉。

教师们需要明白的是，在教学过程中，单元起到的作用是把素养贯彻下来，而不要把它就局限在课本上。

单元不仅是我们教材上的一个单元，它是一个素养达成的单位，更准确来讲它是围绕大概念来组织的学习内容、学习材料和学习资源的集合，而单元跟单元之间是互相连接的，他们存在的重要价值就是帮助学生建构起核心素养。

因此，教师们在单元设计的时候可以有两种思维方式，其中之一是望远镜思维方式，即不局限在当前这个微观单元里，而是考虑单元与单元之间，单元与学科之间以及单元和真实世界之间的关联。

除此之外，教师在进行单元设计时还应该往内看，即具备放大镜思维——思考如何把具体案例跟大概念关联起来，厘清各个课时之间到底是什么关系，它们贯彻着什么共同的大概念，做什么样的教学设计和安排，才能更有利于这些大概念的达成。因为今天的教师不仅仅只是教授具体知识，而是通过教学实施培养学生的核心素养。

在教学中，将学生的生命感、价值感唤醒

文/王崧舟（杭州师范大学教育学院）

语文是什么？有人这样说：

语文是炫目的先秦繁星，是皎洁的汉宫秋月；是珠落玉盘的琵琶，是高山流水的琴瑟；是推敲不定的月下门，是但求一字的数茎须；是庄子的逍遥云游，是孔子的颠沛流离；是魏王的老骥之志，是诸葛的锦囊妙计；是君子好逑的《诗经》，是魂兮归来的《楚辞》；是执过羊鞭的《兵法》，是受过宫刑的《史记》；是李太白的杯中酒，是曹雪芹的梦中泪；是千古绝唱的诗词曲赋，是功垂青史的四库全书……

诗意的表达，诉说着语文的思想之美、人性之美、文化之美。正如语文教育大家顾黄初先生说的那样：“语文这个工具，作为信息的载体，它在实际运用中总是承载着人们所要表达的情、理、意、趣的。在语文学科中学习语文，主要是学习承载着人们情理意趣的语文，而不是孤立的、静止的、不表现任何实际内容的语文。”说“学语文就是学做人”，正是体现了这一特点。

梅花的“清气”，通过语文学做人

元朝的王冕在自己画的《墨梅图》上题写过这样一首诗：吾家洗砚池头树，个个花开淡墨痕。不要人夸好颜色，只流清气满乾坤。这首质朴晓畅的七言题画诗，大意是说：生长在我家洗砚池边的梅花树，朵朵花儿仿佛浸染了清洗画笔时留下的淡淡墨痕。它不需要别人夸赞色彩的艳丽，只祈求自己的清气流布在天地之间。

带领学生学这首诗，知道了大意、了解了这些字面的意思就够了吗？如果我们只拘泥在诗歌的字里行间，满足于知道它所承载的各种信息，不但不能真正读懂这首诗的气象格局，而且对自己的心灵成长也毫无裨益。

如果，从学语文就是学做人的角度切入，这首诗我们还可以怎么读呢？可能很少有人注意到，这首诗其实同时写到了三种不同的梅花。

第一种，“家中的梅花”。“吾家洗砚池头树”，王冕已经明白无误地告诉我们，这是我家的梅花。有意思的是，我家的梅花种在洗砚池头。千万不要轻易放过“洗砚池”，王冕讲的“洗砚池”大有来头。这个典故出自王羲之的“临池学书，池水尽黑”。

相传，书圣王羲之苦练书法，经常到自家旁边的一口池塘里涮笔洗砚，时间长了，池水尽黑。现在的山东临沂、浙江绍兴等

地，都留有王羲之洗砚池的遗迹。

王冕将梅花种在洗砚池头，是有深意在的。王冕不仅爱读书，更爱画画。一个初夏的傍晚，雨过天晴，王冕去湖边放牛。这时，阳光透过云层，照得满湖通亮。湖畔的山丘，郁郁葱葱，青翠欲滴。湖里的荷叶挨挨挤挤，荷花从这些大圆盘之间冒出来，格外娇艳。王冕心想：要是能把眼前的美景画下来，该有多好！于是，他向学堂借来纸墨笔砚，坐在湖边开始画画。

起初，王冕画的荷花，都像长了翅膀要飞似的，一点也不像。可他不灰心、不气馁，一边画一边对着荷花细细琢磨。一张不行，再画一张。就这样反复琢磨，他画的荷花简直就跟活的一样。后来，王冕成了大画家。他最擅长画墨梅，被誉为“画梅圣手”。他的家里，也有一口洗砚池。

王羲之是“临池学书，池水尽黑”，王冕则是“临池学画，池水尽黑”。这口洗砚池，是王冕立志向书圣王羲之学习的象征，也是王冕立志学画、并最终成为“画梅圣手”的见证。

第二种，“画中的梅花”。“个个花开淡墨痕”，请问，有谁见过淡墨色的梅花？梅花有白色、有红色、有淡紫色，却独独没有淡墨色。其实，这里的花开淡墨痕，绝非实指王冕的家中之梅，而是王冕的画中之梅。

王冕是“画梅圣手”，他首创了“密梅画法”。他画的梅花如铁线勾勒，虽不着色，却表现出千朵万朵竞相绽放的神韵。他画的梅枝，或疏朗，或繁密，或疏密停匀，这其中，尤以繁密见胜。画新枝时，一笔可以拉出几尺长，断而复连，停而不滞，显得潇洒遒劲；画老干时，用顿挫的笔锋，画得浓黑苍劲，显得雄浑有力。

他画的梅花，既非白色，也非红色，而是淡墨色。从画梅的技法上说，其实就是不着色。我们不妨想想有关“淡”的词语：淡泊明志、淡定自如、淡然如水、淡若清风；再想想有关“痕”的词语：大雪无痕、花落无痕、不着痕迹、了无痕迹。很显然，“淡墨痕”不只是一种画梅的技法，技法的背后是一种品格的自觉彰显。

史书记载，朋友李孝光想推荐他去作府吏，被王冕拒绝了；老友泰不华多次举荐他为官，被王冕拒绝了；他的老师王艮劝他做官，被王冕拒绝了；元朝的达官贵人不惜重金向他求画，被王冕拒绝了；明朝开国皇帝朱元璋赏识其才华决定重用他，王冕以出家为由也拒绝了。

他曾经这样说道：“我有田可耕，有书可读，奈何朝夕抱案立于庭下，以供奴役之使！”我们这才恍然大悟，原来，“淡墨痕”真正所画的不是梅花，而是王冕内心的志向和人格。梅花的质朴，乃是人格的质朴；梅花的淡然，乃是志向的淡然。

第三种，“心中的梅花”。“不要人夸好颜色，只留清气满乾坤”，“不要……只要……”的关联句式，明摆着是一种选择。“不要”的斩钉截铁，“只要”的义无反顾，让我们不得不做出这样的思考：究竟谁在选择？不是梅而是人。

在俗世之人看来，有权有势是好颜色，荣华富贵是好颜色，养尊处优是好颜色，作威作福是好颜色。而这些，王冕不要。那么，王冕只要什么？只留清气满乾坤。我们不妨再想一想那些带“清”的成语：两袖清风、冰清玉洁、清平世界、清闲自在、清幽旷远、清静无为……王冕一生，所立所求的就是“只留清气满乾坤”的人生境界。

胸怀“清气”的境界，王冕不屑于效劳达官贵人，他在《素梅四八》中这样写道：疏花个个团冰雪，羌笛吹他不下来。

胸怀“清气”的境界，王冕视梅花为“翩翩浊世之高士”“有古君子之风”。他在《素梅十九》中这样写道：平生固守冰霜操，不与繁华一样情。

胸怀“清气”的境界，王冕不慕虚荣，不羡富贵，不与黑暗势力同流合污，以天下苍生为己任，像梅花一样传播春的消息。他在《素梅五六》中这样写道：忽然一夜清香发，散作乾坤万里春。

王冕的梅花，不只是用口说出来、用手写出来，更是用心灵品出来的；王冕对“清气”的追求，不是人人得而有之，而是以天下为己任者方能有之。无论语文怎么学，通过语文学做人永远是第一位的。

石灰的“无畏”，
把人的创造力量诱导出来

德国教育家斯普朗格说过：“教育的核心是人格心灵的唤醒。教育的最终目的不是传授已有的东西，而是要把人的创造力量诱导出来，将生命感、价值感唤醒。”语文学习也是这样。

我们平时带着学生学习中国古典诗词，喜欢逐字逐句地解释，好像把诗词的每一个意思搞清楚了，学习也就完成了。其实，学习中国古典诗词，与其解释这些字词，不如唤醒这些字词；与其唤醒这些字词本身，不如唤醒这些字词背后的人格心灵。

明代的于谦写过一首诗，题目叫《石灰吟》：千锤万凿出深山，烈火焚烧若等闲。粉骨碎身全不怕，要留清白在人间。凡是了解于谦生平史迹的人都知道，这首诗就是于谦人格心灵最典型的写照，也是于谦一生最传神的表现。可以说，这是“诗如其人，人如其诗”的一种极致表达。

写这首诗的时候，于谦还没有参加科举考试，算是一位少年白衣。那时，于谦和朋友一起在杭州的富阳山读书。有一天，他们散步到了石灰窑前，看到了石灰煅烧的整个过程。于谦有感于怀，遂吟诗一首。这就是《石灰吟》这首诗的来历。

整首诗，句句写的都是石灰，又句句写的不是石灰。这首诗，既是少年于谦确立人生高远志向的写照——“要留清白在人间”，也是于谦一生为实现这个高远志向坚持不懈、百折不挠、坚忍不拔的形象展现。

于谦一生，最大的功绩是北京保卫战。1449年，明英宗亲自率兵与前来进犯的瓦剌军交战，结果，战败被俘，50万大军伤亡过半。那时，新君自顾不暇，百官群龙无首，敌人虎视眈眈，山河岌岌可危！京城的大批富豪纷纷南逃，朝廷的部分高官力主南迁。

那一天，大殿上，“南迁”的动议即将在文武百官可怕的沉默中通过！这时，临危受命的于谦厉声怒吼：“言南迁者，斩！”我们不知道，什么力量使文质彬彬的于谦发出了这一声惊天动地的怒吼；也不知道，什么力量使他在短短的一月之内集结军队，鼓舞士气，重振朝纲，抵御外敌；更不知道，什么力量使于谦一定要把护城九门中最危险的位置留给自己。

透过历史的时空隧道，我们仿佛听到，于谦冷静地告诫守城将士：“大军开战之

日，众将率军出城之后，立即关闭九门，有敢擅自放入城者，立斩！”我们仿佛看到，当于谦率两万壮士出城时，城门缓缓紧闭，城中百姓泪眼婆娑。

我们知道，那两万壮士中，有他们的儿子，有她们的丈夫，有他们的兄弟，有他们的挚友。我们仿佛感到，身披铠甲、仗剑立马的于谦，在心里默默地吟诵着他的《石灰吟》。

学语文，不能没有这样的感动，不能没有这样的体验，不能没有这样的人格心灵的唤醒。于谦的《石灰吟》，每一个字都是一道光，照亮的不仅是历史语境中那个伟大的灵魂，也同时照亮了当代语境中每一个与之相遇的灵魂。我们因为《石灰吟》的唤醒，而让自己的人格心灵接受了一次庄严的洗礼、神圣的灌顶。

竹石的“坚韧”，让自己变得更美好一些

有的作品，是作家用头脑写成的；有的作品，是作家用心灵写成的；有的作品，是作家用整个生命写成的。王冕的《墨梅》，于谦的《石灰吟》，就是他们用自己的整个生命写成的。因为是在生命深处产生的，所以时间无法蒸发这些伟大作品的清气，历史无法玷污这些伟大作品的清白。真的经典永远活力四射、魅力无穷。

清代的郑板桥写过一首诗，题目叫《竹石》：咬定青山不放松，立根原在破岩中。千磨万击还坚劲，任尔东西南北风。这同样是一首咏物诗，也同样是一首题画诗。郑板桥为什么要画竹石？为什么要题写这样一首竹石诗呢？我们可以从这样三个层次加以诠释。

第一个层次，“见竹是竹”。这是最为外显的一个层次。作为一种自然物象，竹子最大的特点，一如王国维所说：竹之为物，草木中之有特操者欤？群居而不倚，虚中而多节，可折而不可曲，凌寒暑而不渝其色。王国维已经说得很清楚了，竹子在草丛木林之中，是有其特别之处的。

第一，群居而不倚，就是众多竹子长在一起，但是互不相靠、各自独立；第二，虚中而多节，就是竹子内部是空虚的，但又是一节一节的，并非一空到底；第三，可折而不可曲，就是你可以直接折断竹子，但是不能让竹子弯曲，因为你一松手，竹子又恢复到直直的样子；第四，凌寒暑而不渝其色，无论春夏秋冬，无论严寒酷暑，竹子始终是绿色的。

而郑板桥这首诗，集中刻画的是竹子的第三个特点，可折而不可曲。用诗中的语言来形容，就是“坚劲”二字。无论东风、南风、西风、北风，无论春风、夏风、秋风、冬风，无论微风、泠风、飘风、厉风，我自坚贞不屈。这样一种坚劲的意象，来自对青山的咬定，来自对破岩的扎根。只有根系深深地扎入破岩之中，与整座青山相依相连，竹子才能表现出足够的坚劲。这是从自然之物的视角诠释竹子的形象。

第二个层次，“移情于竹”。就是诗人把自己的情感、意愿、人格心灵、生命境界投射到竹子身上，使竹子拟人化、人格化，成为诗人表情达意、高悬品格的象征。郑板桥的这首咏竹的诗，其中所投射的诗人主观的思想情感色彩是非常明显的。

你看“咬定”一词，抒写的就是一个

主动的、拼命用力的形象。不仅写出了竹子紧紧附着青山的意志，更写出了竹子不畏艰辛、顽强生存的精神。“任尔”一词，其实，竹子正在经受严峻的自然考验，千磨万击，千辛万苦，随时都面临着被拦腰折断的巨大风险，但是，“任尔”写出的是一种无所畏惧的胸襟，是一种百折不挠的毅力，是一种坚贞不屈的品格。这已经不是纯粹的见竹是竹的自然之竹，而是融入了诗人自家精神的移情之竹。

第三个层次，“人与竹化”。这是画竹写竹的最高境界，在这种境界里，竹格就是人格，人格就是竹格。你很难分清哪一句写的是人、哪一句写的是竹。写竹的背后是一个鲜活人格的闪现，人格的特质全都融化在竹的意象中。一句话，竹就是人，人就是竹。

竹子的“咬定”，正是人格刚毅的表露；竹子的“立根”，正是人格顽强的生命力所致；竹子面临的“千磨万击”，正是人格直面的种种磨炼和挑战；竹子的“任尔东西南北风”，正是人格坚守气节、坚贞不屈的生动写照。事实上，人与竹化，不仅仅表现在画竹写竹上，更表现在郑板桥的真实人生轨迹上。

可以这样说，郑板桥是把自己心中的竹格活出来的典范。

郑板桥在山东潍坊做县令时，遇到灾荒之年，因开仓放粮，赈济穷人，被皇帝撤了职。于是，他写了一首诗，题目叫《予告归里，画竹别潍县绅士民》：乌纱掷去不为官，囊橐萧萧两袖寒。写取一枝清瘦竹，秋风江上作鱼竿。

郑板桥在潍坊做了七年县令，辞官返乡的时候，却只有一囊书画、两袖清风。一枝清瘦竹，化作钓鱼竿，让我们联想到的是“青箬笠、绿蓑衣，斜风细雨不须归”的高洁与洒脱。

罢官之后，郑板桥雇了一条船，顺着京杭大运河回扬州老家。一天，见前面码头停着一条官船，桅杆上挂着一面旗子，上书“奉旨上任”四个大字。河上的大小民船见了，避之犹恐不及。郑板桥心说：“你奉皇上旨意上任，有什么了不起？我也是奉皇上旨意才革职的，不都是‘奉旨’吗？你神气什么？”于是，郑板桥也用一块绸布写上“奉旨革职”四个大字，高高挂到了桅杆上。

那个“奉旨上任”者，原是奸臣之子，叫姚有财。他见了“奉旨革职”的旗子，觉得很奇怪。一打听，原来是郑板桥所为。他知道郑板桥的字画都是绝品，就厚着脸皮派人向郑板桥索要字画。郑板桥本想断然拒绝，但是听说姚有财这个人除了吃喝嫖赌、欺压百姓之外，别无所长，就灵机一动，写了一首诗送给他：有钱难买竹一根，财多不得绿花盆。缺枝少叶没多笋，德少休要充斯文。明眼人一看就知道，这是一首藏头诗。诗的每句开头一字，连起来读就是“有财缺德”。姚有财见了，当场就被气得昏了过去。

我们从郑板桥的这些咏物诗、题画诗中，能够非常生动地看到，在你得意的时候应该怎样生活？在你失意的时候又应该怎样生活？正是从学做人的高度，我们才能真正读懂、读活乃至读化每一首经典诗词，并使之不断滋养自己的心灵人格，从而让自己变得更高尚一些、更纯粹一些、更美好一些。

学语文，如果不能把学做人放在第一位，那么，语文学得再好，又有什么意义和价值呢？

和孩子聊阅读，探索一些“巨大”的话题

文/蒋军晶（浙江省杭州市天长小学）

有些教育工作者并不喜欢奇幻故事。例如，《哈利·波特》很多老师没读过，但似乎是出于一种本能，他们阻拦孩子们去阅读。如果真有人问起来，他们的理由大多是：不切实际、过于冗长，难于理解或者是太花时间。反对又怎样呢？这些幻想小说深深地吸引着孩子们，孩子们在阅读中实现了“变形”，在阅读中和奇幻英雄一起冒险，一起经历令人害怕、困惑或遭受欺压的情境，对抗黑暗，他们乐在其中。

以一个安全的距离，探索令人困扰的问题

安全和自由哪一个比较重要？什么是自由？什么是英雄？冒险意味着什么？勇敢的意义是什么？拥有力量意味着什么？

我们每一个人都要思考一些“大问题”，一些重要的问题。但面对和讨论这些问题对教师提出了极大挑战。

奇幻故事能够让我们以一个相对安全的距离来探索令人困扰的问题，因为大部分奇幻故事都会有一个英雄人物，他必须通过一场冒险来找到某些奖赏，拯救一些重要的东西，完成一个重要使命，或者达成某种有特殊意义的目标，奇幻故事往往涵盖了自由、勇敢、力量、意义等重要命题。因此，和学生聊幻想小说时聊这些命题就显得非常自然。

例如，米切尔·恩德的《毛毛——时间窃贼和一个小女孩不可思议的故事》（以下简称“《毛毛》”），就帮助我和学生进入到了关于“时间哲学”的思考，并且迅速深入。我相信，如果没有《毛毛》这

本书作为凭借，孩子对时间的思考是不可能达到这样的程度的：处理个人生活中的“快和慢”“进取和闲暇”等要因人而异，不能一概而论；生活中并不是说要一切以慢为目的，而是要有计划、重效率，掌握好工作与休闲的节奏，更好地活出自己的光彩来；体会到慢的心态，心里有闲暇的意义，就可以时常考虑一些关于人性的问题，不至于在“赶时间”中丧失自我。

解开奇幻文学的叙事符码

幻想小说是有许多叙事密码的。

第一，幻想小说中的世界一般是二元世界，主人公经常在现实和虚幻世界之间“穿梭”。它不像童话只拥有一个幻想的、非现实的世界，是个一元世界。

第二，幻想小说中的主人公从现实世界到虚幻世界，总有一个特定的“入口”：在《哈利·波特》里是“九又四分之三”车站，在《纳尼亚传奇》里是一个古老的橱柜，在恩德的《毛毛》中是一条“从没巷”。

第三，在奇幻故事里，冒险的情节模式也是差不多的——要有神秘的事物、攸关生死的刺激，以及不可预期的结果所带来的震撼。

第四，幻想小说作家会努力把那个创造出来的世界写得像真的一样……

这样的秘密还有很多，学生是非常欢迎有一个人带领他们发现这些秘密的，他们不仅想发现“内容”的秘案，也希望发现“形式”上的秘密。当然，教师想成为这样一个带领人并不是一件容易的事，他必须自己也是幻想小说的热心读者，他读到令自己困惑不解的地方时必须有打破砂锅问到底的好奇心，只有这样才可能设计出指向性比较强的问题。

例如：

故事地点是哪些？请解释你从故事地点中看到的幻想小说特色如何？

作者如何促使你这位读者进入幻想世界？有没有写实的成分存在？请讨论这些写实要素，它们又如何影响故事？

书中角色进入其他的时空，这种时空之旅如何帮助他们处理眼前时空的问题？

需要强调的是，在奇幻文学作品中接触到丰富叙事符码的学生，可以将许多看待事物的新方法内化到他们自己的故事当中。学生所接触到的奇幻故事种类愈多，他们就愈能了解生活和文学的世界。

用表现的方式全面释放他们的想象力

有一次，作家彭懿到我们学校和小读者见面，彭懿在操场上即兴“创作”了一个幻想小说的开头，他鼓励孩子们续写下去。我开始时不以为意，因为现在的孩子对于“写作”实在兴趣不大。可出人意料的是，孩子们趋之若鹜地开始创作，一个平时边写文章边清点字数，一到400字马上坚定收尾的男生一口气写了800多字。慢慢地，我越来越注意学生对写幻想小说的热衷。因此，读了幻想小说之后，我也开始鼓励他们写续集或者自己另起炉灶创编奇幻故事。

小学生为什么这么喜欢写奇幻故事呢？《童书中的神奇魔力》一书记录了一个孩子维尼的心声：“你可以做任何你想做的事情，你可以编出任何东西、画出很特别的东西，让你的心灵遨游到任何你可以去的地方，然后再把它画下来。你可以发明很多人或冒险，你可以把任何的东西放进去，你可以把任何想要的东西放进故事情节里。这是你的故事，你可以很自由。你可以编出各种不同的角色、战争、武器、宝物，还有像巫婆和狼人这样的生物。”

奇幻故事对于孩子的意义就在这里，它能带领学生远离他们所处的现实世界，给予他们探索和创造的自由，并用表现的方式来全面释放他们的想象力。学生需要幻想，这是我多年来所观察到的。如果我们忽略了学生的这个需求，就等于关闭了进入学生世界的大门，我们将无法了解学生世界里的秘密。

所以，我把写作奇幻故事带进教室里，我有时鼓励学生续写奇幻故事，我有时指导他们抓住主要人物或主要情境重写奇幻故事，我有时鼓励学生挣脱所有束缚创编故事……我把写作奇幻故事带进教室里，并不是表示我们要试图协助他们变得更会写作或创作奇幻故事——其主要意义在于让孩子以一种令人振奋、创新的方式来构建他们的世界，用跟他们自己的儿童世界相关的感觉和想法来编织生活和文学经验。

其实，允许学生写奇幻故事本身，就是一种极具远见、极具胆量的教学行为。

用阅读帮助学生联结文学与生活

读书就是要联系生活，关注当下的。有教师不提倡孩子看奇幻故事就是认为幻想文学不切实际，过于玄虚。可是，一个有经验的、成熟的读者，在读幻想小说时，还是会破解幻想小说中的诸多隐喻，会和自己、生活还有当下结合起来。

与个人联结

事实上，除了奇幻文学，优秀的成长小说也适合在课堂上讨论。我跟学生一样，很喜欢那些“淘气包小说”。例如，《小淘气尼古拉的故事》、林格伦的《小飞人》《长袜子皮皮》、梅子涵的《戴小桥和他的哥们儿》以及杨红樱的《淘气包马小跳》等，塑造的都是调皮、任性、馋嘴、好吹牛、喜怒无常、健忘的顽童形象。学生在阅读时或多或少总能从他们身上找到一点自己的影子。

想想确实如此，再乖的孩子在内心里都想撒点儿野的。也就是说，优秀的成长小说是真的写儿童，写真实的儿童，写儿童的真实想法。这对现代儿童文学作家真是提出了挑战，因为现在的学生，尤其是处在现代文明进程中、城市化进程中的学生，性格、兴趣变得越来越复杂。他们渴望成长，困惑和烦恼却越来越多。

例如单亲家庭的学生（有点讨厌父母）、自卑的学生（担心外表不出众，担心头脑笨拙）、胆小的学生、典型不合群的学生、过于单纯的学生、很少和人交流的学生、有早恋倾向的学生、有亲人过世情绪明显受影响的学生……

现代儿童文学作家确实也在努力以更丰富的视角、更细腻的笔触反映儿童的生活状态和心理状态。例如，曹文轩的《草房子》《山羊不吃天堂草》《青铜葵花》、黄蓓佳的《我要做好孩子》《今天我是升旗手》《我飞了》、秦文君的《男生贾里》《女生贾梅》系列，以及“安徒生文学奖”“纽伯瑞儿童文学奖”中的大量作品里面的儿童形象已经非常多元：开朗、自私、自闭、勇敢、有主见、唯唯诺诺、自信、自律……看完小说，我们应该有意识地带领学生在阅读中寻找自己、关照自己、确认自己、反思自己。

无巧不成书，我们应该设计与学生个人以及生活相联结的话题。这既突出了成长小说的特点，又契合学生的心理需求。那么，什么样的问题是帮助孩子作个人联想的呢？

例如：

你跟书中哪个人物有类似点？

你身边哪个朋友像书中的主人公？

书中的家庭跟你的家庭有什么类似点？

你有没有碰到过类似的事情、有没有类似的经验？

有没有什么事件或地方让你想到自己的经验？

如果你是书中的主人公，你会怎么做？

与生活联结

我查阅小说教学历史的时候，发现在1920年前后，白话文兴起之时，流行过一段时间的“问题教学法”。民国教育家阮真曾经用讽刺的笔法，描述实行“问题教学法”后的各校的“盛况”：中学生变得“爱讨论问题”，有所谓经济问题、劳动问题、妇女问题、贞操问题、遗产问题、亲子关系问题，还有最切身而最受欢迎的恋爱问题、婚姻问题，等等，闹得天翻地覆，如雷震耳了。阮真所讽刺的问题教学法，却是我所向往的理想状态——围绕成长小说的讨论，这样的“问题教学法”能帮助孩子在走进故事之后再走出故事，思考、提炼出适合于自己的人生智慧和永恒哲理。

为什么说成长小说特别适合“问题教学法”呢？因为成长小说反映的就是学生成长过程中经历的“问题”，展示的是主人公经历某个或某些对他而言的重大事件，因而对人生产生顿悟的过程。这种对人生的顿悟，具体而言，就是对亲情、友情、爱情的顿悟，就是对生、老、病、死的顿悟，就是对真、善、美的顿悟，就是对幸福、痛苦、财富、贫穷的顿悟。亲情、友情、爱情，生、老、病、死，真、善、美，幸福、痛苦、财富、贫穷……这些词语，是人类永恒的主题词，是每个人的成长历程中都必然要面对的。所以，我们应该结合具体的书籍提炼具体的话题。

例如：

1.英子成长中还遇到了一次又一次的“离别”，你对“离别”是怎么看的？（林海音《城南旧事》）

2.本说了几次“我爱你”？安娜又说了几次？你是怎么理解“爱是双方的”这句话的？（彼特·赫尔特林《本爱安娜》）

3.在剑桥女子学校求学的生涯中，海伦·凯勒遇到了哪些困难？你能谈谈“困难”和“成长”之间的关系吗？（海伦·凯勒《假如给我三天光明》）

只要教师们有这样的意识，了解学生，想帮助学生，生活类话题俯拾皆是。正如《聊书与生活》一书中所说的那样，通过阅读，我们可以与学生一起探讨书中梦境的真假、探讨人掌控生命的程度；谈谈“好孩子”的概念、谈谈害怕的情绪、谈谈见义勇为、谈成见和刻板印象、谈抉择、谈怎样才算富有、谈孤独的感觉、谈受到打击的人、谈父母和孩子之间的关系、谈怎样克服对死亡的恐惧……

依托“生活经验”，把知识教活

文/俞正强（金华师范学校附属小学）

生活经验，是小学生在日常生活中获得的感性认识。

数学知识，是人类以数学方法对世界加以认识的理性成果。

将“生活经验”改造成“数学知识”，数学知识对于学生来说就不是外加的，而是内生的，是从生命之树中长出的一根枝芽，而不是贴在生命之墙上的一块瓷砖。长出的枝芽，还能继续长；贴上的瓷砖，如果得不到养护，就会有脱落的可能。

作为数学教师，我们该如何帮助学生完成“生活经验”的改造呢？本文以“比的认识”为例，讨论如何完成经验改造。

溯源：
“比”的生活经验来自两个地方

我们要帮助学生完成“生活经验”的改造，首先要将相应的生活经验找到，让生活经验成为一个存在、一个思考对象。

对学生来说，“比”的生活经验，主要存在于体育比赛中，但其实体育比赛的“比”不是我们要认识的对象，是去伪存真的认识过程中的“伪”的部分。

“比”的生活经验的“真”的部分，在

学生的经验中并不十分明显。课本中选了照片的放大与缩小，其实照片的放大与缩小不是比，是比例。

课本里是以照片的放大与缩小为切入口，然后直接给出一个定义：两个数相除又叫作两个数的比。

从这个定义看，比是一种运算，是除法的另一种说法。这个定义妥当与否本文不作讨论，因为本文主要是讨论生活经验的改造。

个人在教学实践中选择“煮饭”这件事情作为生活经验的切入口。饭是米和水的“比”，因为学生每天都会吃饭，所以有充分的经验，只是没有教师引导，学生很少会主动想到煮饭这件事情。

1.体育赛事中的比

材料：（　　）∶（　　）

一：这份材料在什么地方看到过？怎么读？

讨论：体育比赛几比几，如足球比赛2∶3。

二：请同学们说说足球赛2∶3是什么意思。

讨论：一个班踢进2个球，另一个班踢进3 个球。

三：如果场上又踢进一个球，接下来可能会是几比几？

讨论：2∶4 或3∶3。

2.煮饭中的比

材料：煮饭

序一：同学们肯定都吃过饭，大家煮过饭吗？

讨论：水加米煮成饭，水和米不能随便乱放，要有个基本的要求，水太多会稀，米太多会硬……水和米之间有一个恰恰好的关系，这个关系定了就能煮成我们喜欢的饭。

序二：我们家煮饭通常米和水的关系表示为2∶3，大家能看明白吗？

讨论：2 杯米与3 杯水。

2 斤米与3斤水。

2 份米与3份水。

序三：今天我们家来了很多客人，煮饭的时候放了4 杯米，大家觉得水应放多少？

讨论：4杯米就要6杯水，如果米增加了水不增加，饭就变硬了。而且必须变成6杯水，如果不是6杯水，饭的口感就变了。要使饭的口感不变，则必须变成6杯水。

结论：口感就是标准的通俗理解，比，本质上是一种关系的标准。

实践：经验改造的两个基本要点

在前面的经验整理中，形成如下材料：

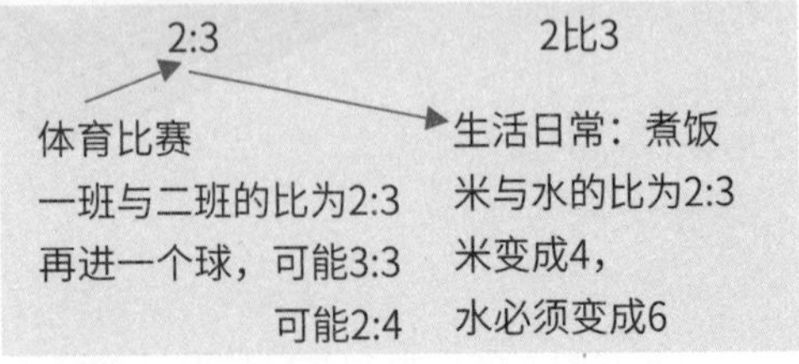

◎图 1　引导学生认识不同生活场景中的比

接下来便进入关键的改造环节。

改造一：概括比较，厘清相同点与不同点

相同点：都是2∶3，前项后项是一样的。

不同点：（见表1）

分析：经验的改造，首先是将经验作为思考对象，在成为思考对象之后，组织学生进行思辨，思辨的方式是比较、抽象与概括。思辨的结果是混沌的经验被特征化，而且特征是基于比较产生的，特征又是比较指

※ 表 1 体育比赛与生活煮饭中的比 ※

体育比赛 一班与二班的比为2:3	生活煮饭 米与水的比为2:3
表示分数	表示份数
前后项各自 （没规律地变）	前后项一起变 （有规律地变）
前后项可以为0	前后项不能为0
一直临时的关系	一直固定的关系
是记录，比多少	是标准，比倍数

※ 表 2 比的认识 ※

比
前后项表示份数
前后项一起变 （一个量变，另一个量一定变）
前后项不能为0
比值是固定的
是一个标准
真比：表示两个量之间的关系

向的。

改造二：去伪存真，形成比的基本概念

对于数学而言，我们所关注的“比”是类似煮饭这样的“比”，不是体育赛事这样的“比”。

因此，对小学数学而言，“比”有一对双胞胎，有点类似真假孙悟空。把这两个“孙悟空”放在一起，尽管长得一模一样，都是2∶3，差别却是巨大的。表1左边体育赛事之比是伪比，右边煮饭之比是真比。这个去伪存真的过程，也是这节课完成经验改造的关键环节，相当于摄影人说的“定格”，是知识固化的一个节点。

材料：表1

序一：同学们，同一个2∶3在不同的地方，表示的意义有这么大的差别。如果我们选择一个作为研究对象时，大家会选择哪一种？

讨论：选择生活中的类似煮饭的比，因为这个比是有规律的，有规律的是可以研究的。

序二：现在我们擦去体育赛事中的比的认识，留下煮饭中的比的认识。请同学们说说，比是什么？

讨论：比是两个量之间的一种固定的关系，一个量的变化一定带来另一个量的相应的变化，这种固定关系是一种标准。

序三：在学生的讨论中，将表1改造成表2。

分析：这些认识便是比的概念的内涵，内涵确定，比的认识便基本完成。去伪存真的过程是一个思辨的过程，这个过程也是达成理解的过程，去伪存真的结果就是对数学知识的定格、固化，即什么是比的明确。

应用：速度是路程与时间的比

当那些模糊的、零碎的经验通过思辨、去伪存真后成为数学知识时，让这个知识发生作用是十分重要的。学生会在知识发生作用的过程中加深对知识的理解。作用的发生主要有两种路径：一种路径是用改造而成的数学知识解决相应的问题；另一

材料	路程	时间	速度
	240	2	
	360	3	
	480	4	

◎图 2 引导学生加深比的应用

种路径是用改造而成的数学知识解释已有的知识。

在学生的原有知识中，速度是单位时间里完成的路程，速度是运算的结果。在学习比的认识之后，速度是路程与时间的比，速度是作为一种关系而存在的。这个对速度的新的解释的过程，就是比作为改造而成的数学知识的运用过程。这一过程如何完成呢？

一：请观察时间与路程两个量之间的关系。

讨论：

1. 时间的变化一定带来路程的变化。

2. 时间与路程不论怎么变，始终是120与1/120的关系，这个关系就是固定的。

3. 只要车在跑，时间与路程就不可能为0。

结论：路程与时间的关系符合比的内涵。因此，速度其实是路程与时间的比。

二：我们发现速度其实就是路程与时间的比。同学们能都举一反三，谁又是谁和谁的比呢？

讨论：	总价	数量	单价
	16	2	
	24	3	
	32	4	
	……	……	

结论：单价是总价与数量的比。

三：请大家观察以下材料，有什么发现与大家分享？

材料：路程÷时间=速度，速度是路程与时间的比；总价÷数量=单价，单价是总价与数量的比；总量÷时间=效率，效率是总量与时间的比。

讨论：比总是与两个相除的量连接在一起。我们在举一反三时的窍门就是与除法运算相连。

分析：在这个数学知识的运用过程中，学生们体会到比与除法运算的密切联系。书本之中的关于两个数相除又叫两个数的比，在这里得到了落实，而这个落实是在知识的运用中完成的。至此，比是什么，学生们应该有个完整的认识了。

经验改造学习中的三个要点

做好经验改造，关键在两点：

第一，经验的唤醒与整理，使经验成为一个改造的“对象”。

第二，改造过程中的概括与去伪存真，形成一个“数学知识”。

要做好这两点，则必须做到以下三个要点。

要点之一：找准经验唤醒的切入口

在比的认识过程中，体育赛事这个切入口是十分普遍的，足球、篮球等什么比赛都无关紧要，而煮饭这个经验的切入口的选择十分重要。

为什么选择煮饭？生活中关于这种配比的具体经验，学生是十分缺乏的，有人说配果汁，有人说洗衣服，有人说做面包，虽然这种事情很多，具体按照规范去干的却很少。很少干的活，经验便不具有普适性，讨论便无法开展。

虽然学生很少有直接的煮饭经验，但每位学生都有丰富的吃饭经验。他们知道太黏的饭或太干的饭的原因是水多或水少，他们知道吃饭的人多自然米要多，米多了自然水要多。而且现在的学生都能明白什么是“口感”。妈妈烧的菜、外婆煮的饭为什么好吃？只是那个口感。学生们对口感完全能理解。

而自己习惯的那个口感，就是自己对饭的标准的设置，这种标准其实就是米与水的固定关系。因为有这些基础，所以在经验的唤醒以及唤醒过程中有利于概括比较的，莫过于煮饭这件事了。

要点之二：在经验唤醒与思辨中舍得花时间

教师们对课堂效率念念不忘，似乎作业做得多了，就是效率高。因此，“比的认识”通常会是以下教学流程：

1.课堂谈话：照片放大不变形；

2.定义学习：两个数相除又叫两个数的比。因为除数不能为0，所以比的后项不能为0；

3.练习：将除法运算改写成比，求比值；

4.练习：相同量的比扩展到不同量的比；

5.小结。

这个流程，比的认识来自除法运算，比只是除法的另一种表示。所有除法的规则同样是比的规则：除数不能为0，所以比的后项不能为0；因为有商不变的性质，所以有比的基本性质。学习十分简单，作业会做得比较多，效率会高。

但是，这样的学习是脱离学生们的生活的。在学生们的生活中，明明看见比的前后项都可以是0的。胆大的学生问老师一下，老师会回答：那个比不是我们这个比。胆小的学生则会把疑惑放在心里，觉得数学是一只古怪的怪兽。

迎着学生们生活中最熟悉的“比”的经验上去，就会费时间，一点一点理清楚，需要占用时间。学生的思考也要有时间，时间的占用会减少学生做作业的时间。

但是，这段时间是不会白花的。这段时间花了，学生会少做一些作业，但是得到的回报是学生会喜欢上数学，喜欢上思考，喜欢上观察这个世界，继而喜欢去干一些事情。

要点之三：改造中形成的观点要多包容

在“比的认识”的改造中，有一个讨论是这样的：

师：在比中可以出现0吗？

生1：比的后项不能为0，因为除数不能为0。

生2：比的前后项均不能为0，因为如果出现0，饭就不是饭了。

这两个学生的回答，你更喜欢哪一个呢？

生1的回答，估计来自他的课外学习，他是用知识在回答我们的问题，就其性质而言，是知识的提取。生2的回答，则应该来自他对生活经验的思考，他用常识回答问题，就其性质而言，是知识的创造。

但是，生2的回答与书本上的知识是有冲突的，书本上认为：比的前项可以为0，比的后项不能为0。而这位同学以他的思考告诉我们：比的前项与后项，都不能为0。理由很简单：米∶水=2∶3，若米为0，则饭不是饭，是水；若水为0，则同样饭不是饭，是米。

他的思考结论与书本的知识不相符，怎么办？这就需要有包容之心。因为在经验的改造中，思考环境是开放的，既然是开放的，则完全有可能获得一些意外的成果。而这些意外的成果与计划的成果一起，便会达到学习的深度水平。

经验的改造，其实只是把知识学习深入学生们的生活中，这应该就是我们平常所说的深度学习了。

/ My Study Review /

我 的 学 习 回 顾

◎ 这部分内容给我带来的启发和思考:

◎ 这部分内容最触动我的几个点是:

◎ 自己所教授的学科，可以与生活产生连接的地方包括:

◎ 接下来，我准备尝试用这些方法把知识变得更有意义:

我的行动

/ My Actions /

◎ 在此之前，我对“教学生学习”的理解是：

◎ 学习完这部分内容，我准备将这些生活常识和能力植入到学科之中：

◎ 把知识教活，我的计划包括：

◎ 为了更好地培养学生的知识运用和迁移能力，还可以做的工作包括：

06

延伸阅读

学习是一门科学，当学生积极参与构建他们自己的知识时，会获得更深刻的理解和更强的学习积极性。如果教师能尊重学习科学，从科学的角度出发，便能引导学生高效地完成学习，并在学习乐趣的发现中做到有章可循，有据可依。

从脑科学出发，激活孩子体内的“多巴胺”

文/杨静（湖北省宜都市创新实验学校）

在高速运转的社会中，我们的学生——甚至连小学的学生都背负着沉重的学业负担。海量的信息向他们涌来，各种各样的课程呈现在他们面前，学业的压力越来越大。他们生活在最好的时代，却也生活在最辛苦的时代。

看着每天在各科学业中辛苦奔波的学生，我对自己说，一定要做个有趣的老师，要建设一门有趣的学科，要开启一段有意思的课堂，使学生发自内心地喜欢语文学科，使他们学得快乐些，身心轻松些，以此为他们繁重的学业增添一些美好的体验。

怎样才能让学科美好起来？这个问题每天在我心间萦绕。我发现，做教师不能只靠情怀，更需要专业——只有对教育教学具有专业的认知，才能用最适切的方式来引导学生学习。于是，我利用课余时间研究学生是怎样学习的，研究影响学生学习的因素，研究促进大脑高效学习的方式。

尊重差异，为兴趣找机会

当我立下心愿，要将语文课堂变得有趣有吸引力，我第一时间将双眼看向了班级的学生。脑科学研究告诉我们，男生与女生在大脑结构上有明显不同。比如在小学阶段，大部分男生的语言能力不如女生发达，同时男生也容易因为咽鼓管堵塞引起听力障碍。女生的大脑往往可以做到两边半球同时思考，而男生的大脑基本是“单边作战”，右半球相对更发达些，擅长逻辑思维和拆卸运动等，但不太善于做精细动作。

基于语文学科的特点——语文课更侧重于感性的体会和表达，因此小学阶段语文课堂对于男生的挑战明显要大于女生。所以，我想让课堂更有吸引力，就需要关注男生和女生的差异，尤其要为在这方面弱于女生的男生优化体验。

1.多用游戏的方式上课

在引导学生思考和发言时，我常常会用“找漏洞”的游戏，即引导孩子们用找漏洞的心态去思考问题和倾听别人的发言，看谁能找出自己和别人思维中的漏洞。每次课堂上只要遇到需要探究思考和发言的问题，我们的“找漏洞”游戏便开始了，学生立马兴趣浓厚，小脑袋瓜开始高速运转。

2.多用互动的方式上课

因为左右脑不能更好地协同工作，导致不少男生的专注力比女生弱，所以课堂上我尽可能减少讲述，设计更多互动参与。其实很多备课软件都有很好的功能，可以帮助我们将一些知识点设计成两两对阵的竞赛游戏。同时，上课时我尽可能让学生自己板书，或是在白板上做圈画批注。每当有机会到台前板演，学生总是积极踊跃。

另外，我也会尽量为学生设计合作探究环节，将学生自己能弄明白的事情交给他们自主学习，且每个小组都有梳理员，当小组上台汇报时，由他们自己的梳理员在黑板上板演。很快我发现，学生不仅课堂专注力变好了，梳理能力、提炼关键词的能力也大大提高了。“老师，这节课怎么过得这么快呀？”语文课结束后，常听到这样的感叹！

3.多用真实的情境上课

真实的情境更能将学生带入深度学习，使他们不用耗费巨大心力来强迫自己坐得端端正正听讲。比如在学习“观察”单元时，我带着学生来到学校菜园里，亲手挖出自己种的花生，再结合专门设计的观察表，鼓励学生对花生近距离观察。学生通过观察、交流、分享，最后再落实到写作上，“细致观察”与“连续观察”的核心素养自然而然地在学生心中发芽了。

在学习“思维”单元时，我们设计了一个核心问题——如何帮学校解决校门口的拥堵问题？学生通过学习课文获得一定的思考方法，再通过观察和梳理有利条件，进行各种角度的分析与思考，最终设计出解决方案。在这个过程中，教师和学生不仅所关心和关注的并不仅仅只是书本上的知识，而是将所学运用于生活，让学生感觉到学以致用。

因为关注到了男生女生的差异，所以我的课堂教学设计就会站在学生的角度去考虑。这需要教师有一颗敏感及真诚的心，比如我发现有些男生因为表达不流畅上课不敢发言，于是我会在课后走近他，请他单独说给我听。没想到，越来越多的学生发现杨老师非常愿意倾听，便一下课就围着我，一个个地将课堂上没机会或来不及说的想法讲给我听。显然，能够主动来分享的学生，已经对语文学科产生了兴趣，慢慢感受到了这个学科的魅力！

带孩子享受成功的喜悦

都说“失败乃成功之母”，但我发现，无论在学习还是在工作中，其实我们大脑的设定应该是“成功才是成功之母”。因为我们的大脑分三个区域：本能大脑，情感大脑和思维大脑，当本能大脑和情感大脑感受到不安全或是任何不好的体验，就会进入应激反应状态或直接过滤掉大量信息，从而使思维大脑无事可做，这也是为什么很多学生越学越糊涂或是做事特别拖拉的根本原因——很可能他的思维大脑根本就没启动！

因此，大脑需要多巴胺的刺激。当它感受到快乐愉悦时，思维大脑会更好地开启，更好地投入。而成就感，正是刺激大脑多巴胺分泌的重要方式。

不过，成就感并不是几句表扬就能够获得的。

学生的学习分为两种情况，一种是事情正好在他的能力范围内，他认真做了便体验到了成就感。这样的情况我们要做的就是及时反馈。比如在批改学生作文时，我会尽最大努力在每篇习作中寻找有独特想法的原创金句，放入“金句库”并在全班展示；作文中用到的每个好词，我都会打星、加分，用到的每个好句我都会画上鲜红的波浪线……这样，有的学生整篇作文批改下来全都是美丽的红色波浪线和鲜艳醒目的星星加分，学生从中收获了真正的成就感。像这样的过程还包括对优秀作业的及时反馈，对上课发言的及时点赞等。

但还有一种，是学生通过努力也不太能做好的事情，这样的事情需要我们提供一些背后的帮助来使他获得成就感，否则久而久之孩子们就会对学习失去兴趣。

在我的班上，一位语文素养平平甚至有些糟糕的学生，有一天在课堂上从别人没想到的角度回答了一个问题，我立马肯定她：“你一定是预习时结合课后习题了，所以才想得这么深入，你的预习方法真有效！”其实，她只是误打误撞地想到了那个答案，但我这么一肯定，立马把她引到了“预习专家”的人设中。后来，这位学生果然真的开始认真预习了，且每次预习还会结合课后习题，课堂上也渐渐真能说出与众不同的思考。每次，我都满眼欣赏地看着她，为她点赞。一段时间后，我看到那个学生眼中发出了以前从没有过的光芒，甚至听她妈妈说：“这几天，孩子早上6点不到就起来预习语文了……”多好呀，任何事情一旦有了兴趣，想要做得更好的冲动谁也挡不住。

遇到书写不好的学生，我不是和他们一起沮丧，而是提前一天用自习时间手把手教他写字，第二天全班正式写这一课生字时，便把他的字拿来做榜样，很快，这样的方法把学生带入了主动练字的状态，书写越来越好。

发现总也背不熟课文的学生，暑假时就悄悄鼓励他提前背诵，等开学时已全背熟了，学生由原来的最后一个过关变成了全班第一个过关。就这样，学生慢慢不再害怕背诵了，记忆力竟然神奇地提高了，上课也比原来带劲儿多了。

每次限时作业后，我都会为每个学生做具体的质量分析。刚开始是我帮学生做，后来慢慢引导他们自己寻找原因。我为他们设计了“作业反馈自我分析表”，让他们习惯于在错误中寻找原因，总结经验，他们发现，这样做了之后下一次一定比上一次做得好，做得好的学生慢慢就有了成就感。

我还和学生一起听樊登老师讲的“刻意练习”，不断强化“练习”的魅力，让他们意识到：现在做不好的事情，通过刻意练习是完全可以做到优秀的。

我引导学生了解“元认知”，通过“头顶上的小人”的形象比喻，告诉他们从第三者的角度审视自己的学习过程，找到影响学习效果的环节并加以改进，同时引导他们通过梳理方法来促进自己读题更准确，答题更完整。就这样，有一批学生渐渐养成了梳理方法的习惯，其中有个学生甚至将语文学习方法累积了整整5页A4纸。

将这些方法运用到语文教学中，孩子怎么可能学不好语文？怎么可能不喜欢语文？

关注同伴关系，营造乐学氛围

作为教师我们必须了解：大脑中社交关系产生的痛苦与身体疼痛所使用的是同一个神经反应，因此，学生是否喜欢这门学科，跟他在这节课上所产生的感受有很大关系，尤其是同伴带来的感受。其中，如果同伴带来的是威胁和压力，学生是不可能放松身心学好这门学科的。

因此，在课堂上我们需要满足学生“被同伴看见和欣赏”的需求。比如，我几乎不强行点名发言。因为对于学生来说，同伴的笑（也许并无恶意）有可能是致命伤痛。尤其是那些较敏感的学生，我一定会在请他发言前给他暗示，使他有时间做好充分准备。我们还建立了一个发言模板：发言时先点赞前一位同学的思考，再说自己的想法。对于中、高年级学生来说，比起成年人的夸赞，来自同伴的欣赏更重要。

当然，同伴关系既是强大的制约，也是一股巨大的力量，可以牵引着学生更好地学习。比如，把学习不主动，对自己没有信心的学生放在他信任甚至崇拜的学霸小组，总能产生奇效，学生会比以前更容易投入到学习中，向着他心目中的榜样看齐。

也正因为如此，我在课堂上会组建N种形式的“学习搭子”，比如，一带二的三人学习小组，基于同一观点临时组建的小团体，学习速度比他人快的动车小分队……还鼓励学生自发成立了许多语文小社团——相声社团、好书推荐社团、小作家社团、朗读社团、故事社团……把语文课前三分钟作为社团展示平台，学生在社团中迅速找到了合拍的伙伴，也找到了自己的特长并进行了展示。收获大家的赞叹与掌声时，他们的笑容是发自内心的灿烂。那笑容最能打动人心，让我们看到了真正投入到学习过程中是一种怎样的美好！

与这一届孩子们相处的三年多时间里，看到他们深深投入的学习状态和自信大方的交流表达，我心中也充盈着满满的幸福。最开心的，莫过于他们在期末问卷中给我反馈的“100%”，使我连续几年被评为“学生最满意的学科教师”。在我心目中，这奖项比任何其他奖项的分量都重。

现在只要有空余时间，我都会抱着书吸取营养，《不可思议的青少年大脑》《学习脑科学》《聪明且混乱的孩子》……这些对于学习科学的研究，能帮助我们成为更好的教师！皮亚杰曾说：教育学和医学一样，是一门建立在或应该建立在精确的科学知识基础之上的艺术。教师应不断学习教育教学方面的科学知识，使自己更加专业，更加通透，这样才能真正帮助到学生，使他们学得轻松高效，且能从中获得学习的愉悦体验。

关注学习动机，让兴趣从中长出来

文/朱文芳（北京师范大学数学科学学院）

“挟泰山以超北海，语人曰‘我不能’，是诚不能也；为长者折枝，语人曰‘我不能’，是不为也，非不能也。”将孟子这番话中的道理类比到学习中，我们能发现：学习有时候是受智力所限，但有时候是受非智力因素所限。“能而不为”可视为缺乏动机和兴趣的体现，而动机和兴趣正是影响学习的重要非智力因素。

对教学而言，激发学生数学学习的兴趣和动机至关重要。

从学习动机出发，拨开兴趣开关

兴趣是力求认识、探究某种事物的心理倾向。孔子言：知之者不如好知者，好知者不如乐知者。让学生面对数学时能够产生类似于面对游戏、旅游的兴趣是我们的追求。我们可以用一个例子探讨在数学教学中激发学生兴趣的问题。

在《用字母表示数》的教学片段中，教师板书$a=(b+c)\div 2\times 1.08$。

师：这个公式可以预测你的身高，看到这个公式你有什么话想说呢？

生：……

师进一步提示：都注意到咱们这个公式有几个字母了吗？

教师板书“字母”

师：今天我们就试着从数学的角度来研究字母。

教师板书“用字母表示数”

师：让我们的探索从一首儿歌开始吧。

1只青蛙1张嘴，2只眼睛4条腿；2只青蛙2张嘴，4只眼睛8条腿……

师：同学们都能接着往下编，我们来对对口令。

师举例：10只、20只、50只……

师：对得这么快，有规律吗？

生1：青蛙的只数与青蛙有几张嘴数一样，2倍的眼睛数，4倍的腿数。

生2：几只青蛙几张嘴。

师：还有吗？

生3偷偷看了看教科书，回答：×只青蛙×张嘴。

过程中，教师一直在问，直到有同学回答出×才停止，这一行为告诉学生教师喜欢“×只青蛙×张嘴”。随后，教师提问：探讨×只青蛙×张嘴，为什么嘴巴的张数可以用一个×表示？

在教学片段中，教师从与青蛙有关的儿歌入手，希望创设一个有趣的情境，从而激发学生的学习兴趣，但结果却是不成功的。这启示我们：情境创设需要与数学内容贴切，不能为了趣味性而放弃数学的严谨性。比如当老师问：你喜欢用哪个字母来表示数？学生可能会理解为：自己爱用哪个字母就用哪个字母。但其实在数学中，很多的字母表示都是约定俗成的，比如通常用n表示自然数，x表示未知数，用a表示常数等。

这也引出了数学学科本身的特性问题。

例如“用字母表示数”的教学内容具有抽象性以及数学语言“只达意，不传情”的特征等，这都使得学生兴趣的激发受到了学科本身的限制。

毕竟兴趣的本质是增加快感，减少焦虑。如果学生在数学学习中有美好的感受，他们自然会加大对数学投入的精力和时间；反之，若数学增加了学生的焦虑和压力，他们会选择“趋利避害”，最终对数学学习失去兴趣。

同时，大量调查显示：许多学生学习数学是出于“数学考试”“学校要求”“升学”等因素，并不是出于对数学的兴趣。这也说明了并非所有学生都会对数学学习有浓厚的兴趣，但是出于种种原因，他们具有学习数学的动机。

因此，在班级授课制或者基础教育阶段，激发学生的学习兴趣是一个美好的愿望，但其实现的可能性有限。既然激发学生数学学习的兴趣比较困难，那么，数学教师可以掌握一些激发学生数学学习动机的策略。

动机是行为的动力，它引发人的活动并推动和引导人朝着特定目标努力坚持下去。关于动机产生的机制，不同流派提出了各种各样的观点。

其中具有代表性的有四种：一是精神分析学家弗洛伊德提出的生理本能学说；二是行为主义心理学家斯金纳提出的操作性条件反射，这在教育领域被广泛应用；三是人本主义心理学家马斯洛和罗杰斯提出的需求金字塔；四是认知学派提出的自我效能感、成就目标（成败预期）、归因理论（情绪）。

思维型教学理论提出了动机的整合模型。根据自主性的不同程度，动机可以分为外在动机和内在动机；按抽象性的不同程度，外在动机可分为情境外在动机、领域外在动机和一般外在动机，内在动机可分为情境内在动机、领域内在动机和一般内在动力。

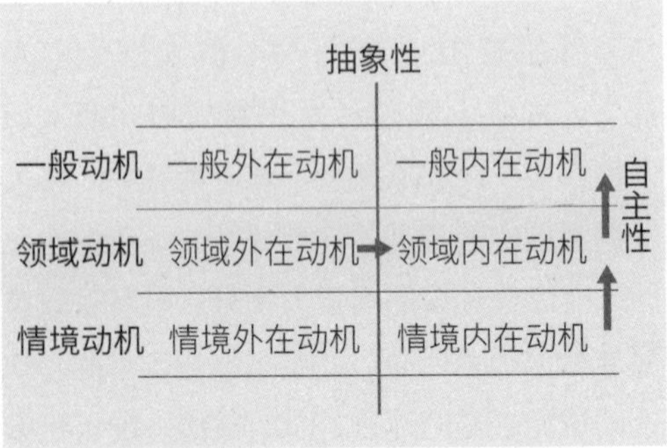

◎动机的整合模型

激发学生动机的两种方法

了解学生，是激发数学学习动机的第一步。思维型教学理论要求教师在教学过程中创设良好的教学情境，设置适当的问题情境，激发学生的内在学习动机，调动学生学习的积极性，使其产生强烈的求知欲，保持积极的学习情感与态度。

但理论要求与实践之间往往存在距离。例如，我们无法通过解读字面意思，就知晓什么样的教学情境是“良好的”，什么样的问题情境是“适当的”，更对两者的创设无从下手。因此，为了成功地激发学生学习数学的动机，第一步要做到了解学生，在此基础上才能更好地因材施教。这个过程包括了解学生的特征；了解学生数学学习的方法；了解学生对数学学习结果的归因。

当下的教师往往面对大量繁重的教学工作，要做到上述三个方面其实是不容易的，但若要促进学生的发展，实现认知学派提出的众多教学要求，了解学生是重要的前提条件。这里为大家介绍两种方法。

方法一：设计调查问卷

在心理学和教育学研究中，调查问卷是一种常用的手段。我们无法完全了解他人，但教师能够通过设计问卷、开展实名调查来尽可能地了解学生的特点。比方说，借用这样的内容设计量表和问卷：

我希望在数学课中尽量多学难题。

重要的是，我要尽量彻底理解数学课的内容。

我特别希望能掌握数学课中出现的全部材料。

当教师利用这三个问题设置“是”“非”二级分类的问卷时，我们就能将学生对数学学习的动机分成四类（3个肯定；3个否定；1个肯定2个否定；2个肯定1个否定），例如给予3个肯定的学生对数学学习有较高的动机。针对这四类不同的学生，教师就可以采取不同的教学方法和策略。

还可以借助这样三个问题设置二级分类的问卷：

我担心自己可能没有掌握数学课中所能学到的全部内容。

有时候我担心自己不能彻底地理解课上的内容。

我经常担心没有学到应该学到的全部内容。

我们同样可以根据回答将学生分成四类。但是，若学生面对这三个问题时都给予了肯定的答案，那么他与面对前三个问题给予3个肯定回答的学生存在不同的焦虑程度，这说明这个学生从心理情绪上说，是畏惧数学的。面对这样的学生，教师首先要做的是帮助他们放下对数学的恐惧。

而以这样三个问题为例设置二级分类的问卷，我们又能了解到学生的不同状态：我一定比别的同学数学成绩好；重要的是，与其他同学相比我表现得很好；我的目标是要取得比大多数同学都好的成绩。

这三个问题指向的其实并不是数学本身，而是成绩，我们就可以从问卷中分析学生学习数学的动机是来自于学科本身还是其他因素。

最后，还可以借这三个问题为例设置二级分类的问卷：

我不想在数学课表现得差劲。

我的目标是数学课的成绩不要太差。

我担心在数学课中获得糟糕的成绩，这一点常常激励我。

这三个问题背后的意图又与前面的问题不同，它们重在了解学生在数学学习中的稳定性。

方法二：投掷飞镖的游戏

游戏可以这样设置：安排5个靶子，将它们摆放在不同的距离，使得A靶非常容易被击中；B靶大部分人能击中；C靶只有一半人能击中；D靶很少人能击中；而E靶最远，几乎没人能击中。根据不同的靶子，我们可以设置不同的奖励，用奖金来打比方：击中A靶奖1元；击中B靶奖3元；击中C靶奖15元；击中D靶奖150元；击中E靶奖15000元。

大多数人一般会选择把B、C、D作为自己的目标。在游戏中，我们可以通过投掷飞镖的游戏关注学生对目标的选择，从中了解学生的自我效能感。

无论是问卷调查还是小游戏，目的都是建立起对学生的了解，基于此我们才能了解学生对数学学习结果的归因。在归因的过程中，教师可以考虑三方面的内容：稳定性、内外点、可控性。

比如稳定归因有数学能力强或数学能力差等因素；不稳定的归因有运气好或者生病了等因素。合理归因才有助于有效激发学生学习数学的动机。

六大策略，让学生不再逃避数学

当成功地迈出了“了解学生”这一步后，教师可以通过以下六大策略有效激发学生学习数学的动机。

1.正确处理外部动机与内部动机的影响

当我们用高强度的外部压力来要求学生做自己本来愿意做的事情，往往会削弱其内在动机的作用。以奥数为例，这本来是一项激发广大少年儿童学习数学的兴趣，引导他们积极探索，健康成长的有益活动，兴趣驱使孩子探索数学的奥妙。

但当奥数被扣上“功利”的“紧箍咒”后，外部的压力会让学生难堪重负，这使得学生对数学学习的内部动机转化为了外部动机，兴趣被逐渐消磨。因此，教师在教学过程中要处理外部动机和内部动机给学生数学学习带来的影响。

2.激发学生学习数学的好奇心

好奇心是人的天性，能够诱发兴趣。正在成长的少年儿童往往具有强烈的好奇心，教育不应该将这种与生俱来的能力泯灭。

数学中的许多难题会让人抓耳挠腮，可一旦百思不得其解的时刻能够灵光乍现，找到答案，这种豁然开朗就能让我们对题目的好奇心得以满足，教师可以借助一些有意思的难题引起学生的好奇心，激发学生学习数学的内在动机。

3.正确选择诱因，合理设置教学问题

成年人总是有望子成龙，望女成凤的心态，容易忽略孩子仍处于儿童或少年期。关注学生的发展，年龄是教师要关注的一个因素，尤其在中小学阶段。而教师是可以通过改变外部强化和刺激来控制学生的动机和行为的。所以，教师要根据学生的年龄特征，顺应学生的需要，从而选择激励动机的诱因，激发动机的产生。

此外，教师可以通过改变学生数学学习的情境，将教学问题的难度设置在学生的最近发展区中以激发动机。

4.研究学生学习数学的自信心问题

自信心一定是与目标相关联的。自信决定着学生将接受什么样的挑战，准备付出多少努力，以及在不顺利的情况下能够坚持多长时间。所以，教师要让学生建立起恰当、适度的学习目标，完成力所能及的学习任务，从而提高自我效能感，并能做出鼓励性的积极评价，即积极归因。

5.满足学生个性化的需求

在了解学生之后，教师要能满足学生个性化的需求。例如，为数学学习优生、困难生提供补充的教学内容。例如，带他们领悟数学概念与思维反应速度快、慢之间的关系；关注他们是否掌握了数学学习的方法；帮助他们推理计算上是否存在缺陷等。

6.发挥数学教师对学生数学学习的影响

数学教师实际上对学生学习数学的动机产生影响。因此教师应该表现出自己对数学学习的热爱和激情，不断尝试新的方法来表现自己的好奇心和兴趣。既要言传，也要身教，成为学生数学学习的榜样，发挥榜样的力量。

/ My Study Review /

我 的 学 习 回 顾

◎ 这部分内容给我带来的启发和思考：

◎ 这部分内容最触动我的几个点是：

◎ 这部分内容让我印象深刻的研究和成果资料包括：

◎ 结合相关研究观察和自己所教授的学科，学生的学习规律包括：

我的行动

/ My Actions /

◎ 在此之前，我对“教学生学习”的理解是：

◎ 学习完这部分内容，我准备将这些学习科学结合到教学之中：

◎ 引导学生科学地进行学习，我的计划包括：

◎ 用科学的方法让学生爱上学科，目前我可以做：